高等学校基于工作过程开发经管类系列教材

西方经济学

Western Economics

主　编　何　晖　吴义能

副主编　李豪杰　陈绿林　白　崭

参　编　刘亚琼　汪亚莲　余志斌　陈　苗　姜文仙　贺　琛　曹红梅

WUHAN UNIVERSITY PRESS
武汉大学出版社

图书在版编目(CIP)数据

西方经济学/何晖,吴义能主编.—武汉:武汉大学出版社,2010.8(2015.1重印)
高等学校基于工作过程开发经管类系列教材
ISBN 978-7-307-08082-9

Ⅰ.西… Ⅱ.①何… ②吴… Ⅲ.现代资产阶级经济学—高等学校—教材 Ⅳ.F091.3

中国版本图书馆CIP数据核字(2010)第152819号

责任编辑:罗 挺　　责任校对:刘 欣　　版式设计:支 笛

出版发行:**武汉大学出版社** (430072 武昌 珞珈山)
(电子邮件:cbs22@whu.edu.cn 网址:www.wdp.com.cn)
印刷:荆州市鸿盛印务有限公司
开本:787×1092 1/16 印张:25 字数:576千字 插页:1
版次:2010年8月第1版 2015年1月第6次印刷
ISBN 978-7-307-08082-9/F·1390 定价:38.00元

前　言

中国改革开放30多年，建立起全面的物质生产体系，经济建设取得显著成就。中国已经由初级工业经济转变为高级工业经济，包括钢铁、家用电器在内的许多工业产品生产居世界第一位。以加入WTO为标志，中国经济已经完成市场化和国际化进程，融入了世界经济体系和经济全球化浪潮之中。中国的改革开放释放出巨大的生产力，政府主导、大力投资和不断强化的工业经济使中国经济增长一直高于世界经济增长水平，社会、经济取得全面进步。

随着我国市场经济体制目标的确立和市场经济体制的创建、深化和持续运行，人们对西方经济学的学习愿望日趋强烈，西方经济学成为我国高等院校经济管理类专业最受欢迎的基础理论课，教与学的人数都在迅速扩大，西方经济学在经济管理专业课程体系中的基础地位得到了充分认同。

本书是高等学校基于工作过程开发经管类系列教材之一，可作为高等院校、高等职业院校、高等专科学校、成人高校经济管理类各专业必修课的通用教材，也可供社会其他人员参考。

本教材沿用了目前流行的西方经济学教材的体系，让学习者对目前国内的西方经济学教学内容有一个较系统的了解。本教材的结构分为微观经济学和宏观经济学两部分，第1章导论是对西方经济学的概括性介绍，第2章至第8章为微观经济学部分，第9章至第13章为宏观经济学部分，第14章是对西方经济学的发展历史按不同年代的不同代表人物进行分类阐述。

微观经济学部分是围绕均衡价格的形成而展开的。第2章讨论需求和供给两个市场的基本概念和均衡价格形成的初步分析，以及弹性理论及其应用；第3章讨论消费者行为的基本规律和分析方法；第4章讨论生产者行为的基本规律和分析方法；第5章讨论生产成本理论及利润最大化；第6章讨论完全竞争厂商、完全垄断厂商、垄断竞争厂商和寡头垄断厂商的利润最大化的决策行为；第7章讨论要素市场理论；第8章讨论市场失灵与微观经济政策。

宏观经济学部分是围绕国民收入而展开的。第9章讨论宏观经济运行的宏观变量的核算及理论；第10章研究经济周期和经济增长理论，是对国民收入决定的长期考察；第11章是对失业和通货膨胀理论的专题介绍，介绍了失业的概念、测量及其经济学解释，介绍了通货膨胀的概念、测量、分类、成因，以及表达失业与通货膨胀关系的菲利普斯曲线；第12章是对宏观经济政策制定的研究；第13章是对国际经济的概述，介绍了国际商务、国际金融及经济全球化下的宏观经济调控。

本教材更多地考虑到教与学的便利，强调了实用性，每章开头都安排了“案例导入”，用实际案例引出本章学习的重要内容；在每章的正文部分，尽可能多地安排一些“阅读材料”，帮助学习者更好地理解理论内容，同时也提示这些理论在实际中的应用；在每章正文后还附有“案例分析”，能够引领读者形成发散性的思维。本书同时强调了学习的目的性，每章开头都安排有“学习目的”、“知识能力”和“工作任务”，以指导学习者理论联系实际，活学活用。

本书由何晖、吴义能担任主编，李豪杰、陈绿林、白崭担任副主编。具体分工如下：何晖（武汉商贸职业学院）撰写前言、第1章，负责全书统稿、修改、定稿；吴义能（华中科技大学武昌分校）撰写第2章、第3章，辅助全书修改；李豪杰（许昌职业技术学院）做了大量的资料更新工作；陈绿林（武汉科技大学城市学院）编写第11章、第13章；白崭（武汉商贸职业学院）编写第4章、第5章；刘亚琼（武汉商贸职业学院）编写第10章；汪亚莲（武汉商贸职业学院）编写第8章；余志斌（武汉商贸职业学院）编写第9章；陈苗（武汉商贸职业学院）编写第14章；姜文仙（暨南大学）编写第6章；贺琛（湖南大学）编写第7章；曹红梅（鄂东职业技术学院）编写第12章。在此，向他们表示感谢。

本教材的编写过程中，参阅了国内外同行的已有成果，对所有引用均有注释，已在参考文献中列出，在此向他们表示感谢！

编　者

2010年7月

目　录

第1章 导 论

学习目标

1. 了解各种经济体制与资源配置方式以及经济学的分析方法；
2. 理解微观经济学和宏观经济学的研究对象和基本内容；
3. 掌握经济学研究的三大基本问题以及生产可能性曲线与机会成本的具体内容。

知识能力

由资源的稀缺性分析研究资源配置和资源利用。

工作任务

学习机会成本理论，分析大学期间的机会成本有多大。

关键词

稀缺性；微观经济学；宏观经济学

案例导入

严重匮乏的水资源

水，一个沉重的话题。我国是世界上13个贫水国家之一，人均水资源拥有量为2300吨，为全球人均水资源拥有量的1/4。城市贫水状况更为严峻：全国660多座城市中有380座城市缺水，128座城市严重缺水，每年城市缺水量达58亿立方米，由此损失的工业产值达2300亿元。随着城市人口的增加，水资源的缺口也越来越大。据测算，到2010年，我国城市年缺水量将达200亿立方米。几乎全世界所有主要城市在进入21世纪时都将面临水危机。

素有“东方水都”之称的上海，三面临水，头上还顶着“一盆”太湖水，其人均水资源拥有量大大高于全国平均水平。可近些年由于苏州河和黄浦江一些河段受污染，导致该城市水厂取水口“节节败退”。每到枯水季节，太湖流入黄浦江的水减少，加上受潮水顶托，黄浦江下游的污水和东海咸潮上溯，造成向江浙两省“借水”吃的窘境。

（资料来源：中国城镇水网 http：//www.cuwa.org.cn/。）

1.1 经济学的研究对象

1.1.1 稀缺性

人类在这个地球上不是孤独的，其一举一动、一言一行都必定要与特定的资源发生直接或间接的联系。离开了资源，人类的生存和发展无从谈起。小到个人，大到民族、国家，都是如此。人类从太阳和地球那里可以得到满足个体生存以及种族维持的足够的，甚至可以说过剩的能量。但是，人的需求是无限的，相对于人的需求来说，任何资源都可能是稀缺的。资源的稀缺性是被人类自身“制造”出来的。人类不断追求更高的生活质量，而这种追求本身会遇到时间、空间和各种资源的限制，于是人们也就不断地为自己制造出了更多的难题和更大的麻烦，又要花力气发展自己以解决这些问题，克服这些难题。从这个意义上讲，稀缺性在人类生存的意义上可能不成为问题，但相对人们的“过度需求”时，稀缺性的假定无疑是成立的。

对于人类来说，资源是重要的，也是稀缺的。正因为这种稀缺性，节约才成为必要，才产生了如何有效配置和利用资源这个问题。从古至今，资源有种种配置方式，如最初的“习惯”，以及后来的排队、抓阄等。在理论界，根据资源配置的主体的不同主要将其分为两种类型：

（1）市场配置。即以市场为基础的资源配置方式。鼓励市场形成价格和自由交易，强调效率和优胜劣汰的竞争机制。

（2）政府配置。即政府发挥宏观调配的作用对资源进行配置，所采取的手段往往是管制、许可证、配额、指标、投标等。在理论界最有影响的系统性理论是凯恩斯针对1923年经济危机提出的，主要强调政府干预的合理性和必要性，后来为越来越多的国家与政府所采用，成为加强宏观调控的有力的理论依据。

为什么需要经济学？是由于资源的稀缺性。设想一下，如果适用的资源是无限的，取之不尽、用之不竭，可以任凭挥霍浪费，经济学又有什么必要呢？当然，资源的稀缺性，一般指相对稀缺，即相对于人们现时的或潜在的需要而言是稀缺的。这就要求社会经济活动的目的，是以最少的资源消耗取得最大的经济效果。因此，资源的稀缺性及由此决定的人们要以最少消耗取得最大经济效果的愿望，是经济学作为一门独立的科学产生和发展的原因。

举例来说。相对而言，我们呼吸的空气，没有什么稀缺性可言，任何人都可以任意地自由呼吸，所以并没有专门研究分配空气的学问。但就大多数自然资源来说几乎都是稀缺的。人类的产品都要靠消耗自然资源来生产，所以人类产品也都是稀缺的。经济学要研究如何生产、分配和利用这些资源和产品，以节省资源，达到最佳效用。过去认为水资源是无限的，所以不太重视用经济手段来调节水资源的利用。现在看来，水是稀缺资源。所以我们现在开始提倡节约用水，也开始重视利用经济手段来调节水资源了。

在西方，关于经济学的定义很多，比较流行的定义是：经济学（Economics）是一门关于经济行为主体如何利用稀缺的社会资源进行生产和对社会产品进行分配的科学。经济学中所说的经济行为主体包括居民、厂商、政府和其他经济组织。经济学也就是研究这些经济行为主体的经济行为的科学。经济学作为一门最主要的社会科学，它所研究的核心问题是资源配置，而资源配置之所以作为一个需要研究的问题而存在，又在于资源具有稀缺性。

在西方经济学中，资源（Resources）又称为生产要素（Factor of Production），是指用于生产物品和劳务的一切东西，具体包括以下四类：①土地，主要是指土地及地上和地下的自然资源，如森林、矿藏、河流等；②劳动，可分为智力劳动和体力劳动；③资本，指资本品或投资品，如机器、厂房、设备等；④企业家才能（Entrepreneurship），指企业家经营企业的组织能力、管理能力与创新能力。

西方经济学认为，上述绝大部分社会经济资源都具有稀缺性的特点，而稀缺性又是与人的需要密切联系的概念。需要（Wants）又称为欲望，是人们行为的初始动因。从经济的角度来看，人的一生，可以概括为需要——追求需要的满足——满足产生新的需要这样一个螺旋形循环的过程。广言之，需要除了我们日常所理解的吃饭、穿衣、住房等基本生活需要外，还包括更为广泛的内容。美国社会心理学家马斯洛（Maslow）把人的需要归纳为由低到高的五个层次，同时还指出，需要的每一个层次本身又都是极为复杂、不断发展的。原来的需要满足了，同时又会产生新的需要，需要和满足的关系，类似于船和水的关系，需要是船，满足是水，水涨船高，也就是说，需要是不可能完全得到满足的，需要具有无限性。需要的无限性这一无法证明也无须证明的公理，是西方经济学的一个基本出发点。

与需要的无限性相对应，用以满足需要的手段——社会经济资源都是有限的。资源的有限性是一个人们所共知的经验事实，我们大家都亲身体验到：没有足够的时间以供自由支配，没有足够的金钱去购买我们想要的东西。个人如此，社会也如此，贫穷的发展中国家如此，富裕的发达国家也如此。

稀缺性（Scarcity），相对于人类欲望的无限性而言，经济物品或者生产这些物品所需要资源的相对有限性，即有限的资源无法满足无限的需要。可见，资源的稀缺性是相对于需要无限性的资源有限性。这里需要指出的是，经济学上所说的稀缺性，不是指物品或资源绝对数量的多少，而是相对于人类欲望的无限性而言，再多的物品和资源也是不够的，所以稀缺性是相对的。但是，稀缺性的存在又是绝对的，它存在于人类社会的任何时期和任何地方。从历史上看，无论是原始社会还是现代社会都存在着稀缺性。从现实来看，无论是贫穷的非洲还是富裕的欧美，都存在稀缺性。

用来满足人类欲望的物品可分为两类：一类是自由物品，另一类是经济物品。

自由物品是指人类无须作出努力或付出任何代价就可以得到的物品，如阳光、空气和海水。面对人类无穷的欲望，用来满足人类需要的自由物品将越来越少，如水资源就显得特别突出，在200年前水资源可以说是自由物品，而在物质文明高度发达的今天，水资源却非常稀缺。

经济物品是指人类必须付出一定代价方可得到的物品，即必须通过生产和交换才能获得的物品，因为生产这些经济物品的资源总是有限的。首先，地球上的自然资源是有限的，石油、天然气、煤等资源都是不可再生的，用一点少一点；其次，经济组织中的资本、劳动力、企业家才能等资源也是有限的；再次，时间资源也是有限的，因为时间具有一维性，不可逆转。因此，人们不可能无限制地生产经济物品。

【阅读材料】

资源有限性与我国经济高速增长

过去我们对于资源的有限性问题的确是没有给予应有的重视，我们的理论教育中只是讲生产力与生产关系、经济基础与上层建筑的矛盾，从来不提资源的稀缺会限制经济的发展，所以过去许多年里人们几乎没有资源稀缺的概念。我国主要矛盾的形成的确有生产关系或者经济制度方面的原因，但科学技术落后、人口过快增长和资源不足是重要的原因，当制度问题基本解决以后，这个原因便越是明了。我国现在的快速发展受到自然资源状况、能源供给和环境承受能力的约束。我国人口众多，人均资源占有量较低，人均资源占有量与世界平均水平相比，水资源是1/4，石油是12%，天然气仅为4%，煤炭是55%。而与此同时，资源利用率很低，浪费比较严重，比如国内重点钢铁企业吨钢可比能耗比国际水平高40%，电力行业中火电煤耗比国际水平高30%，万元GDP的耗水量比国际水平高5倍，万元GDP的总能耗是世界平均水平的3倍。我国社会落后的生产与人们不断增长的需要之间的矛盾，正是资源有限性与人们需要无限性的矛盾的反映或者表现。

（资料来源：严于龙，《衡量发展需要新标准》，《时事报告》）

1.1.2 稀缺性引发的经济问题

1. 三大基本经济问题

资源除具有稀缺性的特点外，还具有多用途的特点，即同一种资源可以用在不同的场合，而不同的资源又可以生产相同的物品。因此，我们就必须而且可以不断地作出各种各样的选择，以便利用稀缺的社会资源尽可能满足多方面的需要。例如，对于个人而言，我们的时间是有限的，必须合理地安排学习、工作和休息，我们的金钱是有限的，必须决定如何使用，对于社会而言，其生产性资源是有限的，必须决定多少用于生产粮食和布料，多少用于生产飞机和大炮。概言之，每一个家庭，每一个企业，每一个国家都时时刻刻面临这些问题，都必须对这些问题进行权衡和决策，这种权衡和决策的过程就叫做资源配置。西方经济学家认为，有关资源配置的基本经济问题，大体可以分为以下三类：

（1）生产什么和生产多少？即在可供选择的物品和劳务中，选择哪些来生产，每种生产多少。

（2）如何生产？生产某种产品往往可以采用不同的技术，不同的资源组合，不同的生产规模等，应该如何进行合理选择。

（3）为谁生产？为谁生产的问题也就是分配问题，即生产出来的物品和劳务如何在不同家庭、企业、政府和其他经济组织之间分配。

人类社会必须对这三个基本经济问题作出选择。经济学解释就是为提供解决这些问题的原则而产生的。经济学就是研究如何有效地分配使用相对稀缺的资源来更好地满足人类无限多样的需要的一门社会学科。

资源是稀缺的，因此资源需要有效配置；资源是稀缺的，因而资源还需要充分利用。在现代经济社会，当出现通货膨胀、失业、经济周期性波动等经济现象时，意味着经济资源的闲置与浪费。所以，资源配置与资源利用是经济学研究对象的两个方面。

所谓资源利用，是指人类社会如何更好地利用现有的稀缺资源，使之生产出更多的物品。

由此可见，稀缺性不仅引发了资源配置的问题，而且还引发了资源利用的问题。从这方面来看，经济学是研究资源配置和资源利用的学科。

2. 生产可能性曲线与机会成本

主要用来考察一个国家应该怎样分配其相对稀缺的生产资源的问题。生产可能性边界是用来说明和描述在一定的资源与技术条件下可能达到的最大的产量组合曲线，它可以用来进行各种生产组合的选择。

生产可能性曲线（Production-Possibility Frontier）也称生产可能性边界，用来表示经济社会在既定资源和技术条件下所能生产的各种商品最大数量的组合，反映了资源稀缺性与选择性的经济学特征。

如表1-1所示，如果社会全部资源都生产了钢铁，最多可生产5万吨；如果社会全部资源都生产了粮食，最多可生产15万吨；如果社会全部资源生产了钢铁3万吨，剩余资源最多可生产粮食9万吨……

表1-1　　生产可能性表

最大数量的组合	*A*	*B*	*C*	*D*	*E*	*F*
钢铁（万吨）	0	1	2	3	4	5
粮食（万吨）	15	14	12	9	5	0

将表1-1描述在几何图形上，可以得到如图1-1所示的生产可能性曲线。图中横轴表示社会生产的钢铁数量，纵轴表示社会生产粮食的数量。*A*点和*F*点表示社会只生产粮食和只生产钢铁的极端情况，其他各点表示社会同时生产粮食和钢铁的数量不同的组合。将各点连接起来可得到一条曲线，就是生产可能性曲线，该曲线上的任意一点都表示在生产资源和技术既定的条件下，社会生产粮食和钢铁两种产品的最大可能性的组合。

生产可能性曲线还可以用来说明潜力与过度的问题。生产可能性曲线以内的任何一点说明生产还具有潜力，即还有资源未得到充分利用，存在资源闲置；而生产可能性之

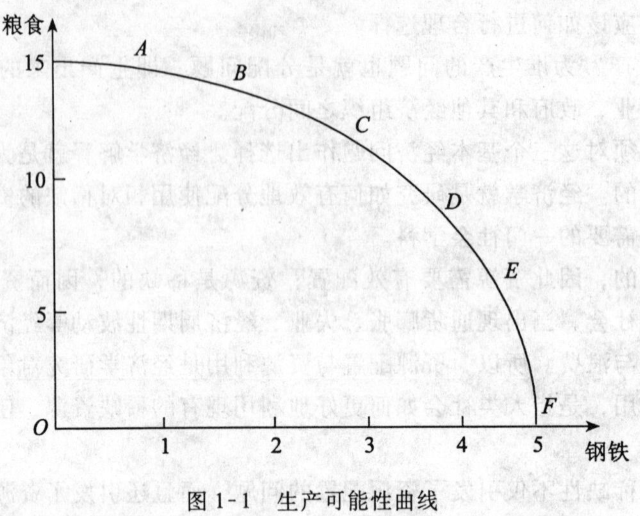

图 1-1　生产可能性曲线

外的任何一点则是现有资源和技术条件所达不到的；只有生产可能性边界之上的点才是资源配置最有效率的点。

如图 1-1 所示的生产可能性曲线表明在既定的经济资源和生产技术条件下所能达到的两种产品最大产量的组合。社会生产处在生产可能性边界上表示社会经济处于充分就业状态；社会生产处在生产可能性边界以内的点，表示社会未能充分利用资源，即存在闲置资源，其原因是存在失业或经济缺少效率；社会生产处在生产可能性边界以上的点，必然以今后的生产萎缩为代价。

生产性可能曲线反映了资源稀缺性与选择性的经济学特征。究竟生产多少钢铁和多少粮食更能满足人类的需要呢？资源的稀缺性使得社会不得不做出选择。不同的选择将会带来资源的不同配置。如上例中，如果社会选择 C 点而不是 B 点，即多生产 1 万吨钢铁，则社会必须放弃 2 万吨粮食的生产。这意味着选择是有代价的，这个代价就是机会成本。

机会成本（Opportunity Cost）是指由于对具有多种用途的资源进行选择而牺牲的其他用途的机会所放弃的最大利益或代价。如投资者仅有一份资金，投资股票时必须放弃国债与基金。假如国债投资收益为 1 万元，基金投资收益为 2 万元，而股票投资收益为 3 万元，则股票投资的机会成本为 2 万元，国债投资的机会成本为 3 万元，基金投资的机会成本也为 3 万元。

只要资源是稀缺的，并且只要人们对稀缺资源的使用进行选择，就必然会产生机会成本。机会成本理论有着广泛的用途，可以对一定资源的不同使用所达到的经济效益作出比较，以便在使用稀缺资源时达到最大可能的收益。

1.1.3　资源配置与经济体制选择

西方经济学家认为，上述三个有关资源配置的基本经济问题是每一个经济社会所共有的，而且无法回避，必须对它们作出解答。但在人类社会发展的不同阶段或在不同的社会经济条件下，却可以有不同的解答方式，种种不同的解答方式体现为不同的经济体制。西方经济学家以决策结构、信息结构和动力结构作为划分标准，把经济体制归纳为自然经济、计划经济和市场经济三种类型。

自然经济（Natural Economy）是一种以习俗和传统来配置资源的经济体制，它以自给自足为基本特征。在自然经济条件下，每一个家庭几乎生产其所需的一切东西，生产什么就消费什么，家庭与家庭之间很少发生经济交往，鸡犬之声相闻，老死不相往来。一切基本经济问题，都由家长参照传统、习俗及其个人经验来作出决策。这种体制的选择是与落后的社会生产相适应的，它以经济进步缓慢为代价，换来经济生活中的低风险性。

计划经济（Planned Economy）是一种以政府行政命令来配置资源的经济体制，这种经济体制的主要特征是：经济决策权高度集中于最高行政当局，并由此而衍生出庞大的、多层次的行政组织体系，经济信息纵向传输，存在一个多环节的信息传输渠道，以行政奖惩和精神激励作为主要的动力机制。这种经济体制有利于集中资源实现某些既定的和较为简单明确的经济政治目标，但由于存在不可克服的利益矛盾和信息矛盾，必然以牺牲经济效率和消费者选择自由为代价。

市场经济（Market Economy）是一种以市场机制来配置资源的经济体制。这种经济体制的主要特征是：经济决策权高度分散于为数众多的不同类型的经济主体手中，经济信息横向传输；以经济行为主体对自身的利益追求为主要激励机制。在市场经济中，生产什么、如何生产、为谁生产等基本经济问题主要是通过竞争的价格机制这只“看不见的手”来解决的。

西方经济学家普遍认为，在上述三种可供选择的经济体制模式中，市场经济的运行效果优于自然经济和计划经济，即使考虑到市场经济体制的种种缺陷，也并不改变这一结论的真实性。他们的分析逻辑是：经济运行过程中的经济行为主体都是理性的（或自利的）人，这意味着每一个经济行为主体都会在既定的条件约束下追求自身利益的最大化。消费者会在既定的收入条件下去谋取效用最大的消费组合，生产者会在资源既定的条件下去谋求利润的最大化。因此，如果一种经济体制能给予经济行为主体在既定法律和政策约束下的充分选择自由，具有不同资源禀赋和偏好的理性经济行为主体之间就会建立起一种交换和合作关系。只要交换和合作是自愿的，那么这种交换和合作也就肯定是互利的，因为理性的经济行为主体不会作出不利于自己的选择。总之，在市场经济条件下，由于给予了经济行为主体充分的决策自由，所以经济行为主体从自利的行为目的出发，最终必将达到互利的行为效果。而且，在经济行为主体利益最大化得以实现的同时，社会利益的最大化也会自动实现，资源配置的所有基本问题都得到有效而合理的解决。

值得进一步指出的是，上述三种经济体制模式只是一种理论抽象，在现实经济生活中，任何经济体制都不是纯粹的，而是三者的一种混合体，其基本的差别在于何种资源配置方式居于主导地位。西方经济学家认为，现代市场经济就是一种典型的“混合经济”，它在以市场机制作为经济运行的基本调节机制的同时，积极引进政府对经济生活的干预和调节，以弥补市场经济的不足。

1.2 微观经济学与宏观经济学

西方经济学的基本原理由微观经济学和宏观经济学两部分组成。

1.2.1 微观经济学

1. 微观经济学的内容

微观经济学（Microeconomics）是以单个经济行为主体的经济行为作为研究对象的经济理论，主要包括：均衡价格理论、弹性理论、消费者行为理论、生产者行为理论、市场结构理论、生产要素收入分配理论和微观经济政策理论。

（1）均衡价格理论。均衡价格理论研究商品的价格如何决定，研究价格对消费者的需求和生产者的供给所产生的影响，以及价格如何调节整个社会经济的运行。

（2）弹性理论。弹性理论是在均衡价格理论的基础之上，表示因变量（经济变量）的相对变化对自变量相对变化的反应程度或灵敏程度，是把商品按照与人们生活密切程度不同的具体量化反映。

（3）消费者行为理论。消费者行为理论研究消费者如何把有限的收入分配到各种物品的消费上，以实现效用的最大化。

（4）生产者行为理论。生产者行为理论是研究生产要素投入与产量之间关系的理论。解决生产要素的合理投入和最优组合问题，并对规模报酬进行分析以达到最佳规模。

（5）市场结构理论。市场结构理论是研究市场、市场结构和市场类型，研究不同市场条件下的生产者供给和短期均衡与长期均衡的问题。

（6）生产要素收入分配理论。生产要素收入分配理论研究生产要素（劳动、资本、土地、企业家才能）的价格和使用量与生产要素所有者收入（工资、利息、租金、利润）之间的关系。

（7）微观经济政策理论。它是研究与政府有关的价格管理、消费、生产的调节，以及实现收入分配平等化的相关政策。

2. 微观经济学的研究对象

微观经济学的研究对象可以从以下几点来理解：

（1）单个经济主体。经济活动的主体是指一个社会经济活动的当事人或决策者，因而也就是资源配置者和利用者。一个社会经济活动中有三种类型的经济主体：家庭、企业、政府。相对于政府而言，家庭和企业被称为单个经济主体，是微观经济学的研究对象，政府的积极行为是宏观经济学的研究对象。

①家庭是一个决策单位。家庭或居民户有些是由有血缘关系的人群组成，有些是由一个人组成。每个家庭都有无限的欲望和有限的资源，在经济活动中，家庭一方面要购

买并消费产品和劳务，另一方面拥有并出售所有的生产要素，这些经济活动需要家庭独立做出选择。

②企业是生产产品和劳务的组织。所有生产者，无论大小，生产什么，都称为企业或厂商，如农业承包户、房地产商、机床厂、银行、旅行社等。在经济活动中，企业生产并出售产品与劳务，企业雇佣并使用生产要素，企业在这些活动中也要做出独立选择。

③政府也提供产品与劳务，并进行收入和财产再分配。政府提供的最重要的劳务是法律框架及实施机制，还提供国防、公共卫生、交通、教育等劳务。政府同样要在经济活动中作选择。在一个社会中，有成千上万个家庭和企业在进行各自的决策活动，需要有一个“中心”——政府从中协调，才有可能使整个经济社会有条不紊地运行。而不同的经济社会协调机制的不同，形成了不同的经济体制。

(2) 研究对象是单个经济主体的积极行为。经济行为包括：家庭如何支配收入，怎么样以有限的收入获得最大的效用和满足；单个企业如何把有限的资源分配在各种商品的生产上以取得最大的利润。单个经济变量包括：单个商品的产量、成本、利润、要素数量；单个商品（包括生产要素）的效用、供给量、价格等。微观经济学通过对这些单个经济主体的行为和单个经济变量的分析，阐明它们之间的各种内在联系，从而确定和实现最优的经济目标。

(3) 中心理论是价格理论。个体经济单位的选择受到价格的影响，因此微观经济学的中心问题是价格问题。通过调节价格，是社会资源的配置实现最优化。微观经济学正是要说明价格是如何使资源配置达到最优化的。

(4) 解决的问题是资源配置。微观经济学实际上是研究一个经济社会既定的经济资源被用来生产哪些产品，生产多少，采用什么方式生产，产品如何在社会成员之间进行分配。因此，微观经济学研究的是既定的经济资源如何被分配到不同的用途上，即资源配置问题。

(5) 研究方法是个量分析。个量分析是研究经济变量的单项数值是如何决定的。

此外，在研究微观经济学时，一般有两条基本假设：一是经济人的假设，即假定人思考和行为都是目标理性的，唯一地试图获得的经济好处就是物质性补偿的最大化，即力图以最低的经济代价去追逐个人的最大化经济利益；二是完全信息的假设，主要是指市场上的每一个从事经济活动的个体，包括买者和卖者都对围绕商品交易的各种情况有完整的认识，即链接全部情况，并懂得商品性能。

1.2.2　宏观经济学

宏观经济学（Macroeconomics）是以整个社会的国民经济活动作为分析对象的经济理论，主要包括：国民收入决定理论、通货膨胀与失业理论、经济周期与经济增长理论、国际经济和宏观经济政策理论等。

(1) 国民收入决定理论。国民收入是衡量一国经济资源利用情况和整个国民经济状况的基本指标。国民收入决定理论就是从总需求和总供给的角度出发，分析国民收入及其变动的规律，这是宏观经济学的中心。

(2) 通货膨胀与失业理论。通货膨胀与失业是各国经济中的主要问题，宏观经济把通货膨胀与失业和国民收入联系起来，分析其原因及相互关系，以便找出解决这两个问题的途径。

(3) 经济周期与经济增长理论。经济周期是指实际国民收入增长率沿着充分就业国民收入增长率的波动，经济增长是指国民收入长期不断地增长的趋势。这一理论分析国民收入短期波动的原因和长期增长的源泉等问题，以期实现经济长期稳定的发展。

(4) 国际经济理论。国际经济理论主要分析一国国民收入的决定与变动如何影响其他国家，以及如何受其他国家的影响，同时也分析开放经济条件下一国经济的调节问题。

(5) 宏观经济政策理论。宏观经济政策包括政策目标、政策工具、政策效应。政策目标是指通过宏观经济政策的调节达到什么目的；政策工具是指用什么具体方法来达到目的；政策效应是指宏观经济政策对经济的作用。宏观经济政策为国家干预经济提供具体的措施。

1.2.3 微观经济学与宏观经济学的关系

微观经济学和宏观经济学作为西方经济学理论的两个分支，两者既有联系，又有区别。形象地说，两者的关系恰如树木和森林的关系。

微观经济学和宏观经济学两者互为基础和前提。具体说来，微观经济学是宏观经济学的基础，不理解单个经济行为主体的经济行为和单个市场的运行，就不可能对社会的整体经济行为和国民经济运行作出恰当的解释。宏观经济学是微观经济学的前提，因为微观经济学的分析往往以既定的宏观经济环境为前提，而宏观经济学则恰好以微观经济学的假定前提作为分析对象。

微观经济学和宏观经济学彼此不能相互替代。虽然两者都以经济主体的经济行为为分析对象，但毕竟整体并不等于部分之和。许多在微观经济分析中得出的正确结论，放到宏观经济分析中可能适得其反。比如，个别企业降低工人的工资，会引起该企业的生产成本下降，在其他条件不变的情况下，该企业的利润必然增加。但从宏观经济的角度来看，如果整个社会的所有企业都同时降低工人工资，则会导致居民户的消费支付能力下降和社会有效需求的减少。又比如，从个人的角度来看，储蓄可以获得利息，也表现出一种俭朴的美德，但从整个社会来看，在其他条件不变的情况下，社会储蓄的增加可能导致有效需求的减少，加重失业和经济衰退。

微观经济学和宏观经济学的界限实际上不可能泾渭分明。整体经济是单个经济单位的总和，总量分析是建立在个量分析基础之上的。例如，对整个经济的消费分析是以单个消费者行为理论为基础，对整个社会的投资分析也是以单个生产者的投资行为为分析基础的。同一经济现象，从一个角度看是宏观经济问题，从另一个角度看是微观经济问题，全面考察才不会流于偏颇。

【阅读材料】

总统的困惑

克林顿和叶利钦在首脑会谈的间歇闲聊。叶利钦对克林顿说："你知道吗，我遇到了一个麻烦。我有一百个卫兵，但其中一个是叛徒而我却无法确认是谁。"听罢克林顿说："这算不了什么。令我苦恼的是我有一百个经济学家，而他们当中只有一人讲的是事实，可每一次都不是同一个人。"

（资料来源：经济学家笑话全集 http：//www. wyzxsx. com/。）

1.3　经济学的研究方法

经济学作为一门科学，识别与我们从现实中观察到的事实相一致的实证性陈述并将其加以归类，这些陈述帮助我们理解现实经济是如何运行的。

经济学研究的是社会经济现象及其规律性，在经济学研究中不可能采取像物理、化学等自然学科中广泛采用的控制实验方法，经济学家通常依赖统计归纳和抽象演绎等逻辑推理方法进行研究，因而经济学研究中包括价值判断、思维规范选择等主观因素。由于经济学家所处的历史时期不同，价值标准和思维方式不同，于是就产生了一个问题有多种答案的情况。下面介绍的是经济学界普遍采用的主要分析方法。

1.3.1　实证分析法与规范分析法

西方经济学的分析方法有实证分析法和规范分析法之分，相应的经济学也有实证经济学（Positive Economics）和规范经济学（Normative Economics）之分。

经济学中的实证分析法来自于哲学上的实证主义方法。实证分析是一种根据事实加以验证的陈述，而这种实证性的陈述则可以简化为某种能根据经验数据加以证明的形式。在运用实证分析法来研究经济问题时，就是要提出用于解释事实的理论，并以此为根据进行预测，这也就是形成经济理论的过程。

实证分析法是在分析经济问题和建立经济理论时，撇开对社会经济活动的价值判断，只研究经济活动中各种经济现象之间的相互联系，运用"大胆假设、小心求证，在求证中检验假设"的方法，在做出与经济行为有关的假定前提下，分析和预测人们经济行为的后果。

实证经济学所力图说明和回答的问题是：①经济现象是什么，经济事物的现状如何；②有几种可供选择的方案，将会带来什么后果。实证经济学不回答是不是应该作出这样的选择的问题，即它企图超脱和排斥价值判断（即关于社会的目标应该是什么，经济事物是好是坏，对社会有无意义的价值判断），实证经济学所研究的内容具有客观性，是说明客观事物是怎样的实证科学。

规范分析法是以一定的价值判断作为出发点和基础，提出行为标准，并以此作为处理经济问题和制定经济政策的依据，探讨如何才能符合这些标准的分析和研究方法。

规范经济学研究和回答的经济问题是：①经济活动“应该怎么样”或社会面临的经济问题应该怎样解决；②什么方案是好的，什么方案是不好的；③采用某种方案是否应该，是否合理，为什么要作出这样的选择。

规范经济学涉及经济行为和经济政策对人们福利的影响和评价问题，涉及是非善恶、合理与否的问题，与伦理学、道德学相似，具有根据某种原则规范人们行为的性质。由于人们的立场、观点、伦理和道德观念不同，对同一经济事物、经济政策、同一经济问题会有迥然不同的意见和价值判断。对于应该做什么，应该怎么办的问题，不同的经济学家可能会有完全不同的结论。

如果重视数量关系和实证分析，就要注重调查。经济学家的调查分析不同于一般的统计调查，它是指对统计数据进行系统收集、阅读和分析。在经济学研究中，统计数字很重要，没有它就无法揭示复杂经济过程的数量关系。比如，如果你认为目前经济过热，就得先看看产出增长率、物价上涨率、市场供求差率、投资增长率等经济指标，然后才能根据公认的标准来解释你的判断。

经济学究竟是实证经济学还是规范经济学，西方经济学界目前仍在争论。一般而言，西方经济学的正统学派如凯恩斯主义学派和货币主义学派，比较重视实证分析法；而非正统学派如新制度经济学则比较强调规范经济分析。其原因是正统学派经济学是大垄断资产阶级的意识形态，它的任务是为垄断资产阶级及其政党出谋划策，它不愿意也不可能揭露资本主义经济制度的弊端。非正统经济学派基本是小资产阶级的意识形态，它奉行改良主义路线，试图按小资产阶级面目来改造资本主义世界，因此，它不可避免地会揭露资本主义制度的某些弊端，不可避免地要涉及是非善恶，即价值判断问题，涉及经济伦理。

1.3.2 均衡分析与非均衡分析方法

均衡（Equilibrium）是从物理中引进的概念。在物理中，均衡是表示同一物体同时受到几个方向不同的外力作用而合力为零时，该物体所处的静止或匀速运动的状态。

英国经济学家马歇尔（Alfred Marshall）把这一概念引入经济学中，主要指经济中各种对立的、变动着的力量处于一种力量相当、相对静止、不再变动的境界。这种均衡与一条直线所系的一块石子或一个盆中彼此相依的许多小球所保持的机械均衡大体上一致。均衡一旦形成后，如果有另外的力量使它离开原来的均衡位置，则会有其他力量使它恢复到均衡，正如一条线所悬着的一块石子如果离开了它的均衡位置，地心引力立即有使它恢复均衡位置的趋势一样。

均衡又分为局部均衡（Partial Equilibrium）与一般均衡（General Equilibrium）。局部均衡分析是假定在其他条件不变的情况下来分析某一时间、某一市场的某种商品（或生产要素）供给与需求达到均衡时的价格决定。一般均衡分析在分析某种商品的价格决定时，则在各种商品和生产要素的供给、需求、价格相互影响的条件下来分析所有商品和生产要素的供给和需求同时达到均衡时所有商品的价格如何决定。一般均衡分析是关于整个经济体系的价格和产量结构的一种研究方法，是一种比较周到和全面的分析方法，但由于一般均衡分析涉及市场或经济活动的方方面面，而这些又是错综复杂和瞬息万变的，实际上使得这种分析非常复杂和耗费时间。所以在西方经济学中，大多采用局部均衡分析。

非均衡分析法侧重于从历史、社会、制度因素等多方面和多角度来分析社会经济现象的变化。

1.3.3 静态分析法与动态分析法

宏观经济学和微观经济学所采用的分析方法，从另一角度看，又可分为静态分析、比较静态分析和动态分析。

静态分析（Static Analysis）就是分析经济现象的均衡状态以及有关的经济变量达到均衡状态所需要具备的条件，它完全抽象掉了时间因素和具体变动的过程，是一种静止地孤立地考察某些经济现象的方法。

如研究均衡价格时，抽象掉时间、地点等因素，并假定影响均衡价格的其他因素，如消费者偏好、收入及相关商品的价格等静止不变，单纯分析该商品的供求达于均衡状态的产量和价格的决定。简单地说就是抽象了时间因素和具体变动的过程，静止、孤立地考察某些经济现象，它一般用于分析经济现象的均衡状态以及有关经济变量达到均衡状态所需要的条件。

静态分析法分析经济现象达到均衡时的状态和均衡条件，而不考虑经济现象达到均衡状态的过程。应用静态分析法的经济学称为静态经济学。

比较静态分析（Comparative Static Analysis）就是分析在已知条件发生变化后经济现象均衡状态的相应变化，以及有关的经济总量在达到新的均衡状态时的相应的变化，即对经济现象有关经济变量一次变动（而不是连续变动）的前后进行比较。也就是比较一个经济变动过程的起点和终点，而不涉及转变期间和具体变动过程本身的情况，实际上只是对两种既定的自变量和它们各自相应的因变量的均衡值加以比较。动态分析则对经济变动的实际过程进行分析，其中包括分析有关总量在一定时间过程中的变动，这些经济总量在变动过程中的相互影响和彼此制约的关系，以及它们在每一时点上变动的速率等。这种分析考察时间因素的影响，并把经济现象的变化当做一个连续的过程来看待。

在微观经济学中，无论是个别市场的供求均衡分析，还是个别厂商的价格、产量均衡分析，都采用静态分析和比较静态分析的方法。

动态分析（Dynamic Analysis）是对经济变动的实际过程所进行的分析，其中包括分析有关变量在一定时间过程中的变动，分析这些经济变量在变动过程中的相互影响和彼此制约的关系以及它们在每一个时点上变动的速率等。动态分析法的一个重要特点是考虑时间因素的影响，并把经济现象的变化当做一个连续的过程来看待。

经济学动态分析是在假定生产技术、要素禀赋、消费者偏好等因素随时间发生变化的情况下，考察经济活动的发展变化过程。应用动态分析法的经济学称为动态经济学。其中著名的动态分析理论有蛛网定理和宏观经济增长与周期方面的理论。

动态分析在微观经济学中进展不大，只在蛛网定理（Cobweb Theorem）这类研究中，在局部均衡的基础上采用了动态分析法。在宏观经济学中，则主要采用的是比较静态和动态分析法，凯恩斯在《就业、利息和货币通论》一书中采用的主要是比较静态分析法，而其后继者们在发展凯恩斯经济理论方面的贡献，主要是长期化和动态化方面的研究，如经济增长理论和经济周期理论。

1.3.4 边际分析法

在西方经济学中，我们把研究一种可变因素的数量变动会对其他可变因素的变动产生多大影响的方法，称为边际分析法，它是运用导数和微分方法研究经济运行中微增量的变化，用以分析各经济变量之间的相互关系及变化过程的一种方法。

边际即“额外的”、“追加”的意思，指处在边缘上的“已经追加的最后一个单位”，或“可能追加的下一个单位”。说得确切一些，自变量每增加一单位，因变量所增加的量就是边际量。比如说，生产要素（自变量）增加一单位，产量（因变量）增加了2个单位，这因变量增加的两个单位就是边际产量。或者更具体一些，运输公司增加了一些汽车，每天可以多运200名乘客，这200名乘客就是边际量。边际分析法就是分析自变量变动一单位，因变量会变动多少，就是指在函数关系中，自变量发生微量变动时，在边际上因变量的变化，边际值表现为两个微增量的比。

这种分析方法广泛运用于经济行为和经济变量的分析过程，如对效用、成本、产量、收益、利润、消费、储蓄、投资、要素效率等的分析多用到边际分析法。

经济学研究经济规律也就是研究经济变量相互之间的关系。经济变量可以取不同数值的量，如通货膨胀率、失业率、产量、收益等。经济变量分为自变量与因变量，自变量是最初变动的量，因变量是由于自变量变动而引起变动的量。例如，如果研究投入的生产要素和产量之间的关系，可以把生产要素作为自变量，把产量作为因变量。自变量（生产要素）变动量与因变量（产量）变动量之间的关系反映了生产中的某些规律。分析自变量与因变量之间的关系的方法就是边际分析法。

1.3.5 经济模型分析法

经济模型（Economic Iviodel）是指用来描述同研究对象有关的各种经济变量之间依存关系的理论结构。通常的经济变量有：

内生变量（Endogenous Variable），又叫非政策性变量、因变量，是指在经济机制内部由纯粹的经济因素所决定的变量，不为政策左右。

外生变量（Exogenous Variable），又称政策性变量，是指在经济机制中受外部因素影响，而非由经济体系内部因素所决定的变量。这种变量通常由政策控制，并以之作为政府实现其政策目标的变量。

流量（Flow），是指一定时期内发生的某种经济变量变动的数值，它是在一定的时期内测度的，其大小有时间维度；与之相对应的是存量（Stock），是在某一时点上测度的，其大小没有时间维度。

存量与流量的划分，对于理解经济活动中各种经济变量的关系及其特征和作用至关重要。例如在财富与收入这两个经济变量中，财富就是一个存量，它是某一时刻所持有的财产；收入是一个流量，它是由货币的赚取或收取的流动率来衡量的。存量与流量之间有密切的联系。流量来自存量，如一定的国民收入来自一定的国民财富；存量又归于流量之中，即存量只能经由流量而发生变化，如新增加的国民财富是靠新创造的国民收入来计算的。

存量分析和流量分析是现代西方经济学中广泛使用的分析方法。存量分析就是对一定时间点上已有的经济总量的数值及其对其他经济变量的影响进行分析；流量分析则是对一定时期内有关经济总量的变动及其对其他经济总量的影响进行分析。在宏观经济学的总量分析中，既可以从存量着手，也可以从流量着手。

经济模型分析法一般由定义、假设、假说和预测四个部分组成。

1. 定义

定义是指对经济模型所用的经济变量的内涵和外延作出的明确规定。比如，如果我们要建立一个简单的有关某种商品的价格模型来确定影响该商品价格的主要因素及其相互关系，首先就必须对与这一模型有关的几个主要变量作出规定，即明确价格及其主要相关变量的含义。

2. 假设

假设是指对经济模型所适用的条件进行预先说明，因为在现实经济生活中，对任何一个经济变量来说，其影响因素都是十分复杂的，为了抓住重点便于分析，往往必须对诸多不影响分析结论的真实性的因素进行取舍。比如，为了建立一个简单的价格模型，我们可以假设影响价格的主要因素只有需求和供给，而有意识地对其他许多可能影响价格的因素弃而不论。

3. 假说

假说是指在一定的假设条件下对经济变量之间的依存关系所进行的说明，假说是一种未经证明的理论。假说的提出是建立经济模型的核心部分和关键步骤。下面就是一个有关某种商品价格的假说的示例：在其他条件既定的情况下，某种商品的价格由该商品的需求和供给决定，价格的高低与该商品的需求量呈正相关关系，与该商品的供给量呈负相关关系。

4. 预测

预测是指根据假说对经济现象未来发展的可能性进行预测，预测是对经济模型的应用。如根据上述价格模型，当我们发现一些因素的变化会导致市场对某种商品的需求增加时，我们就可以做出该商品价格有上升趋势的预测。这一预测是否准确，则应根据事后经验来检验，并通过检验来对经济模型的合理性作出判断，以决定模型的取舍。如图1-2所示为建立经济模型的基本程序图。

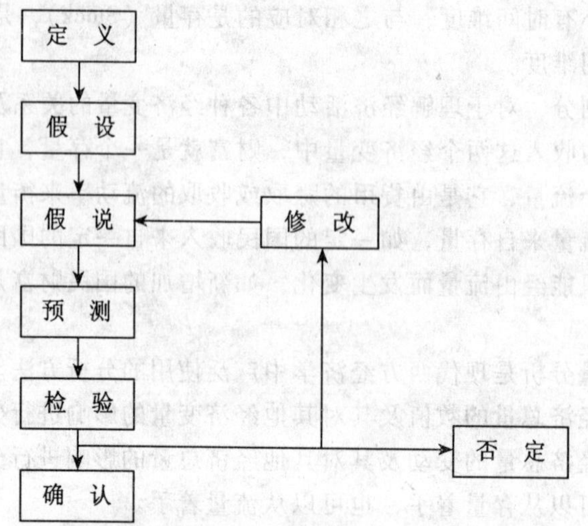

图 1-2 建立经济模型的基本程序图

经济学研究方法既涉及哲学问题，也涉及具体应用的经济学科方法。

经济学从本质上说是一门历史学科，它以历史上经常变化的社会经济过程作为自己的研究对象，因而经济学必然随着社会经济的发展而不断发展，必然受到当前社会政治状况的影响，经济学方法论就是对不断演化的经济理论研究方法和论述体系的理论概括。

本章小结

（1）经济学是研究如何竞争地选择、分配稀缺的产品和资源的方法和学问。无论是决定家庭的消费量，企业的生产量，还是决定一国经济整体的消费量和储蓄量，都可以看做是对有限资源的选择和分配的结果。

（2）经济活动主体是指一个社会经济活动的当事人或决策者。经济体制是指一个经济社会活动的协调机制，不同的经济体制具有不同的运行机制，完全的市场经济可以通过价格机制与供求的相互作用来解决；完全的计划经济仅仅通过计划体制的作用，代替供求机制与价格机制来解决；而实际经济的运行往往是价格机制与计划机制的某种结合，通过两种机制共同作用来解决三个基本问题。

（3）微观经济学与宏观经济学是经济学的两个基本领域。微观经济学是运用供求分析法和边际分析法研究居民家庭和企业厂商的经济行为，包括价格、弹性、市场类型、消费与生产；宏观经济学研究影响整体经济的力量和趋势。

（4）经济学研究的基本方法是实证分析法和规范分析法。实证分析法是一种描述和解释性的方法，它不提倡或尽量避免价值判断，做出关于世界“是什么”的描述；

规范分析是命令性的，它通过检验证据而确定或否定实证表述，做出关于世界“应该怎么样”的描述。其他研究方法有静态分析法、局部均衡分析法、边际分析法、经济模型分析法等。

案例分析 1-1

杭州，富人的游乐场？

人均收入全国排名第十的杭州，房产均价却已经超过广州、北京、上海，靠西湖边的房子现在至少15000元每平方米，而且几乎没有现房。以西湖为原点，各个地方的房子以靠西湖的距离增加而逐渐改变。沿西湖边的1万元/平方米~2万元/平方米，到体育场路附近的8000元/平方米左右，而外围区域的平均房价从1998年的不到2500元/平方米上升到了2004年的6500元/平方米。

浙江大学房地产研究中心李博士是杭州房地产的长期研究者，他坦言用自己的工资，可能得花100年才能在杭州买套自己比较满意的房子。

曾有学者指出，这可能会出现城市空中心，即作为中低等收入的群体会因为房价过高而不断向外搬迁造成市中心人口过少，出现市区空心化倾向。杭州日益升高的房价已经导致大量的中小企业外逃，而城市空心化倾向也有所表现。杭州市区偏小，和杭州市的经营方式有很大关系。杭州的房价越来越昂贵，天堂也因此越发遥不可及，假如这样下去，天堂将成为少数富人的游乐场，而真正的居民将抛弃杭州。

对该学者提出的观点，在浙江都市网上展开的评论已经超过了800条，观点呈正、反两个方面：

支持方认为：“杭州的发展非常成功，一个能够吸引富人的城市是有活力、领导人有能力的极具发展潜力的城市”；“没有杭州领导人‘经营城市’的伟大理念就不可能有今天杭州市的活力”。

反对方的评论还是持质疑或无法理解的态度，认为杭州的“钻石级”房价让众多杭城普通市民和外来人员的生存压力骤增，根本无力承担如此重负。据市统计局的调查统计，杭州市区居民中最低收入家庭约占1.5%，低收入家庭（户均年收入在1.5万元以下）约占10%，中等收入家庭（户均1.5万元~3.5万元）约占50%，其余为高收入家庭，这显然与杭州普通老百姓眼中越来越遥不可及的房价有着天壤之别。有网民甚至表示：“不是老百姓抛弃了杭州，而是杭州抛弃了老百姓。”

（资料来源：《杭州，富人的游乐场？》，新周刊，2004年9月。）

本 章 训 练

一、单项选择题

1. 经济学可定义为（　　）

A. 政府对市场制度的干预

B. 消费者任何获取收入的活动

C. 研究如何最合理地配置稀缺资源用于诸多用途

D. 企业取得利润的活动

2. 经济学主要是研究（　　）

A. 与稀缺性相关的问题　　B. 如何在股票市场赚钱

C. 为什么无法作出选择　　D. 用数学方法建立理论模型

3. 当资源不足以满足人的需求时（　　）

A. 政府必须决定谁的要求不能被满足　　B. 必须作出选择

C. 必须有一套市场系统起作用　　D. 价格必定上升

4. 选择具有重要性，主要是因为（　　）

A. 人们是自私的，他们的行为是为了个人利益

B. 选择导致稀缺

C. 用于满足所有人的资源是有限的

D. 政府对市场经济的影响有限

5. 时间（　　）

A. 不是稀缺资源，因为永远有明天

B. 与资源分配决策无关

C. 对生产者是稀缺资源，但对于消费者不是

D. 对任何人来说都是稀缺资源

6. 在美国，生产什么和生产多少的问题主要取决于（　　）

A. 政府和企业的相互影响　　B. 经济中那些最大的公司

C. 政府的经济顾问　　D. 企业和消费者间的相互影响

7. 经济物品指的是（　　）

A. 有用的物品

B. 数量有限，要花费代价才能得到的物品

C. 稀缺的物品

D. 数量无限，不用付出代价就能得到的物品

8. 经济学研究的基本问题是（　　）

A. 生产什么，生产多少　　B. 怎样生产

C. 为谁生产　　D. 以上选项均正确

9. 经济学说中的"资源是稀缺性的"是指（　　）

A. 世界上大多数人生活在贫困中

B. 相对于资源的需求而言，资源总是不足的

C. 资源必须保留给下一代

D. 世界上的资源最终将由于生产更多的物品和劳务而消耗光

10. 下列命题哪一个不是实政经济学的命题（　　）

A. 1982 年 8 月美联储把贴现率降到 10%

B. 1981 年失业率超过 9%

C. 联邦所得税对中等收入家庭是不公平的

D. 社会保险税的课税依据现已超过 30000 美元

11. 下列哪一项是规范经济学的说法（　　）

A. 医生挣的钱比蓝领工人多　　B. 收入分配中有太多的不平等

C. 通货膨胀率用于衡量物价变化水平　　D. 去年计算机的价格是 2500 美元

12. 经济学家对一项政府政策的效果作出预测属于（　　）

A. 规范经济学分析　　B. 宏观经济学分析

C. 微观经济学分析　　D. 实证经济学分析

13. 稀缺性属于（　　）

A. 竞争是要被消灭的　　B. 决策者必须作出选择

C. 政府必须干预经济　　D. 市场经济不能充分发挥作用

二、问答题

1. 为什么说资源的稀缺性是经济问题产生的基本前提？

2. 什么是微观经济学和宏观经济学及其相互关系？

3. 什么是经济模型及其基本建立程序？

4. 判断下列命题哪些属于实证分析，哪些属于规范分析。

（1）最低工资率法律增加了青年工人和非熟练工人的失业率。

（2）20 世纪 70 年代世界油价暴涨主要是由垄断造成的。

（3）政府在扩大就业方面还应该起到更大的作用。

（4）政府开支已经超过了应有的水平。

（5）在美国，收入最高的 10% 的家庭占据了总收入的 25%，而收入最低的 20% 的家庭在总收入中仅占 11%，这样的收入分配是不合理的。

（6）治理通货膨胀比增加就业更重要。

（7）利率上升有利于增加储蓄。

（8）经济发展过程中出现收入差别扩大是正常的。

（9）效率比平等更重要。

（10）效率就是生产率的提高。

第 2 章 价格决定理论

学习目标

1. 掌握需求与供给的概念，理解影响需求与供给的因素，掌握需求定理与供给定理，会画需求曲线与供给曲线，能理解需求（供给）与需求量（供给量）的区别；

2. 掌握市场均衡价格的决定和变动的内容；掌握弹性的概念，掌握需求收入弹性的计算方法，掌握需求曲线的形状与需求价格弹性的变化，掌握需求价格弹性与厂商销售收入的关系，理解影响需求价格弹性的因素，理解需求交叉弹性的概念，掌握用需求交叉弹性来判定互补品或替代品的方法，理解需求收入弹性的概念，掌握需求收入弹性与商品的分类；

3. 理解供给价格弹性的概念。

知识能力

1. 能画出需求曲线与供给曲线以及曲线的移动；
2. 能图解均衡价格与价格的移动；
3. 会计算各类弹性系数；
4. 能用供需原理分析经济现象。

工作任务

1. 区分需求量的变动与需求的变动；
2. 图解均衡价格的决定和变动；
3. 计算需求价格弹性和收入弹性；
4. 运用供需原理及弹性原理分析经济问题。

关键词

需求；供给；需求曲线；供给曲线；均衡价格；弹性

案例导入

淡水养殖业的供给与价格

武汉市黄陂区滠口镇有一片湖区叫三闸村，非常适合淡水养殖。2002 年以前，这里主要养殖的是鲫鱼和草鱼。2002 年，该区的农民张万年（化名）在村里首次养鳖，当年丰收，获利 3 万元，平均每亩获利高于养鱼。2003 年，张万年扩大投资，把养殖面积由原来的 10 亩扩大为 20 亩，而其他村民也纷纷效仿，改养鱼为养鳖。张万年原指望扩大投资能带来更多的利润，但结果是在 2003 年张万年盈亏基本持平。以后一直到 2008 年，他都没有扩大投资，也只能盈亏持平。到了 2009 年，张万年养鳖亏损 2 万元，原因是当地养鳖的人太多了，价格下降了很多。

在市场经济中，价格一般是由市场来决定的，准确地说，是由市场的需求与供给来决定的。一般来说，某种商品供不应求时，其价格就会上升；而当这种商品供过于求时，其价格就会下降。而价格对于生产者和消费者来说都至关重要：对于生产者来说，他生产的商品的价格会直接影响生产的盈亏；而对于消费者来说，某种商品价格的高低，会决定他是否购买这种商品以及购买多少这种商品，还会影响他从消费这种商品中感受或所得到的满足程度（一般来说，消费者如果购买商品的价格比预想的价格越低，他就感到越快乐；相反，如果购买商品的价格如果比预想的越高，他就感到越“吃亏”，也就是越不快乐①）。正因为价格如此重要，所以我们学习西方经济学要从价格入手。

2.1　需求理论

在市场经济中，价格是在买者和卖者之间自愿达成的，所以我们研究价格就要研究买者如何买，卖者如何卖。本节我们研究买者如何买，这就涉及一个非常重要的经济学概念——需求。

2.1.1　需要、需求与需求量

在日常生活中，我们经常听人们说：“我想买某某东西。”如张三说：“我想买一台液晶电视机。”这就是说张三需要（Need）一台液晶电视机。但是张三的这个需要不一定是经济学中所说的需求。如果一台液晶电视机的价格是 5 000 元，而且张三又有至少 5 000 元的支付能力的话，我们才能说张三对液晶电视机有需求（Demand）。

经济学中的需求是指在一定时期内，在各种可能的价格水平下愿意而且能够购买的商品的数量。关于这个概念，有下面几点需要注意：

首先，经济学中需求有两重含义：①偏好，②收入约束（能够购买）。二者缺一不可。如果某人对某件商品只有偏好（需要）而无支付能力，则不构成需求；如果某人对某商品有支付能力，但他对此商品没有偏好（不需要或用不着），也不构成需求。例如，张三非常想要一台液晶电视机，但是他没有支付能力，所以他对液晶电视机其实没有需求。又如，张三很有钱，完全有能力买得起一台收音机，但是他从来不听收音机，

---

① 这就涉及另一个经济学概念：消费者剩余。本书会在后面的章节中详细介绍这个概念。

对收音机完全没有偏好，则他对收音机也不存在需求。在上例中，张三想要一台液晶电视机（有偏好），如果他的支付能力大于等于液晶电视机的价格，则构成对液晶电视机的需求。

其次，需求与需求量是两个不同但又有联系的概念。需求量（Quantity of Demand）是指在某一时期内某一特定的价格下，消费者愿意且能够购买的商品和服务的数量。如果把消费者看做一个整体，一个价格只能对应一个需求量，所以需求量是个“点”的概念。需求是在各种可能的价格水平下，消费者的各个需求数量，它是各种需求量的组合，所以需求是一个“面”的概念。例如，武松喜欢喝酒，他也有支付酒价的能力。如果酒价很低，如1元钱1碗，他愿意买18碗酒喝，这里18碗就是武松在价格为1元时的需求量；如果酒价很高，如10元钱一碗，他愿意买2碗酒喝，这里2碗就是武松在价格为10元时的需求量；如果酒价涨到20元一碗，他只愿意买1碗喝了，这里1碗就是武松在价格为20元时的需求量。假设酒只有这三种价格，那么，18碗、2碗和1碗就构成了武松对酒的需求。在经济研究中，我们一般假设有无限多个价格，对应无数个需求量，这将在后面会讲到的需求曲线图中表现出来。

再次，需求是有时间范围的。也就是说，从一段时间到另一段时间人们的需求往往会发生变化。如20世纪80年代以前，大多数中国人是不吃鸡爪子的，也就是对鸡爪子没有需求；但是到了现在，大多数人很喜欢吃鸡爪子，也就是对鸡爪子有很大的需求。

最后，需求的对象不仅是有形的物品，如苹果、烤鸭、电视机等，还包括无形的物品，如教育、家政服务、心理辅导等。在这里，我们简单地把有形的用于交换的物品叫做商品，无形的用于交换的物品叫做服务（Service）。人们仅对有形的商品有需求，而且，在现代社会中，人们对于服务的需求越来越高，如银行服务、电信服务、教育、医疗等。

2.1.2 影响需求量的因素

影响某种商品的需求量的因素是多方面的，其中常见的因素有：商品自身的价格、相关商品的价格、消费者的收入水平、消费者的偏好和消费者对该商品价格的预期等。下面对这些因素作一些详细的介绍。

1. 商品自身的价格

一般说来，如果一种商品的价格越高，则人们对其需求量就越小，反之则相反。但是对于某些特殊的商品，在一些特殊情况，价格越高，需求量反而越高，价格越低，需求量越低。如在一定时期内，如果一只股票的价格一路高涨，则人们都抢着购买这只股票，需求量越来越高；如果一只股票的价格一路走低，则持有这只股票的人都想抛售，于是需求量反而越来越低，这就是人们常说的“追涨杀跌”。在证券市场、期货市场、楼市、古董市场，往往出现追涨杀跌的现象，但是对于绝大多数商品，价格与需求量之间是呈反方向变动的。

2. 相关商品的价格

一种商品的需求量受相关商品价格的影响，是因为相关商品可能是这种商品的互补品或替代品。替代品（Substitutes）是指具有相同或相似功能的产品，如公交车和私人轿车、洗衣粉和肥皂。从经济学上来说，如果一种物品价格的上升引起另一种物品需求量的增加（反之则相反），则这两种物品被称为替代品。例如，如果苹果的价格上涨，而橙子的价格不变，人们会增加对橙子的需求量而减少对苹果的需求量，这时，我们就说橙子是苹果的替代品。

互补品指两种商品必须互相配合，才能共同满足消费者的同一种需要；从经济学上来说，对于两种物品，如果一种物品价格的上升引起另一种物品需求的增加（反之则相反），则这两种物品互为替代品，如照相机和胶卷。照相机的需求量与胶卷的价格有着密切关系，一般而言，胶卷价格下降，照相机的需求量就会上升，两者呈反方向变化。现在数码相机大行其道，一个很重要的原因是因为数码相机不用胶卷，相当于胶卷的价格为零，所以即使数码相机相对于传统相机要贵，但是人们对数码相机的需求量还是很大。所以，如果 X 和 Y 是互补品，X 的需求量就与 Y 的价格呈反方向变化。

3. 消费者的收入水平

一般说来，当消费者的收入水平提高后，他对原来有需求的商品的需求量会增加，也有可能对原来没有需求的商品产生了需求。但是对于一些特殊的商品，人们收入水平提高之后，需求量不会有明显增加，如人们对食盐的需求。还有一些商品，人们收入水平提高之后，需求量不但不会增加，反而会减少。如一个人收入很低时，天天吃土豆，当他收入提高了很多之后，可能就再也不想吃土豆了，需求量降为零。

4. 消费者的偏好

不同的人，对于同一种商品，其偏好程度是不一样的，即使在其他条件相同的情况下，他们对于这种商品的需求量也是不同的。例如，收入条件相同的情况下，一个摄影爱好者会购买一台单反数码相机而不会购买一台普通卡片数码相机，而另一个对摄影没有什么爱好的人，则不会购买单反数码相机而只会买一台普通的卡片数码相机，因为单反数码相机比普通卡片数码相机贵很多。可以这样说，由于摄影爱好者对于单反数码相机的偏好远远大于非摄影爱好者，所以导致此二人对于单反数码相机的需求量是完全不同的。

此外，同一个人，在不同时期，他对于同一种商品的需求量也是不一样的。例如，有很多南方的同学，原本不吃辣食，但到了武汉上大学之后，逐渐喜欢吃辣食了，对于辣食的需求量也逐渐增加。

5. 消费者对于商品价格的预期

如果消费者预期某种商品价格在未来一段时间会上涨，就会增加对这种商品的购买量，以减少未来商品价格上涨带来的损失，这就是“囤积”；反之，如果消费者预期某种商品的价格在未来一段时间会下跌，就会减少对该商品的购买量（需求量）。例如，1987—1989 年期间，我国发生了较严重的通货膨胀，当时人们预期物价会持续上涨，结果全国各地人们抢购各种物品，尤其是必需品，如米、面、食油等，甚至还出现过抢购食盐的风潮。前面所讲的追涨杀跌现象，其实也与预期有很大的关系。

除上述几个因素之外，人口、情感因素等也会对需求量产生影响。

2.1.3 需求函数、需求表和需求曲线

1. 需求函数

上面我们已经分析过，影响商品需求量的因素是多方面的，如果把这些因素和需求量之间的关系用函数的形式表示出来，就是需求函数。所谓需求函数，是指一种商品的需求数量和影响该需求数量的各种因素之间的相互关系。按这个定义，可以用影响需求数量的各个因素作为自变量，把需求量作为因变量，则需求函数的函数形式如下：

$$Q_d = f(P, R, I, P_f, E)$$

式中：Q_d表示商品的需求量；P 表示商品自身的价格；R 表示相关商品的价格；I 表示消费者的收入水平；P_f 表示消费者的偏好；E 表示消费者对于商品价格的预期。

但是，由于上述的因变量太多，不便于进行分析，于是我们可以在这些变量中，找出一种最重要的变量，假定其他变量保持不变。这个最重要的变量显然应该是价格。于是，假定其他因素保持不变，仅仅分析价格对该商品需求量的影响，需求函数就可以用下式表示：

$$Q_d = f(P)$$

式中：P 为商品的价格；Q_d为商品的需求量。

2. 需求表

上式中的需求函数其实表示商品的需求量和商品的价格之间存在着一一对应的关系。为了表示这种对应关系，我们可以用需求表来表示。

需求表是表示一种商品的各种价格水平和与之对应的各个需求量之间关系的数字序列表。

假设王家喜欢吃苹果，比较符合现实的情况是：苹果的价格越低，王家每年买苹果的数量就越多；苹果的价格越高，王家每年买苹果的数量就越少。如果苹果的价格为2元/千克,王家每年的需求量是350千克；如果苹果的价格上涨为4元/千克，王家每年的需求量就降为300千克；如果苹果的价格上涨为6元/千克，王家每年的需求量继续降为250千克……当价格上涨到14元/千克时，王家每年的需求量就只有50千克了。详细情况如表2-1所示。

表2-1 **苹果的需求表**

需求量（千克/年）	350	300	250	200	150	100	50
价格（元/千克）	2	4	6	8	10	12	14

3. 需求曲线

在研究需求曲线时，我们从个人的需求曲线入手，然后再导出市场的需求曲线。

（1）个人的需求曲线。如果把上表的价格—需求量的组合描在平面坐标系中，画成一个个的点，然后再用平滑的曲线依次连接这些点，就构成了需求曲线（如图 2-1 所示）。

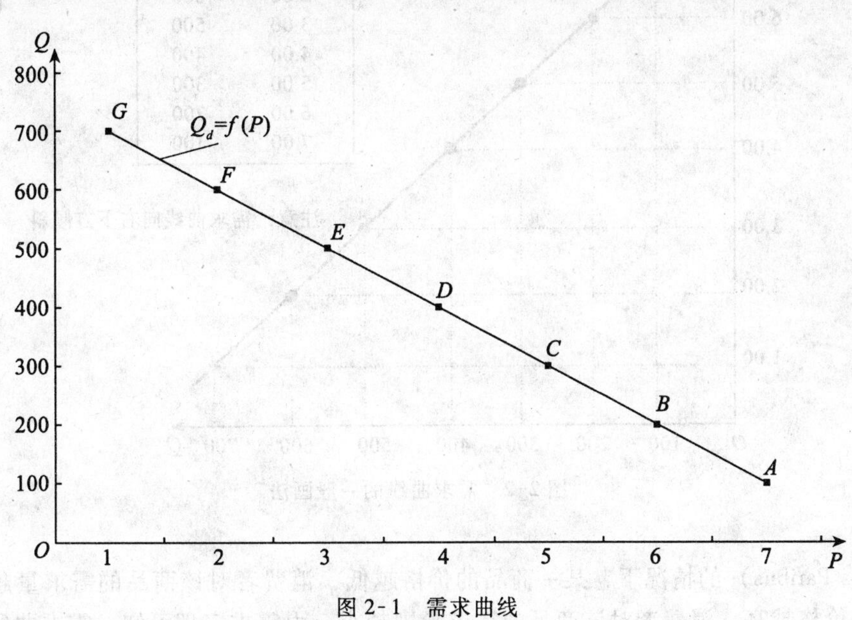

图 2-1　需求曲线

对于需求曲线的理解，要注意以下几点：

首先，需求曲线向右下方倾斜。对于一般商品和服务来说，在一般情况下，价格和需求量是反向变动的。价格越高，需求量就越小；价格越低，需求量就越大，所以需求曲线是向右下方倾斜的。

其次，需求曲线假定为连续的曲线。上图中的需求曲线实际上是由 *A*、*B*、*C*、*D*、*E*、*F*、*G* 七个点连接而成的，它不是连续的。但是在微观经济学中，一般都假设有无限多个价格，对应无限多个需求量，所以需求曲线是连续的。

再次，需求曲线的形状可以是直线型的，也可以是曲线型的。为了研究方便，我们一般使用直线型需求曲线，所以其函数形式也一般采用线性函数。线性需求函数的形式一般为：

$$Q_d=\alpha-\beta\cdot P$$

式中 α、β 为常数，且 α、$\beta>0$。

显然，α 为需求曲线在横轴上的截距，β 为需求曲线的斜率。

最后，需要注意的是，在经济学研究中，需求曲线图中的横轴一般为因变量，纵轴一般为自变量，与图 2-1 所示的形式有些不一样，而是表示成如图 2-2 所示的形式。

在横轴为 Q（需求量）、纵轴为 P（价格）的坐标系中，需求曲线向右下方倾斜。这就涉及一个重要的经济学原理：需求定理。

需求定理（Law of Demand）也称需求定律或需求法则，指在其他条件不变

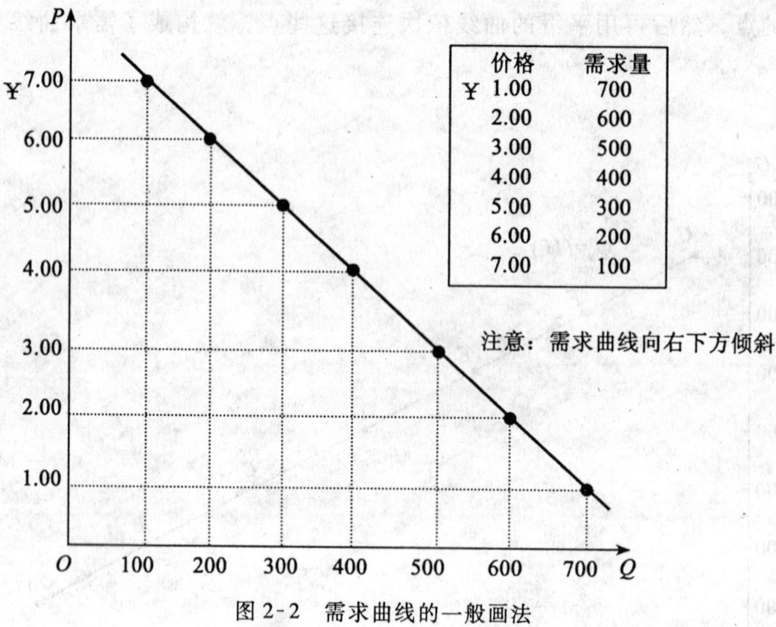

图 2-2 需求曲线的一般画法

(Ceteris Paribus) 的情况下，某一商品的价格越低，消费者对该商品的需求量越大；而商品的价格越高，消费者对该商品的需求量则越小。由需求定理可知，需求曲线应该向右下方倾斜。

注意，需求定理只适用于一般情况。在某一特殊时期的特殊商品，需求量可能和价格同方向变动，这就是吉芬物品（吉芬商品）。

在 19 世纪，吉芬爵士观察到爱尔兰贫民因为缺乏支付能力，多以比较便宜的马铃薯充饥，很少能吃他们视为佳肴的面包，但是当马铃薯涨价的时候，他们因为更没有钱买面包，反而被迫买更多的马铃薯。像马铃薯这类需求量与价格同方向变动的特殊商品以后也被称为吉芬物品。吉芬物品是在特殊时段下产生的，过了这个时段，就不再是吉芬物品。例如，在今天，马铃薯的需求量和价格是呈反方向变动的，属于正常商品。

（2）市场需求曲线。市场需求是所有个人对某种物品或劳务需求的总和。所以，市场的需求曲线可以由个人的需求曲线横轴相加而得到。为了便于研究，我们假设市场上只有三个消费者，他们是 Tom，George 和 Lisa，将他们的需求曲线通过横轴相加，即可得到市场需求曲线（如图 2-3 所示）。

市场需求是从个人需求推导出来的，所以，影响个人需求量的所有因素都会影响市场需求量。

2.1.4 沿需求曲线的移动与需求曲线的移动

1. 沿需求曲线的移动

需求曲线是在假定“其他情况不变”的前提下构建的。在这一前提下，价格变化

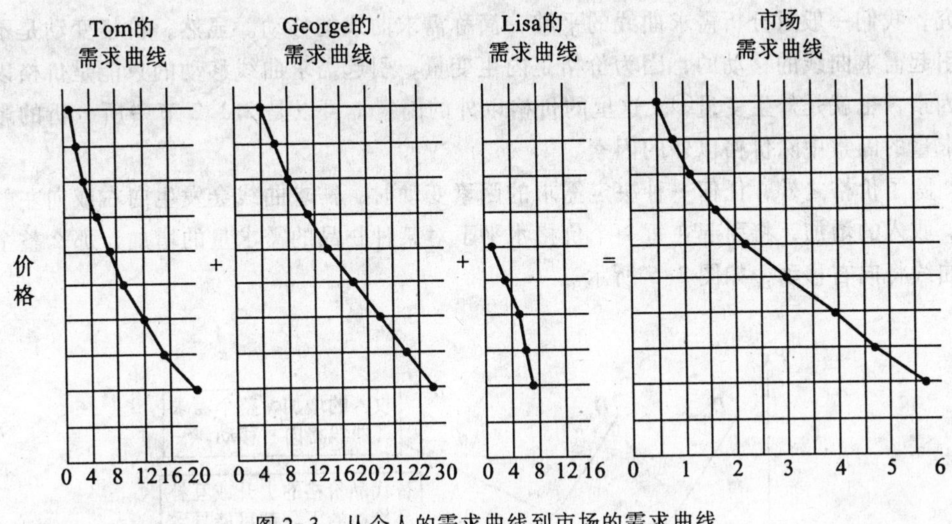

图 2-3　从个人的需求曲线到市场的需求曲线

对需求的影响表现为价格—数量组合点沿需求曲线移动（内生变量的移动），如图2-4所示。

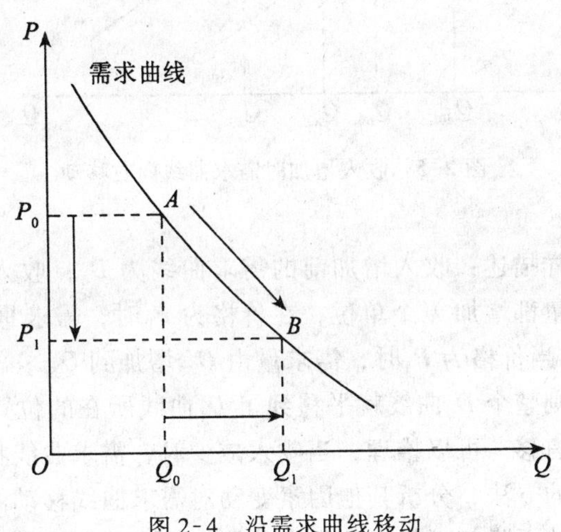

图 2-4　沿需求曲线移动

例如，当价格为 P_0 时，对应的需求量为 Q_0，在需求曲线上对应 A 点；当价格为 P_1 时，对应的需求量为 Q_1，在需求曲线上对应 B 点。从需求点来看，就表现为 A 点沿着需求曲线移动到 B 点。

2. 需求曲线的移动

前面我们讲过，简化分析的需求曲线可以用下面的函数表示：

$$Q_d = \alpha - \beta \cdot P$$

由数学知识，我们知道，β 变动会引起曲线的倾角发生变化；α 变化，会引起曲线在横轴（需求量轴）的截距的变化，也就是平移。在经济学分析中，为了简化问题的研究，我们一般只分析需求曲线的平移，简称需求曲线的移动。显然，价格变动是不可能引起需求曲线的移动的，因为价格是内生变量，引起需求曲线移动的只能是价格以外的因素，也就是外生变量①。这里的价格以外的因素，可以是 2.1.2 节中所分析的影响需求量的因素中除价格以外的因素。

除了价格之外，任何一种决定需求的因素变动时，需求曲线会发生向右或向左的移动。收入的增加，将引起在每一个价格水平下对某种物品的需求量的增加，那么整个需求曲线将向右移动，如图 2-5 所示。

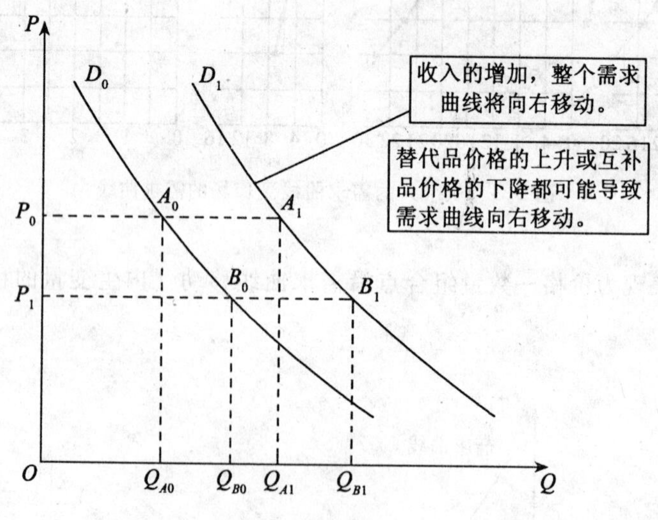

图 2-5　收入增加时需求曲线向右移动

具体过程可以这样描述：收入增加前的需求曲线为 D_0，收入增加后，消费者在每一个价格之下的需求量都增加 λ 个单位，在价格为 P_0时，需求量由 Q_{A0}增加到 Q_{A1}，需求点由 A_0移动到 B_0；当价格为 P_1时，需求量由 Q_{B0}增加到 Q_{B1}，需求点由 A_1移动到 B_1。假设有无数个价格，则整个 D_0曲线就平移到了 D_1曲线所在的位置了。也就是说，当收入增加时，需求曲线右移。可以推理，当收入减少时，需求曲线将左移。

我们可以用同样的方法，分析其他因素变动对需求曲线移动的影响：如替代品价格的上升或互补品价格的下降都可能导致需求曲线向右移动。如果价格之外的其他因素发

---

① 在经济模型中，内生变量是指该模型所要决定的变量；外生变量是指由模型以外的因素所决定的已知变量，它是模型据以建立的外部条件。内生变量可以在模型体系内得到说明，外生变量决定内生变量，而外生变量本身不能在模型体系中得到说明。参数通常是由模型以外的因素决定的，因此也往往被看成外生变量。

例如 $Q_d=\alpha+\beta\cdot P$，表示价格与数量的关系，则 α、β 是参数，都是外生变量；P、Q 是模型所要决定的变量，所以是内生变量。除此之外，譬如相关商品的价格、人们的收入等其他与模型有关的变量，都是外生变量。

生变化引起需求量下降，那么，整个需求曲线将向左移动（线动）。

到此，我们可以将沿着需求曲线的移动和需求曲线的移动区分开来：沿着需求曲线的移动其实是同一条需求曲线上不同需求点的移动，它是由于价格变动（内生变量）引起的，所以也叫需求量的变动；需求曲线的移动是整个曲线的移动，它是由于价格以外的因素（外生变量）变动引起的，所以也叫做需求的变动。

2.2　供给理论

市场中的主体为消费者（买者）和生产者（卖者、厂商），消费者产生需求，生产者供给产品，现在我们分析完需求后要分析供给。

2.2.1　供给与供给函数

1. 供给的概念

经济学上的供给（Supply）的概念是指生产者在一定时期内在各种可能的价格下愿意而且能够提供出售的该商品的数量。根据这个定义，供给其实有两层含义：其一，必须有供给的意愿，也就是自愿提供商品或劳务；其二，必须有供给的能力，也就是能生产出来，而不是空想。缺乏这两个条件之一，都不能形成有效供给。

生产者为什么愿意提供商品呢？按西方经济学的观点，并不是因为生产者为服务社会的热心，而是因为他们提供商品时能从中获得收益，这就是“经济人”的假设。所谓经济人（Economic Man），也叫做理性人（Rational Man）或“合乎理性的人”。西方经济学家指出，所谓的“理性人”的假设是对在经济社会中从事经济活动的所有人的基本特征的一个一般性的抽象，这个被抽象出来的基本特征就是：每一个从事经济活动的人都是利己的。也可以说，每一个从事经济活动的人所采取的经济行为都是力图以自己的最小经济代价去获得自己的最大经济利益。西方经济学家认为，在任何经济活动中，只有这样的人才是“合乎理性的人”，否则就是非理性的人。但是，当今西方经济学对经济人（理性人）的概述有所发展，如我国著名经济学家梁小民①就认为，经济人其实是追求最大化的人，这里的最大化，不仅仅是经济利益（货币收益）的最大化，还包括精神收获（非货币收益）的最大化②。理性人假设是西方经济学的一个基本假设，一定要特别注意。

---

① 梁小民，我国著名经济学家，北京工商大学教授，主要从事当代西方经济学的教学与研究，译有《经济学原理》(曼昆著)、《经济学》(迈克尔·帕金著）等专著、教科书50余种，著有《经济学是什么》、《小民读书》、《小民谈市场》、《小民说话》、《我说》、《我谈》、《我看》、《黑板上的经济学》、《微观经济学纵横谈》、《宏观经济学纵横谈》、《书生议事》等。

② 见梁小民的经济小品文《武侠小说中的经济学》：http：//www. touding. com/member/user_111257. html。

按照理性人的说法，厂商生产是为了追求经济利益，所以他们对于价格非常敏感，他们提供商品的量与价格变化息息相关。事实上，市场经济中的生产者正是根据价格信号来调节自己的生产的。

2. 影响供给数量的因素

虽然在经济中生产者一般是根据价格信号来调节生产的，但实际上，除价格因素之外，还有一些因素影响供给数量，这些因素有：

（1）厂商方面的因素。首先是厂商的目标。厂商在不同时期的目标是不一样的，有时厂商追求产量最大化，以尽量占领更多的市场份额，供给量就会很大；有时厂商明明有更多的供给能力，却只愿意提供很少的供给量，以提高价格，获取暴利。其次是厂商对未来的预期。如果厂商预期未来市场行情好，就会提高供给量；如果厂商预期未来市场行情差，就会减少供给量。例如由于 2008 年美国发生金融危机，所以 2009 年美国汽车产量降至 840 万辆，而通用汽车和克莱斯勒计划在 2009 年夏季大部分时间里停产。

（2）商品方面的因素。首先是商品本身的价格。在一般情况下，商品价格越高，厂商愿意而且能够提供的产量就越大，也即供给量越大；商品价格越低，厂商愿意而且能够提供的产量就越低，也即供给量越小。其次是相关商品的价格，也就是互补品或替代品的价格。例如，MP3 播放机是 MD 播放机的替代品，而且 MP3 播放机的使用成本非常低，而 MD 的使用成本很高，所以 MP3 播放机近几年的产量越来越高，而 MD 播放机的产量越来越低，许多厂商已经停产了。

（3）要素（成本）方面的原因。主要是生产要素的价格。生产要素的价格越高，生产成本也就越高，在一般情况下，利润也就越少，所以厂商供给量会减少；生产要素的价格越低，生产成本也就越低，在一般情况下，利润也就越高，所以厂商供给量会增加。

（4）生产技术方面的因素。在一般情况下，生产技术水平的提高可以提高劳动生产率，降低生产成本，增加生产者的利润，生产者会提供更多的产量。

（5）政府的政策。虽然亚当·斯密①主张政府只应做市场经济的看门狗和守夜人，不应过多干预市场经济的运行，但是当今实行市场经济的国家，没有哪一个是纯粹的市场经济，或多或少地存在政府的干预，实际上是混合市场经济，所以政府的政策对于行业的影响是很大的。如果政府推出了对于某一行业有利的政策，该行业的厂商就会扩大生产；相反，如果政府推出了对于某一行业不利的政策，该行业的厂商就会缩减生产。典型的政府政策有补贴和税收，如近年来我国政府推出的家电下乡政策，对于很多家电厂商来说是有利的，所以近几年我国家电产量有所增加。政府的政策是股票基本面分析时必须要考虑的一个重要因素：往往政府推出对某一行业有利的政策时，该行业的股票价格就会上涨。

---

① 亚当·斯密（Adam Smith）：经济学鼻祖，1723 年 6 月 16 日出生于苏格兰伐夫郡可可卡地，被公认为是现代经济学之父和自由企业的守护神，他对分工理论、货币理论、价值论、分配理论、资本积累理论和赋税理论都做出了重要的贡献。代表作有《道德情操论》（又译《道德与情操》）（1759）和《国家康富的性质和原因的研究》（1776）（简称《国富论》）。

3. 供给函数

在分析了影响供给的诸因素之后，可以把这些因素和供给量之间的关系用函数的形式表示出来，这就是供给函数。所谓供给函数，是指一种商品的供给数量和影响该供给数量的各种因素之间的相互关系。按这个定义，可以用影响供给数量的各个因素作为自变量，把供给量作为因变量，其函数形式可以表示如下：

$$Q_s=f(P,P_r,O,E,C,T,GP)$$

式中：Q_s表示商品的供给量；P 表示商品自身的价格；P_r 表示相关商品的价格；O 表示厂商的生产目标；E 表示厂商的预期；C 表示生产要素的成本；T 表示生产技术；GP 表示政府政策。

但是，由于上述因变量太多，不便于进行分析，于是我们可以在这些变量中找出一种最重要的变量，假定其他变量保持不变。与简化的需求函数相似，这个最重要的变量显然还应该是价格。于是，假定其他因素保持不变，仅仅分析价格对该商品供给量的影响，供给函数就可以用下式表示：

$$Q_s=f(P)$$

式中：P 为商品的价格，Q_s为商品的需求量。

2.2.2　供给表与供给曲线

在分析供给函数时，我们也可以像分析需求函数那样用表和曲线图形来表示。

供给表是表示某种商品（服务）的各种价格和与各种价格相对应的该商品（服务）的供给量之间关系的数字序列表。如某服装厂生产服装，当行情好（价格高）时，厂商愿意多生产些服装，其生产量—价格表（供给表）如表 2-2 所示。

表 2-2　　某服装厂的供给表

价格—数量组合	A	B	C	D	E	F
价格（元/件）	20	30	40	50	60	70
供给量（件数）	0	200	400	600	800	1000

由如表 2-2 所示的供给表可以画出供给曲线，如图 2-6 所示。注意，在西方经济学研究中，横轴为供给量，纵轴为价格。由图 2-6 可以看出，供给曲线是向右上方倾斜的曲线。

供给曲线向右上方倾斜可以用供给定理来说明。所谓供给定理（Law of Supply）是指在其他条件不变的情况下，某商品的供给量与价格之间呈同方向的波动，即供给量随着商品本身价格的上升而增加，随商品本身价格的下降而减少。

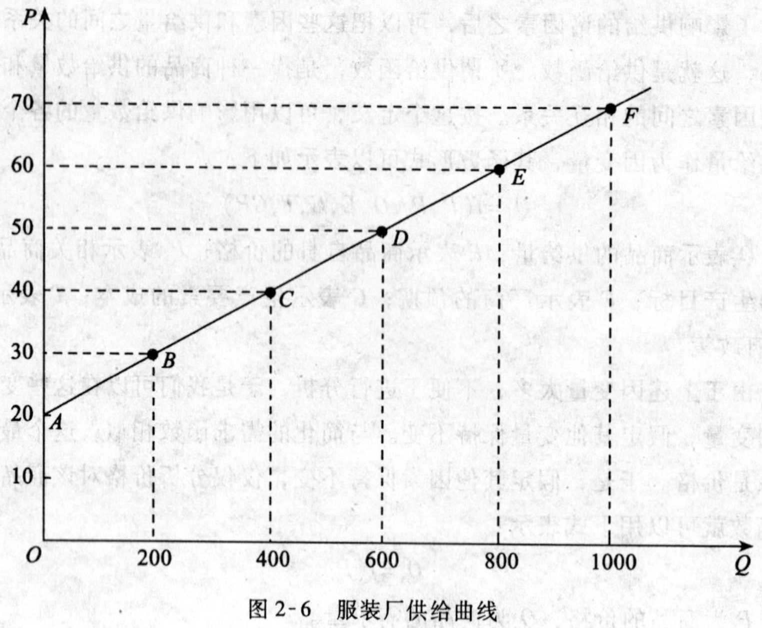

图 2-6　服装厂供给曲线

供给曲线的形状可能是像图 2-6 那样的直线型的，也可能是像图 2-7 那样的曲线型的。

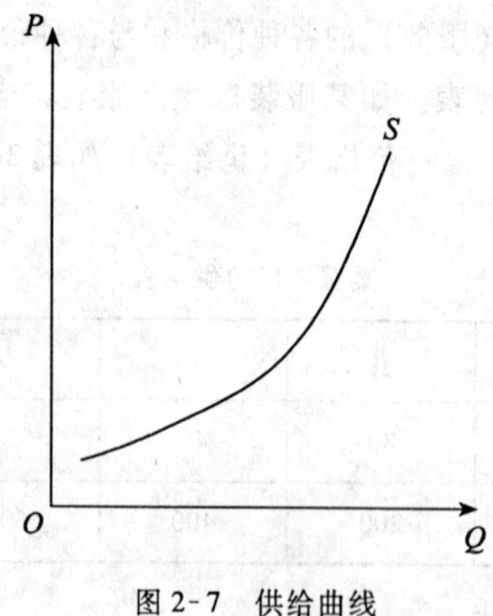

图 2-7　供给曲线

2.2.3　沿着供给曲线的移动和供给曲线的移动

如果供给曲线是直线型供给曲线，对应的供给函数就可以表示为线性函数：

$$Q_s = -\delta + \gamma\ (P)$$

这里$-\delta$是供给曲线的延长线与横轴（Q 轴）的截距，γ是供给曲线倾角的斜率。

1. 沿着供给曲线的移动

与沿着需求曲线的变动相似，沿着供给曲线的变动，是指在其他因素不变的情况下，由于商品本身价格的变化，导致供给量的变动，从而引起供给曲线上的点的移动。例如在图 2-8 中，供给曲线上的 a 点移动到 b 点，是因为商品价格由 P_1 提高到了 P_2，导致供给量由 Q_1 提高到了 Q_2，反之则相反。

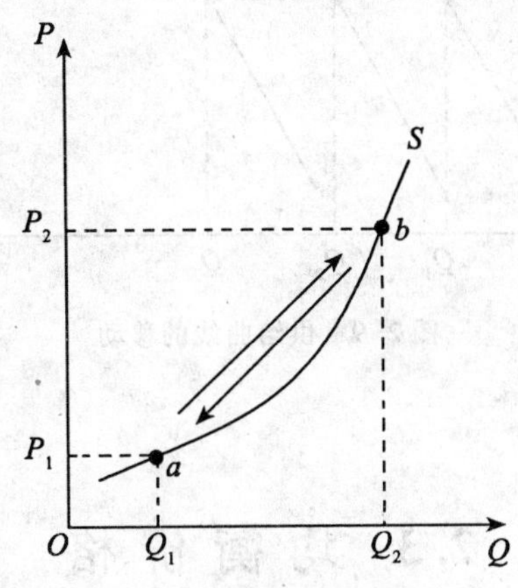

图 2-8　沿着供给曲线的移动

2. 供给曲线的移动

由线性供给函数 $Q_s=-\delta+\gamma$（P）可知，当除价格以外的因素变化时，会导致δ和γ的变化，即会导致供给曲线平移或倾角发生变化。为了便于研究，在一般的经济学分析中，只分析供给曲线的平移。下面以生产成本的变动为例，来说明供给曲线是怎样移动的。

在图 2-9 中，原始的供给曲线为 S_0，市场上商品的价格为 P_0，供给量为 Q_0。假定商品的价格不变，而生产成本发生变化。如果生产成本上升，而商品的售价不变（还是为 P_0），在其他条件不变的情况下，厂商的利润就会减少，这时厂商就会减少供给量至 Q_1，可以推出 S_0 曲线上的第一点在横轴上的值都会减少（Q_0-Q_1）个单位，所以整个供给曲线就由 S_0 向左平移到了 S_1 的位置；如果生产成本下降，而商品的售价不变（还是为 P_0），在其他条件不变的情况下，厂商的利润就会增加，这时厂商就会增加供给量至 Q_2，同理可以推出 S_0 上的每一点在横轴上的值都会增加（Q_2-Q_0）个单位，所以整个供给曲线就由 S_0 向右平移到了 S_2 的位置。

其他因素，如替代品与互补品的价格、生产技术、生产者的预期、政府的政策等方面的变化，都会导致供给曲线的移动，这里就不一一分析了。

总之，价格引起沿着供给曲线的移动，实际上是供给量的变动；价格以外的其他因素引起供给曲线本身的移动，也叫做供给的变动。

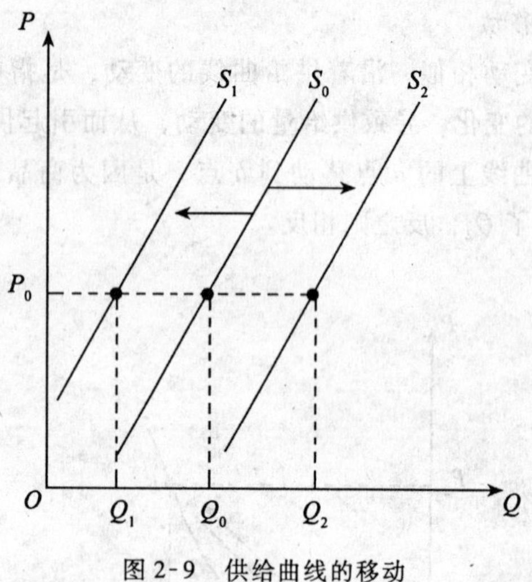

图 2-9　供给曲线的移动

2.3　均衡价格

在前面的章节里，我们已经研究过了需求曲线和供给曲线。需求曲线说明在每一种价格下消费者的商品（服务）的需求量是多少，供给曲线说明在每一种价格下生产者的供给量是多少。但是，我们没有说明价格是如何决定的。在中学的政治经济学中，我们知道商品的价格是由商品的价值（凝结在商品中无差别的人类劳动）决定的，但是并没有说明具体的价格是如何形成的。而且现实生活中，很多商品（服务）的价格并不完全是由价值来决定的，例如股票的价格就很难用价值来说明。例如 2008 年 12 月 28 日，纽交所上市的新东方股票的收盘价是 51.69 美元，对应市盈率①为 34 倍，存在着一定的投机性泡沫，这个价格就很难用价值表示。那么，商品（服务）的价格到底是如何形成的呢？微观经济学中商品（服务）的价格是指商品（服务）的均衡价格。均衡价格是商品（服务）在市场需求和市场供给这两种力量的相互作用下形成的，而这两种力量可以用需求曲线和供给曲线来表示。下面，我们就将需求曲线和供给曲线结合在一起来分析均衡价格是如何形成又是如何变动的。

① 市盈率（Price-Earning Ration，P/E）指在一定时期（通常为 12 个月的时间）内，股票的价格和每股收益的比例。投资者通常利用该比例值估量某股票的投资价值，或者用该指标在不同公司的股票之间进行比较。一般认为市盈率水平为 0～13 表示价值被低估，为 14～20 表示正常水平，为 21～28 表示价值被高估，为 28 以上反映股市出现投机性泡沫。

2.3.1 均衡价格的决定

1. 均衡的含义

均衡（Equilibrium）原本是一个物理学概念，一般指一种所有动作的影响都互相抵消，整个系统处于平稳的、均势的、不变的状态①。在西方经济学中，均衡是指各个经济决策者（消费者、生产者等）所做出的决策正好相容，并且在外界条件不变的情况下，每个人都不会愿意再调整自己的决策，从而不再改变其经济行为，达到一种相对静止的状态。

例如，一个买瓜的人和一个卖瓜的人讨价还价。我们可以假设有这么一段对话：

买瓜人：黄瓜多少钱 1 千克？

卖瓜人：10 元。

买瓜人：太贵了，4 元 1 千克如何？

卖瓜人：4 元 1 千克卖不起。最起码要 8 元 1 千克。

买瓜人：6 元 1 千克我就买。

卖瓜人：7 元 1 千克要不要？亏本卖！

买瓜人：好的，就 7 元 1 千克。称 1.5 千克吧。

在这一段情景中，经过讨价还价之后，买瓜人和卖瓜人在 7 元/千克的价格下，两者都能接受，也就是说买方和卖方的决策应该是相容的，即买方愿意买瓜数量恰好等于卖方愿意卖瓜的数量，此时，买方和卖方均认为若改变这个数量不会给自己带来更大的好处。因此，当其他条件不变时，价格和数量静止下来，达到均衡。

在微观经济学中，市场均衡分为局部均衡和一般均衡。局部均衡（Partial Equilibrium）的方法，是马歇尔②（Marshall）在《经济学原理》中经常使用的分析方法，它是分析一个产品、一个市场中的供需均衡问题，也可以扩展为对一些产品或一些市场中的均衡问题。为了进行这样的分析，就不能不排除其他产品或其他市场对正在进行的均衡分析的影响。所以，这种分析方法是建立在“其他条件不变”的假定前提下的。总体均衡（General Equilibrium）是瓦尔拉斯③（Walras）首先使用的分析方法，总体均衡是以一个系统中所有的市场都能够同时实现均衡为前提的分析方法，它假定各种商品的供求和价格都是相互影响的，一个市场的均衡只有在其他所有市场都达到均衡的

---

① 《美国传统词典》上的解释。

② 阿尔弗雷德·马歇尔（Alfred Marshall）(1842—1924）是 19 世纪末 20 世纪初的英国乃至世界最著名的经济学家，代表作为《经济学原理》(1890)。

③ 瓦尔拉斯［Walras，（Marie-Esprit-）Leon］（1834—1910）法裔瑞士经济学家，著有《纯粹政治经济学纲要》、《社会经济学研究》、《实用政治经济学研究》等。《纯粹政治经济学纲要》(1874—1877）是最早用数学方法对一般经济均衡进行全面分析的著作之一。瓦尔拉斯开创了经济学中著名的“洛桑学派”，也是边际效用价值论的创建人之一。

情况下才能实现。

2. 均衡价格的决定

在市场交易中，买者总是想以更低的价格买进商品（服务），而卖者总是想以更高的价格卖出商品（服务）。市场交易的成交价格，一般应是均衡价格。所谓均衡价格（Equilibrium Price），是指一种商品（服务）的需求量正好和供给量相等时的价格。在均衡价格水平之下的需求量（也等于供给量）叫做均衡数量。为了分析均衡价格和均衡数量，我们可以借助需求曲线和供给曲线。如果把需求曲线和供给曲线画在同一坐标系中，显然，这两条曲线的交点对应的价格正好是买方和卖方都能接受的价格；交点对应的商品（服务）数量既是买者的需求量也是卖者的供给量。所以这个数量就是均衡数量，这个价格就是均衡价格。我们以下面的例子来说明。

在图2-10中，D曲线为需求曲线，S曲线为供给曲线。假设市场上的初始价格为P_1，在D曲线和S曲线上对应的点分别为A点和B点，对应的需求量为Q_1，对应的供给量为Q_2，由于$Q_2>Q_1$，供过于求，商品存在过剩，所以价格有下降的压力。假如价格下降到P_2，在P_2价格下，需求点是G点，供给点为F点，对应的需求量为Q_4，供给量为Q_3，由于$Q_4<Q_3$，供不应求，商品短缺，价格有上涨的趋势。这样，价格不断地上下波动，最终到达P^*时，价格不再波动。因为在P^*价格时，需求曲线和供给曲线相交于E点，需求量等于供给量等于Q^*。也就是说，只有在价格为P^*的情况下，消费者的需求量才等于生产者的供给量，消费者要进一步压低价格不可能实现，而生产者要进一步抬高价格也不可能实现，买卖双方的力量达到了一种“均衡”的状态。所以P^*是均衡价格，Q^*是均衡数量。

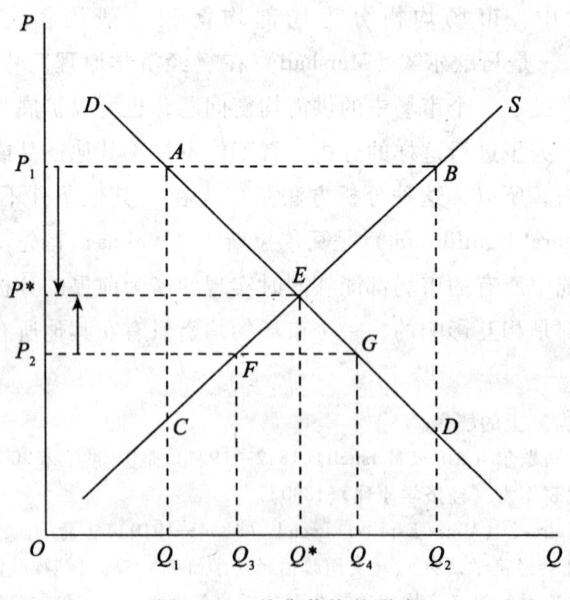

图2-10　均衡价格的形成

需要注意的是，这个模型还隐含着一个重要的经济学概念——市场出清。市场出清（Market Price）是指在市场调节供给和需求的过程中市场机制能够自动地消除超额供给（供给大于需求）或超额需求（供给小于需求）市场在短期内自发地趋于供给等于需求的均衡状态。在市场机制的作用下，供求不相等的非均衡状态会逐步消失，实际的市场价格会自动地回复到均衡价格水平。如果市场价格高于均衡价格则出现供大于求，商品过剩或超额供给。在市场自发调节下，一方面会使需求者压低价格来得到他要购买的商品量，另一方面，又会使供给者减少商品的供给量。这样，该商品的价格必然下降，一直下降到均衡价格的水平；相反，如果市场价格低于均衡价格则出现供不应求，商品短缺或超额需求，在市场的自发调节下，需求者愿意出更高的价格，供给者也会增加商品的供给。这样，该商品的价格必然上升，一直上升到均衡价格水平，所以市场总是能出清的。具体如图 2-11 所示。

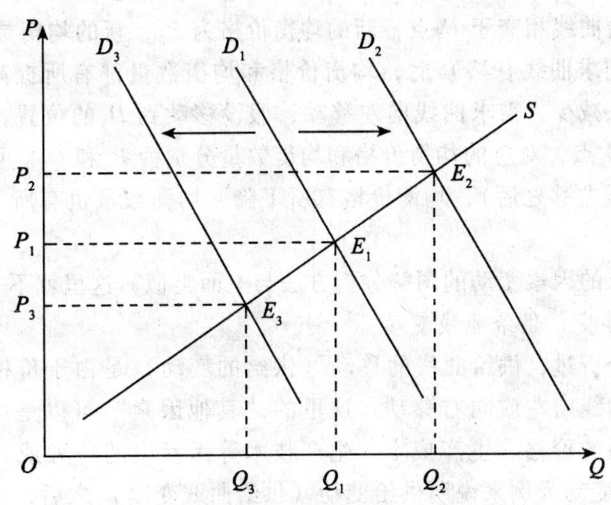

图 2-11　需求的变动和均衡价格的变动

市场出清是经济学中的一个非常重要的概念，在一般经济分析中，常常假定通过价格机制可以自动实现市场出清，即价格的波动影响了消费者的购买量以及厂商的产量，并使得供给量和需求量相等。按照市场出清的理论，市场上不会出现商品过剩，只要商品价格足够低，无论生产多少商品最终都能卖出去，不会出现商品过剩的经济危机。这就是萨伊①定律所说的“供给创造自己的需求”。但是，在现实经济中，影响市场出清有很多因素，例如，在不同产业结构中，产品的同质性、供给和需求的变动性、存货量以及生产的计划性等都有较大的差异，从而导致厂商的不同行为，这些都会对市场出清产生较大的影响。所以，市场实际上往往并不能出清。事实上，西方各国历史上的经济危机，有很多是由于产品过剩造成的。

① 萨伊（J. B. Say）(1767—1832)，法国政治经济学家，代表作为《政治经济学概论》(1803)。

2.3.2 均衡价格的变动

我们已经知道均衡价格是由需求曲线和供给曲线的交点所确定的，而需求曲线和供给曲线在一定条件下都是可以变动的，所以均衡价格也是变化的。

1. 供给曲线不变，需求曲线移动

前面已经分析过，需求曲线的移动（需求的变动）是由于价格以外的其他因素变动，导致需求曲线向左或向右移动。这里的“其他因素”可以是消费者的收入水平，消费者的偏好，相关商品的价格，消费者对商品的价格预期等因素中的一种或几种。下面结合图2-11，以收入增加为例来说明需求变动之后，均衡价格和均衡数量的变动。

在图2-11中，供给曲线不变，为S，初始需求曲线为D_1，初始的均衡价格为P_1，均衡数量为Q_1。如果收入增加，需求曲线向右移动，假设移动到D_2的位置，这时，新的需求曲线与供给曲线相交于E_2点，新的均衡价格为P_2，新的均衡数量为Q_2。可以看出，收入增加（需求曲线右移）后，均衡价格和均衡数量都有所提高，这是比较符合实际的。如果收入减少，需求曲线向左移动，假设移动到D_3的位置，此时需求曲线与供给曲线相交于E_3点，对应的均衡价格和均衡数量分别为P_3和Q_3。可以看出，当收入减少后（需求曲线左移之后），均衡价格有所下降，均衡数量也有所下降，这也比较符合实际情况。

其他影响需求的因素变动的图解分析方法与上面类似，这里就不一一分析了。

2. 需求曲线不变，供给曲线变动

前面我已经分析过，供给曲线的移动（供给的变动）是由于价格以外的其他因素变动，导致供给曲线向左或向右移动，这里的“其他因素”可以是厂商的目标、厂商的预期、相关商品的价格、生产成本、生产技术等因素中的一种或几种。下面结合图2-11,以生产成本变动为例来说明供给变动（供给曲线变动）之后，均衡价格和均衡数量的变动情况。

在图2-12中，假设需求曲线D不变，初始供给曲线为S_1，与需求曲线相交于E_1点，对应的初始价格和初始需求量分别为P_1和Q_1。

如果生产成本降低，则供给曲线向右移动，假设移动到S_2的位置。这时供给曲线S_2和需求曲线相交于E_2点，对应的均衡价格和均衡数量分别为P_2和Q_2。可以看出，当生产成本降低后，均衡价格有所下降，而均衡数量也有所增加，这是比较符合实际的。例如电子产品就是这样，某种电子产品刚刚推向市场的时候，价格都比较高，经过一段时间之后，生产技术逐渐成熟，生产效率也逐渐提高，生产成本就大幅下降，产品售价也大幅下降。

如果生产成本上升（如原材料涨价），则供给曲线向左移动，假设移动到S_3的位置，这时供给曲线S_3和需求曲线相交于E_3点，对应的均衡价格和均衡数量分别为S_3和Q_3。可以看出，当生产成本上升之后，均衡价格有所上升，而均衡数量则有所下降，这也是比较符合实际的。例如，冬天大棚中种的草莓的售价和天气有一定的关系，因为如果冬天晴天较少，则需要人工光照，增加了生产的成本。细心的观察者会发现，暖冬

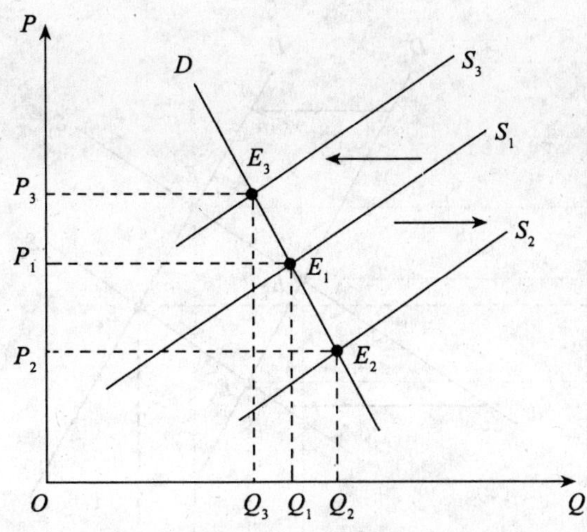

图 2-12　供给的变动和均衡价格的变动

年份的草莓价格往往比冷冬且晴天少的年份的草莓价格要便宜得多。

至此，我们可以得到供求定理：在其他条件不变的情况下，需求变动引起均衡价格和均衡数量的同方向的变动；供给变动引起均衡价格的反向变动，引起均衡数量的同向变动。

3. 需求曲线和供给曲线都变动

在现实经济生活中，往往是需求和供给同时变动，需求曲线和供给曲线都发生变化。这就包括几种情况，如需求增加且供给增加，需求增加但供给减少，需求减少且供给减少，需求减少但供给增加。下面，我们就以需求增加且供给增加为例，来说明需求曲线和供给曲线都发生变动时，均衡价格和均衡数量的变动。

在图 2-13 中，初始的需求曲线为 D_1，初始的供给曲线为 S_1，二者相交于 E_1 点，对应的均衡价格是 P_1，均衡数量是 Q_1。假设先是需求增加，需求曲线由 D_1 向右平移到 D_2，这时均衡价格变为 P_2，均衡数量变为 Q_2；然后供给增加，供给曲线由 S_1 向右平移到 S_2，这时，均衡价格变为 P_4，均衡数量变为 Q_4。

注意，在图 2-13 中，需求和供给同时增加时，均衡价格降低，均衡数量增加，但并不一定总是这样。例如，在图 2-14 中，需求和供给同时增加后，均衡价格上升，均衡数量增加。

其他各种情况都可以用同样的方法分析出来，这里就不一一分析了。但是有一个情况需要注意：当需求和供给同时变化时，均衡价格其实是难以确定的。

4. 均衡价格和均衡数量的数学解法

在前面的讲解中，我们已经知道，需求曲线是和需求函数（$Q_d=\alpha-\beta P$）相对应的，供给曲线其实是和供给函数（$Q_s=-\delta+\gamma(P)$）对应的。如果把需求曲线和供给曲线对应的函数联立方程组，就可以解出均衡价格和均衡数量。下面举例说明。

假设在图 2-10 中，需求函数和供给函数分别为：

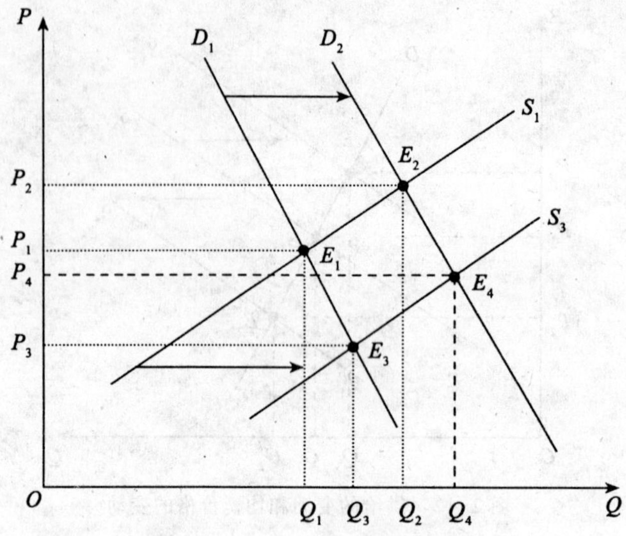

图 2-13　需求和供给的同时变动

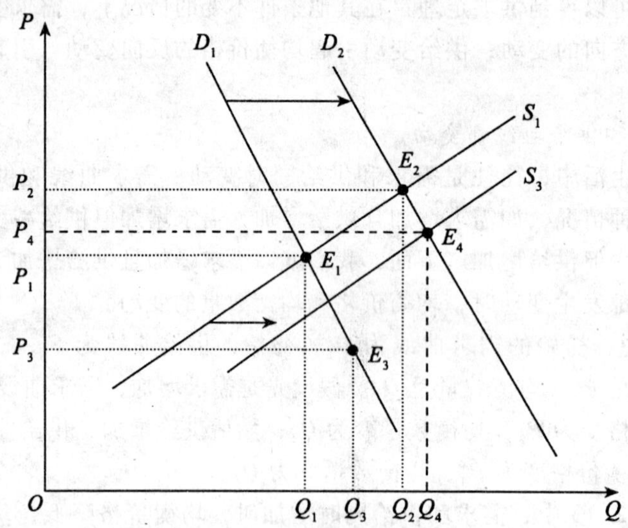

图 2-14　需求和供给的同时变动

$$Q_d = 100-5P$$

$$Q_s = -100+20P$$

需求曲线和供给曲线相交时，需求量等于供给量，于是有：

$$Q_d = Q_s$$

所以有：$100-5P=-100+20P$。

解出 $P=8$，进一步解出 $Q_d=Q_s=60$。

即：均衡价格为 8，均衡数量为 60。

对于需求函数 $Q_d=\alpha-\beta P$，如果式中 α 的值变大，则需求曲线向右平移。例如，需求曲线由 $Q_d=100-5P$ 变为 $Q_d=120-5P$，则需求曲线向右平移 20 个单位。如果式中 α 的值变小，则需求曲线向左平移。例如，需求曲线由 $Q_d=100-5P$ 变为 $Q_d=80-5P$，则需求曲线向右平移 20 个单位。同样，供给函数 $Q_s=-\delta+\gamma(P)$ 中 δ 值的变动也会引起供给曲线的平移。在平移之后，也可用联立方程的方法来解出新的均衡价格和均衡数量，希望有兴趣的读者能自行计算一下。

2.4　弹性及其应用

设想你是湖北省的一个种小麦的农民，由于你所有的收入都来自出售小麦，所以，你尽了最大的努力来提高你的土地的产量。你注意天气和土壤状况，检查田地预防病虫害并学习农业技术的最新进展。你知道，你的小麦种得越多，收成之后也就卖得越多，而你的收入和生活水平也就更高。有一天，华中农业大学宣布了一项重大发现，该大学农学系的研究人员培育出一种小麦新杂交品种，该品种可以使农民每亩的产量增加 20%，现大量供应这种增产杂交稻种。你对这条新闻有什么反应呢？你应该使用这种新杂交品种吗？这种发现会使你比以前状况变好还是变坏？在本节中，我们将看到，这些问题的答案出人意料。这种出人意料之外涉及一个重要的经济学工具——弹性。

2.4.1　弹性的一般概念

假如梁静茹要到武汉来开演唱会，张三和李四是武汉大学的学生，有机会去看梁静茹的演唱会。张三是梁静茹的忠实歌迷，而李四虽然喜欢梁静茹的几首歌，但是却并不是梁的歌迷。这一天他们去买梁静茹演唱会的入场券。演唱会入场券原价是 200 元/张（假设只有一个价格）。梁静茹的武汉歌迷真多啊，来买入场券的人真是人山人海。结果举办方把入场券价格上涨到了 250 元/张。这时张三和李四该怎么办呢？还买不买入场券呢？还看不看演唱会呢？结果张三买了入场券，而李四没有买。由于张三是梁静茹的忠实歌迷，他认为即使多花 50 元，只要能看到这场向往已久的演唱会，就心满意足了，也就是说他对于入场券涨价 1/4 的反应并不敏感。李四并不是梁静茹的歌迷，不是特别想看梁静茹的演唱会，他认为再多出 50 元划不来，所以不愿意买入场券，也就是说他对于涨价 1/4 的反应是很敏感的。在这里，我们说张三对于梁静茹演唱会入场券的价格缺乏弹性，而李四对于演唱会的价格富有弹性。

弹性（Elasticity）是衡量买者和卖者对市场条件（如价格）变动反应大小的指标，就像物理学中弹性指一物体对外部力量的反应程度一样。西方经济学中所谓的弹性是相对数之间的相互关系，即百分数变动的比率，或者说它是一个量变动 1% 引起另一个量变动百分之多少（程度）的概念。也可以这样理解：弹性是指一个量（如商品的需求量）对另一相关量（如商品的价格）变动的反应程度（或叫“敏感程度”）。也可以这样理解：A 对 B 的弹性即为 B 的一个单位的变动引起 A 多大单位的变动。

如果 B 的一个微小的量的变动引起 A 的一个较大量的变动，就说“A 对 B 富有弹性”或“A 对于 B 的弹性较大”；如果 B 的一个较大量的变动只引起 A 的一个微小的变动，就说“A 对 B 缺乏弹性”或“A 对于 B 的弹性较小”。

按照上面的定义，我们可以给出弹性系数的定义：

$$弹性系数=\frac{因变量的变动比率}{自变量的变动比率}$$

假设两个经济变量之间的函数关系为 $Q=f(P)$，则弹性的一般公式化可以这样表示：

$$e=\frac{\frac{\Delta Q}{Q}}{\frac{\Delta P}{P}}=\frac{\Delta Q}{\Delta P}\cdot\frac{P}{Q}\ （弧弹性公式）$$

式中，e 为弹性系数，ΔQ 和 ΔP 分别表示变量 Q 和 P 的绝对变动量，$\frac{\Delta Q}{Q}$和$\frac{\Delta P}{P}$分别表示二者的相对变动量（变动的比率）。该公式表明，自变量变化一个单位时，引起因变量变动量的大小。

如果经济变量无限小，就可以引入数学中的微分知识，即当上式中 $\Delta Q\to 0$ 且 $\Delta P\to 0$ 时，弹性公式变为：

$$e=\lim_{\Delta P\to 0}\frac{\frac{\Delta Q}{Q}}{\frac{\Delta P}{P}}=\frac{\frac{\mathrm{d}Q}{Q}}{\frac{\mathrm{d}P}{P}}=\frac{\mathrm{d}Q}{\mathrm{d}P}\cdot\frac{P}{Q}\ （点弹性公式）$$

2.4.2 需求的价格弹性

需求量的变动对于价格变化的反应程度就是需求的价格弹性，需求量的变动对于收入的反应程度就是需求的收入弹性，一种商品的需求量的变动对于相关商品价格的反应程度就是需求的交叉价格弹性。在这些需求弹性中，最重要的是需求的价格弹性，我们先研究需求的价格弹性。

1. 需求价格的弧弹性

因为需求的价格弹性在所有的与需求相关的弹性中最重要，所以也常常称为需求价格弹性，简称为需求弹性。

需求的价格弹性表示在一定时期内，一种商品（服务）的需求量变动对于该商品（服务）的价格变动的反应程度。也可以这样说，需求价格弹性表示在一定时期内，一种商品（服务）的价格每变化一个百分点，引起该商品（服务）需求量变化的百分比，用公式可以这样表示：

$$需求价格弹性系数=-\frac{需求量的变动比率}{价格变动比率}$$

这里之所以加上负号，是因为在一般情况下，需求量变动的方向和价格变动的方向是相反的，如果不加负号则弹性系数为负值，这不大符合习惯，所以在前面加上负号，使弹性系数为正。

上面提到过，弹性分为弧弹性和点弹性，所以需求价格弹性也分为需求价格的弧弹性和需求价格的点弹性。

需求价格弧弹性的公式为：

$$e_d = -\frac{\frac{\Delta Q}{Q}}{\frac{\Delta P}{P}} = -\frac{\Delta Q}{\Delta P} \cdot \frac{P}{Q}$$

需求价格点弹性的公式为：

$$e_d = \lim_{\Delta P \to 0} -\frac{\frac{\Delta Q}{Q}}{\frac{\Delta P}{P}} = \frac{\frac{\mathrm{d}Q}{Q}}{\frac{\mathrm{d}P}{P}} = -\frac{\mathrm{d}Q}{\mathrm{d}P} \cdot \frac{P}{Q}$$

（1）需求弧弹性的几何表示。我们已经知道了需求价格的弧弹性的公式，但是这个公式并不能直观地表示需求价格的弧弹性，下面我们就以一个富有弹性的图和一个缺乏弹性的图来说明需求价格的弧弹性。

在图 2-15 中，价格从 P_1 降到 P_2，需求量从 Q_1 增加到 Q_2。从图 2-15 中可以明显地看出，价格下降的比例比较小，而需求量增加的比例比较大，所以，图 2-15 中 E_1 点到 E_2 点是富有弧弹性的。

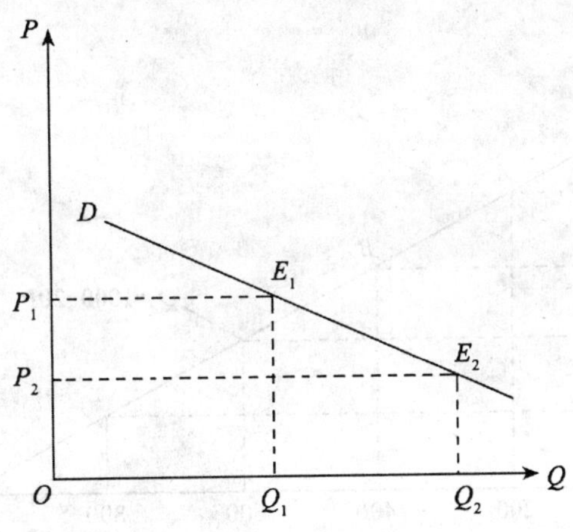

图 2-15　需求弧弹性大

在图 2-16 中，价格从 P_1 降到 P_2，需求量从 Q_1 增加到 Q_2。从图中可以明显地看出，价格下降的比例比较大，而需求量增加的比例比较小，所以图 2-16 中 E_1 点到 E_2 点是缺乏弧弹性的。

（2）需求弧弹性的计算。下面我们按需求弧弹性的公式来计算一条需求曲线中两点之间的弧弹性。

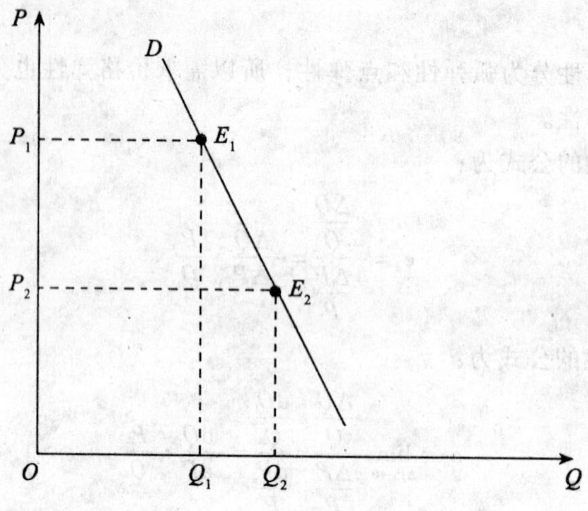

图 2-16　需求弧弹性小

在图 2-17 中，A 点的价格为 40，需求量为 200。当价格由 40 降为 30 后，需求量上升为 400。我们先来计算价格从 40 降为 30 时的需求价格弧弹性。按上述需求价格弧弹性的公式有：

$$e_d=-\frac{\Delta Q}{\Delta P}\cdot\frac{P}{Q}=-\frac{Q_B-Q_A}{P_B-P_A}\cdot\frac{P_A}{Q_A}=-\frac{400-200}{30-40}\cdot\frac{40}{200}=4$$

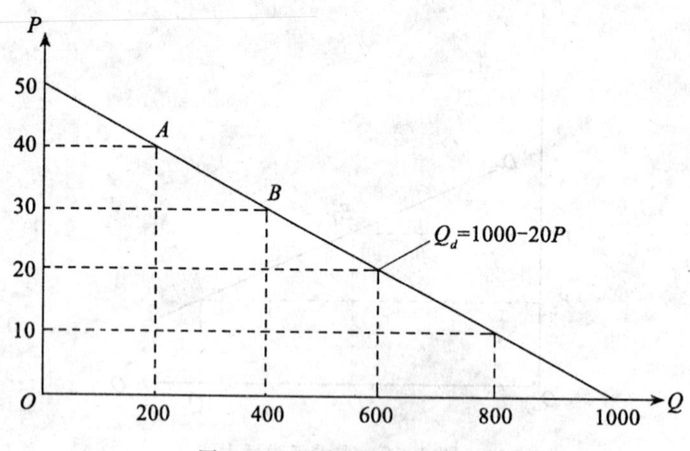

图 2-17　需求价格的弧弹性

如果初始价格为 30，我们再来计算价格从 30 涨到 40 时需价格求的弧弹性：

$$e_d=-\frac{\Delta Q}{\Delta P}\cdot\frac{P}{Q}=-\frac{Q_A-Q_B}{P_A-P_B}\cdot\frac{P_B}{Q_B}=-\frac{200-400}{40-30}\cdot\frac{30}{400}=1.5$$

这时，我们发现了一个问题：需求曲线上 A 点到 B 点的弧弹性和 B 点到 A 点的弧弹性是不同的。这是因为在上面两个计算中，ΔQ 和 ΔP 的绝对值虽然相等，但是 P 和

Q 所取的值是完全不同的。所以，同样的两点，降价的弧弹性和涨价的弧弹性的系数是不一样的。

如果只是一般地计算需求曲线上某一段的价格弧弹性，而不考虑是涨价还是降价的结果。为了避免不同的计算结果，在经济分析中，一般采取两点价格的平均值$\frac{P_1+P_2}{2}$和两点需求量的平均值$\frac{Q_1+Q_2}{2}$来分别代替原来式中的 P 和 Q。这种计算弧弹性系数的方法叫做中点弹性法。中点弹性系数的计算公式为：

$$e_d=-\frac{\Delta Q}{\Delta P}\cdot\frac{\frac{P_1+P_2}{2}}{\frac{Q_1+Q_2}{2}}$$

按中点弹性系数计算图 2-17 中 A 点到 B 点的弧弹性为：

$$e_d=-\frac{400-200}{30-40}\cdot\frac{\frac{40+30}{2}}{\frac{200+400}{2}}=2.33$$

（3）需求弧弹性的五种情况。

第一种情况：需求完全无弹性（Perfect Inelastic）

在图 2-18 中，价格无论如何变动，需求量都不会变动，也就是说，需求量（原变动）对于价格的变动的反应完全不敏感，这时需求完全无弹性，$e_d=0$。由图 2-18 可以看出，当需求完全无弹性时，需求曲线不是向右下方倾斜的，而是垂直的。

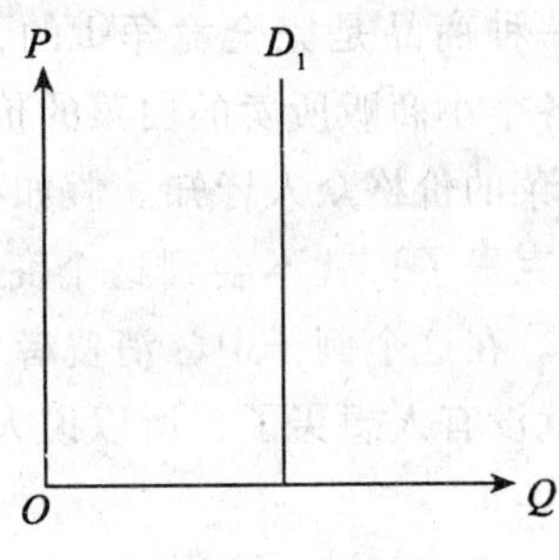

图 2-18　需求完全无弹性

在现实经济生活中，有少量的商品的需求是完全无弹性的。例如，一个垂危的病人对于急救药的需求可能是完全无弹性的，因为急救药的价格即使突然升很高，为了救命，只要有钱，他都会接受。再如，酒吧的顾客对于酒吧里的酒的价格也是完全没有弹性的，因为消费者不能自己把酒带到酒吧中，只能买酒吧中出售的酒，价格再高也得接受。20 世纪 90 年代 Sony 公司生产过一些带异型插座的随身听（磁带随身听、MD 随身听等），必须用 Sony 公司生产的专用插头耳塞，不能用通用标准插头的耳塞，所以购买 Sony 随身听的消费者们对于 Sony 专用插头耳塞的价格是完全没有弹性的，所以价格很高。

第二种情况：需求无限弹性

在图 2-19 中，需求曲线平行于横轴，商品的价格只有一个，在这个价格之下，需求量可以从 0 到无穷大。如果套用需求的弧弹性的公式，有：

$$e_{d2}=-\frac{\Delta Q}{\Delta P}\cdot\frac{P}{Q}=-\frac{\Delta Q}{0}\cdot\frac{P}{Q}=\infty\cdot\frac{P}{Q}=\infty$$

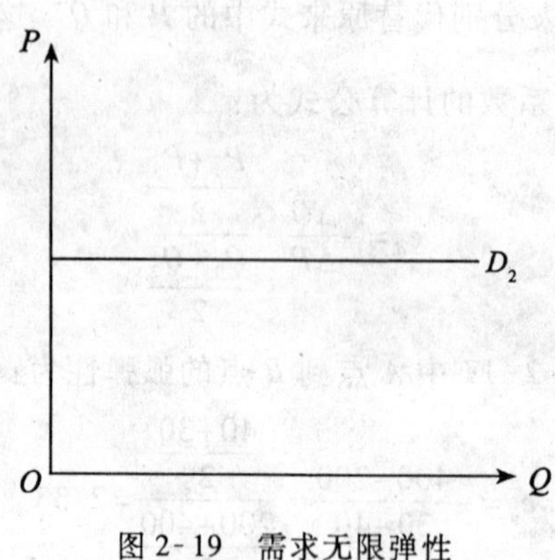

图 2-19　需求无限弹性

即这时的需求弹性系数无穷大，这种无穷大的弹性也叫做无限弹性或完全（富有）弹性。关于需求无限弹性，也可以这样理解：弹性是如此之大，以至于价格变动一点，需求量就完全没有了。这可能是因为人们对于这种商品的价格太敏感，只要价格高出一点点，就没有人愿意购买这种商品了；只要价格低一点点，商品又会被抢购一空，由于供不应求，价格还是会回升到原来的价格。所以商品只有一种价格。

在现实经济生活中，如果一种商品是完全竞争①的，则这种商品的需求弹性无限大。例如，在一个菜市场中，各个小商贩所卖的白菜的价格往往是一样的。假设市场的白菜价格是 1 元/千克，由于白菜的价格众人皆知。假如有一个商贩的白菜卖 1.1 元/千克，买菜的人都知道 1.1 元/千克贵了，就不会到这个商贩那里买白菜，而会转身到其他商贩那里买 1 元/千克的白菜。在这个例子中，消费者对于白菜的价格反应特别敏感，只要白菜的价格高出一点点，就没有人想买了，所以说人们对于白菜的需求是完全富有弹性的。

第三种情况：需求单位弹性

在图 2-20 中，需求量变动的比率和价格变动的比率一样大，所以需求弹性系数为 1。这个系数也可以通过需求价格的中点弹性公式计算出来。弹性系数为 1 时，我们说需求富有单位弹性。在数学图形上，需求单位弹性对应的需求曲线可能是一条正双曲线，也可能是斜率为-1 的直线。

现实经济生活中，需求弹性完全等于 1 的商品（服务）很少。通过一些统计数据发现，美国 20 世纪 80 年代时的运输服务和住房服务的需求弹性接近于 1。

① 关于完全竞争的概念，见后面的章节。

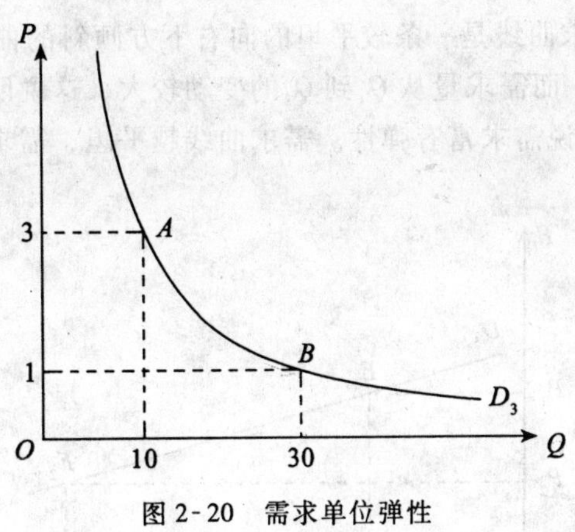

图 2-20　需求单位弹性

第四种情况：需求缺乏弹性

在图 2-21 中，需求曲线是一条较陡的向右下方倾斜的曲线。在这条曲线中，价格从 P_1 到 P_2 变动很大，而需求量从 Q_1 到 Q_2 的变动较小，说明需求量的变动对于价格的变动不敏感，也就是说需求缺乏弹性。需求曲线越陡峭，需求越缺乏弹性。

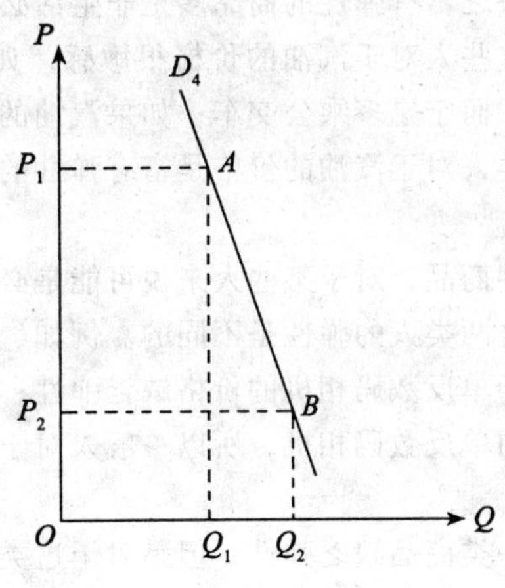

图 2-21　需求缺乏弹性

在现实经济生活中，缺乏需求弹性的商品往往是生活必需品。例如，大米对于中国南方的人来说是缺乏需求弹性的，因为大米是生活必需品，米价即使上涨很多，人们还是得吃米，所以需求量不会减少很多。同样的道理，药品对于病人来说也是必需的，即使药品的价格上涨很多，他们的用药量却不能有太多的减少，所以病人对于药品的价格缺乏弹性。有些奢侈品（如进口高级香水、法国名酒路易十三）也是缺乏需求弹性的，因为用得起这类奢侈品的人都不太在乎价格，也就是说这些人对于商品的价格变动并不敏感。

第五种情况：需求富有弹性

在图 2-22 中，需求曲线是一条较平坦的向右下方倾斜的曲线，在这条曲线中，价格从 P_1 到 P_2 变动很小，而需求量从 Q_1 到 Q_2 的变动较大，这说明需求量的变动对于价格的变动很敏感，也就是说需求富有弹性。需求曲线越平坦，需求越富有弹性。

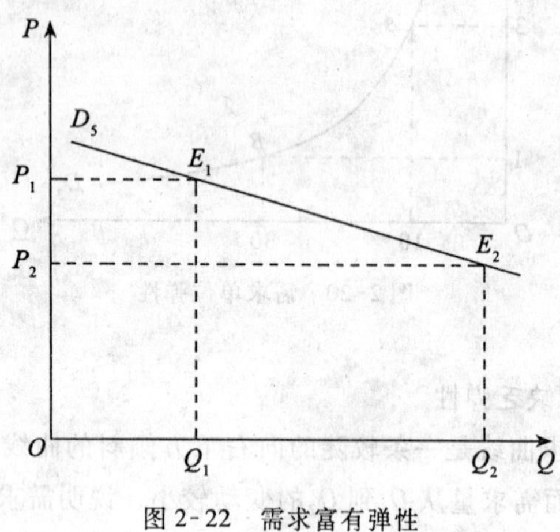

图 2-22　需求富有弹性

在现实经济生活中，缺乏富有弹性的商品多是非生活必需品。例如，今天我国有很多工薪族也买了小汽车，这些人对于汽油的价格很敏感，如果汽油的价格上涨一点点，他们觉得自己开车划不来，而宁愿多乘公交车；如果汽油的价格下降一些，他们就很乐于开自己的汽车，所以这类人对于汽油的价格是富有弹性的，汽车和汽油其实对于他们来说是非生活必需品。

需要注意的是，同一种商品，对于某些人来说可能是必需品，对于另一些人来说可能不是必需品，因而对于这两类人的弹性是不同的。例如，对于摄影师来说，单反数码相机是必需品，摄影师对于单反数码相机的价格缺乏弹性；对于一般人来说，没有必要使用功能复杂、价格昂贵的单反数码相机，所以一般人对于单反数码相机的价格是富有弹性的。

此外，人们可能对于一类商品缺乏弹性，但是对于这类商品中具体的一个品牌可能富有弹性（分类越细，弹性越大）。例如感冒病人一般总是要服用感冒药的，他们对于感冒药的价格缺乏弹性；但是，由于有很多种品牌的感冒药，他们对于某一种品牌的价格还是比较敏感的，弹性比较大。例如，如果“快克”牌感冒药的价格上涨了一些，而“白加黑”牌感冒药的价格不变，病人就不太乐意购买“快克”，而购买“白加黑”的可能性大大增加，这就是说，病人对于“快克”牌感冒药还是富有弹性的，这也就是各大品牌的感冒药一般都不随便涨价的原因。

2. 需求价格的点弹性

需求价格的点弹性是需求曲线上某一点的弹性。按前面的介绍，需求价格点弹性系数的计算公式是：

$$e_d=\lim_{\Delta P\to 0}-\frac{\frac{\Delta Q}{Q}}{\frac{\Delta P}{P}}=\frac{\frac{\mathrm{d}Q}{Q}}{\frac{\mathrm{d}P}{P}}=-\frac{\mathrm{d}Q}{\mathrm{d}P}\cdot\frac{P}{Q}$$

按照这个公式，如果知道一条需求曲线的需求函数，就可以计算出这条需求曲线上每一点的需求价格点弹性。我们以图 2-23 中 A 点的点弹性的计算为例。

$$e_{dC}=-\frac{\mathrm{d}Q}{\mathrm{d}P}\cdot\frac{P}{Q}=20\cdot\frac{40}{200}=4$$

e_{dC}的值也可以利用几何中的射影定理来计算：

$$e_{dC}=-\frac{\mathrm{d}Q}{\mathrm{d}P}\cdot\frac{P}{Q}=\frac{GB}{CG}\cdot\frac{CG}{OG}=\frac{GB}{OG}=\frac{CB}{AC}=\frac{FO}{AF}=4$$

从上面的计算过程，我们可以看出来，需求曲线上任意一点的弹性，等于这一点到曲线与横轴的交点的长度与这一点到曲线与纵轴的交点的长度的比值。如图 2-23 所示。

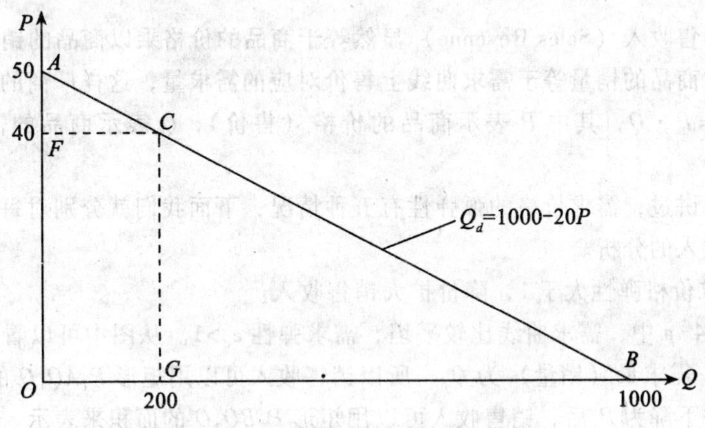

图 2-23　需求价格的点弹性

由这个结论，我们可以很容易得出图 2-24 所示的结论：对于任意一条向右下方倾斜的需求曲线，它与横轴与纵轴的两个交点之中点的弹性为 1，中点以上的弹性大于 1，中点以下的弹性小于 1，与纵轴交点的弹性为无穷大，与横轴交点的弹性为零。

除此之外，还有两种特殊情况：如果需求曲线平行于横轴，则需求曲线上每一点的弹性都无穷大；如果需求曲线垂直于横轴，则需求曲线上每一点的弹性都为 0。

3. 需求价格弹性和厂商的销售收入

在现实经济生活中，我们会发现：有些商品的价格在特定时期是会上升的，如春运期间的火车票和飞机票，盛世时的古董；有些商品价格一般是不下降的，如高级香水、进口洋酒、国产茅台酒、高级手表、大米、食油、面粉等；而有些商品的价格是不断下降的，如电器、过时服装、专利到期后的药品等。这些商品的降价或涨价除了成本的因素外，还有一个很重要的因素——弹性。也就是说，商品的价格弹性的大小也是导致厂商对自己的商品定价的重要原因。为什么会这样呢？下面我们通过分析弹性的大小与厂商的销售收入的关系来说明这个问题。

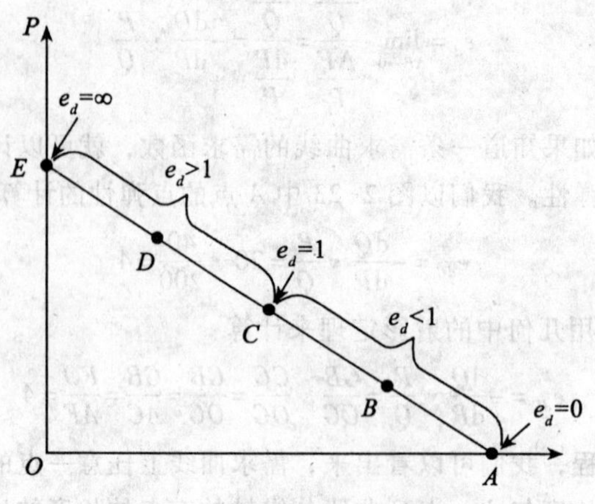

图 2-24　需求点弹性的情况

厂商的销售收入（Sales Revenue）显然等于商品的价格乘以商品的销售量。我们可以假定厂商的商品的销量等于需求曲线上售价对应的需求量，这样厂商的销售收入就可以表示为 $TR=P\cdot Q$，其中 P 表示商品的价格（售价），Q 表示商品的需求量（销售量）。

前面我们讲过，需求价格的弧弹性有五种情况，下面我们就分别对每一种情况进行弹性与销售收入的分析。

(1) 需求价格弹性大于 1，降价扩大销售收入。

在图 2-24-a 中，需求曲线比较平坦，需求弹性 $e_d>1$。从图中可以看出，当价格为高价格 P_1 时，需求量（销量）为 Q_1，所以销售收入可以用矩形 P_1AQ_1O 的面积来表示。同理，当价格下降为 P_2 后，销售收入可以用矩形 P_2BQ_2O 的面积来表示。从图中可以直观地看出，矩形 P_2BQ_2O 的面积明显大于矩形 P_1AQ_1O 的面积。这就是说，降价之后，厂商的销售收入有所增加。

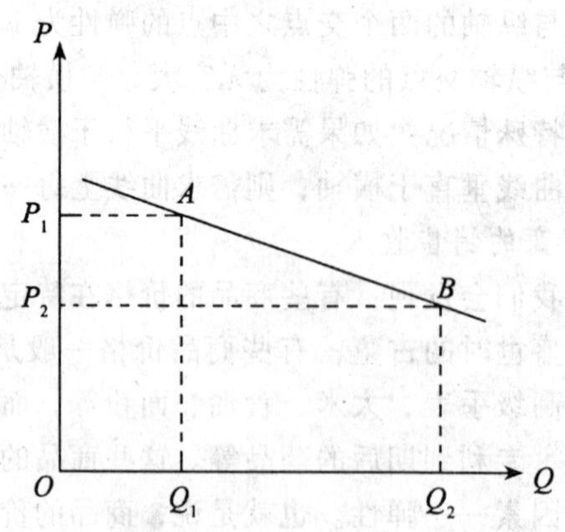

图 2-24-a　需求弹性大于 1 时销售收入的变化

所以，对于富有弹性的商品（$e_d>1$），降低售价会增加厂商的销售收入，相反，提高售价却会减少厂商的销售收入，即厂商的销售收入与商品的价格成反向变动关系。可以通俗地说，弹性大的商品（人们对其价格敏感的商品），薄利多销其实有利可图。这可以用下面的数理例子说明。

[例] 某电视机厂生产的电视机的需求价格弹性 $e_d=2$，初始售价（P_1）为500元/台，销售量（Q_1）为100台，请问：(1) 如果价格下调10%，厂商销售收入会增加还是减少？(2) 如果价格提高10%，厂商销售收入会增加还是减少？

解：

(1) 因为 $e_d=2$，即：$e_d=-\dfrac{\frac{\Delta Q}{Q}}{\frac{\Delta P}{P}}=2$

价格下调10%，即：$\dfrac{\Delta P}{P}=-10\%$

所以有：$\dfrac{\Delta Q}{Q}=-e_d\cdot\dfrac{\Delta P}{P}=(-2)\times(-10\%)=20\%$

即销售量会增加20%，则新的销售量 Q_2 为：

$$Q_2=Q_1(1+20\%)=100\times1.2=120\text{（台）}$$

新的销售价格 P_2 为：

$$P_2=P_1(1-10\%)=500\times0.9=450\text{（元/台）}$$

所以降价后的销售收入 TR_2 为：

$$TR_2=P_2\times Q_2=450\times120=54000\text{（元）}$$

而降价以前的销售收入 TR_1 为：

$$TR_1=P_1\cdot Q_1=100\times500=50000\text{（元）}$$

$$TR_2>TR_1$$

所以降价10%后，厂商的销售收入会增加。

(2) 用解第(1)问中的方法可以得到，当电视机售价提高10%后，电视机的销售减少20%，提价后销售量 Q_3 为：

$$Q_3=Q_1(1-20\%)=80\text{（台）}$$

提价后售价 P_3 为：

$$P_3=P_1(1+10\%)=500\times1.1=550\text{（元/台）}$$

则提价后销售收入 TR_3 为：

$$TR_3=P_3\cdot Q_3=80\times550=54000\text{（元）}$$

因为 $TR_3<TR_1$，

所以，提价后销售收入减少。

这个结果正好和前面的几何证明的结果一致。

在现实经济生活中，一些需求弹性较大的商品往往降价比较快。以DVD影碟机为例：在20世纪90年代末，中国拥有DVD影碟机的家庭并不多，一方面是有很多家庭还在用VCD影碟机，另一方面是DVD影碟机的价格很高，2000多元的价格也不是一般家庭可以接受的。由于人们有 VCD 和电脑视频可以观看和娱乐，所以人们对于 DVD 影碟机和 DVD 碟片的价格比较敏感，也就是说人们对于 DVD 影碟机的需求是富有弹性的。后来 DVD 影碟机降价的速度非常快。到了 2003 年，价格在 500 元之内一台的国产 DVD 影碟机已经不少，到了 2006 年，价格在 200 元之内的国产 DVD 影碟机已经到处都是。这里，DVD 影碟机的生产成本的降低虽然是降价的原因之一，但是弹性也是一个重要的因素。由于国人对于 DVD 影碟机的需求弹性较大，降价能扩大销售收入，所以 DVD 影碟机厂商在给消费者带来实惠的同时，也扩大了自己的销售收入。

【阅读材料】

单反数码相机大降价的经济学解读①

2009 年，单反数码相机在中国卷起了普及之风，因为单反数码相机已经从几年前的动辄几万元，下降到了 5000 元以内。Sony 公司 2009 年推出的入门级单反数码 α350 的售价在 4000 元以内，已经达到了中国普通城市家庭所能承受的范围。

在 2008 年之前，单反数码相机价格一直都很高，单机（不带镜头）价格一般都在一万几千元。大幅降价是从 2008 年真正开始的。在 2008 年以前，单反数码相机锁定的人群主要是摄影师等专业人士，对于摄影师等专业人士来说，单反数码相机是生产资料，是赚钱的工具，价格再高也能赚得回，这些人对于数码相机的成像质量要求是第一的，对于其价格的关心倒是其次，也就是说，他们对于价格的变动不敏感，即需求缺乏弹性。按经济学中弹性与销售收入的关系，缺乏弹性的商品降价之后厂商的销售收入会减少。所以，在 2008 年之前，单反数码相机的价格下降得很慢，即使有降价，也基本是成本降低推动的。

但是到了 2008 年，欧洲和美国受到金融危机的冲击，人们的收入锐减，而中国经济还在快速增长，爱好摄影的人也越来越多了，普及单反数码相机的呼声越来越高，渴望拥有单反数码相机的摄影爱好者越来越多。摄影爱好者的相机一般是家用，他们对于价格的变动很敏感，也就是说，摄影爱好者对于单反数码相机的需求弹性是较大的。根据经济学中需求弹性与销售收入的关系，弹性大于 1 时，降价反而能扩大厂商的销售收入。像中国这样一个大国，摄影爱好者市场是一个巨大的市场，厂商当然不会放过。于是厂商就顺应这个要求，设计了一些入门级单反数码相机，通过大幅降低价格来吸引广大摄影爱好者（这类人的数量可比摄影师等专业人士多得多）。2008 年价格最低的单反数码相机是 Sony 公司生产的 α200，价格在 4000 元人民币以内。到了 2009 年，Sony 公司把这款机型升级到了 α350，价格还是在 4000 元人民币以内。其他厂商也纷纷推出 4000 元人民币以内的单反数码相机，如佳能把 EOS 450D 的价格降到了 3500 元人民币左右，比 2008 年的价格降低了近 1200 元人民币。需要注意的是，各大厂商虽然调低了

---

① 选自笔者的博客：http: //user. qzone. qq. com/286334680/main。

入门级单反数码相机的价格，但是高端单反数码相机的价格仍然高高在上。例如佳能的高端单反 EOS 5D MarkII 的价格仍然高达 1.79 万元人民币/台，这是因为高端单反数码相机锁定的人群还是摄影师等高端人士，这些人的需求弹性小，价格下降就比较慢了。

总之，我国的消费者的弹性较大，是决定单反数码相机在国内频频降价的最主要原因。

(2) 需求弹性小于1，降价减少销售收入。

在图 2-24-b 中，需求曲线比较陡峭，需求弹性 $e_d<1$。从图中可以看出，当价格为高价格 P_1时，需求量（销量）为 Q_1，所以销售收入可以用矩形 P_1AQ_1O 的面积来表示。同理，当价格下降为 P_2后，销售收入可以用矩形 P_2BQ_2O 的面积来表示。从图中可以直观地看出，矩形 P_2BQ_2O 的面积明显小于矩形 P_1AQ_1O 的面积。这就是说，降价之后，厂商的销售收入有所减少。

所以，对于缺乏弹性的商品（$e_d<1$），降低售价会减少厂商的销售收入，相反，提高售价会增加厂商的销售收入，即厂商的销售收入与商品的价格呈正向变动关系。

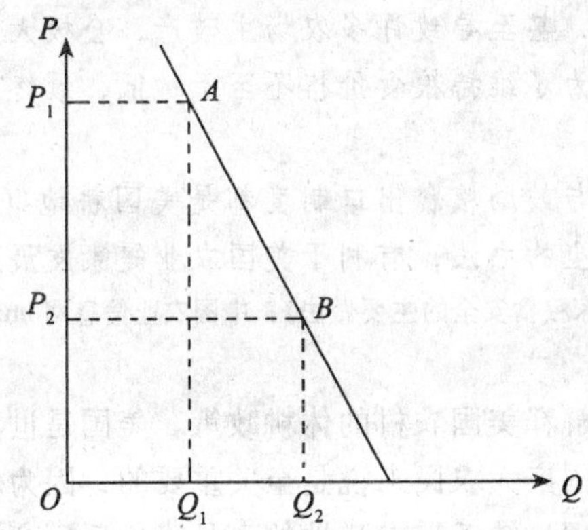

图 2-24-b　需求弹性小于 1 时销售收入的变化

虽然提高售价对于厂商更有利，但是由于缺乏弹性的商品往往是人们生活的必需品（如大米、电信服务等），价格大幅上涨会对社会造成巨大冲击，所以价格往往是受政府限制的。这类商品的生产商的定价策略往往是维护价格不变，或缓慢、温和地涨价。例如，中国人对于大米和食用油的价格是缺乏弹性的，所以近年来，我国大米、食用油的价格一直都在缓慢上涨。我们前面讲过，高级香水的使用人群对于高级香水的价格是缺乏弹性的，所以这类香水在商场的价格很少下降，一般都是保持高价位不变。

到此，我们已经可以回答本节开头那个湖北农民最后是增收还是减收的问题了。由于这种杂交稻种有大量供应，我们可以想象：所有的湖北稻农都会改种这种增产 20% 的优良品种，结果可能导致湖北省甚至是全国的水稻大量增产。但是人们对于水稻（大米）的需求是缺乏弹性的，人们不会因为水稻大量增产就大量增加吃米的量。这样一来，就会出现"多余产量"，出现供大于求的状态，迫使水稻（大米）的价格下降。由于人们对于水稻的需求缺乏弹性，按照上面的原理，水稻价格下降将会导致农民水稻的销售收入减少，出现增产不增收的现象，这就是我们常说的“谷贱伤农”的现象。所以，本节开头中那个湖北农民的收入将会减少。进一步分析谷贱伤农现象之后，我们会发现这样一个逻辑：生产力的提高产生谷贱伤农，这使得农业生产的利润越来越低，迫使一部分农民由农业转向其他产业（制造业），使农业人口越来越少。这也是世界各国生产力提高后，农业人口越来越少的重要原因。在我国，为了防止谷贱伤农，采取的政策是国家以高于市场价的价格收购农产品；在美国，为了防止谷贱伤农，采取的政策是休耕。

【阅读材料】

美国的休耕制度①

美国每年都把一定比例的耕地不种庄稼，荒废一年，这就是休耕地。美国搞耕地休耕的原因主要是为了解决粮食生产过剩问题，如果大量耕地不休耕，美国粮食产量会更大，而国内需求有限，国际需求也有限，必然会导致粮食供过于求，导致粮食价格大跌，导致所有农场主受损，甚至导致许多农场主破产，会极大危害美国农业生产。美国搞耕地休耕的主要目的是为了维持粮食价格不至于过低，最终维护美国粮食的稳定供应形势。

美国的耕地休耕制度与鼓励粮食出口制度都是美国耕地（粮食）过剩的解决办法，是在耕地过剩的基础上产生的办法，有利于美国农业健康发展。

（资料来源：《美国确保国家粮食安全的主要做法》，中国农业信息网 http：//www.sannong.gov.cn/。）

这个原理也能很好地解释美国农村的休耕政策。美国是世界上农产品出口的第一大国，农产品的价格对于美国广大农民来说是至关重要的，因为农产品的需求往往是缺乏弹性的。按照上面讲的原理，缺乏需求弹性的商品降价后厂商的销售收入减少，而提价后销售收入扩大。

（3）需求弹性等于 1 时，降价（提价）对于销售收入没有影响。

在图 2-24-c 中，需求曲线斜率为-1，需求弹性 $e_d=1$。从图 2-24-c 中可以看出，当价格为高价格 P_1时，需求量（销量）为 Q_1，所以销售收入可以用矩形 P_1AQ_1O 的面积来表示。同理，当价格下降为 P_2后，销售收入可以用矩形 P_2BQ_2O 的面积来表示。从图中可以直观地看出，矩形 P_2BQ_2O 的面积等于矩形 P_1AQ_1O 的面积。这就是说，降价之后，厂商的销售收入没有变化。同理，提价之后，厂商的销售收入也没有变化。

所以，对于单位弹性的商品（$e_d=1$），降低售价或提高售价都不会影响厂商的销售收入。注意，价格的变动虽然对于厂商没有影响，但是对于消费者的影响是明显的：降价就意味着有更多的人能享受这种商品，而提价则意味着只有更少的人能享受这种商品。

（4）弹性为 0 时，提价能增加销售收入。

由于弹性为 0 时的需求曲线垂直于横轴（Q 轴），提高价格而消费者的需求量不

---

① 引自天涯社区，http：//www.tianya.cn/publicforum/content/worldlook/1/234694.shtml。

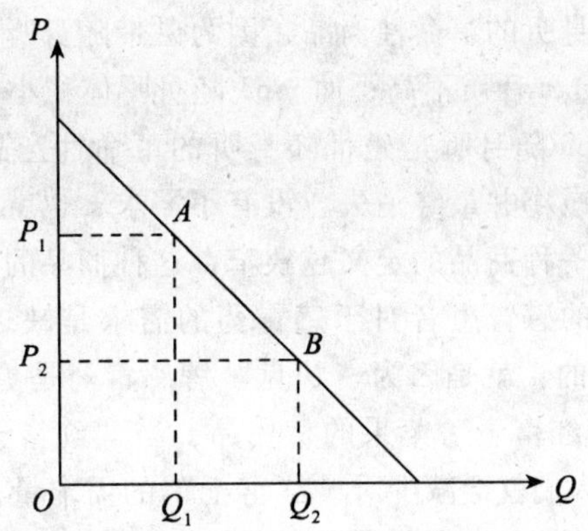

图 2-24-c　需求弹性等于 1 时销售收入的变化

变，显然销售收入会增加。但是，在现实生活中，弹性为零的商品往往是重要的生活物资，价格滥涨会影响社会的稳定，所以价格往往要受到政府的管制，厂商不能随便涨价，其定价策略就是维持价格不变。例如，人们对于食盐的需求弹性接近于 0，食盐生产厂商抬价有利可图，但是食盐的价格是受到政府监督的。所以食盐的价格基本上是好多年都保持不变。

此外，需求弹性还有一种情况是弹性无穷大，由于这种情况只有一种价格，在这种情况下，收益可以无限增加，但是是以销量无限增加为前提的。由于只有一个价格，也就无所谓降价与提价的问题了。

需要注意的是，我们可以根据商品的价格弹性和价格的变化来判断销售收入的变化，也可以反过来分析。如果一种商品的价格变化引起厂商销售收入反向变化，则该商品是富有弹性的；如果一种商品的价格变化引起厂商销售收入的正向变化，则该商品是缺乏弹性的；如果一种商品的价格变化没有引起厂商销售收入的变化，则该商品是单位弹性的。

4. 影响需求价格弹性的因素

在前面所举的单反数码相机的案例中，可以看出同样是单反数码相机，在 2008 年之前，其价格对于消费者来说是缺乏弹性的，而到了 2008 年之后，其价格对于大部分消费者（摄影爱好者）来说是富有弹性的。可见，需求价格弹性是可以变化的。之所以有变化，是因为影响需求价格弹性的因素是多方面的。下面我们就来分析影响需求价格弹性的主要因素。

（1）商品的可替代性。一般说来，一种商品的可替代程度越高，可替代商品越多，可替代商品的价格越低，相近程度越高，则该商品的需求价格弹性越大，反之则需求价格弹性越小。这是因为一种商品越容易被替代，人们的选择越多，对于价格就越敏感，弹性就越大。典型的例子有手机对手表需求的影响。近年来，由于手机的普及，由于手机上自带了时间，很多人觉得不是那么必要再买手表了，于是对于手表的价格比较敏感，手表的价格上涨一点点，人们对手表的需求量就大量减少。这里需要注意的是，替代性商品不同于革命性商品。新的革命性商品的出现，往往导致旧有商品的消失。例如，mp3 随身听是磁带随身听的革命性商品，因为磁带随身听体积大，更耗电，使用成本高（需要不断地买磁带），音质不高；而 mp3 随身听体积小，非常省电，边际使用成本为零，音质好。因而 mp3 随身听是磁带随身听的革命性产品，它的出现使得人们对于磁带随身听的需求迅速减小并最终消失，没有了需求，也就无所谓需求弹性了。

还需要注意的是，对一种商品的定义越狭窄，这种商品的替代品就越多，需求弹性就越大。前面我们分析过的感冒患者对于感冒药的需求是缺乏弹性的，但是对于“快克”牌感冒药是富有弹性的，就是因为“快克”牌感冒药是更狭窄的商品定义。再如，假设“黄金帅”苹果是“红富士”苹果的替代品，当“红富士”的价格上涨而“黄金帅”的价格没有上涨时，人们就会减少对“红富士”的需求量，而增加对“黄金帅”的购买量，所以人们对于“红富士”苹果的需求弹性大于对“黄金帅”苹果的需求弹性。

（2）商品本身用途的广泛性。一般说来，一种商品的用途越广，则其需求价格弹性往往越大；用途越窄，则其需求价格弹性往往就越小。这是因为用途广的商品价格提高之后，人们很容易减少这种商品的使用范围，只保留最重要的用途，以规避涨价带来的损失；而当用途广的商品降价之后，人们就会逐渐增加这种商品的使用范围，需求量也就增加很快。

例如，电是一种用途很广的商品，电价一旦有小幅上涨，一般的家庭就会想方设法节约用电，减少使用电的范围，如用太阳能热水器取代电热水器，用天然气烧开水取代用电水壶烧开水，尽量减少开空调的时间等方法来减少用电量。电价小幅上涨后，用电量会大幅减少，所以一般家庭对于电的需求是有弹性的。

（3）商品对消费者生活的重要程度。一般说来，人们对于必需品的需求弹性较小，而对于非必需品的需求弹性较大。前面讲过，中国北方人对于面的需求弹性较小，中国南方人对于米的需求弹性也较小，正是因为面或米是他们的生活必需品。前面讲的单反数码相机对于摄影师来说需求缺乏弹性，而对于摄影爱好者来说富有弹性，正是因为单反数码相机对于摄影师是必需品，而对于摄影爱好者来说是非必需品（爱好者在没有单反数码相机的情况下，也可以用卡片数码相机或长焦数码相机来代替）。

（4）商品的消费支出在消费者预算支出中所占的比重。商品的消费支出在消费者的预算支出中所占的比重越大，则需求弹性一般越大，因为商品的消费支出所占的比重越大，人们越会慎重考虑是否购买，对价格就越敏感。反之，商品的消费支出在消费者的预算支出中的比重越小，则需求弹性一般较小，因为这类商品价格很低，人们一般不太在意这些“小件”商品价格的变化。例如，大尺寸液晶电视机的价格比较昂贵，一般家庭在购买之前要再三考虑是否真的需要，在购买的时候，又会货比三家，看看哪个品牌的性价比高一些，所以消费者对于大尺寸液晶电视机的价格变化比较敏感，需求弹性较大。

（5）消费者调节需求时间的长短。显然，消费者调节需求的时间越长，就越有机会找到替代方案，需求弹性就越大。反之，调节需求的时间越短，就越没有机会找到替代方案，需求弹性就越小。

这里，日本佳能复印机打败美国施乐复印机是一个非常典型的例子。在 20 世纪 60

年代至 70 年代中期，美国施乐复印机基本上垄断了复印机市场，人们对于复印机没有选择，只有选择施乐，所以对于施乐的复印机的需求弹性很小。施乐看到了这一点，就想方设法地维护其垄断①地位，增加了越来越复杂的功能，复印机的体积也越来越大，以至于复印机要占用专门的一个房间。那时复印机的价格很昂贵（动辄几十万、上百万元一台），以至于只有大公司才买得起。由于价格昂贵，很多部门不得不共享一台复印机（这就是施乐的集中复印的概念），经常出现排队等候复印的现象，浪费了大量时间。这时，佳能公司看到了市场契机，生产功能简单，体积小巧的复印机。由于功能简单，成本大幅降低，所以售价相对于施乐复印机要便宜很多。又由于体积较小，每一个需要复印的办公室里可以放下一台佳能复印机，实现"分散复印"，不需要专门的复印室，所以深受办公室白领的欢迎。从 1976 年到 1981 年，施乐在复印机市场的份额从 82% 直线下降到 35%。也就是说，如果以 20 世纪 70 年代中期以前的某一年来看，人们对于施乐复印机的需求是缺乏弹性的，但是如果从整个 70 年代来看，人们对于施乐复印机的需求是富有弹性的。

除上面五种因素外，影响需求弹性的还有其他一些因素（如消费者的预期等），这里就不一一介绍了。需求注意的是，一种商品的需求弹性是受多种因素影响的，在进行经济分析的时候，要考虑各种因素，进行综合分析。

2.4.3　其他与需求相关的弹性

除需求价格弹性之外，与需求相关的弹性主要有需求的收入弹性和需求的交叉弹性。

1. 需求的收入弹性

需求的收入弹性又称需求收入弹性，简称收入弹性，表示在一定时期内，一种商品的需求量变动对于消费者收入量变动的反应程度。也可以说，它表示在一定时期内，当消费者的收入变化一个百分点所引起的商品需求量变化的百分点。用公式可以表示成需求量变动的百分比除以收入变动的百分比，所以计算需求收入弹性的弹性系数的（用 e_M 表示）公式为：

$$e_M = \frac{\frac{\Delta Q}{Q}}{\frac{\Delta M}{M}} = \frac{\Delta Q}{\Delta M} \cdot \frac{M}{Q}\text{（需求收入的弧弹性公式）}$$

或

$$e_M = \lim_{\Delta M \to 0} \frac{\frac{\Delta Q}{Q}}{\frac{\Delta M}{M}} = \frac{\frac{\mathrm{d}Q}{Q}}{\frac{\mathrm{d}M}{M}} = \frac{\mathrm{d}Q}{\mathrm{d}M} \cdot \frac{M}{Q}\text{（需求收入的点弹性公式）}$$

例如，收入增加 10% 引起需求量增加 5%，则收入弹性是 $e_M = \frac{5\%}{10\%} = 0.5$。

① 对于垄断，后面的章节有专门的研究。

收入弹性系数比较特别，它既可能大于0，也可能等于0，还可能小于0。根据收入弹性系数的大小，我们可以对商品进行分类。

(1) 收入弹性大于0 ($e_M>0$)。收入弹性大于0的商品叫做正常商品或正常品(Normal Goods)。说“正常”，是指人们对商品的需求量和人们的收入是呈正向变动的。正常品又可以细分为三类。

①必需品 ($0<e_M<1$)。如果一种商品的收入弹性介于0和1之间，我们就说这种物品是必需商品或必需品。对于这类物品，即使人们的收入变动很多，对这类物品的需求量的变动也不会太大，因为它们是人们生活必需的。如大米对于中国南方人来说就是必需品。

②单位收入弹性商品 ($e_M=1$)。对于这类商品，需求量变动的比例与收入变动的比例是相同的，所以收入弹性为1。例如，人们对于衣服的需求收入弹性是接近于1的。

③优等品 ($e_M>1$)。收入弹性大于1的商品叫做优等品 (Superior Goods)，以前的西方经济学教科书中叫“奢侈品”。之所以叫“优等品”或“奢侈品”，是因为人们只有在收入增加了之后才想拥有这些商品，在收入减少后，就会大量减少购买这类商品，或者说，它们不是人们生活所必需的。

注意我们这里所谓的奢侈品并不是日常生活中所指的价格昂贵且用途较少的商品，而是根据商品的收入弹性来判断的。例如，在日常生活中，对于大多数人来说，劳力士手表绝对算得上是奢侈品，但是此表对于大多数人来说，是缺乏收入弹性的（因为大多数人即使收入大幅增加，也不会想要一块昂贵而且用途又少的手表），所以按经济学的定义，它不能算“奢侈品”①。正因为这样，本书认为，对于收入弹性大于1的商品，叫“优等品”更为合适。有趣的是，苹果对于一般人来说是富有收入弹性的，按经济学的定义，它算是“优等品”或“奢侈品”。

(2) 收入无弹性 ($e_M=0$)。这类商品比较特殊，消费者收入变化后，对这类商品的消费量完全没有变化。例如，胰岛素对于糖尿病人来说，每天使用的剂量基本是固定的，病人不会因为收入增加而增加用药量，一般也不会因为病人收入减少而减少用药量。可见，糖尿病人对于胰岛素的需求收入弹性基本等于0。人们对于如食盐的需求收入弹性也接近于0。

(3) 收入负弹性 ($e_M<0$)。如果消费者收入增加后对某种商品的需求量反而减少，则这种商品对于消费者来说需求收入弹性小于0，我们把需求收入弹性小于0的商品叫做劣等品 (Inferior Goods) 或低档品。例如人们对于肥肉、土豆、籼米、公共交通的需求收入弹性为负，所以这类物品在经济学中叫做劣等品。注意，这里的“劣等”并不是指商品的质量差。前面讲过的吉芬物品 (Giffen Goods) 是劣等品中的特例。

如果用需求收入弹性来分析消费者食物支出对消费者收入的变动反应程度，就涉及一个重要的经济学概念——恩格尔定律。

19世纪德国统计学家恩格尔根据统计资料，对消费结构的变化得出一个规律：一

---

① 穷人和富人在收入增加时做出的反应是不同的，同样的收入增加，穷人会买更多的黄油，富人会多买一些劳力士手表。所以从经济学上说，劳力士手表对于富人来说还是“奢侈品”。

个家庭收入越少，家庭收入中（或总支出中）用来购买食物的支出所占的比例就越大，随着家庭收入的增加，家庭收入中（或总支出中）用来购买食物的支出则会下降，这就是恩格尔定律。推而广之，一个国家越穷，每个国民的平均收入中（或平均支出中）用于购买食物的支出所占比例就越大，随着国家逐渐富裕，这个比例呈下降趋势。

$$\text{恩格尔系数}=\frac{\text{食品支出总额}}{\text{消费支出总额}}$$

按照联合国的标准，恩格尔系数在 30% 以下的国家是最富裕的国家，在 30% ~ 40% 之间的国家属于富裕国家，在 40% ~50% 之间的属于小康国家，在 50% ~60% 之间的国家勉强度日（温饱），在 60% 以上的国家绝对贫困。2005 年我国城镇居民家庭恩格尔系数为 36.7%①，说明我国城镇居民已经进入了富裕阶段。

2. 需求的交叉弹性

在经济分析中，有时我们有必要研究一种商品的需求量的变化相对于另一种商品的价格变动的反应程度，如我们在研究人们对苹果的需求量的时候，有时候要考虑梨的价格的影响。这就涉及另一个弹性概念——需求的交叉弹性。

需求的交叉弹性表示在一定时期内，一种商品的需求量的变动对于它的相关商品的价格的变动的反应程度。也可以这样说，需求的交叉弹性表示一定时期内，当一种商品的价格变化一个百分点时，引起另一种商品的需求量变化的百分点。如果有两种相关商品 X 和 Y，而 X 商品对于 Y 商品的价格的需求交叉弹性（简称 X 商品的需求交叉弹性或 X 商品的交叉弹性）为：

$$X\text{商品的需求交叉弹性}=\frac{X\text{商品需求量变动的比率}}{Y\text{商品价格变动的比率}}$$

所以，X 商品的需求交叉弹性的弧弹性公式为：

$$e_{XY}=\frac{\frac{\Delta Q_X}{Q_X}}{\frac{\Delta P_Y}{P_Y}}=\frac{\Delta Q_X}{\Delta P_Y}\cdot\frac{P_Y}{Q_X}$$

点弹性公式为：

$$e_{XY}=\lim_{\Delta P_Y\to 0}\frac{\frac{\Delta Q_X}{Q_X}}{\frac{\Delta P_Y}{P_Y}}=\frac{\frac{\mathrm{d}Q_X}{Q_X}}{\frac{\mathrm{d}P_Y}{P_Y}}=\frac{\mathrm{d}Q_X}{\mathrm{d}P_Y}\cdot\frac{P_Y}{Q_X}$$

需求的交叉弹性往往用于分析替代品和互补品。

如果两种商品是相互替代的，则一种商品的需求量会随着另一种商品价格的上涨而增加，随着另一种商品的价格下降而减少，所以相应的需求交叉弹性系数为正。例如，对于很多人来说，苹果和梨是可以相互替代的。当梨的价格上涨而苹果的价格不变时，人们就不太愿意买梨而愿意买更多的苹果，所以苹果的需求量的变动和梨的价格的变动

① 中华人民共和国国家统计局《2006 年我国经济和社会发展国际地位比较研究》，http://www.stats.gov.cn/tjfx/fxbg/t20061128_402368780.htm。

是同向的。如果一种商品是互补的，则一种商品的需求量会随着另一种商品价格的上涨而减少，随着另一种商品的价格下降而增加，所以相应的需求交叉弹性系数为负。例如，汽车和汽油是互补品，当汽油的价格上涨时，人们对于汽车的需求量会下降。

我们也可以根据两种商品的需求交叉弹性的正负来判断这两种商品是互补品还是替代品。如果交叉弹性为正，则是替代品；如果交叉弹性为负，则是互补品。

2.4.4 供给的价格弹性

如同消费者的需求对于价格具有反应一样，生产者的供给对于价格也是有反应的，这就是供给的价格弹性。

供给的价格弹性也称供给价格弹性，简称供给弹性，它表示在一定时期内，一种商品的供给量的变动对于该商品的价格的变动的反应程度。也可以这样说，一种商品的供给弹性表示在一定时期内当一种商品的价格变化一个百分点时所引起供给量变化的百分点。

供给的价格弹性的弧弹性公式为：

$$e_S = -\frac{\frac{\Delta Q}{Q}}{\frac{\Delta P}{P}} = \frac{\Delta Q}{\Delta P} \cdot \frac{P}{Q}$$

供给的价格弹性的点弹性的公式为：

$$e_S = \lim_{\Delta P \to 0} -\frac{\frac{\Delta Q}{Q}}{\frac{\Delta P}{P}} = \frac{\frac{\mathrm{d}Q}{Q}}{\frac{\mathrm{d}P}{P}} = \frac{\mathrm{d}Q}{\mathrm{d}P} \cdot \frac{P}{Q}$$

式中 e_s 为商品的供给弹性系数，其他符号同需求的价格弹性中的符号含义。

由于供给曲线一般向右上方倾斜，所以供给弹性一般为正，$e_s>0$，所以并不像需求弹性那样需要在前面加负号，这一点一定要特别注意。

与需求的价格弹性类似，供给的价格弹性也分为五类：$e_s>1$ 表示供给富有弹性，$e_s<1$ 表示供给缺乏弹性，$e_s=1$ 表示供给具有单位弹性，$e_s=\infty$ 表示供给具有完全弹性，$e_s=1$ 表示供给完全无弹性。

对于供给的弧弹性，我们容易算出，供给曲线越平坦则两点间供给弹性越大，供给曲线越陡峭则两点间的弧弹性越小，这一点与需求弹性类似。

对于供给曲线的点弹性，有这样的结论：若线性供给曲线的延长线与坐标横轴的交点位于原点左边，则该供给曲线上的所有点的弹性都大于1；若交点位于坐标原点的右边，则该供给曲线上的所有点的弹性都小于1。请读者自行证明。

2.5 运用供需曲线的事例

需求曲线与供给曲线和弹性是经济分析中的重要工具，运用这些工具可以分析和解释现实经济生活中的很多问题和现象。下面举出几个典型的例子。

2.5.1　易腐商品的售卖

易腐商品指的是容易变质或腐败的商品，包括像面包、蛋糕、鲜鱼等不易于存储的商品。

近年来，皇冠蛋糕店、仟佶面包店在各大城市发展得很好。这些店每天提供的蛋糕和面包基本上都是当天生产的，好像他们当天生产的面包和蛋糕总能售完，而且这些店的蛋糕和面包的价格比本土面包店（或蛋糕店）的价格要贵很多。为什么皇冠和仟佶的产品价格高而且总能售完呢？这可以简单地用需求曲线来解释。

对于像皇冠蛋糕店这样的名店，其市场经验丰富。在长期的经营活动中，他们已经能够较准确地知道一天内在各个价格水平之下，消费者对面包和蛋糕（以下简称面包）的需求量。或者说，他们知道一天内人们对其面包的需求曲线。由于面包是易腐食品，蛋糕店争取当天生产的面包以尽可能高的价格当天销售出去。由于知道自己面临的需求曲线，蛋糕店可以根据需求曲线以及准备出售的全部面包的数量，来决定使其销售额（收益）最大化的价格（如图 2-25 所示）。

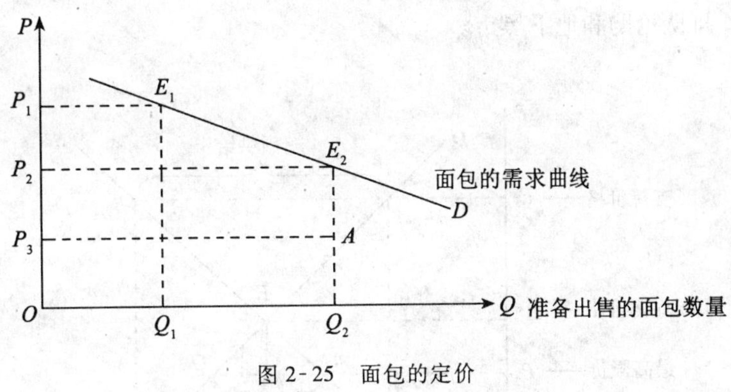

图 2-25　面包的定价

在图 2-25 中，蛋糕店知道自己面包的需求曲线为 D。假定蛋糕店在一天之内需要卖掉的面包的数量为 Q_2，他知道在 Q_2的销量下，最高可以以 P_2的价格把面包全部卖出去，所以就会定价为 P_2。他不会把价格定在 P_1，因为 P_1价格过高，最多只能销售 Q_1的面包，有一部分面包（Q_2-Q_1）销售不出去，而面包是易腐品，销售不出去的面包第二天不能再出售。又由于面包对于中国人来说是富有需求弹性的，所以提价会导致销售收入的减少。具体说来，价格从 P_2提到 P_1后，销售收入减少可以用矩形 $P_2E_2Q_2O$ 的面积减去矩形 $P_1E_1Q_1O$ 的面积来表示。

当皇冠这样的名牌店把价格定在 P_2时，一些杂牌面包店或蛋糕店可能把价格定在更低的 P_3水平，但是名牌店的面包价格不会下降。因为名牌店很清楚：自己生产的面包无论是卫生还是质量都比杂牌店要好得多，一旦把价格降到了杂牌店的水平，就会导致消费者抢购，而对于名牌店自己来说，只会导致销售收入的减少，不会有什么好处。所以，只有以价格 P_2 售卖才是最“理性”的。

2.5.2 最高限价与农产品的支持价格

1. 最高限价

在饥荒年代里，粮食价格一般会大幅上涨，从而影响社会的安定。在战争年代，生活必需品往往被征用作军需品，人们日常难以买到，价格也会大幅上涨，也会影响社会的稳定。对于一些自然垄断的基础性商品，如自来水、电、天然气等，价格完全由市场决定，如果价格上涨过快也会影响社会的安定。这时政府往往要对这些商品的价格管制，规定一个最高限价。下面我们用需求曲线和供给曲线来分析最高限价是怎么回事。

假设这个被限价的商品的需求曲线和供给曲线如图 2-26 所示。需求曲线和供给曲线的交点为 E，说明市场的均衡价格为 P^*，均衡数量为 Q^*。但是这个价格太高，对于一部分低收入家庭来说难以负担（如煤气价格过高）。于是政府对这种商品规定一个最高限价 P_2，显然这个最高限价要低于市场均衡价格 P^* 才有意义。由图中可以看出，当规定了最高限价 P_2之后，市场的需求量是 Q_4，而供给量只有 Q_3，于是产生超额需求。最高限价的好处是使低收入者也可能买得起商品，但是最高限价带来的超额需求往往导致两种现象：排队抢购和地下黑市。

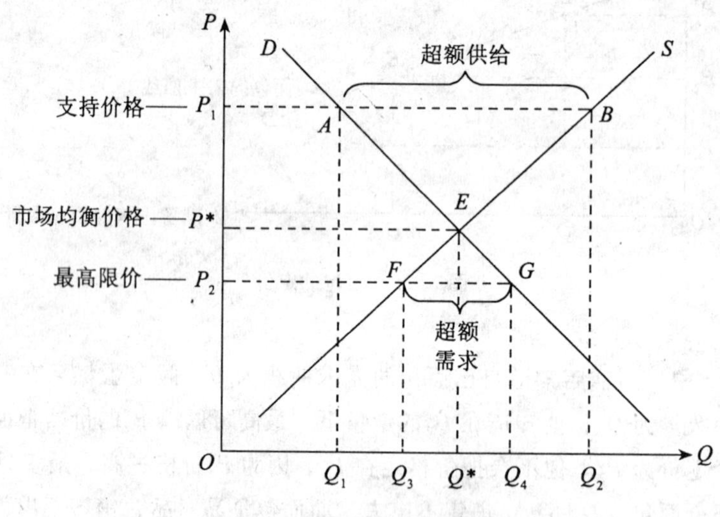

图 2-26　最高限价和支持价格

最高限价导致抢购和黑市的典型例子是我国春运期间火车票。我国春运期间，火车票的需求非常旺盛，比平时的需求大出好多倍，而火车票价却只比平时提高 50% 左右，远远没有达到市场均衡的价格，所以我国春运期间的火车票价实际上相当于无形中被限制了最高价格。最高限价会导致排队抢购和黑市，事实上正是这样，每年春运期间购火车票的人都排起了长队，另外黄牛的黑市倒票活动也十分猖獗。

2. 支持价格

与最高限价相反的是支持价格，也叫最低限价。

支持价格最常见的是西方各发达国家对农产品的支持价格。前面我们分析过，由于人们对农产品的需求缺乏弹性，农产品丰收之后容易导致“谷贱伤农”现象。于是发达国家对农产品规定一个高于市场（均衡）价格的价格来收购农产品，这就是农产品的支持价格。近年来，我国也实行农产品支持价格的政策。下面利用供需均衡的方法来分析农产品的支持价格。

在图 2-26 中，假设农产品的需求曲线为 D，供给曲线为 S，市场均衡价格为 P^*，均衡数量为 Q^*。P^* 价格可能太低了，农民收不回成本，于是政府规定一个高于市场均衡价格的支持价格 P_1 来收购农产品。从图 2-26 中可以看出，在支持价格下，农民提供的农产品的数量为 Q_2，而消费者需求农产品的数量为 Q_1，出现供大于求的状况。超额供给的部分（Q_2-Q_1）由政府回收。农产品的支持价格虽然保护了农民的利益，但是政府回收剩余农产品的款项，最终被分摊到其他纳税人头上。

2.5.3　虚拟资金和金融危机

虽然供给和需求决定了市场均衡价格，但是市场均衡价格有时并不是稳定的。对于像商品房、股票和期货这类特殊的商品或投资工具，市场上存在一种投机需求，这种投机需求在短时期内可能有巨大的资金支持，因而把价格拉高到一个完全脱离实际的价位，形成泡沫，这就是经济泡沫。经济泡沫的形成及泡沫的破灭可以用图 2-27 直观地表示出来。

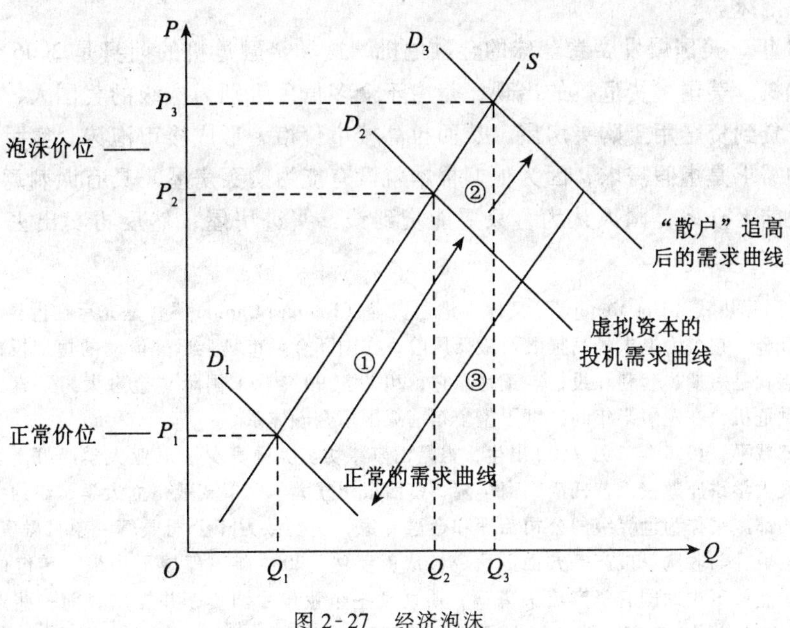

图 2-27　经济泡沫

经济泡沫的形成及破灭可以简单地分为三个步骤，如图2-27所示。第一步：虚拟资本拉高价格。在图2-27中，商品正常的需求曲线是D_1，正常的价格水平为P_1，而正常的需求量为Q_1。如果一种商品的需求价格缺乏弹性（如中国的住房），且价格上涨过快或有上涨的潜力，国际热钱①和其他投机资金就会流入。郎咸平②把这类资金叫做虚拟资金。虚拟资金进入后，需求在短时期内剧增，需求曲线由D_1向右猛移到D_2水平，移动了很长的距离，这时新的均衡价格为P_2，P_2大大高于P_1。第二步："散户"继续提高价格。在价格由P^*到P_1飞涨的过程中，一般消费者或投资者看到价格飞涨，就会预期这种商品（或资产）之后还会涨价，于是也纷纷购入这种商品或资金，指望涨价之后再卖出这种商品，以获得巨大的利润。我们权且把这种跟进投机的人叫做"散户"。在"散户"们的需求推动下，需求曲线继续右移，到达D_3的位置，价格进一步拉高到P_3水平，这已经是泡沫价位。第三步：虚拟资金解套，泡沫破灭。由于吸引了广大"散户"进入，且价位提高到大于P_2的水平，这时持有巨量虚拟资本的投机者会抛空商品或资产，每单位商品或资产至少获得P_3-P_2的利润。这个抛空的过程叫做"资金出逃"，或"资金解套"。在虚拟资本出逃后，价格开始大幅回落，引起"散户"的恐慌，于是"散户"也抛售，价格终于全面崩溃，最终回落到疯涨前的P_1水平，经济泡沫也就全面破灭。那些在高价位跟进的"散户"们，不得不以很低的价格（P_1左右）卖出他们曾经在很高的价位（$P_2 \sim P_3$之间）买进的商品或资产，从而产生巨额亏损，血本无归。如果这个商品或资产价值很大（如商品房），"散户"们就会破产或欠下巨额债务。如果破产或欠债的"散户"众多，就会引发金融危机。再回过头来观察，我们会发现，D_2需求曲线和D_3需求曲线都是虚假的需求曲线。它们的危害就是提高价格，形成经济泡沫。

2008年，美国爆发席卷全球的金融危机，这场金融危机的前身是2006年左右的美国次贷危机。美国次贷危机的出现，是由于众多信用级别为次级的美国人，以极低的成本从银行贷到资金用于购买房屋，从而拉高楼市价格，形成楼市泡沫。实际上，这些人对房屋的需求是虚假需求，因为他们根本就没有能力购买房屋。具有讽刺意味的是，次贷危机之前，众多美国人认为，只要能贷到钱，买进房屋，然后再卖出去，就能赚大

---

① "国际热钱（Hot Money）"又称"逃避资本（Refugee Capital）"，是充斥在世界上，无特定用途的流动资金。它是为追求最高报酬及最低风险，在国际金融市场上迅速流动的短期投机性资金。它的最大特点就是短期、套利和投机。正是靠它，20世纪90年代末国际"金融大鳄"索罗斯一手制造了亚洲金融危机，在短短半年间掀翻了整个东南亚国家金融体系。

② 郎咸平，1956年6月21日出生，祖籍山东潍坊。美国宾夕法尼亚大学沃顿商学院博士，现任香港中文大学讲座教授，曾任沃顿商学院、密西根州立大学、俄亥俄州立大学、纽约大学和芝加哥大学教授。郎咸平作为世界级的公司治理和金融专家，主要致力于公司监管、项目融资、直接投资、企业重组、兼并与收购、破产等方面的研究，成就斐然。2004年，郎咸平用最为传统的财务分析方法，痛斥国企改革中的国有资产流失弊病，质疑某些企业侵吞国资，并提出目前一些地方上推行的"国退民进"式的国企产权改革已步入误区，引起巨大的影响，被称之为"郎旋风"。他也曾主讲过《财经郎咸平》、《郎咸平说》、《财经郎眼》等电视节目或网络视频节目，以通俗的语言，解读中国当今的经济现象。

钱，然而事实却并不像人们当时想象的那样美好。20 世纪 90 年代，日本的楼市泡沫破灭，也是日本国内积累多年的虚假需求造成的。有兴趣的读者可以查阅相关资料，这里就不介绍了。

我国改革开放 30 年以来，经济一直快速增长，人们没有经历过金融危机，绝大多数人没有金融危机的意识。我国楼市中虚假需求严重，投机盛行，众多媒体称中国楼市泡沫已经超过日本 1997 年金融危机前夕的状况。本章中，我们特地加入这一节，希望读者能运用供给需求和弹性这些基本的工具，以经济学的观点来观察分析周围的经济现象，同时也希望读者对经济现象保持清醒的认识。

本章小结

（1）需求是指消费者在一定时期内，在各种可能性的价格水平下，愿意而且能够购买的商品数量。意愿和能力是需求的两大要素。需求曲线一般向右下方倾斜。供给是指消费者在一定时期内，在各种可能性的价格水平下，愿意而且能够提供的商品数量。意愿和能力是供给的两大要素。供给曲线一般向右上方倾斜。

（2）价格以外的因素引起需求曲线的移动，价格的变动引起需求量沿着需求曲线的移动，这二者的变动又分别叫做需求的变动和需求量的变动。供给及供给量的变动与之相似。

（3）均衡价格是需求曲线和供给曲线的交点对应的价格。均衡价格随着需求或供给的变动而变动，它与需求的变动方向相同，而与供给的变动方向相反。

（4）弹性是用来反映一个经济变量的变动对于另一个经济变量变动的反应程度。最重要的弹性是需求价格弹性。弹性分为点弹性和弧弹性。需求价格弹性可以分为富有弹性、缺乏弹性、单位弹性、无限弹性和零弹性五种情况。对于富有需求弹性的商品，一般降价能扩大销售收入，而涨价会减少销售收入；对于缺乏需求弹性的商品，一般提价能扩大销售收入，降价反而会减少销售收入；对于单位需求弹性的商品，价格变动对销售收入不造成影响。

（5）互为替代品的两种商品的需求交叉弹性大于零；互为互补品的两种商品的需求交叉弹性小于零。

（6）需求收入弹性大于零的商品属于正常品，正常品中需求弹性大于 1 的叫优等品，介于 0 和 1 之间的叫必需品，需求收入弹性小于零的商品叫劣等品。

（7）恩格尔定律是指一个国家或家庭的食物支出比重随着这个国家或家庭的收入水平的提高而降低。

案例分析

均衡价格

4500 年前，白水人仓颉任轩辕黄帝史官，创造了中国最早的象形文字。令白水扬声在外的还有苹果，白水是享有盛名的“中国苹果之乡”。

根据林业专家介绍，北纬38度最适合苹果生长。白水正好就在这个纬度上，因此在白水全县的72万亩土地中，有41万亩种了苹果。可叹的是，白水至今仍是国家级贫困县。

2001年9月，烟台安德利浓缩苹果汁有限公司在白水投资8000万元，兴建了一家每小时加工50吨鲜果的现代化浓缩果汁厂，2002年9月12日正式投产，每天收购加工1000吨鲜果，每斤收购价0.15元，现金支付。

9月12日清晨，我们从县城乘车前往4公里之外的厂区，一路上不仅看到道路两旁挂满果实的苹果园，更注意到自2公里外一直排到厂区门口的苹果车队，景象之壮观，不禁让人心潮澎湃。于是，我问坐在旁边的副厂长：“他们要排多长时间的队才能卖出苹果？”“1天，2天，也有3天的。”“有多少车在这里排队？”“300到400辆吧。”这么多车和人都要排3天的队，这要多少成本啊？我心里作了一个大致的测算：一辆车每天的台班费少说100元，加上吃喝，大致120元。以300辆计算，一天的排队成本就是36000元，这对果农来说，可不是一个小数字啊！

“果农能受得了吗？”我提出这问题时，猜想副厂长肯定说：“那也比卖不出去强多了。”可是，副厂长的回答让我大跌眼镜：“这个成本其实是由厂里来付的。”“什么，你们会给排队的果农付钱？”“不。”“你不付钱，当然就是果农自己承担了，怎么是厂里来付这笔钱呢？”副厂长看出我的心思，向我说明这其中的奥秘。

果汁加工讲究生产的连续性，尤其是原料不能断档。又由于苹果不像煤或矿石等原料，不能提前大量囤积。因此，要形成一定规模的排队，来保证正常的生产。怎样才能实现这个生产条件呢？

答案是价格。厂家通过相对偏高的收购价格，吸引周边的果源向自己集中，从而形成源源不断的供给链，保证生产的连续性。所以，从这个意义上说，排队的成本其实已经包含在收购价里面了。也就是说，没有相对偏高的价格激励，就不会有这么多人忍受排队之苦把苹果送到厂里来。又由于装车后的苹果3天后质量会受到影响，所以厂家要时刻关注排队的情况，并及时地调节收购价，以此来调整队伍的长度。队伍太长就降价，太短就提价，从而保证生产所需的均衡量，并实现成本最小化。

那么，分散在方圆几十公里内的千家万户果农，又是如何接收到这个价格信息呢？副厂长告诉我，在厂家和果农之间，还有一个环节即“果贩”。他们不仅是信息传递的枢纽，而且还是苹果运输的主要组织者。在白水的果农与厂家之间存在一支人数不少的果贩队伍，而且形成了若干体系。每个体系都有一个中心，他们通过自己的方式传递信息，指挥着各个分点上的果贩，下达在什么时间、以什么价格、收购多少苹果的指令，然后组织运输力量源源不断地向厂家供货。具体的情况是，果贩掌握了厂家“收购价”，根据距离的远近，写出对果农的果园现场收购价，价差一般为每斤4分钱。果贩利润等于差价减去运输成本、平均排队成本、损耗等正常开支。据介绍，这一部分开支大约是每斤2分钱。这是一种不需要刻意安排的自发秩序。其实，有市场就会自发地出现分工，给交易各方都能带来好处。更重要的是，这些好处最终受惠的也包括消费者。

按照当地不成文的行规，三方之间长期以来形成了一种均衡价格，即果贩的收入在扣除各种费用（主要是运输成本）之后，最后利润必须守住每斤2分钱，这是果贩的利润底线。如果低于每斤2分钱，果贩就停止收购。当然，果贩的利润也可能太大。如果太大，果农就会自己租拖拉机送货，或如果有其他竞争者进入，使价格回落，厂家也会相应调低收购价。在果农、果贩和厂家三方的交易中，每斤2分钱成为一个重要的均衡点，这个均衡点既影响着果农与果贩之间的均衡价格，也影响着果贩与厂家之间的均衡价格。

（案例来源：郭梓林，《果贩与苹果的价格》，经济学消息报，2002年10月18日。）

本章训练

1. 如果商品甲和商品乙是互相替代的，则甲的价格下降会造成（　　）。

A. 甲的需求曲线向右移动　　B. 甲的需求曲线向左移动

C. 乙的需求曲线向右移动　　D. 乙的需求曲线向左移动

2. 一种商品价格下降对其互补品最直接的影响是（　　）。

A. 互补品的需求曲线向右移动　　B. 互补品的需求曲线向左移动

C. 互补品的供给曲线向右移动　　D. 互补品的供给曲线向左移动

3. 下列因素中不能导致需求曲线移动的因素是（　　）。

A. 相关商品的价格不变　　B. 消费者的价格预期

C. 消费者的收入水平　　D. 商品的自身价格

4. 如果某种商品的供给曲线斜率为正，在保持其他因素不变的情况下，如果该商品的生产技术水平有所提高，必将导致（　　）。

A. 供给量增加　　B. 供给量减少

C. 供给增加　　D. 供给减少

5. （　　）情况下，均衡价格将只会上升。

A. 需求和供给都增加　　B. 需求和供给都减少

C. 需求增加，供给减少　　D. 需求减少，供给增加

6. 政府把价格限制在均衡价格水平以下可能导致（　　）。

A. 黑市交易　　B. 大量积压

C. 买者以低价买到了想购买的商品　　D. 以上都对

7. 某商品的价格从10元下降到9元，需求量从70增加到75，则需求价格（　　）。

A. 缺乏弹性　　B. 富有弹性

C. 单位弹性　　D. 无限弹性

8. 有四种产品：优质大米，高级工艺品，食盐，棉布T恤衫。需求的价格弹性最小的是（　　）。

A. T恤衫　　B. 高级工艺品

C. 食盐　　D. 棉布T恤衫

9. 有四种产品：T恤衫，品牌彩电，出国旅游，食盐。需求的价格弹性最小的

是（　）。

A. T恤衫　　B. 品牌彩电

C. 出国旅游　　D. 食盐

10. 容易被替代的商品，其需求弹性（　　）。

A. 大　　B. 小

C. 较小　　D. 不确定

11. 如果某商品涨价后总收入增加，则这种商品的需求价格会是（　　）。

A. 缺乏弹性　　B. 富有弹性

C. 单位弹性　　D. 无限弹性

12. 需求价格弹性较大的商品是（　　）。

A. 可代替程度差的商品　　B. 用途小的商品

C. 对消费者生活不很重要的商品　　D. 消费支出占收入比重小的商品

13. 儿童玩具，某一厂商生产的客运飞机，多家厂商生产的客运飞机，名人字画，这4种产品中，供给价格弹性最大的是（　　）。

A. 儿童玩具　　B. 某一厂商生产的客运飞机

C. 多家厂商生产的客运飞机　　D. 名人字画

14. 一种商品的需求对价格变化越敏感（即商品的需求价格弹性越大），则说明（　　）。

A. 该产品在生活中的需求程度高　　B. 替代品少

C. 该产品用途少　　D. 该商品的消费支出较大

15. 已知需求函数为 $Q=100-4P$，那么在价格5时，需求价格弹性为（　　）。

A. 0.25　　B. 4

C. 2.5　　D. 8

16. 若X相对于Y产品的交叉价格弹性是-2，则（　　）。

A. X和Y是替代品　　B. X和Y是正常品

C. X和Y是劣等品　　D. X和Y是互补品

17. 如果商品的需求价格弹性为单元弹性，则该商品价格上升（　　）。

A. 会使销售收益增加　　B. 销售收益不变

C. 会使该商品销售收益下降　　D. 销售收益可能增加也可能下降

18. 如果需求曲线为向下倾斜的直线，则当价格从高到低不断下降时，卖者的总收益（　　）。

A. 开始增加　　B. 开始增加，当达到最大时开始减少

C. 开始减少，当达到最小时开始增加　　D. 不断减少

19. 在其他条件不变的情况下，牛奶价格的下降将导致牛奶的（　　）。

A. 需求增加　　B. 需求减少

C. 需求量减少　　D. 需求量增加

20. 当（　　）时，猪肉的供给曲线右移。

A. 养猪的成本下降　　B. 养猪的成本上升

C. 消费者的收入增加　　　　　　　　D 养猪者的收入增加

21. 如果某种商品的市场供给减少，而市场需求保持不变，则（　　）。

A. 均衡价格下降　　　　　　　　　B. 均衡数量增加

C. 均衡价格和均衡数量都减少　　　D. 均衡价格上升但均衡数量减少

第3章 消费者行为理论

学习目标

1. 了解效用的概念，了解基数效用论和序数效用论的基本概念；
2. 理解基数效用论中消费者均衡的条件，理解序数效用论的消费者均衡条件；
3. 掌握边际效用递减的含义并能解释经济现象，掌握无差异曲线及基本特征，掌握预算约束的作用。

知识能力

1. 能运用边际效用递减规律解释经济现象，能利用无差异曲线和预算曲线进行经济分析；
2. 了解基数效用论中需求曲线的推导和序数效用论中需求曲线的推导。

工作任务

1. 图解序数效用论下消费者的均衡；
2. 运用效用论解释经济现象。

关键词

效用；基数效用论；序数效用论；边际效用递减规律；消费者剩余；无差异曲线；预算线；边际替代率；消费者均衡

案例导入

为什么现在听邓丽君的歌觉得没有20世纪80年代“带劲”？

20世纪80年代，中国大陆人开始接触流行歌曲，是从邓丽君的歌开始的。那时一般人听歌只有三种途径：听收音机、看电视、听磁带。那时没有mp3随身听，所以并不能在任何时间、任何地点听歌；也没有网络下载，所以也不能想听什么歌就听什么歌。那时的收音机、电视机和磁带播放机的音质远远比不上今天号称支持无损音频、媲美CD音质的mp3、mp4随身听，更不能和各类落地音响相比。但是却有一个奇怪的现象，那就是，当年邓丽君的歌迷今天即使用高保真音响来听邓丽君的歌，也都觉得少了点什么，都觉得没有20世纪80年代听的时候“带劲”。邓丽君的歌肯定是没有变的，今天的录音技术肯定是比原来更先进的，今天的放音设备也远比当年先进。为什么老歌迷会有没有当年“带劲”的感觉呢？如何用经济学的观点来解释这种变化呢？在学习完本章效用论之后，你就可以对消费者的很多行为作出经济解释。

在上面一章里，我们分析了需求和供给，并且得出市场价格是由市场上供给和需求这两种相对的力量达到均衡时所形成的，但是我们并没有说明为什么消费者有需求，消费者的需求是怎样达到均衡的，也没有说明生产者的行为规律是什么。所以在本章中，我们以效用作为研究工具，研究消费者的行为，所以本章也叫做消费者行为理论。

3.1　欲望与效用

3.1.1　欲望与效用

消费者消费某种商品是为了从商品中获得一种满足，这就是效用。在西方经济学中，效用是指商品满足人的欲望的能力度量指标，也可以理解为人们从消费商品中得到的满足程度。既然是一种满足程度，所以它受主观欲望的影响。显然，欲望越大则满足程度越低，欲望越小则满足程度越高。为了直观地表示欲望与效用的关系，美国经济学家萨缪尔森提出了著名的幸福方程式：

$$幸福=\frac{效用}{欲望}$$

按照这个公式，要想获得更多的幸福，有两种方法：

其一，增加效用。这一点我们可以简单地理解为消费更多的商品。

其二，清心寡欲。因为欲望越高，幸福感越低。

关于效用，我们还需要注意下述几点：

1. 偏好影响效用大小

我们先看下面的一段阅读材料。

【阅读资料】

对效用的理解 1——最好吃的东西

兔子和猫争论，世界上什么东西最好吃。兔子说：“世界上萝卜最好吃。萝卜又甜又脆又解渴，我一想起萝卜就要流口水。”

猫不同意，说：“世界上最好吃的东西是老鼠。老鼠的肉非常嫩，嚼起来又酥又松，味道美极了!”

兔子和猫争论不休，相持不下，跑去请猴子评理。

猴子听了，不由得大笑起来："瞧你们这两个傻瓜蛋，连这点儿常识都不懂！世界上最好吃的东西是什么？是桃子！桃子不但美味可口，而且长得漂亮。我每天做梦都梦见吃桃子。"

兔子和猫听了，全都直摇头。那么，世界上到底什么东西最好吃？

世界上当然没有最好吃的东西，因为好不好吃与人的偏好有很大的关系。这个故事说明效用完全是个人的心理感觉。不同的偏好决定了对同一种商品效用大小的不同评价。这正如当今人们对于手表的评价。有的人认为有了手机没有必要再用手表，所以对于手表完全没有偏好，手表也就没有什么效用可言；而有的人认为用手机看时间那是很没有品位的表现，所以还是有必要戴手表的，手表对他们效用很大。

2. 效用是有时限的

请先看下面一段阅读材料。

【阅读资料】

对效用的理解 2——傻子地主

从前，某地闹起了水灾，洪水吞没了土地和房屋。人们纷纷爬上了山顶和大树，想要逃脱这场灾难。

在一棵大树上，地主和长工聚集到一起。地主紧紧地抱着一盒金子，警惕地注视着长工的一举一动，害怕长工会趁机把金子抢走。长工则提着一篮玉米面饼，呆呆地看着滔滔大水。除了这篮面饼，长工已一无所有了。

几天过去了，四处仍旧是白茫茫一片。长工饿了就吃几口饼，地主饿了却只有看着金子发呆。地主舍不得用金子去换饼，长工也不愿白白地把饼送给地主。

又几天过去了，大水悄悄退走了。长工高兴地爬到树下，地主却静静地躺着，永远留在大树上了。

在这个故事中，面饼的效用显然大于黄金，这有悖于常情，所以这个故事说明地主的商品的效用是因时因地而异，效用的大小有时限。

3. 稀有物品效用高

请先看下面一段阅读材料。

【阅读资料】

对效用的理解 3——钻石和木碗

一个穷人家徒四壁，只得头顶着一只旧木碗四处流浪。

一天，穷人上一只渔船去帮工。不幸的是，渔船在航行中遇到了特大风浪，船上的人几乎都淹死了，穷人抱着一根大木头，才得以幸免于难。

穷人被海水冲到一个小岛上，岛上的酋长看见穷人头顶的木碗，感到非常新奇，便用一大口袋最好的珍珠宝石换走了木碗，派人把穷人送回了家。

一个富翁听到了穷人的奇遇，心中暗想，一只木碗都能换回这么多宝贝，如果我送去很多可口的食物，该换回多少宝贝！于是，富翁装了满满一船山珍海味和美酒，找到了穷人去过的小岛。

酋长接受了富人送来的礼物，品尝之后赞不绝口，声称要送给他最珍贵的东西。富人心中暗自得意。一抬头，富人猛然看见酋长双手捧着的“珍贵礼物”，不由得愣住了——木碗！

这个故事中，木碗成为酋长最珍贵的礼物，是因为木碗对于酋长来说是稀有之物。一般来说，物品越稀有，人们就越珍视，心理上的满足感就越大，效用就越大。例如，玉石之类的东西，其实并没有什么用，但玉石价格很高，只不过因为玉石稀少，给人们带来的效用大。路上的石头对于人们来说没有什么效用，只不过因为石头是司空见惯的东西。

效用是一种主观的心理因素，在今天往往被应用于市场营销之中。可口可乐就是一个典型的例子。其实喝可口可乐对于身体并没有什么好处，但是可口可乐公司通过种种广告，把喝可口可乐和快乐的生活联系起来，就是为了培养人们喝可口可乐的心理上的满足，好让人们获得更高的效用。当然，一种商品的效用越大，人们愿意为这种商品支付的价格就越高。

3.1.2 两种效用理论简介

既然效用的大小对人们愿意支持的价格有重要的影响，怎么度量效用的大小就成为一个值得研究的问题。在西方经济学的发展过程中，存在两种效用论：首先提出来的是基数效用论，后来又提出了序数效用论。

1. 基数效用论

基数效用论（Cardinal Utility）认为，效用的大小可以用基数（1，2，3……）来表示，而且可以计量并累加求和。例如一个苹果的效用是2，一个梨的效用是1，一个苹果和一个梨的效用就是3。基数效用论采用的是边际效用分析法，提出了重要的边际效用递减规律。

在19世纪和20世纪初，基数效用论一度很流行，但是后来由于在理论方面的不严密以及实践中又往往不能很好地解释经济现象，所以到了20世纪40年代，人们对于基数效用论的质疑声不断。到了“二战”之后，就基本上被新的效用论——序数效用论所取代。

2. 序数效用论

序数效用论（Ordinal Utility）认为效用作为一种心理现象无法计量，也不能累加求和，只能表示满足程度的高低与顺序，效用只能用序数（第一，第二，第三……）来表示。序数效用论采用的是无差异曲线分析法。序数效用论克服了基数效用论不能自圆其说的缺点，也不像基数效用论那样具有社会主义主张，所以在西方经济学里，序数效用论逐渐取代了基数效用论，成为效用论的主流。

在下面两节中，我们将详细介绍这两种效用理论。

3.2 基数效用论

3.2.1 基数效用论的基本思想

基数效用论是19世纪和20世纪初期西方经济学普遍使用的概念。西方经济学效用理论的思想渊源可以追溯到以边沁和密尔为代表的英国功利主义哲学，但其直接基础却是产生于19世纪50—70年代的“边际革命”。在此期间，德国的戈森、英国的杰文斯、奥地利的门格尔以及法国的瓦尔拉斯等人差不多同时但又都各自独立地发现了“边际效用递减规律”。边际效用学说建立在效用可以直接计量的假设之上，因此也被称为“基数效用论”。

作为一个效用理论的数学模型，基数效用论具有一定的前提条件：

第一，效用量可以具体衡量。效用（Utility）是指消费者从消费某种物品或劳务中所得到的满足程度。效用是一种心理感受，而不是客观用途。同一商品效用的大小因人、因时、因地而不同。

第二，效用的增量依次递减，即满足边际效用递减规律。在一定时间内，在其他商品的消费数量保持不变的条件下，随着消费者对某种商品消费量的增加，消费者从该商品连续增加的每一消费单位中所得到的效用增量即边际效用是递减的，这种规律称为边际效用递减规律。例如：在一个人很饥饿的时候，吃第一个包子给他带来的效用是很大的，以后，随着这个人吃的包子数量的连续增加，虽然总效用不断增加，但每一个包子给他带来的效用增量即边际效用却是递减的。当他完全吃饱的时候，包子的总效用达到最大值，而边际效用却降为零。如果他还继续吃包子，就会感到不适，这意味着包子的边际效用进一步降为负值，总效用也开始下降。

第三，货币边际效用不变。基数效用论者认为，货币如同商品一样，也具有效用。所以，商品的边际效用递减规律对于货币也同样适用。对于一个消费者来说，随着货币收入量的不断增加，货币的边际效用是递减的。但是，在分析消费者行为时，通常又假定货币的边际效用是不变的。

基数效用论基本观点是：效用是可以计量并可以累加求和的。所谓效用可以计量，就是指消费者消费某一物品所得到的满足程度可以用效用单位来进行衡量。所谓效用可以累加求和是指消费者消费几种物品所得到的满足程度可以加总而得出总效用。表示效用大小的计量单位被称为效用单位（Utility Unit）。因此，效用的大小可以用基数（1、2、3……）来表示，正如长度单位可以用米来表示一样。基数效用论采用的是边际效用分析法，认为效用大小是可以测量的，其计数单位就是效用单位。根据这种理论，可以用具体的数字来研究消费者效用最大化问题。

3.2.2　边际效用递减规律

边际效用分析法所用的一种消费者心理规律就是上面所提到的边际效用递减规律。所谓边际效用递减规律，是指在一定时间内，在其他商品的消费数量保持不变的条件下，随着消费者对某种商品消费量的增加，消费者从该商品连续增加的每一消费单位中所得到的效用增量即边际替代效用是递减的。

边际效用递减规律成立有两个原因，第一，随着相同消费品的连续增加，从人的生理和心理的角度讲，从每一单位消费品中所感受到的满足程度和对重复刺激的反应程度是递减的。第二，在一种商品具有几种用途时，消费者总是将第一单位的消费品用在最重要的用途上，第二单位的消费品用在次重要的用途上，依次类推。这样，消费品的边际效用便随着消费品的用途重要性的递减而递减。利用数学语言，边际效用递减规律可表示为$\frac{\mathrm{dMU}}{\mathrm{d}Q}<0$。

基数效用论者将效用区分为总效用（Total Utility，TU）和边际效用（Marginal Utility,MU）。总效用是指消费者在一定时间内从一定数量的商品的消费中所得到的效用量的总和，边际效用是指消费者在一定时间内增加一单位商品的消费所得到的效用量的增量。

假设消费者对一种商品的消费数量为 Q，则总效用函数为 $\mathrm{TU}=f(Q)$，相应的边际效用函数为 $\mathrm{MU}=\frac{\Delta \mathrm{TU}(Q)}{\Delta Q}$。

例如，某一消费者对一特定的物品的效用（TU）与该物品的消费量的对应关系式为 $\mathrm{TU}=14Q-Q^2$，则对上述公式进行一次求导就会得到该消费者对该物品的边际效用为 $\mathrm{MU}=14-2Q$，由微积分知识可知：MU>0，TU 递增；MU<0，TU 递减；MU=0，TU 达到最大值。由表 3-1 所列的数值对应关系可以看出 TU 和 MU 的变化规律。

表 3-1　**总效用与边际效用**

消费量 Q	0	1	2	3	4	5	6	7	8	9	10
总效用 TU	0	13	24	33	40	45	48	49	48	45	40
边际效用 MU	14	12	10	8	6	4	2	0	-2	-4	-6

3.2.3　基数效用论下的消费者均衡

消费者均衡是研究单个消费者如何把有限的货币收入分配在各种商品的购买中以获

得最大的效用。也可以说，它是研究单个消费者在既定收入下实现效用最大化的均衡条件，这里的均衡是指消费者实现最大效用时既不想再增加，也不想再减少任何商品购买数量的一种相对静止的状态。

把效用看作消费的变量，据此构建的效用函数为：

$$U=u\ (X_1,\ X_2,\ \cdots,\ X_n) \tag{1-1}$$

式中 U 表示消费者一定时期内获得的效用总量，X_1，X_2，…，X_n表示 n 种消费品的消费数量。假定式（1-1）是一个连续、可微的凹函数，即：

$$\mathrm{d}u/\mathrm{d}x_i>0\ 且\ \mathrm{d}^2u/\mathrm{d}x_i{}^2<0 \tag{1-2}$$

式中 $i=1$，2，…，n，记 $\mathrm{d}u/\mathrm{d}x_i=\mathrm{MU}_i$，称为 i 种消费品的边际效用。式（1-2）的含义为“一个消费者从同一种消费品中获得的效用总量以递减的速率递增”或“一个消费者从同一种消费品每一单位的增量中所获得的效用是递减的”，这就是所谓的“边际效用递减规律”。

假定消费者在一定收入水平下总是购买效用最大的消费品组合，则消费者的行为可以转化为一个求解效用函数条件极值的数学问题。设 I 为消费者的收入，P_i 为 i 种消费品的价格，则 $P_1X_1+P_2X_2+\cdots+P_nX_n=I$ 为消费者的预算约束，以此条件求效用函数(1-1)的最大值，得到：

$$\mathrm{MU}_1/P_1=\mathrm{MU}_2/P_2=\cdots=\mathrm{MU}_n/P_n=\lambda \tag{1-3}$$

式中 $\mathrm{MU}_i=\mathrm{d}u/\mathrm{d}x_i$，即为 X_i的边际效用；λ 为货币收入的边际效用。

式（1-3）就是消费者实现效用最大化的均衡条件。消费者实现效用最大化的均衡条件也就是：如果消费者的货币收入水平是固定的，市场上各种商品的价格是已知的，那么，消费者应该使自己所购买的各种商品的边际效用与价格之比相等。或者说，消费者应该使自己花费在各种商品购买上的最后一元钱所带来的边际效用相等。

3.2.4　基数效用论中的需求曲线的推导

基数效用论者以边际效用递减规律和建立在该规律上的消费者效用最大化的均衡条件为基础推导消费者的需求曲线。由于上面已经知道当消费者购买一种商品的时候，消费者均衡条件可以写为：

$$\frac{\mathrm{MU}}{P}=\lambda$$

从而，基数效用论者认为，商品的需求价格取决于商品的边际效用。当消费者消费一定物品的量增多时，边际效用会由于边际效用递减规律而开始逐步减少，由于$\frac{\mathrm{MU}}{P}=\lambda$，故物品的价格 P 是同步下降的。从而，需求曲线是伴随边际效用曲线向右下方倾斜，如图 3-1 所示。

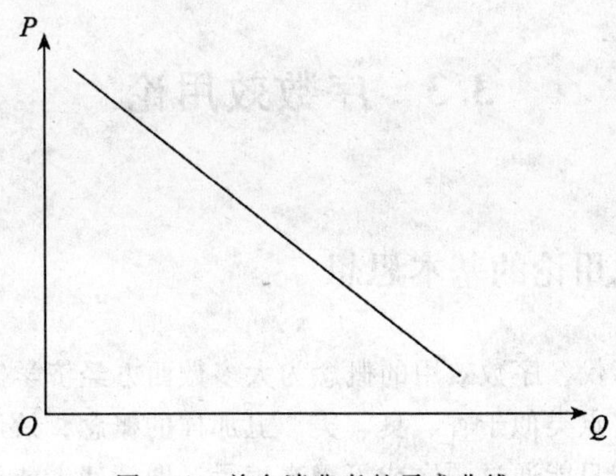

图 3-1　单个消费者的需求曲线

3.2.5　消费者剩余

由上一节我们知道边际效用是逐步递减的，所以，消费者愿意支付的价格逐步下降，即需求曲线是向右下倾斜。但是，消费者在购买商品时是按照一个实际的市场价格支付的，而不是一个商品一个价格。于是，消费者愿意支付的价格和实际市场价格之间就存在一个差额，便构成消费者剩余的基础。消费者剩余（CS）就是指消费者愿意支付的价格与实际支付的价格之间的差额，或者说，消费者消费某种商品所获得的总效用与为此花费的货币总效用的差额。特别要注意的是，消费者剩余是消费者的主观心理评价，反映的是消费者通过购买商品所感受到的福利改善。

下面进行消费者剩余的求解，如图 3-2 所示。

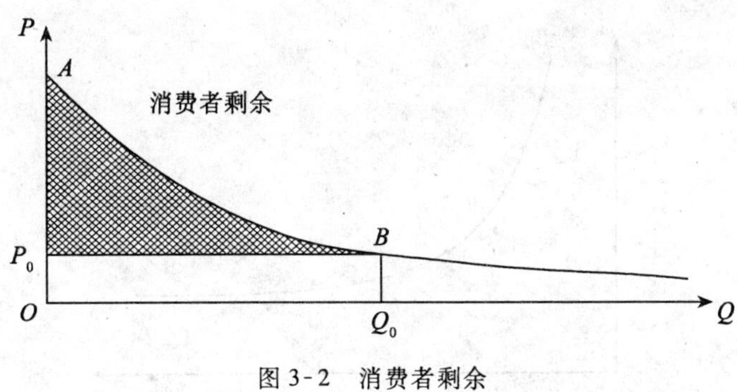

图 3-2　消费者剩余

假设需求函数的反需求函数为 $Pd=f(Q)$，价格为 P_0 时的消费者的需求量为 Q_0。继而，消费者剩余就是上图中阴影的面积，即在需求曲线以下市场价格线之上的面积。由微积分知识知道

$$\mathrm{CS}=\int_0^{Q_0} f(Q)\,\mathrm{d}Q-P_0Q_0。$$

3.3 序数效用论

3.3.1 序数效用论的基本思想

到了20世纪30年代，序数效用的概念为大多数西方经济学家所使用。序数效用论者认为，效用是一个有点类似于香、臭、美、丑那样的概念，效用的大小是无法具体衡量的，效用之间的比较只能通过顺序或等级来表示，即消费者能对可能消费的商品进行先后排列。

由我们的日常常识不难发现，理性消费者有三大基本偏好。第一，完全性，可以明确比较和排列不同商品组合。假设有两个物品，一个物品的效用为 A，另一个物品的效用为 B，从而两个物品的效用相比而言，要么 $A<B$，要么 $A=B$，要么 $A>B$。第二，可传递性。假设有三个物品，三个物品的效用依次为 A，B，C。如果 $A>B$，$B>C$，那么 $A>C$。第三，非饱和性。对每一种商品的消费都没有达到饱和点，对任何商品，总认为多比少好。

3.3.2 序数效用论的分析工具——无差异曲线

序数效用论的学者在分析消费者的消费行为时使用的工具是无差异曲线（Indifference Curves），即用来表示 X，Y 等多种商品不同组合，却给消费者带来效用完全相同的一条曲线。图3-3就是一条假设只有商品 X 和商品 Y 的无差异曲线。

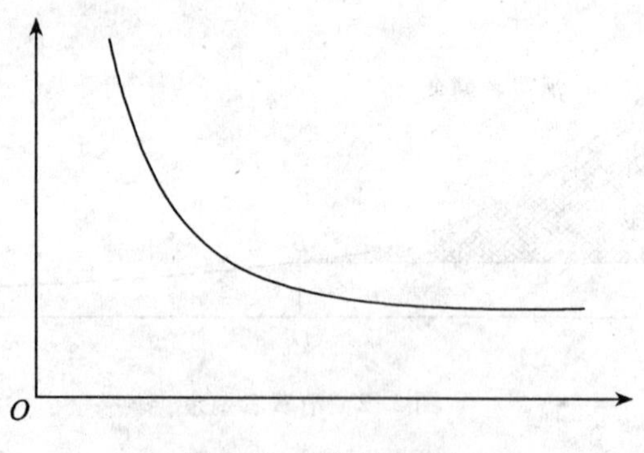

图3-3 无差异曲线

在无差异曲线上，不同的点所代表的拥有的 X 商品和 Y 商品的数量各不相同，但是不同的点中 X 商品和 Y 商品带给消费者的效用是一样的，也就是在同一条无差异曲线上效用保持不变。

用数学语言表示无差异曲线即为：在一条无差异曲线上，$U=f(X_1,X_2)=U_0$。X_1，X_2 分别为商品 1 和商品 2 的数量；U_0 是常数，表示某个效用水平。

无差异曲线有三个基本特征：

第一，同一坐标平面上可以有无数条无差异曲线。并且，离原点距离越远的无差异曲线所代表的效用越大。如图 3-4-a 所示，在固定一种商品（X_1）的数量时，离原点距离越大的无差异曲线所拥有的另一种商品（X_2）的数量越多，从而该无差异曲线所代表的效用越大。

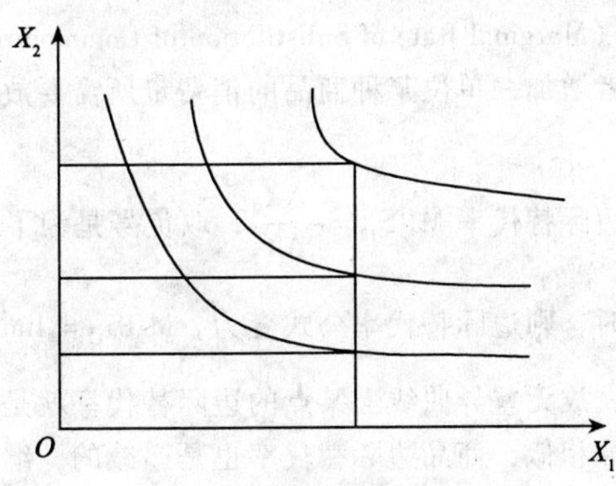

图 3-4-a　无差异曲线的特性

第二，在同一坐标平面上任意两条无差异曲线都不可能相交。

下面我们对特征二进行证明，如图 3-4-b 所示，假设同一坐标上无差异曲线 1 和无差异曲线 2 相交于点 A，那么由于无差异曲线的性质，我们知道由于点 A 和点 B 在同一条无差异曲线上，所以 A 点处商品组合的效用和 B 点处商品组合的效用相同，同样的道理，A 点处商品组合的效用和 C 点处商品组合的效用相同，所以 B 点处商品组合的效用和 C 点处商品组合的效用相同。然而，B 点处商品组合和 C 点处商品组合中商品

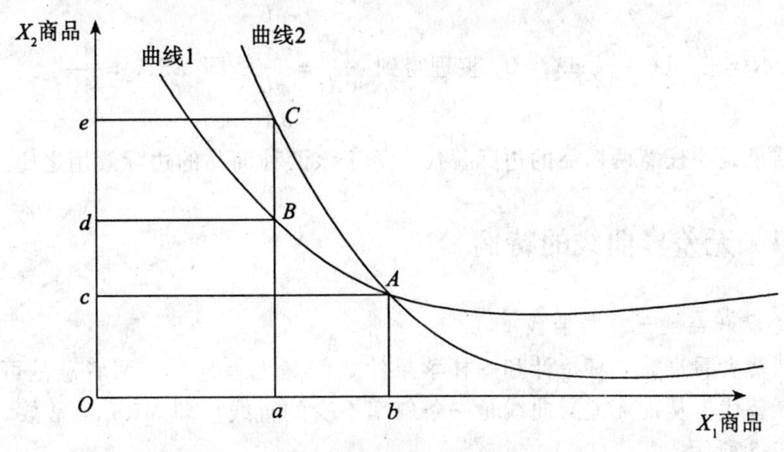

图 3-4-b　无差异曲线的特性

X_1的数量是相同的，商品 X_2的数量是不同的，所以 B 点处商品组合的效用和 C 点处商品组合的效用一定不同，从而产生矛盾，所以在同一坐标平面上任意两条无差异曲线都不可能相交。

第三，无差异曲线凸向原点。这是由于商品边际替代率递减规律，这个特征的证明需要运用另一个经济学概念——边际替代率。

3.3.3 边际替代率

商品的边际替代率（Marginal Rate of Substitution of Commodities）就是在维持效用水平不变的前提下，消费者增加一单位某种商品的消费量所需要放弃的另一种商品的消费量。

商品 1 对商品 2 的边际替代率 $MRS_{12}=-\frac{\Delta X_2}{\Delta X_1}$，取负号是为了使计算结果为正。当商品的变化量趋于无穷小时，则边际替代率公式变为，$MRS_{12}=\lim\limits_{\Delta X_1\to 0}-\frac{\Delta X_2}{\Delta X_1}=-\frac{dX_2}{dX_1}$，而$\frac{dX_2}{dX_1}$为无差异曲线上点的斜率，故无差异曲线上某点的边际替代率就是该点斜率的绝对值。

与边际效用递减规律相似，商品边际替代率也是递减的，继而商品边际替代率递减规律就是消费两种商品，维持效用不变，随着一种商品量的连续增加，所需放弃的另一种商品的消费量是递减的。这个规律有两个原因，其一是对某一商品拥有量较少时，对其偏爱程度高，而拥有量较多时，偏爱程度较低；其二，随着消费量的增加，想要获得更多这种商品的愿望就会减少，所愿意放弃的另一种商品量就会越来越少。

边际替代率递减，意味着无差异曲线的斜率的绝对值越来越小，因此无差异曲线必定凸向圆点。

下面我们探析边际替代率与边际效用的关系。设任一条无差异曲线 $U(X_1,X_2)=e$（e 为常数，表示既定的效用水平）。当消费者所消费的 X_1与 X_2商品发生变动（X_1的变动量为 dX_1，X_2的变动量为 dX_2）后，维持效用水平不变，即使得效用增量 $dU=0$。

从而，$dU=\frac{\partial U}{\partial X_1}dX_1+\frac{\partial U}{\partial X_2}dX_2=0$，整理得到$-\frac{dX_2}{dX_1}=\frac{\frac{\partial U}{\partial X_1}}{\frac{\partial U}{\partial X_2}}$，即 $MRS_{12}=\frac{MU_1}{MU_2}$。

这个结果说明任意两商品的边际替代率等于该两种商品的边际效用之比。

3.3.4 无差异曲线的特例

1. 完全替代品的无差异曲线

在某消费者看来，一杯橙汁和一杯苹果汁之间是无差异的，两者总是可以以 1 : 1 的比例相互替代，从而无差异曲线是一条斜率不变的直线，即 MRS_{12} = 常数。该无差异曲线如图 3-5 所示。

如同此例，如果两个商品的替代比例不变，那么这组商品的交换关系称为完全替代。

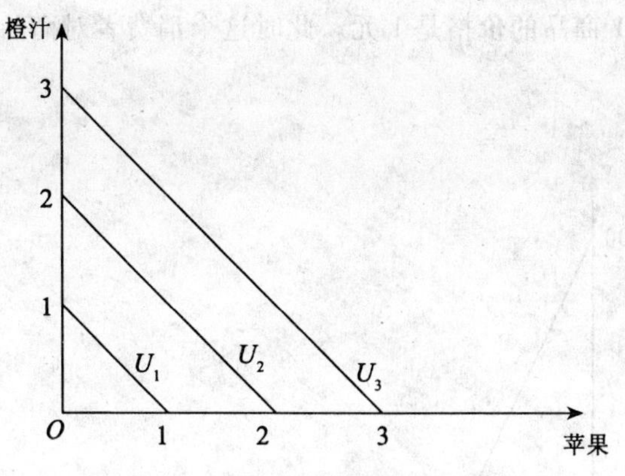

图 3-5　完全替代品的无差异曲线

2. 互补品的无差异曲线

由常识我们知道，一副眼镜架必须和两片眼镜片同时配合，才能构成一副可供使用的眼镜。我们由此可以画出眼睛架和眼镜片之间的无差异曲线，如图 3-6 所示。

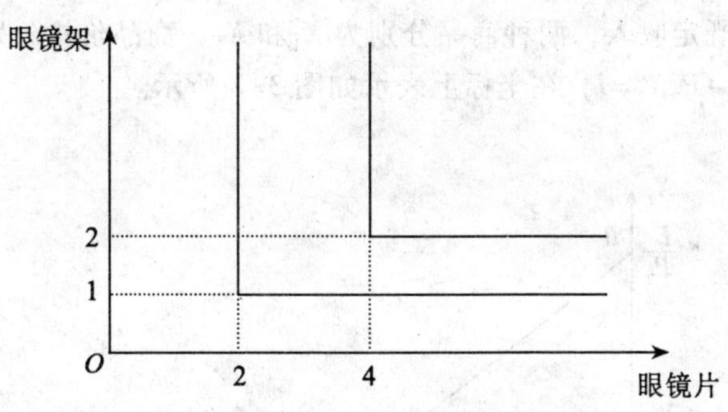

图 3-6　完全互补品的无差异曲线

由于一副眼镜架必须和两片眼镜片同时配合，所以无差异曲线是直角形状，边际替代率为 0（平行于横轴）或为无穷大（垂直于横轴）。

当两种商品必须按固定不变的比例配合同时使用，则称这两个商品的替换关系为完全互补。

3.3.5　预算线

一个消费者在消费时一定受其所拥有的资金的约束，所以在分析消费者消费均衡时，显然要考虑其所拥有的资金，因此引入了预算线概念。预算线（Budget Line）就是在收入与商品价格既定的条件下，消费者所能购买到的两种商品数量最大组合的线，又称消费可能线、价格线。

例：一消费者拥有600元进行消费，并且只对X商品和Y商品进行购买，已知X商品的价格是2元，Y商品的价格是1元。此时这个消费者对商品X和商品Y的预算线如图3-7所示。

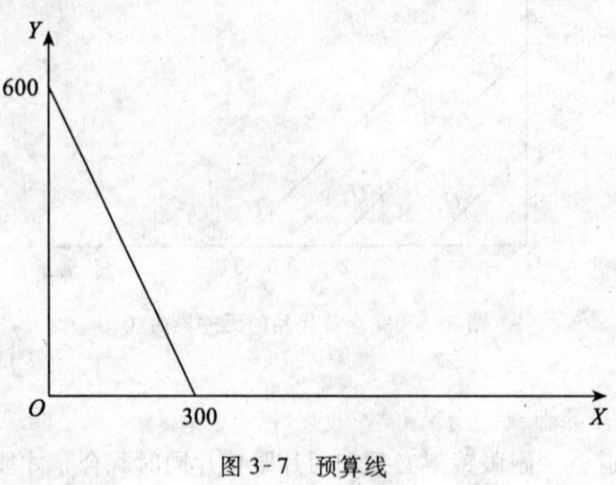

图3-7　预算线

分别用字母表示其消费品的价格、数量和所拥有的总资金，就会得到预算线方程，以I表示消费者的既定收入，两种商品分别为X_1和X_2，商品价格分别为P_1和P_2，从而预算线方程为$P_1X_1+P_2X_2=I$，在坐标上表示如图3-8所示。

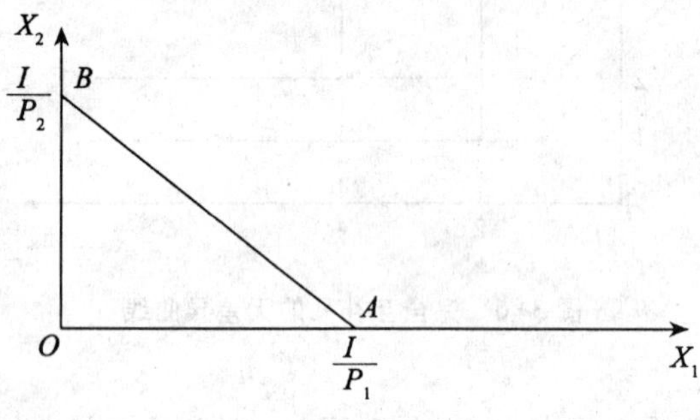

图3-8　预算线的坐标

预算线在坐标上可以进行移动和旋转，如同直线在坐标轴上移动和旋转一样。当预算线$P_2X_2+P_2X_2=I$中I变化或P_1和P_2同比例变动时，预算线就进行了移动；当P_1和P_2相对比例变化时，预算线就进行了旋转。

3.3.6　序数效用论中消费者的均衡

序数效用论在分析消费者的消费均衡时是用无差异曲线和预算线进行研究的。消费者均衡显然就是把钱花光，买到商品的最大数量，追求最大的满足。最优购买行为条件有两个：第一，商品组合必须能带来最大效用；第二，最优支出位于给定预算线上。

下面把无差异曲线与消费可能线合在一个图上进行消费者的均衡的探析。

如图 3-9 所示，在坐标系中可以存在无数条不相交的无差异曲线，当收入既定时，预算线必与无数条无差异曲线中的一条相切。在切点上，实现了消费者均衡—效用最大化。下面来证明无差异曲线与消费可能线相切时，商品的组合(M,N)，是消费者在既定支出水平上(AB)所能实现的最大化效用为无差异曲线 I_2。无差异曲线 I_2 右上方的无差异曲线 I_3 由于资金的约束显然现实不了，无差异曲线 I_2 左下方的无差异曲线 I_1 与预算线有两个交点，这时资金是富余的，此时还可以将多余的资金再进行消费，则可以达到更大的效用，这时无差异曲线将向右上移动，直至无差异曲线 I_2 为止。

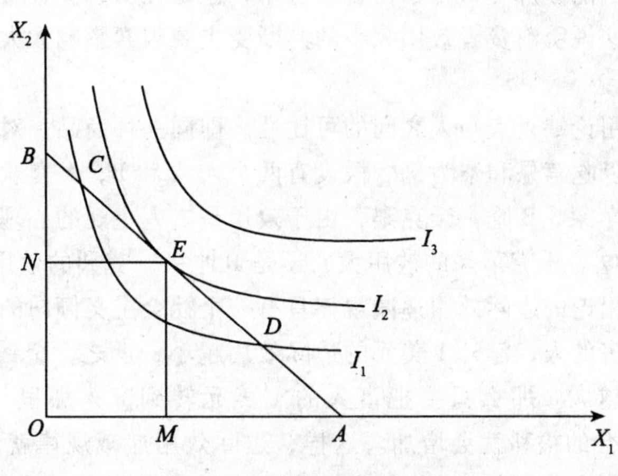

图 3-9　序数效用论消费者均衡

下面进一步探究消费者均衡的条件。显然在切点 E，无差异曲线和预算线两者的斜率相等。无差异曲线的斜率为$\frac{\Delta X_2}{\Delta X_1}$，预算线的斜率为$-\frac{P_1}{P_2}$。而商品 1 对商品 2 的边际替代率 $MRS_{12}=-\frac{\Delta X_2}{\Delta X_1}$。从而效用最大的均衡条件 $MRS_{12}=\frac{P_1}{P_2}$。效用最大化的均衡条件就是一定预算约束下，实现最大效用，就要使 MRS 等于两种商品的价格比，这时：消费者愿意交换的两种商品的数量比，应等于该消费者能够在市场上用一单位的这种商品去交换得到的另一种商品的数量。

3.4　消费者行为理论的应用

无论是基数效用论还是序数效用论，其实都没有得到严格的证明，所以在理论上存在一些缺陷，而且在实践中，往往不能很好地解释经济现象，所以效用论一直是西方经济学中最受攻击的地方，我们要对效用论有清醒的认识，不能盲信。虽然效用论并不完备，但是它毕竟在研究消费者行为方面迈出了重要的一步，它为政府制定消费政策提供了重要的理论依据，其重要作用是不容否定的。

3.4.1 消费者行为理论的局限性

1. 基数效用论的缺陷

在19世纪和20世纪初，基数效用论在经济学领域比较流行，但是基数效用论往往不能很好地解释经济现象，因为基数效用论存在三大缺陷：

其一，效用既然是一种主观的心理因素，就很难用客观的标准（像重量、长度那样）精确地度量出来。这个可以用猜可口可乐和百事可乐的有趣的实验反映出来①。事实上，受试者往往不能分辨可口可乐与百事可乐，但是在喝同一种可乐时，却给出了是两种可乐的判断，这说明消费者效用大小的判断受主观因素影响太大，用基数效用来度量是不准确的。

其二，基数效用论缺乏人与人之间的可比性。即同一种商品，对于不同人的效用是不相同的。例如，以吃苹果和梨为例。假设有两个人A和B，A喜欢吃苹果，B喜欢吃梨。现A吃一千克苹果，B吃一千克梨，由于效用是二人主观的心理评价，所以我们很难得出，究竟是A吃一千克苹果的效用大，还是B吃一千克梨的效用大。

其三，基数效用论的边际效用递减规律具有一个社会主义倾向的推论。按边际效用递减规律，金钱越多的人，额外1美元的边际效用越小；反之，金钱越少的人，额外1美元的边际效用就越大。那么只要把富人的1美元转到穷人那里（也就是"劫富济贫"），显然整个社会的福利就会增加。这样，边际效用递减规律就成为收入平均化的合理依据，具有社会主义倾向，这当然是资本主义所不能容忍的，于是序数效用论应运而生，以避免基数效用论的这些缺点。

2. 序数效用论的缺陷

序数效用论从表面看起来好像很完美，其实它只是在形式上改变了基数效用论，它和基数效用论在实质上都是相同的。而且，序数效用论的缺陷并不比基数效用论少，这主要表现在以下几个方面。

首先，无差异曲线建立的前提是两种商品之间可能通过此消彼长的关系来维持在不同的数量组合之下具有相同的效用。但事实上往往并非如此。按照马斯洛的需求层次理论，人的需求依次由较低层次到较高层次可以分为生理需求、安全需求、社交需求、尊重需求和自我实现需求五类，人们只有在低层次的需求得到满足之后才会有更高层次的需求。比如，对于一个饿着肚子的乐迷来说，几场音乐会的入场券的效用可能也比不上一顿廉价的米饭的效用来得大；而对于追求音乐造诣的人来说，只要能吃饱，再多的美食，可能也比不上一把吉他带来的快乐多。由于人们需求的层次不同，社会上的各种

---

① 让一个喜欢喝可口可乐的人和一个喜欢喝百事可乐的人各喝两杯可乐，事先不告诉两个喝者哪杯可乐是可口可乐哪杯是百事可乐。如果你给A喝的两杯可乐都是可口可乐，然后请他猜，他往往会说哪一杯是可口可乐而哪一杯是百事可乐。同样，如果你给B喝的两杯可乐都是百事可乐，然后请他猜，他也往往会说哪一杯是可口可乐而哪一杯是百事可乐。

商品很难说都可以相互替代。如果不能相互替代，无差异曲线就失去了存在的前提。

其次，序数效用组合顺序的判断不现实。按照序数效用论，消费者在消费任意两种商品时，都可以对这两种商品的不同数量组合做出效用孰大孰小的判断。如果一个社会中的商品数量是有限的，当然这种判断是可能的，但是现代市场经济一般都是商品高度发达的社会，各种商品加上服务的品种真是数不胜数，这时，要想让消费者判断社会中各种不同商品的不同数量组合的效用的大小就不太现实了。事实上，没有一个消费者在消费的时候，还会考虑所购买的一种商品和另一种商品的效用组合。从这一点来说，序数效用论脱离人们实际消费行为的程度比起基数效用论有过之而无不及。

再次，无差异曲线凸向原点不能被严格地证明。关于这一点，由于涉及较深的数学知识，本书就不证明了①。

最后，序数效用论中的效用不由商品的价格决定不太符合现实。效用论的目的是通过效用来影响需求决策，进而决定价格，那么价格就不能进入效用函数，否则那便是用价格决定价格，陷入了循环论证，效用论也就失去了意义。这就是说，效用的大小纯粹是受商品本身的属性的影响。例如，唐朝的杨贵妃喜欢吃荔枝，荔枝对她的效用很高，按序数效用论的说法，这仅仅是因为荔枝味道鲜美，而与当时长安（西安）的荔枝稀少价高没有关系。这显然不合事实，因为杨贵妃喜欢吃荔枝很显然是因为在当时的条件下，把岭南一带的荔枝运送到长安很不容易，即使运至长安，荔枝的成本也很高，一般长安人吃不到，而且也吃不起。正是因为荔枝是别人吃不着也吃不起的东西，杨贵妃才如此喜爱。由此可见，人们从消费某种商品中得到的感受很难不受价格因素的影响。简单地说，价格是影响效用的，这样一来，效用论就从根本上失去意义了。

所以，序数效用论只是在形式上比基数效用论有所进步，实际上仍然是差强人意。

3.4.2 消费者保护政策

我们上面讲的效用论其实是以个人为中心的消费者行为理论，该理论认为，只要确保消费者的个人自由，就可以实现满足程度的最大化，因为经济学中研究的人是“理性人”。而按照亚当·斯密看不见的手的原理，人们在追逐私利最大化时，也就实现了社会利益的最大化，这句话在效用论中可以理解为：只要每个消费者的效用最大化，整个社会的福利也就最大化了。但问题是，在现实经济社会中，消费者往往并非完全自由，也非完全理性，因为信息总是不对称的，消费者的行为需要引导与保护。政府应制定一些保护消费者的政策，同时也应该对消费者不当的消费进行适当的干预。

---

① 有兴趣的读者可以参阅阿契鲍尔得和李普赛所著的《数理经济学引论》，255～256页，纽约，哈珀与罗公司1976年版。或者参阅蒋中一所著《经济学的数学方法》第三版，400～403页，纽约，麦格劳—希尔公司1984年版。

虽然亚当·斯密崇尚自由放任的市场经济，但从各国市场经济的历史中可以看出，如果政府放任市场自由买卖而不强有力地保护消费者的权益，那么由于道德风险的存在，假冒伪劣商品将横行于世，整个市场就会混乱。美国在20世纪早期就是这样。

【阅读材料】

美国消费者保护法的产生

美国是世界上最早制定消费者权益保护法律的国家之一，但让人意想不到的是，美国第一部消费者保护法律的诞生，与一本让美国人“倒胃口”的小说有着密切的关系。

1906年，一本影响深远的小说《丛林》出版了。

《丛林》的作者叫Upton Sinclair，这部小说以立陶宛人Jurgis在芝加哥达哈姆家族联合畜产品加工厂的工作经历，反映了这个食品厂的许多黑幕：从欧洲退回的发霉火腿，公司把它切碎，填入香肠；已经变味的牛油，回收后重新融化，经过去味工序，又返回顾客餐桌；公司的技术人员为了把发臭的肉类去掉味道而发明了添加硼砂、甘油；仓库的生肉随意堆放在地板上；为消灭老鼠，到处摆放了有毒的面包做诱饵，工人却漫不经心地将毒死的老鼠和生肉一起铲进绞肉机的进料漏斗；工人在一个水槽里搓洗油污的双手，这水槽里的水是要配置调料加到香肠里去的；最让人震惊的，是在油脂提炼车间，一个工人掉到大钢罐里，人们最后从中捞到了他的骨头，而他本人已被制成“达哈姆牌纯猪板油”……

而在当时，这部小说一出版马上引起轰动，震惊了全国，消费者纷纷表示激愤。而肉制食品销量大减，出口欧洲的肉类骤然下降50%。

当时担任美国总统的西奥多·罗斯福一直主张政府在经济生活中发挥更多作用，他主动约作者Uoton Sinclair会面，表示自己严重关切食品卫生问题的问题。接着，罗斯福总统派出了他信任的两名助手到屠宰场进行调查，结果发现小说中描述的情况基本属实，考察员做出了“食品加工业的现状，令人厌恶”的评语。很快，美国国会通过了美国历史上最早的消费者保护法律《食物药品卫生法案》、《肉类检验和食品卫生法案》。接着还组建了以Dr Wiley为首，由11名专家学者组成的最初的美国食品和药物管理局（FDA）。此后不久，美国第一个非政府消费者组织——消费者联盟也诞生了。

20世纪60年代，肯尼迪总统签发了一份消费者保护法案，这项法案中提出了极为重要的消费者四项权利：安全权、知情权、选择权、对政策发表意见的权利。这四项权利影响极为深远，后来出现的“消费者九项权利”都是由此而来。

（资料来源：http：//forum. xitek. com/sorthread. php？threadid=561794。）

目前，世界上各大市场经济国家为了保护消费者的利益，一般都制定了一些保护性政策，常见的如下所述。

1. 商品质量的保证与三包服务

对于工业品来说，其质量标准最低要达到国家标准。目前世界上各国都有自己的国家标准，如我国的GB标准、美国ASTN（ASME）标准、德国的DIN标准、日本的JIS

标准及英国 BS 标准。除了要符合国家标准之外，商品在销售之前，往往还要获得一些认证，如食品和药品要通过 FDA① 认证。再如，近几年来，我国对六类产品②实行强制性 QS 认证，以保证商品的质量，保护消费者利益。除了质量保证外，对电子类耐用消费品，一般还要求提供三包服务，即商品在购买后，至少在一个星期之内可以（有理由的）包退，一个月之内包换，一年之内保修。

2. 正确的消费宣传

这主要是为了防止虚假的广告宣传和一些对公众有危机的商品的宣传，如不得做虚假的广告，不得夸大产品功效，名人不得做药品的广告代言人等。此外，对于香烟（包括雪茄）和烈酒，不得在大众传媒进行宣传。

3. 规定一些强制性消费

如各国对于义务教育基本上都是强制的，有的国家的医疗和保险也是强制性或半强制性的。

4. 禁止不正确的消费

这主要包括：禁止出售毒品和枪支；通过税收、宣传等手段限烟、酒、有残留的农药等商品的使用量；电影的分级制度；禁止超市免费发放塑料购物袋等。

5. 对某些行业的从业人员进行资格限制

这主要出现在对一些服务行业的资格限制，以保证消费者得到较优质的服务。最常见的资格限制有：律师从业资格的限制、教师从业资格的限制、证券及期货从业人员资格的限制、医生从业资格的限制等。

6. 限价政策

这主要是针对垄断行业的商品或者服务的价格而言。例如，美国对供电的价格有严格的限制，我国对水价也有限制，这些行业的企业不能随便提供自己生产的商品或者服务的价格。

7. 建立保护消费者的非官方机构

最常见的保护消费者的非官方机构是消费者协会。如果消费者在商品纠纷中处于弱势地位时，可以寻求消费者协会给予帮助，讨回公道。

8. 对低收入群体的消费性补贴

如我国近年来实行的家电下乡政策，就是对农民购买重要家电实行一定量的政府补贴，在刺激农民购买的同时，也保证了农民的基本生活质量。

应当注意的是，这些保护消费者的政策在一定程度上对于生产企业来说是有影响的，它在使消费者变得更加挑剔的同时，至少增加了生产企业的成本。但是根据美国著

---

① FDA 是美国食品和药物管理局（Food and Drug Administration）的简称，在美国，FDA 的标准较高，只有通过 FDA 的认证，食品、药品、化妆品和医疗器材等才能上市销售。我国也于 2003 年建立了 FDA 机构，负责对食品、药品、保健品和化妆品的监督。

② 这六类产品是：所有经过加工的食品（现做现买的、初级加工的产品不在此范围）；化妆品；塑料和纸包装容器；食用化工产品；食品加工用的相关设备；牙膏。

名管理学大师迈克尔·波特①的竞争优势理论，挑剔的消费者有利于提升企业的竞争优势，对于企业长期健康发展是有益的。

3.4.3 消费者行为的干预政策

在当今的市场经济中，个人消费并非绝对的自由，有时会受到政府的一些干预，这是因为消费有时存在外在化的问题。所谓消费外在化，就是指个人消费对社会的种种影响。政府干预人们的消费，其依据主要表现在下述三个方面。

1. 合理的资源配置

这要表现在政府利用法律或税收等手段来保护某些稀缺资源，如我国法律禁止人们对某些珍稀动物的消费，对水价实行梯形售价，对开矿企业征收资源税②等。

2. 保护环境

因为有些个人消费会带来外部性③的问题，也就是个人的消费给他人或社会带来了(不利的）影响。例如，某人吸烟，不仅会影响自己健康，还会影响别人的健康；乱扔垃圾可能会污染环境；开着一辆冒着黑烟的拖拉机在城市里跑会污染城市空气，等等。对于外部性很强的产品，一般的做法是征收消费税，如各国一般对烟酒类商品征收消费税。

3. 形成健康的社会风尚

我国自古就以勤俭为美德，以奢侈为恶行，所以为了形成健康的消费风尚，国家会对某些商品消费实际限制。最常见的限制形式是征收消费税。如对夜总会这样的服务行业征收高达30%的消费税；对购置汽车征收10%的消费税。

总之，在今年有政府干预的市场经济中，如何既保护消费者的利益，又能维护国家和社会的长远利益，实现可持续发展，是一个值得研究的问题。

本章小结

(1) 消费者购买某种商品是因为这种商品的消费能给他带来一定的效用。效用简单地说就是消费者从商品消费中得到的感受，这是一个主观因素。经济学中研究效用先后流行过基数效用论和序数效用论。

---

① 迈克尔·波特（Michael E. Porter）是当今全球第一战略权威，被誉为“竞争战略之父”，是现代最伟大的商业思想家之一。他32岁即获哈佛商学院终身教授之职，是当今世界上竞争战略和竞争力方面公认的权威。他毕业于普林斯顿大学，后获哈佛大学商学院企业经济学博士学位。目前，他拥有瑞典、荷兰、法国等国大学的8个名誉博士学位。波特博士获得的崇高地位缘于他所提出的“五种竞争力量”、“三种竞争战略”。目前，波特博士的课已成了哈佛商学院学院的必修课之一。迈克尔·波特的三部经典著作《竞争战略》、《竞争优势》、《国家竞争优势》被称为竞争三部曲。

② 按照税收的相关理论，资源税最后一般还是被转嫁到消费者头上。

③ 关于外部性的问题，在后面的章节中有更详细的讲解。

（2）基数效用论认为效用像长度和重量一样可以度量，其研究工具主要是用边际分析法，其重要假设是边际效用递减规律。由边际效用递减规律推导出边际效用曲线向右下方倾斜，进而推导出需求曲线向右下方倾斜。

（3）序数效用论认为效用不能用基数进行量度，而只能按序数进行排序。序数效用论的重要分析工具是无差异曲线。无差异曲线表示两种商品的效用相同的各种不同数量的组合。消费者效用的约束条件是预算线。无差异曲线与预算线相切的一点就是消费者的消费均衡点。均衡点的含义是：消费者应该使自己花费在每一种商品上的最后 1 元钱所带来的边际效用相等，只有这样，消费者才能实现在既定收入、价格和偏好条件下的效用最大化。

（4）利用消费者效用最大化的均衡点，进一步分析在不同收入水平下消费者各个效用最大化的均衡点的轨迹，可得到收入—消费曲线，由此可进一步推导出恩格尔曲线。

（5）一种商品降价或提价时，往往会产生收入效应和替代效应。正常物品的价格与收入效应成反方向变化，劣等物品的价格与收入效应变化方向相同，任何物品的价格与替代效应成反方向变化。这样，对于正常商品物来说，商品的价格与总效用成反向变动关系，所以正常物品的需求曲线是向右下方倾斜的。劣等物品分两种情况，大多数劣等物品的替代效应的作用大于收入效应的作用，所以从整体上看，大多数劣等物品的总效用还是和价格成反向变动关系，所以它们的需求曲线还是向右下方倾斜。吉芬商品其实是一类特殊的劣特商品，这类物品的替代效应的作用小于收入效应，故其价格与总效用的变化方向相同，所以吉芬物品的需求曲线是向右上方倾斜的。

（6）在现实经济生活中，消费者往往处于弱势地位，所以政府要制定保护消费者的各项政策，同时也要对不良或不安全的消费进行干预。

案例分析 3-1

一个经济探案的故事

著名经济学家斯蒂格利茨曾经说到过这样一个经济探案的故事：

有一个名叫史蒂文森的罪犯在犯罪后潜逃他国。经过侦察，将可能的嫌疑对象圈定为加拿大的布朗、法国的葛朗台和德国的许瓦茨，并拿到了这三名疑犯的起居、消费记录。大侦探福尔摩斯接受了此案，但在几经分析之后因为没有新的发现只好宣布证据不足，无法定案。这时他的朋友萨缪尔森正好在一旁，他研究了史蒂文森和三名疑犯的消费记录之后发现：

（1）史蒂文森在潜逃之前每周消费 10 千克香肠和 20 升啤酒，啤酒每升 1 镑，香肠每千克为 1 镑。

（2）布朗每周消费 20 千克香肠和 5 升啤酒，啤酒每升 1 加元，香肠每千克为 2 加元。

（3）葛朗台每周消费 5 千克香肠和 10 升啤酒，1 升啤酒和 1 千克香肠均为 2 法郎。

（4）许瓦茨每周消费 5 千克香肠和 30 升啤酒，1 升啤酒 1 马克，1 千克香肠 2

马克。

萨缪尔森在做出四个人的预算之后，分析指出，除非史蒂文森改变其偏好，否则布朗不必受到怀疑（因为布朗所消耗的香肠比例大于其啤酒比例，其他三人则均相反）。在剩下的两名疑犯中，萨缪尔森又指出，史蒂文森自然选择前往某地，其处境一定比以前好。只要其偏好未改变，他就一定是德国的许瓦茨（因为葛朗台的总消费水平与史蒂文森具有相同的效用，而许瓦茨则更大）。后来经过追查，果然罪犯为许瓦茨。

故事自然是虚构的，然而我们却能在其中发现两个有意义的结论：

(1) 一个人的消费偏好一旦确定，往往难以变更。

(2) 一个人的生活条件发生改变时（无论这种改变是由远赴异国还是由收入增加引起的），他往往会倾向于选择一种更好的处境，但仍然不会改变其消费偏好。

（案例来源：中南财经政法大学精品课程网）

案例分析 3-2

保姆赚“小费”的故事

一朋友虽事业蒸蒸日上，但为特别爱哭泣的小孩伤透了脑筋。为此两口子想了不少办法，但收效甚微，经过一段时间的摸索，最后总算找到了偏方：小孩特别爱吃一种小颗粒糖，也爱玩，所以每当小宝贝快要哭的时候，给一两个欢乐球或吃几粒糖，小孩很快就会安静下来，若多些球或糖，小孩甚至还会高兴得手舞足蹈。要是不让宝贝哭，每周至少得破费 50 多元（大致 54 元），包括购买 100 来个（大致为 105 个）价格为 0.25 元的欢乐球和约 280 粒价格为 0.1 元的糖。

有一天，他们从保姆市场雇了一保姆专门照顾小孩，基本要求是不能让宝贝哭，当然每周的预算仍然是 54 元左右。在主人的帮助下，保姆很快学会了如何买球和糖以及对付小孩哭泣的招数。然而，一个多月以后，欢乐球降价了，由原来的 0.25 元降到 0.15 元。保姆当然很高兴，因为现在虽然买 280 粒糖仍需 28 元，但买 105 个欢乐球不需要 26 元了，而只需要 16 元，每周就可以省出 10 元。但保姆没有把省出的钱交还给主人，而是进了自己的腰包，算是赚点“小费”。就这样，降价后保姆每次花约 44 元买 105 个球和 280 粒糖，并赚 10 元小费，主人全然不知。日复一日，循环往复，但保姆总琢磨着，既然球降价了，为什么不多买点球，而少买点糖。经过不断尝试，她觉得花上 44 元，买 45 个球和 220 粒糖效果最好，不仅能制止小孩哭泣，有时还会看到小孩的笑脸。

一次周末，保姆利用每周给的一天假，到正在上经济系研究生的哥哥处串门，并洋洋得意的把在主人家的故事一五一十讲给哥哥听。哥哥听后，觉得挺有意思，夸妹妹有心计，但仔细想想，心计还不够，因为让小孩高兴当然好，但这并不是妹妹的本职工作，她完全可以在不让小孩哭泣的前提下，更好地组合球与糖，省出更多的钱，赚更多的“小费”。经此点拨，妹妹觉得言之有理。回去之后，又经过不断尝试，她每次买大约 140 个球和 210 粒糖，花费约 42 元，就能保证小孩不哭。结果，每次可赚约 12 元“小费”，比哥哥点拨前多赚 2 元。

转眼间已是春节临近，保姆打算回家过年，期间只能由主人替代去买东西和照顾小孩。她知道，如果主人去买东西，必使其赚“小费”之事暴露无遗。为此，她以退为进，开始将每次能省出的 12 元分文不要，即把主人所给的 54 元全部购买球和糖。至于购买的数量，经尝试，最后觉得每周买 180 个球和 270 粒糖，能使小孩最高兴。见此情景，主人当然非常高兴，夸保姆很能干，而保姆就将球降价的事告诉主人，还得了个“诚实”的美名。

（案例来源：曲辰，《保姆赚“小费”的故事》，原载于《经济学消息报》，2001 年 12 月 28 日第六版。）

案例分析 3-3

谁来警示“百万负翁”

随着个人消费信贷规模的扩大，我国一些大城市的居民悄然成为了家庭高负债一族。据报载，北京家庭债务比例已经高达 122%，而 2003 年美国家庭债务比例仅为 115%。对这些高负债比例的家庭，不少业内人称他们是“百万负翁”，尽管腰缠万贯，但是家庭资产却是靠消费信贷来支撑。

依据经济学家的说法，所谓家庭债务比例就是家庭债务与家庭可支配收入之间的比例。举例而言，如果一个家庭依靠银行贷款购买了房子和汽车，每月需要归还银行按揭 5000 元，而自己家庭可支配收入是 1 万元，那么家庭债务比例就是 50%。那么什么是家庭可支配收入呢？按照国家统计局权威的说法，它是家庭总收入扣除交纳的所得税、个人交纳的社会保障费以及记账补贴后的收入。以北京市统计局公布的数据推算，2003 年北京市城镇居民人均可支配收入 13882.6 元，那么平均每一个三口之家的家庭债务总额已经超过 5 万元。

在任何一个市场经济的国家中，居民的家庭负债是不可避免的。近十几年来，美、英、日等各主要发达国家的家庭债务（包括住房按揭贷款、各类分期付款、信用卡透支等）增长迅猛，家庭债务余额多数翻倍有余。目前，美国家庭债务总额已经超过 9 万亿美元，而在 1990 年还只有 3.72 万亿美元，13 年来增长了 140%。英国家庭债务从 0 到 5000 亿英镑用了 600 年，而从 5000 亿英镑达到目前的 1 万亿英镑则只用了 7 年时间。

家庭债务的增长说明了消费信贷的活跃。消费信贷是由金融机构向消费者提供资金，用以满足消费者需求的一种信贷方式。消费信贷的贷款对象是个人，贷款用途则是用于消费，目的是提高消费者跨期消费水平，有利于消费者合理安排终生消费。消费信贷的产生和发展，与经济发展水平密切相关，有其自身的发展规律。从微观上看，它是消费水平发展到一定阶段，消费者合理安排跨期消费水平的必然结果；若从宏观上分析，它是经济发展到一定时期，从卖方市场走向买方市场的必然产物。

推行消费信贷的前提是以个人有持久性的收入为保障，这是由于家庭负债率的高低意味着银行风险的大小。同时，消费者之所以敢于负债甚至敢于高负债，也主要是基于对未来收入的个人预期。如果社会经济持续发展，不出现大的起伏波动，家庭负债率高一些并不可怕。根据国外学者对英国和北欧国家20世纪80年代后期的家庭债务情况的研究发现，家庭债务的增长对房地产价格的提高和宏观经济的增长都有明显贡献。

问题是家庭债务的负面影响。如果社会经济出现大幅度震荡甚至下滑，消费者因此预期收入降低，有些甚至因失业而丧失收入来源。那么，这种恶性经济冲击的结果，必然导致借款人还贷能力下降。尤其当出现高通货膨胀、高利率、低经济增长率的所谓“经济滞胀”现象时，那些高负债家庭的“百万负翁”将被迫削减消费或动用储蓄。尽管所有消费信贷者的房屋或汽车都已经作为银行抵押品，但银行毕竟不是当铺，由经济不景气所造成的大范围的拖欠还贷或无法还贷的现象仍旧会形成“多米诺骨牌”式的连锁反应，加剧金融风险。并且一旦众多消费者的房屋和汽车由于无法按时还贷被收走，也会造成社会信用危机和社会民怨风潮。

虽然中国已经向市场经济转轨，不少城市和地区已经进入小康水平，但作为发展中国家，在消费信贷方面仍然必须采取谨慎的态度。这是由于相比较发达国家而言，无论是国民的收入水平，还是养老和医疗社会保障制度以及全社会的公共教育体系都存在较大的差距。因此，中国消费者在承受债务能力方面要弱得多。

既然如此，对家庭高负债率的控制实际上也就是对未来经济和社会危机的控制。对此，确实需要有良知、有职业道德的经济工作者向那些“百万负翁”发出告诫，使消费信贷能够健康地发展。

（案例来源：赵刚，中华工商时报，新华网。）

本章训练

1. 序用效用论认为，商品的效用大小（　　）
   A. 取决于它的使用价值　　B. 取决于它的价格
   C. 不能比较　　D. 能够比较
2. 总效用达到最大时（　　）
   A. 边际效用最大　　B. 边际效用为零
   C. 边际效用大于零　　D. 所购商品的价格
3. 无差异曲线上的形状取决于（　　）
   A. 消费者的偏好　　B. 商品效用的大小
   C. 消费者的收入　　D. 所购商品的价格
4. 同一无差异曲线上的不同点表示（　　）
   A. 效用水平相同，但两种商品的数量组合不同
   B. 效用水平相同，两种商品的数量组合也相同
   C. 效用水平不同，但两种商品的数量组合相同
   D. 效用水平不同，两种商品的数量组合也不同
5. 预算线的位置和斜率取决于（　　）

A. 消费者的收入　　B. 商品的价格

C. 消费者的收入和商品的价格　　D. 消费者的偏好、收入和商品的价格

6. 商品 X 和商品 Y 的价格按相同比例下降，而收入不变，则预算线（　　）

A. 向右上方平行移动　　B. 向左下方平行移动

C. 不移动　　D. 会移动，但不是平行移动

7. 由于收入变化而使消费者预算线发生平移时，连接消费者诸均衡点的曲线称为（　　）

A. 需求曲线　　B. 收入—消费曲线

C. 价格—消费曲线　　D. 恩格尔曲线

8. 以下不属于无差异曲线特征的是（　　）

A. 具有负斜率

B. 离原点越远的无差异曲线的效用水平越高

C. 其斜率的绝对值递减

D. 任意两条无差异曲线不能相交

9. 消费者剩余可理解为（　　）

A. 消费过剩的商品

B. 消费者得到的总效用

C. 支出货币的总效用

D. 消费者购买商品所得到的总效用减去支出货币的总效用

10. 已知商品 X 的价格为 1.5 元，商品 Y 的价格为 1 元，如果消费者从这两种商品的消费中得到最大效用的时候，商品 X 的边际效用是 30，那么商品 Y 的边际效用应该是（　　）

A. 20　　B. 30

C. 45　　D. 55

11. 假定其他条件不变，如果某种商品（非吉芬商品）的价格下降，根据效用最大化原则，消费者对这种商品的购买量（　　）

A. 增加　　B. 减少

C. 不变　　D. 可能增加，也能减少

12. 总效用达到最大时（　　）

A. 边际效用达到最大　　B. 边际效用为零

C. 边际效用为正　　D. 边际效用为负

13. 已知消费者的收入为 50 元，1 商品的价格为 5 元，2 商品的价格为 4 元，假设该消费者计划购买 6 单位的 1 商品和 5 单位的 2 商品，1 商品和 2 商品的边际效用分别为 60 和 30，如果实现效用最大化，应该（　　）

A. 增加 1 商品和减少 2 商品的购买量　　B. 增加 2 商品和减少 1 商品的购买量

C. 同时减少 1 商品和 2 商品的购买量　　D. 同时增加 1 商品和 2 商品的购买量

14. 无差异曲线的形状取决于（　　）

A. 消费者偏好　　B. 消费者收入

C. 所购商品价格　　D. 商品效用水平的大小

15. 某个消费者的无差异曲线图包含无数条无差异曲线，因为（　　）

A. 收入有时高有时低　　B. 欲望是无限的

C. 消费者人数是无限的　　D. 商品的数量是无限的

16. 同一条无差异曲线上的不同点表示（　　）

A. 效用水平相同，两种商品的数量组合也相同

B. 效用水平相同，但两种商品的数量组合不同

C. 效用水平不同，但两种商品的数量组合相同

D. 效用水平不同，两种商品的数量组合也不同

17. 预算线的位置和斜率取决于（　　）

A. 消费者的收入　　B. 消费者的收入和商品的价格

C. 消费者的偏好，收入和商品价格　　D. 以上三者都不是

18. 当消费者的收入和两种商品的价格都同比例同方向变化时，预算线（　　）

A. 向左下方平行移动　　B. 向右上方平行移动

C. 不变动　　D. 向左下方或右上方移动

第4章　生产理论

学习目标

1. 了解现代企业的内涵；
2. 理解短期生产函数与长期生产函数的概念；
3. 掌握边际报酬递减规律、最优生产要素组合、规模报酬。

知识能力

由等成本线和等产量线如何确定最优生产要素组合。

工作任务

学习规模报酬，分析报社出版发行报纸的规模报酬情况。

关键词

生产；资本；劳动

案例导入

引进自动分拣机是好事还是坏事

近年来我国邮政行业实行信件分拣自动化，引进自动分拣机代替工人分拣信件，从纯经济学的角度，即从技术效率和经济效率的同时实现来看，这是一件好事还是坏事呢？假设某邮局引进一台自动分拣机，只需一人管理，每日可以处理10万封信件。如果用人工分拣，处理10万封信件需要50个工人。在这两种情况下都实现了技术效率。但是否实现了经济效率还涉及价格。处理10万封信件，无论用什么方法，收益是相同的，但成本如何则取决于机器与人工的价格。假设一台分拣机为400万元，使用寿命10年，每年折旧为40万元，再假设利率为每年10%，每年利息为40万元，再加分拣机每年维修费与人工费用5万元。这样使用分拣机的成本为85万元。假设每个工人工资1.4万元，50个工人共70万元，使用人工分拣成本为70万元。在这种情况下，使用自动分拣机实现了技术效率，但没有实现经济效率，而使用人工分拣既实现了技术效率，又实现了经济效率。

从上面的例子中可以看出，在实现了技术效率时，是否实现了经济效率就取决于生产要素的价格。如果仅仅从企业利润最大化的角度看，可以只考虑技术效率和经济效率。这两种效率的同时实现也就是实现了资源配置效率。当然，如果从社会角度看问题，使用哪种方法还要考虑每种方法对技术进步或就业等问题的影响。

（资料来源：http：//www. lntvu. com/。）

4.1 现代企业

4.1.1 现代企业的概念

企业，是按投资者、国家和社会所赋予的受托责任，从事生产、流通或服务性等活动，为满足社会需要并获得利益，进行自主经营，自负盈亏，享有民事权利和承担民事责任的团体法人。

现代企业的特征：

（1）拥有投资者投入形成的全部法人财产权，成为享有民事权利并承担民事责任的法人。

（2）以其全部财产依法自主经营，自负盈亏，照章纳税，对投资者承担资本保值增值的受托责任。

（3）投资者按投入企业资本享有所有者的权益，并承担相应的责任。

（4）按市场和社会需求组织生产经营，保护环境，以提高劳动生产率、企业经济效益和社会效益为目的。

（5）建立科学的企业领导体制和组织管理制度，调节所有者、经营者和职工的关系，形成激励和约束相结合的经营管理机制。

4.1.2 现代企业的组织形式

企业组织形式是指企业财产及其社会化大生产的组织状态，它表示一个企业的财产构成、内部分工协作与外部社会经济联系的方式。

我国几种主要的企业组织形式分述如下。

1. 独资企业

独资企业是一个自然人投资并兴办的企业，其业主享有全部的经营所得，同时对债务负有完全责任。这种企业的规模都较小，其优点是经营者和所有者合一，经营方式灵活，建立和停业程序简单。这些优点使这种组织形式的企业在西方国家占有相当大的比重（主要是中小型企业）。这类企业的缺点是自身财力所限，抵御风险的能力较弱。

2. 合伙企业

合伙企业是由两个以上的自然人订立合伙协议，共同出资、合伙经营、共享收益、共担风险，并对合伙企业债务承担无限连带责任的营利性组织。按照《中华人民共和国合伙企业法》规定，设立合伙企业，应当具备下列条件：①有两个以上合伙人，并且都是依法承担无限责任者；②有书面合伙协议；③有各合伙人实际缴付的出资；④有合伙企业的名称；⑤有经营场所和从事合伙经营的必要条件。

3. 公司制企业

公司是指以营利为目的，由许多投资者共同出资组建，股东以其投资额为限对公司负责，公司以其全部财产对外承担民事责任的企业法人。公司的两种主要形式是有限责任公司和股份有限公司。有限责任公司股东以其出资额为限对公司承担责任，公司以其全部资产对公司的债务承担责任。股份有限公司，其全部资本分成等额股份，股东以其所持股份为限对公司承担责任，公司以其全部资产对公司的债务承担责任。

公司制企业有如下特点：①股东负有有限责任；②股份可转让，流动性好；③可以募集大量资金；④公司有独立的存在期限；⑤管理较科学，效率较高；⑥创办手续复杂，费用高；⑦保密性差，财务状况比较透明；⑧政府的限制较多；⑨社会负担重，要承担双重税赋。

可以说，公司制企业是现代企业的主要组织形式。

4.1.3 现代企业经营目标

现代企业经营目标是指在一定时期企业生产经营活动预期要达到的成果，是企业生产经营活动目的性的反映与体现。现代企业作为一个独立的经济实体，其经营目标就是在全部经营活动中所追求的，并在客观上制约着企业行为的目的。

企业经营目标不止一个，其中既有经济目标又有非经济目标，既有主要目标，又有从属目标。它们之间相互联系，形成一个目标体系，其主要内容由经济收益和企业组织发展方向方面的内容构成，它反映了一个组织所追求的价值，为企业各方面活动提供基本方向。它使企业能在一定的时期、一定的范围内适应环境趋势，又能使企业的经营活动保持连续性和稳定性。

但“获取利润的最大化”几乎是所有的现代企业的共同目标。随着社会的日益进步，现代企业将会越来越重视社会目标和生态目标。

4.2 生产与生产函数

在微观经济学中，生产者行为理论也叫做生产理论或供给理论，它研究生产者如何将有限的资源分配在各种商品的生产上，以取得最大限度的利润。

4.2.1 生产和生产要素

生产（Production）是指人们对各种生产要素进行组合，以创造满足人类需要的各种商品和劳务的行为，也就是把投入转变为产出的行为。生产一般是由厂商进行的。厂商（Firm）是能够独立作出经营决策，使用经济资源从事商品和劳务的生产活动，以获取最大利润为目的的经济单位。厂商把投入的各种生产要素变为产品的过程就是生产过程。

在生产过程中，厂商要使用各种各样的经济资源，这就是生产要素（Factor of Production）。生产要素主要有哪几种呢？一般来说，主要有如下四种：

第一，劳动（Labor），即人类在生产中付出体力或智力的活动。世界上任何一种财富的创造都离不开体力劳动和脑力劳动的结合，因而劳动是最基本的生产要素。

第二，资本（Capital），即厂商有效地用于生产和经营的所有物品，是属于厂商的财富和资产。既包括厂房、机器设备、原材料等有形资本，又包括商标、专利权等无形资本。

第三，土地（Land），指广义的土地，即在生产中使用的各种自然资源，如陆地、海洋、矿山、牧场、森林、风力、水力等，它能为生产提供场所、原料和动力。

第四，企业家才能（Entrepreneurship），即企业家开办和管理企业，组织各种生产要素进行生产，创新、承担风险的才能，也就是企业家经营企业的组织能力、管理能力、创新能力。在现代经济生活中，企业家才是能把劳动、土地、资本结合起来进行生产的关键。这种生产活动如图 4-1 所示。

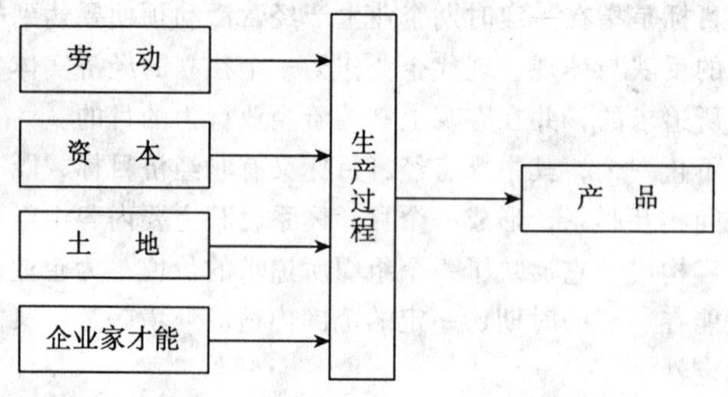

图 4-1　生产活动示意图

生产要素按其在生产过程中数量变化的特点，可以分为固定生产要素和可变生产要素两大类。固定生产要素是指在一定时期内数量固定不变的生产要素，如厂房、设备、大型运输工具等，短期内不易发生迅速变化。可变生产要素是指在一定时期内数量可发生变化的生产要素，比如劳动力、原材料、燃料等，即使在很短时期内，它们的改变也比较容易。只有将投入生产过程的固定生产要素和可变生产要素结合起来，才能生产出新产品。

4.2.2　生产函数

生产函数（Production Function）是西方经济学家把数学上的函数关系运用于经济

分析中的一个概念，它表示在一定时期内，在一定的技术水平下，一个厂商或整个社会生产要素投入量的某一种组合，同它可能生产的最大产量之间的依存关系。简单地说，生产函数是表示产出和投入的技术关系。每个厂商都有自己的生产函数，表示它的技术状况。反映整个社会的技术状况的叫总量生产函数，它表示整个社会各种生产要素的总投入量与总产出量之间的依存关系。

如果用 Q 代表产量，用 L 代表劳动、K 代表资本、N 代表土地、E 代表企业家才能，则生产函数的方程式可表示为：

$$Q=f(L,K,N,E) \tag{4-1}$$

这一方程式表明：在技术不变的情况下，在某一时期内的产量取决于所用的各种生产要素的投入量。如果已知各种生产要素的投入量，就可以知道可能生产的最大产量；如果已知产量，也就可以知道所需要的各种生产要素的最低限度的投入量。从生产要素的组合情况，可以看出一个企业以至整个社会的技术发展水平。

对于生产函数的理解，需要注意以下四个方面：

第一，生产函数的投入和产出都是指物质数量，而不是用货币表现的价值。

第二，生产函数和技术之间存在对应关系。在现有的生产技术条件下，厂商生产某产品，可选择不同的生产技术，因此所面临的生产函数也不同。一旦选定，就限定了企业年产量的最大产量。假如由于生产技术的进步，以至一定量的投入会得到更多的产出，或既定量的产出会较以前减少，则表现为另一生产函数。

第三，生产函数所反映的产出与投入之间的关系是以一切投入要素的使用都有效率为前提的。

第四，使用生产函数来分析厂商的生产，仅仅涉及厂商的产出和投入要素之间的关系，而不涉及一个厂商作为一种生产性组织的内部结构、组织的具体运作，以及生产的具体工艺过程。

在分析生产要素与产量的关系时，由于土地是较为固定的，企业家的才能较难测算，因此，生产函数一般写为：

$$Q=f(L,K) \tag{4-2}$$

即只考虑劳动、资本与产量之间的依存关系的简单的生产函数方程式。

生产函数的概念是十分复杂的，要具体研究一定的生产要素的投入量与一定的产量之间的关系，往往要假设其他生产要素的投入量固定不变，首先单独考察一种生产要素的投入量变动对产量的影响，然后再考察两种或两种以上可变的生产要素投入量对产量的影响。

4.2.3 生产函数的具体形式

生产函数的具体形式可以是多种多样的，下面介绍比较经常地出现于西方经济学文献之中的生产函数的三种具体形式。

1. 固定替代比例的生产函数（也称为线性生产函数）

固定替代比例的生产函数表示在每一产量水平上任何两种生产要素之间的替代比例

都是固定的。假设生产过程中只使用劳动和资本两种要素，则固定替代比例的生产函数的通常形式为：

$$Q=aL+bK \tag{4-3}$$

其中，Q 为产量，L 和 K 分别表示劳动和资本的投入量，常数 a、$b>0$。显然，这一线性生产函数相对应的等产量曲线是一条直线。

2. 固定投入比例的生产函数（也称为里昂惕夫生产函数）

这一函数指生产过程中的各种生产要素投入数量之间都存在固定不变的比例关系。固定投入比例生产函数表示在每一个产量水平上任何一对要素投入量之间的比例都是固定的。假设生产过程中只使用劳动和资本两种要素，则固定投入比例生产函数的通常形式为：

$$Q=\min\left\{\frac{L}{u},\ \frac{K}{v}\right\} \tag{4-4}$$

式中，Q 为产量；L 和 K 分别为劳动和资本的投入量；常数 u、$v>0$，分别为固定的劳动和资本的生产技术系数，它们分别表示生产一单位产品所需要的固定的劳动投入量和固定的资本投入量。式（4-4）所示的生产函数表示：产量 Q 取决于$\frac{L}{u}$和$\frac{K}{v}$这两个比值中较小的那一个，即使其中的一个比例数值较大，那也不会提高产量 Q。因为在这里常数 u 和 v 作为劳动和资本的生产技术系数是给定的，即生产必须按照 L 和 K 之间的固定比例进行，当一种生产要素的数量不能变动时，另一种生产要素的数量再多也不能增加产量，式（4-4）中的 min 即系指此而言。需要指出的是，在该生产函数中，一般又通常假定生产要素投入量 L、K 都满足最小的要素投入组合的要求，所以有：

$$Q=\frac{L}{u}=\frac{K}{v} \tag{4-5}$$

进一步可以有：

$$\frac{K}{L}=\frac{u}{v} \tag{4-6}$$

式（4-6）清楚地体现了该生产函数的固定投入比例的性质，在这里，它等于两种要素的固定的生产技术系数之比。对一个固定投入比例生产函数来说，当产量发生变化时，各要素的投入量将以相同的比例发生变化，所以，各要素的投入量之间的比例维持不变。

3. 柯布—道格拉斯生产函数

柯布—道格拉斯（Cobb—Dauglas）生产函数是由数学家柯布和经济学家道格拉斯于 20 世纪 30 年代初一起提出来的。柯布—道格拉斯生产函数被认为是一种很有用的生产函数，因为该函数以其简单的形式描述了经济学家所关心的一些性质，它在经济理论的分析和实证研究中都具有一定意义。该生产函数的一般形式为：

$$Q=AL^{\alpha}K^{\beta} \tag{4-7}$$

式中，Q 为产量；L 和 K 分别为劳动和资本投入量；A、α 和 β 为三个参数，为柯布—道格拉斯生产函数中的参数。α 和 β 的经济含义是：当 $\alpha+\beta=1$ 时，α 和 β 分别表示劳动和资本在生产过程中的相对重要性，α 为劳动所得在总产量中占的份额，β 为资本所得在总产量中所占的份额。根据柯布和道格拉斯两人对美国1899—1922年期间有关经济资料的分析和估算，α值约为0.75，β值约为0.25，这说明，在这一期间的总产量中，劳动所得的相对份额为75%，资本所的相对份额为25%。

此外，根据柯布—道格拉斯生产函数中的参数。α与β之和还可以判断规模报酬的情况。若$\alpha+\beta>1$，则规模报酬递增；若$\alpha+\beta=1$，则为规模报酬不变；若$\alpha+\beta<1$，则规模报酬递减。

4.3 短期生产函数

4.3.1 短期生产函数

根据生产要素投入量的可变性，可以把所有的生产要素投入分为两大类：不变投入和可变投入。

不变投入（固定投入）是指在考察期内其数量不随产出量变化而变化的生产要素投入；可变投入是指在考察期内，其数量随着产出量变化而变化的生产要素投入，与所考察的时期长短与某种投入是否可以调整有关。

在微观经济学的分析中，把生产的时期分为短期和长期两种。

短期是指生产者来不及调整全部生产要素的数量，至少有一种生产要素的数量不变的时期。因此，在短期内，生产要素的投入分为不变要素的投入和可变要素的投入。生产者在短期内无法进行数量调整的那部分要素投入是不变要素投入，例如机器、厂房等；生产者在短期内可以进行数量调整的那部分要素投入是可变要素投入，例如原材料、辅料、燃料、劳动等。

长期是指生产者来得及调整全部生产要素的数量，所有的生产要素的数量都可以改变的时期。生产者可以根据企业的生产经营状况，缩小或扩大生产规模，也可以加入或退出一个行业的生产。

在有些生产部门中，如矿山、机器制造等行业所需资本投入大，技术要求高，几年内变动生产规模不容易，这里的“几年”也许就是该行业或企业的“短期”；而有些生产部门如普通服务业、轻工业等行业所需资本投入较小，技术要求较低，几个月内变动生产规模都很容易，这里的“几个月”也许就是该行业或企业的“长期”。因此，“短期”与“长期”的划分是相对的，也就是看生产者来不来得及调整全部生产要素的数量。

短期生产函数表示在固定投入给定的条件下，生产的最大产出与可变投入之间的数量关系。一般假设资本K是不变投入，其给定的数量为$\overline{K}$，则生产函数$Q=f(L,K)$可表示为$Q=f(L,\overline{K})$。

在短期内，厂商的厂房、机器设备是无法改变的，此时如果要改变产出量，只有改变劳动的投入。那么劳动投入的改变是否不受任何限制？劳动投入量在什么范围内是合理的？短期生产函数讨论的问题就是某一生产要素投入的最优使用。

4.3.2 边际收益递减规律

现在假设其他生产要素的投入量不发生变化，变化的只是劳动这一生产要素的投入量。由于劳动投入量的不同，因而带来的产量也不同，产量将随着劳动投入量的变化而变化，即产量是可变的劳动投入量的函数。劳动投入量与总产量、平均产量、边际产量的关系怎样呢？假定某厂的厂房设备等资本投入量不变，雇佣不同数量的工人进行生产，这时的生产函数可列表如表 4-1 所示。

表 4-1　　**总产量、平均产量和边际产量**

资本量（*K*）	劳动量（*L*）	劳动增量（Δ*L*）	总产量（TP）	平均产量（AP）	边际产量（MP）
10	0	0	0	0	0
10	1	1	8	8	8
10	2	1	20	10	12
10	3	1	36	12	16
10	4	1	48	12	12
10	5	1	55	11	7
10	6	1	60	10	5
10	7	1	60	8.6	0
10	8	1	56	7	-4

根据表 4-1 可画出总产量、平均产量和边际产量的曲线图如图 4-2 所示。

在图 4-2 中，横轴 *OL* 表示劳动投入量，纵轴 *OQ* 表示某种产品的产量，TP 代表总产量曲线，AP 代表平均产量曲线，MP 代表边际产量曲线。*I* 代表生产的第一阶段，Ⅱ代表生产的第二阶段，Ⅲ代表生产的第三阶段，*A*，*B*，*C*，*D*，*E*，*F* 是不同曲线上的点。

TP 是总产量（Total Product）的简称，是指投入一种可变生产要素与投入的其他生产要素相结合所生产出来的全部产量，它是平均产量与生产要素投入量的乘积。我们从图 4-2 中可以看到：总产量曲线开始时随着劳动投入量的增加以递增的增长率上升，然后以递减的增长率上升，在总产量达到极限以后，又随着劳动投入量的增加而减少。在 TP 曲线上，*A* 点的斜率最大，表示其增长率最快，*B* 点的斜率小于 *A* 点的斜率，表示其增长率变缓；*C* 点的斜率为 0，表示总产量已达到极限，过 *C* 点后总产量曲线开始下降。

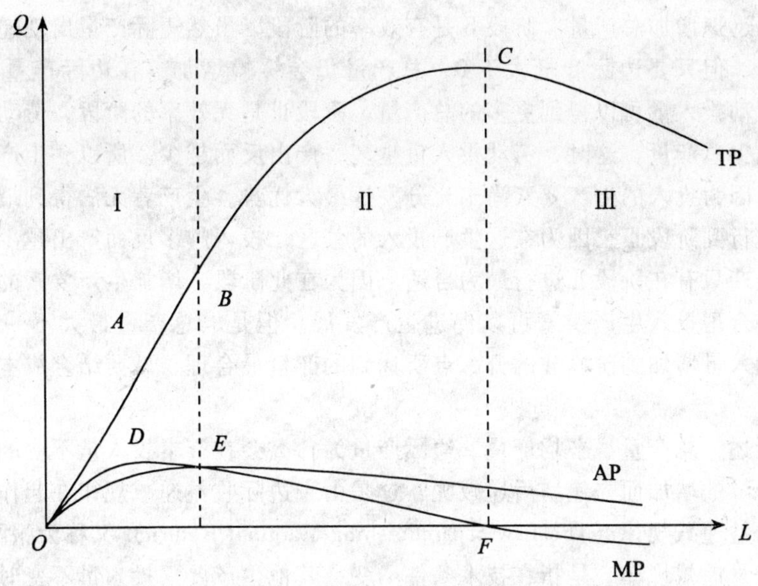

图4-2 总产量曲线、平均产量曲线和边际产量曲线

AP是平均产量（Average Product）的简称，是指平均每单位生产要素所生产出来的产量，它等于总产量除以子生产要素投入量。平均产量曲线是一条凹向横轴的曲线，表示平均产量开始时增加，达到最大值后开始减少。在AP曲线上，*E*点斜率为0，表示平均产量达到了最大值，过*E*点后平均产量开始减少。

MP是边际产量（Marginal Product）的简称，是指在其他生产要素投入量不变的情况下，每增加一个单位某种生产要素投入量所引起的总产量的改变量，即总产量的增加或减少量，它等于总产量改变量除以增加的生产要素投入量。边际产量曲线也是一条凹向横轴的曲线，它也是开始时上升，达到最大值后即下降。在MP曲线上，*D*点的斜率为0，表示边际产量达到了很大值，过*D*点后边际产量开始减少；MP曲线与横轴*OL*的交点*F*表示边际产量为0，过*F*点后边际产量是负数。

根据图4-2，我们可以看出总产量曲线、平均产量曲线和边际产量曲线之间存在着重要关系：

第一，在资本投入量不变的情况下，随着劳动投入量的增加，总产量、平均产量、边际产量开始都在递增，但各自增加到一定程度之后又分别递减。

第二，边际产量曲线一定要相交于平均产量曲线的最高点，如图上的*E*点，在这一点，平均产量等于边际产量，而在相交前，平均产量和边际产量都在递增，但平均产量小于边际产量，在相交后，平均产量和边际产量都在递减，但平均产量大于边际产量。

第三，当边际产量为0时，总产量达到最大值，当边际产量为负数时，总产量将绝对减少。

根据上述关系可将生产分为三个阶段：阶段Ⅰ是缺乏效率的阶段，虽然总产量、平均产量都随着劳动投入量的增加而增加，但由于边际产量高于平均产量，因而增加劳动投入量可以迅速增加总产量。阶段Ⅱ是有效率的阶段，虽然边际产量出现递减，平均产量开始下降，但只要边际产量大于0，总产量仍会缓慢增加，在边际产量递减到0之前，增加劳动投入量可以得到更多的总产量。阶段Ⅲ是无效率的阶段，劳动投入量的增加，只会减少总产量，这时，劳动投入量越多，产出反而越少。所以，生产决不能停留在阶段Ⅰ，因为投入的生产要素尚未充分发挥最大优势，生产者无法得到最佳报酬；生产也不能进行到阶段Ⅲ，因为在这生产投入的禁区，投入越多反而产出越少，对厂商十分不利。生产只有在阶段Ⅱ进行最为合适，因为在此阶段，增加生产要素的投入量可以增加产量，合理投入生产要素可以促进生产发展。但是，总产量最大不一定是利润最大，劳动投入量增加到阶段Ⅱ的哪一点所达到的产量最合理，就要结合成本、价格等因素来分析。

综上所述，总产量、平均产量、边际产量为什么会在资本投入量不变的前提下，随着劳动投入量的增加而先递增后递减呢？这是由于边际收益递减规律在起作用。

边际收益递减规律（The Law of Diminishing Marginal Return）又称为报酬递减规律，也叫边际产量递减规律，是指在技术条件不变，其他生产要素投入量不变时，连续追加某种生产要素的投入量，最初会使产量增加，但当它的增加超过一定限度时，必然会引起产量增量的递减，最终还会使产量绝对减少。

边际收益递减规律是一个重要的经济和技术规律，它反映了许多部门投入产出过程的普遍规律。如农业生产不能靠连续不断地施肥来增产，施肥越多不等于产量越高，施肥过多还会导致减产。在电视机生产线上不能靠不断增加工人来增加产量，添加工人过多反而会使产量减少。当然，边际收益递减规律发生作用不是无条件的，它发生作用要以生产技术水平不变和其他生产要素投入量不变为前提，而且要求所增加的某种生产要素投入量具有同样效率。如果技术水平提高，或者多种生产要素投入量同时改变，或者追加投入更高效率的某种生产要素，边际收益就不一定递减而有可能递增。

4.4 长期生产函数

本节介绍长期生产理论。我们以两种可变生产要素的生产函数来讨论长期生产中可变生产要素的投入组合和产量之间的关系。

4.4.1 两种可变生产要素的生产函数

在长期内，所有的生产要素的投入量都是可变的，多种可变生产要素的长期生产函数可以写为：

$$Q=f(L,K,N,E) \tag{4-8}$$

该生产函数表示：长期内在技术水平不变的条件下，由劳动 L、资本 K、土地 N、企业家才能 E 四种可变生产要素投入量的一定组合所能生产的最大产量为 Q。

在生产理论中，为了简化分析，通常以两种可变生产要素的生产函数来考察长期生产问题。假定生产者使用劳动和资本两种可变生产要素来生产一种产品，则两种可变生产要素的长期生产函数可以写为：

$$Q=f(L,K) \tag{4-9}$$

式中，L 为可变要素劳动的投入量，K 为可变要素资本的投入数量，Q 为产量。

4.4.2　等产量曲线

生产理论中的等产量曲线和效用理论中的无差异曲线是很相似的。等产量曲线是在技术水平不变的条件下生产同一产量的两种生产要素投入量的所有不同组合的轨迹。以常数 Q^0 表示既定的产量水平，则与等产量曲线相对应的生产函数为：

$$Q=f(L,K)=Q^0 \tag{4-10}$$

显然，这是一个两种可变生产要素的生产函数。

长期生产函数是通常所用的等产量曲线，如图 4-3 所示。

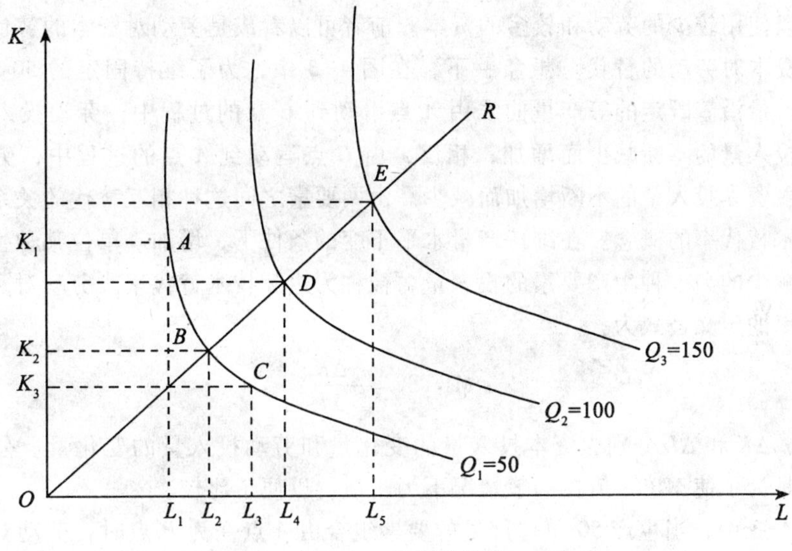

图 4-3　等产量曲线

图中有三条等产量曲线，它们分别表示可以生产出 50 单位、100 单位和 150 单位产量的各种生产要素的组合。以代表产量为 50 单位的等产量曲线为例进行分析，50 单位的产量既可以使用 A 点的要素组合（OL_1 单位的劳动和 OK_1 单位的资本）生产出来，也可以使用 B 点的要素组合（OL_2 单位的劳动和 OK_2 单位的资本），或 C 点的要素组合（OL_3 单位的劳动和 OK_3 单位的资本）生产出来。Q_2、Q_3 同理。

与无差异曲线相似，等产量曲线具有以下特点：

第一，在同一坐标图上可以画出无数条等产量曲线。假设所投入的生产要素组合都是有效率的，则投入的生产要素越多，产量就越高。

第二，等产量曲线与坐标原点的距离的大小表示产量水平的高低。离原点越近的等产量曲线代表的产量水平越低；离原点越远的等产量曲线代表的产量水平越高。

第三，同一平面坐标上的任意两条等产量曲线不会相交。因为每一条等产量曲线代表一种产量水平，两条不同的等产量曲线代表了不同的产量水平。

第四，等产量曲线是凸向原点的。随着劳动量的投入不断增加，劳动的边际产量递减，随着资本量的投入不断减少，资本的边际产量递增，因此，劳动替代资本的边际替代率的绝对值是递减的，从而等产量曲线是凸向原点的。

4.4.3 边际技术替代率

1. 边际技术替代率

与等产量曲线相联系的一个概念是边际技术替代率，其英文缩写为 MRTS。

一条等产量曲线表示一个既定的产量水平，可以由两种可变要素的各种不同数量的组合生产出来。这意味着生产者可以通过对两要素之间的相互替代来维持一个既定的产量水平。例如：为了生产 50 单位的某种产品，生产者可以使用较多的劳动和较少的资本，也可以使用较少的劳动和较多的资本。前者可以看成是劳动对资本的替代，后者可以看成是资本对劳动的替代。想象一下，在图 4-3 中，为了维持固定的 50 单位产量，在厂商的产量沿着既定的等产量曲线由 A 点滑动到 C 点的过程中，劳动投入量必然会随着资本投入量的不断减少而增加；相反，由 C 点运动到 A 点的过程中，劳动投入量必然会随着资本投入量的不断增加而减少。由两要素之间这种相互替代的关系，可以得到边际技术替代率的概念。在维持产量水平不变的条件下，增加一单位某种生产要素投入量时所减少的另一种生产要素的投入量，被称为边际技术替代率。劳动对资本的边际技术替代率的定义公式为：

$$\mathrm{MRTS}_{LK}=-\frac{\Delta K}{\Delta L} \tag{4-11}$$

式中，ΔK 和 ΔL 分别为资本投入量的变化量和劳动投入量的变化量。公式右边前面的负号是为了使 MRTS 值在一般情况下为正值，以便于比较。

在图 4-3 中，当生产 50 单位产量的要素组合由 A 点变为 B 点时，劳动对资本的边际技术替代率等于资本投入的减少量与劳动投入的增加量之比，即 $\mathrm{MRTS}_{LK}=-\frac{\Delta K}{\Delta L}$。当图 4-5 中的 A 点沿着既定的等产量曲线的变动为无穷小时，即 $\Delta L\to 0$ 时，则相应的边际技术替代率的定义公式为：

$$\mathrm{MRTS}_{LK}=\lim_{\Delta L\to 0}\left(-\frac{\Delta K}{\Delta L}\right)=-\frac{\mathrm{d}K}{\mathrm{d}L} \tag{4-12}$$

显然，等产量曲线上某一点的边际技术替代率就是等产量曲线在该点斜率的绝对值。

边际技术替代率还可以表示为两要素的边际产量之比。这是因为边际技术替代率的概念是建立在等产量曲线的基础上的，所以对于任意一条给定的等产量曲线来说，当用劳动投入替代资本投入时，在维持产量水平不变的前提下，由增加劳动投入量所带来的总产量的增加量和由减少资本量所带来的总产量的减少量必定是相等的，即必有：

$$|\Delta L \Delta \mathrm{MP}_L| = |\Delta K \Delta \mathrm{MP}_K| \tag{4-13}$$

整理得：

$$-\frac{\Delta K}{\Delta L}=\frac{\mathrm{MP}_L}{\mathrm{MP}_K} \tag{4-14}$$

由边际技术替代率的定义公式得：

$$\mathrm{MRTS}_{LK}=-\frac{\Delta K}{\Delta L}=\frac{\mathrm{MP}_L}{\mathrm{MP}_K} \tag{4-15}$$

可见，边际技术替代率可以表示为两要素的边际产量之比。

2. 边际技术替代率递减规律

在两种生产要素相互替代的过程中，普遍地存在这种现象：在维持产量不变的前提下，当一种生产要素的投入量不断增加时，每一单位的这种生产要素所能替代的另一种生产要素的数量是递减的，这一现象称为边际技术替代率递减规律。以图4-4为例，在两要素的投入组合沿着既定的等产量曲线 Q 由 a 点顺次运动到 b、c 和 d 点的过程中，劳动投入量等量地由 L_1 增加到 L_2 再增加到 L_3 和 L_4，即有 $OL_2-OL_1=OL_3-OL_2=OL_4-OL_3$，而相应的资本投入量的减少量为 $OK_1-OK_2>OK_2-OK_3>OK_3-OK_4$。这表示：在产量不变的条件下，在劳动投入量不断增加和资本投入量不断减少的替代过程中，边际技术替代率是递减的。

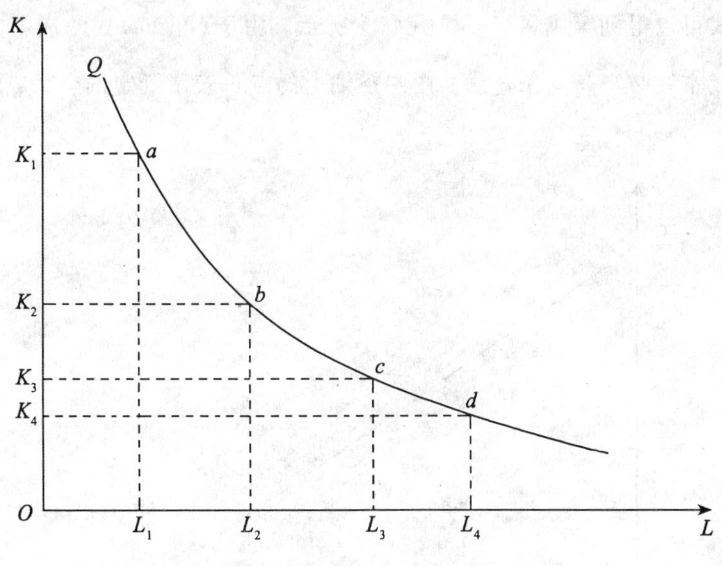

图4-4　边际技术替代率递减规律

边际技术替代率递减的主要原因在于任何一种产品的生产技术都要求各要素投入之间有适当的比例，这意味着要素之间的替代是有限制的。简单地说，以劳动和资本两种要素投入为例，在劳动投入量很少和资本投入量很多的情况下，减少一些资本投入量可以很容易地通过增加劳动投入量来弥补，以维持原有的产量水平，即劳动对资本的替代是很容易的。但是，在劳动投入增加到相当多的数量和资本投入量减少到相当少的数量的情况下，再用劳动去替代资本就将是很困难的了。

前面提到，等产量曲线一般具有凸向原点的特征，这一特征是由边际技术替代率递减规律所决定的。由边际技术替代率的定义公式（4-12）可知，等产量曲线上某一点的边际技术替代率就是等产量曲线在该点的斜率的绝对值，又由于边际技术替代率是递减的，所以等产量曲线的斜率的绝对值是递减的，即等产量曲线是凸向原点的。

4.4.4 等成本线

在生产要素市场上，厂商对生产要素的购买支付构成了厂商的生产成本。成本问题是追求利润最大化的厂商必须要考虑的一个经济问题。

生产论中的等成本线是一个和效用论中的预算线非常相似的分析工具。等成本线是在既定的成本和既定生产要素价格条件下生产者可以购买到的两种生产要素的各种不同数量组合的轨迹。假定要素市场上既定的劳动的价格即工资率为 ω，既定的资本的价格即利息率为 γ，厂商既定的成本支出为 C，则成本方程为：

$$C=\omega L+\gamma K \tag{4-16}$$

由成本方程可得：

$$K=-\frac{\omega}{\gamma}L+\frac{C}{\gamma} \tag{4-17}$$

根据上式可以得到等成本线，如图 4-5 所示。由于(4-17)式的成本方程式是线性的，所以等成本线必定是一条直线。图中横轴上的点 $\frac{C}{\omega}$ 表示既定的全部成本都购买劳动

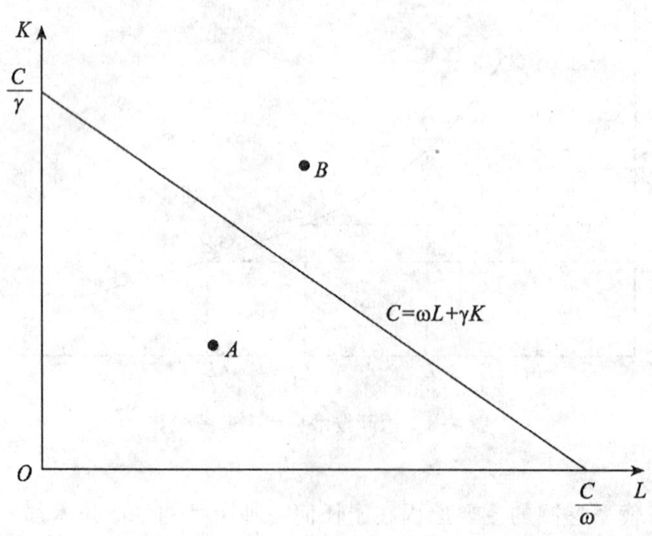

图 4-5　等成本线

时的数量，纵轴上的点$\frac{C}{\gamma}$表示既定的全部成本都购买资本时的数量，连接这两点的线段就是等成本线，它表示既定的全部成本所能购买到劳动和资本的各种组合。根据式（4-25），等成本线的纵截距为$\frac{C}{\gamma}$，等成本线的斜率为$-\frac{\omega}{\gamma}$，即为两种生产要素价格之比的负值。

在图 4-5 中，等成本线以内区域中的任何一点，如 A 点，表示既定的全部成本都用来购买该点的劳动和资本的组合以后还有剩余。等成本线以外的区域中的任何一点，如 B 点，表示用既定的全部成本购买该点的劳动和资本的组合是不够的，只有等成本线上的点才表示用既定的全部成本能刚好购买到的劳动和资本的组合。

在成本固定和要素价格已知的条件下，便可以得到一条等成本线。所以，任何关于成本和要素价格的变动都会使等成本线发生变化。关于这种变动的具体情况，与第 3 章第 3.3 小节对预算线的分析是类似的，读者可以自己参照进行分析。

4.4.5　最优的生产要素组合

在长期的生产过程中，所有的生产要素的投入数量都是可变动的，任何一个理性的生产者都会选择最优的生产要素组合进行生产。本节将把等产量曲线和等成本线结合在一起，研究生产者是如何选择最优的生产要素组合，从而实现既定成本条件下的最大产量，或者实现既定产量条件下的最小成本。

1. 关于既定成本条件下的产量最大化

假定在一定的技术条件下厂商用两种可变生产要素劳动和资本生产一种产品，且劳动的价格 ω 和资本的价格 γ 是已知的，厂商用于购买这两种要素的全部成本 C 是既定的。如果企业要以既定的成本获得最大的产量，那么它应该如何选择最优的劳动投入量和资本投入量的组合呢？

把厂商的等产量曲线和相应的等成本线画在同一个平面坐标系中，就可以确定厂商在既定成本下实现最大产量的最优要素组合点，即生产的均衡点。

在图 4-6 中，有一条等成本线 AB 和三条等产量曲线 Q_1、Q_2 和 Q_3。等成本线 AB 的位置和斜率决定于既定的成本量 C 和既定的已知的两要素的价格比例$-\frac{\omega}{\gamma}$。由图 4-6 可见，唯一的等成本线 AB 与其中一条等产量曲线 Q_2 相切于 E 点，该点就是生产的均衡点。它表示在既定成本条件下，厂商应该按照该点的生产要素组合进行生产，即劳动投入量和资本投入量分别为 OL_1 和 OK_1，这样厂商就会获得最大的产量。

由于边际技术替代率反映了两要素在生产中的替代比率，要素的价格比例反映了两要素在购买中的替代比率，所以，只要两者不相等，厂商总可以在总成本不变的条件下通过对要素组合的重新选择使总产量得到增加。只有在两要素的边际技术替代率和两要素的价格比例相等时，生产者才能实现生产的均衡。在图 4-6 中则是唯一的等成本线 AB 和等产量曲线 Q_2 的切点才是厂商的生产均衡点。于是，在生产均衡点 E 有：

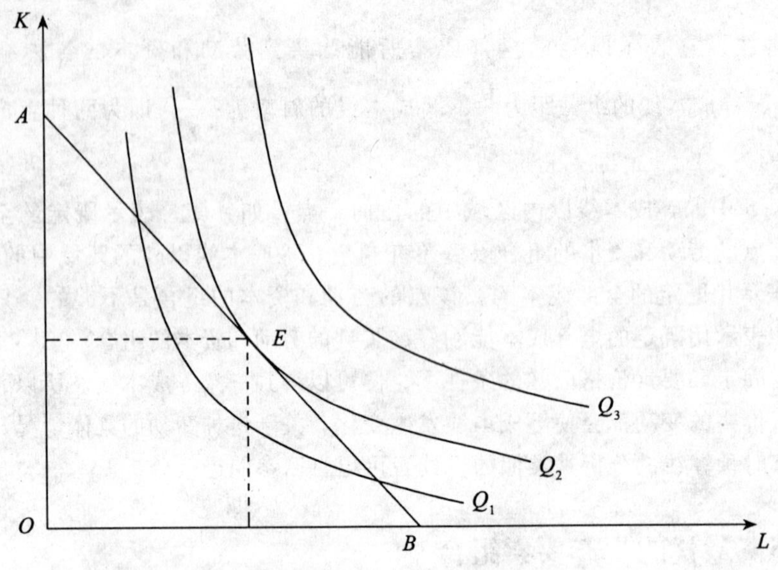

图 4-6　既定成本条件下产量最大的要素组合

$$\mathrm{MRTS}_{LK}=\frac{\omega}{\gamma} \tag{4-18}$$

式（4-18）表示：为了实现既定成本条件下的最大产量，厂商必须选择最优的生产要素组合，使得两要素的边际技术替代率等于两要素的价格比例，这就是两种要素的最优组合原则。

进一步，可以有：

$$\frac{\mathrm{MP}_L}{\omega}=\frac{\mathrm{MP}_K}{\gamma} \tag{4-19}$$

式(4-19)表示：厂商可以通过对两要素投入量的不断调整，使得最后一单位的成本支出无论用来购买哪一种生产要素所获得的边际产量都相等，从而实现既定成本条件下的最大产量。

2. 利润最大化可以得到最优的生产要素组合

厂商生产的目的是为了追求最大的利润。在完全竞争条件下，对厂商来说，商品的价格和生产要素的价格都是既定的，厂商可以通过对生产要素投入量的不断调整来实现最大的利润。厂商在追求最大利润的过程中，可以得到最优的生产要素组合。这一点可以用数学方法证明如下。

假定在完全竞争条件下，企业的生产函数为 $Q=f(L,K)$，既定的商品价格为 P，既定的劳动的价格和资本的价格分别为 ω 和 γ，π 表示利润。由于厂商的利润等于总收益减去总成本，于是厂商的利润函数可以表示为：

$$\pi(L,K)=P\cdot f(L,K)-(\omega L+\gamma K) \tag{4-20}$$

式中，$P\cdot f(L,K)$ 表示总收益，$\omega L+\gamma K$ 表示总成本。

利润最大化的一阶条件为：

$$\frac{\partial\pi}{\partial L}=P\frac{\partial f}{\partial L}-\omega=0 \tag{4-21}$$

$$\frac{\partial\pi}{\partial K}=P\frac{\partial f}{\partial K}-\gamma=0 \tag{4-22}$$

根据以上两式，可以整理得到：

$$\frac{\frac{\partial f}{\partial L}}{\frac{\partial f}{\partial K}}=\frac{\mathrm{MP}_L}{\mathrm{MP}_K}=\frac{\omega}{\gamma} \tag{4-23}$$

式(4-23)与前面的最优生产要素组合的条件是相同的。这说明，追求利润最大化的厂商是可以得到最优的生产要素的组合的。

4.5 规模报酬

4.5.1 规模报酬

规模报酬（Returns to Scale）变化是指在其他条件不变的情况下，企业内部各种生产要素按相同比例变化时所带来的产量变化。

企业的规模报酬变化可以分规模报酬递增、规模报酬不变和规模报酬递减三种情况，规模报酬变化的原因是由于规模经济或规模不经济。

给出生产函数 $Q=F(L,K)$，当生产要素 L，K 投入量同时增加 a 倍，则产出增加 b 倍，即

$$bQ=F(aL,aK)\text{，若}$$

（1）$b>a$，则规模报酬递增；

（2）$b=a$，则规模报酬不变；

（3）$b<a$，则规模报酬递减。

例如，假设一座月产化肥10万吨的工厂所使用的资本为10个单位，劳动为5个单位。现在将企业的生产规模扩大一倍，即使用20个单位的资本和10个单位的劳动，由这种生产规模的变化所带来的收益变化可能有如下三种情况：

（1）产量增加的比例大于生产要素增加的比例，即产量为20吨以上，这种情况叫做规模收益递增。

（2）产量增加的比例等于生产要素增加的比例，即产量为20吨，这种情况称为规模收益不变。

（3）产量增加的比例小于生产要素增加的比例，即产量为小于20吨，这种情况称为规模收益递减。

4.5.2 规模经济

所谓规模经济（Economies of Scale），是指在技术水平不变的情况下，所有生产要素投入量按同比例变动，从而生产规模发生变动引起产量或收益变动的情况。规模经济又叫规模节约，即厂商因生产规模扩大、总产量增加而使收益递增、成本递减，并实现了节约，增加了利润。

一般来说，任何厂商在扩大生产时，所有生产要素的投入是同时按比例变动，投入量与产出量的关系就会有三种情况：即规模收益递增、规模收益不变、规模收益递减如图 4-7 所示。

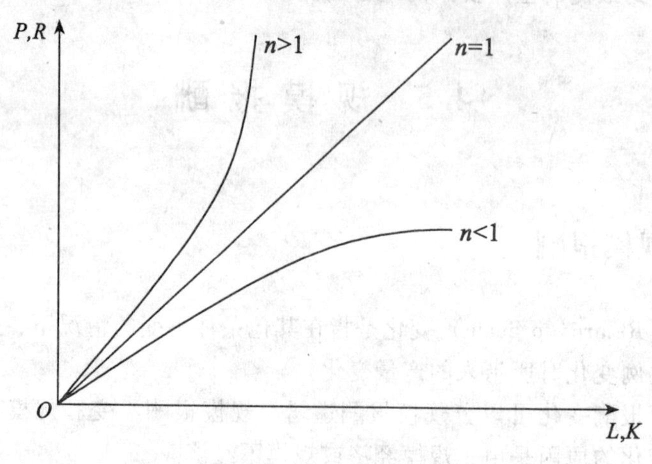

图 4-7　规模收益的三种投入产出关系

图 4-7 中，横轴 *OL*、*OK* 分别代表劳动和资本投入量，纵轴 *OP*、*OR* 分别代表产量和收益，$n>1$ 表示规模收益递增，$n=1$ 表示规模收益不变，$n<1$ 表示规模收益递减。具体来说，劳动和资本投入量增加所引起的产量或收益变动的情况可分为三个阶段：第一阶段是规模收益递增，即所有生产要素投入量按照固定比例增加，而产量或规模收益增加的幅度大于生产要素投入量增加的幅度，即生产规模扩大。比如，生产规模扩大 5%，产量或规模收益增加 10%，这种情况便是规模收益递增。第二阶段是规模收益不变，即产量或规模收益与生产要素投入量按同比例增加，比如生产规模扩大 5%，产量或规模收益也增加 5%，这种情况就是规模收益不变。第三阶段是规模收益递减，即产量或规模收益增加的幅度小于生产要素投入量增加的幅度。比如生产规模扩大 5%，产量或规模收益仅增加 2%，出现规模收益递减趋势。

生产规模的扩大为什么会引起产量或规模收益的不同变化呢？可以用内在经济与外在经济以及和它们对应的内在不经济与外在不经济来解释。

所谓内在经济（Internal Economies）又称内在规模经济，是指一个厂商在生产规模扩大时，从自身内部所引起的收益的增加。比如，随着企业生产规模的扩大，企业内部分工更加细致，生产更加专业化；大企业才有条件购买和使用大型的高效率的机器设备，并充分利用副产品，还可以降低管理人员在全体职工中的比例，提高管理效率等。这些都是内在经济的表现，内在经济会使企业规模收益递增。但是，生产规模也不是越大越好，规模过大会产生内在不经济。

所谓内在不经济（Internal Diseconomies），是指一个厂商在生产规模扩大时，从自身内部引起的收益的减少。这是由于企业规模过大，管理跟不上，信息传递慢，决策延误，指挥不力、调动不灵、管理效率降低。企业规模过大，还会增加采购原材料、销售产品的困难，这些情况都会使厂商的生产效率降低，使平均成本提高，收益相对减少。

所谓外在经济（External Economies），又称外在规模经济，是指整个行业规模扩大时，使个别厂商得到的收益增加。

当一个行业拥有众多厂商时，尽管个别厂商的内部条件没有什么变化，但只要整个行业的规模扩大，外部条件也会直接影响到个别厂商的收益和产量。个别厂商可以从整个行业的规模扩大中得到更方便的交通和辅助设施，得到更多的科技情报信息和更好的人才供给、物资供给和货币供给等，这些有利的外部条件都将使个别厂商的规模收益递增。但是也存在外在不经济的问题。

所谓外在不经济（External Diseconomies），是指整个行业规模扩大给个别厂商带来的损失或收益减少。这是由于整个行业规模扩大后，会造成招工困难动力不足，交通运输紧张，竞争加剧，环境污染加重等恶果。个别厂商要为此付出更高的代价，从而使他们的成本增加，收益减少。

总之，任何一个行业或厂商都要面临适度规模的问题。所谓适度规模（Optimal Scale），就是生产规模的扩大使其规模收益的递增达到最大。这个概念对搞好企业管理具有重要意义，它是一个企业探讨自身规模大小的关键指标。如果规模太小，厂商得不到大规模经济带来的好处；如果规模过大，也会给厂商带来损失。适度规模就是要使规模收益处于不变阶段之前，尽可能地使规模收益递增，而不应该让规模收益递减。

4.5.3 规模报酬、规模经济与范围经济

1. 规模报酬与规模经济

规模经济是指在既定技术的条件下，对于某一产品（无论是单一产品还是复合产品），如果在某些产量范围内平均成本下降或升高，我们就认为存在规模经济（或不经济）。

规模报酬是指在技术水平和要素价格不变的条件下，当所有要素都按同一比例变动时，产量（收益）变动的状态。

规模报酬与规模经济二者的根本区别就在于：规模经济是从企业成本的节约来考量的，而规模报酬是从企业收益的增加出发的。

2. 规模经济与范围经济

范围经济是指当一个企业能用同一个要素投入组合 X 生产两种或两种以上的产品 Y_1，$Y_2\cdots$，Y_N时，这种多种产品的生产带来的效益，如单位成本节省等，就叫做范围经

济。其产生原因在于技术、资源上的互补性，资源要素共享等。

规模经济与范围经济二者的区别在于：规模经济只讨论了要素变动对于一种产出的影响情况，而范围经济则讨论在同样的要素投入下，多生产几种产品与少生产几种产品的效益区别。

本章小结

（1）生产就是把投入品转化为产品，经济学把生产的投入品称为生产要素。在生产实践中，所用的生产要素种类繁多，经济学家习惯上把生产要素归纳为土地、资本、劳动、企业家才能。

（2）生产函数是反映生产者在生产过程中投入要素数量和获得的最大产品数量之间关系的一个概念。在技术不变的前提下，假设生产过程所投入的要素中只有一种要素的投入量不断增加，而其他要素投入量一定，那么这种要素增加到一定数量后，所得到的产品增量会逐渐递减，这一现象即为边际报酬递减规律。在边际报酬递减的情况下，生产者要合理选择生产要素的投入，要使平均产量处于边际产量与边际产量为零的区域内。

（3）对于生产者来说，追求利润最大化的行为表现为要素的最优投入组合，即产量一定时，成本最小；成本一定时，产量最大。通过等产量线与等成本线的模型组合来表现要素的最优投入组合。

（4）在技术既定条件下，一定的要素投入组合会形成一定的生产规模，而一定的生产规模又和一定的收益联系在一起。具体来说，当生产规模的扩大引起更大幅度的增加时，就形成了规模经济；当生产规模的扩大引起的收益增加幅度小于规模扩大的幅度时，就出现了规模不经济。

（5）与一定的生产规模相对应的收益称为规模收益。在规模经济的情况下，规模收益会递增；在规模不经济的情况下，规模收益会递减；两者的过渡阶段称为规模收益不变。

案例分析 4-1

微利时代：格兰仕成功的启示

对于中国的民营企业来说，2003 年下半年是一个分水岭：原材料价格不断上涨，市场竞争越来越激烈，企业利润日趋微薄，生意越来越难做。难怪原科龙总裁顾雏军在市场上跑了一圈之后，大发感慨：“冰箱仅仅只有 0.3% 到 0.5% 的纯利，早就没有价格战可打了。”那么相对于“没有利润就是亏本”的生产厂家来说，对越来越规范的市场和越来越微薄的利润，他们该何去何从呢？

“降低企业成本迫在眉睫！”中山郑记企业管理顾问有限公司项目总监郭文煊掷地有声，“中国一个真正国际化经营的跨国公司格兰仕，28 年来利润持续增长，产值规模连续9年来全国第一，连续6年全球第一。而它的生产成本却每一年都比上一年降低10%～15%！格兰仕就是诞生和成长在我们身边的一个非常成功的大哥，是我们中国企业学习的榜样!”

格兰仕集团从1978年创办至今已有33年的历史，其成长历程与业绩令世人瞩目：从一家羽绒制品及服装加工企业成功地转型为一家家电制造企业；主导产品微波炉投放市场三年内成为中国微波炉行业的第一强企业；在巩固中国市场霸主地位的同时，于1999年成为全球最大的微波炉制造商；2000年以微波炉全球第一为基础，提出3～5年的时间内成为空调、小家电等产品的全球最大的制造商的宏伟目标。2000年9月，格兰仕微波炉全国占有率达70%，外销出口首次超过内销，空调外销10万台，内销40万台，集团总销售额达68亿元，其中出口2亿美元，位列中国家电出口第二强。2003年，格兰仕再创辉煌，销售收入达105亿元！全球第二大零售商家乐福，英国最大的零售商特易购，台湾大润发，中国市场的国美电器、苏宁电器、大中电器等国内外连锁巨头最高决策层纷纷造访格兰仕，一时间，“北学海尔，南学格兰仕”的呼声响彻云霄！

海尔总裁张瑞敏曾说：“在中国家电行业里，格兰仕在成本管理方面是非常优秀的。”易中公司宋新宇博士也称赞格兰仕：“企业应该像格兰仕那样，把成本做得低到无人企及。”

孙军正曾担任格兰仕高级培训讲师，是格兰仕制度建设领导小组的核心成员，亲身参与了格兰仕的改革。他认真研究剖析了格兰仕成功背后的主要因素有三点，即：管理方法、经营模式、企业文化。然而贯穿这三个方面的核心因素就是降低成本管理！

在企业管理方法上，格兰仕1994年4月就推行了建立现代企业制度的改革，按照出资者所有权与法人财产权相分离的原则，重新设置了企业管理体制，实行五订五包；2003年又进行了工资成本、财务成本、营销成本等八大成本管理，进行开源节流。

一个企业最大的投资是设备投资，制造企业的设备投资更是庞大，然而格兰仕在经营模式上，堪称一代典范。它引进并集成了世界各国的先进设备和技术，经自有品牌和OEM方式向全球市场视角来配置资源，使市场国际化。而且它还与美国的权威机构共同合作开发自主技术和新产品，并聘请外国专家和管理人才，以适应国际化经营的需要。同时，它还与上海宝钢、国美等战略伙伴结成联盟以最低的成本达到了最好的效率。

孙军正博士认为，企业文化就是一个公司里面所有人的思维模式与行为模式。在格兰仕集团，如果晚上加班，空调是关着的，窗户是打开的，尽可能利用自然风；没有人加班的地方灯也是关的，只有加班的员工头顶上的灯是开着的。即便是公司高层管理人员，如果下班时不超过5个人，那么他们必定是从楼梯上一级一级走下来的。这一切，都是没有人监督的，是大家为了降低公司成本的自觉行为。在这里，公司高层面对着猎头800万元年薪的诱惑毫不动摇；在这里，全体员工同心协力降低成本，使企业在竞争非常激烈的商场，能够顺利地进行价格战：扩大生产规模——降低成本——降价，再扩大生产规模——再降低成本——再降价。即便是位于中国富豪榜第39名的梁庆德，也是与人合用一个办公室。但每年春节，梁庆德夫妇都会给员工发奖金，并给员工家属写信表示慰问。物质是有限的，而感情是无限的。孙军正博士说：“一个小企业的成功是看老板，一个中型企业的成功是靠制度，而一个大型企业的成功是靠文化。格兰仕正是因为从老总到员工都团结一致，为一个共同的目标而不懈努力，因而执行力很强。”

（资料来源：中国经济网 http：//www.ce.cn/。）

本章训练

1. 在有效区域内，等产量曲线（　　）。
   A. 凸向原点　　B. 斜率为负
   C. 不能相交　　D. 以上都不正确
2. 等成本线平行向外移动表明（　　）。
   A. 产量提高了　　B. 生产要素价格按不同比例提高了
   C. 成本增加了　　D. 生产要素价格按相同比例提高了
3. 如果连续增加某种生产要素，在总产量达到最大时，边际产量曲线（　　）。
   A. 经过原点　　B. 与纵轴相交
   C. 与平均产量线相交　　D. 与横轴相交
4. 在规模报酬不变阶段，若劳动的使用量增加10%，资本的使用量不变，则（　　）。
   A. 产出增加10%　　B. 产出减少10%
   C. 产出增加大于10%　　D. 产出减少小于10%
5. 经济学中短期与长期划分取决于（　　）。
   A. 时间长短　　B. 可否调整产量
   C. 可否调整产品价格　　D. 可否调整生产规模
6. 生产要素（投入）和产出水平的关系为（　　）。
   A. 生产函数　　B. 生产可能性曲线
   C. 总成本曲线　　D. 平均成本曲线
7. 如果是连续的增加某种生产要素，在总产量达到最大时，边际产量曲线（　　）。
   A. 与纵轴相交　　B. 经过原点
   C. 与平均产量曲线相交　　D. 与横轴相交
8. 等成本曲线平行向右（外）移动表明（　　）。
   A. 产量提高了　　B. 成本增加了
   C. 生产要素的价格按同比例提高了　　D. 生产要素的价格按不同比例提高了
9. 等成本曲线围绕它与纵轴的交点逆时针移动表明（　　）。
   A. 生产要素 Y 的价格上升了　　B. 生产要素 X 的价格上升了
   C. 生产要素 X 的价格下降了　　D. 生产要素 Y 的价格下降了
10. 经济中短期与长期划分取决于（　　）。
    A. 时间长短　　B. 可否调整产量
    C. 可否调整产品价格　　D. 可否调整生产规模

第5章 成本理论

学习目标

1. 掌握成本的含义及种类；
2. 掌握短期成本函数及短期成本分类；
3. 掌握长期成本函数及长期成本分类。

知识能力

1. 理解短期成本曲线之间的关系；
2. 理解短期成本和长期成本的关系。

工作任务

选择一家企业，运用生产函数、成本函数和最优投入组合的概念和分析方法，为企业确定最优生产规模。

关键词

经济成本；机会成本；短期成本；长期成本；固定成本、可变成本；利润最大化

案例导入

机会成本与决策

“机会成本（Opportunity Cost）”这个词是个舶来品，在管理学和决策学中的地位越来越显著，大牌企业家和学术泰斗们常常把它挂在嘴边，如果一份商业计划中没有对机会成本加以分析，简直就是一份半成品。

“机会成本”并不玄妙，理解起来很简单：如果用某些资源来做一件事，当然就不能同时用这些资源去做其他的事，就等于放弃了做其他事的机会，也就放弃了这些机会可能带来的收益，这些被放弃的收益就是做这件事的机会成本。机会成本是无形的，而且用任何资源做任何事都会产生机会成本。原则上，做一件事的收益本身最好大于它的机会成本，这样的决策才是明智的。

如今的社会中，每个人都有着众多的选择，都面临着很多的机会。是求学深造，还是工作挣钱？是出国发展，还是留在国内？是做销售、做业务，还是搞技术、搞研发？

是坚守阵地，还是跳槽转行？是打工还是创业？是去政府部门、去企业还是去学术机构？是去北京、去上海还是去深圳？是去大公司做凤尾还是去小公司做鸡头？这样的选择数不胜数。

既然已经是摆在面前的选择，说明每条路的可行性都不是什么问题，不然也就不必发愁如何选择了，所以当各种选择都是现实的而没有哪一条是痴人说梦的时候，决策的重点就是对机会成本的分析了。

在我们每个人拥有的各种资源之中，最宝贵的资源是时间，时间是不可再造和无法挽回的。用这段时间做某件事情就肯定无法同时做另一件事情，一旦决策失误，时间是无法挽回的，不像当选择一笔钱是用于投资房产还是投资股市，即使决策失误导致金钱损失也是可以再挣回来的。所以在考虑机会成本的时候，就应该着重考虑时间因素所导致的机会成本。如果一件事情需要你投入最主要的资源是时间，那么对这个事情的决策就必须慎之又慎。

正是基于这个道理，青年人就比中年人在做很多事情上的机会成本要低，因为青年人相对于中年人而言，时间资源还充裕一些。同样，当前收入低的人比当前收入高的人做大多数事情的机会成本要低，也是因为他们在同等单位时间内的收入差距所致。而大致的规律是随着工作年头资历的增加，收入一般也会提高，所以把上述两条综合起来，可以发现青年人在机会成本上是有优势的，因为他们的机会成本低廉。

这也就不奇怪，一个刚工作没两年的人可能轻易地下决心去念 MBA，而一个工作十年，事业有成的人要想下决心去念一年书相比要困难得多。同样自然的是，一个毛头小伙子可以轻松地下决心白手起家开始创业，而一个资深的职业经理人则很难横下心来单起炉灶。

这里揭示出了一个很有趣的辩证关系：一个人做某件事的可行性和机会成本往往是成正比的。可行性高，说明这个人的资源和能力等都比较丰富，他既然能做成这件事，他做成其他事的可能性也很高，而这些丰富的资源和能力就可以在其他事情上产生很大的收益，所以他的机会成本就很高。

很多矛盾和尴尬的现象就源于可行性和机会成本之间的正比关系。没有任何资历的年轻人想到名校读顶级 MBA 课程的可行性不大，就只好先努力工作，增长自己的经验和资历，攒够 MBA 的高额学费，而当他已经“够格”去念那个 MBA 的时候，他的机会成本可能也已经高到他无法下决心去实现他当年的夙愿了。同样，没有任何金钱、人脉和经验资本的年轻人想成功创业的可行性较低，就只好先去打工，积累各种有形、无形的财富以期时机成熟再来创业，而当万事俱备，一切变为可行的时候，他的机会成本也已经很高，他恐怕很难割舍既得利益，去冒险创业了。

就像那首歌里唱的：“我想去桂林呀我想去桂林，可是有时间的时候我却没有钱；我想去桂林呀我想去桂林，可是有了钱的时候我却没时间……”这里的钱和时间，正好分别象征了可行性和机会成本，年轻时什么都想做却又都做不了，后来有了钱，但时间因素导致的机会成本也已经很高，使其下不了决心了。

事情就是如此，条件也是负担。所以有很多事情是应该趁早做的，因为可行性是可以争取的，条件是可以创造的。正如洪钧，如果他再年轻几年，转行从头做起可能没什么大不了的，可是如今他的机会成本已经很高了，他的时间已经很少，而他在软件行业的资本已经很多，所以他的能力和优势反而把他束缚在眼前的圈子里了。

（资料来源：王强，《圈套玄机：职场案例解码》，清华大学出版社，2006年4月1日。）

5.1 经济成本及其分类

所谓经济成本（Economic Cost），是指厂商在生产活动中所使用的各种生产要素的价格总和。生产要素不仅包括土地、资本、劳动等有形资源，而且包括企业家才能及科学技术等无形资源。比如，厂商为了提高雇员的文化技术水平进行的教育投资，企业管理者运用现代化决策支持系统进行市场调查、生产规划等活动所花费的脑力和体力，都属于厂商投入的生产要素，要计入经济成本。所以，厂商在生产活动中所使用的各种生产要素的价格总和，便构成了经济成本的全部内容。

经济成本的高低主要取决于生产条件、生产要素价格和企业生产经营效率这三个因素。如果某厂商生产条件差、生产要素价格高，企业经营管理水平又低，其经济成本必定较高；如果某厂商生产条件好、生产要素价格合理、企业经营管理水平又高，其经济成本必定较低。厂商要致力于降低经济成本，最关键的是要提高技术水平，改善生产条件和加强经营管理。

经济成本按照不同的划分方法可分成许多种类：一是按其收回后归属的不同，分为外在成本和内在成本；二是按其不同的计算方法分为总成本、平均成本和边际成本，三是按时间因素分为短期成本和长期成本，其中又可细分为若干种。我们先解释这三类经济成本。

1. 外在成本和内在成本

所谓外在成本（External Cost），又称显明成本（Explicit Cost）或货币成本（Monetary Cost），是指厂商对所用的外部生产要素以货币直接支付的全部费用。比如，厂商购买原材料的支出、工资支付、地租和利息的支付等。由于厂商是直接给生产要素提供者支付货币，具有明显的支付形式，因而外在成本容易判定和计算。

所谓内在成本（Internal Cost），又称隐含成本（Implicit Cost）或机会成本（Opportunity Cost），是指无须采取货币支出形式的厂商本身所拥有的生产要素的报酬，也就是形式上没有支付货币而又属于厂商的那部分成本。一部分是作为成本记入账面，如厂房、机器等固定资本的折旧费，另一部分是厂商投入的自有资本的利息，即隐含利息，厂商在生产过程中从事经营管理的报酬，即隐含薪金。隐含利息和隐含薪金虽然都不用明显的货币支付，但产品的实际成本应该包含这一部分，因为如果这些生产要素不是用于自家经营，它们就可以供给别的厂商使用，并取得相应报酬。厂商做出一种选择而放弃另外一种选择的实际收入，或者说，厂商利用一定的经济资源取得某种收入时所放弃的另一种收入就是机会成本，或者叫择一成本（Alterttative Cost）。所以，内在成本、隐含成本、机会成本、择一成本并没有本质的区别。内在成本是相对外在成本来说的，隐含成本是相对显明成本来说的。由于隐含成本是不明显的，相对来说是难以计量的，如果要用货币来表示隐含成本，则用机会成本或择一成本来衡量就更为恰当。机会成本不仅可以应用于厂商的生产经济活动中，而且还可以应用于居民消费和政府开支等活动中，衡量每一种行为的得失。

2. 总成本、平均成本和边际成本

西方经济学家在具体研究成本时，根据统计要求和性质，将成本分为总成本、平均成本和边际成本。

所谓总成本（Total Cost，TC），是指生产一定量产品所需要的成本总额。厂商为了生产一定量的产品，就需要购买各种生产要素或动用已有的各种财物而支出一定的费用，如厂房、机器设备的折旧费用、原材料、燃料动力费用、工资奖金、利息、租金等费用，这些费用的总和就构成这一定量产品的总成本。总成本不仅取决于厂商生产的工程技术条件，同时也取决于厂商在生产时所需要的各种生产要素投入量的市场价格。只要知道厂商各种产量的总成本，平均成本和边际成本就都可以计算出来。

所谓平均成本（Average Cost，AC），是指平均每单位产品所消耗的成本，用总成本除以一定量产品便可求得。

所谓边际成本（Nlargiaal Cost，MC），是指每增加或减少1单位产品而引起的总成本变动的数值。

短期（Short Run）是指厂商可以变动一部分生产要素而不能变更所有生产要素的时期。由于某些生产要素的投入量是固定的，厂商只能改变其他生产要素的投入量来增加或减少产量。就是说，厂商只能调整原材料、燃料动力和劳动的投入量，而不能调整厂房、机器设备和管理人员的投入量。厂商只能调整部分生产要素时生产一定数量的产品所耗费的成本就是短期成本（Short Run Cost）。

长期（Long Run）是指厂商能够调整所有生产要素来达到预期产量的时期。在这一时期，一切生产要素的投入量都是可以变动的。厂商能够调整全部生产要素时生产一定量的产品所消耗的成本就叫长期成本（Long Run Cost）。

可见，长期和短期并没有确切的时间划分，不同行业的厂房、机器设备类型不同，因而调整所需要的时间长短也不同。有些厂商的生产要素在半年左右就能全部调整，也称长期，但有些厂商的生产要素要五、六年甚至十几年才能全部调整，如果十年、八年都没有全部调整的，也只能算短期。短期成本和长期成本有明显的区别：前者是在部分生产要素不变和部分生产要素可变的条件下生产一定量产品所耗费的成本，后者是在所有生产要素都在变动的条件下生产一定量产品所耗费的成本。可见，短期和长期的主要区别是看现存的生产条件是否改变。

3. 增量成本与沉没成本

增量成本是指随企业生产变动而变动的成本，它强调的是企业因生产变动而引起的成本变化。

如果有的成本不因生产变动而变动，那么这种成本就是沉没成本。沉没成本是指不随生产变动而变动的成本，是即使厂商不再进行生产也不能收回的成本。

4. 私人成本与社会成本

私人成本是指单个厂商为某种生产经营活动支付的一切费用，相当于企业会计成本。

但是，在企业生产过程中也会造成一些本应由企业支付，但企业却没有支付的成本。例如化工厂在生产过程中排出废气，增加了社会治理污染的费用，这些费用本应由企业支付，企业却没有支付，因此被称为外部成本。私人成本与外部成本相加，我们称之为社会成本。

社会成本是指整个社会为某种生产经营活动所支付的一切费用，包括私人成本和外部成本。

当私人的经济活动导致社会成本增加时，社会成本大于私人成本；当私人的经济活动给社会带来利益时，社会成本小于私人成本。

【阅读材料】

成本控制的中国机会

2010年3月28日，吉利汽车宣布已与福特汽车签署最终股权收购协议，用18亿美金获得沃尔沃轿车公司100%的股权以及相关资产，吉利自己占主要股份的51%以上。吉利能否成功运作沃尔沃，谁也打不了包票！瑞典人做不成的事，美国人做不成的事，中国人能做成？十个人有九个不相信。况且有上汽收购韩国双龙铩羽而归的先例在前。不能只寄希望于李书福一路创造奇迹的“特异功能”。

然而，吉利成功的实力来源于在全球汽车业最强的成本控制能力。此前人们公认节能、环保、安全是新世纪全球汽车业的核心竞争力。然而，在这些方面通用做得很努力，丰田也走在前面，但是金融危机一来，通用倒闭，丰田滑坡，欧美、日本的其他车企也悉数进入严冬。一位中国汽车评论家说得透彻：“现实变得很简单，成本重新成为汽车业的第四主题，世界汽车未来的方向就是又便宜又好。对于绝大部分消费者而言，不便宜，再好的东西也没有价值。”这就是吉利的机会，也是全球汽车产业结构重心转移中的中国机会。

5.2 短期成本函数

成本函数（Cost Function）是表示成本和产量之间的依存关系。在短期中的一系列成本函数就是短期成本函数，比如固定成本、可变成本、短期总成本、平均固定成本、平均可变成本、短期平均成本、短期边际成本等。它们之间的关系怎样？各自变动的趋势怎样？我们先用如表5-1所示的短期成本表来说明。

表 5-1 **短期成本表**

Q(1)	FC(2)	VC(3)	TC(4)	MC(5)	AC(6)	AVC(7)	AFC(8)
0	120	0	120	0	—	—	—
1	120	34	154	34	154	34	120
2	120	63	183	29	91.5	31.5	60
3	120	90	210	27	70	30	40
4	120	116	236	26	59	29	30
5	120	145	265	29	53	29	24
6	120	180	300	35	50	30	20
7	120	230	350	50	50	32.86	17.14
8	120	304	424	74	53	38	15

表 5-1 说明了厂商的短期成本函数，表示短期内产量和这些成本的关系以及各种成本之间的关系。

第 1 栏 Q 表示产量。除了固定成本之外，各种成本都随着产量的变化而变化。

第 2 栏 FC 是固定成本（Fixed Cost）的简称。它是在短期内不随产量变动而变动的费用支出，始终是常数 120。它之所以固定不变，是因为它们不可避免，厂商对于它们别无选择，不管是否进行生产，短期内都要支付固定成本。

第 3 栏 VC 是可变成本（Variable Cost）的简称。它是在短期内随着产量的变动而变动的费用支出，没有产量便没有可变成本，并随着产量的增加而增加，但不是始终按同比例增加。

第 4 栏 STC 是短期总成本（Short-run Total Cost）的简称。它包括固定成本和可变成本两部分，由第 2 栏与第 3 栏相加可得，用公式表示为：

$$STC = FC + VC$$

第 5 栏 SMC 是短期边际成本（Short-run Maginal Cost）的简称。它是指短期内每增加或减少 1 单位产品而引起的总成本变动数值，用公式表示为：

$$SMC = \frac{\Delta TC}{\Delta Q}$$

如表 5-1 中的产量由 0 增到 1，总成本从 120 增到 154，可变成本也从 0 增到 34，短期边际成本是 34，产量由 1 增到 2，总成本从 154 增到 183，可变成本也从 34 增到 63，边际成本是 29，以此类推。可见，在固定成本既定时，短期边际成本既是增加 1 个单位产量所引起的总成本增量，也是增加 1 个单位产量所增加的可变成本。

第 6 栏 SAC 是短期平均成本（Short-run Average Cost）的简称。它是短期内按产量平均计算的总成本。用公式表示为：

$$SAC = \frac{TC}{Q}$$

第 7 栏 AVC 是平均可变成本（Average Variabla Cost）的简称。它是指平均每单位产品所消耗的可变成本，用可变成本除以产量所得。用公式表示为：

$$AVC=\frac{VC}{Q}$$

没有产量就没有可变成本，当然也不会有平均可变成本。

第8栏 AFC 是平均固定成本（Average Fixed Cost）的简称。它是平均每单位产品所耗费的固定成本，用固定成本除以产量所得。用公式表示为：

$$AFC=\frac{FC}{Q}$$

根据短期成本函数和短期成本表，可以画出短期总成本曲线、总不变成本曲线和总固定成本曲线，如图 5-1 所示。

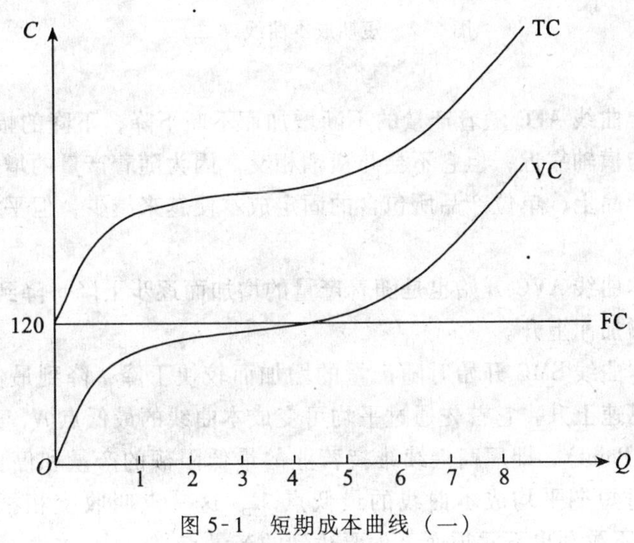

图 5-1 短期成本曲线（一）

图 5-1 中横轴 OQ 表示产量，纵轴 OC 表示成本，STC，VC，FC 分别表示短期总成本曲线、可变成本曲线和固定成本曲线。其中固定成本曲线是水平线，产量从 0 到 8 变动固定成本都是 120。总成本曲线从纵轴截点 120 开始，表明不生产也要有相当于固定成本的总成本，它随着产量的增加而逐步上升。开始时以递增的增长率上升，增幅较大，当产量达到一定水平、各种生产要素的效率得到充分发挥后，总成本增幅变小；最后，由于边际收益递减规律的作用，总成本又以递增的增长率上升，增幅又变大。可变成本曲线是从原点出发，表示不生产就没有可变成本，然后随着产量的增加而逐步上升，可变成本曲线的上升状况与总成本曲线的上升状况存在对应关系。总成本曲线与可变成本曲线之间的距离相当于固定成本。

根据短期成本函数和短期成本表，还可以绘出短期平均成本曲线，平均可变成本曲线，平均固定成本曲线和短期边际成本曲线，如图 5-2 所示。

图 5-2 中，短期平均成本曲线 SAC 开始时随着产量增加而迅速下降，一直降到最低的 M 点。过 M 点后，它又随着产量增加而上升。

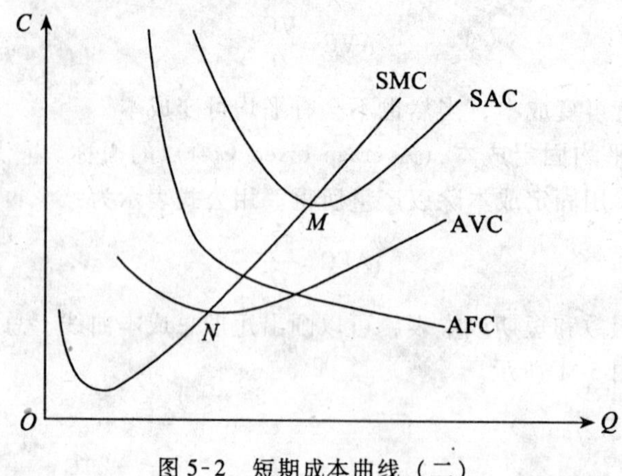

图 5-2　短期成本曲线（二）

平均固定成本曲线 AFC 随着产量的不断增加而不断下降，下降的幅度开始比较大，以后逐步变小并与横轴靠近，但它不会与横轴相交。因为随着产量的增加，固定成本分摊在越来越多的产品上，单位产品所包含的固定成本便越来越少，但平均固定成本不可能为 0。

平均可变成本曲线 AVC 开始也是随着产量的增加而逐步下降，降到最低的 N 点后，它又随着产量的增加而上升。

短期边际成本曲线 SMC 开始时随产量的增加而较快下降，降到最低点后，则会随着产量的增加而迅速上升。它首先通过平均可变成本曲线的最低点 N，这一点叫停止营业点（Shut Down Point），即厂商继续维持营业的最低限额的产量和停止营业产量的临界点，然后又通过短期平均成本曲线的最低点 M，这一点叫收支相抵点（Freak-even Point），即厂商既不盈利也不亏损而至少要达到的产量点。

短期平均成本曲线、平均可变成本曲线和短期边际成本曲线都是先下降后上升的 U 形曲线，这三条 U 形曲线中，最先降到最低点的是短期边际成本曲线，然后是平均可变成本曲线，最后是短期平均成本曲线。这三条曲线的关系怎么样？短期边际成本曲线首先要和平均可变成本曲线的最低点相交于 N 点，形成停止营业点，这时，短期边际成本等于平均可变成本。如果厂商的收益能够补偿平均可变成本，厂商就有可能进行生产。因为如果停产，厂商要蒙受固定成本的损失，而继续生产可减少损失。但如果产量在 N 点之下，收益还不能补偿平均可变成本，厂商就不会继续生产，因为这时厂商继续生产比停产的损失还要大。短期边际成本曲线还要和短期平均成本曲线的最低点相交于 M 点，形成收支相抵点，这时，短期边际成本等于短期平均成本，厂商的收益正好能补偿短期平均成本，厂商就愿意生产。因为厂商除了收支相抵外，还可以得到正常利润（Normal Profit）。由于西方经济学所说的正常利润还包含在成本之中，保本也意味着能赚钱，只是没有得到超额利润而已。可见，短期边际成本曲线相交于平均可变成本曲线的最低点和短期平均成本曲线的最低点，所得出的停止营业点和收支相抵点，是厂商经营决策的有用的分析工具，对厂商的经营决策活动有重要意义。

5.3 长期成本函数

在长期内，厂商可以根据预期产量来调整所有生产要素的投入量，所有的投入量都是可变的，没有固定投入和可变投入之分。与此相应，长期内的所有成本也是可变的，没有固定成本和可变成本之分。这样，长期成本主要弄清三个成本概念，即长期总成本、长期平均成本和长期边际成本。长期中这些成本函数就是长期成本函数。

所谓长期总成本（Long-run Total Cost，LTC），是指厂商在能够调整全部生产要素时生产一定量的产品所需要的成本。长期总成本函数可写成以下形式：

$$\mathrm{LTC}=f(Q)$$

如果各种产量都在最佳生产规模上生产，即以最优的生产要素的组合进行生产，由此支付的总成本便是长期总成本。长期总成本函数是任何可行的生产量与长期总成本的对应关系。长期总成本曲线与短期总成本曲线的形状相似，在达到某一生产量水平之前，总成本的增幅会随着产量增加而逐渐变小；在达到某一生产量水平之后，总成本的增幅又会随着产量增加而逐渐变大。所不同的是，短期总成本曲线不是从原点而是从固定成本出发，而长期总成本曲线则从原点出发，表示没有产量就没有长期总成本，如图5-3所示。

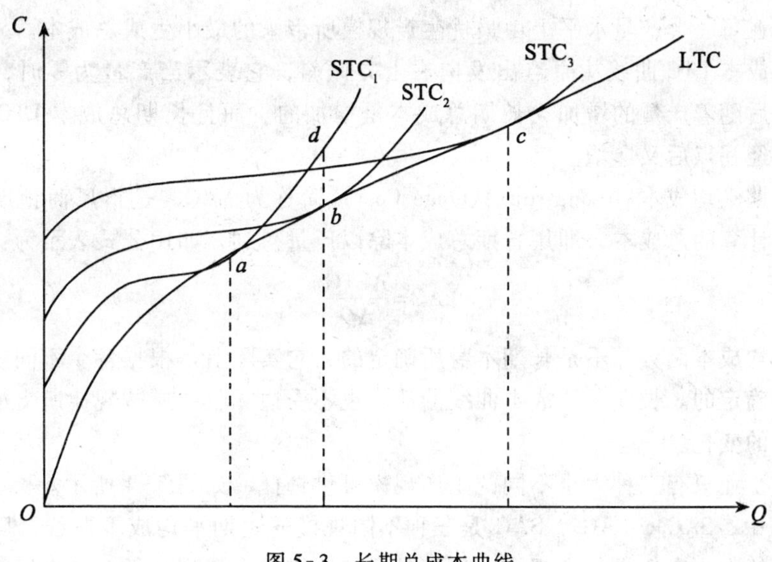

图5-3 长期总成本曲线

有三条短期总成本曲线 STC_1、STC_2、STC_3，它们分别代表三个不同的生产规模。由于短期总成本曲线的纵截距不是相应的总固定成本 FC 的数量，因此，从图5-3中的三条短期总成本曲线的纵截距可知，STC_1曲线表示的总固定成本小于STC_2曲线，STC_2曲线所表示的总固定成本又小于STC_3曲线，而总固定成本的多少往往表示生产规模的大小，因此，从三条短期总成本曲线所代表的生产规模来看，STC_1曲线最小，STC_2曲线居中，STC_3曲线最大。

假定厂商生产的产量为 Q_2，那么厂商应该如何调整生产要素的投入量以降低总成本呢？在短期内，厂商可能面临STC_1曲线所代表的过小的生产规模或STC_3曲线所代表的过大的生产规模，也就是说厂商只能按较高的总成本来生产产量 Q_2，即在STC_1曲线上的 d 点或STC_3曲线上的 c 点进行生产。

但在长期时，情况发生了变化。厂商长期生产时可以变动全部的要素投入量，选择最优的生产规模，于是，厂商会必然选择STC_2曲线所代表的生产规模进行生产，从而将总成本降低到所能达到的最低水平，即厂商是在STC_2曲线上的 b 点进行生产。类似地，在长期内，厂商会选择STC_1曲线所代表的生产规模，在 a 点上生产 Q_1的产量；选择STC_3曲线所代表的生产规模，在 c 点上生产 Q_3的产量。这样，厂商就会在每一个既定的产量水平上实现了最低的总成本。

虽然在图 5-3 中只有三条短期总成本曲线，但在理论上分析假定有无数条短期总成本曲线。这样厂商可以在任何一个产量水平上，都找到相应的一个最优的生产规模，都可以把总成本降到最低水平。也就是说，可以找到无数个类似于 a、b 和 c 的点，这些点的轨迹就形成了图中的长期总成本曲线 LTC。显然，长期总成本曲线是无数条短期总成本曲线的包络线，在这条包络线上，在连续变化的每一个产量水平上，都存在着 LTC 曲线和一条 STC 曲线的相切点，该 STC 曲线所代表的生产规模就是生产该产量的最优生产规模，该切点所对应的总成本就是生产该产量的最低总成本。所以，LTC 曲线表示长期内厂商在每一个产量水平上由最优生产规模所带来的最小生成总成本。

长期总成本 LTC 曲线从原点出发向右上方倾斜，它表示当产量为零时，长期总成本为零，以后随着产量的增加，长期总成本是增加的。而且长期总成本 LTC 曲线的斜率先递减，经拐点后又递增。

所谓长期平均成本（Long-run Average Cost）简称为 LAC，是指厂商预期在长期内按产量平均计算的总成本，即用长期总成本除以产量得到，如用公式表示为：

$$LAC=\frac{\Delta LTC}{\Delta Q}$$

长期平均成本函数并不是长期本身所确定的，它实际上是根据各个不同规模的短期成本函数来确定的。长期平均成本曲线的形状也不受边际收益递减规律所支配，而取决于规模收益的变化。

假定某企业只有三种大小不同的生产规模可供选择，如图 5-4 所示。

图 5-4 中，SAC_1，SAC_2，SAC_3是三种不同规模的短期平均成本曲线，厂商要根据其预期产量的大小来选择生产规模，目的是要使平均成本达到最低。如果厂商的预期产量是 OQ_1，它就要选用SAC_1的规模，因为此时SAC_1的最低点 A 和 Q_1的平均成本最低，远远低于选用SAC_2规模时的平均成本 BQ_1；当厂商的预期产量为 OQ_2时，就要选用SAC_2的规模，此时 CQ_2的平均成本最低；当厂商的预期产量为 OQ_3时，就要选用SAC_3的规模，此时 DQ_3的平均成本最低。以此类推。在长期内，厂商可以根据它所要达到的产量来调整生产规模，以使平均成本达到最低。平均成本最低的规模就叫做适度规模。

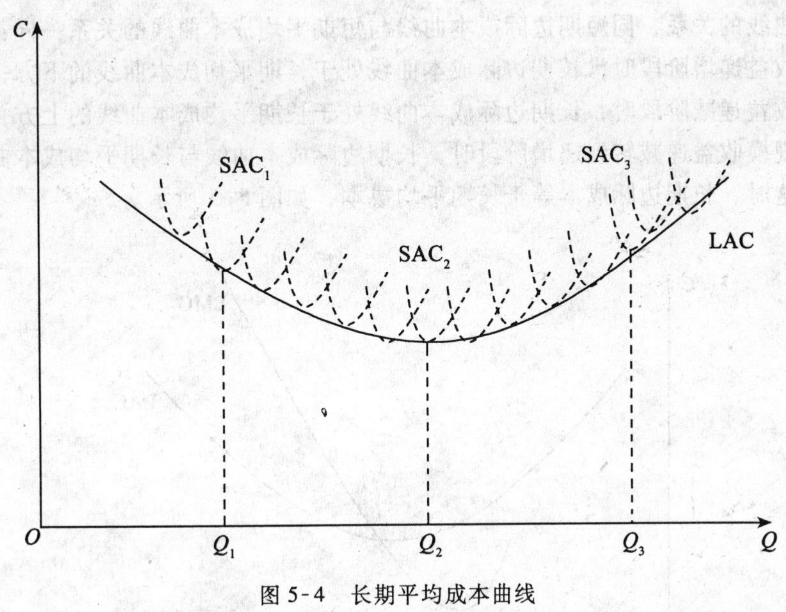

图 5-4 长期平均成本曲线

各条短期平均成本曲线都有个适度规模的点，即平均成本最低的点，将这些点连成一线，便形成了长期平均成本曲线。整个长期平均成本曲线把无数条短期平均成本曲线包在其中，因此，用数学的术语讲，长期平均成本曲线就是短期平均成本曲线的包络曲线（Envelope Curve）。在长期中，厂商要按这条曲线作出生产规划，选择最佳生产规模，因而长期平均成本曲线又称为计划曲线（Planning Curve），厂商按计划曲线进行生产，可以用最低成本生产出既定产量。

长期平均成本曲线和短期平均成本曲线都是一条先下降而后上升的 U 形曲线。长期平均成本曲线随着产量的增加而先下降，是由于规模收益递增，后来它又随着产量的增加而上升，则是由于规模收益递减，与短期平均成本曲线的变动趋势相似。但长期平均成本曲线与短期平均成本曲线也有区别，主要是长期平均成本曲线无论是在下降还是上升时都较为平缓，这说明长期平均成本无论减少还是增加都变动很缓慢。因为在长期内，全部生产要素都可以随时调整，从规模收益递增到规模收益递减之间有一个较长的规模收益不变的阶段。而在短期内，规模收益不变阶段很短，甚至没有。所以，短期平均成本曲线是先下降后上升且变动较快的 U 形曲线。

所谓长期边际成本（Longrun Marginal Cost，LMC），是指厂商预期的在长期内增加（或减少）一个单位产品所引起的成本变量。用公式表示为：

$$\mathrm{LMC}=\frac{\Delta \mathrm{LTC}}{\Delta Q}$$

长期边际成本是长期总成本曲线的斜率。知道了长期总成本，就可以求出长期边际成本。长期边际成本函数表示在保持所有生产要素最优配置的条件下，生产量的微小变动对长期总成本的影响。在一般情况下，长期边际成本曲线也是先下降而后上升的典型的U形曲线，但它比短期边际成本曲线的变动要平缓一些。长期边际成本曲线与长期平均成本曲线的关系，同短期边际成本曲线与短期平均成本曲线的关系一样：当该产品处于规模收益递增阶段时，长期边际成本曲线处于长期平均成本曲线的下方；当该产品转入规模收益递减阶段时，长期边际成本曲线处于长期平均成本曲线的上方，在长期成本曲线从规模收益递减转到递增阶段时，长期边际成本曲线与长期平均成本曲线的最低点相交，这时，长期边际成本等于长期平均成本，如图 5-5 所示。

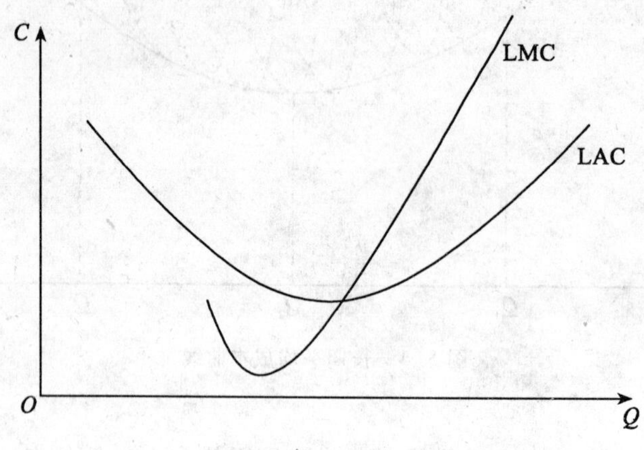

图 5-5　长期边际成本曲线和长期平均成本曲线

图 5-5 中，长期边际成本曲线 LMC 与长期平均成本曲线 LAC 的最低点相交。在相交之前，LAC 在 LMC 之上，说明LMC<LAC，在相交之后，LAC 在 LMC 之下，说明LMC>LAC，在相交点，LMC = LAC。

5.4　生产者的收益

5.4.1　收益的含义和分类

在微观经济学中，所谓收益（Revenue，R），是指厂商卖出商品得到的收入。收益可以分为总收益、平均收益和边际收益。

所谓总收益（Total Revenue，TR），是指厂商销售一定量商品所得到的全部货币收入。所谓平均收益（Average Revenue，AR），是指厂商平均出售每单位产品所得到的货币收入，即每个商品的卖价。所谓边际收益（Marginal Revenue，MR），是指厂商每多销售一单位商品所引起的总收益的增加值，即最后增加的每个商品的卖价。

如果以 Q 代表销售，ΔQ 代表销售的增量，R 表示收益，则这三者的关系是：

总收益 = 平均收益×销售量

即
$$\mathrm{TR}=\mathrm{AR}\cdot Q$$

平均收益=总收益÷销售量

即 $$AR=\frac{TR}{Q}$$

边际收益=总收益增量÷销售增量

即 $$MR=\frac{\Delta TR}{\Delta Q}$$

收益的变动有两种不同的情况：价格不变条件下的收益变动和价格递减条件下的收益变动。

在价格不变的条件下，无论厂商销售多少商品，都是按同一价格出售，这时，总收益将随着产量的增加而增加，平均收益和边际收益不会发生变化，单位产品的卖价既等于平均收益，又等于边际收益，如表5-2所示。

表5-2 **价格不变条件下的收益表**

销售量 Q（KG）	平均收益 AR（USD）	边际收益 MR（USD）	总收益 TR（USD）
1	10	10	10
2	10	10	20
3	10	10	30
4	10	10	40
5	10	10	50

根据表5-2画成如图5-6所示的曲线图。

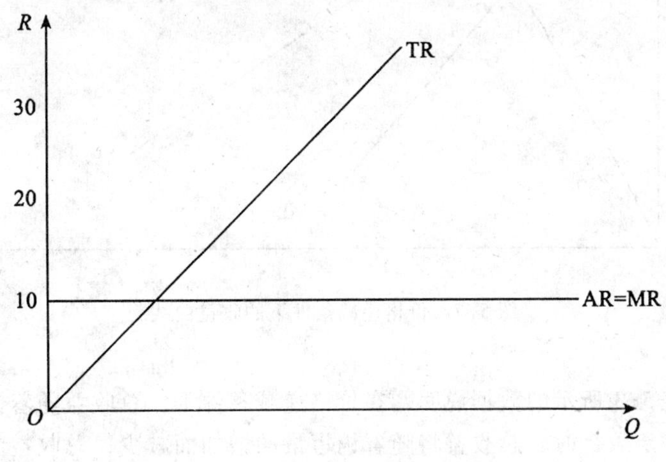

图5-6 价格不变条件下的收益

图5-6中，横轴 OQ 代表销售量，纵轴 OR 代表收益，TR代表总收益曲线，它随着

销售量的增加而增加；AR 代表平均收益曲线，MR 代表边际收益曲线，它们重叠为一条与横轴平行的直线，说明单位产品的卖价也就是平均收益和边际收益。

在价格递减条件下，厂商增加产品的销售量会引起单位商品的卖价下降，一定量商品的卖价只等于平均收益，不等于边际收益。如表 5-3 所示的数据便说明了价格递减条件下总收益、平均收益和边际收益三者之间的关系。

表 5-3　　　　**价格递减条件下的收益表**

销售量 Q（KG）	平均收益 AR（USD）	边际收益 MR（USD）	总收益 TR（USD）
1	20	20	20
2	16	12	32
3	13	7	39
4	10	1	40
5	8	0	40
6	6	-4	36

根据表 5-3 画成如图 5-7 所示的曲线图。

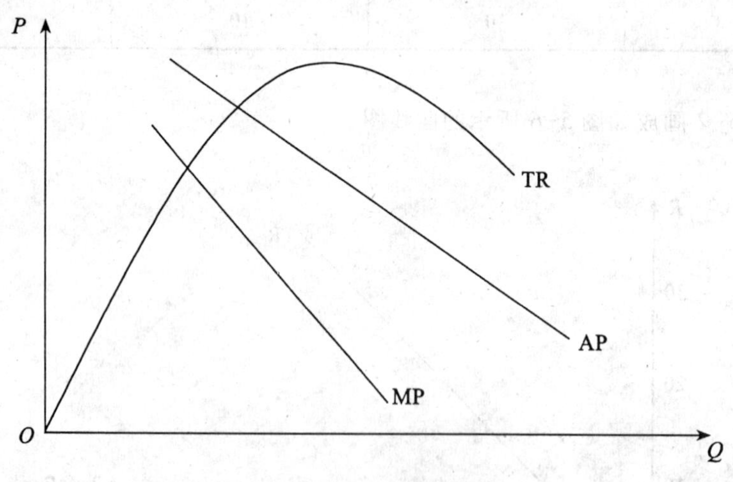

图 5-7　价格递减条件下的收益曲线

图 5-7 和表 5-3 所示的数据说明，在价格递减条件下，总收益随着销售量的增加而增加，增加到一定数量时，总收益将随着销售量的增加而减少，总收益曲线是一条向右上方先渐升而后渐降的曲线。平均收益和边际收益都是随着销售量的增加而减少，因而平均收益曲线和边际收益曲线都是向右下方倾斜的曲线，边际收益曲线在平均收益曲线的下方，说明边际收益的下降幅度比平均收益更大。

5.4.2　厂商的利润最大化原则

西方微观经济学认为，厂商行为都是利己的，其最终目标是要实现利润最大化，力求把获取最大利润作为确定其生产规模的原则。所谓利润最大化原则（Maximum-profit Principle），是指厂商为了实现最大利润所必须遵循的边际收益等于边际成本的原则。

利润有多种具体的含义。在会计学上，销售收入与销售货物成本之间的差额叫毛利润，毛利润与营业费用之间的差额叫营业利润，营业利润与所得税之间的差额叫净利润。这里讲的是总利润，是指企业总收益与总成本之间的差额，如果用 π 代表总利润，其计算公式是总利润=总收益-总成本，即：

$$\pi = TR - TC$$

如果 TR>TC，则 $\pi>0$，表示厂商可以获得超额利润；如果 TR=TC，则 $\pi=0$，厂商可以取得正常利润，各项生产要素都可获得各自应得的报酬；如果 TR<TC，则 $\pi<0$，厂商将发生亏损。这几种情况，可用表 5-4 所示的数据说明。

表 5-4　　**某厂商成本、收益表**

产销量 Q	总收益 TR	总成本 TC	边际成本 MC	边际收益 MR	盈亏+/-
0	0	50	0	0	-50
1	300	400	350	300	-100
2	570	570	170	270	0
3	820	720	150	250	+100
4	1050	860	140	230	+190
5	1260	1020	160	210	+240
6	1450	1210	190	190	+240
7	1620	1430	220	170	+190
8	1770	1770	340	150	0
9	1900	2260	490	130	-360
10	2010	2930	670	110	-920

表 5-4 中的数字是虚构的，但它们要遵循边际收益递减规律的要求。由于这一规律的作用，边际收益一直是递减的。虽然总收益有增加的趋势，但增长速度明显放慢。同样由于边际收益递减规律的作用，边际成本开始一个阶段递减，而后又转为递增。

厂商从事生产或出售商品的目的是为了赚取利润。如果总收益大于总成本，就会有剩余，这个剩余就是利润。值得注意的是，这里讲的利润不包括正常利润，正常利润包括在总成本中，这里讲的利润是指超额利润。如果总收益等于总成本，厂商不亏不赚，只获得正常利润，如果总收益小于总成本，厂商便会亏损。

厂商从事生产或出售商品不仅要求获取利润，而且要求获取最大利润，厂商利润最大化原则就是产量的边际收益等于边际成本的原则。边际收益是最后增加一单位销售量所增加的收益，边际成本是最后增加一单位产量所增加的成本。如果最后增加一单位产量的边际收益大于边际成本，就意味着增加产量可以增加总利润，于是厂商会继续增加产量，以实现最大利润目标。如果最后增加一单位产量的边际收益小于边际成本，那就意味着增加产量不仅不能增加利润，反而会发生亏损，这时厂商为了实现最大利润目标，就不会增加产量而会减少产量。只有在边际收益等于边际成本时，厂商的总利润才能达到极大值。所以 $MR=MC$ 成为利润极大化的条件，这一利润极大化条件适用于所有类型的市场结构。

5.4.3 利润最大化原则推导

对 MR=MC 这一利润最大化原则，可用数学推导加以证明。

设 π 为利润，Q 为厂商产量，TR 为厂商总收益，TC 为厂商总成本，则

$$\pi(Q)=\mathrm{TR}(Q)-\mathrm{TC}(Q)$$

利润极大化的必要条件是 π 对 Q 的一阶导数为零，即：

$$\frac{\mathrm{d}\pi(Q)}{\mathrm{d}Q}=\frac{\mathrm{dTR}(Q)}{\mathrm{d}Q}-\frac{\mathrm{dTC}(Q)}{\mathrm{d}Q}=0$$

$$\frac{\mathrm{dTR}(Q)}{\mathrm{d}Q}=\frac{\mathrm{dTC}(Q)}{\mathrm{d}Q}$$

而 TR 对 Q 的一阶导数 $\frac{\mathrm{dTR}(Q)}{\mathrm{d}Q}$ 就是边际收益 MR，同样，$\frac{\mathrm{dTC}(Q)}{\mathrm{d}Q}$ 就是边际成本 MC。所以，当 MR=MC 时，即边际收益等于边际成本时，利润极大。

利润最大化的充分条件还要求 π 的二阶导数为负数，即：

$$\frac{\mathrm{d}^2\mathrm{TR}(Q)}{\mathrm{d}Q^2}-\frac{\mathrm{d}^2\mathrm{TC}(Q)}{\mathrm{d}Q^2}<0$$

$$\frac{\mathrm{d}^2\mathrm{TR}(Q)}{\mathrm{d}Q^2}<\frac{\mathrm{d}^2\mathrm{TC}(Q)}{\mathrm{d}Q^2}$$

它表示利润最大化要求边际成本函数的斜率要大于边际收益函数的斜率。一般来说，在不同的市场结构中，边际成本函数的斜率为正值，而边际收益函数的斜率在完全竞争市场中为零，在不完全竞争市场中为负值。

本 章 小 结

（1）经济学所研究的企业的生产成本应该从机会成本的角度来理解。任何稀缺资源的使用，不论在实际中是否会付出，总会形成机会成本，即为了这种使用所牺牲掉的其他使用能够带来的利益。

（2）企业在进行成本核算、计算经济资源消耗和评估企业经济效益的时候，要正

确区分与决策相关和非相关成本，否则可能导致决策失误。

（3）由短期成本函数推导，可知一定产量水平上的总成本（TC、TFC、TVC），进一步得到平均成本（AC、AFC、AVC）和边际成本MC。

（4）平均变动成本AVC曲线、平均总成本AC曲线、边际成本MC曲线都呈U形的特征，它们表示：随着产量的增加，平均变动成本、平均总成本、边际成本都是先递减，各自到达本身的最低点后再递增。

（5）短期生产中，编辑报酬递减规律对短期成本变动起决定因素。即边际产量的递增阶段对应的是边际成本的递增阶段，当边际产量达到最大时，边际成本达到最小值。

（6）一条U形长期平均成本曲线最低点同时也是一条确定短期平均成本曲线的最低点，它们所对应的产量为最优规模产量。在最优规模产量上，必然有LAC=LMC，SAC=SMC，且LAC=SAC，即LAC=SAC=LMC=SMC。

（7）平均成本与边际成本的关系：当边际成本大于平均成本时，平均成本递增；当边际成本小于平均成本时，平均成本递减；当边际成本等于平均成本时，平均成本为极点值。

案例分析5-1

农业成本为何这么高

近几年，我国农业生产成本连年上升。而且，因为农业生产成本上升，导致农民“增投不增收”，严重影响了广大农民“科技兴农”的积极性。

20世纪90年代以来，随着国家对农业支持保护体系的逐步建立和完善，农业投入逐年增加；与此同时，农业的要素投入结构也发生了变化，资本对劳动的替代明显加速，并由此导致农业生产成本连年上升，农业利润率连年下跌。

在农业特别是种植业成本连年上升的同时，1996年以来，我国绝大多数农产品由长期短缺变成了区域性、结构性、季节性过剩，粮食等主要农产品出现了低水平的供过于求，价格持续低迷。生产成本上升，市场价格低迷，导致了1996年以来，我国农民人均纯收入虽逐年增长，但增幅却连年下降。

我国农业生产成本为何连年上升，居高不下呢？原因主要有以下几个方面：

一是农用生产资料价格上涨。90年代以来，国家曾几次大幅度提高农产品收购价格，但每每在农产品收购价格提高的次年，农用生产资料价格也全面上涨，农业生产成本升高，提高农产品收购价格给农民带来的利好被增幅更猛的农业生产成本所抵消。

二是农业要素投入结构的变化。90年代以来，因为农业投入的加大，资本对劳动的替代明显加快，导致农业生产成本上升。

三是小生产与大市场的矛盾。由于我国农业分散的、小规模的经营格局，再加上广大农民科学文化素质普遍偏低，结果导致采用农业适用技术效率不高，生产成本加大。

四是土地投资边际成本不断上升。随着我国人口的不断增加，耕地面积的日趋减少，为了进一步发展农业生产，一方面要开发成本很高的边际土地，另一方面则要大力改造中低产田，不断加大对中低产田的物质投入和技术投入，从而使得土地投资的边际成本不断上升，农业生产成本日益加大。

五是不少农业适用新品种、新技术成本高、效益低。当前在我国农村推广的不少农业适用新品种、新技术，虽然有助于提高农产品的科技含量，但由于这些新品种、新技术要求较高，代价也较高，从而拉动了农业生产成本的上升。

由于我国农业生产成本连年上升，导致我国主要农产品的价格已普遍超出国际市场水平，国际竞争力低下。在加入 WTO 之后，即使国家有财力支持农产品再次提价，WTO 的规则也不允许。因此，千方百计降低农业生产成本、提高农产品质量已成为我国农业发展的当务之急。

要降低农业生产成本，调动广大农民"科技兴农"的积极性，当前要在平抑农用生产资料价格、积极推进土地适度规模经营、加速农业产业化进程、全面推进农村税费改革进而降低农户税费负担的基础上，牢牢树立"科学技术是第一生产力"的观念，依靠农业适用科技来降低农产品成本，加快传统农业向现代农业的转变。

（资料来源：殷建强，《农业成本为何这么高》，《中国经济快讯周刊》，2002 年第 38 期。）

本章训练

1. 等成本曲线平行向右（外）移动表明（　　）。

   A. 产量提高了　　B. 成本增加了

   C. 生产要素的价格按同比例提高了　　D. 生产要素的价格按不同比例提高了

2. 等成本曲线围绕着它与纵轴的交点逆时针移动表明（　　）。

   A. 生产要素 Y 的价格上升了　　B. 生产要素 X 的价格上升了

   C. 生产要素 X 的价格下降了　　D. 生产要素 Y 的价格下降了

3. 经济中短期与长期划分取决于（　　）。

   A. 时间长短　　B. 可否调整产量

   C. 可否调整产品价格　　D. 可否调整生产规模

4. 机会成本是指（　　）

   A. 作出某项选择时实际支出的费用或损失

   B. 企业生产与经营中的各种实际支付

   C. 作出一项选择时所放弃的其他若干种可能的选择中最好的一种

   D. 作出一项选择时所放弃的其他任何一种可能的选择

5. 企业生产与经营中各种实际支出称为（　　）

   A. 显性成本　　B. 隐性成本

   C. 可变成本　　D. 固定成本

6. 在正常情况下，经济成本与经济利润（　　）

   A. 两者都比相应的会计成本与会计利润小

B. 两者都比相应的会计成本与会计利润大

C. 前者比会计成本大，后者比会计利润小

D. 前者比会计成本小，后者比会计利润大

7. 经济学分析中所说的短期是指（　　）

A. 1年内

B. 全部生产要素都可随产量而调整的时期

C. 只能根据产量调整可变生产要素的时期

D. 只能调整一种生产要素的时期

8. 固定成本是指（　　）

A. 企业在短时期内必须支付的不能调整的生产要素的费用

B. 企业要增加的产量所要增加的费用

C. 企业购买生产要素所要增加的费用

D. 平均每单位产品所需要的费用

9. 即使企业不生产也必须支付的成本是（　　）

A. 固定成本　　B. 可变成本

C. 平均成本　　D. 边际成本

10. 当产量为3（单位），固定成本为120元，可变成本为90元时，平均成本为（　　）

A. 10元　　B. 30元

C. 40元　　D. 70元

11. 在短期内，随着产量的增加，固定成本（　　）

A. 增加　　B. 不变

C. 减少　　D. 先减后增

12. 短期平均成本曲线呈U形，是因为（　　）

A. 边际效用递减　　B. 内在经济

C. 规模经济　　D. 边际产量递减规律

13. 短期边际成本曲线与短期平均成本曲线的交点是（　　）

A. 平均成本曲线的最低点

B. 边际成本曲线的最低点

C. 平均成本曲线下降阶段的任何一点

D. 平均成本曲线上升阶段的任何一点

14. 使用自有资金也应该计算利息收入，这种利息收入从成本角度来看是（　　）

A. 固定成本　　B. 隐性成本

C. 会计成本　　D. 生产成本

15. 边际成本低于平均成本时（　　）

A. 平均成本上升　　B. 总成本下降

C. 平均可变成本可能上升也可能下降　　D. 平均可变成本上升

16. 短期平均成本曲线成为 U 形的原因与（　　）有关

A. 规模报酬　　B. 外部经济与不经济

C. 要素的边际利益变动　　D. 固定成本和可变成本所占的比重

17. 长期平均成本曲线呈现 U 形的原因与（　　）有关。

A. 规模经济原理　　B. 外部经济与不经济

C. 要素的边际利益　　D. 固定成本与可变成本所占的比重

18. 长期总成本曲线是各种产量的（　　）

A. 最低成本点的轨迹　　B. 最低平均成本点的轨迹

C. 最低边际成本点的轨迹　　D. 平均成本变动的轨迹

19. LAC 曲线向下平移，这是由于（　　）

A. 规模不经济　　B. 规模经济

C. 边际收益递减规律在起作用　　D. 外部经济

20. 关于 LAC 的曲线，下述正确的是（　　）

A. 当 LMC<LAC 时下降，当 LMC>LAC 时上升

B. 通过 LMC 曲线的最低点

C. 随 LMC 曲线的下降而下降

D. 随 LMC 曲线上升而上升

21. 下列说法正确的是（　　）

A. 产量在某一方面发生变化时，只要边际成本曲线位于平均成本曲线的上方，平均成本曲线一定向下倾斜。

B. 边际成本曲线在达到一定产量水平后趋于上升，是由于边际收益递减规律在起作用

C. 长期平均成本曲线在达到一定产量水平以后可以趋于上升，是由于边际收益递减规律在起作用

D. 产量在某一范围内变化时，当边际成本曲线位于平均可变成本曲线的上方，不能确定平均成本曲线是向下倾斜还是向上倾斜

第 6 章　市 场 理 论

学习目标

1. 掌握市场概念的内涵；
2. 掌握不同市场的特征；
3. 理解不同市场结构中实现厂商均衡的条件；
4. 理解不同市场结构的需求曲线和供给曲线；
5. 掌握不同市场结构的短期均衡和长期均衡。

知识能力

1. 完全竞争市场与完全竞争厂商的需求曲线和收益曲线；
2. 完全竞争市场利润最大化原则。

工作任务

1. 举例说明歧视价格如何获取最大化利润；
2. 如何评价垄断。

关键词

竞争；垄断；生产者剩余；收支相抵点；停止营业点

案例导入

《反垄断法》实施令格兰仕再成关注焦点

2008 年 8 月 24 日，记者从有关部门获悉，素有“价格屠夫”之称的格兰仕，于 8 月 1 日高调宣称要在高能效空调领域掀起“价格战”，而这一天，也正好是国家正式实施《反垄断法》的首日。

近期某网站刚刚发布的“谁最有可能涉嫌垄断?”的反垄断小调查中，总共有 15 家企业涉嫌垄断，其中格兰仕榜上有名，成为少数被列入具有垄断嫌疑的民营企业之一。

据了解，在发表此番“宣言”之前，在微波炉市场上，作为全球老大，格兰仕微波炉就已拥有国内超过 60% 的市场份额，全球超过 50% 的市场份额，事实上的微波炉寡头垄断局面已经形成，且格兰仕长期利用低价策略抢占市场，一定程度上存在价格垄断嫌疑。此次格兰仕高调宣称发起高能效空调领域的“价格战”，要将高能效空调的价格至少拉下三成，又正值《反垄断法》正式开始实施之际，格兰仕首当其冲难逃被指控垄断的命运。

据透露，格兰仕在近30年的发展过程中，一直是以低价策略争夺微波炉市场份额，“价格屠刀”不仅清除了一大批竞争对手，占领了国内外市场确立了业内的老大地位，并直接导致行业利润大幅收缩，微波炉市场竞争趋于白热化。目前，经过数轮价格“洗牌”后，国内微波炉市场已由早前的十来个品牌，逐渐被格兰仕带领下的美的、松下、LG、海尔等大品牌的雁阵模式取代，而格兰仕微波炉的寡头地位也进一步得到确立。

而对饱受争议的格兰仕微波炉垄断市场局面，格兰仕微波炉相关负责人表示，格兰仕是凭自己的实力最终赢得了市场话语权与定价权，但这并不代表具有市场垄断行为，而且现今的格兰仕是坚持做品牌而不是仅凭“价格战”取胜。

格兰仕集团企划部副部长游丽敏在接受记者采访时表示，应该从两方面看待《反垄断法》的出台，一方面首先是要了解《反垄断法》出台的初衷，政府的目的还是促进市场的有序开放竞争，保护有竞争力的企业做强做大，而不是要打击优秀的民营企业；其次民营企业是靠市场竞争说话，即使掌握了一定的市场定价权，也是靠自身努力得来，这中间有可能会采取所谓的“价格战”，但只要不是低于成本价的低价倾销，就没有违反相关规定，也就不存在垄断行为。

针对格兰仕是否涉嫌垄断，多名律师均表示《反垄断法》实施细则尚未出台，具体的评判标准还不清楚，不过总体来说是否有垄断之嫌，关键是看市场销售价格是否严重偏离成本价。

广东商融律师事务所陈华昌律师则表示，目前中国企业的垄断现象确实比较严重，民营企业也有一些价格联盟涉嫌垄断，但所起的垄断作用不大，因此民营企业应该不是反垄断重点关注的目标。

而广东志诚达律师事务所陈小成律师表示，《反垄断法》的精神并非反对垄断企业本身，而是反对破坏市场公平竞争的垄断行为，尽管目前《反垄断法》细则尚未出台，但价格垄断始终应以产品的成本为标杆，所有明显偏离成本的行为，都有价格垄断之嫌。

（资料来源：http：//www.hc360.com/。）

6.1 市场概述

市场论的中心问题是分析不同类型市场中商品的均衡价格和均衡产量的决定。

什么是市场？市场指从事物品买卖的交易场所或接洽点。一个市场可以是一个有形的买卖物品的交易场所，也可以是利用现代化通信工具进行物品交易的接洽点。从本质上讲，市场是物品买卖双方相互作用并得以决定其交易价格和交易数量的一种组织形式或制度安排。

为什么在经济理论研究中要区分不同的市场结构呢？我们知道，市场的均衡价格和均衡数量取决于市场的需求曲线和供给曲线。消费者追求效用最大化的行为决定了市场的需求曲线，厂商追求利润最大化的行为决定了市场的供给曲线。厂商的利润取决于收益和成本。其中，厂商成本主要取决于厂商的生产技术方面的因素，而厂商的收益则取决于市场对其产品的需求状况。在不同类型的市场条件下，厂商所面临的对其产品的需求状况是不相同的，所以，在分析厂商的利润最大化的决策时，必须要区分不同的市场类型。

任何一种交易物品都有一个市场。经济中有多少种交易物品，就相应地有多少个市场。例如，可以有石油市场、土地市场、大米市场、自行车市场、铅笔市场等。从不同角度出发，可以对市场进行不同分类：

按生产要素投入的角度不同，可以划分为资本市场、土地市场、劳动力市场；

按商品形态的不同，可以划分为产品市场（有形商品市场）、服务市场（无形商品市场）；

按商品交易时间的不同，可以划分为现货市场、期货市场；

按商品流通顺序的不同，可以划分为批发市场、零售市场；

按商品流通地域的不同，可以划分为城市市场、农村市场或地方市场、全国市场、国际市场；

按市场结构的特征不同，可以划分为完全竞争市场、完全垄断市场、垄断竞争市场、寡头垄断市场。

决定市场类型划分的主要因素有以下四个：第一，市场上厂商的数目；第二，厂商所生产的产品的差别程度；第三，单个厂商对市场价格的控制程度；第四，厂商进入或退出一个行业的难易程度。其中，可以认为，第一个因素和第二个因素是最基本的决定因素。在以后的分析中，我们可以体会到，第三个因素是第一个因素和第二个因素的必然结果，第四个因素是第一个因素的延伸。关于完全竞争市场、垄断竞争市场、寡头市场和垄断市场的划分及其相应的特征可以用表6-1来概括。

表6-1　**市场类型的划分和特征**

市场类型	厂商数目	产品差别程度	对价格控制的程度	进出行业的难易程度	接近哪种商品市场
完全竞争	很多	完全无差别	没有	很容易	一些农业品
垄断竞争	很多	有差别	有一些	比较容易	一些轻工产品、零售业
寡头	几个	有差别或无差别	相当程度	比较困难	钢、汽车、石油
垄断	唯一	唯一的产品，且无相近的替代品	很大程度，但经常受到管制	很困难，几乎不可能	公用事业，如水、电

表6-1只是一个简单的说明，希望读者能从表中获得一个初步的印象，接下来对每一类市场进行考察时，我们会对每一类市场的特征作出详细的分析。

与市场这一概念相对应的另一个概念是行业。行业指为同一个商品市场生产和提供商品的所有的厂商的总体。市场和行业的类型是一致的。譬如，完全竞争市场对应的是完全竞争行业，垄断竞争市场对应的是垄断竞争行业，等等。

6.2 完全竞争市场

6.2.1 完全竞争市场的条件

完全竞争市场必须具备以下四个条件：

第一，市场上有大量的买者和卖者。由于市场上有无数的买者和卖者，所以，相对于整个市场的总需求量和总供给量而言，每一个买者的需求量和每一个卖者的供给量都是微不足道的，都好比是一桶水中的一滴水。任何一个买者买与不买，或买多与买少，以及任何一个卖者卖与不卖，或卖多与卖少，都不会对市场的价格水平产生任何的影响。于是，在这样的市场中，每一个消费者或每一个厂商对市场价格没有任何的控制力量，他们每一个人都只能被动地接受既定的市场价格，他们被称为价格接受者。

第二，市场上每一个厂商提供的商品都是完全同质的。这里的商品同质指厂商之间提供的商品是完全无差别的，它不仅指商品的质量、规格、商标等完全相同，还包括购物环境、售后服务等方面也完全相同。这样一来，对于消费者来说，无法区分产品是由哪一家厂商生产的，或者说，购买任何一家厂商的产品都是一样的。在这种情况下，如果有一个厂商单独提价，那么他的产品就会完全卖不出去。当然，单个厂商也没有必要单独降价。因为在一般情况下，单个厂商总是可以按照既定的市场价格实现属于自己的那一份相对来说很小的销售份额。所以，厂商既不会单独提价，也不会单独降价。可见，完全竞争市场的第二个条件，进一步强化了在完全竞争市场上每一个买者和卖者都是被动的既定市场价格的接受者的说法。

第三，所有的资源具有完全的流动性。这意味着厂商进入或退出一个行业是完全自由和毫无困难的。所有资源可以在各厂商之间和各行业之间完全自由地流动，不存在任何障碍。这样，任何一种资源都可以及时地投向能获得最大利润的生产。并及时地从亏损的生产中退出。在这样的过程中，缺乏效率的企业将被市场淘汰，取而代之的是具有效率的企业。

第四，信息是完全的。即市场上的每一个买者和卖者都掌握与自己的经济决策有关的一切信息。这样，每一个消费者和每一个厂商可以根据自己所掌握的完全的信息做出自己的最优的经济决策，从而获得最大的经济利益。而且，由于每一个买者和卖者都知道既定的市场价格，都按照这一既定的市场价格进行交易，这也就排除了由于信息不通畅而可能导致的一个市场同时按照不同的价格进行交易的情况。

符合以上四个假定条件的市场被称为完全竞争市场。经济学家指出，完全竞争市场是一个非个性化的市场，因为市场中的每一个买者和卖者都是市场价格的被动接受者，而且他们中的任何一个成员都既不会也没有必要去改变市场价格；每个厂商生产的产品都是完全相同的，毫无自身的特点；所有的资源都可以完全自由地流动，不存在同种资源之间的报酬差距；市场上的信息是完全的，任何一个交易者都不具备信息优势。因此，完全竞争市场中不存在交易者的个性。所有的消费者都是相同的，都是无足轻重的，相互之间意识不到竞争；所有的生产者也都是相同的，也都是无足轻重的，相互之间也意识不到竞争。因此，我们说，完全竞争市场中不存在现实经济生活中的那种真正意义上的竞争。

由以上分析可见：理论分析中所假设的完全竞争市场的条件是非常苛刻的。在现实经济生活中，真正符合以上四个条件的市场是不存在的。通常只是将一些农产品市场，如大米市场、小麦市场等，看成是比较接近完全竞争市场的。既然在现实经济生活中并不存在完全竞争市场，为什么还要建立和研究完全竞争市场模型呢？西方经济学家认为，这是因为从对完全竞争市场模型的分析中，可以得到关于市场机制及其配置资源的一些基本原理，而且该模型也可以为其他类型市场的经济效率分析和评价提供一个参照对比。

6.2.2 完全竞争厂商的需求曲线

市场上对某一个厂商的产品的需求状况可以用该厂商所面临的需求曲线来表示，该曲线也被简称为厂商的需求曲线。在完全竞争市场条件下，厂商的需求曲线是什么形状的呢？在完全竞争市场上，由于厂商是既定市场价格的接受者，所以完全竞争厂商的需求曲线是一条由既定市场价格水平出发的水平线，如图6-1所示。在图6-1(a)中，市场的需求曲线 D 和供给曲线 S 相交的均衡点所决定的市场的均衡价格为 P_e，相应地，在图6-1(b)中，由给定的价格水平 P_e 出发的水平线 d 就是厂商的需求曲线。单个厂商的水平需求曲线意味着：厂商只能被动地接受给定的市场价格，且厂商既不会也没有必要去改变这一价格水平。

需要注意的是，在完全竞争市场中，单个消费者和单个厂商无力影响市场价格，他们中的每一个人都是被动地接受既定的市场价格，但这些并不意味着完全竞争市场的价格是固定不变的。在其他一些因素的影响下，如经济中消费者收入水平的普遍提高，经济中先进技术的推广，或者政府有关政策的作用等，使得众多消费者的需求量和众多生产者的供给量发生变化时，供求曲线的位置就有可能发生移动，从而形成市场的新的均衡价格。在这种情况下，我们就会得到由新的均衡价格水平出发的一条水平线，如图6-2所示。在图中，开始时的需求曲线为 D_1，供给曲线为 S_1，市场的均衡价格为 P_1，相应的厂商的需求曲线是价格水平 P_1 出发的一条水平线 d_1。以后，当需求曲线的位置由 D_1 移至 D_2，同时供给曲线的位置由 S_1 移至 S_2 时，市场均衡价格上升为 P_2，于是相应的厂商的需求曲线是由新的价格水平 P_2 出发的另一条水平线 d_2。不难看出，厂商的需求曲线可以出自各个不同的给定的市场的均衡价格水平，但它们总是呈水平线的形状。

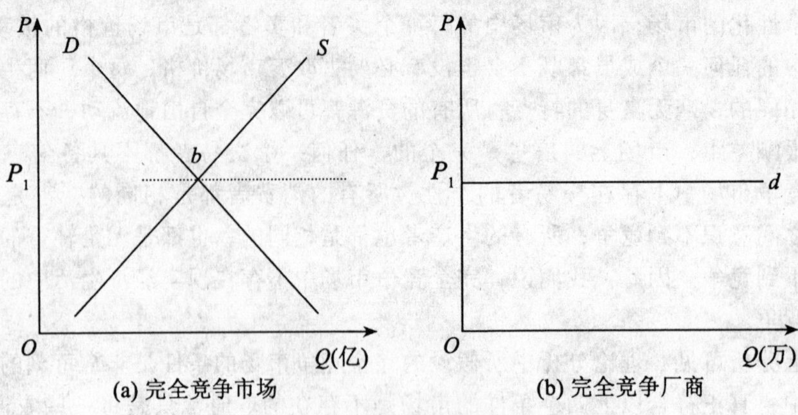

(a) 完全竞争市场　　(b) 完全竞争厂商

图 6-1　完全竞争厂商的需求曲线

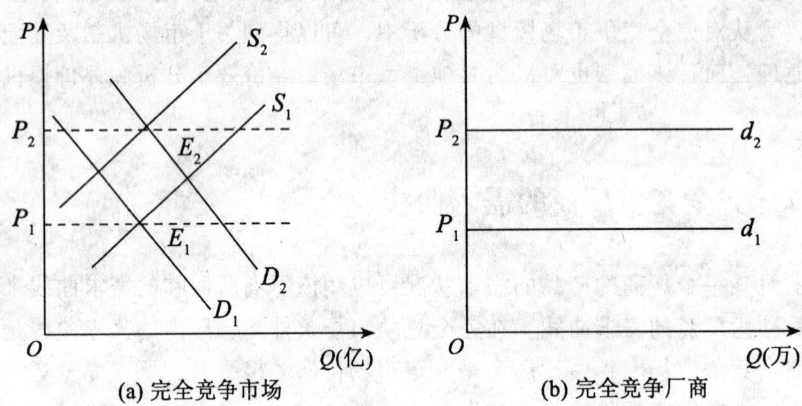

(a) 完全竞争市场　　(b) 完全竞争厂商

图 6-2　完全竞争市场价格的变动和厂商的需求曲线

6.2.3　完全竞争厂商的收益曲线

在此，我们先一般地介绍厂商的收益这一概念，然后，将具体分析完全竞争厂商收益曲线的一些特征及其相互之间的关系。

1. 厂商的收益的概念

厂商的收益就是厂商的销售收入。厂商的收益可以分为总收益、平均收益和边际收益，它们的英文简写分别为 TR、AR 和 MR。

总收益指厂商按一定价格出售一定量产品时所获得的全部收入。以 P 表示既定的市场价格，以 Q 表示销售总量，总收益的定义公式为：

$$\mathrm{TR}(Q)=P\cdot Q \tag{6-1}$$

平均收益指厂商在平均每一单位产品销售上所获得的收入。平均收益的定义公式为：

$$AR(Q)=\frac{TR(Q)}{Q} \tag{6-2}$$

边际收益指厂商增加一单位产品销售所获得的总收入的增量。边际收益的定义公式为：

$$MR(Q)=\frac{\Delta TR(Q)}{\Delta Q} \tag{6-3}$$

或者表示为：

$$MR(Q)=\lim_{\Delta Q\to 0}\frac{\Delta TR(Q)}{\Delta Q}=\frac{dTR(Q)}{dQ} \tag{6-4}$$

由(6.4)式可知，每一销售水平上的边际收益值就是相应的总收益曲线的斜率。

2. 完全竞争厂商的收益曲线

厂商的收益取决于市场上对其产品的需求状况，或者说，厂商的收益取决于厂商的需求曲线的特征。在不同的市场类型中，厂商的需求曲线具有不同的特征。

在以后的分析中，我们均假定厂商的销售量等于厂商所面临的需求量。这样，完全竞争厂商的需求曲线又可以表示为：在每一个销售量上，厂商的销售价格是固定不变的。于是，我们必然会有厂商的平均收益等于边际收益，且等于既定的市场价格的结论，即必有 $AR=MR=P$。这一点可以利用表6-2所示的某完全竞争厂商的收益表予以具体说明。由表6-2可见，在所有的销售量水平，产品的市场价格是固定的，均为 P，因为单个完全竞争厂商的销售量的变化不可能对产品的市场价格产生影响。如此，厂商每销售一单位产品的平均收益是不变的，它等于价格 P，而且每增加一单位产品销售所增加的收益即边际收益也是不变的，也等于价格 P，也就是说有 $AR=MR=P$。此外，在表6-2中，随着销售量的增加，由于产品价格保持不变，所以，总收益是以不变的速率上升的。

表6-2 某完全竞争厂商的收益表

销售量 Q	价格 P	总收益 $TR=P\cdot Q$	平均收益 $AR=\frac{TR}{Q}$	边际收益 $MR=\frac{\Delta TR}{\Delta Q}$
100	1	100	1	1
200	1	200	1	1
300	1	300	1	1
400	1	400	1	1
500	1	500	1	1

图6-3是根据表6-2绘制的收益曲线图，该图体现了完全竞争厂商的收益曲线的特征。由图6-3可见，完全竞争厂商的平均收益AR曲线、边际收益MR曲线和需求曲线 d 三条线重叠，它们都用同一条由既定价格水平出发的水平线来表示。其理由是显然的：在厂商的每一个销售量水平都有 $AR=MR=P$，且厂商的需求曲线本身就是一条由

既定价格水平出发的水平线。此外，完全竞争厂商的总收益 TR 曲线是一条由原点出发的斜率不变的上升的直线。其理由在于，在每一个销售量水平，MR 值是 TR 曲线的斜率，且 MR 值等于固定不变的价格水平。关于这一点，也可以用公式说明如下：

$$MR=\frac{dTR}{dQ}=\frac{d\ (P\Delta Q)}{dQ}=P \tag{6-5}$$

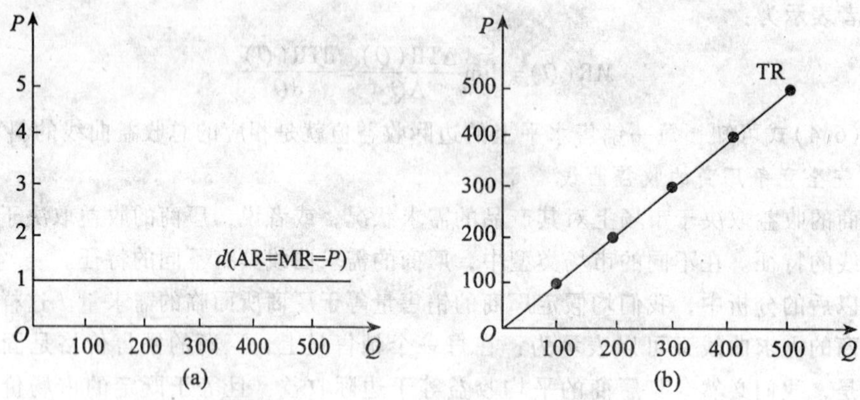

图 6-3　某完全竞争厂商的收益曲线

6.2.4　厂商实现利润最大化的均衡条件

厂商进行生产的目的是为了追求最大化的利润，那么，厂商实现利润最大化的原则是什么呢？或者说，什么是厂商实现利润最大化的均衡条件呢？这是本节要说明的中心问题。

我们先利用图 6-4 所示的曲线来寻找厂商实现最大利润的生产均衡点。图 6-4 中，有某完全竞争厂商的一条短期生产的边际成本曲线 SMC 和一条由既定价格水平 P_e 出发的水平的需求曲线 d，这两条线相交于 E 点。我们说，E 点就是厂商实现最大利润的生产均衡点，相应的产量 Q^* 就是厂商实现最大利润时的均衡产量。这是因为，具体地看，当产量小于均衡产量 Q^*，例如为 Q_1 时，厂商的边际收益大于边际成本，即有 MR>SMC，这表明厂商增加一单位产量所带来总收益的增加量大于所付出的总成本的增加量，也就是说，厂商增加产量是有利的，可以使利润得到增加。所以，如图 6-4 中指向右方的箭头所示，只要 MR>SMC，厂商就会增加产量。同时，随着产量的增加，厂商的边际收益 MR 保持不变而厂商的边际成本 SMC 是逐步增加的，最后，MR>SMC 的状况会逐步变化成 MR=SMC 的状况。在这一过程中，厂商得到了扩大产量所带来的全部好处，获得了他所能得到的最大利润。相反，当产量大于均衡产量 Q^*，例如为 Q_2 时，厂商的边际收益小于边际成本，即有 MR<SMC，这表明厂商增加一单位产量所带来的总收益的增加量小于所付出的总成本的增加量，也就是说，厂商增加产量是不利的，会使利润减少。所以，如图 6-4 中指向左方的箭头所示，只要 MR<SMC，厂商就会减少

产量。同时，随着产量的减少，厂商的边际收益仍保持不变，而厂商的边际成本 SMC 是逐步下降的，最后 MR<SMC 的状况会逐步变成为 MR = SMC 的状况。在这一过程中，厂商所获得的利润逐步达到最高的水平。

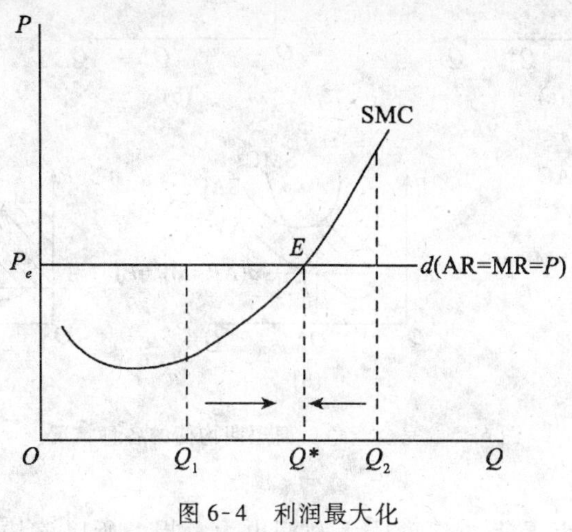

图 6-4 利润最大化

由此可见，不管是增加产量，还是减少产量，厂商都是在寻找能够带来最大利润的均衡产量，而这个均衡产量就是使得 MR = SMC 的产量。所以，我们说，边际收益 MR 等于边际成本 MC 是厂商实现利润最大化的均衡条件。

6.2.5 完全竞争厂商的短期均衡和短期供给曲线

1. 完全竞争厂商的短期均衡

在完全竞争厂商的短期生产中，市场的价格是给定的，而且生产中的不变要素的投入量是无法变动的，即生产规模也是给定的。因此，在短期，厂商是在给定的生产规模下，通过对产量的调整来实现 MR = SMC 的利润最大化的均衡条件。

我们知道，当厂商实现 MR = SMC 时，有可能获得利润，也可能亏损，把各种可能的情况都考虑在内，完全竞争厂商的短期均衡可以具体表现为如图 6-5 所示的五种情况。

在图 6-5(a)中，根据 MR = SMC 的利润最大化的均衡条件，厂商利润最大化的均衡点为 MR 曲线和 SMC 曲线的交点 E，相应的均衡产量为 Q^*。在 Q^* 的产量上，平均收益为 EQ^*，平均成本为 FQ^*。由于平均收益大于平均成本，厂商获得利润。在图 6-6(a)中，厂商的单位产品的利润为 EF，产量为 OQ^*，两者的乘积 $EF \cdot OQ^*$ 等于总利润量，它相当于图中的阴影部分的面积。

在图 6-5(b)中，厂商的需求曲线 d 与 SAC 曲线的最低点相切，这一点是 SAC 曲线和 SMC 曲线的交点，这一点恰好也是 MR = SMC 的利润最大化的均衡点 E。在均衡产量 Q^* 上，平均收益等于平均成本，都为 EQ^*，厂商的利润为零，但厂商的正常利润实现

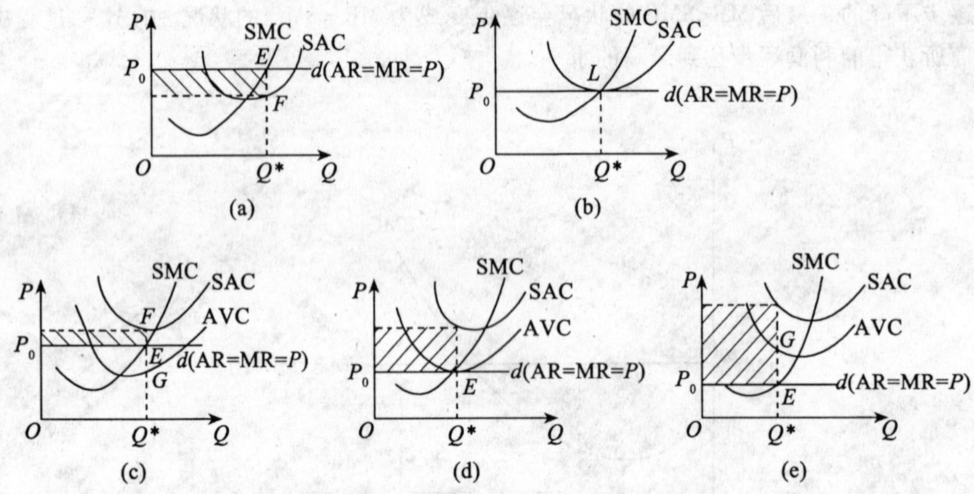

图 6-5　完全竞争厂商短期均衡的各种情况

了。由于在这一均衡点 E 上，厂商既无利润也无亏损，所以该均衡点也被称为厂商的收支相抵点。

在图 6-5(c)中，由均衡点 E 和均衡产量 Q^* 可知，厂商的平均收益小于平均成本，厂商是亏损的，其亏损量相当于图中的阴影部分的面积。但由于在 Q^* 的产量上，厂商的平均收益 AR 大于平均可变成本 AFC，所以，厂商虽然亏损，但仍继续生产。因为只有这样厂商才能在用全部收益弥补全部可变成本以后还有剩余，以弥补在短期内总是存在的不变成本的一部分。所以，在这种亏损情况下，生产要比不生产强。

在图 6-5(d)中，厂商的需求曲线 d 与 AVC 曲线的最低点相切，这一点是 AVC 曲线和 SMC 曲线的交点，这一点恰好也是 MR=SMC 的利润最大化的均衡点。在均衡产量 Q^* 上，厂商是亏损的，其亏损相当于图中的阴影部分的面积。此时，厂商的平均收益 AR 等于平均可变成本 AVC，厂商可以继续生产，也可以不生产，也就是说，厂商生产或不生产的结果都是一样的。这是因为，如果厂商生产的话，则全部收益只能弥补全部的可变成本，不变成本得不到任何弥补。如果厂商不生产的话，厂商虽然不必支付可变成本，但是全部不变成本仍然存在。由于在这一均衡点上，厂商处于关闭企业的临界点，所以该均衡点也被称为停止营业点或关闭点。

在图 6-5(e)中，在均衡产量 Q^* 上，厂商的亏损量相当于阴影部分的面积。此时，厂商的平均收益 AR 小于平均可变成本 AVC，厂商将停止生产。因为在这种亏损情况下，如果厂商还继续生产，则全部收益连可变成本都无法全部弥补，就更谈不上对不变成本的弥补了。而事实上只要厂商停止生产，可变成本就可以降为零。显然，此时不生产要比生产强。

综上所述，完全竞争厂商短期均衡的条件是：

$$\mathrm{MR}=\mathrm{SMC} \tag{6-6}$$

式中，$\mathrm{MR}=\mathrm{AR}=P$。在短期均衡时，厂商的利润可以大于零，也可以等于零，也可以小于零。

2. 完全竞争厂商的短期供给曲线

所谓供给曲线是用来表示在每一个价格水平下厂商愿意而且能够提供的产品的数量。在完全竞争市场上，厂商的短期供给曲线可以用短期边际成本 SMC 曲线来表示，关于这一点的具体说明如下。

对完全竞争厂商来说，有 $P=\text{MR}$，所以，完全竞争厂商的短期均衡条件又可以写成 $P=\text{MC}（Q）$。此式可以这样理解：在每一个给定的价格水平 P，完全竞争厂商应该选择最优的产量 Q，使得 $P=\text{MC}（Q）$ 成立，从而实现最大的利润。这意味着在价格 P 和厂商的最优产量 Q（即厂商愿意而且能够提供的产量）之间存在着一一对应的关系，而厂商的 SMC 曲线恰好准确地表明了这种商品的价格和厂商的短期供给量之间的关系。我们将图6-5所示的关于厂商短期均衡的五种可能的情况置于一张图中进行分析，见图6-6（a）。

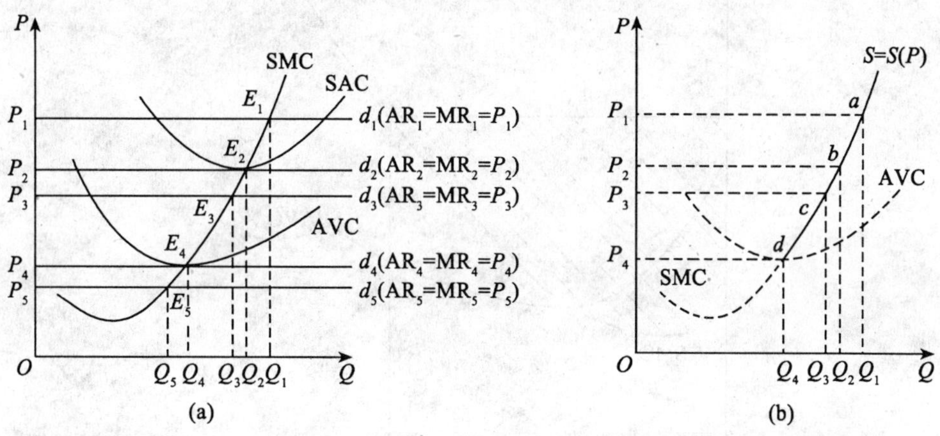

图6-6　由完全竞争厂商的短期边际成本曲线到短期供给曲线

仔细地分析一下，可以看到，当市场价格分别为 P_1、P_2、P_3 和 P_4 时，厂商根据 $\text{MR}=\text{SMC}$（即 $P=\text{SMC}$）的原则，选择的最优产量依次为 Q_1、Q_2、Q_3 和 Q_4。很明显，*SMC* 曲线上的点 E_1、E_2、E_3 和 E_4 明确地表示了这些不同的价格水平与相应的不同的最优产量之间的对应关系。但必须注意到，厂商只有在 $P\geqslant\text{AVC}$ 时才会进行生产，而在 $P<AVC$ 时，厂商会停止生产。所以，厂商的短期供给曲线应该用 SMC 曲线上大于和等于 AVC 曲线最低点的部分来表示，即用 SMC 曲线大于和等于停止营业点的部分来表示。如图6-6（b）所示，图中 SMC 曲线上的实线部分就是完全竞争厂商的短期供给曲线 $S=S（P）$，该线上的 a、b、c 和 d 点分别与图6-6（a）中 SMC 曲线上的 E_1、E_2、E_3 和 E_4 点相对应。

由图6-6（b）可见，完全竞争厂商的短期供给曲线是向右上方倾斜的，它表示了商品的价格和供给量之间同方向变化的关系。更重要的是，完全竞争厂商的短期供给曲线表示厂商在每一个价格水平的供给量都是能够给他带来最大利润或最小亏损的最优产量。

3. 生产者剩余

根据厂商的短期供给曲线，可以引申出生产者剩余的概念。

生产者剩余指厂商在提供一定数量的某种产品时实际接受的总支付和愿意接受的最小总支付之间的差额，它通常用市场价格线以下和厂商的供给曲线（即 SMC 曲线的相应部分）以上的面积来表示，如图 6-7 中的阴影部分面积。其原因在于：在生产中，只要每一单位产品的价格大于边际成本，厂商进行生产总是有利的。这时，厂商就可以得到生产者剩余。因此，在图 6-8 中，在生产量从零到最大产量 Q_0之间的价格线以下和供给曲线（即短期边际成本曲线）构成生产者剩余。

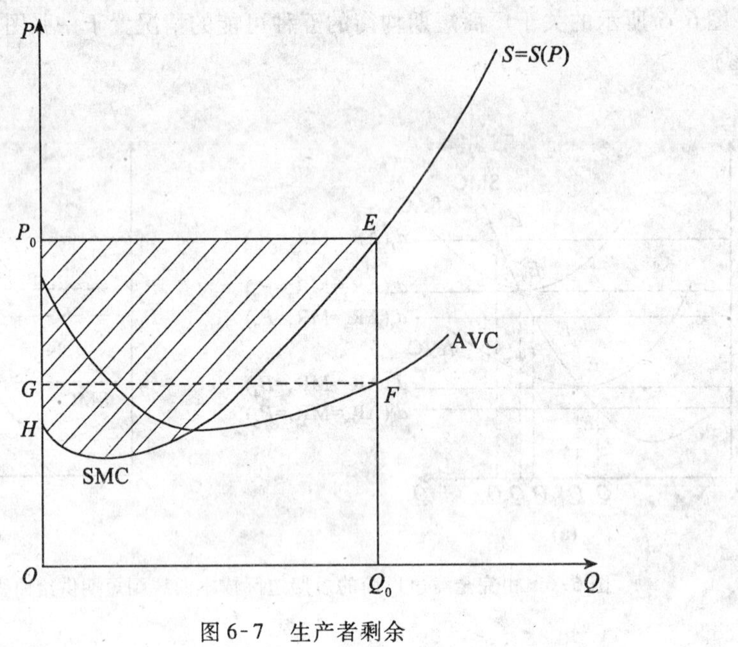

图 6-7　生产者剩余

由此，生产者剩余也可以用数学公式定义。令反供给函数 PS=$f(Q)$，且价格为 P_0 时的厂商的供给量为 Q_0，则生产者剩余为：

$$PS = P_0Q_0 - \int_0^{Q_0} f(Q)\,dQ \tag{6-7}$$

式中，PS 为生产者剩余的英文简写，式（6-7）右边的第一项表示总收益，即厂商实际接受的总支付，第二项表示厂商愿意接受的最小总支付。

此外，还应该看到，在短期内，由于固定成本是无法改变的，所以，所有产量的边际成本之和必然等于总可变成本。这样一来，生产者剩余也可以用厂商的收益和总可变成本的差额来定义。在图 6-7 中，生产者剩余也可以由矩形 GP_0EF 给出，它等于总收益（OP_0EQ_0）减去总可变成本（$OGFQ_0$）。其实，从本质上讲，在短期中，由于固定成本不变，所以，只要总收益大于总可变成本，厂商进行生产就是有利的，就能得到生产者剩余。

以上我们分析了单个生产者剩余，类似的分析对于市场的生产者剩余也是适用的。生产者剩余和我们在效用论中所分析的消费者剩余这两个概念通常结合在一起使用，它们被广泛地运用于有关经济效率和社会福利问题的分析之中。

6.2.6 完全竞争行业的短期供给曲线

在任何价格水平上，一个行业的供给量等于行业内所有厂商的供给量的总和。据此，假定生产要素的价格不变，则一个行业的短期供给曲线由该行业内所有厂商的短期供给曲线的横轴相加而得到，如图6-8所示。

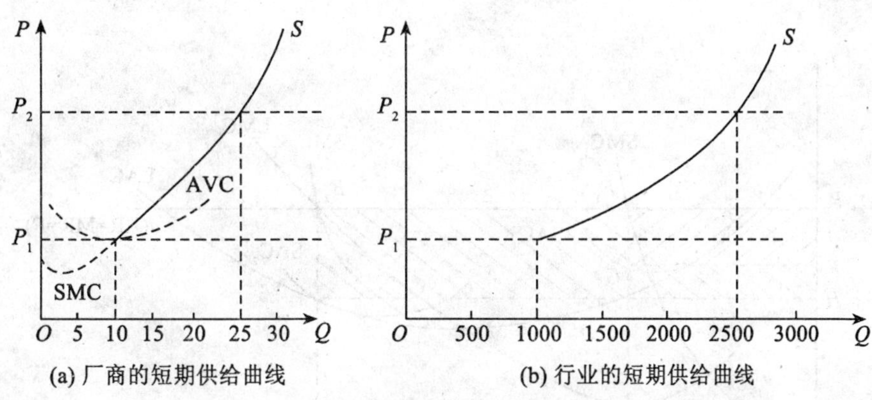

图6-8 完全竞争行业的短期供给曲线

在图6-8中，假定某完全竞争行业中有100个相同的厂商，每个厂商都具有相同的短期成本曲线和相应的短期供给曲线，用图6-8（a）中的实线 S 表示。将这100个相同的厂商的短期成本曲线的横轴相加，便得到图6-8（b）中的行业的短期供给曲线 S。很清楚，在每一个价格水平，行业的供给量等于这100个厂商的供给量的总和。例如，当价格为 P_1 时，每个厂商的供给量为10，则行业的供给量为1000（=10×100）；当价格为 P_2 时，每个厂商的供给量为25，则行业的供给量为2500（=25×100），以此类推。

我们可以将厂商的短期供给函数和行业的短期供给函数之间的关系用公式表示为：

$$S(P)=\sum_{i=1}^{n} S_i(P) \tag{6-8}$$

式中，$S_i(P)$ 为第 i 个厂商的短期供给函数，$S(P)$ 表示行业的短期供给函数。如果行业内的 n 个厂商具有相同的短期供给函数，则(6-8)式可以写成：

$$S(P)=n\Delta S_i(P) \tag{6-9}$$

显然，完全竞争行业的短期供给曲线保持了完全竞争厂商的短期供给曲线的基本特征。即行业的短期供给曲线也是向右上方倾斜的，它表示市场的产品价格和市场的短期供给量呈同方向的变动，而且行业的短期供给曲线上与每一个价格水平相对应的供给量都是可以使全体厂商在该价格水平获得最大利润或最小亏损的最优产量。

6.2.7 完全竞争厂商的长期均衡

在完全竞争厂商的长期生产中，所有的生产要素都是可变的，厂商通过对全部生产要素的调整来实现 MR=LMC 的利润最大化的均衡原则。在完全竞争市场价格给定的条件下，厂商在长期生产中对全部生产要素的调整可以表现为两个方面：一方面表现为对最优的生产规模的选择，另一方面表现为进入或退出一个行业的决策。

1. 厂商对最优生产规模的选择

首先，我们分析厂商在长期生产中对最优生产规模的选择。下面利用图 6-9 加以说明。

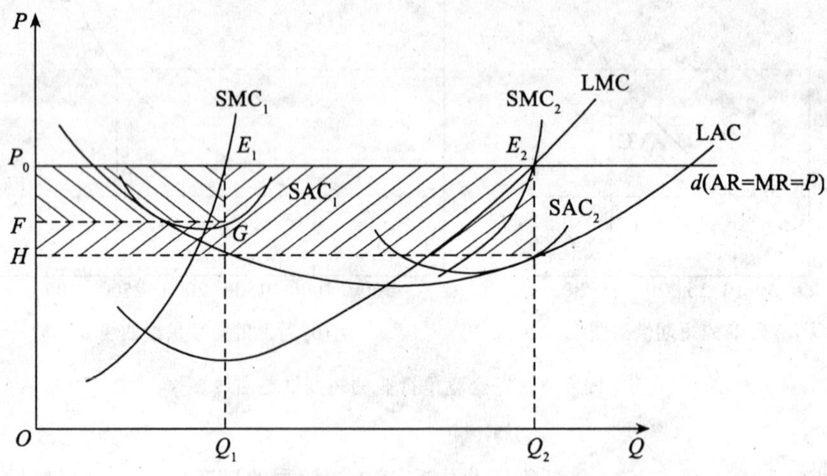

图 6-9 长期生产中厂商对最优生产规模的选择

在图 6-9 中，假定完全竞争市场的价格为 P_0。在 P_0的价格水平，厂商应该选择哪一个生产规模才能获得最大的利润呢？在短期内，假定厂商已拥有的生产规模用曲线 SAC_1和 SAC_2表示。由于在短期内生产规模是给定的，所以，厂商只能在既定的生产规模下进行生产。根据 MR=SMC 的短期利润最大化的均衡条件，厂商选择的最优产量为 Q_1，所获得的利润为图 6-10 中较小的那一块阴影部分的面积 FP_0E_1G，而在长期内，情况就不相同了。在长期内，根据 MR=LMC 的长期利润最大化的均衡条件，厂商会达到长期均衡点 E_2，并且选择 SAC_2曲线和 SMC_2曲线所代表的最优生产规模进行生产，相应的最优产量 Q_2，所获得的利润为图 6-10 中较大的那一块阴影部分的面积 HP_0E_2I。很清楚，在长期，厂商通过对最优生产规模的选择，使自己的状况得到改善，从而获得了比在短期内所能获得的更大的利润。

2. 厂商进出一个行业

我们分析厂商在长期生产中进入或退出一个行业决策及其对单个厂商利润的影响，以图 6-10 来说明。

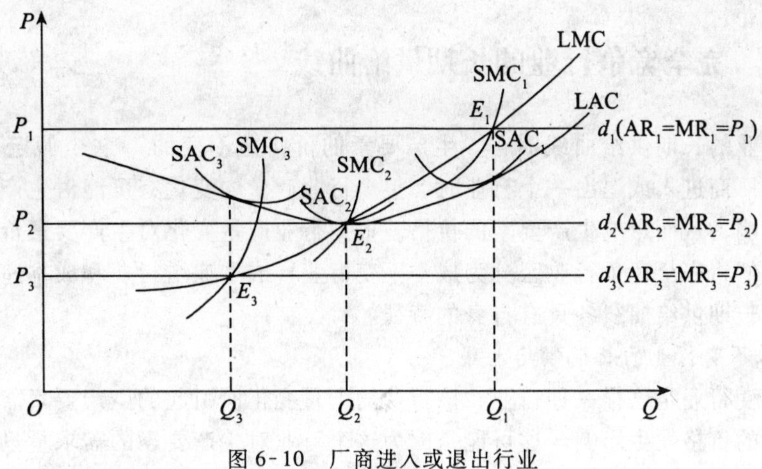

图6-10 厂商进入或退出行业

厂商在长期生产中进入或退出一个行业，实际上是生产要素在各个行业之间的调整，生产要素总是会流向能获得更大利润的行业，也总是会从亏损的行业退出。正是行业之间生产要素的这种调整，使得完全竞争厂商长期均衡时的利润为零。具体地说，以图6-10为例，如果开始时的市场价格较高为P_1，根据MR=LMC的利润最大化的原则，厂商选择的产量为Q_1，相应的最优生产规模由SAC_1曲线和SMC_1曲线表示。此时，厂商获得利润，这便会吸引一部分厂商进入到该行业生产中来。随着行业内厂商数量的逐步增加，市场上的产品供给就会增加，市场价格就会逐步下降，相应地，单个厂商的利润就会逐步减少。只有当市场价格水平下降到使单个厂商的利润减少为零时，新厂商的进入才会停止。相反，如果市场价格较低为P_3时，则厂商根据MR=LMC的利润最大化原则选择的产量为Q_3，相应的最优生产规模由SAC_3曲线和SMC_3曲线表示。此时，厂商是亏损的，这使得行业内原有厂商中的一部分退出该行业的生产。随着行业内厂商数量的逐步减少，市场的产品供给就会减少，市场价格就会逐步上升，相应地，单个厂商的亏损就会减少。只有当市场价格水平上升到使单个厂商的亏损消失即利润为零时，原有厂商的退出才会停止。总之，不管是新厂商的进入还是原有厂商的退出，最后这种调整一定会使市场价格达到等于长期平均成本的最低点的水平，即图中的价格水平P_2。在这一价格水平，行业内的每个厂商既无利润也不亏损，但都实现了正常利润。于是，厂商失去了进入或退出该行业的动力，行业内的每个厂商都实现了长期均衡。

图6-10中的E_2点是完全竞争厂商的长期均衡点。在厂商的长期均衡点E_2，LAC曲线到达最低点，相应的LMC曲线经过该点；厂商的需求曲线d_2与LAC曲线相切于该点；代表最优生产规模的SAC_2曲线与厂商的需求曲线d_2相切于该点，相应的SMC_2曲线经过该点。总之，完全竞争厂商的长期均衡出现在LAC曲线的最低点。这时，生产的平均成本降到长期平均成本的最低点，商品的价格也等于最低的长期平均成本。

最后，我们得到完全竞争厂商的长期均衡条件为：

$$MR=LMC=SMC=LAC=SAC \quad (6\text{-}10)$$

式中，MR=AR=P，此时单个厂商的利润为零。

6.2.8 完全竞争行业的长期供给曲线

分析行业的长期供给曲线时，“生产要素的价格是不变的”这个假定显然很不合理。因为当厂商进入或退出一个行业时，整个行业产量的变化有可能对生产要素市场的需求产生影响，从而影响生产要素的价格。根据行业产量变化对生产要素价格可能产生的影响，我们将完全竞争行业区分为成本不变行业、成本递增行业和成本递减行业，这三类行业的长期供给曲线各具有自身的特征。

1. 成本不变行业的长期供给曲线

成本不变行业是这样一种行业，该行业的产量变化所引起的生产要素需求的变化不对生产要素的价格发生影响。这可能是因为这个行业对生产要素的需求量只占生产要素市场需求量的很小一部分。在这种情况下，行业的长期供给曲线是一条水平线。下面以图 6-11 为例进行分析。

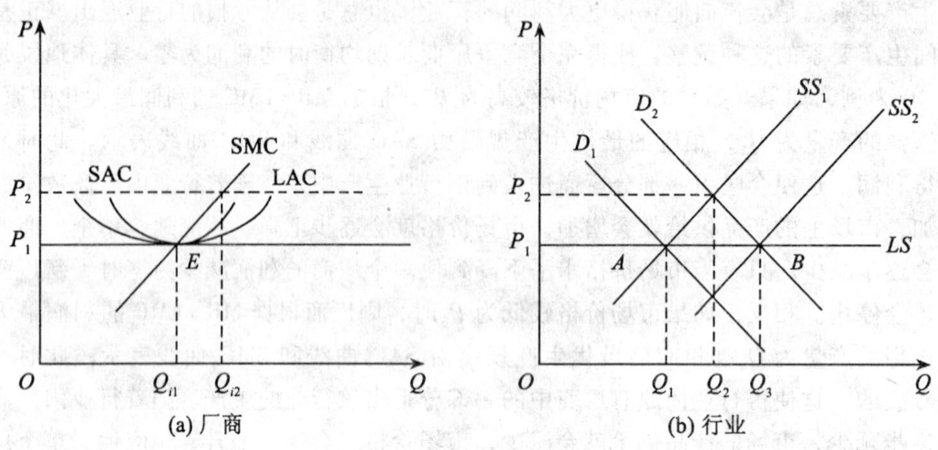

图 6-11 成本不变行业的长期供给曲线

我们应该由完全竞争厂商和行业的长期均衡点出发，来推导完全竞争行业的长期供给曲线。在图 6-11 中，由市场需求曲线 D_1 和市场短期供给曲线 SS_1 的交点 A 所决定的市场均衡价格为 P_1。在价格水平 P_1，完全竞争厂商在 LAC 曲线的最低点 E 实现长期均衡，每个厂商的利润均为零。由于行业内不再有厂商的进入和退出，故称 A 点为行业的一个长期均衡点。此时，厂商的均衡产量为 Q_{i1}，行业均衡产量为 Q_1，且有 $Q_1 = \sum_{i=1}^{n} Q_{i1}$。

假定由于外生因素影响使市场需求增加，D_1 曲线向右移至 D_2 曲线所在的位置，且与 SS_1 曲线相交，相应的市场价格水平由 P_1 上升到 P_2。在新的价格 P_2，厂商在短期内沿着既定生产规模的 SMC 曲线，将产量由 O_{i1} 提高到 Q_{i2}，并获得利润。

从长期看，由于单个厂商获得利润，便吸引新厂商加入到该行业中来，导致行业供给增加。行业供给增加会产生两方面的影响：一方面，它会增加对生产要素的需求，但由于是成本不变行业，所以生产要素的价格不发生变化，企业的成本曲线的位置不变；另一方面，行业供给增加会使厂商的 SS_1 曲线不断向右平移，因而市场价格逐步下降，单个厂商的利润也逐步下降，这个过程一直要持续到单个厂商的利润消失为止，即 SS_1 曲线一直要移动到 SS_2 曲线的位置，从而使得市场价格又回到了原来的长期均衡价格水平 P_1，单个厂商又在原来的 LAC 曲线的最低点实现长期均衡，所以，D_2 曲线和 SS_2 曲线的交点 B 是行业的又一个长期均衡点，此时有 $Q_3=\sum_{i=1}^{n}Q_{i1}$。市场的均衡产量的增加量为 Q_1Q_3，它是由新加入的厂商提供的，但行业内每个厂商的均衡产量仍为 Q_{i1}。

连接 A、B 这两个行业的长期均衡点的直线 LS 就是行业的长期供给曲线。成本不变行业的长期供给曲线是一条水平线，它表示：成本不变行业是按不变的均衡价格水平提供产量，该均衡价格水平等于厂商的不变的长期平均成本的最低点。市场需求变化会引起行业长期均衡产量的同方向的变化，但长期均衡价格不会发生变化。

2. 成本递增行业的长期供给曲线

成本递增行业是这样一种行业，该行业产量增加所引起的生产要素需求的增加会导致生产要素价格的上升。成本递增行业是较为普遍的情况。成本递增行业的长期供给曲线是一条向右上方倾斜的曲线，以图 6-12 所示的曲线为例进行分析。

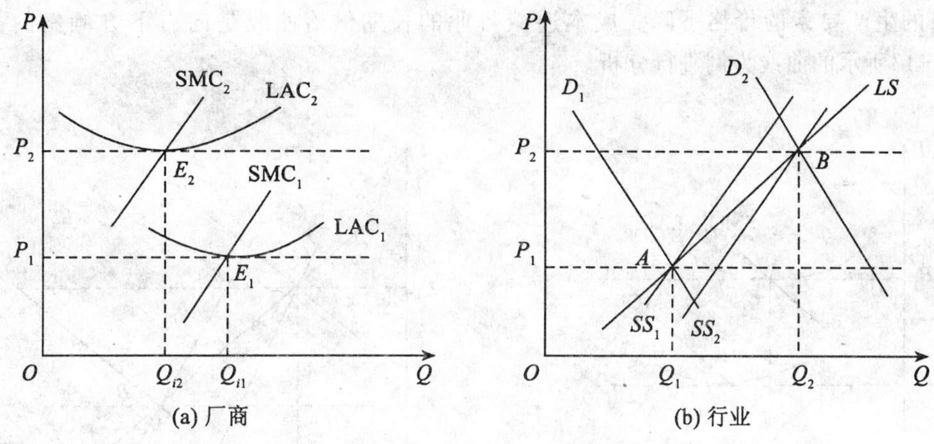

图 6-12 成本递增行业的长期供给曲线

在图 6-12 中，开始时单个厂商的长期均衡点 E_1 和行业的一个长期均衡点 A 是相互对应的，它们表示：在市场均衡价格水平 P_1，厂商在 LAC_1 曲线的最低点实现长期均衡，且每个厂商的利润为零。

假定市场需求增加使市场需求曲线向右移至 D_2 曲线所在的位置，并与原市场短期供给曲线 SS_1 相交形成新的更高的价格水平。在此价格水平，厂商在短期内将仍以 SMC 曲线所代表的既定的生产规模进行生产，并由此获得利润。

在长期，新厂商会由于利润的吸引而进入到该行业的生产中来，整个行业供给增加。一方面，行业供给增加会增加对生产要素的需求。与成本不变行业不同，在成本递增行业，生产要素需求的增加使得生产要素的市场价格上升，从而使得厂商的成本曲线的位置上升，即图中的 LAC_1 曲线和 SMC_1 曲线的位置向上移动。另一方面，行业供给增加直接表现为市场的 SS_1 曲线向右平移。那么，这种 LAC_1 曲线和 SMC_1 曲线的位置上移和 SS_1 曲线的位置右移的过程，一直要持续到什么水平才会停止呢？如图 6-12 所示，它们分别达到 LAC_2 曲线和 SMC_2 曲线的位置及 SS_2 曲线的位置，从而分别在 E_2 点和 B 点实现厂商的长期均衡和行业的长期均衡。此时，在由 D_2 曲线和 SS_2 曲线所决定的新的市场均衡价格水平 P_2，厂商在 LAC_2 曲线的最低点实现长期均衡，每个厂商的利润又都为零，且 $Q_2=\sum_{i=1}^{n}Q_{i2}$。

连接 A、B 这两个行业长期均衡点的线 LS 就是行业的长期供给曲线。成本递增行业的长期供给曲线向右上方倾斜，它表示：在长期，行业的产品价格和供给量呈同方向的变动。市场需求的变动不仅会引起行业长期均衡价格的同方向的变动，还同时引起行业长期均衡产量的同方向的变动。

3. 成本递减行业的长期供给曲线

成本递减行业是这样一种行业，该行业产量增加所引起的生产要素需求的增加，反而使生产要素的价格下降了。行业成本递减的原因是外在经济的作用。这可能主要是因为生产要素行业的产量的增加，使得行业内单个企业的生产效率提高，从而使得所生产出来的生产要素的价格下降。成本递减行业的长期供给曲线是向右下方倾斜的，以图 6-13所示的曲线为例进行分析。

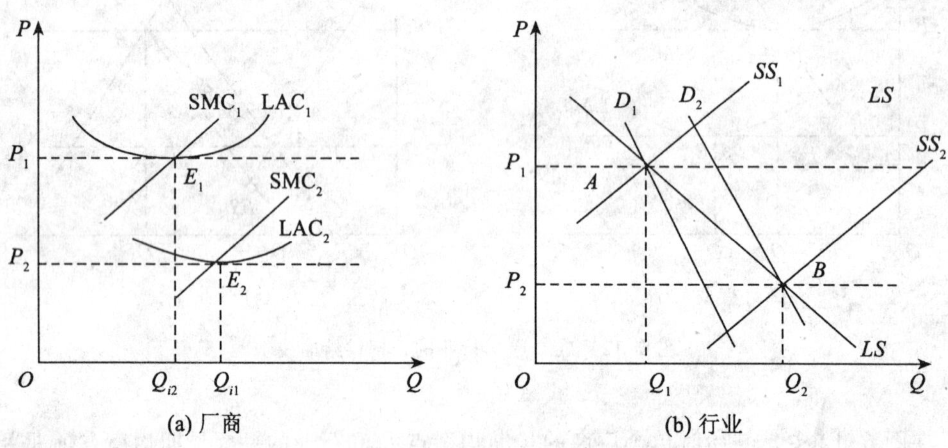

图 6-13　成本递减行业的长期供给曲线

与对图 6-12 的分析相似，开始时，厂商在 E_1 点实现长期均衡，行业在 A 点实现长期均衡，E_1 点和 A 点是相互对应的。所不同的是，当市场价格上升，新厂商由于利润吸引而加入到该行业中来的时候，一方面，在成本递减行业的前提下，行业供给增加所导致的对生产要素需求的增加，却使得生产要素的市场价格下降了，它使得图中原来的 LAC_1 曲线和 SMC_1 曲线的位置向下移动。另一方面，行业供给增加仍直接表现为 SS_1 曲线的位置向右移动。这两种变动一直要持续到厂商在 E_2 点实现长期均衡和行业在 B 点实现长期均衡为止。此时，在由 D_2 曲线和 SS_2 曲线所决定的新价格水平为 P_2，厂商在 LAC_2 曲线的最低点实现长期均衡，每个厂商的利润又恢复为零，且 $Q_2 = \sum_{i=1}^{n} Q_{i2}$。

连接 A、B 这两个行业长期均衡点的线 LS 就是行业的长期供给曲线。成本递减行业的长期供给曲线是向右下方倾斜的。它表示：在长期，行业的产品价格和供给量呈反方向的变动。市场需求的增加会引起行业长期均衡价格的反方向的变动，还同时会引起行业长期均衡产量的同方向的变动。

6.3 完全垄断市场

在西方经济学中，不完全竞争市场是相对于完全竞争市场而言的，除完全竞争市场以外的所有的或多或少带有一定垄断因素的市场都被称为不完全竞争市场。不完全竞争市场分为三个类型，它们是垄断市场、寡头市场和垄断竞争市场。其中，垄断市场的垄断程度最高，寡头市场其次，垄断竞争市场的垄断程度最低。

6.3.1 垄断

垄断市场是指整个行业中只有唯一的一个厂商的市场组织。具体地说，垄断市场的条件主要有三点：第一，市场上只有唯一的一个厂商生产和销售商品；第二，该厂商生产和销售的商品没有任何相近的替代品；第三，其他任何厂商进入该行业都极为困难或不可能。在这样的市场中，排除了任何的竞争因素，独家垄断厂商控制了整个行业的生产和市场的销售，所以，垄断厂商可以控制和操纵市场价格。

形成垄断的原因主要有以下几个：第一，单独的厂商控制了生产某种商品的全部资源或基本资源的供给。这种对生产资源的独占，排除了经济中的其他厂商生产同种产品的可能性。第二，单独的厂商拥有生产某种商品的专利权。这便使得垄断厂商可以在一定的时期内垄断该产品的生产。第三，政府的特许。政府往往在某些行业实行垄断的政策，如铁路运输部门、供电供水部门等，于是，某独家企业就成了这些行业的垄断者。第四，自然垄断。有些行业的生产具有这样的特点：企业生产的规模经济需要在一个很大的产量范围和相应的巨大的资本设备的生产运行水平上才能得到充分的体现，以至于整个行业的产量只有由一个企业来生产时才有可能达到这样的生产规模。而且，只要发挥这一企业在这一生产规模上的生产能力，就可以满足整个市场对该种产品的需求。在这类产品的生产中，行业内总会有某个厂商凭借雄厚的经济实力和其他优势最先达到这一生产规模，从而垄断了整个行业的生产和销售，这就是自然垄断。

如同完全竞争市场一样，垄断市场的假设条件也很严格。在现实的经济生活里，垄断市场也几乎是不存在的。在西方经济学中，由于完全竞争市场的经济效率被认为是最高的，从而完全竞争市场模型通常被用来作为判断其他类型市场的经济效率的高低的标准，那么，垄断市场模型就是从经济效率最低的角度提供的。

6.3.2 垄断厂商的需求曲线和收益曲线

1. 垄断厂商的需求曲线

由于垄断市场中只有一个厂商，所以，市场的需求曲线就是垄断厂商所面临的需求曲线，它是一条向右下方倾斜的曲线。仍假定厂商的销售量等于市场的需求量，于是，向右下方倾斜的垄断厂商的需求曲线表示：垄断厂商可以用减少销售量的办法来提高市场价格，也可以用增加销售量的办法来压低市场价格。即：垄断厂商可以通过改变销售量来控制市场价格，而且垄断厂商的销售量与市场价格呈反方向的变动。

2. 垄断厂商的收益曲线

厂商所面临的需求状况直接影响厂商的收益，这便意味着厂商的需求曲线的特征将决定厂商的收益曲线的特征。垄断厂商的需求曲线是向右下方倾斜的，其相应的平均收益 AR 曲线、边际收益 MR 曲线和总收益 TR 曲线的一般特征如图 6-14 所示。第一，由于厂商的平均收益 AR 总是等于商品的价格，所以，在图 6-14 中，垄断厂商的 AR 曲线和需求曲线 d 重叠，都是同一条向右下方倾斜的曲线。第二，由于 AR 曲线是向右下方倾斜的，则根据平均量和边际量之间的相互关系可以推知，垄断厂商的边际收益 MR 总是小于平均收益 AR，因此，图 6-14 中 MR 曲线位于 AR 曲线的左下方，且 MR 曲线也向右下方倾斜。第三，由于每一销售量上的边际收益 MR 值就是相应的总收益 TR 曲线的斜率，所以在图 6-14 中，当 MR>0 时，TR 曲线的斜率为正；当 MR<0 时，TR 曲线的斜率为负；当 MR=0 时，TR 曲线达到最大值点。

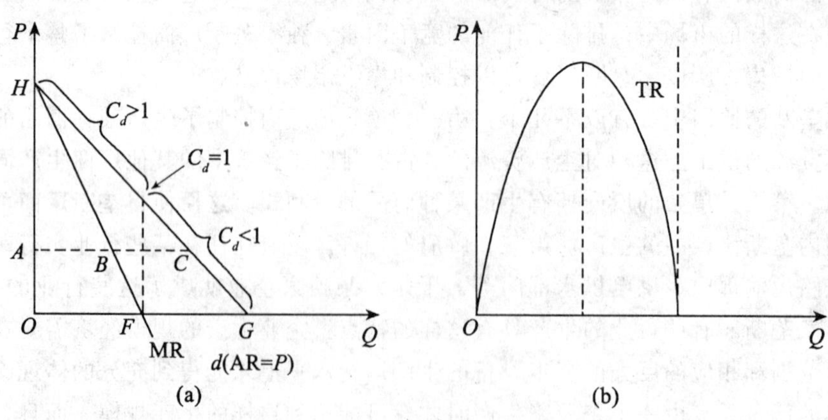

图 6-14 垄断厂商的收益曲线

垄断厂商的需求曲线 d 可以是直线型的（如图 6-14（a）），也可以是曲线型的。图 6-14中垄断厂商的需求曲线 d 是直线型的，该图体现了垄断厂商的 AR 曲线、MR 曲线和TR曲线相互之间的一般关系。在此需要提出的是，当垄断厂商的需求曲线d为直线型时，相应的MR曲线还有其他一些重要的特征。

关于这一点具体分析如下：

假定线性的反需求函数为：

$$P=a-bQ \tag{6-11}$$

式中a、b为常数，且a、$b>0$。由上式可得总收益函数和边际收益函数分别为：

$$\mathrm{TR}(Q)=PQ=aQ-bQ^2 \tag{6-12}$$

$$\mathrm{MR}(Q)=\frac{\mathrm{dTR}(Q)}{\mathrm{d}Q}=a-2bQ \tag{6-13}$$

根据(6-1)式和(6-3)式可求得需求曲线和边际收益曲线的斜率分别为：

$$\frac{\mathrm{d}P}{\mathrm{d}Q}=-b \tag{6-14}$$

$$\frac{\mathrm{dMR}}{\mathrm{d}Q}=-2b \tag{6-15}$$

由此可得出以下结论：当垄断厂商的需求曲线d为直线型时，d曲线和MR曲线的纵截距是相等的，且MR曲线的横截距是d曲线横截距的一半，即MR曲线平分由纵轴到需求曲线d的任何一条水平线，如在图6-14(a)中有$AB=BC$，$OF=FG$等。

3. 边际收益、价格和需求的价格弹性

当厂商所面临的需求曲线向右下方倾斜时，厂商的边际收益、价格和需求的价格弹性三者之间的关系可以证明如下：

假定反需求函数为 $P=P(Q)$

则可以有： $\mathrm{TR}(Q)=p(Q)\cdot Q$

$$\mathrm{MR}(Q)=\frac{\mathrm{dTR}(Q)}{\mathrm{d}Q}=P+Q\cdot\frac{\mathrm{d}P}{\mathrm{d}Q}=P\left(1+\frac{\mathrm{d}P}{\mathrm{d}Q}\cdot\frac{Q}{P}\right)$$

即

$$\mathrm{MR}=P\left(1-\frac{1}{e_d}\right) \tag{6-16}$$

式中，e_d为需求的价格弹性，即$e_d=-\frac{\mathrm{d}Q}{\mathrm{d}P}\cdot\frac{P}{Q}$。

(6-16)式就是表示垄断厂商的边际收益、商品价格和需求的价格弹性之间关系的式子。

由(6-16)式可得到以下三种情况：

当$e_d>1$时，有MR>0，此时，TR曲线斜率为正，表示厂商总收益TR随销售量Q的增加而增加；当$e_d<1$时，有MR<0，此时，TR曲线斜率为负，表示厂商总收益TR随销售量Q的增加而减少；当$e_d=1$时，有MR=0，此时，TR曲线斜率为零，表示厂商的总收益TR到达极大值点。以上三种情况在图6-14中都得到了体现。

最后需要指出的是，以上对垄断厂商的需求曲线和收益曲线所作的分析，对于其他非完全竞争市场条件下的厂商也同样适用。只要非完全竞争市场条件下厂商所面临的需求曲线是向右下方倾斜的，相应的厂商的各种收益曲线就具有以上所分析的基本特征。

6.3.3 垄断厂商的短期均衡

垄断厂商为了获得最大的利润，也必须遵循 MR＝MC 的原则。在短期内，垄断厂商无法改变固定要素的投入量，垄断厂商是在既定的生产规模下通过对产量和价格的调整来实现 MR＝SMC 的利润最大化的原则。这可用图 6-15 来说明。

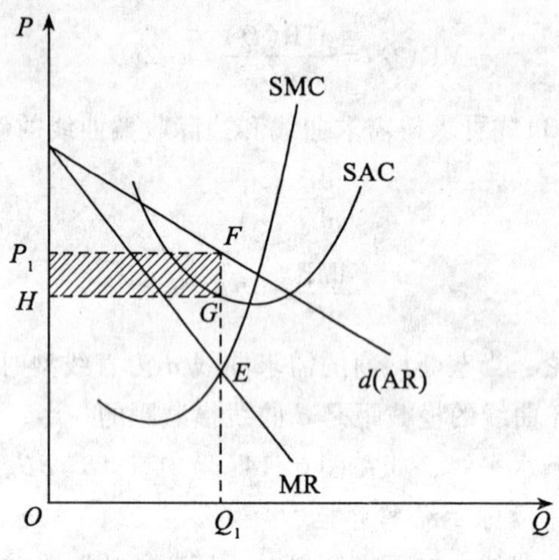

图 6-15　垄断厂商的短期均衡（一）

图 6-15 中的 SMC 曲线和 SAC 曲线代表垄断厂商的既定的生产规模，d 曲线和 MR 曲线代表垄断厂商的需求和收益状况。垄断厂商根据 MR＝SMC 的利润最大化的均衡条件，将产量和价格分别调整到 Q_1 和 P_1 的水平。在短期均衡点 E 上，垄断厂商的平均收益为 FQ_1，平均成本为 GQ_1，平均收益大于平均成本，垄断厂商获得利润。单位产品的平均利润为 FG，总利润量相当于图中的阴影部分的矩形面积。

为什么垄断厂商只有在 MR＝SMC 的均衡点上才能获得最大的利润呢？

这是因为只要 MR>SMC，垄断厂商增加一单位产量所得到的收益增量就会大于所付出的成本增量。这时，厂商增加产量是有利的。随着产量的增加，如图 6-15 所示，MR 会下降，而 SMC 会上升，两者之间的差额会逐步缩小，最后达到 MR＝SMC 的均衡点，厂商也由此得到了增加产量的全部好处。而当 MR<SMC 时，情况正好相反。所以，垄断厂商的利润在 MR＝SMC 处达到最大值。

如果认为垄断厂商在短期内总能获得利润的话，这便错了。垄断厂商在 MR＝SMC 的短期均衡点上可以获得最大的利润，也可能是亏损的（尽管亏损额是最小的）。造成垄断厂商短期亏损的原因可能是既定的生产规模的成本过高（表现为相应的成本曲线的位置过高），也可能是垄断厂商所面临的市场需求过小（表现为相应的需求曲线的位置过低）。垄断厂商短期均衡时的亏损情况如图 6-16 所示。

在图 6-16 中，垄断厂商遵循 MR＝SMC 的原则，将产量和价格分别调整到 Q_1 和 P_1 的水平。在短期均衡点 E，垄断厂商是亏损的，单位产品的平均亏损额为 GF，总亏损

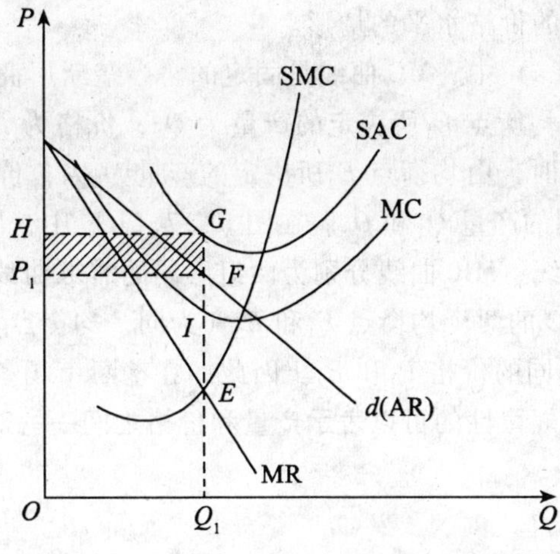

图 6-16 垄断厂商的短期均衡（二）

额等于图中矩形（阴影部分）HP_1FG 的面积。与完全竞争厂商相同，在亏损的情况下，若 AR>AVC，垄断厂商就继续生产；若 AR<AVC，垄断厂商就停止生产；若 AR=AVC，垄断厂商则认为生产和不生产都一样。在图 6-16 中，平均收益 FQ_1 大于平均可变成本 IQ_1，所以，垄断厂商继续生产。

由此可以得到垄断厂商短期均衡条件为：

$$\text{MR}=\text{SMC} \tag{6-17}$$

垄断厂商在短期均衡点上可以获得最大利润，可以利润为零，也可以蒙受最小亏损。

6.3.4 垄断厂商的供给曲线

在完全竞争市场理论中，从完全竞争厂商的短期边际成本曲线推导出完全竞争厂商的短期供给曲线，并进一步得到行业的短期供给曲线。但是，在垄断市场条件下并不存在这种具有规律性的厂商的供给曲线。

供给曲线表示在每一个价格水平下生产者愿意而且能够提供的产品数量，它表示产量和价格之间的一一对应的关系。

在完全竞争市场条件下，每一个厂商都无法控制市场价格，它们都是在每一个既定的市场价格水平，根据 $P=\text{SMC}$ 的均衡条件来确定唯一的能够带来最大利润（或最小亏损）的产量。例如，在图 6-16 中，随着完全竞争厂商所面临的呈水平线形状的需求曲线的位置上下平移，价格 P_1 对应的唯一的均衡产量为 Q_1，价格 P_2 对应的唯一的均衡产量为 Q_2，以此类推。这种价格和产量之间一一对应的关系是构造完全竞争厂商和行业的短期供给曲线的基础。

但是，垄断市场条件下的情况就不相同了。垄断厂商是通过对产量和价格的同时调整来实现 MR=SMC 的原则的，而且 P 总是大于 MR 的。随着厂商所面临的向右下方倾斜的需求曲线的位置移动，厂商的价格和产量之间不再必然存在如同完全竞争条件下的那种一一对应的关系，而是有可能出现一个价格水平对应几个不同的产量水平，或一个产量水平对应几个不同的价格水平的情形。

例如，在图6-17（a）中，MC曲线是固定的。当垄断厂商的需求曲线为d_1，边际收益曲线为MR_1时，由均衡点E_1所决定的产量为Q_1，价格为P_1。当需求曲线移为d_2，边际收益曲线移为MR_2时，由均衡点E_2所决定的产量为Q_2，价格仍为P_1。于是，同一个价格P_1对应两个不同的产量Q_1和Q_2。在图6-17（b）中，MC曲线仍是固定的，d_1曲线、MR_1曲线和d_2曲线、MR_2曲线分别为两组不同的需求曲线和边际收益曲线。比较$MR_1=SMC$和$MR_2=SMC$的两个均衡点E_1和E_2（为同一均衡点），可以发现，同一个产量Q对应的却是两个不同的价格P_1和P_2。因此，在垄断市场条件下无法得到如同完全竞争市场条件下的具有规律性的可以表示产量和价格之间一一对应关系的厂商和行业的短期供给曲线。

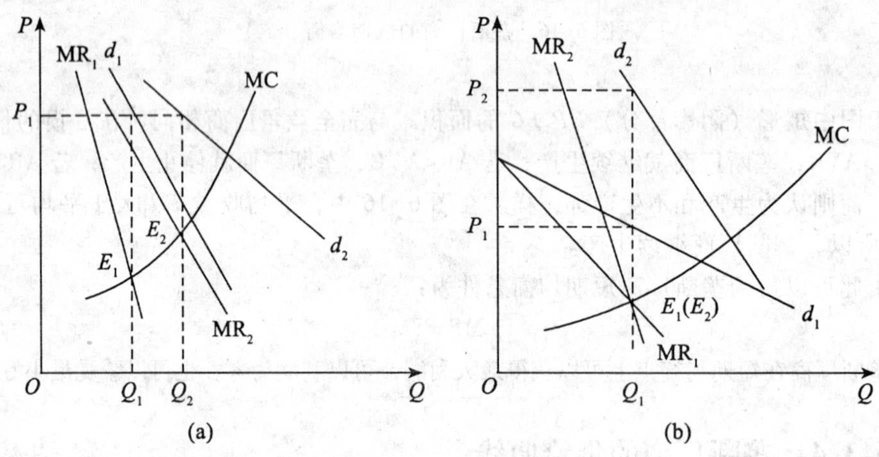

图6-17　垄断厂商的产量和价格

由此可以得到更一般的结论：凡是在或多或少的程度上带有垄断因素的不完全竞争市场中，或者说，凡是单个厂商对市场价格具有一定的控制力量，相应地，单个厂商的需求曲线向右下方倾斜的市场中，是不存在具有规律性的厂商和行业的短期和长期供给曲线的。其理由跟上面对垄断厂商不存在短期供给曲线的分析相同。这一结论适用于下面两节将要分析的垄断竞争市场和寡头市场。

6.3.5　垄断厂商的长期均衡

垄断厂商在长期内可以调整全部生产要素的投入量（即生产规模），从而实现最大的利润。垄断行业排除了其他厂商进入的可能性，因此，与完全竞争厂商不同，如果垄断厂商在短期内获得利润，那么，他的利润在长期内不会因为新厂商的加入而消失，垄断厂商在长期内是可以保持利润的。

垄断厂商在长期内对生产的调整一般可以有三种可能的结果：第一，垄断厂商在短期内是亏损的，但在长期又不存在一个可以使它获得利润（或至少使亏损为零）的最优生产规模，于是该厂商退出生产；第二，垄断厂商在短期内是亏损的，在长期内，它通过对最优生产规模的选择，摆脱了亏损的状况，甚至获得利润；第三，垄断厂商在短期内利用既定的生产规模获得了利润，在长期中，它通过对生产规模的调整，使自己获得更大的利润。至于第一种情况，不需要再分析。对第二种情况和第三种情况的分析是相似的，下面利用图 6-18 所示的数据着重分析第三种情况。

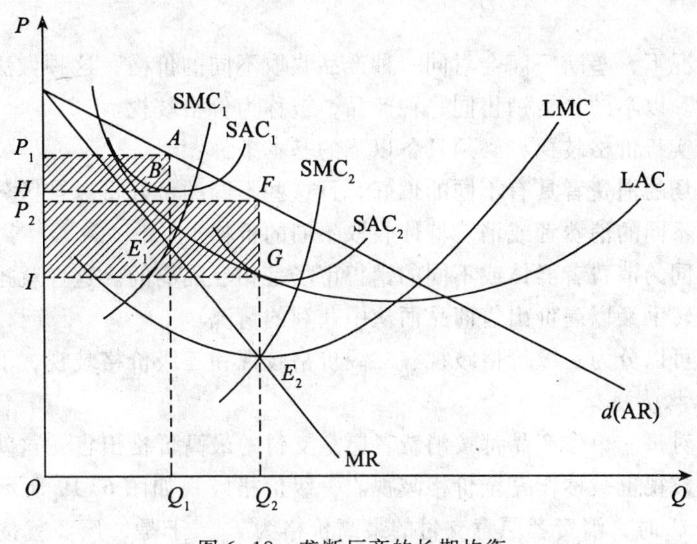

图 6-18 垄断厂商的长期均衡

图 6-18 中的 d 曲线和 MR 曲线分别表示垄断厂商所面临的市场的需求曲线和边际收益曲线，LAC 曲线和 LMC 曲线分别为垄断厂商的长期平均成本曲线和长期边际成本曲线。

假定开始时垄断厂商是在由 SAC_1 曲线和 SMC_1 曲线所代表的生产规模上进行生产。在短期内，垄断厂商只能按照 MR = SMC 的原则，在现有的生产规模上将均衡产量和均衡价格分别调整到 Q_1 和 P_1。在短期均衡点 E_1 上，垄断厂商获得的利润为图中较小的阴影部分矩形 HP_1AB 面积。

在长期中，垄断厂商通过对生产规模的调整，能进一步增大利润。按照 MR = LMC 的长期均衡原则，垄断厂商的长期均衡点为 E_1，长期均衡产量和均衡价格分别为 Q_2 和 P_2，垄断厂商所选择的相应的最优生产规模由 SAC_2 曲线和 SMC_2 曲线代表。此时，垄断厂商获得了比短期更大的利润，其利润量相当于图中较大的阴影部分矩形 IP_2FG 面积。

由此可见，垄断厂商之所以能在长期内获得更大的利润，其原因在于长期内企业的生产规模是可调整的，并且市场对新加入厂商是完全关闭的。

如图 6-18 所示，在垄断厂商的 MR = LMC 长期均衡产量上，代表最优生产规模的 SAC 曲线和 LAC 曲线相切于 G，相应的 SMC 曲线、LMC 曲线和 MR 曲线相交于 E_2 点。所以，垄断厂商的长期均衡条件为：

$$MR = LMC = SMC \tag{6-18}$$

垄断厂商在长期均衡点上一般可获得利润。

最后，由于垄断厂商所面临的需求曲线就是市场的需求曲线，垄断厂商的供给量就是全行业的供给量，所以，本节所分析的垄断厂商的短期和长期均衡价格与均衡产量的决定，就是垄断市场的短期和长期的均衡价格与均衡产量的决定。

6.3.6 价格歧视

在有些情况下，垄断厂商会对同一种产品收取不同的价格，这种做法往往会增加垄断厂商的利润。以不同价格销售同一种产品，被称为价格歧视。

垄断厂商实行价格歧视，必须具备以下的基本条件：

第一，市场的消费者具有不同的偏好，且这些不同的偏好可以被区分开。这样，厂商才有可能对不同的消费者或消费群体收取不同的价格。

第二，不同的消费者群体或不同的销售市场是相互隔离的。这样就排除了中间商低价买进商品，转手又以高价出售商品而从中获利的情况。

价格歧视可以分为一级价格歧视、二级价格歧视和三级价格歧视，下面分别考察。

1. 一级价格歧视

如果厂商对每一单位产品都按消费者愿意支付的最高价格出售，这就是一级价格歧视。一级价格歧视也被称作完全价格歧视。一级价格歧视如图 6-19 所示：当厂商销售第一单位产品 Q_1时，消费者愿意支付的最高价格为 P_1，于是，厂商就按此价格出售第一单位产品。当厂商销售第二单位产品时，厂商又按照消费者愿意支付的最高价格 P_2 出售第二单位产品。依此类推，直到厂商销售量为 Q_m为止，即以价格 P_m销售第 m 单位的产品。这时，垄断厂商得到的总收益相当于图中的阴影部分面积。而如果厂商不实行价格歧视，都按同一个价格 P_m出售 Q_m的产量时，总收益仅为矩形 OP_mBQ_m的面积。

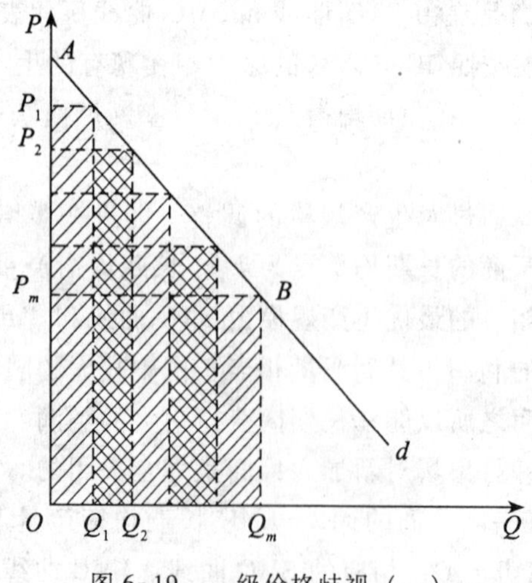

图 6-19　一级价格歧视（一）

下面，我们进一步利用图6-20分析一级价格歧视所产生的影响。

图6-20中，垄断厂商根据MR=MC原则所确定的均衡价格为P_m，均衡数量为Q_m。假定产量和价格的变化是连续的。如果存在一级价格歧视，我们发现，在产量小于Q_m的范围内，消费者为每一单位产品所愿意支付的最高价格均大于P_m，所以，厂商增加产量就可以增加利润。在产量达到Q_m以后，消费者为每单位产品所愿意支付的最高价格仍均大于MC，所以，厂商增加产量还可以增加利润。因此，厂商始终有动力增加产量，一直到将产量增加到Q_C水平为止。这时，厂商的总收益相当于矩形OP_cEQ_c的面积，厂商获得了比按同一价格P_C销售全部产量Q_C时的更大的利润。而且，消费者剩余全部被垄断厂商所占有，转化为厂商收益（或利润）的增加量。

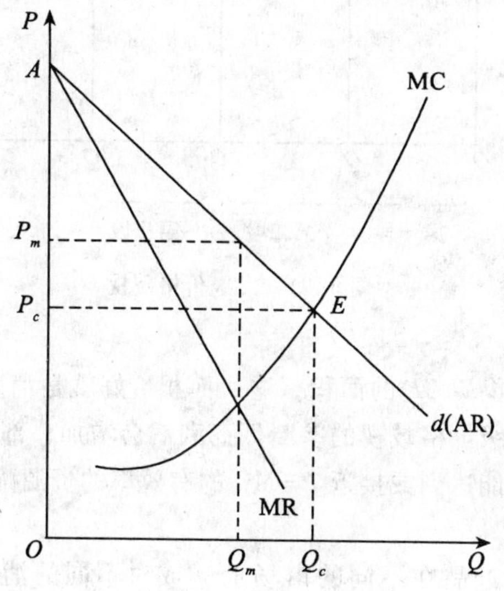

图6-20 二级价格歧视（二）

此外，在图6-20中还可以发现，在Q_C的产量上，有P=MC。这说明此时P_C和Q_C竟然等于完全竞争时的均衡价格和均衡产量。所以，一级价格歧视下的资源配置是有效率的，尽管此时垄断厂商剥夺了全部的消费者剩余。

2. 二级价格歧视

二级价格歧视不如一级价格歧视那么严重。一级价格歧视要求垄断者对每一单位的产品都制定一个价格，而二级价格歧视只要求对不同的消费数量段规定不同的价格。例如，当消费者购买6单位产品时，其价格为6元；当消费者再购买4单位产品时，这新增4单位产品购买量的价格便下降为5元，如此类推。

在图6-21中，垄断者规定了三个不同的价格水平。在第一个消费段上，垄断者规定的价格最高，为P_1；当消费者数量增加到第二个消费段时，价格下降为P_2；当消费数量再增加到第三个消费段时，价格便下降为更低的P_3。

如图6-21所示，如果不存在价格歧视，则垄断厂商的总收益相当于矩形OP_3DQ_3的面积，如果实行二级价格歧视，则垄断厂商的总收益的增加量（即利润的增加量）

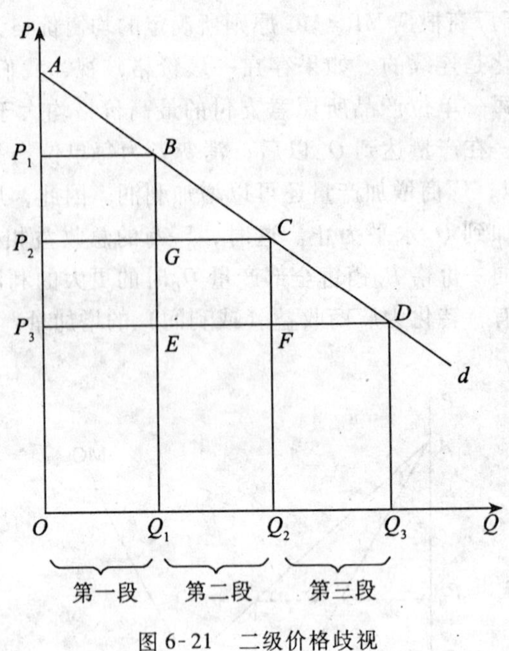

图 6-21　二级价格歧视

相当矩形 P_3P_1BE 加矩形 $EGCF$ 的面积，这一面积恰好就是消费者剩余的损失量。

由此可见，实行二级价格歧视的垄断厂商利润会增加，部分消费者剩余被垄断者占有。此外，垄断者有可能达到或接近 $P=MC$ 的有效率的资源配置的产量。

3. 三级价格歧视

垄断厂商对同一种产品在不同的市场上（或对不同的消费群）收取不同的价格，这就是三级价格歧视。例如，对同种产品，在富人区的价格高于在贫民区的价格；同样的学术刊物，图书馆购买的价格高于学生购买的价格。更一般地，对于同种产品，国内市场和国外市场的价格不一样，城市市场和乡村市场的价格不一样，"黄金时间"和非"黄金时间"的价格不一样等。

下面具体分析三级价格歧视的做法，分析中假定某垄断厂商在两个分割的市场上出售同种产品。

首先，厂商应该根据 $MR_1=MR_2=MC$ 的原则来确定产量和价格。其中，MR_1 和 MR_2 分别表示第 1 个市场和第 2 个市场的边际收益，MC 表示产品的边际成本。这是因为：第一，就不同的市场而言，厂商应该使各个市场的边际收益相等。只要各市场之间的边际收益不相等，厂商就可以通过不同市场之间的销售量的调整来获得更大的利润。例如，当 $MR_1>MR_2$ 时，厂商自然会减少市场 2 的销售量而增加市场 1 的销售量，以获得更多的利润。这种调整一直会持续到 $MR_1=MR_2$ 为止。第二，厂商应该使生产的边际成本 MC 等于各市场相等的边际收益。只要两者不等，厂商就可以通过增加或减少产量来获得更多的利润，直到实现 $MR_1=MR_2=MC$ 的条件。

其次，根据（6-17）式，在市场 1 有：

$$MR_1 = P_1\left(1-\frac{1}{e_{d1}}\right)$$

在市场2有：

$$MR_2 = P_1\left(1-\frac{1}{e_{d2}}\right)$$

再根据 $MR_1 = MR_2$ 的原则，可得：

$$\frac{P_1}{P_2}=\frac{1-\frac{1}{e_{d2}}}{1-\frac{1}{e_{d1}}} \tag{6-19}$$

由（6-19）式可知，三级价格歧视要求厂商在需求的价格弹性小的市场上制定较高的产品价格，在需求的价格弹性大的市场上制定较低的产品价格。实际上，对价格变化反应不敏感的消费者制定较高的价格，而对价格变化反应敏感的消费者制定较低的价格，这样是有利于垄断者获得更大的利润的。

6.4 垄断竞争市场

6.4.1 垄断竞争市场的条件

完全竞争市场和垄断市场是理论分析中的两种极端的市场组织。在现实经济生活中，通常存在的是垄断竞争市场和寡头市场。其中，垄断竞争市场与完全竞争市场比较接近。

垄断竞争市场是这样一种市场组织：一个市场中有许多厂商生产和销售有差别的同种产品。根据垄断竞争市场的这一基本特征，西方经济学家提出了生产集团的概念。因为在完全竞争市场和垄断市场条件下，行业的含义是很明确的，它是指生产同一种无差别的产品的厂商的总和。而在垄断竞争市场，产品差别这一重要特点使得上述意义上的行业不存在。为此，在垄断竞争市场理论中，把市场上大量的生产非常接近的同种产品的厂商的总和称为生产集团。例如，汽车加油站集团、快餐食品集团、理发店集团等。

具体地说，垄断竞争市场的条件主要有以下三点：

第一，在生产集团中有大量的企业生产有差别的同种产品，这些产品彼此之间都是非常接近的替代品。例如，牛肉面和鸡丝面是有差别的同种（面食）产品，二者具有较密切的替代性。

在这里，产品差别不仅指同一种产品在质量、构造、外观、销售服务条件等方面的差别，还包括商标、广告方面的差别和以消费者的想象为基础的任何虚构的差别。例如，虽然在两家不同饭馆出售的同一种菜肴（如清蒸鱼）在实质上没有差别，然而，在消费者的心理上却认为一家饭馆的清蒸鱼比另一家鲜美，这时即存在着虚构的产品差别。

一方面，由于市场上的每种产品之间存在着差别，或者说，由于每种带有特点的产品都是唯一的，因此，每个厂商对自己的产品的价格都具有一定的垄量，从而使得市场中带有垄断的因素。一般说来，产品的差别越大，厂商的垄断程度也就越高。另一方面，由于有差别的产品相互之间又是很相似的替代，或者说，每一种产品都会遇到大量的其他的相似产品的竞争，因此，市场中有竞争的因素。如此，便构成了垄断因素和竞争因素并存的垄断竞争市场的特征。例如，不同品牌的香烟、饮料和方便面。

第二，一个生产集团中的企业数量非常多，以至于每个厂商都认为自己的行业影响很小，不会引起竞争对手的注意和反应，因而自己也不会受到竞争对手的报复措施的影响。例如，盒饭、理发行业。

第三，厂商的生产规模比较小，因此，进入和退出一个生产集团比较容易。在现实生活中，垄断竞争的市场组织在零售业和服务业中是很普遍的。例如修理、糖果零售业等。在垄断竞争生产集团中，各个厂商的产品是有差别的，厂商们相互之间的成本曲线和需求曲线未必相同。但是在垄断竞争市场模型中，西方学者总是假定生产集团内的所有的厂商都具有相同的成本曲线和需求曲线，并以代表性的厂商进行。这一假定能使分析得以简化，而又不影响结论的实质。

6.4.2 垄断竞争厂商的需求曲线

由于垄断竞争厂商可以在一定程度上控制自己产品的价格，即通过改变自己生产的有差别的产品的销售量来影响商品的价格，所以，如同垄断厂商一样，竞争厂商所面临的需求曲线也是向右下方倾斜的。所不同的是，由于各垄断厂商的产品相互之间都是很接近的替代品，市场中的竞争因素又使得垄断竞争厂商的需求曲线具有较大的弹性。因此，垄断竞争厂商向右下方倾斜的需求曲线比较平坦，相对地比较接近完全竞争厂商的水平形状需求曲线。

垄断竞争厂商所面临的需求曲线有两种，它们通常被区分为 d 需求曲线和 D 需求曲线。下面用图 6-22 所示的数据分别说明这两种需求曲线。

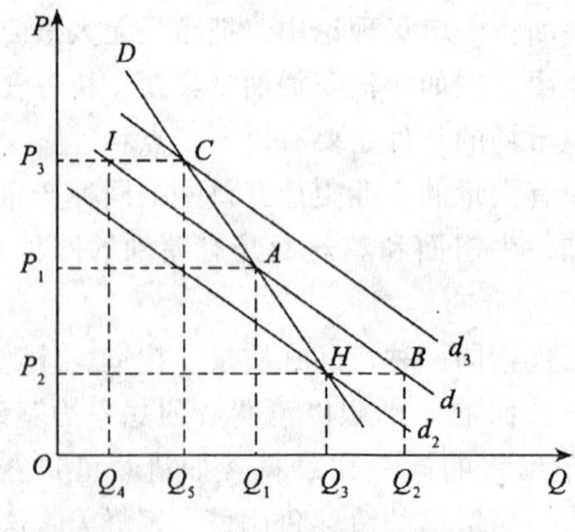

图 6-22 垄断厂商的需求曲线

关于 d 需求曲线。d 需求曲线表示：在垄断竞争生产集团中的某个厂商改变产品价格，而其他厂商的产品价格都保持不变时，该厂商的产品价格和销售量之间的关系。在图 6-22 中，假定某垄断竞争厂商开始时处于价格为 P_1 和产量为 Q_1 的 A 点上，它想通过降价来增加自己产品的销售量。因为该厂商认为，它降价以后不仅能增加自己产品的原有买者的销售量，而且还能把买者从生产集团内的其他厂商那里吸引过来。该垄断竞争厂商相信其他厂商不会对它的降价行为作出反应。随着它的商品价格由 P_1 下降为 P_2，它的销售量会沿着 d_1 需求曲线由 Q_1 增加为 Q_2。因此，它预期自己的生产可以沿着 d_1 需求曲线由 A 点运动到 B 点。

关于 D 需求曲线。D 需求曲线表示：在垄断竞争生产集团的某个厂商改变产品价格，而且集团内的其他所有厂商也使产品价格发生相同变化时，该厂商的产品价格和销售量之间的关系。在图 6-22 中，如果某垄断竞争厂商将价格由 P_1 下降为 P_2 时，集团内其他所有厂商也都将价格由 P_1 下降为 P_2，于是，该垄断竞争厂商的实际销售量是 D 需求曲线上的 Q_3，Q_3 小于它的预期销售量即 d_1 需求曲线上的 Q_2。这是因为集团内其他厂商的买者没有被该厂商吸引过来，每个厂商的销售量增加仅来自于整个市场的价格水平的下降。所以，该垄断竞争厂商降价的结果是使自己的销售量沿着 D 需求曲线由 A 点运动到 H 点。同时，d_1 需求曲线也相应地从 A 点沿着 D 需求曲线平移到 H 点，即平移到 d_2 需求曲线的位置。d_2 需求曲线表示当整个生产集团将价格固定在新的价格水平 P_2 以后，该垄断竞争厂商单独变动价格时在各个价格下的预期销售量。

所以，关于 D 需求曲线，还可以说，它是表示垄断竞争生产集团内的单个厂商在每一市场价格水平的实际销售份额。若生产集团内有 n 个垄断竞争厂商，不管全体 n 个厂商将市场价格调整到何种水平，D 需求曲线总是表示每个厂商的实际销售份额为市场总销售量的 $\frac{1}{n}$。

从以上的分析中可以得到关于 d 需求曲线和 D 需求曲线的一般关系：第一，当垄断竞争生产集团内的所有厂商都以相同方式改变产品价格时，整个市场价格的变化会使得单个垄断竞争厂商的 d 需求曲线的位置沿着 D 需求曲线发生平移。第二，由于 d 需求曲线表示单个垄断竞争厂商单独改变价格时所预期的产品销售量，D 需求曲线表示每个垄断竞争厂商在每一市场价格水平实际所面临的市场需求量，所以，d 需求曲线和 D 需求曲线相交意味着垄断竞争市场的供求相等状态。第三，很显然，d 需求曲线的弹性大于 D 需求曲线，即前者较之于后者更平坦一些。

6.4.3　垄断竞争厂商的短期均衡

西方经济学家通常以垄断竞争生产集团内的代表性企业来分析垄断竞争厂商的短期均衡和长期均衡。以下分析中的垄断竞争厂商均指代表性企业。

在短期内，垄断竞争厂商是在现有的生产规模下通过对产量和价格的调整来实现 MR＝SMC 的均衡条件。现用图 6-23 所示的数据来分析垄断竞争厂商的短期均衡的形成过程。

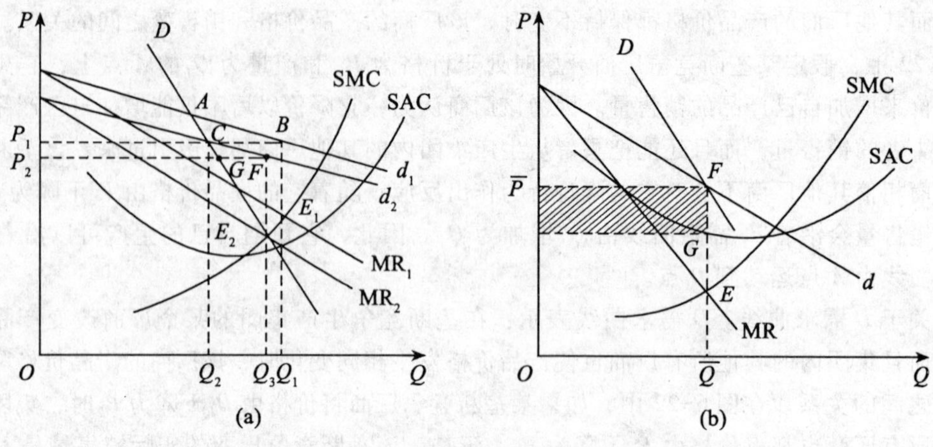

图 6-23　垄断竞争市场代表性企业的短期均衡

在图 6-23(a)中，SAC 曲线和 SMC 曲线表示代表性企业的现有生产规模，d 曲线和 D 曲线表示代表性企业的两种需求曲线，MR_1 曲线是相对于 d_1 曲线的边际收益曲线，MR_2 曲线是相对于 d_2 曲线的边际收益曲线。假定代表性企业最初在 d_1 曲线和 D 曲线相交的 A 点上进行生产。就该企业在 A 点的价格和产量而言，与实现最大利润的 $MR_1 = SMC$ 的均衡点 E_1 所要求的产量 Q_1 和价格 P_1 相差很远。于是，该厂商决定将生产由 A 点沿着 d_1 需求曲线调整到 B 点，即将价格降低为 P_1，将产量增加为 Q_1。

然而，由于生产集团内每一个企业所面临的情况都是相同的，而且每个企业都是在假定自己改变价格而其他企业不会改变价格的条件下采取了相同的行动，即都把价格降为 P_1，都计划生产 Q_1 的产量。于是，事实上，当整个市场价格下降为 P_1 时，每个企业的产量都毫无例外是 Q_2，而不是 Q_1。相应地，每个企业的 d_1 曲线也都沿着 D 曲线运动到了 d_2 的位置。所以，首次降价的结果是使代表性企业的经营位置由 A 点沿 D 曲线运动到 C 点。

在 C 点位置上，d_2 曲线与 D 曲线相交，相应的边际效益曲线为 MR_2。很清楚，C 点上的代表性企业的产品价格 P_1 和产量 Q_2 仍然不符合在新的市场价格水平下的 $MR_2 = SMC$ 的均衡点 E_2 上的价格 P_2 和产量 Q_3 的要求。因此，该企业又会再一次降价。与第一次降价相似，企业将沿着 D 曲线由 C 点运动到 G 点。相应地，d_1 曲线将向下平移，并与 D 曲线相交于 G 点（图中略）。依次类推，代表性企业为实现 $MR = SMC$ 的利润最大化的原则，会继续降低价格，d 曲线会沿着 D 曲线不断向下平移，并在每一个新的市场价格水平与 D 曲线相交。

上述过程一直要持续到代表性企业没有理由再继续降价为止，即一直要持续到企业所追求的 $MR = SMC$ 的均衡条件实现为止。如图 6-23(b)所示，代表性企业连续降价的行为的最终结果将使得 d 曲线和 D 曲线的交点 H 上的产量和价格恰好是 $MR = SMC$ 时的均衡点要求的产量 $\overline{Q}$ 面和价格 $\overline{P}$。此时，企业便实现了短期均衡，并获得了利润，其利润量相当于图 6-23(b)中的阴影部分的面积。当然，垄断竞争厂商在短期均衡点上并非一定能获得最大的利润，也可能是最小的亏损，这取决于均衡价格是大于还是小于SAC。在企业亏损时，只要均衡价格大于AVC，企业在短期内总是继续生产的；只要均衡价格小于AVC，企业在短期内就会停产。关于其他短期均衡时的盈亏情况，读者可以在图6-23（b）的基础上，参考图6-16，自己作图进行分析。

垄断竞争厂商短期均衡的条件是：

$$MR = SMC \tag{6-20}$$

在短期均衡的产量上，必定存在一个 d 曲线和 D 曲线的交点，它意味市场上的供求是相等的。此时，垄断竞争厂商可能获得最大利润，可能利润为零，也可能蒙受最小亏损。

6.5　寡头垄断市场

6.5.1　概述

寡头市场又称为寡头垄断市场，它是指少数几家厂商控制整个市场的产品的生产和销售的一种市场组织。寡头市场被认为是一种较为普遍的市场组织。西方国家中不少行业都表现出寡头垄断的特点，例如美国的汽车业、电气设备业、罐头行业等，都被几家企业所控制。

形成寡头市场的主要原因有：某些产品的生产必须在相当大的生产规模上运行才能达到最好的经济效益；行业中几家企业对生产所需的基本生产资源的供给的控制；政府的扶植和支持等。由此可见，寡头市场的成因和垄断市场的是很相似的，只是在程度上有所差别而已。寡头市场是比较接近垄断市场的一种市场组织。

寡头行业可按不同方式分类。根据产品特征，可以分为纯粹寡头行业和差别寡头行业两类。在纯粹寡头行业中，厂商之间生产的产品没有差别。例如，可以将钢铁、水泥等行业看成是纯粹寡头行业。在差别寡头行业中，厂商之间生产的产品是有差别的。例如可以将汽车、冰箱等行业看成是差别寡头行业。此外，寡头行业还可按厂商的行动方式，区分为有勾结行为的（即合作的）和独立行动的（即不合作的）不同类型。

寡头厂商的价格和产量决定是一个很复杂的问题，其主要原因在于：在寡头市场上，每个厂商的产量都在全行业的总产量中占一个较大的份额，从而每个厂商的产量和价格变动都会对其他竞争对手以至整个行业的产量和价格产生举足轻重的影响。正因为如此，每个寡头厂商在采取某项行动之前，必须首先要推测此行动对其他厂商的影响以及其他厂商可能作出的反应，然后，才能在掌握这些反应方式的前提下采取最有利的行动。所以，每个寡头厂商的利润中有厂商的决策的相互作用的影响。寡头厂商们的行为之间这种复杂关系，使得寡头理论复杂化。一般说来，不知道竞争对手的反应而无法建立寡头厂商的模型。或者说，有多少关于竞争对手的反应方式的多少寡头厂商的模型，就可以得到多少不同的结果。因此，在西方竟没有一个寡头市场模型，可以对寡头市场的价格和产量决定作出判断。本节先介绍一个经典的寡头模型，即古诺模型，该模型属于独立行动条件下模型。然后，本节将介绍斯威齐模型在寡头理论中的运用。

6.5.2 寡头理论分析模型

1. 古诺模型

古诺模型是早期的寡头模型，它是由法国经济学家古诺于1838年提出的。古诺模型常被作为寡头理论分析的出发点。古诺模型是一个只有两个寡头厂商的简单模型，该模型也被称为“双头模型”。古诺模型的结论可以很容易地推广到三个或三个以上的寡头厂商的情况中去。

古诺模型分析的是两个出售矿泉水的生产成本为零的寡头厂商的情况。古诺模型的假定是：市场上只有A、B两个厂商生产和销售相同的产品，它们的生产成本为零；它们共同面临的市场的需求曲线是线性的，A、B两个厂商都准确地了解市场的需求曲线；A、B两个厂商都是在已知对方产量的情况下，各自确定能够给自己带来最大利润的产量，即每一个厂商都是消极地以自己的产量去适应对方已确定的产量。

2. 斯威齐模型

斯威齐模型也被称为弯折的需求曲线模型，该模型由美国经济学家斯威齐于1939年提出，这一模型用来解释一些寡头市场上的价格刚性现象。

该模型的基本假设条件是：如果一个寡头厂商提高价格，行业中的其他寡头厂商不会跟着改变自己的价格，因而提价的寡头厂商的销售量的减少是很多的；如果一个寡头厂商降低价格，行业中的其他寡头厂商会将价格下降到相同的水平，以避免销售份额的减少，因而该寡头厂商的销售量的增加是很有限的。

6.5.3 寡头厂商的供给曲线

如同垄断厂商和垄断竞争厂商一样，寡头厂商面临的需求曲线也是向右下方倾斜的，寡头厂商的均衡产量和均衡价格之间也不存在一一对应关系，所以，不存在寡头厂商和行业的具有规律性的供给曲线。此外，再考虑到寡头厂商之间的行为的相互作用的复杂性，建立寡头厂商和市场的具有规律性的供给曲线也就更困难了。

本章小结

（1）西方经济学家通过对不同市场条件下厂商的长期均衡状态的分析得出结论：完全竞争市场的经济效益最高，垄断竞争市场的经济效益较高，寡头市场的经济效益较低，垄断市场的经济效益最低。可见，市场的竞争程度越高，则经济效益越高；反之，市场的垄断程度越高，则经济效益越低。

（2）在完全竞争市场条件下，厂商的需求曲线是一条水平线，而且厂商的长期利润为零，所以，在完全竞争厂商的长期均衡时，水平的需求曲线相切于LAC曲线的最低点，产品的均衡价格最低，它等于最低的生产的平均成本，产品的均衡产量最高。

（3）在非完全竞争市场条件下，厂商的需求曲线是向右下方倾斜的。厂商的垄断程度越高，需求曲线越陡峭；垄断程度越低，需求曲线越平坦。在垄断竞争市场上，厂商的长期均衡利润为零，所以，在垄断竞争厂商的长期均衡时，向右下方倾斜的相对比较平坦的需求曲线相切于LAC曲线的最低点的左边；产品的均衡价格比较低，它等于生产的平均成本；产品的均衡产量比较高，企业存在着多余的生产能力。在垄断市场上，厂商在长期内获得利润，所以，在垄断厂商的长期均衡时，向右下方倾斜的、相对比较陡峭的需求曲线与LAC曲线相交；产品的均衡价格最高，且大于生产的平均成本；产品的均衡数量最低。设想，垄断厂商若肯放弃一些利润，价格就可以下降一些，产量就可以增加一些。在寡头市场上，没有统一的寡头厂商均衡模型。一般认为，寡头市场是与垄断市场比较接近的市场组织，在长期均衡时，寡头厂商的产品的均衡价格比较高，产品的均衡数量比较低。

（4）一个行业在长期均衡时是否实现了价格等于长期边际成本即$P=\text{LMC}$，也是判断该行业是否实现了有效的资源配置的一个条件。当$P=\text{LMC}$时，商品的边际社会价值等于商品的边际社会成本，它表示资源在该行业得到了最有效的配置；当$P>\text{LMC}$时，商品的边际社会价值大于商品的边际社会成本，它表示相对于该商品的需求而言，该商品的供给是不足的，应该有更多的资源转移到该商品的生产中来，以使这种商品的供给增加，价格下降，最后使该商品的边际社会价值等于商品的边际社会成本，这样，社会的境况就会变得好一些。

（5）关于垄断市场与技术进步的关系。有的西方经济学家认为，垄断厂商会阻碍技术进步。因为垄断厂商只要依靠自己的垄断力量就可以长期获得利润，所以，垄断厂商往往缺乏技术创新的动力，甚至为了防止潜在竞争对手的新技术和新产品对其垄断地位造成的威胁，还有可能通过各种方式去阻碍技术进步。但也有不少西方经济学家认为，垄断是有利于技术进步的。因为一方面垄断厂商利用高额利润所形成的雄厚经济实力，有条件进行各种科学研究和重大的技术创新，并将成果运用于生产过程。另一方面，垄断厂商可以利用自己的垄断地位，在长期内保持由于技术进步而带来的更高的利润。这些经济学家还认为，关于垄断有利于技术进步的观点，在一定程度上对寡头厂商也是适用的。

案例分析6-1

农村春联市场：完全竞争的缩影

去年临近春节，我有机会对某村农贸市场的春联销售进行了调查，该农贸市场主要供应周围7个村5000余农户的日用品需求。贴春联是中国民间的一大传统，春节临近，春联市场红红火火，而在农村，此种风味更浓。

在该春联市场中，需求者有5000多农户，供给者为70多家零售商，市场中存在许多买者和卖者；供应商的进货渠道大致相同，且产品的差异性很小，产品具有高度同质性（春联所用纸张、制作工艺相同，区别仅在于春联所书写内容的不同）；供给者进入退出没有限制；农民购买春联时的习惯是逐个询价，最终决定购买，信息充分；供应商的零售价格水平相近，提价基本上销售量为零，降价会引起利润损失。原来，我国有着丰富文化内涵的春联，其销售市场结构竟是一个高度近似的完全竞争市场。

供应商在销售产品的过程中，都不愿意单方面降价。春联是农村过年的必需品，购买春联的支出在购买年货的支出中只占很小的比例，因此其需求弹性较小。某些供应商为增加销售量，扩大利润而采取的低于同行价格的竞争方法，而会使消费者认为其所经营的产品存在瑕疵（例如上年的库存，产品质量存在问题等），而不愿买。

在商品种类上，例如"金鸡满架"一类小条幅，批发价为 0.03 元/副，零售价为 0.3 元/副；小号春联批发价为 0.36 元/副，零售价为 0.50 元/副。因小条幅在春联中最为便宜且为春联中的必需品，统一价格保持 5~6 年不变，因此消费者不对此讨价还价。小条幅春联共 7 类，消费者平均购买量为 3 到 4 类，总利润可达 1.08 元，并且人工成本较低。而小号春联相对价格较高，在春联支出中占比重较大，讨价还价较易发生；由此，价格降低和浪费的时间成本会造成较大利润损失，对小号春联需求量较大的顾客也不过购买 7 到 8 副，总利润至多 1.12 元。因此，我们不难明白浙江的小小纽扣风靡全国并使一大批人致富的原因；同时这也提醒我们，在落后地区发展劳动密集、技术水平低、生产成本低的小商品生产不失为一种快速而行之有效的致富方法。

春联市场是一个特殊的市场，时间性很强，仅在年前存在 10 天左右，供应商只有一次批发购进货物的机会。供应商对于该年购入货物的数量主要基于上年销售量和对新进入者的预期分析。如果供应商总体预期正确，则该春联市场总体商品供应量与需求量大致相同，则价格相对稳定。一旦出现供应商总体预期偏差，价格机制就会发挥巨大的作用，将会出现暴利或者亏损。

（资料来源：杨晓东，《农村春联市场：完全竞争的缩影》，经济学消息报 559 期。）

案例分析 6-2

电厂抄表工年薪十万引发的思考……

每月工资 6500 元，一年发 16 个月的工资，外加年终奖和两份商业保险，这是某市一位电厂抄表工的真实收入状况。虽然他所在的电厂已经倒闭，但这不妨碍他照常领取 10 万元年薪。他所需要做的，只是一天抄四次电表。

如果这个电厂是盈利丰厚的民营企业，我倒也没什么意见，毕竟我们无法干涉"败家子"糟蹋自己的钱；但现在的问题是，这是一个倒闭的国有电厂，他们已经把国家的投入、全民的资源浪费了，却还要继续损公肥私，给一个普通的准下岗工人发 10 万年薪，钱从何来？又凭什么呢?!

年薪 10 万意味着什么呢？笔者可以拿三个数字来做比较：我所在的城市——郑州的全日制就业者最低工资标准是 480 元，郑州市居民的最低生活保障是 220 元/月，郑州市全日制就业者 2005 年的年平均工资是 16694 元。这也就意味着，这个倒闭国有电厂抄表工人的一年薪水，相当于郑州市一个全日制劳动者 6 年工资的总和！相当于郑州一个拿最低工资者20年收入的总和！相当于郑州一个普通下岗工人50年收入的总和！

这，还仅仅只是垄断行业中一个普通的抄表工人！

报道中称，在这个倒闭电厂内，比这位抄表工年薪更高的还有很多，而电网职工又比电厂职工的薪酬高很多。也就是说：在这个垄断行业内部，年薪在10万元以上的职工大有人在。他们凭什么拿这么高工资？是因为他们为企业做出了巨大贡献吗？我相信，一天抄四次电表的工作，对绝大多数下岗工人而言都不是什么难事；是他们的企业为国家、为全民创造了巨额利润吗？有没有创造利润我不敢确定，但至少这个电厂目前已经倒闭。

这，还仅仅只是冰山一角！

国家发改委今年3月发布的《电力行业2005年运行分析及2006年趋势预测》中明确透露："全国火力发电企业在销售收入增长19%的情况下，利润只增长2%，亏损有所加大，应收账款增加，负债率上升，经营状况有所恶化。"这份曾被解读为"全行业亏损"的报告引起了舆论的轩然大波。有专家调查后发现，电煤价格实行"双轨制"后，成本比市场价低廉许多的国有电厂照样报亏，而成本很高的民营企业却能盈利。这是为什么呢？一方面是"全行业亏损"，一方面是行业冗员繁多、职工收入远远高于社会平均工资。

在这组矛盾背后，该不该加强对垄断行业支出行为的全程监督？该不该对亏损的垄断行业引入问责机制？该不该为垄断企业设定一个相对合理、能被公众普遍接受的薪酬标准？该不该把垄断行业工资与劳动强度结合起来？

这，就是实实在在垄断经营带来的问题。

（资料来源：http：//opinion. people. com. cn/。）

本章训练

一、选择题

1. 完全竞争市场由于卖者和买者众多，（　　）。

A. 它的存在较普遍　　B. 是理想化市场

C. 历史上曾存在过　　D. 以上都对

2. 在一般情况下，完全竞争厂商得到的价格低于以下哪种成本就会停止营业（　　）。

A. 平均成本　　B. 平均可变成本

C. 边际成本　　D. 平均固定成本

3. 下列行业中哪一个最接近于完全竞争市场（　　）。

A. 卷烟　　B. 水稻

C. 汽车　　D. 飞机

4. 对完全垄断厂商来说，（　　）。

A. 提高价格一定能提高收益

B. 降低价格一定会减少收益

C. 提高价格未必能提高收益，降低价格未必会减少收益

D. 以上都不对

5. 在短期，完全垄断厂商（　　）。

A. 无亏损　　B. 取得最大利润

C. 发生亏损　　D. 以上情况都可能出现

6. 垄断者如在短期内蒙受损失，则在长期会（　　）。

A. 停止营业　　B. 继续营业

C. 无盈亏　　D. 以上各种情况都有可能

7. 在垄断竞争中，（　　）。

A. 只有为数很少的几个企业出售有差别的产品

B. 有许多企业出售同质的产品

C. 只有为数很少的几个企业出售同质的产品

D. 有许多企业出售有差别的产品

8. 垄断竞争厂商实现最大利润的途径是（　　）。

A. 调整价格从而确定相应产量　　B. 品质竞争

C. 广告竞争　　D. 以上途径都可能用

9. 下述哪些例子最接近于寡头垄断（　　）。

A. 汽车工业　　B. 城市理发业

C. 加油站　　D. 奶牛场

10. 寡头垄断厂商的产品是（　　）。

A. 同质的　　B. 有差别的

C. 既可以是同质的，也可以是有差别的　D. 以上都不对

二、计算题

1. 设某垄断厂商的产品在两个分割的市场出售，产品的成本函数和两个市场的需求函数分别为：

$$TC=Q^2+10Q，\ Q_1=32-0.4P_1，\ Q_2=18-0.1P_2。$$

（1）若两个市场实行差别定价，求解利润极大时两个市场的售价、销售量和利润；

（2）若两个市场只能索求相同的价格，求解利润极大时的售价、销售量和利润。

2. 设某一垄断厂商的成本函数为 $TC=Q^2+2Q$，产品的需求函数为 $P=10-3Q$，求：

（1）利润极大的销售价格、产量和利润；

（2）假定政府限定一最高售价以诱使垄断厂商提供最大的产量水平，求解应规定的最高限价、垄断厂商提供的产量和赚得的利润；

（3）求解收支相抵的价格和产量。

第7章 分配理论

学习目标

1. 理解工资、利息、地租的价格是如何决定的；
2. 掌握洛伦兹曲线和基尼系数的含义和运用；
3. 掌握收入分配中的平等与效率的关系。

知识能力

1. 理解劳动力供给曲线向后弯曲的特性；
2. 掌握利息的作用，理解租金、准租金和经济租金的概念。

工作任务

考察不同阶层社会成员的收入分配状况，绘制洛伦兹曲线，计算基尼系数，分析贫富差距造成的原因及对策。

关键词

工资；利息；地租；准租金；经济租金；洛伦兹曲线；基尼系数

案例导入

莫斯科的房价

根据RRG公司的数据，莫斯科各用途商业不动产在租赁市场供应数量在一年内总体增长74%，贸易场所供应数量增加19%，办公场所数量上涨88%，而生产仓储用途的场地供应数量增加136%。该公司专家指出，许多承租方在危机条件下都迁往面积更小的地方，因此空出的大型场所被推向市场，而中等面积的商业不动产供应也有所增长。该调查报告还称，莫斯科生产仓储场地的租赁价格在一年内将近翻了一番。

随着近几年来能源市场的兴旺，俄罗斯经济得到了极大的恢复和发展，房地产市场在投资、投机以及个人需求等多重因素的推动下快速发展，俄罗斯进入了高房价时代。俄罗斯房价高，尤其是首都莫斯科的高房价是我们早有所闻的。前些年，莫斯科曾连续3年被评为世界第一大消费城市，其中居高不下的房价便是莫斯科得到这一称号的主要原因。据统计，经过近几年的上涨，2008年，莫斯科市住房均价达到了每平方米6100

美元的高位，也就是大约每平方米4万多元人民币。在莫斯科，大街小巷到处都能看到形形色色的房屋促销的广告，为了鼓励民众购房，银行还不断推出各种优惠的贷款措施。但是，由于受去年席卷全球的金融危机的影响，俄罗斯房市开始逐渐走向低迷，莫斯科的房价也开始持续下跌，跌幅一度达到60%。目前，莫斯科的房价大概在每平方米4000美元上下波动，这也使得经过多年高房价洗礼的许多俄罗斯人发出这样的感叹："现在是该出手买房的时候了"。

虽说目前莫斯科的房价在每平方米4000美元上下波动，但根据统计，2009年俄罗斯人每月平均工资才650美元左右；莫斯科人的平均月工资要高一些，为1000美元出头，因此，目前的房价老百姓也还是很难承受的。俄罗斯政府也认识到，飞涨的房价对经济的破坏作用，俄罗斯总理普京今年8月曾经表示，房价上涨过快远超出了民众的购买能力，政府应在房地产建筑业发挥更大作用，以便让普通俄罗斯人能买到便宜住宅。普京还说，他认为适合大众居住的经济型住房每平方米价格不应超过3万卢布，约合950美元，房价应该至少让40%的民众能够负担得起。

（资料来源：http：//rusnews.cn/。）

7.1 分配理论概述

前面各章讨论了消费商品（或称为产品）的价格和数量的决定，这一部分内容通常被看成是所谓的"价值"理论。由于讨论的范围局限于产品市场本身，所以它对价格决定的论述并不完全。首先，它在推导产品需求曲线时，假定消费者的收入水平为既定，但并未说明收入水平是如何决定的；其次，它在推导产品供给曲线时，假定生产要素的价格为既定，但并未说明要素价格是如何决定的。由于消费者的收入水平在很大程度上取决于其拥有的要素价格和使用量，故价格理论的上述两点不完全性可以概括为它缺乏对要素价格和使用量决定的解释。为了弥补这个不足，需要研究生产要素市场。因为要素的价格和使用量是决定消费者收入水平的重要因素，所以要素价格理论在西方经济学中又被看成是所谓的"分配"理论。于是，从产品市场转到要素市场也意味着从价格理论转到分配理论。

7.1.1 生产要素价格决定理论

生产要素价格的决定在西方经济学的传统上是分配论的一个重要部分。19世纪的西方经济学家们习惯于把生产要素分为三类，即土地、劳动和资本。这三类生产要素的价格，则被分别称为地租、工资和利润。因此，那时的生产要素价格理论就是地主、工资收入者和资本家这三个主要社会经济阶级之间的收入分配理论。到19世纪末，第四种生产要素——企业家才能被"发现"。于是，利润被看成是企业家才能的收益，而资本所有者的收益被看做"利息"。

生产要素价格决定的主要理论基础是边际生产率分配论，该理论最先由美国经济学家 J. B. 克拉克提出。他认为，在其他条件不变和边际生产力递减的前提下，一种生产要素的价格取决于其边际生产力。后来的西方经济学家对克拉克的理论作了改进。他们认为，生产要素的价格不仅取决于其边际生产力，也取决于一些其他因素。边际生产力只是决定要素需求的一个方面。除此之外，厂商在决定要素需求时还要考虑要素的边际成本。只有当使用要素的边际成本和边际收益（边际生产力）相等时，厂商才在要素使用上达到了利润最大化。此外，要素的供给也是决定其价格的一个重要方面。总之，要素的市场价格与其他商品一样，也由需求和供给两个方面共同决定。

生产要素价格决定是分配论的一个主要部分，但并不构成分配论的全部内容。除了生产要素的价格决定之外，分配论还包括收入分配的不平等程度以及收入之间差异的原因等。

7.1.2　引致需求

产品市场上的需求和生产要素市场上的需求具有很不相同的性质。在产品市场上，需求来自消费者，消费者为了直接满足自己的吃、穿、住、行等需要而购买产品。因此，对产品的需求是所谓的“直接”需求。与此不同，在生产要素市场上，需求不是来自消费者，而是来自厂商。厂商购买生产要素不是为了自己的直接需要，而是为了生产和出售产品以获得收益。例如，购买一台机器并不能直接提高某个人的效用，而只能是增加生产的能力。因此，从这个意义上来说，对生产要素的需求不是直接需求，而是“间接”需求。

更进一步来看，厂商通过购买生产要素进行生产并从中获得收益，部分取决于消费者对其所生产的产品的需求。如果不存在消费者对产品的需求，则厂商就无法从生产和销售产品中获得收益，从而也不会去购买生产资料和生产产品。例如，如果没有人去购买汽车，就不会有厂商对汽车工人的需求；对医生和护士的需求，则受到对保健服务的需求的影响。由此可见，厂商对生产要素的需求是从消费者对产品的直接需求中派生出来的。从这个意义上说，西方学者认为，生产要素的需求又是所谓的“派生”需求或“引致”需求。例如，消费者购买面包，这是直接需求，消费者对面包的直接需求引致面包厂商购买生产要素（例如面粉和劳动等）去生产面包，面包厂商对面粉和劳动等的需求是派生或引致需求。

对生产要素的需求还有个特点，就是所谓“共同性”，即对生产要素的需求是共同的——相互依赖的需求。这个特点是由于技术上的原因，即：生产要素往往不是单独发生作用的。一个人赤手空拳不能生产任何东西；同样，光有机器本身也无法创造产品。只有人与机器（以及原材料等）相互结合起来才能达到目的。对生产要素需求的这种共同性特点带来一个重要后果，即对某种生产要素的需求，不仅取决于该生产要素的价格，而且也取决于其他生产要素的价格。因此，严格来说，生产要素理论应当是关于多种生产要素共同使用的理论。但是，同时处理多种要素将使分析过于复杂，为了简单化起见，往往集中分析一种生产要素的情况。

从表面上看，企业在生产过程中似乎要做两个不同的决策：第一，购买多少要素？这是所谓的“要素需求”问题——使用多少要素才能够使利润达到最大？第二，生产多少产量？这是所谓的“产品供给”问题——生产多少产量才能够使利润达到最大？

实际上，这两个问题是一回事。这是因为，在企业的要素需求和产品供给之间存在着一定的关系：如要减少对要素的需求，则产品供给常常就不得不减少；反之，如要增加对产品的供给，则要素的需求常常又不得不增加。二者之间的关系就是所谓的生产函数：$Q=Q(L)$。这里，L 为企业使用的要素数量（如劳动），Q 为使用要素 L 所生产的产品数量，它们通过生产函数而“一一对应”。正是通过生产函数，企业关于使用要素的决策和关于生产产量的决策就像一枚硬币的两面：一旦企业决定了购买多少要素，它也就同时决定了应当生产多少产量；同样，一旦企业决定了生产多少产量，它也就同时决定了应当购买多少要素。

7.1.3 完全竞争厂商使用生产要素的原则

厂商使用要素的原则是利润最大化这个一般原则在要素使用问题上的具体化，它可以简单地表述为：使用要素的“边际成本”相等。根据上面的讨论，在完全竞争条件下，厂商使用要素的边际成本等于要素价格 W，而使用要素的边际收益是所谓边际产品价值 VMP，因此，完全竞争厂商使用要素的原则可以表示为：

$$\text{VMP}=W \tag{7-1}$$

或者

$$\text{MP}\cdot P=W \tag{7-2}$$

当上述原则或条件被满足时，完全竞争厂商达到了利润最大化，此时使用的要素数量为最优要素数量。

为了更好地理解这个原则，不妨先来考察 $\text{VMP}\neq W$ 时的情况。如果 $\text{VMP}>W$，则增加使用一单位生产要素所带来的收益就会大于所引起的成本，于是厂商将决定增加要素的使用以提高利润。随着要素使用量的增加，要素的价格不变，而要素边际产品将不断下降，从而使边际产品价值将下降，从而最终使 $\text{VMP}=W$；反之，如果 $\text{VMP}<W$，则减少使用一单位要素所损失的收益就会小于所节省的成本，因而厂商将决定减少要素的使用以提高利润。随着要素使用量的减少，要素的边际产品将不断上升从而边际产品价值将上升，最终也将达到 $\text{VMP}=W$。总起来说，不论是 VMP 大还是 W 大，只要二者不相等，厂商都未达到利润最大化，现有要素使用量都不是最优数量，厂商都将改变（增加或减少）要素使用量。只有当 $\text{VMP}=W$，即边际产品价值恰好等于要素价格时，厂商的要素使用量才使利润达到了最大。

也可以用数学方法推导上述要素使用原则。假设 π 代表完全竞争厂商的利润，它是要素 L 的函数，则由利润的定义可有：

$$\pi(L)=P\Delta Q(L)-W\Delta L \tag{7-3}$$

为了达到利润最大化，必须使

$$\frac{\mathrm{d}\pi(L)}{\mathrm{d}L}=P\left[\frac{\mathrm{d}Q(L)}{\mathrm{d}L}\right]-W$$

即

$$P\left[\frac{\mathrm{d}Q(L)}{\mathrm{d}L}\right]=W$$

即

$$\mathrm{VMP}=W$$

7.2 工资、利息、地租的决定

7.2.1 要素所有者、最大化行为和供给问题

所谓从要素使用者角度讨论要素需求，就是从要素使用者即生产者或厂商的利润最大化行为出发，来研究其对要素的需求量是如何随要素价格的变化而变化的。与此相仿，可以把要素供给研究看成是从要素所有者的最大化行为出发来分析其对要素的供给量是如何随要素价格的变化而变化的。因此，首先要问的问题是：谁是要素的供给者？什么是要素供给者的最大化行为？

我们知道，在西方经济学的要素需求理论中，要素使用者是“单一”的，即生产者或厂商，因而其行为目标也是“单一”的，即追求利润的最大化。转到供给方面之后，问题稍稍复杂一些：要素所有者既可以是生产者，也可以是消费者。生产者生产许多将要再次投入于生产过程的“中间产品”或“中间生产要素”（如钢材、车床等），因而是中间要素的所有者；消费者则向市场提供“原始生产要素”（如劳动、土地和资本等），因而是原始要素的所有者。由于要素所有者的身份不同，因而它们的行为目的也不相同。按照西方学者的假定，生产者和消费者的行为目标分别是利润最大化和效用最大化。

要素所有者及其行为目标的不一致自然会影响到对要素供给的分析。最重要的影响便是要素供给原则肯定不会再像要素需求原则那样一致，因为不同的行为目标将导出不同的行为原则，进而影响诸如分析的方法、形式甚至某些结论等。因此，从理论上来说，要素供给理论须分成两个并列的部分分别加以讨论：根据生产者的利润最大化行为讨论其对中间要素的供给，根据消费者（或资源所有者，如劳动、土地和资本等的所有者）的效用最大化行为讨论其对原始要素的供给。

要素供给问题有一个明显的特点：消费者拥有的要素数量（简称为资源）在一定时期内总是既定不变的。例如，消费者拥有的时间一天只有24小时，其可能的劳动供给不可能超过这个数量；又例如，消费者拥有的土地也是固定的，比如说为2公顷，则它可能的土地供给也只有这么多；再例如，消费者拥有的收入每日为500元，则它不可能储蓄（即供给资本）比这更多，等等。

由于资源是既定的，消费者只能将其拥有的全部既定资源的一部分（当然，这部分

可以小到0，也可能大到等于其资源总量）作为生产要素来提供给市场。全部既定资源中除去供给市场的生产要素外，剩下的部分可称为“保留自用”的资源。因此，所谓要素供给问题可以看成是：消费者在一定的要素价格水平下，将其全部既定资源在“要素供给”和“保留自用”两种用途上进行分配以获得最大效用。

7.2.2 工资的决定

1. 劳动和闲暇

劳动供给涉及消费者对其拥有的既定时间资源的分配。说消费者拥有的时间资源是既定的具有两层含义：首先，每天只有24小时，这是不会改变的；其次，在这固定的24小时之中，有一部分必须用于睡眠而不能挪为他用。必需的睡眠时间虽不是绝对的不变，但对于特定的消费者而言，短期内不会有很大变化。如果将必需的睡眠时间挪作他用，则消费者的满足程度即效用以及劳动生产力都将受到很大的影响。为了方便起见，这里假定消费者每天必须睡眠8个小时，因此，消费者可以自由支配的时间资源每天为固定的24-8=16小时。

由上述假定，消费者可能的劳动供给只能来自16小时之中，而不能超过它，其最大的劳动供给为16小时。设劳动供给量为6小时，则全部时间资源中的剩余部分为10小时(16-6)，称为“闲暇”时间。闲暇时间包括除必需的睡眠时间和劳动供给之外的全部活动时间。例如，用于吃、喝、玩、乐，即用于各种消费活动的时间。在现实生活中，闲暇时间也可用于非市场活动的“劳动”。例如干家务活。为简单起见，这里不考虑这种情况。若用 H 表示闲暇，则 $16-H$ 就代表消费者的劳动供给量。因此，劳动供给问题就可以看成是消费者如何决定其固定的时间资源16小时中闲暇 H 所占的部分闲暇和劳动供给两种用途上的分配。

消费者选择一部分时间作为闲暇来享受，选择其余时间作为劳动供给。前者即闲暇直接增加了效用，后者则可以带来收入，通过收入用于消费再增加消费者的效用。因此，就实质而言，消费者并非是在闲暇和劳动二者之间进行选择，而是在闲暇和劳动收入之间进行选择。或者更一般地说，是在自用资源和收入之间进行选择。

2. 劳动供给曲线

如图7-1和图7-2所示。先看图7-1，图中横轴 H 表示闲暇，纵轴 Y 表示收入。消费者的初始状态点 E 现在表示的是非劳动收入 $\overline{Y}$ 与时间资源总量16小时的组合。假定劳动价格即工资为 W_0，则最大可能的收入(劳动收入加非劳动收入)为 $K_0=16W_0+\overline{Y}$。于是消费者在工资 W_0 条件下的预算线为连接初始状态点正与纵轴上点 K_0 的直线 EK_0。EK_0 与无差异曲线 U_0 相切，切点为 A。与点 A 对应的最优闲暇量为 H_0，从而劳动供给量为 $(16-H_0)$。于是得到劳动供给曲线(如图7-2所示)上一点 $a(W_0, 16-H_0)$。

再回到图7-1。现在让劳动价格上升到 W_1，再上升到 W_2，则消费者的预算线将绕初始状态点正顺时针旋转到 EK_1 和 EK_2，其中 $K_1=16W_1+\overline{Y}$，$K_2=16W_2+\overline{Y}$。预算线 EK_1 和 EK_2 分别与无差异曲线 U_1 和 U_2 相切，切点分别为 B 和 C。均衡点 B 和 C 对应的最优闲暇

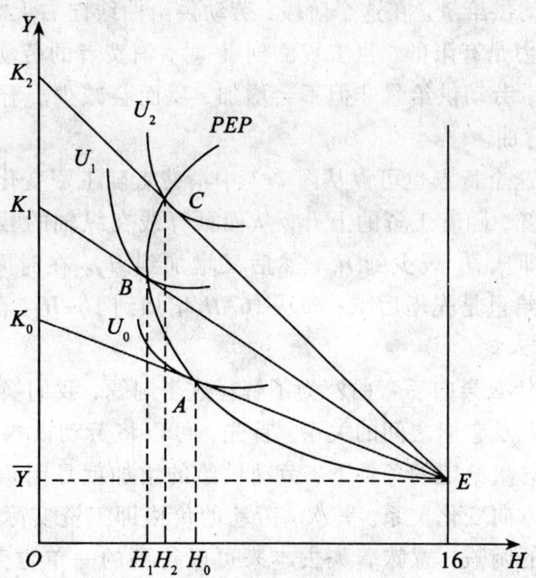

图 7-1　时间资源在闲暇和劳动供给之间的分配

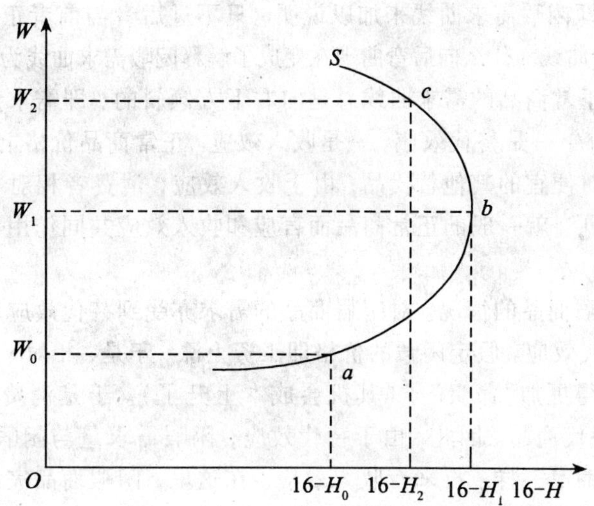

图 7-2　消费者的劳动供给曲线

量分别为 H_1 和 H_2，从而相应的劳动供给量一个为($16-H_1$)，一个为($16-H_2$)。现又得到劳动供给曲线(参见图 7-2)上两点 $b(W_1, 16-H_1)$、$c(W_2, 16-H_2)$。

重复上述过程，可得到图 7-1 中类似于 A、B 和 C 的其他点，将这些点连接起来，即得到图 7-1 中的价格扩展线 PEP。相应地，在图 7-2 中可得到类似于 a、b 和 c 的其他点，将所有这些点连接起来，即得到消费者的劳动供给曲线 S。

与一般的供给曲线不同，图 7-2 描绘的劳动供给曲线具有一个鲜明的特点，即它具有一段"向后弯曲"的部分。当工资较低时，随着工资的上升，消费者为较高的工资吸引将减少闲暇，增加劳动供给量。在这个阶段，劳动供给曲线向右上方倾斜。但是，工资上涨对劳动供给的吸引力是有限的。当工资涨到 W 时，消费者的劳动供给量达到最大。此时如果继续增加工资，劳动供给量非但不会增加，反而会减少。于是劳动供给曲线从工资 W_1 处起开始向后弯曲。

劳动供给曲线的这个特点也可以从图 7-1 中消费者随工资变化对闲暇需求量的变化中看出。由图 7-1 可知，随着工资的上升，从而预算线在纵轴的截距上升，消费者闲暇需求量是先减后增，即从 H_0 减少到 H_1，然后又增加到 H_2。在时间资源总量为既定时，这当然意味着劳动供给量是先增后减，即从 $16-H_0$增加到 $16-H_1$，然后又减少到 $16-H_2$。

3. 替代效应和收入效应

劳动供给曲线为什么会向后弯曲？为了解释这个问题，我们换一个角度来看劳动供给、劳动价格即工资以及它们之间的关系。首先，可以将劳动供给看成是闲暇需求的反面。因为在时间资源总量给定的条件下，劳动供给的增加就是闲暇需求的减少，反之亦然，二者之间存在反方向变化关系。其次，劳动的价格即工资实际上就是闲暇的机会成本：增加一单位时间的闲暇，意味着失去本来可以得到的一单位劳动的收入，即工资。于是，亦可以将工资看成是闲暇的价格。最后，在上述关于劳动供给及工资的重新解释的基础上，劳动供给量随工资而变化的关系即劳动供给曲线便可以用闲暇需求量随闲暇价格而变化的关系即闲暇需求曲线来加以说明，只不过后者与前者正好相反而已。换句话说，解释劳动供给曲线为什么向后弯曲现在变成了解释闲暇需求曲线为什么向前上斜。

我们知道，对正常商品的需求曲线总是向右下方倾斜的，即需求量随价格的上升而下降，其原因有两个：一是替代效应，一是收入效应。正常商品价格上涨后，由于替代效应，消费者转向相对便宜的其他替代品；由于收入效应，消费者相对“更穷”一些，则会减少对正常品的购买。就一般的正常商品而言应和收入效应共同作用使其需求曲线向右下方倾斜。

现在来考虑闲暇商品的情况。对闲暇商品的需求亦受到替代效应和收入效应两个方面的影响。先看替代效应。假定闲暇的价格即工资上涨，于是，相对于其他商品而言，闲暇这个商品现在变得更加“昂贵”了（其机会成本上升了）。于是消费者减少对它的“购买”，而转向其他替代商品。因此，由于替代效应，闲暇需求量与闲暇价格反方向变化，这一点与其他正常商品一样。再来看收入效应。在这里，闲暇商品完全与众不同。假定其他条件不变时，对于一般商品，价格上升意味着消费者实际收入下降，但闲暇价格的上升却相反，意味着实际收入的上升。因为消费者此时享有同样的闲暇即提供同样的劳动量可以获得更多的收入。随着收入的增加，消费者将增加对商品的消费，从而亦增加对闲暇商品的消费。结果，由于收入效应，闲暇需求量与闲暇价格的变化方向相同。这样一来，在一般正常商品场合在同一方向起作用的替代效应和收入效应，在闲暇商品场合却起着相反的作用。因此，随着闲暇价格的上升，闲暇需求量究竟是下降还是上升要取决于这两种效应的大小。如果替代效应大于收入效应，则闲暇需求量随其价格上升而下降；反之，如果收入效应大于替代效应，则闲暇需求量随其价格的上升而上升，这就意味着劳动供给曲线向后弯曲。

那么，闲暇价格变化的收入效应会不会超过替代效应？对一般商品（不仅是正常品，还包括一部分劣等品)来说，收入效应通常要小于替代效应。消费者消费的商品有很多种，而每一种只占消费者预算上的很小部分，而且具有很相近的替代品。因此，单种商品价格变动通常对消费者收入并不造成很大影响，而却非常容易引起消费者的替代行为。例外的情况仅是吉芬商品。现在讨论到闲暇商品，情况却有所不同。消费者的收入的大部分可能是来自劳动供给(当然仍有一部分非劳动收入)。假定其他因素不变，闲暇价格即工资的上升会大大增加消费者的收入水平。因此，闲暇价格变化的收入效应较大。如果原来的工资即闲暇价格较低，则此时工资稍稍上涨的收入效应不一定能抵消、当然更谈不上超过替代效应，因为此时的劳动供给量亦较小，从而由工资上涨引起的整个劳动收入增量(它等于工资增量与劳动供给量之乘积)并不很大。但如果工资已经处于较高水平(此时劳动供给量也相对较大)，则工资上涨引起的整个劳动收入增量就很大，从而可以超过替代效应，于是劳动供给曲线在较高的工资水平上开始向后弯曲。

总而言之，当工资的提高使人们富足到一定的程度以后，人们会更加珍视闲暇。因此，当工资达到一定高度而又继续提高时，人们的劳动供给量不但不会增加，反而会减少。

4. 劳动的市场供给曲线和均衡工资的决定

将所有单个消费者的劳动供给曲线水平相加，即得到整个市场的劳动供给曲线。尽管许多单个消费者的劳动供给曲线可能会向后弯曲，但劳动的市场供给曲线却不一定也是如此。在较高的工资水平上，现有的工人也许提供较少的劳动，但高工资也会吸引新的工人进来，因而总的市场劳动供给一般还是随着工资的上升而增加，从而市场劳动供给曲线仍然是向右上方倾斜的。

7.2.3 土地的供给曲线和地租的决定

【阅读材料】

房地产与经济学

以前，有个地主有很多地，找了很多长工干活，地主给长工们盖了一批团结楼住着。一天，地主的谋士对地主说：东家，长工们这几年手上有点钱了，他们住你的房子，每月交租子，不划算，反正他们永远住下去，你干脆把房子卖给他们起个名堂叫做公房出售！告诉他们房子永远归他们了，可以把他们这几年攒的钱收回来，地主说：不错，那租金怎么办？谋士说：照收不误，起个日本名儿，叫物业费！地主很快实行了，赚了好多钱，长工们那个高兴啊！

过了几年，地主的村子发展成城镇了，有钱人越来越多，没地方住，谋士对地主说：东家，长工们这几年手上又有钱了，咱们给他们盖新房子，起个名堂叫做旧城改造，他们把手上的钱给我们，我们拆了房子盖新的，叫他们再买回去，可以多盖一些卖给别人，地主又实行了，这次，有些长工们不高兴了，地主的家丁派上用途了，长工们打掉牙只好往肚子里咽，地主又赚了好多钱。

又过了几年，地主的村子发展成大城市了，有钱人更多了，地主的土地更值钱了，谋士对地主说：东家，咱们把这些长工的房子拆了，在这个地方建别墅，拆出来的地盖好房子卖给那些有钱的大款还能赚一笔，地主说：长工们不干怎么办？谋士说：咱给他们钱多点儿，起个名堂叫货币化安置，咱再到咱们的猪圈旁边建房子，起个名叫经济适用房，给他们修个马车道让他们到那边买房住，地主说：他们钱不够怎么办？谋士说：从咱家的钱庄借钱给他们，一年6分利，咱这钱还能生钱崽，又没风险，地主又实行了，长工们拿到钱，地主的经济适用房到现在才建了一间，长工们只好排队等房子，直到现在，还等着呢……

于是，长工们开始闹事了，地主有点慌，忙问谋士怎么办？谋士说：赶紧通知长工们，房子要跌价了，别买了，租房住吧，正好把我们的猪圈租给他们，结果，这么多年后，长工们的钱全没了，还在租房住，直到永远。

（资料来源：http://bjmsg.focus.cn/。）

经济学上的土地，泛指一切自然资源，其特点被描述为“原始的和不可毁灭的”。说它是原始的，因为它不能被生产出来；说它是不可毁灭的，因为它在数量上不会减少。土地数量既不能增加也不能减少，因而是固定不变的。或者也可以说，土地的“自然供给”是固定不变的。

当然，如果土地价格合适的话，人们可以沿海岸造陆地、变沙漠为良田，从而“创造”出土地；另一方面，如果人们采用一种会破坏土壤肥力的方式耕种，则土地也有“毁灭”的可能。不过，为简单起见，这里不考察土地数量的这些变化，而明确假定它为既定不变，并在该假定下来考察土地的“市场供给”（注意不是自然供给）的情况。

1. 土地、土地供给和土地价格

在正式讨论土地（以及资本）的供给之前，有几个概念需要首先明确。第一，生产服务源泉和生产服务本身。生产服务的源泉不同于生产服务本身。例如，劳动服务的源泉是人类或劳动者，但劳动服务却是“人·时”（或代表劳动者在某个特定时期工作的其他单位）；同样，土地是生产服务的源泉，但该生产服务本身却是用“公顷·年”（即使用1公顷土地1年）之类的单位来衡量的。类似的区别也适用于资本，比如，建筑物和机器作为源泉也不同于它们所提供的服务。

第二，源泉的供给（以及需求）和服务的供给（以及需求）。源泉的供求是指卖和买生产服务的“载体”，服务的供求则是指卖和买生产服务本身而非其“载体”。有些生产要素的源泉及其服务都可以在市场中交易，例如，土地和资本；有些生产要素则不能，例如劳动。劳动服务可以被买卖，但劳动服务的源泉（即人类自身）却不能被买卖，至少现在的文明社会是这样。

第三，源泉的价格和服务的价格。如果源泉和服务二者均可在市场上交易，则就有两个价格，即源泉价格和服务价格。例如，就土地而言，有一个“1公顷土地（即源泉）的价格”，还有一个“使用1公顷土地1年（即服务）的价格”。再如建筑物和机器，它们本身有一个市场价格（即源泉价格），还有一个使用它们一定时间的价格（即服务价格）。这两个价格显然不同，因而有加以区别的必要。生产要素源泉的价格，特别是资本物品（如机器）的价格，由它们的市场供求曲线所决定，其过程与前面已经论述过的商品价格的决定大致相同，我们在分配论中不再重复。因此，分配论中所论述的是生产要素服务价格的决定。劳动是一个例外。由于只有劳动服务能够买卖，因此，只有劳动一个价格，即劳动服务的价格。

为明确起见，假定下面讨论的土地、土地供给及土地价格（资本、资本供给及资本价格）均是指土地的服务、土地服务的供给及土地服务的价格（资本服务、资本服务的供给以及资本服务的价格）。其中，土地服务的价格称为地租（资本服务的价格称为利息）。

2. 土地的供给曲线

前面说过，土地的自然供给即自然赋予的土地数量是（或者假定是）固定不变的，它不会随土地价格即地租的变化而变化。现在要考虑土地的市场供给情况：它是否也与土地价格没有关系呢？

为了回答这个问题，下面仍然从分析单个土地所有者的行为开始。

假定土地所有者是消费者，从而其行为目的是效用最大化，它所用的土地数量在一定时期内也是既定的和有限的。和前一节分析的劳动者一样，土地所有者现在要解决的是：如何将既定数量的土地资源在保留自用和供给市场这两种用途上进行分配以获得最大的效用。

与供给劳动的情况类似，供给土地本身不直接增加效用。土地所有者供给土地的目的是为了获得土地收入，而土地收入可以用于各种消费目的，从而增加效用。因此，土地所有者实际上是在土地供给所可能带来的收入与自用土地之间进行选择。于是土地所有者的效用函数可以写为：

$$U=U(Y,q)$$

式中，Y，q 分别为土地收入和自用土地数量。

现在的问题是，自用土地是如何增加土地所有者的效用的呢？显然，如果不用来供给市场的话，则土地可以用来建造花园或高尔夫球场等。土地的这些消费性使用当然增加土地所有者的效用，就像劳动者场合的闲暇的作用一样。不过一般来说，土地的消费性使用只占土地的一个很小的部分，不像时间的消费性使用占去全部时间的一个较大的部分。如果假定不考虑土地消费性使用这个微小部分，即不考虑土地所有者自用土地的效用，则自用土地的边际效用等于 0，从而效用函数简化为：

$$U=U(Y)$$

换句话说，效用只取决于土地收入而与自用土地数量大小无关。在这种情况下，为了获得最大效用就必须使土地收入达到最大（因为效用总是收入的递增函数），而为了使土地收入最大又要求尽可能地多供给土地（假定土地价格总为正的）。由于土地所有者拥有的土地为既定的，例如为 P，故它将供给一定量的土地——无论土地价格 R 是多少。因此，土地供给将在 P 的位置上垂直，参见图 7-3。

值得注意的是，在上面的讨论中，之所以得到土地供给曲线垂直的结论，并不是因为自然赋予的土地数量是（或假定是）固定不变的，而是因为我们假定了土地只有一种用途即生产性用途，而没有自用用途。如果土地只有生产性用途，则它对该用途的供给曲线当然是垂直的。事实上，这个结论不仅适用于土地，同样也适用于任何其他要

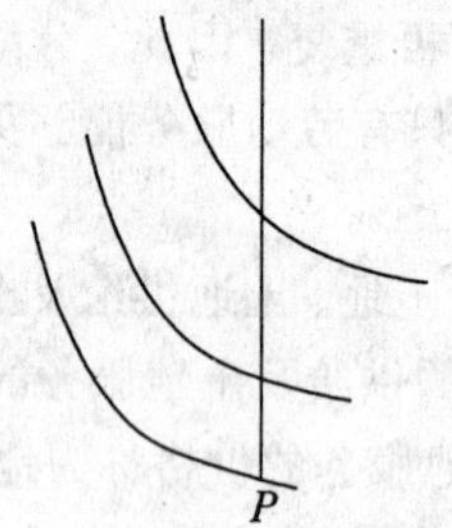

图 7-3　土地的供给曲线

素。我们可以做出下面的一般性的陈述：任意一种资源，如果只能（或假定只能）用于某种用途，而无其他用处，则该资源对该种用途的供给曲线就一定是垂直的。借用机会成本的概念则可以这样说：任意一种资源，如果它在某种用途上的机会成本等于0，则它对该种用途的供给曲线就垂直：即使该资源价格下降，它也不会转移到其他方面(因为无利可得)，即它的供给量不会减少。例如，考虑某些土地资源，如果它只能用来种玉米，则它对种玉米的供给曲线就垂直，种玉米土地的价格下降不会减少它的供给量；又例如，考虑某些高度专业化的劳动，如果这些劳动只适用于某个特殊的生产，则当劳动时间无自用价值时，它对该生产的供给曲线就垂直，当劳动时间有自用价值时，则供给曲线在劳动价格大于其自用价值之上时垂直。由此又可得到更加一般的结果：任意一种资源对其用途的供给曲线在其机会成本水平之上垂直。

由此可见，土地数量本身的固定不变并不能说明土地供给曲线垂直。要使（用于生产的）土地供给曲线垂直，必须假定土地没有自用用途，没有自用价值，或者说，假定土地在生产性使用上的机会成本等于0。这个假定显然并不完全符合实际，因为土地对土地所有者确实有某些消费性用途，尽管这些用途相对于其拥有的全部土地数量来说也许很小。如果将土地的自用价值也考虑进来的话，则土地的供给曲线就可能不再是那么垂直，而是略微向右上方倾斜。此外，如果土地除了一种用途之外还有其他用途，比如，农业土地可以被用来盖厂房、修道路等，则农用土地的价格下降以后，用于种农产品的土地可能就会减少——一部分原来用于农业的土地会转移到现在相对而言更加有利可图的盖厂房或修道路上去。这样，具有多种用途的土地的供给曲线就会向右上方倾斜，甚至会和一般商品的供给曲线没有差别。

当然，还有另一种办法也可以得到土地供给曲线垂直的结论，那就是，我们不是像上面那样考虑用于生产目的的土地供给，而是考虑所谓用于一切目的的土地供给，即既包括生产性使用，也包括消费性自用的土地供给，则在这种情况下，土地的供给就等于供给市场和“供给”给土地所有者自身的两部分之和，于是，它是真正固定不变的了，即土地价格的变化只能改变这两个部分的相对大小，但显然不能改变其总和。不过这样一来，我们也可以按同样的逻辑认为其他资源的供给曲线也是垂直的。例如，我们可以将闲暇也看成是劳动的一种方式，于是全部劳动供给分为供给市场的和自用的两部分。这样定义的劳动供给显然也是固定的，它不因劳动价格变化而变化。显而易见，这种解释对经济分析并无多大用处。

真正有意义的供给曲线总是指为市场目的而提供的供给，不包括自用部分。我们的分析将遵循这个“原则”。

3. 使用土地的价格和地租的决定

将所有单个土地所有者的土地供给曲线水平相加，即得到整个市场的土地供给曲线。再将向右下方倾斜的土地的市场需求曲线与土地供给曲线结合起来，即可决定使用土地的均衡价格（参见图7-3）。图7-3中土地需求曲线D_0与土地供给曲线S的交点是土地市场的均衡点，该均衡点决定了土地服务的均衡价格R_0。特别是，如果假定土地没有自用价值，则单个土地所有者的土地供给曲线为垂直线，故市场的土地供给曲线亦为垂直线。

当土地供给曲线垂直时，它与土地需求曲线的交点所决定的土地服务价格具有特殊意义：它常常被称为“地租”。参见图7-3中的R。由于此时土地的供给曲线垂直且固定不变，故地租完全由土地的需求曲线决定，而与土地的供给曲线无关：它随着需求曲线的上升而上升，随着需求曲线的下降而下降。如果需求曲线下降到D'，则地租将消失，即等于0。

根据上述地租决定理论，可以给出一个关于地租产生的解释。假设一开始时，土地供给量固定不变为P，对土地的需求曲线为D'，从而地租为0；现在由于技术进步使土地的边际生产力提高，或由于人口增加使粮食需求、粮食价格上涨，对土地的需求曲线便开始向右边移动，从而地租开始出现。因此，可以这样来说明地租产生的（技术）原因：地租产生的根本原因在于土地的稀少，供给不能增加；如果给定了不变的土地供给，则地租产生的直接原因就是土地需求曲线的右移。土地需求曲线右移是因为土地的边际生产力提高或土地产品（如粮食）的需求增加从而粮价提高。如果假定技术不变，则地租就由土地产品价格的上升而产生，且随着产品价格的上涨而不断上涨。

4. 租金、准租金和经济租金

根据地租的概念，西方学者又对它从几个方向进一步发展。

（1）租金。按照上面的定义，地租是当土地供给固定时的土地服务价格，因而地租只与固定不变的土地有关。但在很多情况下，不仅土地可以被看成是固定不变的，而且有许多其他资源在某些情况下也可以被看成是固定不变的，例如某些人的天赋才能，就很有些像土地一样，其供给是自然固定的。这些固定不变的资源也有相应的服务价格，这种服务价格显然与土地的地租非常类似。为与特殊的地租相区别，可以把这种供给数量同样固定不变的一般资源的服务价格叫做“租金”。换句话说，地租是当所考虑的资源为土地时的租金，而租金则是一般化的地租。

（2）准租金。现在进一步来分析租金。租金以及特殊的地租均与资源的供给固定不变相联系。这里的固定不变显然对（经济学意义上的）短期和长期都适用。但是，在现实生活中，有些生产要素尽管在长期中可变，但在短期中却是固定的。例如，由于厂商的生产规模在短期不能变动，其固定生产要素对厂商来说就是固定供给的：它不能从现有的用途中退出而转到收益较高的其他用途中去，也不能从其他相似的生产要素中得到补充。这些要素的服务价格在某种程度上也类似于租金，通常被称为“准租金”。

所谓准租金就是对供给量暂时固定的生产要素的支付，有时租金一词被用来泛指一般资源的服务价格，而不管该资源的供给如何，即固定生产要素的收益。

（3）经济租金。再回到租金是固定供给要素的服务价格这个定义上来。固定供给意味着要素价格的下降不会减少该要素的供给量，或者更进一步，要素收入的减少不会减少该要素的供给量。据此，也可以将租金看成是这样一种要素收入：其数量的减少不会引起要素供给量的减少。有许多要素的收入尽管从整体上看不同于租金，但其收入的一部分却可能类似于租金，亦即如果从该要素的全部收入中减去这一部分并不会影响要素的供给。我们将这一部分要素收入叫做“经济租金”。

总之，经济租金是要素收入（或价格）的一个部分，该部分并非为获得该要素于当前使用中所必须的部分，它代表着要素收入中超过其在其他场所可能得到的收入部分。简而言之，经济租金等于要素收入与其机会成本之差。

7.3 资本的供给曲线和利息的决定

前面分别讨论了劳动和土地两种生产要素。现在考虑与它们并列的第三种生产要素，即“资本”要素。资本这个词在不同的场合，因为不同的需要，被解释成不同的含义，从而又引导出不同的关于资本的理论。因此，有必要先来说明一下本节中所要分析的资本的含义。

7.3.1 资本与利息

1. 资本

在日常生活中，资本常常被看成是一个包罗万象的东西：它代表着一个经济系统的所有有形资源，包括劳动人口以及一切有用之物。例如，消费品（住房、家具等）、生产资料（工厂、机器等）、甚至现金余额和自然资源如土地。显而易见，这个关于资本的“概念”并不适合我们在此分析的目的。如果以此作为定义，则资本不再是与劳动及土地并列的生产要素（因为它包括了后两者），甚至也不再是生产要素（因为它包括了消费商品）。

作为与劳动和土地并列的一种生产要素，资本的独特特点可以概括如下：第一，它的数量是可以改变的，即它可以通过人们的经济活动生产出来；第二，它之所以被生产出来，其目的是为了以此而获得更多的商品和劳务；第三，它是作为投入要素，即通过用于生产过程来得到更多的商品和劳务的。

由于第一个特点，资本便与其他两个生产要素即土地和劳动区别开来了。因为土地和劳动均是“自然”给定的，不能由人们的经济活动生产出来；由于第二个及第三个特点，资本便与一切非生产要素的东西区别开来了。例如，由于第二个特点，它不同于普通的消费商品，因为消费商品不能带来更多的商品和劳务，其价值仅等于自身而不能增值；再例如，由于第二个及第三个特点，它甚至也不同于单纯的储蓄，因为在现代社会中，单纯的储蓄本身仅仅意味着可贷资金的增加。如果这些资金并不实际贷出，则不能增值；即使贷出去，从而增值，也可能不是被用于生产过程。

根据上述三个特点，可以将资本定义为：由经济制度本身生产出来并被用作投入要素以便进一步生产更多的商品和劳务的物品。

2. 利息

作为生产服务的源泉，资本本身具有一个市场价格，即所谓资本价值。例如，一台机器、一幢建筑物在市场上可按一定价格出售；另一方面，资本也与土地和劳动等其他要素一样，可以在市场上被租借（注意不是出售）出去。因此，作为生产服务，资本也有一个价格，即使用资本（或资本服务）的价格，或者说，资本所有权所得到的价格。这个价格通常称为利率，并用 r 来表示。

例如，一台价值为1000元的机器被使用一年得到的收入为100元。用这个年收入来除以机器本身的价值即得到该机器每单位价值服务的年收入 $100/1000=10\%$，这就是该机器服务的价格或（年）利率：$r=10\%$。

由此可见，资本服务的价格或利率等于资本服务的年收入与资本价值之比。用公式表示即为：

$$r=\frac{Z}{P}$$

式中，Z 为资本服务的年收入，P 为资本价值。

如果在使用资本的这一年里，资本价值本身发生了变化（即资本增值或者贬值），例如，在上面的例子中，机器的市场价格在一年中上升或下降了，则在计算利率时应当将这个资本价值增量部分与资本服务的收入同样看待。因此，利率的决定公式应修改为：

$$r=\frac{Z+\Delta P}{P} \tag{7-4}$$

式中，ΔP 为资本价值增量，它可以大于、等于或小于0。

对于不同的资本来说，它们的价值或者年收入可能并不相同，但年收入与资本价值的比率却有趋向于相等的趋势。例如，设资本 A 具有较高的利息率，则人们将去购买它，从而它的市场价格即资本价值被抬高，于是根据公式（7-4），它的利率将下降。这个过程将一直继续下去，直到 A 的利率与其他资本的利率相等时为止。

为什么资本会带来利息？有以下两点原因：

第一，时间偏好与利息。人们喜欢现期消费，放弃现期消费把货币作为资本就应该得到利息作为报酬。

第二，迂回生产与资本净生产力。迂回生产过程越长，生产效率越高；资本具有净生产力是资本带来利息的根源。

利息作为资金的使用价格在市场经济运行中起着十分重要的作用，主要表现为以下几个方面：

第一，影响企业行为的功能。利息作为企业的资金占用成本已直接影响企业经济效益水平的高低。企业为降低成本、增进效益，就要千方百计减少资金占压量，同时在筹资过程中对各种资金筹集方式进行成本比较。全社会的企业若将利息支出的节约作为一种普遍的行为模式，那么经济成长的效率也肯定会提高。

第二，影响居民资产选择行为的功能。在中国居民实际收入水平不断提高、储蓄比率日益加大的条件下，出现了资产选择行为，金融工具的增多为居民的资产选择行为提供了客观基础，而利息收入则是居民资产选择行为的主要诱因。居民部门重视利息收入并自发地产生资产选择行为，无论对宏观经济调控还是对微观基础的重新构造都产生了不容忽视的影响。从中国目前的情况看，高储蓄率已成为中国经济的一大特征，这为经济高速增长提供了坚实的资金基础，而居民在利息收入诱因下做出的种种资产选择行为又为实现各项宏观调控做出了贡献。

第三，影响政府行为的功能。由于利息收入与全社会的赤字部门和盈余部门的经济利益息息相关，因此，政府也能将其作为重要的经济杠杆对经济运行实施调节。例如：中央银行若采取降低利率的措施，货币就会更多地流向资本市场，当提高利率时，货币就会从资本市场流出。如果政府用信用手段筹集资金，可以用高于银行同期限存款利率来发行国债，将民间的货币资金吸收到政府手中，用于各项财政支出。

7.3.2 资本的供给与资本市场均衡

1. 资本供给

现在根据上面给出的资本定义来讨论资本的供给问题：以效用最大化为目的的资本所有者如何向市场供给资本要素？由资本的定义可知，资本与土地及劳动的一个根本区别在于：资本的数量是可以变化的，即它可以被人们的经济活动创造出来，而土地和劳动则是“自然给定”的。这个根本区别使得资本的供给问题完全不同于土地和劳动的供给问题。在有关土地和劳动的场合，所要研究的是资源所有者如何将既定的土地或劳动在要素供给和保留自用之间进行选择。尽管对单个人来说，他可以通过购买（例如土地）来增加其所拥有的资本（如土地）数量，但这同时也意味着，其他人拥有的资本（如土地）数量相应地减少了。因此，从整个社会来看，这种买卖行为并没有改变总的土地数量。除非买卖双方的土地自用价值有很大差别，土地所有权的转移本身并不会对土地的市场供给状况产生任何影响。

资本的情况则完全不同了：单个个人完全可以在不影响其他人资本拥有量的情况下来增加自己的资本资源。这就是“储蓄”，即保留其收入的一部分不用于当前的消费。当一个人进行储蓄而非消费时，他就增加了自己拥有的资本数量。他可以自己生产新资本，例如孤岛上的鲁滨逊为织一张网而放弃某些当前消费；此外，他也可以去购买资本的所有权，如股票、债券等。后一种方式在现代社会中更为常见。当储蓄者购买股票或债券时，其他人则得到一笔所需要的资金去建造厂房和机器等新资本。无论如何，单个人的资本数量由于储蓄而增加，或者相反，由于负储蓄而减少。

因为资源所有者拥有的资本数量是可变的，故现在面临的不再是单一的既定资本的供给问题，而首先是如何确定最优的资本拥有量的问题。只有在确定了最优资本拥有量之后，才可以讨论这个既定最优量的供给问题。后面的这个问题与土地及劳动的供给问题相同，均涉及既定资源在要素供给和自用用途之间的分配。如果假定资本的自用价值等于0，则既定资本资源的供给也是固定的，其供给曲线为一条垂直线。至于前一个问题，即最优资本拥有量问题实际上就是确定最优储蓄量的问题。假定资源所有者原有资本存量为 K_0，最优资本量为 K^*，则当 $K_0 < K^*$ 时，资源所有者将通过储蓄来增加其资本拥有量，以达到最优水平；反之则进行负储蓄。因此，资源所有者的资本供给问题现在归结为如何将既定收入在消费和储蓄两方面进行分配的问题。

2. 资本市场的均衡

由以上讨论可知，资本数量的变化是储蓄的结果。但储蓄是一个“流量”，要通过储蓄来显著地改变资本“存量”通常需要相当长的时间。如同涓涓细流不断流入一个大水库，要经过一段相当长的时间才能显著改变水库的水位。从短期来看，储蓄当然还是在增加资本，但增加的数量与原有的庞大资本存量相比可能微不足道。特别的，如果从一个非常短的时期，例如就从一个“时间点”上来考察，则储蓄流量就趋向于零，而资本存量为固定不变。为分析方便起见，我们假定单个消费者的借贷行为并不影响市场利率，另一些消费者可能进行负储蓄或借入，储蓄在短期中对资本数量不发生影响，即短期中资本存量固定不变。

由于假定资本数量在短期中为既定，又由于以前已经假定了资本的自用价值为零，故资本的短期供给曲线是一条垂直线。例如，设一开始时资本数量为 Q_1，于是相应的短期资本供给曲线就是 $S'S'$，参见图7-4。垂直的短期资本供给曲线表明在短期资本供给 Q 与利率 r 的高低无关。资本的需求曲线 D 当然仍是向右下方倾斜。资本的需求曲线 D 和短期供给曲线 $S'S'$ 的交点决定了短期均衡利率水平为 r_1，资本数量为 Q_1。

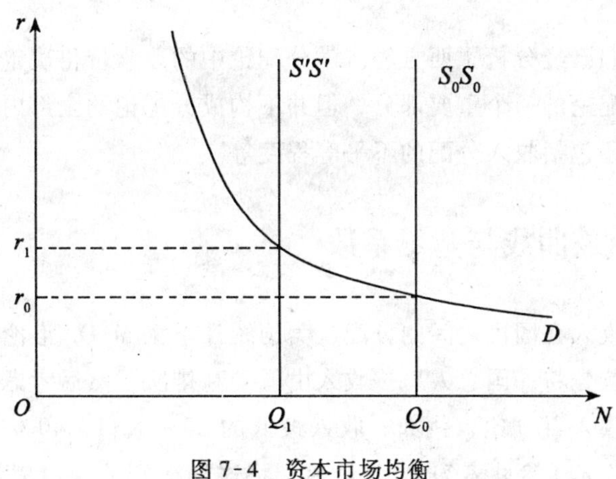

图7-4　资本市场均衡

图7-4中的(r_1, Q_1)是资本市场的短期均衡状态。从长期来看，它可能均衡，也可能不均衡。这是因为在短期均衡(r_1, Q_1)上，一方面，利率 r 决定了储蓄（从而投资）的数量，另一方面，短期资本存量 Q_1 决定了折旧的数量。如果由(r_1, Q_1)决定的储蓄和

折旧并不相等，就会出现不等于零的净投资，从而资本存量就会随之发生变化。例如，在短期均衡状态(r_1,Q_1)上，如果储蓄大于折旧，则就存在正的净投资，正的净投资将导致资本存量从原来的Q_1水平上增加；反之，如果储蓄小于折旧，则就存在着负的净投资，负的净投资将导致资本存量从原来的Q_1水平上减少。由此可见，尽管Q_1在短期中是均衡的，但在长期中却可能并不均衡。只有当某个短期均衡的利率和资本存量所决定的储蓄和折旧正好相等时，这个短期均衡才同时也是长期均衡。

现在来看资本市场是如何从短期均衡走向长期均衡的。假定在一开始时的短期均衡状态(r_1,Q_1)是利率相对较高而资本存量相对较低。相对较高的利率意味着相对较高的储蓄，相对较低的资本存量意味着相对较低的折旧。于是，在(r_1,Q_1)上，储蓄大于折旧，即净投资大于零。净投资大于零导致资本存量增加。这意味着，从长期来看，短期资本供给曲线将沿着资本的需求曲线 D 从原来的 $S'S'$向右边移动。随着短期资本供给曲线的向右移动，利率将下降而资本存量将增加，结果，储蓄相应下降而折旧相应增加，原先的储蓄与折旧的差距会缩小。这个过程将一直继续下去，直到储蓄与折旧之间的差距缩小到零，即二者趋于相等为止。设短期资本供给曲线右移到 S_0S_0 时，储蓄恰好等于折旧，则 S_0S_0 与资本需求曲线 D 的交点(r_0,Q_0)既表示资本市场的短期均衡，也表示它的长期均衡。在(r_0,Q_0)上，由于储蓄和折旧恰好相等，净投资为零，故资本存量将稳定在 Q_0的水平上不再变化，资本市场达到了长期均衡。除非资本的需求曲线上移或者人们对未来消费偏好增强，否则利率 ro 和资本数量 Q_0将维持不变。

7.4 社会收入分配

到此为止，我们已经分析了西方经济学分配论中的要素价格决定理论。生产要素价格的决定理论是分配论的一个重要部分，但并不构成分配论的全部内容。除了要素价格决定之外，分配论还包括收入分配的不平等程度等。

7.4.1 洛伦兹曲线与基尼系数

为了研究国民收入在国民之间的分配，美国统计学家 M. O. 洛伦兹提出了著名的洛伦兹曲线。洛伦兹首先将一国总人口按收入由低到高排队，然后考虑收入最低的任意百分比人口所得到的收入百分比，例如，收入最低的20%人口、40%人口所得到的收入比例分别为6%、12%（参见表7-1），最后，将这样得到的人口累计百分比和收入累计百分比的对应关系描绘在图形上，即得到洛伦兹曲线，参见图7-5。图中横轴 *OG* 表示人口（按收入由低到高分组）的累计百分比，纵轴 *OM* 表示收入的累计百分比，*ODP* 为该图的洛伦兹曲线。由该曲线（或表7-1）可知，在这个国家中，收入最低的20%人口所得到的收入仅占总收入的大约6%；而收入最低的80%人口所得到的收入为总收人的59%。

表7-1　　**收入分配资料**

按收入水平高低分组	人口所占比重（%）	累计人口比重（%）	收入所占比重（%）	收入累计比重（%）
最低收入者	20	20	6	6
较低收入者	20	40	12	18
中等收入者	20	60	17	35
较高收入者	20	80	24	59
最高收入者	20	100	41	100

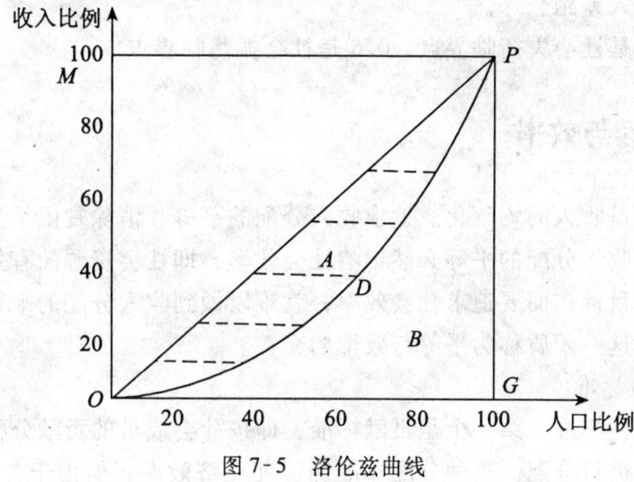

图7-5　洛伦兹曲线

显而易见，洛伦兹曲线的弯曲程度具有重要意义。一般来说，它反映了收入分配的不平等程度。弯曲程度越大，收入分配程度越不平等，反之亦然。特别是，如果所有的财富都集中在某一个人手中，而其余人口均一无所获时，收入分配达到完全不平等，洛伦兹曲线成为折线 *OGP*；另一方面，如果任一人口百分比均等于其收入百分比，从而人口累积百分比等于收入累积百分比，则收入分配就是完全平等的，洛伦兹曲线成为通过原点的45°的直线 *OP*。

一般来说，一个国家的收入分配，既不是完全不平等，也不是完全平等，而是介于两者之间；相应的洛伦兹曲线，既不是折线 *OGP*，也不是45°的直线 *OP*，而是像 *ODP* 那样向横轴凸出，但凸出的程度有所不同。收入分配越不平等，洛伦兹曲线就越是向横轴凸出，从而它与完全平等线 *OP* 之间的面积就越是大。因此，可以将洛伦兹曲线与45°线之间的部分 *A* 叫做“不平等面积”。当收入分配达到完全不平等时，洛伦兹曲线成为折线 *OGP*，*OGP* 与45°之间的面积 *A* 加 *B* 是“完全不平等面积”。不平等面积与完全不平等面积之比称为基尼系数。基尼系数是衡量一个国家贫富差距的标准。若设 *G*

为基尼系数，则：

$$G=\frac{A}{A+B}$$

显然，基尼系数不会大于1，也不会小于0，即有$0\leqslant G\leqslant 1$。

基尼系数是根据洛伦斯曲线计算出来的，反映一个社会收入平均程度的指标。

基尼系数的取值在0至1之间。基尼系数越大，说明收入越不平均；基尼系数越小，说明收入越平均。

基尼系数的标准：

$G<0.2$ 表示收入绝对平均；

$G=0.2\sim0.3$ 表示比较平均；

$G=0.3\sim0.4$ 表示相对合理；

$G=0.4\sim0.5$ 表示收入差距较大；

$G>0.6$ 表示收入差距悬殊。

基尼系数0.4是社会失衡临界点，0.6是社会振荡临界点。

7.4.2 平等与效率

平等指社会成员收入的均等化。追求收入分配的平等，消除贫困是微观经济政策的目标。但是，追求收入分配的平等必然影响社会效率，即社会资源的有效配置，效率也是微观经济政策的目标；而要追求社会效率，就难以做到收入分配的平等。平等与效率之间存在着矛盾，这一矛盾称为平等与效率的交替。

1. 收入分配的标准

收入分配有三种标准：第一个是贡献标准，即按社会成员的贡献分配国民收入，即按生产要素的价格进行分配。这种分配标准能保证经济效率，但由于各社会成员能力，机遇的差别，又会引起收入分配的不平等。第二个是需要标准，即按社会成员对生活必需品的需要分配国民收入。第三个是平等标准，即按公平的准则来分配国民收入。后两个标准有利用收入分配的平等化，但不利于经济效率的提高。有利于经济则会不利于平等，有利于平等则会有损于经济效率，这就是经济学中所说的平等与效率的矛盾。

2. 收入分配平等的衡量标准

一是劳动分配率，即劳动收入在国民收入中所占的比例；二是洛伦兹曲线与基尼系数；三是工资的差异率。

3. 收入分配政策的目标

收入分配政策的目标就是既要有利于经济效率，又要有利于平等。收入分配的基本原则是贡献标准，而收入分配的平等化总是要通过其他政策来实现。为了实现收入分配平等化，世界各国都采用了一些有关的政策，这些政策包括：税收政策、社会福利政策。如果说税收政策是要通过对富人征收重税来实现收入分配平等化的话，那么，社会福利政策则是要通过给穷人补助来实现收入分配平等化。

机会公平与一定范围内的结果不平等都是有利于提高效率的。在市场经济条件下，政府所能做到的，就是尽可能为每一个公民提供公平的机会，包括受教育、就业和享受社会公共服务等方面的机会。同时还要通过一定的政策调节，把结果的不平等限制在一定的范围内，这就需要正确处理公平与不平等的关系。首先，必须把公平和平等严格区分开来，决不能把机会的公平误认为结果的平等，否则就会重新走向平均主义的没有效率的老路。同时，还要充分注意到机会公平与结果不平等之间的辩证关系。一方面，机会不公平会对结果产生重大影响，而机会公平则有利于消除结果上的不平等。但机会公平并不必然导致结果的平等。就像两个人可以有完全公平的受教育的机会，但受教育的结果，并不能保证每个人都能取得博士学位一样。另一方面，我们还应当充分注意到，不平等的结果又会对机会公平产生重要影响。毫无疑问，富人及其子女往往会比穷人及其子女在受教育、医疗、就业等方面享有更多更好的机会，而这种不公平的机会往往又会带来新的结果的不平等。政府的责任就是要通过机会的公平去打破那种穷人越穷，富人越富的循环，而不是通过结果的平等去实现机会的公平。否则，必然会造成效率低下，从而造成共同贫穷的结果。为了尽可能减少不平等的结果对机会公平的影响，政府一方面需要尽可能提供充足的公共产品和劳务，并不断提高社会福利水平，另一方面，还需要通过强有力的政策措施，把分配结果上的不平等限制在社会能够承受的范围之内，从而把公平、不平等和效率很好地统一起来，以保证经济社会和谐高效地发展。

本章小结

（1）生产要素价格的决定是收入分配的重要部分。在市场经济中，生产要素的价格由要素的需求和供给决定。

（2）生产要素分为劳动、资本、土地和企业家才能。相应的居民收入分为工资、利息、地租和利润，一个家庭的收入就是由这些收入和转移支付收入组成的。

（3）厂商对劳动的需求决定于劳动的边际收益，而劳动的供给由于替代效应和收入效应的作用向后弯曲。供求相互作用达到均衡，决定工资水平，但是由于劳动质量不同，货币利益不同及不完全竞争，工资会出现差异。市场利率由资本需求和供给决定，但风险差别决定了实际利差。地租由土地供给和需求决定，但土地质量和地理位置使地租存在级差。

（4）洛伦兹曲线和基尼系数是衡量收入分配平等化程度的工具。

（5）平等和效率是微观经济政策的两大目标，但这两个目标存在交替性矛盾，在微观经济政策中力求兼顾。

案例分析

我国经济增长与收入分配

据世界银行的测算，我国2009年的基尼系数是0.47，在所有公布的135个国家中名列第36位，说明我国面临的贫富差距问题已经非常严峻了。但这还仅仅说明的是收入不平等程度，更受到关注的是，中国贫富差距拉大的速度是世界前十大经济体中最快的。

首先要强调的是，基尼系数也只是反映当年实际收入在不同收入阶层的分布情况的一种指标，而非全面、客观评价收入差距所造成影响的指标。如美国的基尼系数虽然也在0.4这一警戒线以上，但由于社会福利和保障制度比较完善，社会保障和福利支出占美国整个财政支出的50%左右（我国约为10%），因此对于保持社会稳定能起到积极作用。

事实上，以基尼系数作为衡量收入差距大小的数据还不足以反映中国当前的社会问题，而以财富差距来衡量或许其数据更为严峻。如由国家发改委、国家统计局和中国社科院等编写的《中国居民收入分配年度报告（2004）》中指出："最高收入10%的富裕家庭其财产总额占全部居民财产的45%，而最低收入10%的家庭相应比例仅为1.4%。"财富差距达到32倍，估计随着房地产价格的不断飙升，目前的财富差距至少超过40倍了，而2009年对应的居民收入差距大约是23倍。

期望经济增长来缩小收入差距，可信度并不大，关键是经济增长方式。

过去30多年中，中国经济的高速增长主要靠要素投入的增长来实现。根据一些研究，1979年到2004年间，我国全要素生产率平均增长率仅为0.89%，对经济增长平均贡献率为9.46%，而要素投入对经济增长贡献率高达90.54%，这是一种较典型的投入型增长方式。这种增长方式，决定了在创造经济增长奇迹的同时，也造成了收入差距的扩大。

首先，要素价格，尤其是劳动力薪酬，在很多竞争性行业被压低。据统计，当前全国7.67亿就业人口中的7亿人就业于非国有领域，其中4亿多为从事农业劳动的农民和从事工业的农民工。劳动力供给的充裕和重工业化的加速使得劳动力薪酬水平被压低，劳动者报酬占GDP比例从1990年的53.4%下降到2007年的39.7%，居民收入占GDP比例从1990年的55.4%下降到2009年的42.8%。其次，某些垄断性质的国有行业如电力、石油、烟草等职工的平均收入，2008年为全国平均水平的5~10倍。第三，政府为了完成GDP高增长目标，更愿意增加投资性财政支出，减少福利性支出。

我国企业工资支出在分配中的比例偏低，仅占企业运营成本的不到10%，远低于发达国家50%的水平。

我们不难从一些地方政府盲目追求经济增速这一线索，推导出必将导致收入差距扩大的结论。因为政府与企业、权力与资本的组合，是可以让要素投入得以持续、GDP高速增长得以保证的最佳组合。而结果是企业、政府和少数个人的收入、储蓄和财富的增加，大部分居民财富份额的下降，同时由于不对地方政府进行盈利考核，其负债水平将大幅上升。

（资料来源：新浪财经 http：//finance.sina.com.cn/。）

本章训练

1. 劳动的供给曲线为什么向后弯曲？

2. 土地的供给曲线为什么垂直于横轴?

3. 为什么会产生实际利差?

4. 你是如何看待平等与效率的关系的?

第8章 市场失灵与微观经济政策

学习目标

1. 理解市场机制并不能自动实现资源的最优配置的原因；

2. 理解由于垄断、外部性、公共物品的生产以及不完全信息等的存在，都会导致市场失灵；

3. 理解政府有必要运用微观经济政策来解决这些市场失灵问题。

知识能力

1. 了解市场失灵的概念及原因；

2. 掌握垄断的概念、成因及效率分析，掌握外部性的概念、分类及效率分析，掌握公共物品的概念及效率分析，掌握不完全信息的概念及效率分析。

工作任务

运用相关的经济学理论分析现实生活中的市场失灵及政府失灵现象。

关键词

市场失灵；垄断；外部性；公共物品；不完全信息

案例导入

外部性：列车与庄稼

20世纪初的一天，列车在绿草如茵的英格兰大地上飞驰。车上坐着英国经济学家庇古，他边欣赏风光，边对同伴说：列车在田间经过，机车喷出的火花（当时是蒸汽机车）飞到麦穗上，给农民造成了损失，但铁路公司并不用向农民赔偿，这正是市场经济的无能为力之处，称为“市场失灵”。

将近70年后，1971年，美国经济学家斯蒂格勒和阿尔钦同游日本。他们在高速列车（这时已是电气机车）上想起了庇古当年的感慨，就问列车员，铁路附近的农田是否受到列车的损害而减产。列车员说，恰恰相反，飞速驶过的列车把吃稻谷的飞鸟吓走了，农民反而受益，当然铁路公司也不能向农民收“赶鸟费”。这同样是市场经济无能为力的，也称为“市场失灵”。

（资料来源：北京交通大学精品课程网 http：//teaching. njtu. edu. cn。）

在前面的论述中，我们曾经指出，前面各章的西方微观经济学部分的主旨在于论证所谓看不见的手的原理，即：完全竞争市场经济在一系列理想化假定条件下，可以导致整个经济达到一般均衡，导致资源配置达到帕累托最优状态。但是，这个原理并不真正适用于现实的资本主义经济。由于完全竞争市场以及其他一系列理想化假定条件并不是现实资本主义经济的真实写照，因此，西方学者认为，在现实经济中，看不见的手的原理一般来说并不成立，帕累托最优状态通常不能得到实现。换句话说，现实的市场机制在很多场合不能导致资源的有效配置，这种情况被称为所谓“市场失灵”。

“自由市场”甚至“自由缔约”并不是万能的，它们都存在一些自身无法克服的“失灵”。因而，为追求社会效率和公平，在特定问题上，基于“精英主义”假设的政府的特定经济政策或制度存在必要性和合理性，但是也经常存在“政府失灵”，“政府失灵”有时甚至可能比“市场失灵”更糟糕。本章将分别论述市场失灵的四种情况，即垄断、外部影响、公共物品、不完全信息以及相应的微观经济政策。

【阅读材料】

与经济学家过招

一群武校的学生要毕业了，老师警告他们：“出去以后，千万不能和经济学家过招，因为他们都有一只看不见的手。”

（资料来源：经济学家笑话全集 http：//www. wyzxsx. com/）

8.1 垄　断

垄断（Monopoly）一词源于孟子所说的“必求垄断而登之，以左右望而网市利”。原指站在市集的高地上操纵贸易，后来泛指把持和独占。

在资本主义经济里，垄断指少数资本主义大企业，为了获得高额利润，通过相互协议或联合，对一个或几个部门商品的生产、销售和价格进行操纵和控制。

结合我国《反垄断法》的规定，垄断行为是指：排除、限制竞争以及可能排除、限制竞争的行为。

垄断是从资本主义的自由竞争中成长起来的。在自由竞争资本主义发展阶段，资本主义企业为了攫取更多的剩余价值，必然会采取先进的生产技术和科学的管理方法，实行生产的专业化和协作，提高劳动生产率；在激烈的竞争中，大企业往往凭借自己在经济上的优势，不断排挤和吞并中小企业，使生产资料、劳动力和劳动产品的生产日益集中于自己手中。同时，资本主义信用制度和股份公司的发展突破了单个资本的局限，加速了资本集中的发展，从而也推动了生产集中的发展。生产和资本的集中发展到一定程度，则意味着企业数目减少，一个部门的大部分生产都集中在几个或几十个大企业手中，它们之间比较容易达成协议，共同操纵部门的生产和销售，从而使垄断的产生具有可能性；少数大企业之间为了避免在竞争中两败俱伤，保证彼此都有利可图，也会谋求暂时的妥协，达成一定的协议，从而使垄断的产生具有必要性。自由竞争引起生产集中，生产集中发展到一定程度必然走向垄断。19 世纪末 20 世纪初，垄断已成为资本主义全部经济生活的基础。

8.1.1 垄断形成的原因

在西方国家，自古典经济学诞生以来，就一直对垄断现象疾恶如仇，而对自由竞争却大唱颂歌。然而古今中外的经济运行史告诉我们，垄断如同竞争一样，都是市场的伴生物。只要存在市场及竞争，垄断就必然产生。因此，系统分析垄断的成因，对于我们加深对垄断现象的认识并了解其在实践中的政策会有很大裨益。

1. 垄断形成的深层基础——分工协作的矛盾运动

分工或专业化过程就是企业的职能不断地分离出去，由其他专业化的企业专门承担这些职能的过程。随着这种社会分工的不断深化，企业之间的社会分工已由部门分工发展到产品分工，进而发展到零部件的分工、工艺分工和生产服务的分工，那么这种企业之间的社会分工不断细化的结果是什么呢？对企业来讲，不断地进行社会分工，本身意味着两件事情：一是企业不断地进行市场细分，以根据自己的优势定位于特定的目标市场，即在一个最终产品市场上，选择一种最终产品的一部分或该部分的更小一部分进行生产经营，以回避一般最终产品市场上提供相同产品的众多厂家激烈竞争；二是不断地制造产品差别，也就是通过不断分工，选择提供一种与原来的最终产品有区别的产品。这样，企业不断主动地进行社会分工的结果，从上述两个方面就已经意味着垄断局面的出现。在后一种场合，通过产品差别化，企业拥有了自己特定的市场（或顾客），在这些顾客看来，该产品与别的产品在一定程度上是难以替代的，而在这个市场上只有一家或少数几家企业在生产，由此形成了目标市场上的垄断，尽管这种垄断会因高利润率招致其他企业的进入或仿效而不易长期维持。事实上，由于专业化分工一般总是伴随着某些技术上的诀窍，以及相对缩小的市场容量和扩大了的生产规模，这就使得进行专业化分工的企业提高了其在某一市场中的垄断地位。

2. 公共产品与自然垄断

公共产品是相对于私人产品而言的，是指在消费和使用上不可排他性的产品，即每个人在消费和使用这种产品时不会导致其他人对该种消费和使用的减少。同私人产品或私人部门相比，公共产品具有效用上的不可分割性、生产经营上的规模性、消费上的无法排他性、取得方式上的非竞争性、成本或利益上的外在性和利益计算上的模糊性。

从公共产品的特征来看，每一个特征意味着不可避免要产生自然垄断现象。所谓自然垄断，是指由于技术上和经济上的原因，不是通过竞争途径而是一开始就直接建立确立的垄断现象。这种自然垄断一般都是由政府直接对某些产业的供给和价格以及市场进入进行管制，只授权一家企业垄断全部生产，其他企业一概不准进入。过去，西方经济学家认为自然垄断的存在只与规模经济相关，最近的观点表明，关于自然垄断的恰当定义必须建立在部分可加性而不是规模经济的基础上。鲍莫尔等人在 1982 年用部分可加性重新定义了自然垄断：如果单一企业生产所有各种产品的总成本小于多个企业分别生产其中一种产品的成本总和，企业的成本方程就是可加的；如果在所有相关的产量上企业的成本都是部分可加的，该产业就是自然垄断产业。换言之，即使规模经济不存在，即使平均成本上升，只要单一企业供应整个市场的成本小于多个企业分别生产的成本之和，由单一企业垄断市场的社会成本就仍然最小，该产业就仍然是自然垄断产业。其实，鲍莫尔等人这里所讲的部分可加性就是范围经济的原理。从公共产品与自然垄断的关系来看，规模经济也好，范围经济也好，既是公共产品的特征，也是自然垄断的特征。这既反映了公共产品和自然垄断都是基于同一原理而产生的，也同时反映了公共产品与自然垄断在这方面的重合性。当然，二者在范围上并不是完全一致的，需要指出的是，公共产品的特征都以不同的方式要求政府对公共产品实行垄断经营。从当今绝大多数国家来看，对公共产品的生产经营一般都是政府的职能，而政府一旦介入这类活动，由政府的性质所决定，就不能不采取垄断经营方式，虽然不一定表现为完全垄断的方式。因此，公共产品的垄断经营是一种特殊形式的垄断，即自然垄断。

3. 资本积聚和集中与垄断的形成

垄断的产生与资本积聚和资本集中这两种积累的途径有着不可分割的内在联系。马克思指出："资本主义生产的发展，使投入工业企业的资本有不断增长的必要，而竞争使资本主义生产方式的内在规律作为外在的强制规律支配着每一个资本家。竞争迫使资本家不断扩大自己的资本来维持自己的资本，而他扩大资本只能靠累进的积累。"可见，无论是资本积聚还是资本集中，都是在竞争过程中形成和实现的。而竞争建立在经济利益的争夺上，在竞争中，凡是有利于强化竞争优势的手段都有可能导致一定程度的垄断，而这也恰恰符合竞争者进行竞争的动机，正如恩格斯所指出的："每一个竞争者，不管他是工人，是资本家，或是地主，都必然希望取得垄断地位。每一小群竞争者都必然希望取得垄断地位来对付所有其他的人。"

4. 市场进入壁垒与垄断

进入壁垒就是指新进入企业相对于产业内原有企业在成本方面所遭受的不利之处，原有企业凭借这种先天优势就可以排挤新企业，使自己保持一定程度的垄断地位。当然，新进入企业也可以通过纵向购并方式来克服或削弱进入壁垒。但无论如何，进入壁垒确实是客观存在的。只要存在进入壁垒，原有企业就可以在一定时间、一定范围和一定程度上取得垄断地位。这主要是因为进入壁垒的存在限制了潜在竞争者的进入，从而减少了产业中企业的数目，这样就提高了这一产业的集中度，导致该市场的垄断结构。西方经济学理论对市场竞争的分析通常建立在厂商能够自由地进出市场，生产要素具有完全的流动性，信息充分和对称并且及时地传递等假设之上，也就是建立在"零成本流动"假设之上。然而，由于在市场竞争中存在着各种进入障碍，使得市场竞争不可能是充分的，因而必然有一定程度垄断的存在。

5. 政府偏好与垄断

在市场经济运行体系中，政府也是一个购买主体，而政府的购买是大量而集中的。政府订购某一企业的产品，能够极大地影响着各个企业的命运，有的企业的竞争力和市场份额借此得以提高和强化，而其他企业的竞争力和市场份额却因此而削弱。在美国，政府采购的商品和劳务的价值占国民生产总值的20%左右。无疑，通过政府的采购行为而使得某些企业逐步取得了对其他企业的市场支配地位，即形成了该市场的垄断结构。这方面最典型的产业要算是军工产业。政府作为军工产品的最大购买者，对军工市场的垄断结构的形成是非常直接的。这就无怪乎美国最大的国际承包商同时也都位居美国最大的工业企业之列。

研究与开发属于风险事业，资本投入密度大，而收益具有很大程度的不确定性。因此，政府经常给予从事研究与开发的企业以巨大资助，甚至在有些情况下，研究与开发经费全部由政府提供，但这种资助主要集中于少数实力较强的大公司。例如，美国的化学制品、石油制品、机器、电机、运输工具和仪器等工业就属于这类受政府资助较大的部门，而这些部门的集中程度绝大多数要高于制造业的平均水平。显然，政府对大公司研究与开发行为的资助，大大巩固或提高了所在产业的集中垄断程度。

8.1.2 垄断效率分析

首先来看某个有代表性的垄断厂商的利润最大化情况，参见图8-1。图8-1中横轴表示产量，纵轴表示价格。曲线D和MR分别表示该厂商的需求曲线和边际收益曲线。此外，为简单起见，假定平均成本和边际成本相等且固定不变，它们由图中的水平直线AC和MC表示。垄断厂商的利润最大化原则是边际成本等于边际收益。因此，垄断厂商的利润最大化产量为q_m。在该产量水平上，垄断价格为p_m。显然，这个价格高于边际成本。

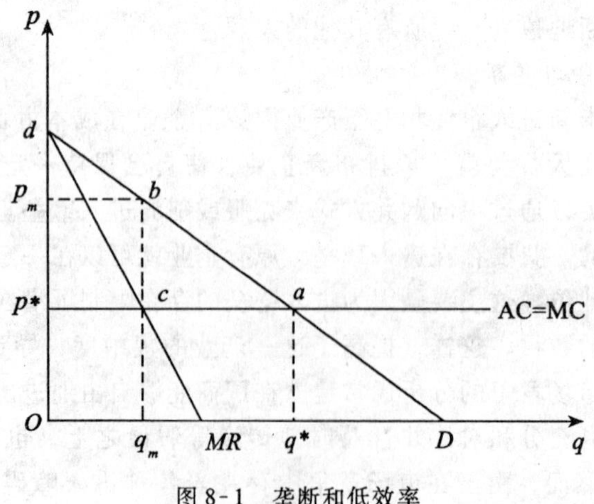

图8-1 垄断和低效率

显而易见，上述垄断厂商的利润最大化状况并没有达到帕累托最优状态。在利润最大化产量q_m上，价格p_m高于边际成本MC，这表明，消费者愿意为增加额外以单位产量所支付的数量超过了生产该单位产量所引起的成本。因此，存在帕累托改进的余地。例如，假设消费者按照既定的垄断价格p_m购买了垄断产量q_m。现在进一步考虑，是否可以有某种方式使垄断厂商和消费者的状况都变好呢？如果让垄断厂商再多生产一单位产量，让消费者以低于垄断价格但大于边际成本的某种价格购买该单位产量，则垄断厂商和消费者都从中得到了好处：垄断厂商的利润进一步提高，因为最后一单位产量给它带来的收益大于它支出的成本，消费者的福利进一步提高，因为它实际上对最后一单位产量的支付低于它本来愿意的支付（本来愿意的支付用需求曲线的高度衡量，即它等于垄断价格）。

垄断产量和垄断价格不满足帕累托最优条件，那么帕累托最优状态在什么地方达到呢？答案是在q^*的产量水平上达到。在q^*的产量水平上，需求曲线与边际成本曲线相交，即消费者为额外一单位产量愿意支付等于生产该额外产量的成本。此时，不再存在任何帕累托改进的余地。因此，q^*是帕累托意义上的最优产出。如果能够设法使产量从垄断水平q_m增加到最优水平q^*，则就实现了帕累托最优。一种可能的方法是：垄断厂商同意生产产量q^*，并在等于边际成本的价格p^*上出售该产量，这样做的结果是垄断厂商的利润下降了$(p_m-p^*)\cdot q_m$。为了弥补其损失，消费者之间达成一项协议，共同给予垄断厂商至少等于该损失的一揽子支付①。在给予这一揽子支付之后，消费者的福利与垄断条件下的情况相比仍然有所改善，因为垄断厂商将价格从p_m下降到p^*给消费者带来的全部好处是叫做消费者剩余的那一部分，即矩形区域p_mbcp^*，这个部分超过了垄断厂商的利润损失部分$(p_m-p^*)\cdot q_m$，超过的部分为三角形区域abc的面积。三角形区域abc就是当产量从垄断的q_m增加到最优的q^*时所产生的全部收益。这个收益可以在垄断厂商和消费者之间进行适当的分配，从而使双方都得到好处。

那么，在实际中，为什么均衡产量不是发生在帕累托最优状态q^*上呢？原因在于，垄断厂商和消费者之间以及消费者本身之间难以达成相互满意的一致意见。例如，垄断厂商和消费者之间在如何分配增加产出所得到的收益问题上可能存在很大分歧，以至于无法达成一致意见。又例如，消费者本身之间在如何分摊弥补垄断厂商利润损失的一揽子支付问题上也不能达成一致意见，最后，还可能无法防止某些消费者不负担一揽子支付而享受低价格的好处，即无法防止“免费乘车者”。由于存在上述这些困难，实际上得到的通常便是无效率的垄断情况。

上述关于垄断情况的分析也适用于垄断竞争或寡头垄断等其他非完全竞争的情况。实际上，只要市场是不完全竞争的，只要厂商面临的需求曲线不是一条水平线，而是向右下方倾斜，则厂商的利润最大化原则就是边际收益等于边际成本，而不是价格等于边际成本。当价格大于边际成本时，就出现了低效率的资源配置状态。而由于协议的各种困难，潜在的帕累托改进难以得到实现，于是整个经济便偏离了帕累托最优状态，均衡

① 一揽子支付，也就是垄断厂商同意增加产量、降低价格，这样造成的损失，需要得到的弥补。

于低效率之中。

根据传统的经济理论，垄断尽管会造成低效率，但这种低效率的经济损失从数量上来说却相对很小。例如，在图 8-1 中，完全竞争厂商的产量为 q^*，价格为 p^*，经济利润为 0，消费者剩余为 adp^*，总的经济福利（生产者的经济利润加上消费者剩余）也等于 adp^*；垄断厂商的产量为 q_m，价格为 p_m，经济利润为 bcp^*p_m，消费者剩余为 bdp_m，总的经济福利为 bcp^*d。二者相比，垄断的总经济福利减少了，但减少的数量较小，仅仅等于图中的小三角形 abc 的面积。

然而，在 20 世纪 60 年代后期以来，西方一些经济学家开始认识到，上述传统的垄断理论可能大大低估了垄断的经济损失。按照他们的看法，传统垄断理论的局限性在于，它着重分析的是垄断的“结果”，而不是获得和维持垄断的“过程”。一旦把分析的重点从垄断的结果转移到获得和维持垄断的过程，就会很容易地发现，垄断的经济损失不再仅仅包括图 8-1 中那块被叫做“纯损”的小三角形 abc，而是要大得多，它还要包括图 8-1 中垄断厂商的经济利润即 bcp^*p_m 的一部分，或者全部，甚至可能更多一些。这是因为，为了获得和维持垄断地位从而享受垄断的好处，厂商常常需要付出一定的代价。例如，向政府官员行贿，或者雇用律师向政府官员游说等。这种为获得和维持垄断地位而付出的代价与三角形 abc 一样也是一种纯粹的浪费：它不是用于生产，没有创造出任何有益的产出，完全是一种“非生产性的寻利活动”。这种非生产性的寻利活动被概括为所谓的“寻租”活动：为获得和维持垄断地位从而得到垄断利润（亦即垄断租金）的活动。

寻租活动的经济损失到底有多大呢？就单个的寻租者而言，他愿意花费在寻租活动上的代价不会超过垄断地位可能给他带来的好处，否则就不值得了。因此，从理论上来说，单个寻租者的寻租代价要小于或等于图 8-1 中的垄断利润或垄断租金 bcp^*p_m。在很多情况下，由于争夺垄断地位的竞争非常激烈，寻租代价常常要接近甚至等于全部的垄断利润。这意味着，即使局限于考虑单个的寻租者，其寻租损失也往往大于传统垄断理论中的“纯损”三角形。如果进一步来考虑整个寻租市场，问题就更为严重。在寻租市场上，寻租者往往不止一个，单个寻租者的寻租代价只是整个寻租活动的经济损失的一部分。整个寻租活动的全部经济损失等于所有单个寻租者寻租活动的代价的总和。而且，这个总和还将随着寻租市场竞争程度的不断加强而不断增大。显而易见，整个寻租活动的经济损失要远远超过传统垄断理论中的“纯损”三角形。

8.1.3 反垄断法律与政策的调节

1. 反托拉斯法

政府对垄断的更加强烈的反应是制定反垄断法或反托拉斯法。西方很多国家都不同程度地制定了反托拉斯法，其中最为突出的是美国。这里以美国为例进行概括介绍。

19 世纪末和 20 世纪初，美国企业界出现了第一次大兼并。正如列宁在《帝国主义论》中所指出的那样，结果形成了一大批经济实力雄厚的大企业，这些大企业被叫做“垄断”厂商或托拉斯。这里的“垄断”不只局限于指一个企业控制一个行业的全部供给的“纯粹”的情况，而且也包括几个大企业控制一个行业的大部分供给的情况。按照这一定义，美国的汽车工业、钢铁工业、化学工业等都属于垄断市场。垄断的形成和发展，深刻地影响到美国社会各个阶级和阶层的利益。

从 1890 年到 1950 年，美国国会通过制定一系列法案来反对垄断，其中包括谢尔曼法（1890）、克莱顿法（1914）、联邦贸易委员会法（1914）、罗宾逊—帕特曼法（1936）、惠特—李法（1938）和赛勒—凯弗维尔法（1950），统称反托拉斯法。在其他西方国家中也先后出现了类似的法律规定。

美国的这些反托拉斯法规定，限制贸易的协议或共谋，确定垄断或企图垄断市场、兼并、排他性规定、价格歧视、不正当的竞争或欺诈行为等都是非法的。例如，谢尔曼法规定：任何以托拉斯或其他形式进行的兼并或共谋，任何限制洲际或国际的贸易或商业活动的合同，均属非法；任何人垄断或企图垄断，或同其他个人或多人联合或共谋垄断洲际或国际的一部分商业和贸易的，均应认为是犯罪。违法者要受到罚款和（或）判刑。克莱顿法修正和加强了谢尔曼法，禁止不公平竞争，宣布导致削弱竞争或造成垄断的不正当做法为非法。这些不正当的做法包括价格歧视、排他性或限制性契约、公司相互持有股票和董事会成员相互兼任。联邦贸易委员会法规定：建立联邦贸易委员会作为独立的管理机构，授权防止不公平竞争以及商业欺骗行为，包括禁止虚假广告和商标等。罗宾逊—帕特曼法宣布卖主为消除竞争而实行的各种形式的不公平的价格歧视为非法，以保护独立的零售商和批发商。惠特—李法修正和补充了联邦贸易委员会法，宣布损害消费者利益的不公平交易为非法，以保护消费者。赛勒—凯弗维尔法补充了谢尔曼法，宣布任何公司购买竞争者的股票或资产从而实质上减少竞争或企图造成垄断的做法为非法。赛勒—凯弗维尔法禁止一切形式的兼并，包括横向兼并、纵向兼并和混合兼并，这类兼并指大公司之间的兼并和大公司对小公司的兼并，而不包括小公司之间的兼并。

美国反托拉斯法的执行机构是联邦贸易委员会和司法部反托拉斯局，前者主要反对不正当的贸易行为，后者主要反对垄断活动，对犯法者可以由法院提出警告、罚款、改组公司直至判刑。

2. 对垄断的公共管制

垄断常常导致资源配置缺乏效率。此外，垄断利润通常也被看成是不公平的。这就使得有必要对垄断进行政府干预。政府对垄断的干预是多种多样的。这里先来讨论政府对垄断价格和垄断产量的管制。

图 8-2 中反映的是某垄断厂商的情况。曲线 $D=\mathrm{AR}$ 和 MR 是它的需求曲线（从而使收益曲线平均）和边际收益曲线。曲线 AC 和 MC 是其平均成本和编辑成本曲线。注意，这里回到了平均和边际成本曲线的一半形状，而不是图 8-1 中的水平直线了。特别是，这里的平均成本曲线具有向右上方倾斜的部分。在没有管制的条件下，垄断厂商生产其利润最大化产量 q_m，并据此确定垄断价格 p_m。这种垄断均衡缺乏效率，因为在垄断产量 q_m上，垄断厂商获得了超额垄断利润，即经济利润不等于 0，或者说垄断厂商的全部利润大于正常利润。现在考虑政府的价格管制。政府应当制定什么样的价格为好呢？如果政府的目标是提高效率，则政府应当将价格定在 p_c的水平上，当价格为 p_c时，垄断厂商面临的需求曲线现在成为 p_cAD，从而边际收益曲线为 p_cA 和 $A'MR$。于是最大化产量为 q_c。在该产量水平上，价格恰好等于边际成本。于是实现了帕累托最优。

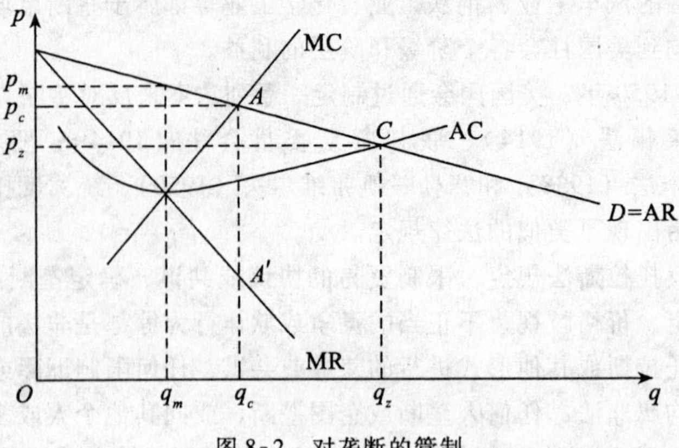

图 8-2 对垄断的管制

显然，当政府将价格定位为 p_c，从而实现了帕累托最优时，垄断厂商仍然可以得到一部分经济利润，即为平均收益 p_c 超过平均成本 ac 的部分。如果政府试图制定一个更低的“公平价格”以消除经济利润，则该价格须为 p_z。在价格定为 p_z 时，产量为 q_z。此时，平均收益恰好等于平均成本。因此，p_z 可称为零经济利润价格。但是，现在出现另一个问题，即在零经济利润价格水平上，帕累托最优条件被违反了：此时边际成本大于价格。因此，按帕累托效率而言，在垄断情况下，产量太低、价格太高，而在零经济利润情况下正好相反：价格太低、产量太高。

图 8-2 反映的是平均成本具有向右上方倾斜部分的垄断情况。现在考虑平均成本曲线不断下降的所谓自然垄断情况，参见图 8-3。图 8-3 中，由于平均成本曲线 AC 一直下降，故边际成本曲线 MC 总位于其下方。在不存在政府管制时，垄断厂商的产量和价格分别为 q_m 和 p_m。当政府管制价格为 p_c 时，产量为 q_c，达到帕累托效率。但是，如果要制定零经济利润价格 p_z，则在这种情况下，p_z 不是小于 p_c，而是要稍高一些。值得注意的是，在自然垄断场合帕累托最优价格 p_c 和最优产量 q_c 上，垄断厂商的平均收益小于平均成本，从而出现亏损。因此，在这种情况下，政府必须补贴垄断厂商的亏损。

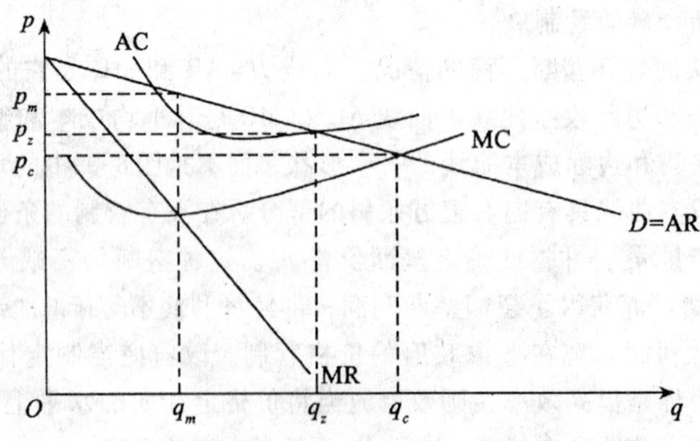

图 8-3 对垄断的管制：递减成本

8.2　外　部　性

到目前为止，我们讨论的微观经济理论，特别是其中的看不见的手的原理，要依赖于一个隐含的假定：单个消费者或生产者的经济行为对社会上其他人的福利没有影响，即不存在所谓的“外部影响”。换句话说，单个经济单位从其经济行为中产生的私人成本和私人利益被看成等于该行为所造成的社会成本和社会利益。但是，在实际经济中，这个假定往往并不能够成立。在很多时候，某个人（生产者或消费者）的一项经济活动会给社会上其他成员带来好处，但他自己却不能由此而得到补偿。此时，这个人从其活动中得到的私人利益就小于该活动所带来的社会利益。这种性质的外部影响被称为“外部经济”。

8.2.1　外部性含义

经济外部性是指某个经济实体的行为使他人受益（正外部性）或受损（负外部效应），却不会因之得到补偿或付出代价。由于外部性的存在，社会收益或成本大大高于行为者的个体收益或成本。因此在外部效应很强的领域，市场机制（价格信号）就不可能对社会资源进行有效分配。单靠市场中的自愿交易，经济的外部性无法被内在化。只有站在单个人之上国家出面干预时，经济的外部性才可能被内在化。

外部性最早是由英国经济学家马歇尔在其经典著作《经济学原理》一书中提出的，迄今已有近 110 多年的时间了。所谓外部性，也称外在效应或溢出效应，是指一个人或一个企业的活动对其他人或其他企业的外部影响，这种影响并不是在有关各方以价格为基础的交换中发生的，因此，其影响是外在的。更确切地说，外部经济效果是一个经济主体的行为对另一个经济主体的福利所产生的效果，而这种效果很难从货币或市场交易中反映出来。

现代经济活动建立在高度专业化分工基础之上，经济主体之间的依赖性日趋加强，各主体利用自己的优势生产更多同类产品，而以剩余产品进行交换。市场发育的成熟和专业化程度的提高使经济活动不仅在同一地区的社会个体之间，而且在不同地区甚至不同国家之间，根据自身比较优势展开精细化的劳动分工和地域分工，同时也加深了经济活动的社会化。就经济主体而言，为谋求和巩固本地区的市场竞争优势，客观地需要从本身比较优势出发，调整经济结构和相应经济活动。由于经济活动的社会性，这种调整必然对其他主体产生积极或消极影响，即产生了外部性。

从技术外部性来看，由于某些物品没有明晰的产权界定，经济活动中这些物品虽有价值却没有市场。依据科斯产权交易理论，产权界定不清是经济活动外部性产生的根源。在经济主体的交易过程中，产权不明或产权无法界定是产生外部性的主要原因。产权界定不清是指在当前由于体制或人为的原因使得产权界定的费用超过产权清晰节约的成本，产权界定不经济；产权无法界定是指由于某些经济活动要素和劳动对象的区域空间归属不明确，因而缺乏产权清晰的内在动力和必要手段。河流的产权不明晰，才会导致经济主体任意排放废物以致危害下游流域；空气的空间归属权难以界定，所以区域经济主体在进行经济活动时很难考虑对大气的污染。

从资金外部性来看，市场主体的经济活动经由市场体系影响到其他主体的福利水平。影响这一过程的两种力量是本地市场规模效应和价格指数效应，后者是产生资金外部性的主要力量。价格指数效应取决于商品壁垒水平、要素流动性和各产业间的联系强度，而商品壁垒水平、要素流动性代表市场一体化状况。在市场高度一体化的条件下，商品和生产要素在区域间能自由流动，一个经济主体在价格上的某个行为必然很快传导到其他区域，并影响其他区域的福利状况。在区域间无序竞争、分工不明、缺乏合作的状态下，要素和商品在区域间的流动由于缺乏必要的过滤机制而盲目杂乱，资金外部性，尤其是资金负外部性将更为明显。封闭区域市场、限制商品和要素流动固然可以在一定程度上减少资金负外部性，却有悖于现代市场的内在要求。因此，加强经济体相互合作、推进协调发展才是现代市场经济条件下减少资金外部性的合理出路。实际上，只要市场存在竞争，只要需求曲线向右下方倾斜，产权明确的主体的经济活动都会产生资金外部性；而且，竞争越激烈，资金外部性越大。产权不清是技术外部性存在的原因，即便产权明晰，资金外部性仍有可能存在，这与空间距离一样是永恒存在的。

8.2.2 外部性的分类及治理

经济外部性分为正外部性和负外部性。正外部性是某个经济行为个体的活动使他人或社会受益，而受益者无须花费代价；负外部性是指某个经济行为个体的活动使他人或社会受损，而造成外部不经济的人却没有为此承担成本。

1. 正外部性

正外部性是无偿给他人带来收益的外部性。我们把能够给他人带来无偿收益的产品称为正外部性的产品。这种产品在经济学家们看来大多具有两个特点：

第一个特点是对它的使用能够产生当事人不能全部享有的收益，即额外收益性。导致正外部性的制造者不能全部享有收益的原因很多，我们认为主要是下列因素导致额外收益：一是消费的非竞争性，有些产品在进行消费时，增加一个人对它的分享，并不导致该产品的生产成本上升，如技术发明、公共教育。生产成本和消费成本的非对称性，使排他的成本上升，甚至不可能排他。二是产品的易复制性，有些产品一经生产出来以后，其传递和复制成本相对于其生产成本来说非常小，每一个该产品的消费者都可能成为该产品供给者的竞争对手。这就使一些本来由生产者享有的收益被他人享有。典型的例子就是信息，这几年地下非法光盘生产线的屡禁不止就说明了这个问题。

正外部性产品的第二个特点是这种产品在私有市场上供给不足，即供给不足性。因为理性的个人或厂商在其行为产生的收益无法被其有效地全部享有，且生产正外部性产品的成本也并不因此而减少的情况下，没有足够的动力对正外部性产品进行投资，生产的边际成本大大高于边际收益，由此造成整个社会中正外部性产品的供给低于需求。“搭便车”行为也导致正外部性产品的供给不足。由于正外部性产品具有消费的非排他性，理性的个人都希望在他人生产出这种产品以后，无偿地进行使用和消费，而不去考虑自行供给。这也更加剧了正外部性产品的供给不足。

然而，正外部性的存在提高了社会收益。它是在不降低外部性制造者效用水平的同时，提高了他人的效用水平。尽管这种提高是非自愿的，但它是一种帕累托改进，符合效率原则。社会的进步在很大程度上要归功于正外部性，如技术进步、公共产品等都是促进社会进步的主要因素。因此要改变正外部性产品供给不足的状况，要对它的供给实行激励。

2. 负外部性

负外部性即未经他人同意而施加给他人额外成本的外部性。负外部性在提高外部性制造者效用水平的同时，却降低了相关人的效用水平，给他人带来了损害。它使构筑完全竞争模型的厂商利润最大化行为和消费者效用最大化行为产生偏差，远离了社会所要求的效率目标。与正外部性相比，负外部性的存在范围要大得多，存在着供给过剩的现象。正外部性只来源于正外部性产品，而负外部性不仅产生于对权利或物品的不正当使用，即使正当使用也会产生外部性，尤其是权利重叠导致的不相容使用问题。这正说明了在一定程度上负外部性是不可避免的，是人们不得不接受的一个事实。正因为如此，负外部性更能引起包括法学家、经济学家在内的人们的重视，经济学家通常将外部性默认为负外部性。

消除负外部性的总方向是使外部性内部化。但内部化的途径仁者见仁，智者见智。科斯通过科斯定理指出产权具有相互性，不能因为外部性的存在，就一定规定要由负外部性的制造者来承担责任。他认为问题的关键在于如何选择合适的制度来解决负外部性。尽管负外部性的制造者给他人带来了成本，但他人效用水平的下降幅度不一定就比负外部性制造者带来的社会福利总水平的提高幅度要大，关键在于二者的比较。

8.2.3　政府失灵理论

政府失灵理论（Government Failure Theory）是美国经济学家伯顿·韦斯布罗德（Burton A. Weisbrod，1974）提出的。

韦斯布罗德认为，当代经济学长期以来建立的私人部门理论，较好地论证了私人市场的存在及其均衡行为模式，后来又发展了公共部门理论对政府行为进行了系统的研究，但现有的经济学无法解释为什么要由非营利部门来提供公共的、集体消费的物品。他试图发展一个模型来解释以下问题：在政府和市场之间为什么会存在非营利部门；哪些因素决定了物品由政府、私人市场还是非营利部门来提供；政府部门、私人市场和非营利部门之间的关系是怎样的。

韦斯布罗德仍然是在需求与供给这个传统经济学的分析范式下解释非营利部门的存在。在论证非营利部门存在的必要性的时候，他采用了剩余分析的策略。在他看来，任何投票者都有对于物品的需求（包括公共物品和私人物品），政府、市场和非营利部门都是满足个人需求的手段，这三者在满足个人的需求方面存在相互替代性。正是政府和市场在提供公共物品方面的局限性，导致了对非营利部门的功能需求，这是非营利部门存在的主要原因。

政府部门权威的不恰当使用所带来的后果也许比市场失灵更为严重，主要表现为寻租与设租，如表 8-1 所示。

寻租（Rent-Seeking）：个人或利益集团为了谋取自身经济利益而对政府决策或政府官员施展影响的活动。

寻租与寻利的区别：寻利是经济主体以资本投入、技术发明、制度创新和公平交易等为基本途径，是由“看不见的手”引导的，具有正的外部性；而寻租是经济主体以游说、吹嘘、奉承、哄骗、行贿等为手段的力图使“看不见的手”不起作用，具有负的外部性。

设租（Rent-Set）：指权力拥有者利用权力获取非生产性经济利益的行为。

设租成本分析：

（1）设租活动的经济成本。设租活动会诱使人们来寻租，造成生产领域中人力资本数量的减少，还会导致公共部门资源配置的低效率。

（2）设租活动的行政成本。设租活动导致政府部门人浮于事、办事拖拉，降低政府运作的效率；为治理设租活动，政府又必须设立监督机构、聘用监督人员，由此增加了监督成本。

（3）设租活动的道德成本。设租活动会降低官员、公务员的公共责任心，会降低社会正义感和道德水准，降低社会公众对政府官员的尊重度和信任感，从而成为政局动荡的直接原因之一。

表 8-1　　**商品交易关系与寻租、设租关系的差异**

	商品交易关系	寻租、设租关系
交易领域	存在于经济市场	存在于政治领域
交易方式	公开的竞价交易	隐蔽的幕后交易
交易性质	合法的交易	非法的交易
交易后果	增进社会福利	浪费社会资源

如何纠正由于外部影响所造成的资源配置不当呢？西方微观经济学理论提出如下政策建议：

①明晰产权，减少技术外部性。科斯认为，市场存在外部性主要是因为市场机制的作用未能得到充分的发挥，或者是因为没有明确界定产权，或者是由于政府人为的干预，使资源定价太低或存在补贴。因此，问题的解决要依靠完善市场、充分发挥市场机制的功能，也就是说，要明确产权，产权所有人可以通过私人谈判或法律诉讼来解决外部性问题，而无须政府的人为干预。经济活动外部性的产生也是由众多经济个体行为造成的，因此，减少该外部性首先要减少个体的外部性，明确各种“商品”的所有权。

通过有效界定产权，消除经济活动外部性和经济行为主体的机会主义行为（或“搭便车”行为）。但一切私有产权都不是完全和绝对有效的，从而都在产权的边界处留下了一块公共区域。虽然界定产权有成本，但是着眼减少外部性，必须加强对“公地”的管理，而完善经营管理制度是其中的必要内容。

产权清晰、权责明确、管理科学需要各经济体之间通力合作，以协调利益冲突，提供一种持续性、制度化的激励机制，把人们的最大化活动直接融入促进经济增长的生产性活动中去。比如，长江上游生态屏障建设过程中，需要明确长江上、中、下游的管理权责利，通过中下游地区对上游的对口支援、财政转移支付，以及上游以生态资本入股中下游受益区域的经济建设等方式，使上、中、下游地区都成为长江上游经济带和生态屏障的共建主体。

②协调区域经济发展，减少资金外部性。从竞争角度来说，适度的资金外部性有利于提高经济体的创新能力，提升经济发展水平；然而过度的资金外部性，往往是恶性竞争的反映，是对经济体资源的浪费。实际上，在经济体生产领域的冲突中，资金外部性是一个极其关键的原因，因此有必要通过经济政策减少经济活动的资金外部性。资金外部性是市场交换的“副产品”，其作用是通过价格机制传导到其他区域。经济发展的关联性是经济重要规律之一。在生产要素可以自由流动的今天，各经济体之间发展的关联性越来越强，关联程度越来越高，价格传导作用越来越广泛。价格形成依赖供求关系，而供求关系又依赖于各个经济体，经济体之间的有效合作因而成为供求结构合理降低资金外部性的前提。因此，克服资金外部性一方面要求各经济体之间加强横向联系，充分了解其他经济体的发展战略及产业政策，自觉避免经济发展战略趋同与产业同构，围绕自身优势，着力发展区域特色经济；另一方面要求各经济体的政府部门，必须统筹发展，指导、督促制定经济发展规划和战略，协调经济发展的矛盾，减少资金外部性。

8.3　公共物品

到目前为止，本书讨论的对象主要是所谓的“私人物品”，即那些在普通的市场上常见的物品。私人物品具有两个鲜明的特点：第一是“排他性”，即只有对商品支付价格的人才能使用该商品；第二是“竞用性”，即如果某人已经使用了某个商品，则其他人就不能再同时使用该商品。实际上，市场机制只有在具备上述两个特点的私人物品的场合才真正起作用，才有效率。然而，在现实的经济中，还存在着许许多多不满足排他性或竞用性特点的物品。如果一件物品不具有排他性，即无法排除一些人“不支付便使用”，则它毫无疑问会带来外部影响，并造成市场机制的失灵。这类既不具有排他性也不具有竞用性的物品就叫做公共物品。

【阅读材料】

公共物品：三面时钟的钟楼

两百年前，时钟的造价高昂，因此人们往往在聚集中心建造钟楼。但是在美国的一个古镇上，却有一座只有三面可以看见时钟的钟楼。原来，看不见时钟的那个方向，当时住着一位大财主，没有参加修建钟楼的捐助会。

【阅读材料】

公共地悲剧

以前，世界大部分海洋渔业资源是向一切人开放的。许多鱼类被捕捞到濒临灭绝的地步。1976 年，一项国际协议把国家的司法管辖权从 12 海里扩大到 200 海里。这项国际协议对渔民经常捕鱼的海域规定了产权。对海域规定了长期排他性的产权，有产权的政府就会以长远眼光的方式对在该海域上捕鱼的渔民进行管制，在一定程度上制止滥捕鱼类。

8.3.1 公共物品的概念

公共物品是指公共使用或消费的物品。公共物品是可以供社会成员共同享用的物品，严格意义上的公共物品具有非竞争性和非排他性。所谓非竞争性，是指某人对公共物品的消费并不会影响别人同时消费该产品及其从中获得的效用，即在给定的生产水平下，为另一个消费者提供这一物品所带来的边际成本为零。所谓非排他性，是指某人在消费一种公共物品时，不能排除其他人消费这一物品（不论他们是否付费），或者排除的成本很高。所谓商品的排他性是指商品的生产者或者购买者可以很容易地把他人排斥在获得该商品带来的利益之外；商品的竞争性是指消费商品的数量与生产这一数量的成本有关。

公共物品基本上可以分为三类：第一类是纯公共物品，即同时具有非排他性和非竞争性；第二类公共物品的特点是消费上具有非竞争性，但是却可以较轻易地做到排他，有学者将这类物品形象地称为俱乐部物品；第三类公共物品与俱乐部物品刚好相反，即在消费上具有竞争性，但是却无法有效地排他，有学者将这类物品称为共同资源或公共池塘资源物品。俱乐部物品和共同资源物品通称为“准公共物品”，即不同时具备非排他性和非竞争性。准公共物品一般具有“拥挤性”的特点，即当消费者的数目增加到某一个值后，就会出现边际成本为正的情况，而不是像纯公共物品，增加一个人的消费，边际成本为零。准公共物品到达“拥挤点”后，每增加一个人，将减少原有消费者的效用。

在准公共物品的消费中，存在一个“拥挤点”。当消费者的数目增加到该拥挤点之前，每增加一个消费者的边际成本是零；而达到该点之后，每增加一个消费者的边际成本开始上升；当达到容量的最大限制时，增加额外消费者的边际成本趋于无穷大。“俱乐部经济理论”对准公共物品的拥挤性进行了分析。该理论认为消费同一社区的公共物品的消费者为同一俱乐部的“成员”，其中每个成员对于该俱乐部范围内的既定数量与质量的公共物品的消费效用都是其他成员消费该公共物品的函数。帕累托最优条件要求：俱乐部的任何成员在其消费公共物品时所获得的收益必须大于或至少等于他使其他成员所负担的边际成本总额。

由于人们对于公共物品的购买方式不同于私人物品，在自利原则驱使下，消费者总是希望不断地扩大公共物品的范围，以便免费或者少付费来享受更多的社会福利。这种搭便车的消费心理，造成了对公共物品消费的一种福利“刚性”，这种福利刚性在福利国家和社会主义国家普遍存在。

8.3.2　公共物品的特征及最优供给

1. 公共物品的特征

公共物品与私人物品对比，有四个明显的特性：

（1）非排他性。非排他性是指只要某一社会存在公共产品，就不能排斥该社会任何人消费该种产品，从而任一消费者都可以免费消费公共产品。由于公共产品具有非竞争性和非排他性，使其不能像私人产品一样生产和供给，一般只能无偿提供。通常，公共产品是由公共开支安排生产的。当然，并非所有由公共开支所生产的产品都是公共产品，也并非只有政府才提供公共产品。例如，邮政可能仅仅由公共开支维持，但由于邮政业务既不具有非竞争性，又不具有非排他性，因此并不是公共产品；同时，除政府以外某些社会团体也可以提供公共产品。

（2）非竞争性。非竞争性是指当增加一个人消费某产品时，该产品的边际成本为零，如法律、国防等。它包含三层含义：①同一单位的公共产品可以被许多人消费，它对某一个人的供给并不减少对其他人的供给；②某人享用该公共产品得到收益并不减少其他人享用该产品所得到的收益，也就是说根本不会带来“拥挤成本”；③公共产品一旦被提供，消费者的增多并不导致该公共产品生产成本的增加，也就是说，生产方面无须追加资源的投入来增加供给。

2. 公共物品的最优供给

我们接下来回顾一下私人物品最优数量的决定。为简单起见，假定社会上只有 A 和 B 两个消费者，他们对商品的需求曲线分别由 D_A 和 D_B 表示。商品的市场供给曲线为 S，参见图 8-4。由于所讨论的是私人物品，故将消费者 A 与 B 的需求曲线 D_A 和 D_B 水平相加即得到某市场需求曲线 D。市场需求曲线 D 与供给曲线 S 的交点决定了该私人物品的均衡数量 Q_0，显然 Q_0 就是该私人物品的最优数量。这是因为在这个产量水平上，每个消费者的边际利益恰好等于商品的边际成本，需求曲线代表了每个产量（需求量）水平上的边际利益。故当供给量为 Q_0 时，边际成本为 Q_0H；而在价格为 P_0 时，消费者 A 和消费者 B 的需求量分别为 C 和 F，再根据需求曲线 D_A 和 D_B，相应的边际利益为 CE 和 FG。由图 8-4 可知，$CE=FG=Q_0H$，即每个消费者的边际利益均等于边际成本。

现在来看公共物品的情况，参见图 8-5。与私人物品的讨论一样，我们仍然假定每个消费者对公共物品的需求曲线是已知的，为 D_A 和 D_B，公共物品的市场供给曲线为 S。如何从个人的需求曲线形成市场的需求曲线呢？这里的关键之处在于公共物品的市场需求曲线不是个人需求曲线的水平相加，而是它们的垂直相加。之所以如此，原因在于公共物品消费上的非竞用性特点。由于消费上的非竞用性，每个消费者消费的都是同一个

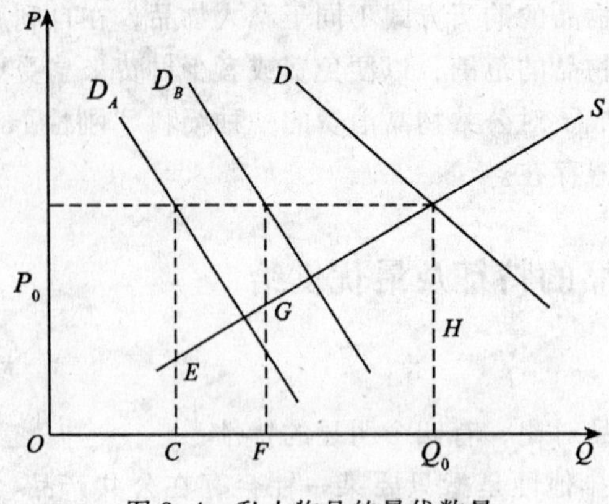

图 8-4　私人物品的最优数量

商品总量，因而每一消费者的消费量都与总消费量相等；另一方面，对这个总消费量所支付的全部价格，却是所有消费者支付的价格的总和。例如，设公共物品的数量为图 8-5中的 R，则消费者 A 和消费者 B 的消费量都是 R。当 A 和 B 的消费量均为 R 时，他们所愿意支付的价格按各自的需求曲线分别为 L 和 N。因此，当消费者为 R 时，消费者 A 和 B 所愿意支付的价格之和就是 $L+N=T$。

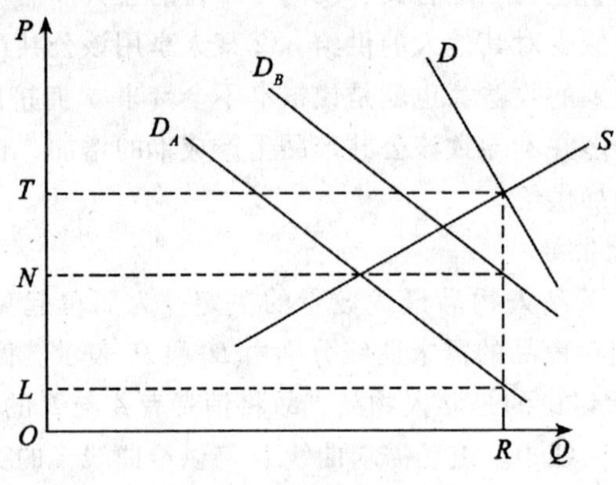

图 8-5　公共物品的最优数量

有了公共物品的市场供求曲线，则公共物品的均衡数量也可决定，这就是市场供求曲线交点所指示的 R。实际上，这个均衡数量 R 也代表着公共物品的最优数量。要解释这一点并不困难。当公共物品数量为 R 时，根据供给曲线，公共物品的边际成本为 T，而根据消费者的需求曲线，A 和 B 的边际利益分别为 L 和 N，从而总的社会的边际利益为 $L+N=T$。于是，边际的社会利益等于边际成本，公共物品数量达到最优。这里值得注意的是，公共物品的最优标准与私人物品的最优标准不完全相同。在私人物品场合，最优标准是每个消费者的边际利益与边际成本相等。而在公共物品场合，最优标准是每个消费者的边际利益之和与边际成本相等。这个区别仍然根源于是否具有消费的竞用性这个基本特点。

前面在假定每个消费者对公共物品的需求曲线均存在且已知的条件下，讨论了公共物品的最优数量的决定。但是，许多西方经济学家认为，这种讨论并没有多大的实际意义，原因是公共物品的需求曲线是虚假的。首先，单个消费者通常并不是很清楚自己对公共物品的需求价格，更不用说准确地陈述他对公共物品的需求和价格的关系；其次，即使单个消费者了解自己对公共物品的偏好程度，他们也不会如实地说出来。为了少支付价格或不支付价格，消费者会低报或隐瞒自己对公共物品的偏好，他们在享用公共物品时都想当“免费乘车者”，不支付成本就得到利益。由于单个消费者对公共物品的需求曲线不会自动显示出来，故我们无法将它们加总得到公共物品的市场需求曲线并进而确定公共物品的最优数量。

尽管我们在实际上难以通过公共物品的供求分析来确定它的最优数量，但却可以有把握地说，市场本身提供的公共物品通常将低于最优数量，即市场机制分配给公共物品生产的资源常常会不足。我们知道，在竞争的市场中，如果是私人物品，则市场均衡时的资源配置是最优的。生产者之间的竞争将保证消费者面对的是等于商品的边际成本的同样的价格，消费者则在既定的商品产出量上展开竞争。某个消费者消费一单位商品的机会成本就是在市场价格上卖给其他消费者的同样一单位商品，故没有哪个消费者会得到低于市场价格而买到商品的好处。但是，如果是公共物品，情况将完全不同。任何一个消费者消费一单位商品的机会成本为0。这意味着，没有任何消费者要为他所消费的公共物品去与其他任何人竞争。因此，市场不再是竞争的。如果消费者认识到他自己消费的机会成本为0，他就会尽量少支付给生产者以换取消费公共物品的权利。如果所有消费者均这样行事，则消费者们支付的数量将不足以弥补公共物品的生产成本，结果便是低于最优数量的产出，甚至是零产出。

公共物品的生产和消费问题不能由市场上的个人决策来解决。因此，必须由政府承担提供公共物品的责任。政府任何确定某公共物品是否值得生产以及应该生产多少呢？在这里，西方经济学家经常提到的一个重要方法是成本—收益分析。

成本—收益分析是用来评估经济项目或非经济项目的，它首先估计一个项目所需花费的成本以及它可能带来的收益，然后把二者进行比较，最后根据比较的结果决定该项目是否值得。公共物品也可以看成是一个项目，并运用成本—收益分析方法来加以讨论。如果评估的结果是该公共物品的收益大于或至少等于其成本，则它就值得生产，否则便不值得。

8.4　不完全信息

作为一种有价值的资源，信息不同于普通商品。人们在购买普通商品时，先要了解它的价值，看看值不值得买。但是，购买信息商品却无法做到这一点。人们之所以愿意出钱购买信息，是因为还不知道它，一旦知道了它，就没有人会愿意再为此进行支付。这就出现了一个困难的问题：卖者该不该让买者在购买之前就充分地了解所出售的信息的价值呢？如果不让，则买者就可能因为不知道究竟值不值得而不去购买它；如果让，则买者又可能因为已经知道了该信息也不去购买它。在这种情况下，要能够做成“生意”，只能靠买卖双方的并不十分可靠的相互信赖：卖者让买者充分了解信息的用处，而买者则答应在了解信息的用处之后即购买它，因而在市场交易中会导致道德风险，使得市场效率低下，在一定程度上限制了市场的作用。

8.4.1 信息不完全与信息不对称

信息不完全（Incomplete Information）不是指那种绝对意义上的不完全，即由于认识能力的限制，人们不可能知道在任何时候、任何地方发生任何情况，而且是指“相对”意义上的不完全，即市场经济本身不能够生产出足够的信息并有效地配置它们。

信息不对称（Asymmetric Information）指交易中的各人拥有的资料不同。一般而言，卖家比买家拥有更多关于交易物品的信息，但相反的情况也可能存在。前者例子可见于二手车的买卖，卖主对该卖出的车辆比买方了解。后者例子比如医疗保险，买方通常拥有更多信息。

和普通商品一样，信息也是一种很有价值的资源，它能够提高经济主体的效用和利润。例如，消费者如果知道商品的质量，就能够避开那些质次价高的东西，生产者如果了解市场的需求，就能够提供恰到好处的供给。

和普通商品不同，信息在“质”和“量”上又有其独特的性质。

首先，从质的方面看，信息有点类似于我们前面讨论过的“公共物品”。信息显然不具有竞用性，因为信息可以被许多人同时利用。信息在一定的程度上也可以说没有排他性，信息的最初所有者当然可以封锁信息，秘而不宣，但是，一旦信息被卖出去之后，他就很难阻止信息的买主再向其他人传播。

其次，从量的方面看，确定信息的价值大小也不像确定普通商品的价格那样简单。人们常常采用比较的方法来计算信息的价值：获得新的信息可能会促使经济主体改变自己的决策，而决策的改变又可能导致预期收益的变化，于是可以用预期收益的变化来确定这一新增信息的价值。下面用一个具体的例子加以说明。

某鲜鱼零售商考虑为明天的销售而进货。他的鱼池的容量有限，最多只能进货 800 千克鲜鱼。鲜鱼的进货价格是每千克 6 元，而明天的销售价格则是不确定的。为简单起见，假定明天鲜鱼的销售价格只存在如下两种情况：有 50% 的可能性行情很好，价格为每千克 8 元，此时，每进货和销售一千克鲜鱼可盈利 2 元；也有 50% 的可能性行情不好，价格为每千克 4 元，此时，每进货和销售一千克鲜鱼会亏损 2 元。现在要问，在信息完全和信息不完全的情况下，该零售商将如何决定自己的进货计划？相应的预期利润又是多少？

首先来看信息完全的情况。零售商能够事先确切地知道明天的鲜鱼销售价格，从而可以据此作出正确的进货计划：如果确知明天行情好，则今天就把进货量定在最大，即 800 千克，这样，赚得的利润就是 $2\times800=1600$（元）；如果确知明天行情不好，则今天就把进货量定在最小，即 0 千克，这样，赚得的利润就是 0 元（$(-2)\times0=0$）。由于明天的行情好和不好的可能均为 50%，故在信息完全的情况下，零售商的预期利润为：

$$50\%\times1600+50\%\times0=800\ (元)$$

现在来看信息不完全对零售商的预期利润的影响。当信息不完全时，零售商无法事先确切地知道明天的鲜鱼销售价格。在这种情况下，他如何决定自己的进货计划呢？容易证明，此时零售商无论进货多少，预期利润都是 0 元。例如，我们假定零售商进货 x 千克鲜鱼，如果明天行情好，则可盈利 $2x$ 元；如果明天行情不好，则会亏损 $-2x$ 元。于是，在信息不完全的条件下进货 x 千克鲜鱼的预期利润就等于：

$$50\%\times(2x)+50\%\times(-2x)=0(元)$$

用零售商在信息完全情况下的预期利润减去信息不完全情况下的预期利润，即可求得完全信息的价值：

$$800-0=800(元)$$

由此可见，信息的作用是：减少经济主体的决策风险和失误，从而提高他的预期收益。正是由于这个原因，人们需要信息，并乐意出钱出力去搜寻和购买它。在上面的例子中，鲜鱼零售商愿意花费不超过 800 元的代价去获得关于明天鲜鱼的销售情况的完全能信息。

显而易见，上述关于完全信息的假定并不符合现实。在现实经济中，信息常常是不完全的，甚至是很不完全的。在这里，信息不完全不仅是指那种绝对意义上的不完全，即由于认识能力的限制，人们不可能知道在任何时候、任何地方发生的或将要发生的任何情况，而且是指“相对”意义上的不完全，即市场经济本身不能够生产出足够的信息并有效地配置它们。

进一步分析起来还会发现，不同的经济主体缺乏信息的程度往往是不一样的。市场经济的一个重要特点是，产品的卖方一般要比产品的买方对产品的质量有更多的了解。例如，出售二手汽车的卖主要比买主更加了解自己汽车的缺陷；出售“风险”的投保人要比保险公司更加了解自己所面临风险的大小；出售劳动的工人要比雇主了解自己劳动技能的高低。上述种种情况都是所谓“信息不对称”的具体表现，即有些人比其他人拥有更多的相关信息。

在信息不完全和不对称的情况下，市场机制有时就不能很好地起作用。例如，由于缺乏足够的信息，生产者的生产可能会带有一定的“盲目”性：有些产品生产过多，而另一些产品又生产过少；消费者的消费选择也可能会出现“失误”，比如购买了一些有害健康的“坏”商品，而错过了一些有益健康的“好”商品。更坏的情况是，由于缺乏足够的信息，有些重要的市场甚至可能根本就无法产生，或者即使产生也难以得到充分的发展。

8.4.2　信息不完全与信息不对称产生的问题与对策

1. 逆向选择问题

在现实的经济生活中，存在着一些似乎与常规不一致的公司。例如，我们知道，如果降低某种商品的价格，对该商品的需求量就会增加，这是一般商品的需求规律——需求曲线向右下方倾斜。但是，当消费者掌握的市场信息不完全时，他们对商品的需求量就可能不随价格的下降而增加，而是相反，随价格的下降而减少。这时就出现了所谓的“逆向选择”问题。又例如，我们知道，如果提高某种商品的价格，对该商品的供给量就会增加，这是一般商品的供给规律——供给曲线向右上方倾斜。但是，当生产者掌握的市场信息不完全时，他们对商品的供给量也可能不随着价格的上升而增加，而是相反，随价格的上升而减少。这时，也出现了逆向选择的问题。总之，当商品的需求变化或者供给变化出现异常时，我们就遇到了逆向选择的问题。对于市场机制来说，逆向选择的存在是一个麻烦，因为它意味着市场的低效率，意味着市场的失灵。

考虑某种商品例如 X 商品市场。在以前分析完全竞争市场（以及其他一些不完全竞争市场）时，我们并没有讨论商品的质量问题。现在假定，在 X 商品市场中，商品的质量不一，有的好些，有的差些。引入质量问题以后，对我们以前的分析会有什么样的影响呢？如果消费者（以及其他人）具有完全的信息，则不会有什么影响。消费者会把不同质量的 X 看成是不同的商品。例如，把其中质量最好的看成 X_1，把稍差一些的看成 X_2，把更差一些的看成是 X_3，以此类推。对于不同质量的 X 商品，消费者愿意支付的价格当然不同，如对高质量商品愿意支付较高的价格，对于同一质量的商品，例如 X_1，如果价格越高，则显然消费者将购买得越少。因此，消费者对任意一种质量的商品的需求曲线仍然是向右下方倾斜的。这就是说，即使考虑不同质量的商品，但只要消费者的信息是完全的，我们的分析就不会与以前的完全竞争模型有什么不同。

现在来看不完全信息的后果。假定消费者只知道 X 商品有不同的质量，但并不具体知道其中哪一个质量好，哪一个质量差。在这种情况下，消费者如何进行判断呢？消费者可以根据生产者的商品保修期限的长短来判断。保修期限长常常意味着产品质量好，因为对于低质产品来说，较长的保修期是不划算的，它会大大提高维修成本。消费者也可以根据生产者的生产规模的大小来判断，大规模生产者的产品似乎要更加可靠一些，不会像“小本经营”者那样可能突然“消失”。

除了保修期限和生产规模之外，消费者还常常根据商品的价格来判断商品的“平均”质量。我们知道，随着某种商品的价格下降，市场上该商品的供给量就会减少，但是，在减少的供给量中，主要是那些质量较好的商品，而不是质量较差的商品，因为生产高质量产品在较低价格之下将不再划算，其结果是，生产的商品的平均质量就会下降；另一方面，随着价格的上升，供给将增加，但主要增加的是那些质量更好一些的商品，因为现在生产它们也变得有利可图，其结果是，商品的平均质量上升了。总之，消费者有理由相信，随着某种商品价格的上升，该商品的平均质量也将上升，反之亦然。

2. 道德风险问题

我们以保险市场为例来加以说明。保险实际上是一种特殊的商品，它由专门的保险公司提供，这种特殊商品的价格就是保险费用。保险公司的信息也是不完全的，它对于投保人的情况既有所了解，又不是很了解。例如，拿汽车保险来说，保险公司知道，在购买汽车保险的人当中，有一些人相对来说更加容易出事故。这些人开车时总是漫不经心，有时还喜欢喝一点酒。保险赔偿主要就是被支付给了这些人。如果保险公司能够事先从投保人中区分出易出事故者，它就可以提高这些“高危”人群的保险价格，用来弥补可能的损失。但可惜的是，这一点很难做到。漫不经心的开车者不会自动向保险公司承认自己的弱点，喜欢酒后开车的人则会千方百计对保险公司隐瞒。保险公司所能做的不过是“亡羊补牢”：在续签保险合同时，提高那些已经出过事故的人的保险价格。

问题还不仅仅局限于此。对保险公司来说，更坏的情况是，那些最容易出事故的开车人常常也是购买保险最积极的人。保险公司不知道他们的底细，但他们自己知道自己的底细。他们知道自己出事故的可能性比较大，因而更加需要保险公司的帮助，也愿意接受较高的费用。与此不同，那些一直谨慎驾驶的人，也知道自己的“优点”——出事故的可能性较小。这些“好”的投保人购买保险的心情就不如“坏”的投保人那么迫切，也不像后者那么愿意为保险支付高费用。

这就引起一个重要的结果：提高保险价格当然会减少人们对保险这种商品的需求，但是，在减少的保险需求中，主要的却是那些相对“好”的投保人对保险的需求，他们现在不再愿意为保险支付过高的价格，而在留下来的投保人中，主要的则是那些相对“坏”的投保人，因为他们宁愿为得到保险支付更高一些的价格。这样一来，随着保险价格的上升，投保人的结构就发生了变化：“坏”的投保人所占的比例越来越大，“好”的投保人所占比例越来越小。随着“坏”投保人的比例越来越高，保险公司对每一投保人的平均赔偿也将增加，因为平均赔偿要取决于出事故的平均概率的大小。如果为简单起见，假定保险公司的全部成本就是对投保人所遭受损失的赔偿，而不考虑例如工作人员的工资等其他成本，则在这种情况下，保险公司的平均损失将随保险价格的提高而提高。特别是，当保险价格在较高水平上继续增加时，投保人的结构会急剧恶化，从而平均损失会急剧上升，超过上升的保险价格所带来的好处。

从保险价格与平均损失之间的关系可以了解到保险供给的特殊性质。一方面，如果保险价格过低，经营保险肯定吃亏，保险公司将不再愿意提供保险；另一方面，如果保险价格过高，经营保险也会发生亏损，保险公司也不会愿意提供保险。由此可以推出一个结论：存在一个对保险公司来说是“最优”的保险价格，当保险价格恰好等于该价格时，保险供给量达到最大。如果让保险价格从这个最优水平上开始上升，保险供给量就将不是增加，而是下降。

实际上，在保险市场中，信息的不完全性不仅会“扭曲”保险市场中供给者即保险公司的行为，而且也会“扭曲”保险市场的需求者即投保人的行为。在保险公司很难了解到投保人具体情况的条件下，“保险”这种商品往往会诱发投保人的“败德”行为：在没有购买到保险以前，那些潜在的投保人总是小心翼翼的提防着风险，随时随地准备采取避免风险的行动，以尽量减少由于风险出现而可能导致的损失，因为在这种情况下，风险所造成的损失是完全由他自己“自负”的；然而，一旦购买到保险以后，这些投保人往往就变得“粗心大意”起来，不再像以前那样谨慎，因为此时出现风险的损失不再只由投保人自己来承担，而是要由保险公司承担一部分甚至全部。从保险公司的角度来看，投保人的这种“败德”行为，就是他们所面临的“道德危险”。在信息不完全的时候，投保人的“败德”行为或保险公司所面临的“道德危险”会进一步造成市场机制的困难。实际上容易看出，这不过是我们在前面分析过的“外部影响”的又一个例证。

3. 委托—代理问题

在现实经济中，“委托—代理”关系是非常普遍的。例如，雇主和雇员，股东和经理，医院和医生，被告和律师等。在这些例子中，前者是“委托人”，后者是“代理人”。委托人委托代理人处理与自己有关的一些事务，并支付相应的报酬。但是，由于代理人的利益往往与委托人的利益并不一致（有时甚至可能完全不同），因此，对委托人来说，一个至关重要的问题就是：如何确保代理人按照自己的要求行事？这就是所谓的“委托—代理”问题。

如果委托人对代理人的行为及其可能造成的后果有充分的了解，即具有完全的信息，则解决委托—代理问题就不会有太大的困难：他可以与代理人订立一份详细的合同，规定代理人应尽的责任，并对代理人的行为进行严格的监督，如果发现代理人有违约之处，即按照合同规定对其实施处罚。在这种情况下，委托—代理关系就不会出现严重的问题。但是，在现实生活中，委托人对代理人的情况往往缺乏足够的了解：委托人很难有足够的时间和精力来监视代理人的一举一动；即使有这样的时间和精力，也可能缺乏必要的知识和能力；更何况，在许多场合，监督本身也许都不可能。在这种信息不完全、委托人无法对代理人行为进行直接“监控”的条件下，委托人有什么办法能够确保代理人不偷懒、不耍滑，严格按照合同的规定来为自己的利益服务呢？

实际上，委托—代理问题也可以被看成是一种“外部影响”：代理人不按合同规定尽责尽力而偷懒或“干私活”的行为对委托人造成了损害，但却没有对这种损害进行补偿（或因这种损害而受到惩罚）。和其他的外部影响一样，由于信息不完全而引起的委托—代理问题也会给市场机制的正常运行带来困难，从而造成低效率的结果。

解决委托—代理问题的一个方法是采用“木马计”：委托人把自己的利益“植入”到代理人的利益之中，或者“搭载”到代理人的利益之上，这样，当代理人为自己的利益而采取行动时，他同时也就是在为委托人的利益服务了。“木马计”所涉及两个关系，一个是股东和经理的关系，一个是雇主和雇员的关系。

（1）股东—经理：股票期权计划。所谓股票期权计划，就是公司给予它的经营者在一定的时间期限内按照某个既定的价格购买一定数量的本公司股票的权利。例如，某个公司于 2003 年 1 月 1 日推出的股票期权计划可能是：允许本公司的高级经理人员在以后 10 年中的任何时候均可按 2003 年 1 月 1 日时的市场价格购买不超过 10000 股的本公司股票。这里值得注意的是，公司给予其经营者的不是现金报酬，也不是股票本身，而是一种权利，根据这种权利，经营者可以购买本公司的股票。

（2）雇主—雇员：工资报酬计划。雇主雇用雇员为自己进行生产，雇主的目的是使自己的利润达到最大，但结果到底如何则要取决于雇员的努力程度和其他一些无法预知和控制的随机因素，如机器和零部件的质量等。如果不考虑随机因素的干扰，则雇主的利润将随着雇员努力程度的增加而增加；另一方面，如果雇员的努力程度不变，雇主的利润则会由于随机因素的影响而变化。

现在来看雇主如何解决他所面对的“委托—代理”问题。

固定工资。无须论证，固定工资只会导致低效率。

奖勤惩懒。与固定工资的情况相比，通过对不偷懒的行为进行鼓励，则可以使雇主和雇员双方都得到好处。

利润分享。“利润分享”计划也可以起到与“奖勤惩懒”同样的激励作用。

4. 不完全信息问题的对策

信息的不完全和不对称带来了许多问题。市场机制本身可以解决其中的一部分。例如，为了利润的最大化，生产者必须根据消费者的偏好进行生产，否则，生产出来的商品就可能卖不出去。生产者显然很难知道每个消费者的偏好的具体情况。不过，在市场经济中，这一类信息的不完全并不会影响他们的正确决策——因为他们知道商品的价格。只要知道了商品的价格，就可以由此计算生产该商品的边际收益，从而就能够确定他们的利润最大化产量。

通过市场机制本身来解决信息不完全和不对称问题的另外一个方法是建立“信誉”。在信息不完全和不对称的情况下，如果没有其他的约束机制，市场就会到处充斥劣质的产品。这是因为：一方面，消费者知道生产和销售产品的企业比自己更加了解商品的质量，因而就有可能利用这一信息优势来进行欺骗，即生产一些成本较低的劣质产品，并把它们拿到市场上来以次充好，以获得更大的利润。基于这种认识，消费者只愿意对企业提供的商品支付较低的价格。另一方面，由于消费者只愿意支付较低的价格，企业也不会愿意生产成本较高的优质产品。这样一来，结果当然就是劣质产品把优质产品逐出市场。

幸运的是，由于存在着诸多的约束因素，现实的市场并没有糟糕到如上所说的地步，其中一个因素就是“信誉”。所谓信誉，可以看成是消费者对企业行为的一种主观评价。消费者根据自己购买和消费某种产品的亲身体验以及来自其他消费者的“忠告”或别的因素，对生产和销售该产品的企业的诚信（或欺瞒）程度做出判断，并根据这种判断来决定以后是否会购买该企业的产品。

信誉在解决信息不完全和不对称问题上所起的最重要的作用就是“区分市场”。信誉把由于信息不完全和不对称而搞得混乱不堪的市场变得清晰分明起来。信誉好的商品意味着质量高，信誉差的商品意味着质量低。在“区分市场”的同时，信誉也使得“高质高价”成为可能：产品质量高的价格就高，反之则低。“高质高价”鼓励了生产和销售优质产品的企业，同时也惩罚了生产和销售劣质产品的企业——它们的产品被打上劣质的烙印，无法再冒充优质产品。总之，信誉提高了企业诚信的收益和欺骗的成本。

但是，市场机制并不能够解决所有的信息不完全和不对称问题。在这种情况下，政府就有必要在信息方面进行调控。信息调控的目的主要是保证消费者和生产者能够得到充分和正确的市场信息，即增加市场的“透明度”，以便他们能够做出正确的选择。例如，就保护消费者方面来说，常见的政府措施包括这样一些规定：发行新股票或新债券的公司必须公布公司的有关情况，产品广告上不得有不合实际的夸大之辞，某些产品必须有详细的使用说明书，香烟包装上必须标明“吸烟有害健康”的字样等。

本章小结

（1）市场机制一般只能保证资源配置的边际私人收益和边际私人成本相等，而无法保证边际社会收益和边际社会成本相等。当边际社会收益和边际社会成本不相等时，对整个社会而言，资源的配置就没有达到最优效率的状态，这就是市场失灵。

（2）垄断是市场失灵的一个重要原因。垄断超额利润的存在说明在该行业中资源配置太少。为了追求和维护垄断地位而花费的代价是一种纯粹的浪费，是社会的净损失。这种非生产性的寻利活动被概括为所谓的“寻租”。政府对付垄断的办法包括限制垄断价格和反垄断法等。

（3）“外部影响”是造成市场机制低效率的又一个重要原因。从社会的角度看，私人活动的水平在存在“好”的外部影响时往往太低，而在存在“坏”的外部影响时又往往过高。对付外部影响通常有三个办法：一是税收和补贴；二是企业合并；三是“明确财产权”。第三个办法的依据是“科斯定理”：只要财产权是明确的，而且交易成本很低，则无论把财产权赋予谁，市场都是有效率的。但是这个办法存在着很多的问题。

（4）市场机制主要是在私人物品的场合起作用，而不适用于公共物品。由于在公共物品场合存在着“免费乘车”之类的现象，市场机制提供的产品数量往往太少。因此，政府有必要承担起提供公共物品的任务。

（5）在现实的经济生活中，常常存在着信息的不完全和不对称。在这种情况下，市场机制的作用也受到很大的限制。市场机制本身只能够解决一部分信息不足的问题。因此，需要政府在信息方面进行调控，以保证消费者和生产者能够得到充分和正确的信息，以便做出正确的选择。

（6）现实生活中的四项事实破坏了完全竞争赖以存在的基础，这四项事实即本章前四节所论述的垄断、外部影响、公共物品和信息的完全性。由于它们对完全竞争的破坏，所以资本主义的资源配置不能够达到理想的最优状态，即存在着市场失灵的情况。这时，为了尽可能地达到最优状态，国家必须执行微观经济政策来对此加以弥补。“政府有时能改善市场运行的后果”被西方学者称为经济学的十大原则之一。上述种种也许会引起读者的误解，从而认为：虽然完全竞争的理想状态系以严峻的假设条件为前提，但是，只要执行微观经济政策来弥补假设条件的缺陷，资本主义的市场经济仍然可以达到或接近于帕累托的最优状态。

案例分析 8-1

新经济时代的微软反垄断案

2001 年 11 月 2 日，本是一个平平常常的日子，但对于美国司法部、微软及其竞争对手来说，却是一个有苦有甜的日子。这天，司法部和微软达成的结案协议书送达联邦法院后，联邦法官科林·科特利迅速批准了该解决方案，微软和司法部握手言和，长达几年的微软反垄断案总算尘埃落定。尽管多数分析家认为，11月2日的结案协议书代表着微软的一大胜利，微软终于躲过被分割的劫难；但是，也有学者指出，事情看来并非如此简单，透过微软反垄断案，后面还有很多更深层次的问题有待进一步求解。

微软虽然逃脱了被一分为二的命运，但它从此真能高枕无忧？

即使9个州和Sun公司上诉，微软被拆分的可能性仍是微乎其微的。但即便这样，微软也不能像过去一样无视竞争对手和消费者的警告而为所欲为了，也就是说，微软从今以后并不能高枕无忧。为什么这么说呢？首先，2001年美国上诉法院7位法官对微软作出的不正当竞争行为的司法判决还存在，这就像一把达摩克利斯剑一样，随时悬在微软的头顶上，只要微软以后重犯前科，这把达摩克利斯剑就会刺向它；其次，也是最重要的，为防止微软的垄断行为，司法部在和微软达成的协议中，对它设置了多方面的限制。

一是微软得向其他公司公开其部分计算机代码，使这些公司能设计和视窗兼容的软件，其中包括为服务器设计软件的公司，这一协议条款将防止微软利用视窗对服务器市场进行垄断。

二是协议要求微软不得干涉计算机制造商选择什么样的软件，除非这些软件和视窗有技术上的冲突。

三是为了保证反垄断措施的实施，司法部有权检查微软的代码、企业内部文件、账户以及相关的记录等。

四是司法部还将在微软总部设立一个3人专家委员会，专门监督微软对协议的执行情况。专家由微软和政府各选一名，另一名由双方协商挑选，委员会的费用由微软全部支付。司法部和微软还商定，这一协议有效期5年，届时视情况可延长两年。

正因为有这些“紧箍圈”，美国司法部长阿什克罗夫特才会在法院判决后信心十足地表示，司法部将“强烈保证”微软遵守解决方案，密切关注微软对各条款的执行情况。

但是，微软毕竟成功地逃脱了被分割的命运。所以，人们也就自然要问为什么。

微软的命运之所以能够发生如此戏剧性的转折，客观地说，有两个原因：一是与大企业有密切关系的共和党总统布什在2001年入主白宫及阿什克罗夫特掌管司法部；二是微软有强大的律师团和顾问团，因此，也就有向国会和法院进行游说的强大能力。但是，除此之外，专家们认为，更主要的，是美国的反垄断法发生了变化，即从过去的维护价格竞争转向新经济时代的促进创新。

而在法官们的眼里，微软是新经济的代表，新经济的生命力在于不断的技术创新。微软也是以创新为武器来为自己辩护的，比尔·盖茨在法庭上说，美国的反垄断法是为了保护竞争机制而不是保护竞争对手，反垄断法不反对通过正常竞争获得的垄断地位，而是反对运用不正当的竞争手段来获得或者巩固垄断地位。AT&T（美国电话电报公司）的拆分是由于它的垄断地位是通过美国政府的特殊政策确立的，而微软在操作系统上的地位是通过市场竞争获得的。

有关专家指出，与美国历史上一些重大反垄断案相比，微软案具有显著的特点。首先，微软基本上是靠自我发展起来的垄断公司，而在1911年和1984年分别被分拆的美孚石油公司和美国电话电报公司则都是靠吞并竞争对手成为各自行业的“巨无霸”的。其次，微软的发展是以知识产权和知识创新为基础的，如果“视窗”软件多年一贯制，可能早就被市场淘汰了。再次，微软虽然对个人电脑操作系统市场拥有绝对垄断权，但并没有利用这一垄断优势无理地抬高价格，其网络浏览器开始时还是免费赠送的。此外，这是美国进入新经济时代以来最具代表性的反垄断案件，其结局很可能成为今后高技术领域反垄断案件的一个判例。

保持创新的活力是美国经济能否继续领先于世界的关键，近几年来，美国以垄断为核心竞争政策的重点转向促进创新。可以说，正是为了重振信息产业，促进科技发展，美国政府最终放弃分拆微软。

总之，随着自由放任的经济理论卷土重来，在新经济时代，被奉为自由竞争市场经济守护神的反垄断法也在寻求改变。微软案正集中反映了经济学家们对此问题的反思。

（资料来源：《新经济时代的微软反垄断案》，北京大学经济学院）

本章训练

一、选择题

1. 市场失灵是指（　　）。

A. 在私人部门和公共部门之间资源配置不均

B. 不能产生任何有用成果的市场过程

C. 以市场为基础的资源无法实现最有效配置

D. 收入分配不平等

2. 如果卖方比买方知道更多关于商品的信息，这种情况属于（　　）。

A. 道德陷阱　　B. 信息不对称问题

C. 搭便车问题　　D. 逆向选择

3. 城市街心花园属于（　　）。

A. 公有产品　　B. 公共产品

C. 集体产品　　D. 私人产品

4. 如果一家造纸厂的生产正在造成污染，导致社会边际成本大于私人边际成本，适当的政府政策是对这家造纸厂征税，这时征税额应等于（　　）。

A. 治理污染设备的成本　　B. 私人边际成本

C. 社会边际成本与私人边际成本的差额　　D. 社会边际成本

5. 市场机制不能有效地解决公共产品的生产是因为（　　）。

A. 公共产品具有排他性和抗争性　　B. 公共产品不具有排他性和抗争性

C. 公共产品可以免费消费　　D. 有“搭便车”现象的存在

6. 某一经济活动存在外部经济效果是指该活动的（　　）。

A. 私人利益大于社会利益　　B. 私人成本大于社会成本

C. 私人利益小于社会利益　　D. 私人成本小于社会成本

7. 公共产品的定价可以（　　）。

A. 由市场供求决定　　B. 由垄断组织通过竞争决定

C. 用成本-效益分析法进行评估　　D. 由购买者决定

8. 如果私人汽车的所有者根据汽车排放量纳税，那么该政策实施时（　　）。

A. 消费者将对烟雾控制装置产生很大需求，而不管价格多少

B. 对公共交通需求很可能上升

C. 对汽车性能（以每公里的油耗作为指标）的要求将提高

D. 以上都不对

9. 一个市场上，如果一种商品相对于社会最优规模来说，处于供给不足状态，这说明（　　）。

A. 正外部经济效果　　B. 信息不完全

C. 负外部经济效果　　D. 逆向选择

10. 下列哪个市场最有可能存在市场信息不对称（　　）。

A. 牙膏市场　　B. 旧车市场

C. 电器市场　　D. 商品房市场

二、判断题

1. 价格机制和市场机制的自发作用使资源无法达到最有效的配置的现象称为市场失控。(　　)

2. 由于负外部性的存在，造成消费者剩余与生产者剩余减少，形成社会福利的无谓损失。(　　)

3. 具有非抗争性的公共产品每增加一个消费者都会增加边际成本。(　　)

4. 为了矫正市场失灵给资源配置带来的缺陷，必须采用微观与宏观相结合的经济政策。(　　)

5. 约翰先生非常喜欢“免费搭车”，他经常去租一些 VCD 影碟或向朋友借一些书回家看。(　　)

6. 史密斯先生从一则广告上看到某种新化妆品具有“保湿养颜”功能，他买回来使用后，反而使面部更加粗糙，这是由于垄断造成的结果。(　　)

7. 如何有效提供公共产品涉及政府和社会团体的决策和选择，这种决策和选择一方面具有非市场性，另一方面具有集体性。(　　)

三、问答题

1. 垄断是如何造成市场失灵的？

2. 外部影响的存在是如何干扰市场对资源的配置的？

3. 公共物品为什么不能靠市场来提供？

4. 市场机制能够解决信息不完全和不对称问题吗？

四、论述题

非典时期，我们都非常关注有关非典的一切，请用已有的经济学理论解释非典时期的一些特殊现象。比如：对非典的控制在世界各国都是由政府直接操作，甚至在全球由WHO来监督协调，为什么低收入患者的治疗由政府负担？为什么政府在媒体上每天公布非典疫情？抢购风和商贩停业之后为什么政府出面控制物价，尤其是与对抗非典有关的商品，政府采取限价政策？国内发生的一些现象如出售假口罩、假消毒液等是市场经济的正常现象还是由于我国目前市场经济不健全所特有的现象？

第 9 章　国民收入核算理论与方法

学习目标

1. 掌握国内生产总值和国民生产总值的定义以及二者的区别和各自存在的优势和不足；

2. 学会使用生产法、支出法、收入法计算国内生产总值。

知识能力

1. 具备对国内生产总值和国民生产总值的辨别和运用的能力；

2. 能熟练运用的国内生产总值的核算方法。

工作任务

搜集资料，运用支出法计算我国或某地区某年的 GDP。

关键词

国内生产总值；国民生产总值；国民收入；名义 GDP；实际 GDP

案例导入

人类发展与国民生产总值

诺贝尔奖得主罗伯特·索罗曾经写道："如果你一定要为什么东西着迷，如何使实际国民收入最大化是一个不错的选择"。确实，经济学家们通常以一个国家的经济的绝对或人均规模来排列座次。不过索罗可能是第一个承认，经济规模本身并不能反映人口生活标准的许多重要因素。因此，不同的团体已经建议用其他一些指标来取代国内生产总值（GDP）或人均 GDP 按照环境、医疗保健普及情况、读写能力以及期望寿命等因素的变化作出相应调整。

联合国发展计划署提供了替代指标的一个实例，称为人类发展指数（HDI），该指数综合考虑了期望寿命、读写能力以及平均收入的购买力。按人均 GDP 来计算，美国是世界上最富有的国家。但就 HDI 而言，美国则落后于 17 个国家，包括德国、日本、澳大利亚和爱尔兰，这四个国家在期望寿命和读写能力方面均高于美国。柬埔寨是第 40 大穷国，而 HDI 计算得出的世界上最贫穷的两个国家是尼日尔和马里，那里的期望寿命只有45岁，而识字率只有20%。

然而，还没有任何衡量国家实力的方法可以取代基于GDP的计算。包括联合国发展计划署建议的HDI在内的其他计量方法的主要困难，在于无法确定各个因素的权重。设想一下，读写能力是否与期望寿命同样重要呢？也许其重要性只有后者的90%？购买力增加1000美元应该怎样与期望寿命增加2年进行比较呢？面对类似这些难以估量的问题，相比之下GDP的计算要客观和直接得多。

（资料来源：1. Development Brief：The Human Condition，The Economist. May 26，pp. 80 ~ 81；2. Robert M. Solow，James Meade at Eighty，Economic Journal（December1986），pp. 986 ~988.）

9.1 国内生产总值与国民生产总值

宏观经济研究的对象是整个社会经济活动的总量变动，这些总量包括国内生产总值、国民生产总值、国民生产净值、国民收入、个人收入和个人可支配收入。整个经济社会的运行效果主要是通过以上总量指标来表现。研究失业、通货膨胀以及经济增长等重大宏观经济问题都离不开这些宏观经济总量指标。

9.1.1 国内生产总值

1. 含义

国内生产总值（Gross Domestic Product，GDP）是按市场价格计算国内生产总值的简称，它是指一个国家（或地区）所有常住单位在一定的时期内生产活动的最终成果，通常是指一年内在本国（或地区）领土上生产的最终产品的市场价值总和。它以国境为统计标准，所以包括本国与外国公民在本国生产的最终产品的价格总和，但是却不包括本国居民在外国领土上生产的产品。中国习惯上把国家和地区的GDP统称为国内生产总值。从1993年开始，中国国家统计局正式使用“国内生产总值”这个指标作为我国国民经济核算的核心指标。

GDP是宏观经济中最受关注的经济统计数字，因为它被认为是衡量国民经济发展情况最重要的一个指标。一般来说，国内生产总值有三种形态，即价值形态、收入形态和产品形态。从价值形态看，它是所有常住单位在一定时期内生产的全部货物和服务价值与同期投入的全部非固定资产货物和服务价值的差额及所有常住单位的增加值之和；从收入形态看，它是所有常住单位在一定时期内直接创造的收入之和；从产品形态看，它是货物和服务最终使用减去货物和服务进口。

理解国内生产总值定义时应注意的问题是：

（1）国内生产总值是指一年内生产出来的全部产品的市场价值的总和，因此，在计算时不应包括以前所生产的产品价值。

（2）国内生产总值是指最终产品的价值，不包括中间产品的价值。所谓最终产品是指在计算期间生产的但不重复出售，用于最终消费的产品。中间产品是指用于再出售和供作生产其他物品使用的产品。最终产品和中间产品的区别不取决于产品的物质属性如何，而是按其在再生产循环流转过程中的功能来区分。根据不重复出售这一划分标准，一般把用于个人消费、投资、政府购买和出口的产品或劳务称为最终产品。

(3) 国内生产总值中的最终产品不仅包括有形产品，而且包括无形产品——劳务，也就是要把旅游、服务、卫生、教育等行业提供的劳务按其所获得的报酬计入国内生产总值中。

(4) 国内生产总值是一个时期性的概念，这就是说国内生产总值是指一年内新生产的最终产品的价值，也就是一年内新生产的而不是新出售的最终产品的价值。相反，在这一年内生产但没有卖出的那部分产品价值，应该作为这一时期的库存计入当期国内生产总值。

上年库存和今年库存的差额称为库存变动额。库存增加说明今年产品产值大于销售额，库存减少说明今年销售额大于产品产值。厂商存货增加被看做是存货投资，而存货减少则被看做是存货负投资。

(5) 国内生产总值指的是当年的最终产品市场价值的总和，也就是要按这些产品的现期市场价格来计算。国内生产总值只计算能够通过市场交易活动的产品或劳务的价值，不能通过市场交换过程的那些用于赠予活动和慈善事业活动的物品价值则不能被计算在国内生产总值中。

2. 研究意义

(1) 国内生产总值是SNA核算体系中一个重要的综合性指标，也是我国新国民经济核算体系中的核心指标。

(2) 国内生产总值是反映常住单位生产活动成果的指标。常住单位是指在一国经济领土内具有经济利益中心的经济单位。经济领土是指由一国政府控制或拥有的地理领土，也就是在本国的地理范围基础上，还应包括该国驻外使馆、科研站和援助机构等，并相应地扣除外国驻本国的上述机构（国际机构不属于任何国家的常住单位，但其雇员则属于所在国家的常住居民）。经济利益中心是指某一单位或个人在一国经济领土内拥有一定活动场所，从事一定的生产和消费活动，并持续经营或居住一年以上的单位或个人，一个机构或个人只能有一个经济利益中心。一般就机构（单位）而言，不论其资产和管理归属哪个国家控制，只要符合上述标准，该机构在所在国就具有了经济利益中心。就个人而言，不论其国籍属于哪个国家，只要符合上述标准，该居民在所在国就具有经济利益中心。因为常住单位的概念严格地规定了一个国家的经济主体范围，所以其对于确定国内生产总值的计算口径，明确国内与国外的核算界限以及各种交易量的范围都具有重要意义。

一个国家或地区的经济究竟处于增长还是衰退阶段，从这个数字的变化便可以观察到。一般而言，GDP公布的形式不外乎两种，分别以总额和百分比率为计算单位。当GDP的增长数字处于正数时，即表示该地区经济处于扩张阶段；反之，如果处于负数，即表示该地区的经济进入衰退时期了。国内生产总值是指一定时间内所生产的商品与劳务的总量乘以“货币价格”或“市价”而得到的数字，即名义国内生产总值，而名义国内生产总值增长率等于实际国内生产总值增长率与通货膨胀率之和。因此，即使总产量没有增加，仅价格水平上升，名义国内生产总值仍然是会上升的。在价格上涨的情况下，国内生产总值的上升只是一种假象，有实质性影响的还是实际国内生产总值变化率，所以使用国内生产总值这个指标时，还必须通过 GDP 缩减指数对名义国内生产总值做出调整，从而精确地反映产出的实际变动。因此，一个季度 GDP 缩减指数的变化便足以表明当季的通货膨胀状况。如果 GDP 缩减指数大幅度地增加，便会对经济产生负面影响，同时也是货币供给紧缩、利率上升、进而外汇汇率上升的先兆。

3. 指标分析

一国的 GDP 大幅增长，反映出该国经济发展蓬勃，国民收入增加，消费能力也随之增强。在这种情况下，该国中央银行将有可能提高利率，紧缩货币供应，国家经济表现良好及利率的上升会增加该国货币的吸引力。反过来说，如果一国的 GDP 出现负增长，则表示该国经济处于衰退状态，消费能力减低。这时，该国中央银行将可能减息以刺激经济再度增长，利率下降加上经济表现不振，该国货币的吸引力也就随之降低了。

因此，一般来说，高经济增长率会推动本国货币汇率的上涨，而低经济增长率则会造成该国货币汇率下跌。例如，1995—1999 年，美国 GDP 的年平均增长率为 4.1%，而欧元区 11 国中除爱尔兰（9.0%）较高外，法、德、意等主要国家的 GDP 增长率仅为 2.2%、1.5% 和 1.2%，大大低于美国的水平。这促使欧元自 1999 年 1 月 1 日启动以来，对美元汇率一路下滑，在不到两年的时间里贬值了 30%。

但实际上，经济增长率差异对汇率变动产生的影响是多方面的：

一是一国经济增长率高意味着收入增加，国内需求水平提高，将增加该国的进口，从而导致经常项目逆差，这样会使本国货币汇率下跌。

二是如果该国经济是以出口为导向，经济增长是为了生产更多的出口产品，则出口的增长会弥补进口的增加，减缓本国货币汇率下跌的压力。

三是一国经济增长率高意味着劳动生产率提高很快，成本降低，因而改善本国产品的竞争地位而有利于增加出口、抑制进口，并且经济增长率高使得该国货币在外汇市场上被看好，因而该国货币汇率会有上升的趋势。

在美国，国内生产总值由商务部负责分析统计，惯例是每季估计及统计一次。每次在发表初步预估数据（The Preliminary Estimates）后，还会有两次的修订公布（The First Revision & The Final Revision），主要发表时间在每个月的第三个星期。国内生产总值通常用来跟去年同期作比较，如有增加，就代表经济发展较快，有利于其货币升值；如减少，则表示经济发展放缓，其货币便有贬值的压力。以美国来说，国内生产总值能有 3% 的增长便是理想水平，表明经济发展是健康的，高于此水平表示有通胀压力；低于 1.5% 的增长就表示经济发展放缓和有步人衰退的迹象。

4. 计算公式

国内生产总值 = 私人消费 + 投资 + 政府消费支出 + 出口 - 进口（出口 - 进口 = 净出口 X-M=NX）。

也可以写成：GDP=C+I+G+X-M

国内生产总值被定义为所有在一个国家或地区内一段特定时间（一般为一年）里

所生产的商品和服务的总值。它与国民生产总值（GNP）不同之处在于，国内生产总值不将国与国之间的收入转移计算在内。也就是说，国内生产总值计算的是一个地区内生产的产品价值，而国民生产总值则计算一个地区实际获得的生产性收入。不同国家间的国内生产总值比较需要转换各国货币，转换方式主要有两种：

（1）使用各国货币的国际汇率转换；

（2）根据各国货币与某一选定标准（一般为美元）的购买力来评价。

其中，世界各国（地区）GDP 总值排名如表 9-1 所示。

国内生产总值分为名义国内生产总值与实际国内生产总值。其中，名义国内生产总值是以现行价格水平计算的国内生产总值的值，不仅包含了当期产量的资讯也包含了当期该国的价格水平资讯。实际国内生产总值是以不变价格水平计算的国内生产总值的值。国内生产总值平减指数是用名义国内生产总值与实际国内生产总值比率计算的物价水平衡量指标。

表 9-1　**世界各国（地区）GDP 总值排名（亿美元，除苏联外，按当时汇率）**

排名＼年份	1970	1980	1990	2000	2009
1	美国 10255	美国 27956	美国 58033	美国 98247	美国 142563
2	日本 2068	日本 10279	日本 30522	日本 47661	日本 50680
3	西德 2037	西德 8261	德国 15470	德国 18752	中国 49090
4	法国 1470	法国 6824	法国 12198	英国 14409	德国 33527
5	英国 1236	英国 5367	意大利 11045	法国 13133	法国 26760
6	意大利 1077	意大利 4546	英国 9946	中国 10808	英国 21836
7	加拿大 851	中国 3015	加拿大 5827	意大利 10776	意大利 21183
8	澳洲 429	加拿大 2689	西班牙 5115	加拿大 7242	巴西 15740
9	墨西哥 396	西班牙 2218	巴西 4650	巴西 5998	西班牙 14640
10	西班牙 390	阿根廷 2090	中国 3878	墨西哥 5814	加拿大 13364
11	中国 272				

注：2009 年世界总 GDP 为 579375 亿美元；欧盟为 164473 亿美元。

（资料来源：International Monetary Fund 世界各国（地区）GDP 总值排名。）

9.1.2　国民生产总值

1. 含义

国民生产总值（GNP）是指一国国民一年内所生产的最终产品的市场价格的总和，

它的特点是仅计算本年度的产品价格总和，而不包括以前的产出；是最终产品的价格总和，而不包括中间产品；是全部商品的价格总和，而排除精神产品和劳务；是按照市场价格计算，而不包括自产自用的商品；它不仅要受产量变动的影响，而且要受市场价格波动的影响。国民生产总值的计算方法与国内生产总值一样，有：(1) 支出法，把一年内购买各项最终产品的支出加总起来；(2) 收入法，把生产要素在生产中所得到的各种收入加总起来；(3) 部门法，按提供物质产品和劳务的各个部门的产值来计算国民生产总值。

理解 GNP 需要注意：

(1) 它是一年内（新）增加值之总和，而不是总产值。

(2) 它是以市场价格而非以不变价格或计划价格计算的总产值。

(3) 它只计算当年生产的产品。例如，拍卖古董的价值中，只有中介费计入。

(4) 它只包括最终产品，不包括中间产品的价值。例如，从棉花到成衣的价值中，只计入成衣的价值。

(5) 它包含折旧，折旧所代表的物质不构成新产品的物质体，其所代表的价值要由劳动创造出来。

(6) 它是本国要素生产的新价值，比如应减去外国人在本国投资所获得的利润，增加本国输出到外国的劳务收入。

(7) 它是一定时期生产的产品，而不是出售的产品。往年生产当年出售的不计；本年生产未出售的计入，相当于企业自己把它买下，当成企业的存货投资。

(8) 它仅指市场活动导致的价值。有些非市场活动所创造的价值没有被统计在内，比如家务劳动、DIY 活动等，地下经济如非法毒品和性产业活动等。

GNP 反映福利水平变动存在较大局限性，如不能反映精神满足程度、闲暇福利、分配状态、环境质量的变动等。

2. 优点与缺点

把国民生产总值作为综合经济指标的主要优点在于：

第一，它只计算了最终产品的价值，而没有计算中间产品的价值，因而不包括重复计算的部分；

第二，它不仅计入了物质生产部门的增加值，而且也计入了所有服务部门的增加值，因而反映了现代产业结构的变化，反映了教育、科学技术、金融等第三产业在社会经济中的作用。

国民生产总值指标的缺陷是：

第一，把一切社会活动都作为生产活动，认为它们都创造价值，因而统计的范围过宽；

第二，把所有的服务增加值都计入了国民生产总值，可能会出现重复计算。收入再分配的次数越多，重复计算的部分就越大。

9.1.3 国内生产总值与国民生产总值的关系

国内生产总值与国民生产总值都能反映某国或某地区在一定时期内的所有最终产品

和劳务的价值总和，但二者也有重大区别。

1. 核算范围不同。

社会总产值和国民收入都只计算物质生产部门的劳动成果，而国民生产总值对物质生产部门和非物质生产部门的劳动成果都进行计算。

2. 价值构成不同。

社会总产值计算社会产品的全部价值。国民生产总值计算在生产产品和提供劳务过程中增加的价值，即增加值，不计算中间产品和中间劳务投入的价值，国民收入不计算中间产品价值，也不包括固定资产折旧价值，即只计算净产值。

国民生产总值反映一个国家的经济水平。按可比价格计算的国民生产总值，可以计算不同时期不同地区的经济发展速度（经济增长率）。

3. 核算原则不同。

国民生产总值（GNP）是与国民原则联系在一起的。按照这一原则，凡是本国国民（包括本国公民以及常驻外国但未加入外国国籍的居民）所创造的收入，不管生产要素是否在国内，都计入本国的 GNP，而外国公司在该国子公司的利润收入则不应被计入该国的 GNP。

国内生产总值（GDP）是与所谓国土原则联系在一起的。按照这一原则，凡是在本国领土上创造的收入，不管是不是本国国民所创造的，都计入本国的 GDP。特别是，外国公司在某一国资公司的利润都应计入该国的 GDP。而该国企业在外国资公司的利润就不应被计入。

根据以上说明，以对外要素收入净额来表示本国生产要素在世界其他国家获得的收入减去本国付给外国生产要素在本国获得的收入，得到 GNP 与 GDP 的关系式：

$$GNP=GDP+\text{国外要素支付净额}\ (NFP)$$

随着国际经济联系的加强，强调身份区别的 GNP 相对重要性下降，重视地域范围的 GDP 相对重要性上升，从而使 GDP 成为越来越重要的总产品指标。

如果本国公民在国外生产的最终产品的价值总和大于外国公民在本国所生产的最终产品的价值总和，则国民生产总值大于国内生产总值；反之，如果本国公民在国外生产的最终产品的价值总和小于外国公民在本国所生产的最终产品的价值总和，则国民生产总值小于国内生产总值。对于大国来说，GNP 和 GDP 通常相差不大。

9.1.4　名义 GDP 与实际 GDP

国内生产总值是一个市场价值概念，其数量大小要用货币指标来反映，它是最终产品和劳务性服务数量与其价格的乘积。因此，国内生产总值的高低不仅要受实际产量变动的影响，还要受价格水平变动的影响。也就是说，国内生产总值的变动可能是由于实际产量变动引起的，也可能由于产品和劳务价格变动引起的。为了排除价格因素变动的影响，使国内生产总值指标变化能够确切反映国民经济实际变动情况，就必须明确定义 GDP 和实际 GDP 这两个指标的含义及其区别。

1. 名义 GDP

在某一年内，按当年生产的产品和提供的劳务市场价格计算的国民生产总值称为名义 GDP（名义国内生产总值）。名义 GDP 是按当年市场价格计算的所有最终产品的价值。

$$名义\ GDP = \sum_{i=1}^{n} P_i Q_i$$

名义 GDP 的计算可以举例说明如下（见表 9-2 和表 9-3）。

表 9-2　**2004 年某地区名义 GDP 的计算**

产品名称	产量（万吨）	价格（元/吨）	国内生产总值（万元）
产品 A	500	920.00	460 000
产品 B	300	1 860.00	558 000
产品 C	400	1 220.00	488 000
合计	—	—	1 506 000

表 9-3　**1978 年某地区名义 GDP 的计算**

产品名称	产量（万吨）	价格（元/吨）	国内生产总值（万元）
产品 A	300	160.00	48 000
产品 B	140	360.00	50 400
产品 C	160	280.00	44 800
合计	—	—	143 200

2. 实际 GDP

按不变价格计算的某一年的国内生产总值称为实际国内生产总值。不变价格是指统计时确定的某一年（称为基年）的价格。

实际 GDP 是按不变价格计算的所有最终产品的价值。

$$实际\ GDP = \sum_{i=1}^{n} P_0 Q_i$$

根据表 9-2 和表 9-3 所示的计算结果，在该地区，2004 年的国内生产总值比 1978 年增长了近 10 倍，而产量总和指标只增加了 2 倍。产量指标具有不可累加性，分析不同年份经济发展情况的综合指标主要是国内生产总值。为了便于把 2004 年的国内生产总值和 1978 年的国内生产总值直接进行对比，就要排除物价因素的影响，以 1978 年的产品价格作为不变价格计算 2004 年的实际国内生产总值，如表 9-4 所示。

表 9-4　　2004 年某地区的实际 GDP 的计算（按 1978 年的价格计算）

产品名称	产量（万吨）	价格（元/吨）	国内生产总值（万元）
产品 A	500	160.00	80 000
产品 B	300	360.00	108 000
产品 C	400	180.00	112 000
合计	—	—	300 000

9.1.5　潜在 GDP 和均衡 GDP

潜在 GDP 亦称为充分就业（自然失业率）下的国内生产总值，指的是在社会上的各种资源都得到充分利用时，或者说是在充分就业的状态下所能实现的国内生产总值。这种国内生产总值是在没有通货膨胀（上升）和事业的压力下达到的最大值。

由于在经济周期和总需求变量之间存在着相互依存、相互制约的关系，潜在国内生产总值与各年度的名义 GDP 一般是不相等的。例如在经济萧条时期，由于社会购买力不足，名义 GDP 一般小于潜在 GDP 的数值；在经济繁荣时期，过旺的购买力又会导致社会实际总需求超过了社会所提供的潜在总产出水平，这时名义 GDP 将超过潜在 GDP。一般认为各年度的名义 GDP 总是围绕着潜在 GDP 上下波动的。

潜在的国内生产总值并不是一成不变的，而是随人口的自然增长、资本要素的不断积累、技术的不断进步而不断增长的。从长期来看，潜在的国内生产总值是一条具有正斜率的曲线，这条曲线代表了该国理论上的经济增长曲线。

均衡 GDP 指的是在总供给和总需求一致时所决定的国内生产总值。总需求是一个国家在一定时期内用于商品和劳务上的支出总量，它以一定时期内的货币流通量进行计算。总供给是一个国家在一定时期内所生产的商品和劳务的总产量，它可以表示一个国家的生产能力或充分就业量，宏观经济分析的主要问题就是解决均衡的国内生产总值是如何决定的。

9.1.6　国内生产总值的缺陷与改善

国内生产总值作为最基本的总量指标，被广泛应用于国民收入核算中，并逐渐演变为评价各国经济繁荣程度、指导政策走向的重要工具。而 GDP 在衡量国家总体经济水平、科技水平和居民生活水平方面还存在一些缺陷或不足。如果盲目地追求和崇拜 GDP，将导致社会层面和经济层面中真正需要关注的领域被忽视，有必要对 GDP 指标进行反思和完善。

1. GDP 指标的缺陷与不足

(1) GDP 不能全面地反映一个国家的经济活动。一是 GDP 是按商品和劳务的市场交易价格计算出来的，而非市场交易活动则无法计入经济总量。因为世界上的所有国家，特别是市场经济落后的国家，一般都存在着不少非市场性的商品和劳务活动。比如，生产者自给自足性质的劳务、家务、物物交换等经济活动所创造的产品和价值，由于没有通过市场交换而没有体现出其交换价格，因而遗漏于 GDP 之外，而这些自给自足性质的经济活动如果改为由雇工或保姆来承担并由雇主付给雇工或保姆工资，通过工资来体现这项经济活动的交易价格，有了交易价格，这些经济活动创造的价值就可以计入 GDP 总量了，这时该国的 GDP 就上升了，但国民经济实际产出并没有增加。事实上，一个国家市场化程度越低，GDP 遗漏的可能性就越大，GDP 也就越低；反之，一个国家市场化程度越高，GDP 遗漏的可能性就越小，GDP 也就越高。

二是非法交易活动也是 GDP 的遗漏点。不论是发达国家或是发展中国家，都不同程度地存在着一些非法经济交易活动。比如，非法的地下工厂和地下生产，各种形式的黑市交易，为偷税、漏税而进行的走私活动等。虽然这些非法经济活动也经过市场交换，有其交易价格，但因为是黑市交易、是暗中私下进行的，因而也无法计入 GDP，成为 GDP 的一个遗漏点。

(2) GDP 不能真实反映经济发展及其国民福利。依赖经济的增长以获得更多的社会福利是国民的希望。虽然 GDP 指标能反映一国的经济增长水平及经济总量的变化，但实际上人们的收入却不一定能随着每年 GDP 的高增长率而提高，人们所得到的社会福利也不一定能随着经济总量的增加而得到应有的改善。比如，在 GDP 高速增长、经济总量大幅增加的同时，人们却忙于工作、苦于加班而无奈放弃假日和休闲，从而造成人们闲暇时间和感受人生、享受生活的时间的减少，而闲暇时间的减少，就从一个角度说明了在 GDP 增长的同时，人们的社会福利在减少。产品质量的提高和产品结构的优化升级，有利于优化人们的消费结构，提高人们的生活质量，但却不一定都能表现为 GDP 的增长和经济总量的增加。

产品分配制度也是决定和影响人们社会福利水平和状况的主要因素，但经济总量作为一个衡量经济增长的数量指标，却无法反映社会分配制度和产品分配情况，因而无法体现社会公平和社会福利。比如，A、B 两个 GDP 相等的国家，如果 A 国收入分配制度科学合理、社会平等，而 B 国则贫富不均、贫富两极分化严重。那么，A 国由于分配制度科学合理、社会平等，国民福利就好；而 B 国则由于分配制度不合理、社会不平等，国民福利就差。因为 B 国财富高度集中在少数人手中，即在 GDP 增长和财富增长的同时，贫穷也在累积。又如，A、B 两个 GDP 相等的国家，如果 A 国行政费用庞大，而 B 国则卫生、文化教育、公共事业、社会劳保投入多，显然，B 国国民的生活水平和福利状况就比 A 国好得多了。也就是说，社会财富的分配和投向不同，给 A、B 两国国民带来的生活影响和福利是不同的。

可是 GDP 指标恰恰不能反映这些问题。

(3) GDP 是一个“数量”概念，不能反映经济增长方式和经济增长的质量。GDP 仅仅记录和反映以价格为条件的市场交易活动，也就是 GDP 只是反映了经济增长的数量，不能反映经济增长的质量和经济发展水平。比如，某国或某地区赌博业和色情业昌盛，由此带动了该国 GDP 水平的提高，但不能凭此就说该国或该地区的经济发展水平、经济实力和国民福利都提高了。此外，GDP 不能体现一国的产品或劳务类别和内容，即不能说明一国的经济结构。比如，两个 GDP 相等的国家，一个国家以开发和生产电脑软件为主，而另一个国家以生产或加工民用产品为主，显然，这两个国家经济发展水平、技术发展水平不在一个档次。

此外，在一个工业社会里，经济总量的增加往往伴随着环境的污染、城市噪音、交通拥挤的产生；同时，GDP 也未能对经济活动的社会价值进行道德判断。比如某国假冒伪劣产品，有毒、有害产品欺骗市场；或昂贵的医疗费用、房地产价格成为拉动 GDP 的动力。如此种种，都是 GDP 指标的缺陷。

2. GDP 指标的改进

（1）提出衡量国家财富新标准。第二次世界大战前，国际社会通常以“国民财富”或“国民收入”作为衡量一国经济实力的主要指标。第二次世界大战后，改用 GDP 或国民生产总值（GNP）指标来衡量一国经济总量及其经济实力。世界银行专家比较了第二次世界大战前后两种统计方法之后，于 1995 年公布了衡量一个国家或地区财富的新标准。新标准将一个国家的经济产出减去机器折旧和生产过程的自然资源消耗，计算出一个国家的财产净值。其内容是从人力资源、自然资源和生产资本三个方面计算一个国家财富的总量，然后按美元计算出国家财富的人均水平。显然，人均国家财富指标越高，国家越富；反之则国家越穷。新标准把经济增长、社会发展和环境保护融为一体，是一个综合性强，能比较全面地衡量一个国家财富状况的总量指标。

（2）构建福利型 GDP。基于 GDP 指标在反映国民福利方面的局限性和缺陷，一些经济学家先后提出了“经济福利尺度”和“纯经济福利”等新概念或指标，以对 GDP 指标的统计项目进行校正和调整。“经济福利尺度”和“纯经济福利”都是反映人们实际福利的指标，其内容是 GDP 统计还应加上闲暇和地下经济，减去环境破坏和国防开支，以作为反映人们实际福利水平和福利状况的指标。美国经济学家诺德豪斯、托宾和萨缪尔森根据美国的统计资料分析得出：按人口平均的“经济福利尺度”或“纯经济福利”的增长远远落后于 GDP 的增长。因此，为了提高“经济福利尺度”或“纯经济福利”，需要对 GDP 的增长做出必要的调整，即需要适当放慢 GDP 的增长速度，以保障国民的福利，不能以牺牲国民福利为代价追逐 GDP 的增长。

（3）建立绿色 GDP 的考核指标。GDP 作为一个经济增长的总量指标，由于没有考虑在生产过程造成的环境污染和资源耗费所带来的损失，也就是 GDP 忽略了经济增长时所付出的沉重代价，因而存在重大缺陷。为了弥补 GDP 的这一缺陷，1997 年世界银行设计和推出了“绿色国内生产总值国民经济核算体系”，即将一国经济产出中的能源耗费和二氧化碳的排放量等记录于绿色账户，再将其从 GDP 中核减，从而形成绿色 GDP。由于绿色 GDP 是在扣除了能源耗费、环境成本之后的国民财富，因而绿色 GDP 比较真实可靠。如果绿色 GDP 占 GDP 的比重越高，则表明一国经济增长的正面效应越大，而负面效应也就相应越小；反之，如果绿色 GDP 占 GDP 的比重越低，则表明一国经济增长的负面效应越大，而正面效应也就相应越小。绿色 GDP 是对 GDP 指标的一种调整，从保护环境的角度来说，启用绿色 GDP 的指标有利于防患于未然。

（4）优化 GDP 内涵。对我国来说，还应该优化 GDP 内涵，提倡实现有效的 GDP。

长期以来，我国遍地开花搞所谓开发区、工业园、跑马圈地式地招商引资，展开竞争。但由于不少项目并未真正投产，造成许多开发区、工业园及其设施的闲置，有些园区还长期杂草丛生、蛇鼠为患。尽管如此，园区里一些早期的基础设施投资，如厂房、围墙等的投资都已计入了GDP，也因此“创造”了GDP。而这样的GDP实际是由浪费或耗费造成的，并未是经济产出的结果，所以这是一种毫无实际意义的GDP，也就是一种无效的GDP是消失的GDP。说其是无效的GDP，是因为这样的投入没有任何经济产出，是一种犯罪和浪费，但其确实又计入了GDP；说其是消失的GDP，是因为这些投资所耗费的成本都是以前的GDP积累，而这些长期以来累积起来的GDP由于转为投资后不但没有任何产出，反而白白浪费掉了、流失了，因而又是一种消失的GDP。之所以产生这些无效或是消失的GDP，除了投资决策失误之外，GDP统计指标本身及其统计过程的缺陷也是一个重要的原因。

【阅读材料】

经济学家和一堆狗屎

两个聪明的经济学天才青年，经常为一些高深的经济学理论争辩不休。一天饭后去散步，为了某个数学模型的证明两位杰出青年又争了起来，正在难分高下的时候，突然发现前面的草地上有一堆狗屎。

甲就对乙说，如果你能把它吃下去，我愿意出五千万。五千万的诱惑可真不小，吃还是不吃呢？乙掏出纸笔，进行了精确的数学计算，很快得出了经济学上的最优解：吃！于是甲损失了五千万，当然，乙的这顿加餐吃的也并不轻松。

两个人继续散步，突然又发现一堆狗屎，这时候乙开始剧烈的反胃，而甲也有点心疼刚才花掉的五千万了。于是乙说，你把它吃下去，我也给你五千万。于是，不同的计算方法，相同的计算结果——吃！甲心满意足的收回了五千万，而乙似乎也找到了一点心理平衡。

可突然，天才们同时号啕大哭：闹了半天我们什么也没有得到，却白白的吃了两堆狗屎！他们怎么也想不通，只好去请教他们的导师，一位著名的经济学泰斗。

听了两位高足的故事，没想到泰斗也号啕大哭起来。好容易等情绪稳定了一点，只见泰斗颤巍巍地举起一根手指头，无比激动地说：“1个亿啊！1个亿啊！我亲爱的同学，我代表祖国和人民感谢你们，你们仅仅吃了两堆狗屎，就为国家的GDP贡献了1个亿的产值！”

9.2 国内生产总值的核算方法

我们从一定时期最终产品的市场价值可算出GDP，从一定时期要素所有者的收入可以算出国民收入，其理论基础是：每生产1元物品和劳务就带来1元收入，每生产1

元收入就生产 1 元的物品和劳务。

9.2.1 生产法

生产法是从生产过程中创造的货物和服务价值入手，剔除生产过程中投入的中间货物和服务价值，得到增加价值的一种方法。

国民经济各产业部门增加值计算公式如下：增加值=总产出-中间投入。将国民经济各产业部门按生产法计算的增加值相加，得到国内生产值。

（1）总产出指常住单位在一定时期内生产的所有货物和服务的价值，既包括新增价值，也包括转移价值。它反映常住单位生产活动的总规模，不同行业的总产出按生产法计算的具体方法不同，大致可分为以下五类：

第一类按产品法计算，表现形式为产值。如农业总产值，工业总产值，建筑业总产值。其中由于按生产方法计算的工业总产值不含增值税，而增加值包括增值税，所以计算工业总产出还需要进行相应的调整，即工业总产出=工业总产值+销项税。

第二类按提供的服务计算，表现形式为毛利（即商业进销差价），如批发和零售业总产出=商业附加费。

第三类以营业收入来计算，如交通运输仓储和邮政业，住宿和餐饮业以及社会服务业中的营业性企业。

第四类以虚拟服务收入+实际服务费收入来计算，如金融业（主要包括银行业、保险业）和房地产业。

第五类以经常性业务支出+虚拟支出来计算，如非营利的行政事业单位。

（2）中间投入指常住单位在一定时期内在生产过程中消耗和使用的非固定资产货物和服务的价值。中间投入也称中间消耗，反映用于生产工程中的转移价值。计入中间投入的货物和服务必须具备两个条件：一是与总产出的计量范围保持一致，二是本期一次性使用的。

（3）增加值即总产出减去中间投入后的差额，反映一定时期内各产业部门生产经营活动的最终成果。

生产法用公式表示为：

$$\text{GDP} = \sum \text{各产业部门的总产出} - \sum \text{各产业部门的中间消耗}$$

9.2.2 支出法

支出法又称最终商品法或产品流量法，它是以购买产品和劳务支出来计算的，是从最终产品的用途出发，把一年中购买各种最终产品的货币支出加总，计算该年生产的最终产品流量货币价值总和。按支出法计算国内生产总值，包括以下几项支出：个人消费支出、私人国内总投资、政府购买商品和劳务支出及净出口。

1. 个人消费支出

个人和家庭满足消费需求的所有支出，包括购买耐用商品、非耐用商品和劳务支出，劳务支出中包括房屋的租金。

2. 私人国内总投资

私人国内总投资是用于购买新生产的资本货物（固定投资）和用于变动存货的总支出。投资也称资本形成，是一年内所建造的厂房、机器设备、住宅以及增加的存货。家庭用于购买新的房屋被视为投资，包含在私人国内投资中，而它所提供的居住服务则估算其租金计入个人消费支出之中。要注意的是，在国民收入的统计中，只承认物品资本的形成是投资，而银行存款和购买股票的收益不叫投资，因为它并不增加产品和劳务的产出。

（1）总投资。总投资包括一年内所生产的所有机器、厂房和增加的存货。

存货在最终销售上反映不出来，这种当期生产超过销售的部分往往以存货出现，故增加的存货必须加在支出总额上。

（2）净投资。总投资减去磨损和报废的机器设备的价值就是净投资，用公式表示如下：

$$净投资=总投资-折旧$$

3. 政府购买商品和劳务支出

政府购买商品和服务的支出，包括政府向私人企业购买的各种物品和劳务的支出、举办公共工程的支出和支付给政府雇员的工资。政府购买不等于政府的全部财政支出。

政府转移性支付包括失业保险金、退休军人补贴金、给贫困家庭和残疾人的补贴金以及公债利息等。政府转移性支付的受领者不向政府和社会提供任何一件产品和劳务，因而不反映产品和劳务价值，所以不计入 GDP。

4. 净出口

净出口是出口减进口的净值。出口是本国产品的一部分。进口是外国产品，购买进口产品的支出不表示本过程生产的产品，所以，必须把进口部分减去。

支出法即：

$$GDP=总消费(C)+私人国内总投资(I)+政府购买(G)+净出口(X-M)$$

9.2.3 收入法

收入法又称生产要素所得法。这种方法是从收入的角度出发，把生产要素在生产中得到的各种收入相加，即把劳动所得工资、土地所得租金、资本所得利息以及企业家才能所得利润相加而成。在收入法中主要包括工资和其他补助项目、租金收入、净利息收入和公司利润，还有一项是业主收入。因为生产要素所得的收入，从企业的角度看是成本，所以收入法又叫成本法。

收入法计算包括六大项——工资、租金、利息、利润、间接税和折旧。

1. 工资

广义的工资，包括工资、奖金、津贴等，还包括未缴纳的所得税。

2. 租金

租金指支付给各种资本所有者的租金，包括个人出租土地、房屋的租金，还包括自用房屋的估计租金和专利收入。

3. 利息

利息指净利息，仅限于企业支付的利息。这部分资本是用于生产的，代表了资本这种生产要素对国民产出所做的贡献。政府公债利息和消费信贷利息不计入 GDP。

4. 非公司企业收入和纳税前公司利润

非公司企业收入指个人经营和合伙经营的企业收入，包括自己投入劳动的工资、投资的资金利息、房屋的租金和利润等。

纳税前公司利润包括支付公司所得税和股利之前的利润，还包括未分配的公司利润。

5. 企业间接税

企业间接税是指不由纳税者本人负担的税收，即税收负担可以转嫁给消费者。例如货物税、销售税、营业税、关税和增值税等。

6. 折旧（资本耗费）

折旧及用来补偿被磨损或报废的机器设备和厂房而提取出来的那部分资金。

收入法的计算公式为：

GDP＝劳动者报酬+租金+利息+营业利润+企业间接税+固定资产折旧

注意：前四项生产要素的收入的总额与支出法计算的 GDP 有两项差额。

支出法是按市场价格计算的，市场价格含间接税和折旧费，因此，收入法应在前四项的基础上加上间接税和折旧费，才能和支出法计算的总量一致。支出法计算的 GDP 是标准总量。

【阅读材料】

GDP 核算举例

假设一个社会只有三个人：一个农民——他开办了一个农场，一个企业家——他开了一间面包工厂，还有被工厂雇用的一个工人。这个社会的人以面包为食，没有政府，没有金融市场和对外贸易，也没有对外往来。在某一年内，农场种田，生产粮食 1200 千克，其中 200 千克作为种子，剩余的 1000 千克以每千克 1 元的价格卖给了企业用于生产面包，企业家支付工人 2000 元，企业生产面包 5200 个，其中，销售了 5000 个，每个面包销售价格 1 元，农民购买了 1000 个，工人购买了 2000 个，企业家自己购买了 2000 个，库存 200 个。我们可以把农场和工厂称为“企业”，农民、工人、企业家统称为“家庭”，企业与家庭之间有两种类型的交易：第一种是生产过程中的交易，即企业购买家庭的劳务（劳动或企业家才能）；第二种交易是家庭购买企业的产品。企业没有卖出去的存货称为“存货投资”，属于“投资”范畴。

用于投资和消费的产品称为最终产品。用于生产别的产品的产品称为中间产品，除此之外的其他用途的产品都称为最终产品。比如，上面这个例子中，用于生产面包的那 1000 千克粮食是中间产品，用于作种子（称为存货投资）的那 200 千克粮食是最终产品，用于消费（卖给家庭，成为消费）的那 5000 个面包和用作为存货（存货投资）的那 200 个面包也是最终产品。

（1）生产法：按照这个定义，显然上面这个虚拟社会例子里的 GDP=剩余种子 200 元+销售面包 5000 元+库存 200 元=5400 元，这种计算 GDP 的方法称为“生产法”。

（2）支出法：GDP=总支出=农民（购买面包 1000 元+购买种子 200 元）+工人（购买面包 2000 元）+企业家（购买面包 2000 元+库存 200 元）=5400 元。

（3）收入法：考虑到农场是农民开办的，因此留在农场作为种子的 200 元粮食事实上是农民的收入；同理，工厂是企业家开办的，一次留在工厂的库存 200 元面包是企业家的收入。这样，从收入的角度来看，总收入=农民（销售收入 100 元+种子 200 元）+工人工资收入（2000 元）+企业家（企业利润 2000 元+库存 200 元）=5400 元。

9.2.4 国民经济活动的收入流量循环模型和恒等关系

一个国家的国民经济由生产和消费两部分组成，二者互为前提：没有生产就没有消费；没有消费，生产也继续不下去了。生产和消费的关系构成了国民经济的循环。国民经济活动的收入流量循环模型分析的就是国民经济的运行情况。我们先从两部门经济入手分析国民经济的收入流量循环模型与国民经济中的恒等关系，进而分析三部门和四部门经济。

1. 两部门经济的收入流量循环模型和恒等关系

两部门经济是指只有家庭和厂商两个部门的经济。假设一个社会由生产者和消费者两大部门构成，这两大部门在国民经济活动中各自承担不同的职能，发挥着不同的作用。其中，生产者向消费者提供商品和劳务，消费者向生产者提供劳动力和资本。在市场经济体制下，生产者向消费者提供商品和劳务并不是无偿的，消费者必须向生产者支付货币；同理，消费者向生产者提供劳动力和资本也不是无偿的，生产者也必须向消费者支付相应的报酬——工资和利息。所以，在商品和服务流向消费者，以及劳动者和资本流向生产者的同时，都形成了相应的货币回流，于是形成了以下最简单的国民经济循环模型（两部门国民经济的收入流量循环模型），如图 9-1 所示。

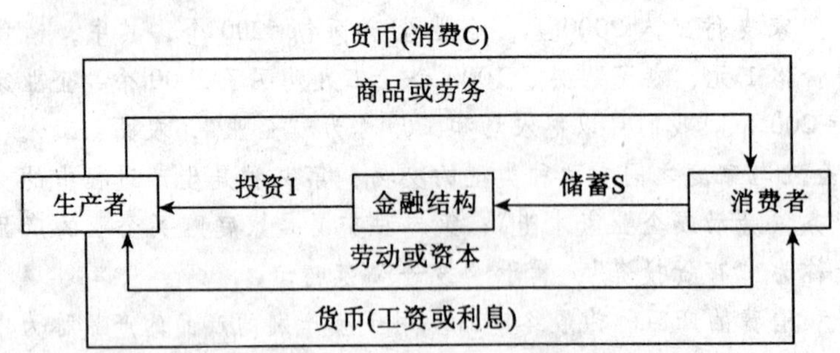

图 9-1 两部门国民经济收入流量循环模型

两部门要达到均衡必须满足 S=I，即 C+S=C+I。

2. 三部门经济的收入流量循环模型和恒等关系

三部门包括家庭、企业和政府三个部门。三部门经济的收入流量循环模型如图 9-2 所示。

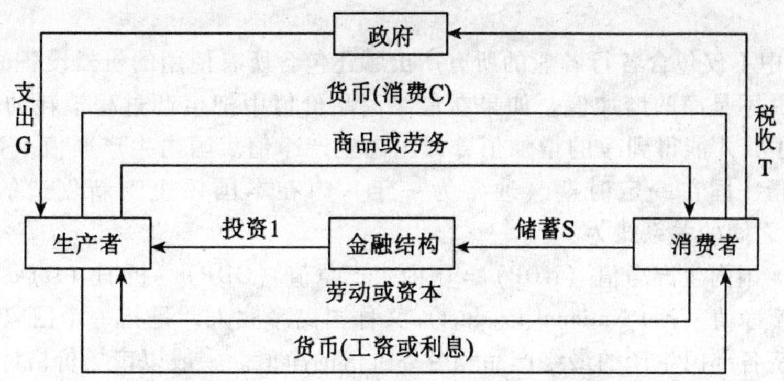

图 9-2　三部门国民经济收入流量循环模型

三部门要达到均衡必须满足 S+T=I+G，即 C+S+T=C+I+G。

3. 四部门经济（即开放经济的三部门）的收入流量循环模型和恒等关系

四部门经济包括家庭、企业、政府和国外四个部门。四部门经济的收入流量循环模型如图 9-3 所示。

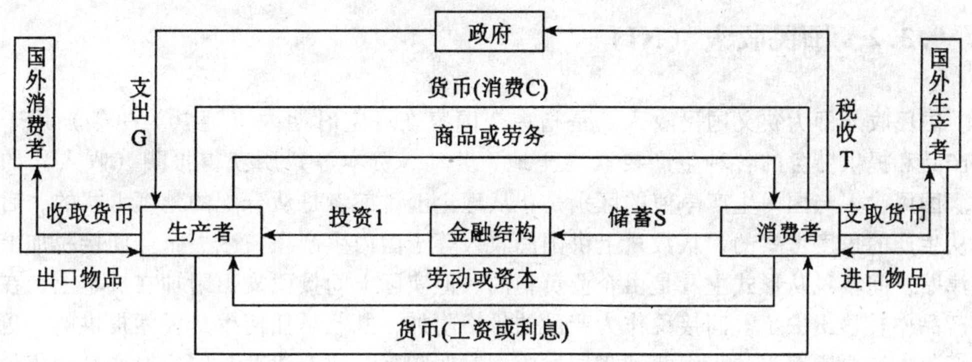

图 9-3　四部门国民经济收入流量循环模型

四部门要达到均衡必须满足 S+T+M=I+G+X，即 C+S+T+M=C+I+G+X。

9.3　国民收入核算中的其他总量

在国民收入核算中，除了国内生产总值这个最基本的总量外，还有其他几个总量，这些指标同 GDP 一起从不同角度反映了宏观经济的运行状况。前面已经介绍了 GDP 的含义及核算方法，只要计算出 GDP，就可以根据国内生产净值、狭义国民收入、个人收入、个人可支配收入这四个总量与国内生产总值的关系把它们分别推导出来。

9.3.1 国内生产净值（NDP）与国民生产净值（NNP）

在 GDP 中不仅包含各行各业的所有产出，还包含所有使用的机器设备的折旧费用。因此，GDP 并不是净的增加值。如果在最终商品价值中把生产过程消耗的机器设备的价值也扣除了，才能得到净的增加值，即国内生产净值。国内生产净值（Net Domestic Product）是指一国在一定时期（通常为一年）内在本国领土上新创造的价值总和。NDP 与 GDP 之间的关系式为：

国内生产净值（NDP）= 国内生产总值（GDP）-折旧（D）

国民生产净值（Net National Product）又称国民净收入，是指一个国家在一定时期内，国民经济各部门生产的最终产品和劳务价值的净值。一般以市场价格计算，它等于国民生产总值减去固定资产折旧后的余额。

国民生产净值与国内生产净值在内容上基本一致，但也存在区别：性质上国内生产净值是一个生产概念，而国民生产净值是一个收入概念；在计算方法上也略有差异。它们的计算公式分别为：

国民生产净值=国内生产净值+来自国外的原始收入-付给国外的原始收入

国民生产净值（NNP）= 国民生产总值-资本折旧

国民生产净值（NNP）= 国民收入+间接税-津贴

9.3.2 国民收入（NI）

国民收入即为狭义国民收入，是指一个国家在一定时期内（通常为一年）用于生产产品和提供劳务的各种生产要素（土地、劳动、资本等）所获得报酬（收入）的总和。国民收入与国内生产净值的区别是：从理论上讲前者是从分配的角度考察的，后者是从生产的角度考察的；从数量上讲国民收入等于国内生产净值减去企业间接税加上政府津贴。间接税从形式上看是由企业负担的，但实际上间接税支出附加在成本上，在销售产品中转移出去了。间接税作为产品的价格附加，既不是任何生产要素提供的，也不是任何生产要素获得的，因此计算国民收入时要扣除。政府津贴是国家对产品销售价低于生产要素成本价格的企业的补贴，目的是弥补企业的损失来维持这种产品的生产。这种补贴可看做是一种负税（即倒付的税），属于企业生产要素的收入。因此计算国民收入要从间接税中扣除政府津贴。用公式表示为：

国民收入（NI）= 国内生产净值-企业间接税+政府津贴

=工资+利润+利息+租金+津贴

9.3.3 个人收入（PI）

个人收入是指一个国家所有个人在一定时期内（通常为一年）从各种来源所得到

的收入总和，它包括劳动收入、企业主收入、租金收入、利息和股息收入、政府转移支付和企业转移支付等，个人收入的构成可用公式表示：

个人收入（PI）= 国民收入-（公司未分配利润+公司利润税+公司和个人缴纳的社会保险费）+（政府对个人支付的利息+政府对个人的转移支付+企业对个人的转移支付）= 工资+企业主收入+个人租金收入+个人利息收入+政府和企业对个人的转移支付-公司和个人缴纳的社会保险费

个人收入与国民收入的不同之处在于，国民收入中有一部分不分配给个人，如公司未分配利润、公司利润税等，这不构成个人收入。而个人收入中通过再分配渠道取得的部分，如政府和企业对个人的转移支付，则不属于国民收入。

9.3.4　个人可支配收入（PDI）

个人可支配收入是指一个国家所有的个人在一定时期内（通常为一年）所得到的收入总和中减去个人或家庭纳税部分，即实际得到由个人自由使用的收入。个人收入并不是人们实际得到的、可任意支配的款项，它必须扣除个人税和非税支付之后才能归个人自由支配，个人税包括个人所得税、财产税、房产税等；非税支付包括罚款、教育费和医疗费。

个人可支配收入一是用于个人消费，它包括食品、衣物、居住、交通、文娱和其他杂项；二是个人储蓄，它包括个人存款、个人债券等。个人可支配收入用公式表示为：

个人可支配收入=个人收入-（个人税+非税支付）= 个人消费支出+个人储蓄

下面用美国 1991 年国民收入的资料说明个人和总量之间的相互关系，如表 9-5 所示。

表 9-5　　**美国 1991 年国民收入**　　单位：10 万美元

项　目	金　额	总　计
国内生产总值		5 677.5
加：国外净要素收入	17.5	
等于：国民生产总值		5 694.9
减：资本耗损扣除	626.1	
等于：国民生产净值		5 068.8
减：间接税	475.2	
其他（净值）	49.4	
等于：国民收入		4 544.2
减：公司留利	364.3	
社会保障缴款	528.8	

续表

项　目	金　额	总　计
加：政府和企业向个人的转移支付	771.1	
利息调整	251.1	
红利	137.0	
等于：个人收入		4 810.3
减：个人所得税和非税支付	618.7	
等于：个人可支配收入		4 191.6

（资料来源：[美] 多恩布什、费希尔，《宏观经济学》第 6 版，第 45 页，中国人民大学出版社 1998 年版。）

9.4 国民收入决定理论

国民经济的整体运行状况取决于其各个组成部分如消费、储蓄和投资等经济变量之间的相互联系。本节通过分析消费、储蓄、投资的结构及关系来说明它们对国民收入决定的影响。

9.4.1 消费函数

1. 消费倾向

消费是人们为了满足各种需要而购买商品和劳务的经济活动。从实际情况看，影响消费的因素很多，如收入水平、商品价格、利率水平、消费结构、收入分配、社会制度、收入与价格预期、消费偏好及风俗习惯等，都直接或间接地影响到消费。在以上诸多因素中，凯恩斯认为收入水平是影响消费的最重要因素。如果假定其他因素不变，只考察收入水平与消费支出之间的依存关系，就可以得到消费函数，其一般形式为：

$$C=f(Y)$$

其中 C 表示消费，f 表示函数关系，Y 表示收入。

在其他条件不变的情况下，消费随着收入的变动而同方向变动，即收入增加引起消费增加，收入减少引起消费减少，但它们之间并不一定按相同的比例变化。消费与收入之间的关系可以用平均消费倾向来进一步说明。

平均消费倾向（APC）是指消费总量在收入总量中所占的比例。其公式为：

$$\mathrm{APC}=\frac{C}{Y}$$

边际消费倾向（MPC）是指消费增量在收入增量中所占的比例。如果用 ΔC 表示消费增加量，ΔY 表示收入增量，则边际消费倾向的公式为：

$$\text{MPC}=\frac{\Delta C}{\Delta Y}$$

一般而言，人们在任何情况下都要消费，只不过消费有多有少而已，所以平均消费倾向肯定是大于零，即 APC>0。另一方面，随着收入的增加，消费者消费的绝对量虽然一直在增加，但增加的速度越来越慢，即消费增量与收入增量的比例随着收入的增加而逐渐减少，这就是所谓的边际消费倾向递减规律。

2. 消费曲线

消费可以分为自主性消费和引致消费。自主性消费是指满足人的基本生理需求的消费，如维持吃、穿、住等的消费，它不依存于收入，这部分消费无论有无收入都是必不可少的。引致消费是指随着收入的变动而变动的消费，这部分消费取决于收入和边际消费倾向的大小，若用 C 表示消费，a 表示自主性消费，b 表示边际消费倾向，Y 表示收入，则消费函数也可以表示为：

$$C=a+bY$$

据此可以做出消费曲线，如图 9-4 所示。

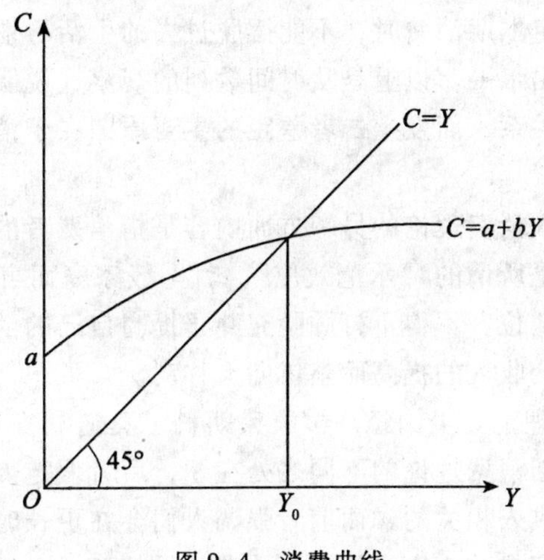

图 9-4　消费曲线

在图 9-4 中，横轴 OY 代表收入，纵轴 OC 代表消费，倾角为45°的曲线是收入相抵线，线上任一点都表示消费等于收入。当收入为零时，所有消费就是自主性消费 a；消费曲线 C 与倾角为 45°的曲线相交于 E 点，表示收入与消费支出相等；当收入小于 Y_0 时，消费大于收入，储蓄为负值；当收入大于 Y_0 时，消费小于收入，储蓄为正值。在短期中，边际消费倾向小于平均消费倾向。

以上所描述的消费函数只是凯恩斯所提出的一种消费函数，它假定消费是人们收入水平的函数，称为凯恩斯的绝对收入消费理论。凯恩斯的《就业、利息和货币通论》出版以后，这一简单的消费函数得到了补充和修改，产生了其他一些理论，如杜森贝利的相对收入假说，莫迪利安尼的生命周期假说以及弗里曼的永久收入假说等。

3. 关于消费函数的其他理论

（1）相对收入消费理论。相对收入消费理论由美国经济学家杜森贝利（J. S. Duesenberry）提出，他认为人们的消费会受自己过去的消费习惯以及周围其他人消费水平的影响，从而消费是相对决定的。按照他的说法，消费与所得在长时期内维持一个固定比率，故长期消费函数是从零点出发的直线，但短期消费函数则为有正截距的曲线。这不论从时间数列或从横断面观察都是如此。

先从时间数列来观察，杜森贝利认为，依照人们的习惯，增加消费容易，减少消费相对困难。因为一向过着相当高生活水平的人，即使收入降低，多半也不会马上因此降低消费水平，而会继续维持相当高的消费水平，所以消费会随收入的增加而增加，但不易随收入的减少而减少。因此，就短期观察时，可发现在经济波动过程中，收入增加时消费水平的降低相当有限。因此，短期消费函数不同于长期消费函数。

长期消费函数为 $C=C_0+cY$。杜森贝利将短期消费函数正截距的产生归因于经济周期各阶段的不同消费行为。杜森贝利理论的核心是消费者易于随收入的提高而增加消费，但不易随收入的降低而减少消费，以致产生有正截距的短期消费函数。这种特点被称为“棘轮效应”，即上去容易下来难。总之，杜森贝利认为短期消费函数之所以有正截距，是由于消费者决定本期消费时，不能摆脱过去的生活习惯。使本期消费取决于本期收入及过去的消费支出水平。以上是从时间数列的观察，说明短期消费函数的形态以及与长期消费函数间的关系，而发生二者差距的主要原因在于消费者会受过去消费习惯的影响。

杜森贝利的相对收入消费理论的另一方面内容是指消费者的消费行为要受周围人们消费水平的影响，这就是所谓的“示范效应”。就一般家庭而言，它的收入虽低，但因顾及它在社会上的相对地位，不得不打肿脸充胖子提高自己的消费水平。这种心理会使短期消费函数随社会平均收入的提高而整体向上移动。

（2）生命周期消费理论。美国经济学家弗朗科·莫迪利安尼（F. Modigliani）的生命周期消费理论与凯恩斯消费理论的不同之处在于，后者假定人们在特定时期的消费是与他们在该时期可支配收入相关的，而前者强调人们会在更长时间范围内计划他们的生活消费开支，以达到他们在整个生命周期内消费的最佳配置。一般来说，年轻人家庭收入偏低，这时消费可能超过收入。随着他们步入中年阶段，收入日益增加，这时收入会大于消费，还可能偿还年轻时欠下的债务，更重要的是可以积累部分钱财以备养老。等到年老退休，收入下降，消费又超过收入，形成所谓负储蓄状态。下面用一个例子说明上述理论。

假定某人从20岁开始工作，计划到60岁退休，预期寿命80岁。这样，工作的时期（用 WL 表示）为40年（$=60-20$）。生活年数（用 NL 表示）为60年（$=80-20$），从1岁到20岁为父母抚养他的时期不计人 NL。若每年工作收入（用 YL 表示）为24000元，则终身收入 $=YL \cdot WL=24000\times40=960000$（元）

生命周期消费理论假定，人们总希望自己一生能比较平稳安定的生活，而不愿今朝有酒今朝醉，从而他们会计划在整个生命周期内均匀的消费者960000元收入，因而他每年的消费将是：

$$C=\frac{960000}{60}=16000=\frac{WL}{NL}\times YL=\frac{40}{60}\times 24000=\frac{2}{3}\times 24000\text{（元）}$$

在这个假设的例子中，该人在工作时间内每年工作收入的 2/3 用于消费，这也是他工作时间（40 年）占一生（60 年）的比例，1/3 用于储蓄，每年储蓄额是 8000 元（=24000-16000），退休时共积累的储蓄额是 320000 元（=8000×40），到预期寿命结束时正好用完。

在上述简化例子中，含有一系列假定：工作期间收入保持不变，没有不确定因素，个人开始时没有积累，每年的储蓄没有利息等增值，不留遗产给后代等。然而，即使抛开这些假定，加进现实因素来考虑，生命周期消费理论的基本结论依然成立，这种结论可以用下列公式表示：

$$C=aWR+cYL$$

式中，WR 为实际财富；a 为财富的边际消费倾向，即每年消费掉的财富比例；YL 为工作收入；c 为工作收入的边际消费倾向，即每年消费掉工作收入的比例。

根据生命周期的消费理论，如果社会上的年轻人和老年人比例增大，则消费倾向会提高；如果社会上中年人比例增大，则消费倾向会下降。因此，总储蓄和总消费会部分地依赖于人口的年龄分布，当有更多人处于储蓄年龄时净储蓄就会上升。

除了想使自己一生平稳消费一点，还有一系列因素会影响消费和储蓄。例如，当有更多人想及时行乐的话，储蓄就会减少；当社会建立起健全的社会保障制度从而有更多人享受养老金待遇时，储蓄也会减少；当社会上有更多人想留一笔遗产给后代时，社会总储蓄率就会提高，但很高的遗产税率又会影响这种储蓄积极性。

（3）永久收入消费理论。美国经济学家米尔顿·弗里德曼（M. Friedman）的永久收入消费理论认为，消费者的消费支出主要不是由他的现期收入决定，而是由他的永久收入决定。永久收入是消费者可以预计到的长期收入。永久收入大致可以根据所观察到的若干年收入数值的加权平均数计算，距现在时间越近，权数越大，反之则越小。举个简单的例子来说明，假定某人永久收入为下列形式的一个加权平均值：

$$Y_P=\theta Y_t+(1-\theta)Y_{t-1}$$

式中，Y_P 为永久性收入；θ 为权数；Y_t 和 Y_{t-1} 分别为当前收入和过去收入。如果 $\theta=0.6$，$Y_t=12\ 000$ 元，$Y_{t-1}=10\ 000$ 元，则：

$$Y_P=0.6\times 12000+0.4\times 10000=11200\text{（元）}$$

消费者的消费支出取决于永久收入。假如，假定 $C=cY_t=0.9Y_p$，则当前收入的边际消费倾向仅为 $c\theta$，明显低于长期边际消费倾向 C_0。在上述例子中，$c\theta=0.9\times 0.6=0.54$。短期边际消费倾向较低的原因是，当收入上升时，人们不能确信收入的增加是否会一直继续下去，因而不会马上充分调整其消费。当然，当收入下降时，人们也不能断定收入的下降是否就一直会如此。因此，消费也不会马上发生相应的下降，短期边际消费倾向仍较低。只有收入变动最终证明是永久的，人们才会在最终证明是较高或较低的永久收入水平上充分调整其消费。

按这种消费理论，一个有前途的大学生可能会在其暂时收入以外多花不少钱，这会使他欠不少债，但他相信自己将来收入会非常高。再如，当经济衰退时，虽然人们收入减少了，但消费者仍然按永久收入消费，因此，衰退期消费倾向高于长期的平均消费倾向。相反，经济繁荣时尽管收入水平提高了，但消费者按永久收入消费，所以这时消费倾向低于长期平均消费倾向。根据这种理论，政府想通过增减税收来影响总需求的政策是不能奏效的，因为减税而增加的收入并不会立即都用来增加消费。

上述生命周期理论和永久收入理论有联系也有区别。就区别而言，前者偏重对储蓄动机的分析，从而提出以财富作为消费函数的变量的重要理由；而永久收入理论则偏重于个人如何预测自己未来收入问题。就联系而言，不管二者强调重点有何差别，它们都体现一个基本思想，即单个消费者是前向预期决策者，在消费决策依据、短期收入变动和永久收入变动的边际消费倾向、税收对消费的影响等方面是相同的：

第一，消费不只同现期收入相关，而是以一生或永久的收入作为消费决策的依据。

第二，一次性暂时收入变化引起的消费支出变动很小，即其边际消费倾向很低，甚至近于零，但来自永久收入变动的边际消费倾向很大，甚至近于1。

第三，当政府想用税收政策影响消费时，如果减税或增税只是临时性的，则消费并不会收到很大影响，只有永久性税收变动政策才会有明显效果。

9.4.2 储蓄函数

储蓄是人们收入中没有用于消费的剩余部分。个人、家庭或厂商都为着某种目的进行储蓄，社会各成员或集团的储蓄之和构成社会总储蓄。影响储蓄的因素很多，如收入、利息率、消费者预期等，但最主要的还是收入水平。如果仅考察收入对储蓄的影响，可得到储蓄函数为：

$$S=f(Y)$$

式中 S 表示储蓄，Y 表示收入，说明储蓄是收入的函数。在其他条件不变的情况下，储蓄与收入同方向变化，收入增加或减少，会引起储蓄相应的增加或减少。但是储蓄与收入并不是按同一比例变化。储蓄与收入之间的关系可以用平均储蓄倾向和边际储蓄倾向来进一步说明。

平均储蓄倾向（APS）是指在某一收入水平上储蓄在收入中所占的比例，即储蓄总量与收入增量的比。其公式为：

$$\mathrm{APS}=\frac{S}{Y}$$

边际储蓄倾向（MPS）是指在增加的收入中用于储蓄部分所占的比例，即储蓄增量与收入增量的比，如果用 ΔS 表示储蓄增量，ΔY 表示收入增量，则其公式为：

$$\mathrm{MPS}=\frac{\Delta S}{\Delta Y}$$

储蓄曲线如图 9-5 所示。

在图 9-5 中，横轴 OY 代表收入，纵轴 OS 代表储蓄，$S=f(Y)$ 表示储蓄与收入之间的依存关系。Y_0点是储蓄曲线与横轴的交点，表示这时消费等于收入，即储蓄为零；在 Y_0点的左边有负储蓄；在 Y_0点的右边则有正储蓄。储蓄曲线向右上方弯曲，表明储蓄

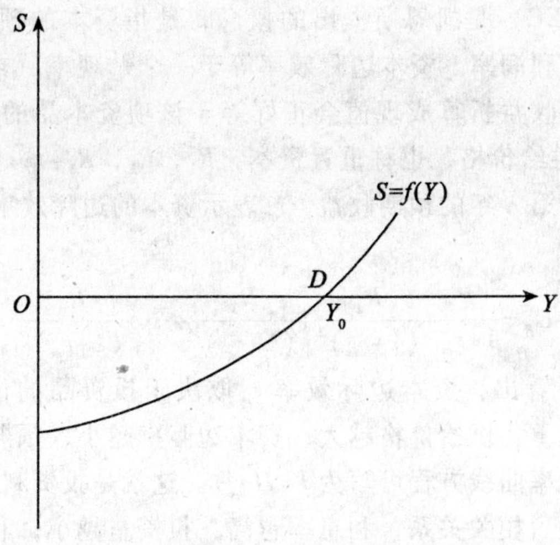

图 9-5　储蓄曲线

随着收入的增加而增加，且增加的幅度越大越好。

在收入既定条件下，如果用于消费的支出多了，则储蓄减少；反之，用于消费的支出少了，则储蓄增加。根据消费与储蓄之间的关系及消费函数 $C=a+bY$ 可以推出储蓄函数的具体表达式为：

$$S=-a+(1-b)Y$$

根据消费与储蓄之间的关系，可以得出两个重要的结论：

平均消费倾向与平均储蓄倾向之和为 1，即 APC+APS=1；

边际消费倾向与边际储蓄倾向之和也等于 1，即 MPC+MPS=1。

9.4.3　投资函数

投资也叫资本形成，是指在一定时期内社会的实际资本增加，包括厂房、机器设备、存货的增加，表现为生产能力的扩大。投资和资本是两个不同的概念，投资是流量，而资本则是存量。

1. 投资决策与投资函数

投资的动机和目的是为了获取最大利润，做出投资决策必须考虑两个因素：投资的预期利润率和资本市场的利率。比较二者高低，投资的预期利润率高于资本市场利率是投资决策的基本原则。

从总体看，决定投资水平的主要因素有三个：社会投资需求、家庭储蓄供给和厂商投资品供给。投资函数严格说就是投资需求函数。在宏观经济运行中，商品市场和货币市场同时存在，决定投资的最主要因素是国民收入和利率，投资函数为 $I=I(Y,r)$，投资需求与国民收入呈正相关关系，与利率呈负相关关系。如不考虑国民收入，投资函数可简写成 $I=I(r)$，投资同利率反方向变动。

2. 资本边际效率

资本边际效率（MEC）是凯恩斯提出的概念，是指资本的预期利润率，即增加一笔投资预期可以得到的利润率。资本边际效率等于一个贴现率（或折现率），用这个贴现率把投资的将来预期收益折算成现值会正好等于该项资本品的供给价格（或成本）。假设 C_R 表示投资品的供给价格，也称重置资本，R_1，R_2，R_3，…，R_n 分别表示第一年、第二年、第三年、…、第 n 年的预期收益，r_m 表示资本的边际效率。按照凯恩斯定义有如下关系：

$$C_R=\frac{R}{1+r_m}+\frac{R_2}{(1+r_m)^2}+\frac{R_3}{(1+r_m)^3}+\cdots+\frac{R_n}{(1+r_m)^n}$$

从资本边际收益公式可看出，资本边际效率 r_m 取决于投资品的供给价格与预期收益。在其他条件相同的情况下，供给价格越大，资本边际率越小；预期收益越大，资本边际效率越大。资本边际效率曲线方程可写为 $I=I(r_i)$。这就是投资利息率函数或投资函数，它表明投资与利息率呈负相关关系，利息率越高，投资量越小；利息率越低，投资量越大，如图 9-6 所示。

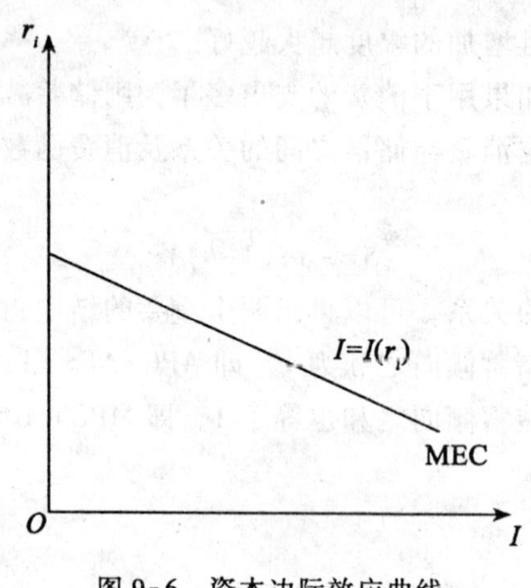

图 9-6　资本边际效应曲线

凯恩斯认为，资本边际效率会随着社会投资的不断增加而呈现递减趋势，这是凯恩斯理论体系中的三大基本规律之一。为什么资本边际效率递减？从供给价格看，社会经济活动中投资越多，对资本设备的需求越多，资本设备的价格越高，为资本设备而付出的成本就越高。如果其他不变，投资的预期利润率必将下降；从预期收益看，随着投资的增加，生产规模扩大，产品的未来供给会越来越多，引起销售困难或者降价，投资的预期利润率将降低。

资本边际效率递减规律在凯恩斯经济理论中有着特殊意义：资本边际效率递减，削弱了投资的吸引力和私人投资的信心，会引起对资本产品的需求不足。私人投资不足必须由国家承担起投资的责任，维持一定的有效需求，才能理解解决经济危机与失业问题。

3. 投资边际效率

资本边际效率曲线就是投资需求曲线，它强调了当利息率下降时要引起投资增加，结果势必提高资本产品的成本，各投资项目的资本边际效率会有所降低。因此，要区分资本边际效率与投资边际效率（MEI）。资本边际效率是表示资本品价格不变时投资与利息率的反比关系，而投资的边际效率是表示资本品价格变化时投资与利息率的反比关系。如图 9-7 所示为投资边际效率曲线。

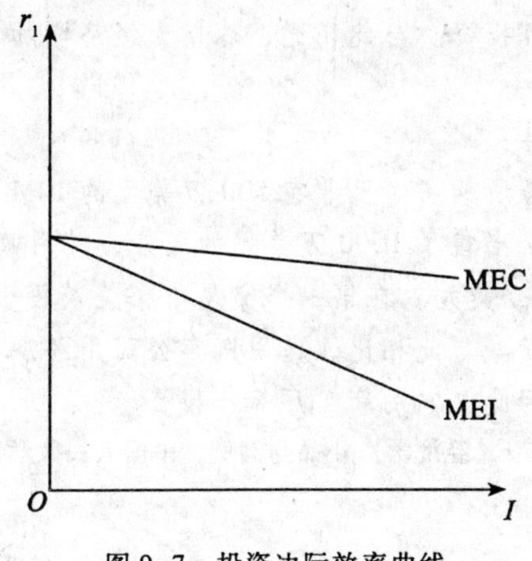

图 9-7　投资边际效率曲线

在原点时，净投资为零，资本品供给价格不变，MEC 与 MEI 相等；随着净投资的增加，MEC 与 MEI 的差距越来越大。可以看出，根据投资边际效率曲线，利息率与投资量之间仍然存在着反方向关系，如果用一般公式表示这一关系，$I=I(r_i)$ 仍然适用，所不同的是，在使用投资边际效率曲线的情况下，利息率对投资量的影响较小，而在使用资本边际效率的情况下影响则较大。

在同样预期收益的情况下，随着投资的增加，投资品的供给价格会越来越高，投资边际效率小于资本边际效率，而真正表示投资所能带来好处的是投资边际效率而不是资本边际效率。从图 9-7 可见，投资边际效率曲线总在资本边际效率曲线之下，而且二者的差距也会越来越大。

在西方经济学著作中说明投资量和利息率关系时，一般使用投资边际效率曲线，而很少用凯恩斯的资本边际效率曲线。

【阅读材料】

什么是投资

初学宏观经济学的人有时弄不懂宏观经济学家如何以一些新而特殊的方式运用相似的词，一个例子是“投资”这个词。混淆的产生是因为对个人看来像投资的东西对整个经济来说并不是投资，一般规则是经济的投资并不包括仅仅在不同个人之间重新配置资产的购买，当宏观经济学家用投资这个词时，投资是创造新资本。

我们来考虑一些事例。假设我们观察到这两个事件：

- 斯密为自己购买了一所有100年历史的维多利亚式房子。
- 琼斯为自己建造了一所全新的现代房子。

这里什么是总投资？是两所房子，一所房子，还是没有？

在一个宏观经济学家看来，这两个交易中只有琼斯的房子算作投资。斯密的交易并没有给经济创造出新房子，它仅仅是对已有房子的重新配置。斯密的购买对斯密是投资，但对出售房子的人是负投资。与此相比，琼斯为经济增加了新房子，她的新房子算作投资。

同样，考虑这两个事件：

- 盖茨在纽约股票交易所购买了巴菲特500万美元的IBM股票。
- 通用汽车公司向公众出售了1000万美元的股票，并用收入建立了一个新汽车厂。

在这里，投资是1000万美元。在第一个交易中，盖茨投资于IBM股票，而巴菲特是负投资；经济中没有投资。与此相比，通用汽车公司用经济中一部分物品和劳务产出来增加自己的资本存量；因此，它的新工厂算作投资。

（资料来源：Joseph E. Stiglitz《经济学》小品与案例，中国人民大学出版社。）

9.4.4 乘数理论

乘数理论是考察和分析在社会经济活动中某一因素的变化或变量的增减所引起一系列连锁反应的状态和结果。乘数理论应用于不同方面就有不同的乘数。凯恩斯的乘数理论是关于投资变化与收入变化关系的理论，下面重点研究投资乘数。

1. 投资乘数的含义

投资需求是总需求的组成部分，所以投资需求的变动将会引起收入的变动。凯恩斯认为，当总投资增加ΔI时，国民收入增量ΔY将是投资增量ΔI的K倍，K就是投资乘数，即：

$$K=\frac{\Delta Y}{\Delta L}$$

2. 投资乘数的作用原理

投资乘数源于国民经济各部门间的相互关联性，是存在于社会化、市场化经济中的客观现象与规律。

假设在某社会经济活动中，投资增加100万美元，边际消费倾向为0.8。当用这100万美元来购买投资品时，生产投资品的部门就增加收入100万美元，收入中会有80万（100×0.8）美元用来购买消费品，从而使生产消费品部门的收入增加80万美元，这是社会收入的第二次增加。同样，由于边际消费倾向是0.8，生产消费品部门增加的80万美元收入中又会有64万（80×0.8）美元用于消费，社会的收入第三次增加了64万美元，以此类推，具体情况如表9-6所示。

表 9-6　**增加投资 100 万美元导致的收入增加**

收入增加次数	每次收入增加数量	以 $b\Delta I$ 表示每次增量
第一次	100	ΔI
第二次	$100\times0.8=80$	$b\Delta I$
第三次	$100\times(0.8)^2=64$	$b^2\Delta I$
……	……	……
第 n 次	$100\times(0.8)^{n-1}$	$b^{n-1}\Delta I$
收入总量增加	$100+100\times0.8+100\times0.8^2+100\times0.8^3+\cdots\cdots$	$\Delta I+b\Delta I+b^2\Delta I+\cdots\cdots$

$$\begin{aligned}\Delta Y &= 100+100\times0.8+100\times0.8^2+100\times0.8^3+\cdots\cdots \\ &= 100\times(1+0.8+0.8^2+0.8^3+\cdots\cdots) \\ &= 100\times\left(\frac{1}{1-0.8}\right) \\ &= 100\times5=500\ (\text{万美元})\end{aligned}$$

从上式看出，当投资增加 100 万美元时，由此产生的收入增量为 500 万美元，二者之比即投资乘数等于 5，它说明投资增加而导致收入增加的倍数。

乘数公式可表示为：$\Delta Y=K\cdot\Delta I$

或
$$K=\frac{\Delta Y}{\Delta I}$$

因为 $\Delta Y=\Delta C+\Delta I$，$\Delta Y=\Delta C+\Delta S$，所以

$$K=\frac{\Delta Y}{\Delta I}=\frac{\Delta Y}{\Delta Y-\Delta C}=\frac{\Delta Y/\Delta Y}{\Delta Y/\Delta Y-\Delta C/\Delta Y}=\frac{1}{1-\Delta C/\Delta Y}=\frac{1}{\Delta S/\Delta Y}=\frac{\Delta Y}{\Delta S}$$

式中$\frac{\Delta C}{\Delta Y}$、$\frac{\Delta S}{\Delta Y}$分别表示边际消费倾向、边际储蓄倾向。所以投资乘数是 1 减边际消费倾向的倒数，即 $K=\frac{1}{1-b}$，或是边际储蓄倾向的倒数。

投资乘数的作用具有两面性：一方面，投资增加会引起国民收入按 K 倍增加；另一方面，投资减少会引起国民收入按 K 倍减少。因此，西方经济学家把投资乘数称为一把“双刃剑”。

3. 乘数的作用条件

研究投资乘数的作用时，英国经济学家希克斯等人指出，投资乘数作用的发挥程度要受以下条件限制：

（1）在投资品部门和生产品部门增加的收入来偿还债务时，投资乘数的作用就会大大缩小。

（2）在没有可供利用的劳动力等各种经济资源时，投资增加也不能使产量和收入增加，投资乘数作用会受限制。

（3）在收入增加用来购买消费品时，因生产条件限制，消费品生产不出来，这时

货币收入增加而实际收入不能同比例增加，乘数作用要受到限制。

(4) 在增加的收入用来购买投资品和消费品存货以及购买外国的商品时，投资乘数作用将会减少。

本章小结

(1) 整个社会经济活动主要依靠国民收入的概念来衡量和表现，它包括了五个总量：国内生产总值GDP、国民生产净值NNP、国民收入NI、个人收入PI和个人可支配收入DPI。本章强调了几个基本概念和基本内容，学习时重点掌握几个基本公式：

个人可支配收入PDI=个人收入-个人纳税=消费+储蓄

GDP=总消费(C)+私人国内总投资(I)+政府购买(G)+净出口(X-M)

国民收入（NI）=国内生产净值-企业间接税+政府津贴 =工资+利润+利息+租金+津贴

个人可支配收入=个人收入-（个人税+非税支付）=个人消费支出+个人储蓄

(2) 国内生产总值有三种测定方法：生产法是从如何形成的角度测定国内生产总值；支出法是从国内生产总值生产出来以后怎样使用来测定的；收入法是从参与生产的生产要素所得到的相应收入角度来测定国内生产总值的。

案例分析9-1

经济高速增长的背后——环境污染的代价

2009年GDP保八已经不是问题了，超九也是预料结果。中国的GDP年年创新高，说明了国家的经济实现了高速的增长。但是这种增长，如果仅仅是数量上的增长，而没有实现结构的优化和均衡，那么它就不能等同于经济发展。

从经济增长的产出看，社会财富分配结构存在问题，这种增长并没有带来全体国民财富的相应比例的增长。以房地产为例，房价高企，房地产开发商、地方政府、炒家、银行构成了一条紧密的利益链条，相互联动推高房价，使得普通老百姓不能“居者有其屋”，GDP催生出的财富并没有使社会民众获益，而是向这些利益集团转移分配。在一系列的产业整合过程中，当国进民退成为主线，造成了民营资本在产业发展中的孱弱，而进一步强大的国企，往往是集资源垄断和权力垄断为一体的畸形产物，变得更加无效率、低质量。这种后果也最终是由全体消费者承担，社会整体的效益受到了损失。两桶油（注：中石油和中石化）实力强大，但是低效和高价并不为人所称道。这样的企业越多，社会边际利益损失越大。

从经济增长的投入结构来看，我国的产业是大而全，但做到精而优的却不多。我国的经济增长中还有绝大部分是以廉价的原料、劳动力重复着高污染、高能耗的生产，而这些产品虽然在对外贸易中还能保持成本上的优势，“8亿件衬衫换一架飞机”曾经让国人津津乐道，但这种竭泽而渔式的增长模式，造福了西方发达国家，为中国留下了微薄的收益，却也留下了环境和资源的巨大代价。

10 月 14 日，中国摄影师卢广以《关注中国污染》的专题摄影获得了尤金史密斯人道主义摄影奖。从图片来看，先是触目惊心，而后是痛心。曾经的青山绿水换来了一叠微薄的花花绿绿的纸钞，但却是以环境伤痕累累为代价，而这种环境的危害很多是不可逆转的。等到我们有钱想换回曾经的蓝天白云时，那将是何其难，不要痛到无可救药才醒悟！

（资料来源：网易新闻。）

本章训练

一、名词解释

国内生产总值　国民生产总值　国民生产净值　个人可支配收入

二、指出下列各项中，哪些属于中间消耗，哪些属于最终消耗

1. 李丹购买一本杂志
2. 三星公司购买一批英特尔公司生产的芯片
3. 王飞旅游时支付的酒店房租
4. 某政府采购一批本田汽车
5. 会计师事务所支付租用办公室的房费
6. 日本公司向中国购买农产品

三、简答题

1. 如何完整的理解国民生产总值？
2. 什么是国内生产总值？
3. 简述四部门经济中的国民收入恒等关系。

第10章　经济周期与经济增长

学习目标

1. 理解经济周期的含义、阶段、特征；
2. 了解经济周期的类型以及经济周期成因的各种理论；
3. 掌握乘数——加速数理论，理解实际经济周期理论；
4. 理解经济增长的含义、源泉以及影响因素。

知识能力

1. 运用经济周期理论分析经济周期的形成过程；
2. 运用乘数和加速数原理分析投资、收入与消费之间的关系；
3. 对经济增长的影响因素进行分析。

工作任务

1. 运用乘数—加速数模型方程进行国民收入的计算；
2. 对现实经济增长趋势的分析与预测。

关键词

经济周期；经济增长；乘数—加速数理论；新古典经济增长理论

案例导入

中国在未来能否继续维持高速增长?

2007年6月19日下午，Cornell大学教授Eswar Prasad莅临北京大学中国经济研究中心，发表了题为《中国在未来能否继续维持高速增长》的演讲。以下节选自中国经济学教育科研网报道的这次演讲的主要内容。

20多年来，中国经济一直快速发展，而且至今没有减速迹象。即使在亚洲金融危机期间，中国经济依然保持着良好的发展势头，经济增长率非常高，平均在10%左右，而且经济波动非常小，经济表现非常稳定。同时，通货膨胀率维持在非常低的水平。除了在2002年至2003年经历了短暂的通货紧缩之外，其他时间通货膨胀率都维持在非常适度的范围内，大约在1%~3%。

在中国经济的高增长率中，各个经济组成部分的贡献差异很大。通过增长率贡献因素分解图可以看出，对中国经济增长率贡献最大的部分除了私人消费外就是投资。

在中国这样一个发展中国家，劳动力富余而资本稀缺。一般来讲，提高投资率有利于资本积累，从而有利于经济增长。中国一个特有的现象是中国大量投资是依靠国有银行提供低利息（基准利率）贷款完成的，而且这些贷款大部分给了国有企业。

虽然中国投资率高得似乎有些惊人，但中国经常账户依然有盈余。原因是与高的投资率相比，中国的储蓄率更高。从1985年开始，中国银行存款数量一直急剧增长，从1989年的大约2万亿元人民币，增长到2006年的大约33万亿元，增长了近16倍。到2006年，中国的银行存款总量大约超过当年GDP的1.7倍。中国的居民和企业都有非常高的储蓄率。对居民户而言，由于中国的金融抑制，居民户没有多少可供选择的投资工具，加上对未来教育、医疗、养老等信心不足，因而选择将钱存入银行。

总的来说，中国经济的改革和发展在过去20多年来取得了巨大的成就，与此同时中国经济还存在一些问题。为了解决这些问题，维持中国经济持续均衡增长，还需进一步推进中国的改革进程。中国继续推进改革已经有一些有利的基本因素，现在正是继续推进改革的合适时机。改革进行得越晚，所需付出的成本也越大。同时，外部的一些压力如果处理适当，也会有利于改革的进一步深化。

（资料来源：中国经济学教育科研网。）

10.1 经济周期

经济发展的历史表明，经济的增长方式从来都不是按部就班、一成不变的。一个国家可以享受好多年令人兴奋的经济繁荣，而接下来的也许就是一场经济衰退，甚至是一场金融危机。于是，经济的总产出下降，利润的实际收入减少，大批工人失业。当经济衰退逐渐落至谷底时便开始复苏，复苏的步伐可能快也可能慢，有可能恢复不到原先的经济状况，也有可能强劲得足以启动下一轮的经济扩张。简言之，经济在沿着经济发展的总体趋势的增长过程中，常常伴随着经济活动的上下波动，且呈现出周围性变动的特征。

10.1.1 经济周期的基本知识

1. 经济周期的含义

经济周期（Business Cycle），也称商业周期、商业循环，它是指经济运行中周期性出现的经济扩张与经济紧缩交替更迭、循环往复的一种现象，它是国民总产出、总收入和总就业的波动。这种波动以经济中的许多成分普遍而同期地扩张或收缩为特征，持续时间通常为2~10年。在现代宏观经济学中，经济周期发生在实际GDP相对于潜在GDP上升（扩张）或下降（收缩或衰退）的时候，而不是单纯的总产出或者人均产出水平的上升和下降交替过程。

图 10-1 对经济周期作了一般描述。

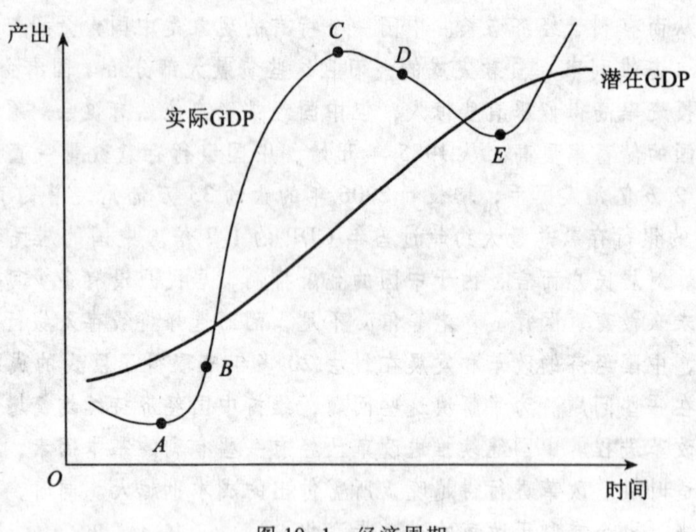

图 10-1 经济周期

图 10-1 中的粗线表示潜在 GDP 的稳定增长趋势，细线代表实际 GDP 变化情况。A 点对应着经济萧条，它是经济周期的底部。B 点表明经济进入了复苏阶段。随着复苏进程的发展，产出到达趋势路径的上方，即图中的 C 点，称此时的经济处于经济繁荣。然后经济进入衰退期，此时产出增长速度慢于产出增长趋势，甚至产出可能为负增长。E 点代表经济萧条，然后经济又开始复苏，另一个周期重新开始。

西方学者认为，经济周期的形式是不规则的。没有两个完全相同的经济周期，也没有像测定行星或钟摆那样的精确公式可用来预测经济周期发生时间和持续时间。相反，经济周期可能更像天气那样变化无常。

2. 经济周期的阶段

经济周期使经济活动沿着经济发展的总体趋势周期性波动，经济周期分为四个阶段：繁荣（Prosperity）、衰退（Recession）、萧条（Depression）、复苏（Recovery）。其中，繁荣与萧条是两个主要阶段，衰退与复苏是两个过渡性阶段。

（1）衰退。衰退是周期波峰过去，经济开始向下滑坡的阶段。在衰退期间，需求萎缩，从而生产和就业下降。就业下降导致家庭收入减少，又导致需求进一步萎缩，利润也随着下降，企业经营困难。在繁荣时期经济情况看好时所进行的投资，现在已变得无利可图了，投资急剧降至最低水平。衰退情节严重时，大量生产能力闲置起来，磨损报废的设备暂不需添补重置，就可应付生产的需要。

（2）萧条。萧条是经济周期接近低谷的部分。其特点是：劳动力失业率高，公众消费水平下降，企业生产能力大量闲置，存货积压利润低甚至亏损，企业对前景缺乏信心，不愿冒新投资危险。

（3）复苏。当复苏开始时，也就是已经到了周期的最低点。促使复苏的因素是多种多样的。例如，大批机器经过多年磨损需要更换，存货减少需要补充，企业订单增加，就业、收入和消费支出都增加了。生产销售增加以后，利润随着增加，经济前景看好，投资的乐观主义代替了萧条时的悲观主义。由于需求增加，生产的顺利扩大基本上是由萧条时闲置的生产能力和解雇后又返回的工人完成的。

（4）繁荣。繁荣是周期的波峰。在繁荣时期，现有生产设备已经充分利用，劳动力，特别是技术熟练的劳动力已感缺乏，主要原材料也开始感到供应不足。由于这些原因，增产的困难越来越大。这时只有增加投资、扩大生产能力才能扩大产量。投资建设需要时间，生产的增加满足不了需求的增长，价格不断上涨，生产要素需求的急剧增长促使要素成本上升，但由于商品价格也同时上涨，企业生产仍有较为丰厚的利润可图。由于经济前景看好，投资量可能超过现有销售水平。

3. 经济周期的特征

（1）一般特征。从表面上看，经济周期具有以下一些特点：

①经济周期是不规则的。经济周期具有不规则性，世界上没有一个国家重复别的国家的经济周期，另外从时间序列上，每一次发生的经济周期也不一样，有的周期会波动性很大，有的周期则波动性很小。

②从现象上看，经济周期是指经济一个波谷运行到下一个波谷的阶段，即从一个谷底开始，经过复苏、峰顶，然后衰退、萧条，到另一个谷底的过程。各国经济的波动可能有的时间较短，有的时间较长，一般根据“谷底—谷底”原则，划分为复苏、峰顶、衰退、谷底四个阶段，它是一个永无止境的循环过程。

③经济周期表现为宏观经济变量的一起波动。当经济周期出现波动的时候，一般都会表现为各种宏观经济变量的一起波动。在检测这些数据的时候，实际 GDP 是人们常用的一个变量。一般来说，经济周期所带来的不是一个变量的变动，而是所有变量都会发生变动。

（2）过程特征。经过以上的阶段分析，经济周期主要表现为两个过程，即衰退过程和扩张过程。衰退过程的特征为：

①通常消费者购买急剧下降，同时，汽车和其他耐用品的存货会出人意料地增加。由于厂商会对此做出压缩生产的反应，所以实际 GDP 会下降。紧随其后，对工厂和设备的企业投资也急剧下降。

②对劳动的需求下降。首先是平均每周工作时间减少，其后是被解雇员工的数量和失业率上升。

③产出下降，导致通货膨胀步伐放慢。对原材料的需求下降，导致其价格跌落。工资和服务的价格下降的可能性比较小，但在经济衰退期它们的增长趋势会放慢。

④企业利润在衰退中急剧下滑。由于预期到这种情况，普通股票的价格一般都会下跌，同时，由于对贷款的需求减少，利率在衰退时期一般也会下降。

经济周期扩张过程的情景是衰退过程的镜像，与上述所有特征正好呈现相反方向的变动。

4. 经济周期的类型

19 世纪中叶以来，人们在探索经济周期问题时，根据各自掌握的资料提出了不同长度和类型的经济周期。

（1）基钦周期。基钦周期也叫短周期。1923 年，英国经济学家基钦在《经济生活中的周期与趋势》一书中研究了美国的物价、银行结算、利息率等指标，提出了经济周期实际包括主要周期和次要周期的观点。主要周期即中周期，次要周期是长度为 3 ~ 4 年（约 40 个月）一次的短周期。美国经济学家汉森根据统计资料计算出美国 1807—1937 年间共有 37 个这样的周期，其平均长度为 3. 51 年。

（2）朱格拉周期。自从世界上第一次生产过剩性危机于 1825 年发生于英国以来，经济的波动起伏就成为经济学家研究的重要问题。1860 年，法国经济学家朱格拉在他的《论法国、英国和美国的商业危机及其发生周期》一书中提出，危机和恐慌并不是一种独立的现象，而是经济中周期性波动的三个连续阶段（繁荣、危机、清算）中的一个。这三个阶段反复出现，形成周期性现象。他对较长时期的工业经济周期进行了研究，并根据生产、就业人数、物价等指标，确定了经济中存在一个长度约为 9 ~ 10 年的经济周期，美籍奥地利经济学家熊彼特把这种周期称为中周期或朱格拉周期。美国经济学家汉森则把这种周期称为“主要经济周期”，并重新分析了美国 1795—1937 年的统计资料，认为这些年间共有 17 个朱格拉周期，其平均长度为 8. 35 年。

（3）康德拉季耶夫周期。1925 年，俄国经济学家康德拉季耶夫研究了美国、英国、法国和其他一些国家长期的时间序列资料，发表了《经济生活中的长期波动》一书，书中提出了著名的“长波理论”。他认为经济中有一种平均长度约为 50 年的长期循环，也称长周期。康德拉季耶夫根据美国、英国、法国一百多年内批发物价指数、利率、工资率、对外贸易量、煤矿产量与消耗量等的变动，认为从 18 世纪末期以后，经历了三个长周期。第一个长周期从 1789 年到 1849 年，上升部分为 25 年，下降部分为 35 年。第二个长周期从 1849 年到 1896 年，上升部分为 24 年，下降部分为 23 年。第三个周期从 1896 年起，上升部分为 24 年，1920 年以后进入下降时期。

（4）库兹涅茨周期。库兹涅茨是美国经济学家，对经济周期和增长都颇有研究，他在 1930 年出版的《生产和价格的长期变动》一书中分析了美国、英国、德国、法国和比利时从 19 世纪末到 20 世纪初 60 种工、农业主要产品的产量和 35 种工、农业主要产品的价格变动的长期时间数据资料。他剔除了其间短周期与中周期的变动，着重分析了有关数据资料中反映出的长期消长过程，认为经济中存在着长度为 15 ~ 25 年不等的长期波动。他把 1873 年、1890 年和 1913 年作为这种周期的顶点，而 1878 年和 1896 年则是谷底。在研究建筑业时，库兹涅茨还分析了人口、资本形成、收入、国民生产总值及其他因素。

我们把这四种经济周期总结为如表 10-1 所示的四种经济周期类型。

表 10-1 **四种经济周期类型**

名称	提出者	别名	平均长度
基钦周期	基钦	小周期	约 4 年
朱格拉周期	朱格拉	中周期	约 8 年

续表

名称	提出者	别名	平均长度
库兹涅茨周期	库兹涅茨	中长周期	约 20 年
康德拉季耶夫周期	康德拉季耶夫	长周期	约 50 年

10.1.2　经济周期理论的简要回顾

西方经济学家研究经济周期已有两个世纪，提出了众多的经济周期理论，综合概括为两类，即外因论和内因论。外因论认为，经济周期的根源在于市场经济体制之外的某些事物的波动。如战争、革命；石油价格、发现金矿、移民；科学突破和技术创新；甚至包括太阳黑子和天气等。内因论则是从市场经济体制本身的某些因素之间的相互制约、相互促进的运行机制来解释导致社会经济周期性循环往复地上下波动的原因。这些因素包括投资、消费、储蓄、货币供给量和利率等。下面以第二次世界大战为分界点，对经济周期理论进行介绍。

1. 第二次世界大战前的经济周期理论

（1）纯货币理论。弗里德曼、霍特里等认为，经济周期是一种纯货币现象，经济周期性的波动完全是由于银行体系交替地扩大和紧缩信用所造成的。在发达的资本主义社会，流通工具主要是银行信用。商人运用的资本主要来自银行信用。当银行体系降低利率、扩大信用时，商人就会向银行增加借款，从而增加向生产者的订货。这样就引起生产的扩张和收入的增加，而收入的增加又引起对商品需求的增加和物价上升，经济活动继续扩大，经济进入繁荣阶段。但是，银行扩大信用的能力并不是无限的。当银行体系被迫停止信用扩张，转而紧缩信用时，商人得不到贷款，就减少订货，由此出现生产过剩的危机，经济进入萧条阶段。在萧条时期，资金逐渐回到银行，银行可以通过某些途径来扩大信用，促进经济复苏。根据这一理论，其他非货币因素也会引起局部的萧条，但只有货币因素才能引起普遍的萧条。弗里德曼等认为是货币当局导演了经济的周期性波动，因此主张运用单一货币规则，即货币供给量变动与国民收入水平保持某一比例，由此来达到熨平波动的目的。

（2）投资过度理论。一种用生产资料的投资过度来解释经济周期的理论，这种理论认为，无论是什么原因引起了投资的增加，这种增加都会引起经济繁荣。这种繁荣首先表现在对投资品（即生产资料）需求的增加以及投资品价格的上升上。这就更加刺激了对资本品的投资。资本品的生产过度发展引起了消费品生产的减少，从而形成经济结构的失衡。而资本品生产过度必将引起资本品过剩，于是出现生产过剩危机，经济进入萧条。

（3）创新理论。该理论由熊彼特提出，属于外生经济周期理论，是一种用技术创新来解释经济周期的理论。创新是对生产要素的重新组合，例如，采用新生产技术、新的企业组织形式，开发新产品和开辟新市场等。这种理论首先用创新来解释繁荣和衰退。这就是：创新提高了生产效率，为创新者带来了盈利，引起其他企业仿效，形成创新浪潮；创新浪潮使银行信用扩大，对资本品的需求增加，引起经济繁荣；随着创新的普及，盈利机会的消失，银行信用紧缩，对资本品的需求减少，这就引起经济衰退；直至另一次创新出现，经济才再次繁荣。

（4）消费不足理论。这是一种历史悠久的理论，主要用于解释经济周期中危机阶段的出现以及生产过剩的原因，并没有形成解释经济周期整个过程的理论。这种理论的早期代表人物是英国经济学家马尔萨斯和法国经济学家西斯蒙第，近期代表人物是英国经济学家J·霍布森。这种理论认为经济中出现萧条与危机是因为社会对消费品的需求赶不上消费品的增长，而消费品需求不足又引起对资本品需求不足，进而使整个经济出现生产过剩性危机。消费不足的根源主要是由于国民收入分配不平等所造成的穷人购买力不足和富人储蓄过度。

（5）心理周期理论。庇古和巴奇霍特主张心理预期对经济周期各个阶段形成的决定作用，事实上凯恩斯的理论也在一定程度上接受了这一观点。这种理论认为，预期对人们的经济行为有决定性的影响，乐观与悲观预期的交替引起了经济周期中繁荣与萧条的交替。当任何一种原因刺激了投资活动，引起投资高涨后，人们对未来预期的乐观程度一般总会超过合理的经济考虑下应有的程度，这就导致过度的投资，形成经济过度繁荣。而当这种乐观的情绪所造成的错误被察觉以后，又会变成不合理的过分悲观的预期，由此过度减少投资，引起经济萧条。由于该理论认为是心理因素决定了经济波动，因此也可以认为是一种外生因素的冲击导致周期的出现。该理论突出了经济运行中的行为因素，对宏观经济的研究提出了可贵的视角，但是以心理决定经济而不是以经济决定心理的观点未免有些偏颇。

（6）太阳黑子理论。英国的经济学家杰文斯提出了太阳黑子论，又称农业收获论，是指经济周期产生于太阳黑子的周期性变动的理论。这种理论认为，太阳黑子的活动对农业生产影响很大，而农业生产的状况又会影响工业及整个经济。太阳黑子的周期性决定了经济的周期性。具体来说，太阳黑子活动频繁使农业生产减少，农业的减产影响到工业、商业、工资、购买力、投资等方面，从而引起整个经济萧条。相反，太阳黑子活动的减少则使农业丰收，整个经济繁荣。他们用长期中太阳黑子活动周期与经济周期基本吻合的资料来证明这种理论。这种理论把经济周期的根本原因归结为太阳黑子的活动，是典型的外生经济周期理论。该学说尽管在解释上有一些牵强，但是却重视了太阳黑子这一外生自然现象的冲击，因此它至少告诉我们，自然现象对经济的破坏性冲击是应该考虑的重要因素，在经济研究中应该重视来自自然的外生冲击。

2. 第二次世界大战后的经济周期理论

（1）货币主义经济周期理论。以弗里德曼为代表的货币主义（或货币学派）将经济周期归因于货币和信贷的扩张和收缩。该理论认为货币是影响总需求的最基本的因素。例如，1981—1982年美联储为对付通货膨胀而将名义利率提高到18%，就引发过衰退。

（2）乘数和加速数理论。乘数和加速数理论由汉森提出，后经萨缪尔森加以补充，故这一模型又被称为“汉森—萨缪尔森模型”。该模型说明乘数和加速数的相互作用如何导致总需求发生有规律的周期波动，它是内因论的重要代表，在下面的章节里作重要介绍。

(3) 政治周期理论。该理论的代表人物是诺德豪斯。该理论认为，经济波动归因为政治家为重新当选而对财政政策和货币政策的操纵。

(4) 建立在信息障碍条件下的货币周期理论。该理论的代表人物是卢卡斯。该理论的观点是，对价格和工资变动的错觉使人们提供的劳动或者过多，或者过少，从而导致产出和就业的周期性波动。

(5) 实际经济周期理论。该理论的代表人物是普雷斯科特。该理论认为，经济周期主要是由于总供给冲击所造成的，某一部门的创新或技术的变动所带来的影响会在经济中传播，进而引起经济的波动。它是外因论的重要代表，在下面的章节里会作详细介绍。

10.1.3　乘数和加速数理论

1. 加速原理

在宏观经济学中，产量水平的变动和投资支出数量之间的关系被称为加速原理。

一般来说，要生产更多的产量需要更多的资本，进而需要用投资来扩大资本存量。在一定的限度内，企业有可能用现有的资本通过集约的使用来生产更多的产品，但在任何时候，企业总认为有一个最优的资本对产量的比率。这个比率不仅在行业与行业之间差别很大，而且还随着社会技术和生产环境的变动而发生变动。在宏观经济学中，为了减少复杂性，通常假定这个比率在一定时间内保持不变。

若以 K 代表资本存量，Y 代表产量水平，v 代表资本和产量的比率，即一定时期每生产单位货币产量所要求的资本存量的货币额，则有：

$$K=vY$$

注意到 K 是存量而 Y 是流量，所以一般情况下，$v>1$。假定 $v=3$，其含义为要生产 200 元的 Y，就需要有 600 元的 K。

引入时间的概念，则 $(t-1)$ 时期的 K 和 Y 的关系可表示为：

$$K_{t-1}=vY_{t-1}$$

如果产量从 Y_{t-1} 变动到 Y_t，则资本存量也将从 K_{t-1} 变动到 K_t，即：

$$K_t=vY_t$$

于是资本存量的增加是 K_t-K_{t-1}。为了增加资本存量，需要投资支出净增加。设 I_t 是 t 时期的投资净额，则有：

$$I_t=K_t-K_{t-1}$$

进而有：

$$I_t=vY_t-vY_{t-1}=v(Y_t-Y_{t-1}) \tag{10-1}$$

式 (10-1) 表明，t 时期的净投资额决定于产量从 $(t-1)$ 到 t 的变动量乘以资本和产量的比率。如果 $Y_t>Y_{t-1}$，则在时期 t 有正的净投资。同时，方程式告诉人们，净投资取决于产量水平的变动，变动的幅度大小取决于 v 的数值。资本和产量的比率 v 在这里通常被称为加速数。

由于总投资由净投资与重置投资（或更新投资）构成，如果将重置投资视为折旧，则在（10-1）式两边同时加上折旧，便有：

$$t\text{时期总投资}=v\ (Y_t-Y_{t-1})\ +t\text{时期的折旧} \tag{10-2}$$

由（10-1）式和（10-2）式所表示的加速原理表明，如果加速数为大于1的常数，资本存量所需要的增加必须超过产量的增加。当然，加速原理发生作用是以资本存量得到了充分利用，且生产技术不变，从而资本和产量的比率固定不变为前提的。

2. 乘数—加速数理论的基本思想

乘数—加速数理论试图把外部因素和内部因素结合在一起对经济周期作出解释，同时，它特别强调投资变动的因素。假设由于新发明的出现使投资的数量增长。投资数量的增长会通过乘数作用使收入增加。当人们的收入增加时，它们会购买更多的物品，从而整个社会的物品销售量增加。通过上面所说的加速数的作用，销售量的增加会促使投资以更快的速度增长，而投资的增长又使国民收入增长，从而销售量再次上升。如此循环往复，国民收入不断增大，于是，社会便处于经济周期的扩张阶段。

然而，社会资源是有限的，收入的增长迟早会达到资源所能容许的峰顶。一旦经济达到经济周期的峰顶，收入便不再增长，从而销售量也不再增长。根据加速原理，销售量增长的停止意味着投资量下降为零。由于投资的下降，收入减少，从而销售量也因之而减少。又根据加速原理，销售量的减少使得投资进一步减少，而投资的下降又使国民收入进一步下降。如此循环往复，国民收入会持续下降。这样社会便处于经济周期的衰退阶段。

收入的持续的下降使社会最终达到经济周期的低谷。这时，由于在衰退阶段的长时期所进行的负投资，生产设备的逐年减少，所以仍在营业的一部分企业会感到有必要更新设备。这样，随着投资的增加，收入开始上升。上升的国民收入通过加速数的作用又一次使经济进入扩张阶段。于是，一次新的经济周期又开始了。

通过对乘数—加速数理论基本思想的分析，我们注意到两点。首先，乘数原理告诉我们，当投资变动时国民收入会产生同方向的变动；其次，加速原理说明了收入的变动对于投资产生的倍数效应。

3. 乘数—加速数理论的基本模型

由萨缪尔森所提出的乘数—加速数模型的基本方程如下：

$$Y_t=C_t+I_t+G_t \tag{10-3}$$

$$C_t=bY_{t-1},\ 0<b<1 \tag{10-4}$$

$$I_t=v\ (C_t-C_{t-1}),\ v>0 \tag{10-5}$$

式中，（10-3）式为产品市场的均衡公式，即收入恒等式，为简便起见，假定政府购买 $G_t=G$（常数）。（10-4）式是简单的消费函数，它表明，本期消费是上一期收入的线性函数，其中 b 为边际消费倾向。（10-5）式是投资函数，表现为本期与前期消费的改变量的关系（由于一般情况下，消费量和收入大致会保持固定的比例），其中 v 为加速数。

将（10-4）式、（10-5）式代入（10-3）式，得到：

$$Y_t = bY_{t-1} + v\ (C_t - C_{t-1})\ + G_t \tag{10-6}$$

下面用具体的例子来说明经济周期的波动。假设边际消费倾向 $b=0.5$，加速数 $v=1$，政府每期开支 G_t 为 1 亿元，在这些假定下，若不考虑第 1 期以前的情况，那么，从上期国民收入中来的本期消费为零，引致投资当然也为零，因此，第 1 期的国民收入总额就是政府在第 1 期的支出 1 亿元。

第 2 期政府支出仍为 1 亿元，但由于第 1 期有收入 1 亿元，在边际消费倾向为 0.5 的情况下，第 2 期的引致消费为：

$$C_2 = bY_1 = 0.5 \times 1 = 0.5 \text{ 亿元}$$

第 2 期的引致投资为：

$$I_2 = v\ (C_2 - C_1)\ = 1 \times\ (0.5 - 0)\ = 0.5 \text{ 亿元，}$$

因此，第 2 期的国民收入为：

$$Y_2 = C_2 + I_2 + G_2 = 0.5 + 0.5 + 1 = 2 \text{ 亿元}$$

以此类推，可以计算出第 3 期收入为 2.5 亿元，第 4 期的收入为 2.5 亿元……具体如表 10-2 所示。从表 10-2 可以看出，经济一开始通过产出增加消费，而由于加速原理，投资开始增加，投资的增加又增加了产出，产出又增加了消费，经济不断走向繁荣。但是，由于消费增加受边际消费倾向小于 1 的作用，增加到一定程度是递减的，因此，产出的增加也递减，一旦产出停止增加，投资开始变为负数，经济开始进入衰退阶段。

表 10-2　　**乘数和加速数的相互作用**

t	G_t	C_t	I_t	Y_t	经济变动趋势
1	1.00	0.00	0.00	1.00	—
2	1.00	0.50	0.50	2.00	复苏
3	1.00	1.00	0.50	2.50	繁荣
4	1.00	1.25	0.25	2.50	繁荣
5	1.00	1.25	0.00	2.25	衰退
6	1.00	1.125	-0.125	2.00	衰退
7	1.00	1.00	-0.125	1.875	萧条
8	1.00	0.9375	-0.0625	1.875	萧条
9	1.00	0.9375	0.00	1.9375	复苏
10	1.00	0.96875	0.03125	2.00	复苏
11	1.00	1.00	0.03125	2.03125	繁荣
12	1.00	1.015625	0.015625	2.03125	繁荣
13	1.00	1.015625	0.00	2.015625	衰退
14	1.00	1.0078125	-0.0078125	2.00	衰退

从（10-6）式和表10-2可以看出，边际消费倾向越大，加速数越大，政府支出对国民收入变动的作用越大。也就是说，经济波动的幅度与边际消费倾向和加速数的大小密切相关。一般来说，边际消费倾向和加速数越小，经济波动幅度越小；反之，边际消费倾向和加速数越大，经济波动幅度越大并且振幅呈增加的趋势，在二者足够大时，有些波动甚至远离均衡值。

同时，西方经济学家指出，在社会经济生活中，投资、收入和消费相互影响，相互调节，通过加速数，上升的收入和消费会引致新的投资，通过乘数，投资又使收入进一步增长，假定政府支出为一固定的量，则靠经济本身的力量自行调节，就会自发形成经济周期。经济周期中的阶段正是乘数和加速数交互作用而形成的，即投资影响收入和消费（乘数作用），反过来，收入和消费又影响投资（加速数作用）。两种作用相互影响，形成累积性的经济扩张或收收缩的局面，即对经济波动做出了解释。事实上，政府支出是变动的，因此，只要政府对经济进行干预就可以改变或缓和经济波动，例如，采取适当政策刺激投资，鼓励提高劳动生产率以提高加速数，鼓励消费等措施，就可克服或缓和经济萧条。

【阅读材料】

世界经济周期史

经济周期是商品经济的必然现象，又称经济危机。实际上，经济危机是经济周期中的一个阶段，是上一个经济周期结束和下一个经济周期开始的转折阶段，因而人们通常以一个经济危机来代表一个经济周期。如果从英国1788年第一次世界经济危机以后，到第二次世界大战爆发前，总共发生了11次世界性经济危机，即1857年、1866年、1873年、1882年、1890年、1900年、1907年、1913年、1920年、1929—1933年和1937年。每一个周期的平均长度为10年或8年。第二次世界大战以后，以美国为例，一共发生了9次经济危机，时间是1948—1949年、1953—1954年、1957—1958年、1960—1961年、1969—1970年、1974—1975年、1980年、1981—1982年和1990—1992年。战后美国经济周期时间缩短，每一个周期平均时间为5年。

（资料来源：《不同历史阶段经济周期产生的不同原因》，《经济界》2000年第4期。）

10.2 经济增长

经济增长是一个能感觉到的概念，一个人能够感觉自己生活水平的一些变化，比如自己的生活水平能不能提高，可以提高到什么状况和程度，怎样实现这种提高，这种提高需要多少时间等，这些都可以认为是经济增长问题。当然，从宏观上讲，经济增长是一个国家经济水平发展的表现，是一国GDP（或者GNP）的增加，是一个经济体中所生产的物品和劳务数量的长期和持续的增加。而宏观的经济增长问题，是与人民生活水平的提高密切关联的，所以政府和学者都非常关注经济增长问题。

10.2.1　经济增长的一般认识

1. 经济增长的含义

在宏观经济学中，经济增长通常被定义为产量的增加，具体来说，就是一国 GDP（或者 GNP）的增加，是一个经济体中所生产的物品和劳务数量的长期和持续的增加。这里，产量既可以表示为经济的总产量，也可以表示为人均产量。

2. 经济增长的衡量指标

经济增长指标主要用经济增长率来衡量。如果变量的值都以现价计算，则计算出的增长率就是名义增长率，反之如果变量的值都以不变价即以某一时期的价格为基期价格计算，则计算出的增长率就是实际增长率。在度量经济增长时，一般都采用实际经济增长率。

若用 Y_t 表示 t 时期的总产量，Y_{t-1} 表示（$t-1$）期的总产量，则总产量意义下的增长率可表示为：

$$G_t=\frac{Y_t-Y_{t-1}}{Y_{t-1}}$$

式中，G_t 为总产量意义下的增长率。

若用 y_t 表示 t 时期的人均产量，y_{t-1} 表示（$t-1$）期的人均产量，则人均产量意义下的增长率可表示为：

$$g_t=\frac{y_t-y_{t-1}}{y_{t-1}}$$

式中，g_t 为人均产量意义下的增长率。

3. 经济增长的源泉

经济学家们一般认为，推动经济增长的因素主要有四个方面，即人力资源、自然资源、资本投入和技术进步。美国经济学家保罗 · A. 萨缪尔森和威廉 · D. 诺德豪斯将这四个方面称为“经济增长的四个轮子”。由于自然资源是不可改变的，因此经济学家一般不考虑自然资源，而认为经济增长取决于技术、劳动与资本，这样就构成了我们的生产函数：

$$Y=AF(L,K) \tag{10-7}$$

式中，Y、L 和 K 顺次为总产出、投入的劳动量和投入的资本量，A 代表经济的技术状况，在一些文献中，A 又被称为全要素生产率（Total Factor Productivity，TFP）。

对方程(10-7)式，若劳动变动 ΔL，资本变动 ΔK，技术变动 ΔA，则由微分学的知识以及微观经济学中边际产量的概念可知，产出的变动为：

$$\Delta Y=\mathrm{MP}_L\times\Delta L+\mathrm{MP}_K\times\Delta K+F(L,K)\times\Delta A \tag{10-8}$$

式中，MP_L 和 MP_K 分别为劳动和资本的边际产品。将方程(10-8)式两边同除以 $Y=AF(L,K)$，化简后得：

$$\frac{\Delta Y}{Y}=\frac{\mathrm{MP}_L}{Y}\Delta L+\frac{\mathrm{MP}_K}{Y}\Delta K+\frac{\Delta A}{A}$$

上式进一步变形为：

$$\frac{\Delta Y}{Y}=\left(\frac{\mathrm{MP}_L\times L}{Y}\right)\frac{\Delta L}{L}+\left(\frac{\mathrm{MP}_K\times K}{Y}\right)\frac{\Delta K}{K}+\frac{\Delta A}{A} \tag{10-9}$$

根据在竞争性的市场上，厂商将生产要素需求量固定在使生产要素的边际产量等于生产要素实际价格的水平上的原则，因此，表达式 $\mathrm{MP}_L\times L$ 和 $\mathrm{MP}_K\times K$ 分别为劳动和资本的收益，从而表达式$\frac{\mathrm{MP}_L\times L}{Y}$就是劳动收益在产出中所占的份额，简称劳动份额，记为 α。同理，表达式$\frac{\mathrm{MP}_K\times K}{Y}$就是资本收益在产出中所占的份额，简称资本份额，记为 β。这样，方程（10-9）式可写为：

$$\frac{\Delta Y}{Y}=\alpha\times\frac{\Delta L}{L}+\beta\times\frac{\Delta K}{K}+\frac{\Delta A}{A} \tag{10-10}$$

即：

产出增长 =（劳动份额×劳动增长）+（资本份额×资本增长）+ 技术进步

式（10-10）是增长核算方程，又称增长率的分解式。它告诉人们，产出的增长可以由三种力量（或因素）来解释，即劳动量变动、资本量变动和技术进步。换句话来说，经济增长的源泉可归结为生产要素的增加和技术进步。

10.2.2 经济增长的基本理论

从现代的角度看，宏观经济学对经济增长理论所进行的有影响的研究有两个时期：第一个时期是 20 世纪 50 年代后期和整个 20 世纪 60 年代；第二个时期是 20 世纪 80 年代后期与 20 世纪 90 年代初期。第一个时期的研究产生了新古典增长理论；第二个时期的研究产生了内生增长理论。

1. 新古典增长理论

1956 年初，美国经济学家 R. 索洛（R. M. Solow）发表《经济增长的一个理论》，提出了新古典增长理论，由于在假设前提中他像新古典学派一样，认为通过市场机制，资本和劳动的比率可以改变，充分就业的稳定增长可以实现，因此他们的理论被称为新古典增长理论。

（1）新古典增长理论的基本假定。索洛的新古典增长理论的基本假定包括：

①社会储蓄函数为 $S=sY$，式中，s 是作为参数的储蓄率。

②劳动力按一个不变的比率 n 增长，即假定 $n=\Delta N/N$ 是稳定的，则 nK 是为新工人提供的资本。

③生产的规模报酬不变，暂时不考虑技术进步。则可以将经济中的生产函数表示为人均形式，即：

$$y=f(k)$$

式中，y 代表人均产量，k 代表人均资本。

④假定折旧是资本存量 K 的一个固定比率 δK（$0<\delta<1$）。

（2）新古典增长模型的基本方程。不考虑政府与国外市场，在一个只包括家庭部门和企业部门的简单两部门经济中，经济的均衡条件为：

$$I=S$$

即投资或资本存量的增加等于储蓄。资本存量的变化等于投资减去折旧。当资本存量为 K 时，根据折旧的假定条件，则资本存量的变化 ΔK 为：

$$\Delta K=I-\delta K$$

根据 $I=S=sY$，上式可写为：

$$\Delta K=sY-\delta K$$

上式两边同时除以劳动数量 N，有：

$$\Delta K/N=sy-\delta k \tag{10-11}$$

另一方面，根据增加的资本可以分解为原来资本的增长与增加人口所必须享有的资本，则有：

$$\Delta K=\frac{\Delta K}{K}K+\frac{\Delta N}{N}K$$

式中，$\Delta K/K$ 代表资本增长率，$\Delta N/N$ 代表人口增长率。

另外，注意到 $k=K/N$，$n=\Delta N/N$，上式可写为：

$$\Delta K=\frac{\Delta k}{k}K+nK$$

上式两边同除以 N，则有：

$$\frac{\Delta K}{N}=\Delta k+nk \tag{10-12}$$

将（10-11）式和（10-12）式合并，消去 $\Delta K/N$，则有：

$$\Delta k=sy-(n+\delta)k \tag{10-13}$$

（10-13）式是新古典增长模型的基本方程。这一关系式表明，人均资本的增量等于人均储蓄 sy 减去 $(n+\delta)k$ 项。$(n+\delta)k$ 项可以这样来理解：劳动力的增长率为 n，一定量的人均储蓄必须用于装备新工人，每个工人占有的资本为 k，这一用途的储蓄为 nk；另一方面，一定量的储蓄必须用于替换折旧资本，这一用途的储蓄为 δk。总计为 $(n+\delta)k$ 的人均储蓄被称为资本的广化。人均储蓄超过 $(n+\delta)k$ 的部分则导致了人均资本 k 的上升，即 $\Delta k>0$，这称为资本的深化，因此，新古典增长模型的基本方程（10-13）式可以表述为：

资本深化＝人均储蓄－资本广化

（3）稳态分析。在新古典增长模型中，所谓稳态指的是一种长期均衡状态。在稳态下，人均资本达到均衡值并维持在均衡水平不变，在忽略了技术变化的条件下，人均产量也达到稳定状态。因此，在稳态之下，k 和 y 达到一个持久性的水平。

根据上述定义，要实现稳态，即 $\Delta k=0$，则人均储蓄必须正好等于资本的广化。换句话说，新古典增长理论中的稳态条件是：

$$sy=(n+\delta)k \qquad (10\text{-}14)$$

需要注意，稳态虽然意味着 y 和 k 的值固定，但总产量和资本存量都在增长。实际上，在稳态中，总产量和总资本存量的增长率均与劳动力的增长率相等，即均为 n。理解这一点，只需注意到劳动人口以速度 n 增长，因此，由于 $k=K/N$ 固定，所以总资本存量必须与劳动力按相同比率 n 增长。又由于 $y=Y/N$，且在稳态时 y 亦固定，因此总产量 Y 也必须按比率 n 增长。总之，在新古典增长理论的框架内，稳态意味着：

$$\frac{\Delta Y}{Y}=\frac{\Delta N}{N}=\frac{\Delta K}{K}=n$$

新古典增长模型的稳态可以用图形来分析，如图 10-2 所示。

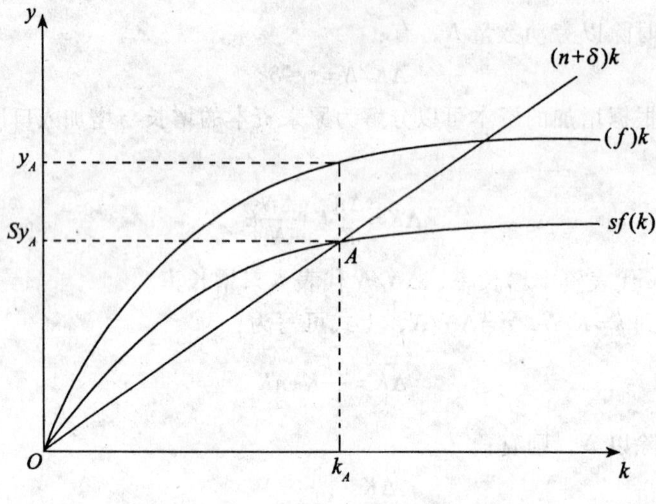

图 10-2　经济增长的稳态

图 10-2 中 $sf(k)$ 线为人均储蓄曲线。由于储蓄率 s 介于 0 和 1 之间，故人均储蓄曲线与人均生产函数曲线具有同样形状，但位于人均生产函数曲线的下方。在这一坐标系下，通过原点，且斜率为 $(n+\delta)$ 的直线表示资本的广化，即 $(n+\delta)k$ 项。

根据以上分析，在稳态时，有 $sy=(n+\delta)k$，因此，在图 10-2 中，$(n+\delta)k$ 曲线和 $sf(k)$ 曲线必定相交。交点 A 所对应的人均资本为 k_A，人均产量为 y_A，这时人均储蓄恰好等于资本广化的需要，即 $sy_A=(n+\delta)k_A$，或者说，人均储蓄恰好能够为不断增长的人口提供资本（设备）并且替换折旧资本而不会引起人均资本的变化。

在 A 点以左，$sf(k)$ 曲线比 $(n+\delta)k$ 线高，这表明储蓄高于资本广化的需要。结果是当经济运行在 A 点左侧时，就存在着资本深化。资本深化意味着每个工人占有的资本存量上升，即 $\Delta k>0$。因此，在 A 点以左，经济中的人均资本 k 有上升趋势。随着时间推移，k 向 k_A 逼近，最终用于资本广化所需的资本数量增加到这一点，即 k_A 点，在这一点上，所有的储蓄都仅用于保持人均资本 k 不变，经济达到稳定状态。在 A 点以右，情况正好相反，人均储蓄不能满足资本广化的需要，这时 $\Delta k<0$。所以，在 A 点以右，人均资本有下降的趋势。

下面考虑经济在向稳态过渡的时期里经济增长的情况。当经济处于资本深化的阶段时，y 和 k 会逐渐上升，就是说$\frac{Y}{N}$和$\frac{K}{N}$向其稳态值接近。如果$\frac{Y}{N}$上升，则 Y 就会增长得比 N 快，因而，$\Delta Y/Y>\Delta N/N=n$，这表明，在资本深化阶段，总产量增长率高于其稳态值。随着资本存量的深化，即 k 接近于 k_A，增长率会慢下来。同样的道理，如果资本富裕国家的人均资本下降时（即 k 大于 k_A 且向 k_A 逼近时），那么产量的增长率就会降低到 n 以下。

以上论述表明，当经济偏离稳定状态时，无论是人均资本过多还是过少，都存在着某种力量使其恢复到长期的均衡。这表明，新古典增长理论展示了一个稳定的动态增长过程。

总之，当经济处于稳态时，k 和 y 都是固定不变的。由于人均收入固定不变，故其增长率为零，这时总收入以与人口增长率相同的增长率增长，即增长率为 n。可见，稳态增长率不受储蓄率的影响，这是新古典增长理论的一个关键结论。

（4）储蓄率的增加。当储蓄率增加的时候，人均产出与人均资本会增加，但是只影响短期的产出增长率，不影响长期的产出增长率。图 10-3 显示了储蓄率的增加是如何影响产量增长的。

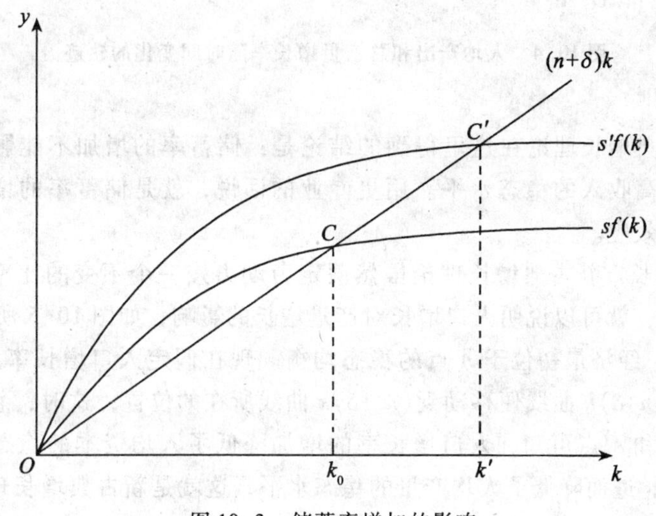

图 10-3　储蓄率增加的影响

图 10-3 中，经济最初位于 C 点的稳态均衡。现在假定人们想增加储蓄，这使储蓄曲线上移至 $s'f(k)$ 的位置。这时新的稳态为 C'，比较 C 点和 C'点，可知储蓄率的增加提高了稳态的人均资本和人均产量。

对于从 C 点到 C'点的转变，这里需要指出两点。第一，从短期看，更高的储蓄率导致了总产量和人均产量增长率的增加，这可以从人均资本从初始稳态的 k_0 上升到新的稳态中的 k'这一事实中看出。因为增加人均资本的唯一途径是资本存量比劳动力更快地增长，进而又引起产量的更快增长。第二，由于 C 点和 C'点都是稳态，按照前面关于稳态的分析，稳态中的产量增长率是独立于储蓄率的，从长期看，随着资本积累，增长率逐渐降低，最终又回到人口增长的水平。以上分析如图 10-4 所示。

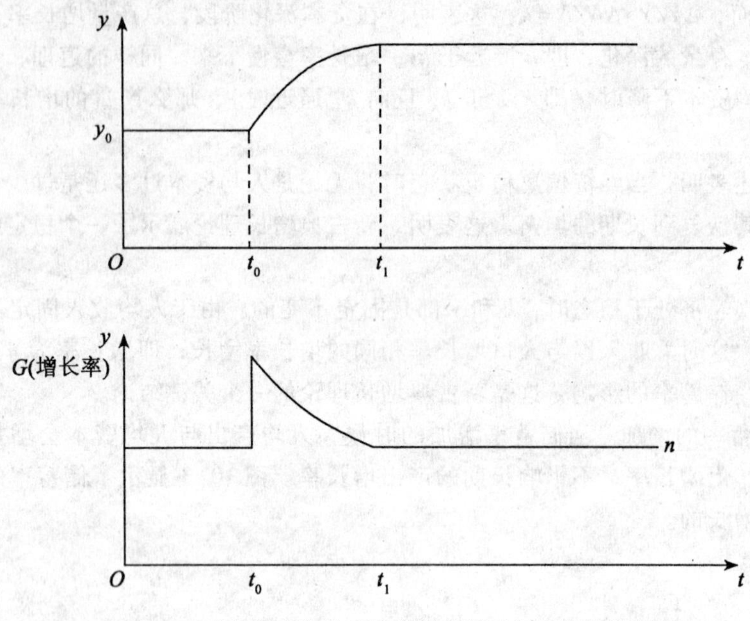

图 10-4　人均产出和总产量增长率随时间变化的轨迹

总之，新古典增长理论在这里得到的结论是：储蓄率的增加不能影响到稳态增长率，但确实能提高收入的稳态水平。用更专业的话说，就是储蓄率的增加只有水平效应，绝没有增长效应。

(5) 人口增长。新古典增长理论虽然假定劳动力按一个不变的比率 n 增长，但当把 n 作为参数时，就可以说明人口增长对产量增长的影响，如图 10-5 所示。

图 10-5 中，经济最初位于 A 点的稳态均衡。现在假定人口增长率从 n 增加到 n'，则图 10-5 中的 $(n+\delta)k$ 曲线便移动到 $(n'+\delta)k$ 曲线所在的位置，这时，新的稳态均衡为 A'点。比较 A 点和 A'点可知，人口增长率的增加降低了人均资本的稳态水平（从原来的 k_A减少到 k'），进而降低了人均产量的稳态水平，这就是新古典增长理论得出的又一重要结论。西方学者进一步指出，作为人口增长率上升产生的人均产量下降正是许多发展中国家面临的问题。两个有着相同储蓄率的国家仅仅由于其中一个国家比另一个国家的人口增长率高就可以有非常不同的人均收入水平。

对人口增长进行比较静态分析的另一个重要结论是，人口增长率的上升增加了总产量的稳态增长率。理解这一结论的要点在于懂得稳态的真正含义，并且注意到 A'点和 A 点都是稳态均衡点。

(6) 资本的黄金律水平。从以上的分析知，储蓄率可以影响稳态的人均资本水平，而人均资本水平继而又决定人均产量。从全社会的角度看，产出可用于消费和积累两个方面。产出一定时，消费多了，积累就少了，反之亦然。因此，这里存在一个如何处理

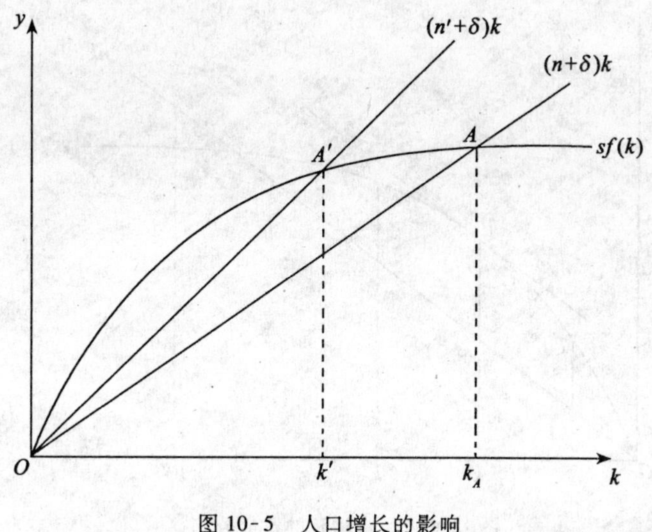

图 10-5　人口增长的影响

积累与消费的关系问题。显然，对于这个问题的回答取决于人们对经济发展目标的认识。

很多西方学者认为，经济增长是一个长期的动态过程，因此，提高一个国家的人均消费水平是一个国家经济发展目标的根本目的。在这一认识下，经济学家费尔普斯于 1961 年找到了与人均消费最大化相联系的人均资本应满足的关系式，这一关系式被称为资本积累的黄金律。

在图 10-6 中，横坐标表示稳态时的人均资本，纵坐标表示与稳态相对应的人均产量、人均储蓄和人均消费。由图 10-6 可知，在稳态时，人均消费在图形上可表示为曲线 $f(k)$ 与直线 nk（这里假定不存在折旧，即参数 $\delta=0$）之间的距离。从图中可以看到，如果一个经济中选定一个较低的稳态人均资本水平，例如 $\bar{k}$，则这时人均消费等于较小的距离 TT'。另一方面，如果一个经济中选择较高的稳态人均资本水平，例如 k^{+}，则这时人均消费仍然等于较小的距离 XX'，这时，虽然人均产出较高，但人均储蓄（或投资）的需要量也很大，因而人均消费仍然不高。最后，要是该经济选择很高的稳态人均资本水平，如 k''_1，如图 10-6 所示，这时，根本就没有任何产出用于消费了。

上面的分析暗含着这样一个有意义的问题，即：如果一个经济的发展目标是使稳态人均消费最大化，那么在技术和劳动增长率固定不变时，如何选择人均资本量？对此，费尔普斯给出了明确的回答。费尔普斯的结论被称为资本积累的黄金律，其基本内容是：若使稳态人均消费达到最大，稳态人均资本量的选择应使资本的边际产品等于劳动的增长率。用方程表示为：

$$f'(k^*)=n \tag{10-15}$$

上述结论可以用图形的方式加以论证。借助于图 10-6，问题可转化为在图中如何选择 k 使曲线 $f(k)$ 和直线之间的正向距离最大。从图 10-6 中可知，应选择 k^*，这时稳态的人均消费等于线段 MM' 的长度。从图 10-6 中可以看出，在 k^* 处，曲线 $f(k)$ 的切线的斜率与直线 nk 的斜率相等，由于直线 nk 的斜率为 n，而曲线 $f(k)$ 在 k^* 处的斜率为

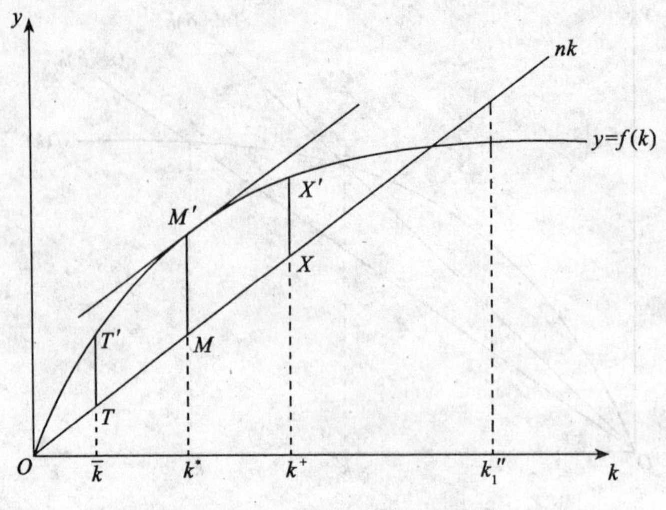

图 10-6 经济增长的黄金分割律

$f'(k^*)$，故有（10-15）式成立。

从黄金分割律可知，在稳态时如果一个经济中人均资本量多于其黄金律的水平，则可消费掉一部分资本使平均每个人的资本下降到黄金律的水平，这样就能够提高人均消费水平。另一方面，如果一个经济拥有的人均资本少于黄金律的数量，则该经济能够提高人均消费的途径是在目前缩减消费，增加储蓄，直到人均资本达到黄金律的水平。

需要指出，一个经济并不会自动地趋向于黄金律所对应的稳态资本量。如果人们想要得到黄金律所对应的稳态资本量，那么就需要一种特定的储蓄率来支持它，如图10-7所示。

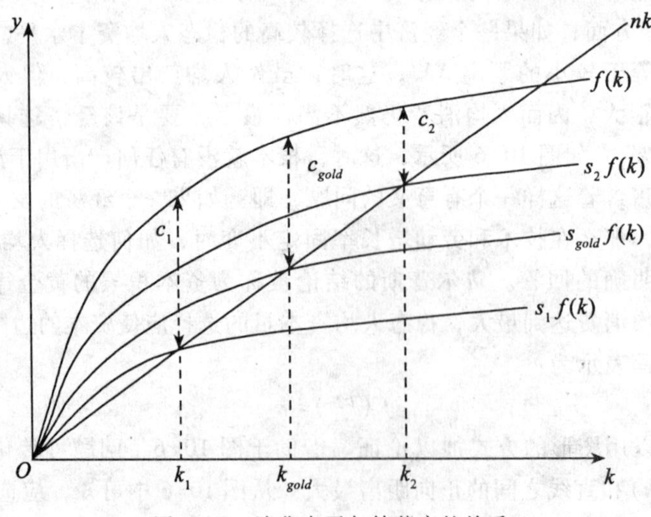

图 10-7 消费水平与储蓄率的关系

(7) 考虑到技术进步后的新古典增长理论。前面关于新古典增长理论的论述是在没有考虑技术进步的情况下进行的，现在把技术进步这一因素引入进来，把经济中的生产函数写为：

$$Y=f(AN,K) \tag{10-16}$$

在上述生产函数中，当作为技术状态的变量 A 随时间的推移增大时，说明存在着技术进步，这时，经济中劳动效率提高了。20 世纪最有影响的劳动效率提高的例子是亨利·福特通过流水线进行大规模生产的创新，根据当时的观察计算，这一技术进步把一些工人组装一辆汽车主要部件的时间从 12.5 小时缩短到 1.5 小时。

在生产函数（10-16）式中，表达式 AN 被称为有效劳动，在这种情况下，新古典增长理论对生产函数的假定就变为：产出 Y 是资本 K 和有效劳动 AN 的一次齐次函数。可以证明，如果记 $\tilde{y}=Y/AN$ 称为按有效劳动平均的产量，$\tilde{k}=K/AN$ 称为有效劳动平均的资本，则（10-16）式可写为：

$$\tilde{y}=f(\tilde{k}) \tag{10-17}$$

其中 $f(\tilde{k})=F(1,\tilde{k})$。

新古典增长理论一个重要的假定是技术进步是外生给定的，即假定 A 以一个固定的比率 g 来增长。考虑到上述情况后，可以证明，这时新古典增长模型的基本方程为：

$$\Delta\tilde{k}=s\tilde{y}-(n+g+\delta)\tilde{k} \tag{10-18}$$

图 10-8 给出了引入技术进步的新古典增长模型的稳态分析图。

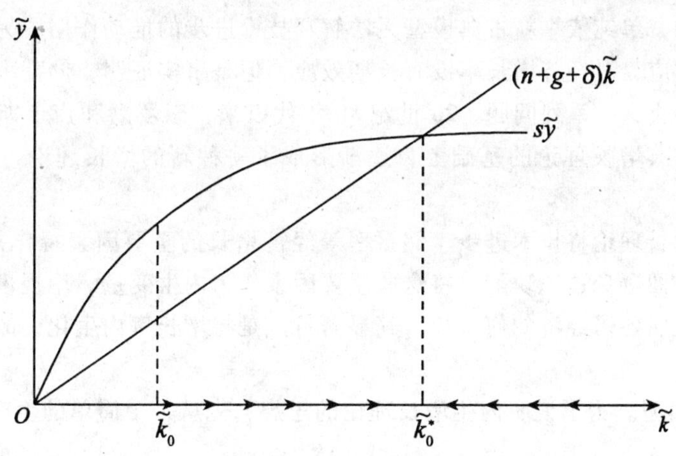

图 10-8　引入技术进步的新古典增长模型

从图 10-8 中可以看到，就稳态分析而言，引入技术进步并没有使稳态分析的结论发生大的变动。假定经济初始状态按有效劳动平均的资本为 $\tilde{k}_0$，它低于其稳态值，则随着时间的推移，$\tilde{k}$ 值是逐渐提高的。因为在 $\tilde{k}_0$ 处，经济的投资量超过了为维持 $\tilde{k}$ 不变所必需的数量，导致了 $\tilde{k}$ 增加，直到 $\tilde{k}_0^*$ 处，即达到 $s\,\tilde{y}=(n+\delta+g)\,\tilde{k}$ 为止，这时经济处于稳定状态，这种稳定状态代表经济的长期均衡。

表 10-3 说明了考虑到技术进步情况下，新古典增长模型在稳态时的 4 个重要变量的增长率。

表 10-3　**在有技术进步的新古典增长模型中的稳态增长率**

变　量	稳态增长率
按有效劳动平均的资本	0
按有效劳动平均的产量	0
人均产出	g
总产出	$n+g$

由表 10-3 可知，在考虑到技术进步后，新古典增长模型可以解释一些国家生活水平的持续提高。根据表 10-3，技术进步会引起人均产出的持续增长，一旦经济处于稳定状态，人均产出的增长率只取决于技术进步的比率。换句话说，根据新古典增长理论，只有技术进步才能解释生活水平（即人均产出）的长期上升。

2. 内生增长理论

经济增长理论的一个目的是解释人们在世界上大多地方所观察到的生活水平的长期提高。新古典增长理论认为长期经济增长取决于技术进步，但是技术进步在该模型中又被认为是外生的，单纯依靠新古典模型无法解释技术进步的推动作用。另外，它认为储蓄率只有水平效应，对经济增长率没有长期效应，但是事实证明，储蓄率与增长率是正相关的。为了解决这一系列问题，20 世纪 80 年代以来，以罗默和卢卡斯为代表的经济学家在反思新古典增长理论的基础上，逐渐形成了一种新的增长理论，即内生增长理论。

与新古典增长理论将技术进步、储蓄率等经济增长的重要因素视作外生变量不同，内生增长理论试图避免这一缺陷，将这些重要因素作为内生变量，用规模收益递减和内生技术进步来说明各国经济如何增长，其显著特点是将增长率内生化，故称内生增长理论。

（1）基本模型。为了说明内生增长理论的思想，先从一个简单的生产函数开始：

$$Y=AK$$

式中，Y 是产出，K 是资本存量，而 A 是一个常量，此式衡量一单位资本所生产的产出量。要注意的是，这个生产函数并没有反映出资本边际收益递减的性质。无论资本量为多少，额外一单位资本生产 A 单位的额外产出，不存在资本边际收益递减是这个模型和新古典增长模型的关键区别。

与前面一样，仍假设收入中的一个比例 s 用于储蓄和投资，因此，经济中的资本积累由下式表述：

$$\Delta K = sY - \delta K$$

这个等式表明，资本存量的变动(ΔK)等于投资(sY)减去折旧(δK)。将这一关系式与生产函数 $Y=AK$ 结合在一起，进行一些运算之后可得到：

$$\frac{\Delta Y}{Y} = \frac{\Delta K}{K} = sA - \delta \tag{10-19}$$

这个等式表明决定产出增长率 $\Delta Y/Y$ 的是什么因素。要注意的是，只要 $sA>\delta$，即使没有外生技术进步的假设，经济的收入也一直增长。

因此，生产函数的简单变动就可以从根本上改变对经济增长的说明。在新古典增长理论中，储蓄引致了经济的暂时的增长，但资本边际收益递减最终使经济达到增长只取决于外生技术进步的稳定状态。与此相比，在这种内生增长模型中，储蓄和投资会引起长期增长。

现在的问题是，放弃资本边际收益递减的假设合理吗？回答取决于人们如何解释生产函数 $Y=AK$ 中的变量 K。如果 K 只包括通常意义下的经济中的厂房与设备存量，那么假设资本边际收益递减是自然而然的。

但是，内生增长理论的支持者认为，如果对 K 作出更广义的解释，资本边际收益不变（而不是边际收益递减）的假设就更合理。一些西方学者认为，知识是经济生产中的一种重要投入——无论是用它来生产物品与劳务还是用它来提供新的知识。如果把知识看做一种资本，与通常意义下的资本相比，假设知识表现出收益递减的性质就不太合理了。实际上，过去几百年来科学与技术创新增长的速度使一些西方学者认为，存在着知识收益递增。如果接受知识是一种资本的观点，那么假设资本边际收益不变的内生增长模型就更合理地描述了长期经济增长。

上述被称为 AK 模型的内生增长模型提供了一条内生化稳态增长率的途径，即如果被累积的生产要素有固定报酬，那么稳态增长率将被这些要素的积累率所影响。从关系式（10-19）可知，储蓄率 s 越高，产出增长率也将越高。进一步，这一模型暗示，那些能永久提高投资率的政府政策会使经济增长率不断地提高。

（2）两部门模型。内生增长理论研究的一个思路是努力建立一个生产部门的模型，以便支配技术进步的力量提供更好的描述。下面就来介绍一下沿着这种思路的一个简单例子。

假定经济有两个部门，分别称为制造业企业和研究性大学。企业生产物品和劳务，这些物品和劳务用于消费和物质资本投资。大学生产即“知识”的生产要素，这两个部门免费利用知识。企业的生产函数，大学的生产函数，以及资本积累方程描述了该经济：

$Y=F\ [K,\ (1-u)\ EN]$　　企业的生产函数

$\Delta E=g\ (u)\ E$　　大学的生产函数

$\Delta K=sY-\delta K$　　资本积累方程

其中，u 是在大学的劳动力的比例，相应地，$(1-u)$是在企业的劳动力比例，E 是知识存量，函数 $g(u)$表明知识增长如何取决于在大学的劳动力比例的函数。一般地，假设企业的生产函数是规模收益不变的，即如果资本存量 K 和有效工人的数量(即$(1-u)EN$)翻一番，那么物品与劳务产出 Y 也翻一番。

如果使物质资本 K 和知识 E 都翻一番，根据以上关系式和假定可知，这时经济中两个部门的产出也都翻一番。因此，与前面的 AK 模型一样，这个模型也可以在不假设生产函数中有外生变动的情况下引起长期增长。在这里，长期增长是内生地产生的，因为大学的知识创造不会停止。

有趣的是，这个模型与新古典增长模型类似。如果在大学的劳动力比例 u 是不变的，那么，知识存量 E 就按不变的利率 $g(u)$ 增长。这在本质上与新古典增长理论中关于技术进步的说明是一样的。而且这个模型的其余部分，包括企业的生产函数和资本积累方程也与新古典增长模型一样发挥作用。

(3) 总结分析。总之，内生增长理论认为长期增长率是由内生因素决定的，也就是说，在劳动投入过程中包含着因正规教育、培训、在职学习等而形成的人力资本，在物质资本积累过程中包含着因研究与开发、发明、创新等活动而形成的技术进步，从而把技术进步等要素内生化，得到因技术进步的存在使得收益会递增，从而长期增长率为正的结论。这对现实有着较强的指导意义，依据该观点，政府应当通过各种政策，如对研究和开发提高补贴，对文化教育事业给予支持，用税收等政策鼓励资本积累等，以促进经济增长。

【阅读材料】

经济增长的倡导者：罗伯特·M. 索洛

罗伯特·M. 索洛出生于布鲁克林（Brooklyn），曾在哈佛大学学习，后于1950年到麻省理工学院学习。在此后几年中，他研究出新古典增长模型，并将它应用于一系列涉及增长核算框架的研究中。根据诺贝尔评奖委员会的评价，“这些研究激起了政府发展教育、研究和开发的更大兴趣。任何一国、任何一个长期报告……都应用了索洛式分析。”

索洛不仅因为他对经济学的热情，而且也因为他的幽默而闻名。他担心对社会声誉的渴求会导致部分经济学家夸大自己的知识。他批评经济学家中“一种明显的不可遏制的急切心情，要将他们的科学拔高到超越科学本身极限的程度。而没有人喜欢说‘我不知道’”。

作为一个文笔生动的作家，索洛担心向公众解释经济学是非常困难的。在他获得诺贝尔奖后举行的新闻发布会上，他有一句妙语：“你的读者的注意力的全长，也许比你一个完整的句子还要短。”尽管如此，索洛继续在他那个经济学分支中辛勤劳作。世界也越来越注意倾听麻省理工学院这位经济增长倡导者的声音。

10.3 经济增长与可持续发展

经济增长与经济发展是两个不同的概念，经济增长是研究一国经济总量的增长状况，一般用 GDP 或 GNP 来衡量。经济发展是指一国由不发达状态转入发达状态，它不仅包括经济增长，还包括社会制度、经济结构的变化。因此，我们在追求高增长率的经济增长目标时，也要注意可持续发展问题，协调好经济增长与经济发展的关系，使经济朝着可持续发展的方向增长。

10.3.1　经济增长与经济发展

1. 经济增长与经济发展的关系

如果说经济增长是一个“量”概念，那么经济发展就是一个比较复杂的“质”的概念。经济增长仅仅是指商品和劳务总值在量上的增加，而经济发展则包含更广泛的含义，它涉及经济社会的各个层面，它不仅包括经济增长，而且还包括国民生活质量以及整个社会经济结构和制度结构的总体进步。例如，经济结构、社会结构、政策结构、文化法律甚至观念习俗的变化以及人民健康状况、收入分配状况、生态环境的改善等方面。总之，经济发展是反映一个经济社会总体发展水平的综合性概念，其实质是一个国家或地区的经济社会机能和结构的优化，是产出能力的提高，是经济“质”方面的变化。

2. 经济发展的观念演变

自 20 世纪以来，在经济发展的问题上曾出现过三种代表性的观念。

第一种是经济增长决定论的发展观。其代表人物是英国经济学家凯恩斯。“有了经济就有了一切”是这种发展观的代名词。他们把国民生产总值的增长视为发展的唯一指标，认为社会发展可以把环境的质量放在经济增长之后，认为只能在国家富裕之后才有可能考虑环境问题。这种经济理论适应了第二次世界大战后世界各国经济发展的强烈愿望，成为世界普遍接受的正统发展的理论。在这种发展理论的影响下，20 世纪 50—60 年代世界经济出现了前所未有的高峰期。但是世界经济的高速发展是以牺牲环境为代价的，人们还来不及享受物质进步带来的巨大利益，便遭到了自然界的报复。

第二种是反增长或主张零增长的发展观。20 世纪 60 年代出现的以罗马俱乐部为代表的学派认为，现代社会最大的祸害是追求增长。为了摆脱人与自然之间日益扩大的鸿沟，他们主张应该在世界范围内或在一些国家范围内有目的地停止物质资料和人口的增长，回到“零增长”的道路上去。罗马俱乐部的发展观作为对传统经济发展观的反驳，在 20 世纪 70 年代产生过相当大的影响。但“零增长”理论把自然从单纯的索取对象变为简单的保护对象，在实践中发达国家不能接受，发展中国家也普遍抵制。按照这种观点，富国将意味着保持他们的既得利益，穷国将意味着永远处于贫穷落后的状态而得不到发展，其结果只能使地球的自然环境由于两极分化而遭到更大的破坏。

第三种是主张经济与社会、人口、资源和环境协调发展的可持续发展观。可持续发展观萌芽于 20 世纪 70 年代，成形于 20 世纪 80 年代，成熟于 20 世纪 90 年代，它是人们对单纯追求经济发展的传统发展观的深刻反思和检讨的结果，是经济发展历程中的一次飞跃。可持续发展观认为：经济发展既要考虑当前发展的需要，又要考虑未来发展的需要，不要以牺牲后代人的利益为代价来满足当代人的利益。在经济发展的同时，不能破坏经济发展所依赖的资源和环境基础。事实上，并不是所有的经济发展都必须以牺牲环境为代价。生态环境问题的解决，除了转变经济发展方式，还需要相应的经济政策作保证。只要制定出相应的适当的经济政策，完全可以在发展经济的同时保护我们赖以生存和发展的环境。

3. 可持续发展理论

作为人类全新的发展观，可持续发展观是在全面面临经济、社会、环境三大问题的情况下，人类从对自身的生产、生活行为的反思和对现实与未来的忧患中领悟出来的。它萌芽于20世纪70年代，成形于20世纪80年代。1987年在世界环境和发展委员会的报告《我们共同的未来》中明确提出了可持续发展的概念。1992年在巴西里约热内卢召开的联合国环境与发展大会上确立了可持续发展作为人类社会共同的发展战略。

可持续发展虽然缘于环境保护问题，但作为一个指导人类社会的发展理论，它已超出了单纯的环境保护问题。它将环境问题与发展有机结合起来，已经成为一个有关社会经济发展的全面战略问题。它的主要内容涉及可持续经济、可持续生态和可持续社会三方面的协调统一。

（1）可持续发展鼓励经济增长，而不是以环境保护为名取消经济增长，因为经济发展是国家实力和社会财富的基础。可持续发展不仅重视经济增长的数量，更追求经济发展的质量。可持续发展要求改变传统的以“高投入、高消耗、高污染”为特征的生产模式和消费模式，实施清洁生产和文明消费，节约资源和减少废物，以提高经济活动中的效益。从某种程度上说，集约型的经济增长方式就是可持续发展在经济方面的体现。

（2）可持续发展要求经济建设和社会发展要与自然承载力相协调，发展的同时必须保护和改善地球生态环境，保证以可持续的方式使用自然资源和环境成本，使人类的发展控制在地球承载能力之内。因此，可持续发展强调了发展是有限制的，没有限制就难以维持发展的持续。生态可持续发展同样强调环境保护，但不同于以往将环境保护与社会发展对立的做法，可持续发展要求通过转变发展模式，从根本上解决环境问题。

（3）可持续发展强调社会公平是环境保护得以实现的机制和目的。可持续发展指出世界各国的发展阶段可以不同，发展的具体目标也各不相同，但发展的本质应包括改善人类生活质量，提高人类健康水平，创造一个保障人们平等、自由、教育、人权和免受暴力的社会环境。这就是说，在人类可持续发展系统中，经济可持续是基础，生态可持续是条件，社会可持续是目的。21世纪人类应该共同追求的是以人为本的和谐的自然—经济—社会复杂系统的持续、稳定、健康的发展。

10.3.2 促进经济增长的可持续发展政策

我们知道，高增长率是经济发展的目标之一，但是，由于经济发展问题的复杂性，单纯的高增长率并不能代表经济发展的最优状态。近年来，随着遍及世界的资源枯竭和环境污染，旨在避免这类不良后果的可持续发展的理论实践日益受到重视。因此，我们在追求高增长率的经济增长目标时，也要注意可持续发展问题，协调好经济增长与经济发展的关系，使经济朝着可持续发展的方向来增长。为此，我们应该做到下述几点。

1. 提高储蓄率，增加投资

一个国家对资本的累计可以提高人均资本，而投资水平是经济增长的重要物质保障，综观各国经济的发展，提高储蓄率对经济增长非常重要。孟加拉国 1950 年的人均收入是 551 美元，在 1992 年却只有 720 美元，而韩国在此期间的人均收入则从 876 美元增加到 10010 美元。孟加拉国贫困的主要原因是储蓄率太低，其平均消费率高达 95%，而比较高的储蓄率与投资率促使了东亚经济的腾飞。在高投入的现代社会化大生产中，为把经济增长提高一个百分点，资本存量需要增加几个百分点。资本存量的高增长需要持续的、高水平的投资支出，而为了维持持续的、高水平的投资支出，就必须增加储蓄，这里储蓄包括私人储蓄、公共储蓄和引进外资。因此，一切影响私人储蓄、公共储蓄和引进外资的政策都会影响到一个国家或地区的长期经济增长。

2. 加强教育，提高人力资本水平

在现代社会，特别是已经进入后工业化的国家或地区，经济增长的源泉主要来自于技术进步。而一个国家或地区技术进步的水平，主要取决于教育和科学研究的发展水平。因此教育和科学研究是推动经济增长的主要动力之一。根据罗默等人的观点，教育和科学研究，尤其是基础研究，是具有正外部性的产业，如果通过市场机制来调节，则私人和企业在教育和科学研究上选择的投资水平一定会低于社会最优水平。显然，这需要政府对该部门进行投资。因此在教育投资中，应该重视发展基础知识，为提高人力资本水平打下坚实基础。

3. 建立良好的制度

有了人力资本，不一定就会提高经济增长率，要想将人力资本转化为现实生产力，还需要有好的制度。如有关技术创新的政策和专利制度、受政府政策影响的企业固定资产折旧制度以及产业政策等都会在不同程度上影响技术进步和长期经济增长。

4. 合理的企业家供给

现代经济学越来越认识到企业家的作用，因此，企业家供给也是影响一国长期经济增长的重要因素。企业家供给的状况取决于市场化程度，如果一个国家只是人口增长率过高，而企业家供给不足，就会导致劳动供给过剩，存在失业。另外，在有的国家，政府取代企业家的作用，这样，在短期内经济可能增长，却不利于经济的长期发展，因此，培养企业家是一个国家长期经济发展的重要保证，企业家的严重短缺也同样会对经济增长起制约作用。

5. 合理的劳动力数量

劳动力数量是一个国家发展的前提之一，缺乏劳动力会造成资本边际效率降低，企业劳动力缺乏，造成开工不足，影响产出。如果一个社会具有老龄化社会的人口结构，就要积极采取措施，如引入外来劳动力等，以弥补劳动力不足。当然，人口增加并不一定就会带来经济增长，还要看人口的结构等方面的因素。

6. 转变经济增长方式，促进经济可持续发展

在现代社会中，资源的枯竭、环境的恶化已经严重威胁到了经济的发展，过去那种掠夺式开发方式势必会给一国经济的长期增长带来坏处。我国的国民经济已连续实现了

30余年的高速增长，但我国的经济增长很大程度上是靠高投入、高消耗的方式获得，因而在经济增长的同时，也造成了低产出、低效益以及严重的浪费和污染的后果。为了保证经济的长期稳定增长，我们必须实现由这种片面追求经济高速度的粗放型增长方式向集约型增长方式的转变，否则经济增长难以为继。诚然，经济增长离不开资本、劳动等生产要素的投入，也离不开土地及自然资源的供给，但从长远来看，更离不开环境的支持。因此，我们一定要转变经济增长方式，即以一种集约的经济增长方式实现经济的可持续发展。

【阅读材料】

我国经济增长方式的转变

从我国的具体情况看，虽然国民经济已连续30余年高速增长，但我国的经济增长很大程度上是靠高投入、高消耗的方式获得，因而在经济增长的同时，也造成了低产出、低效益以及严重的浪费和污染的后果。为了保持经济的长期稳定增长，必须实现由这种片面追求经济高速度的粗放型增长方式向集约型增长方式的转变，否则经济增长难以为继。

在传统体制下我国基本执行了一条粗放增长的战略，这是与当时的时代背景相适应的。改革开放后，我国多次提出要把提高经济效益作为经济建设的中心，但一直见效甚微。就是在中央提出集约增长战略后的今天，各地方争投资、上项目的冲动依然如故。为什么粗放增长屡议不改？其根源在于旧体制的影响尚未消除，投资约束软化的痼疾未能根本解决。在国有产权主体因缺少人格化而近似主体“缺位”的情况下，“白占和多占各种资源是最有效率的选择”。可见，要从根本上杜绝粗放型增长方式，首先要进一步深化经济体制改革，特别是国有企业管理体制的改革。要明晰国有资产的产权关系，实行政资分离、政企分离，按照市场经济体制的要求，重塑国有产权代理制度，使国有企业真正成为自主经营、自负盈亏的市场竞争主体。

我国正处于伟大的历史变革时期，社会主义市场经济体制改革目标的确立，为经济增长方式的根本转变提供了必要前提和正确路径。但是，我们也切不可掉以轻心，以为只要大方向正确，既定目标迟早会实现。其实不然，现代经济增长的历史经验证明，经济增长方式的转变是一个长期而艰苦的历史过程，搞不好也会走上弯路。因为传统体制总是具有惯性的，一种体制形成后就形成某些既得利益集团，这些集团将力求巩固现有体制而阻止改革，尽管新的体制具有明显的效率。因此，我国在实行增长转型的过程中，一定要采取有力措施，加大改革力度，才能保证经济增长方式转变的顺利实现。

（资料来源：徐茂魁，《对我国经济增长转型的认识》，《学术界》，2000年2月。）

本章小结

（1）经济周期，也称商业周期、商业循环，它是指经济运行中周期性出现的经济扩张与经济紧缩交替更迭、循环往复的一种现象，它是国民总产出、总收入和总就业的波动。经济周期分为四个阶段：繁荣、衰退、萧条、复苏。其中，繁荣与萧条是两个主要阶段，衰退与复苏是两个过渡性阶段。

（2）经济周期的特征包括一般特征和过程特征，其中，一般特征主要表现为：①经济周期是不规则的；②从现象上看，经济周期是指经济一个波谷运行到下一个波谷的阶段，从一个谷底开始，经过复苏、峰顶，然后衰退、萧条，到另一个谷底的过程；③经济周期表现为宏观经济变量的一起波动。经济周期主要表现为两个过程，即衰退过程和扩张过程，因此过程特征主要分析在衰退和扩张的过程中投入产出等要素指标的变化情况。

（3）经济学家根据历史经济周期的特征提出了不同的经济周期类型，分别为：朱格拉周期，平均周期约 4 年；基钦周期，平均周期约 8 年；康德拉季耶夫周期，平均周期约 20 年；库兹涅茨周期，平均周期约 50 年。

（4）西方经济周期理论众多，但可分为两大类，即内因论和外因论。内因论中较有影响的理论是乘数—加速数理论，外因论中目前较有影响的理论是实际经济周期理论。乘数—加速数理论说明了乘数和加速数的相互作用如何导致总需求发生有规律的周期波动，解释了经济本身产生波动的机制。

（5）经济增长是指一个经济产量的增加，表现为一国 GDP（或者 GNP）的增加，是一个经济体中所生产的物品和劳务数量的长期和持续的增加。其中产量既可以表示为经济的总产量，也可以表示为人均产量。经济增长指标主要用经济增长率来衡量。经济增长的源泉可被归结为生产要素的增加和技术进步。经济增长的核算一般包括对经济增长本身的核算和对相关影响因素的核算，即总量核算和经济增长因素分析。

（6）经济增长的理论主要有两个，即新古典增长理论和内生增长理论。新古典增长理论解释了在劳动与资本可替代的情况下，充分就业可实现一种稳定的经济增长状态。内生增长理论则揭示了在边际报酬不变的情况下，储蓄率增加对经济增长的长期影响。

（7）经济增长与经济发展是两个不同的概念，经济增长是研究一国经济总量的增长状况，一般用 GDP 或 GNP 来衡量。经济发展是指一国由不发达状态转入发达状态，它不仅包括经济增长，还包括社会制度、经济结构的变化。因此，我们在追求高增长率的经济增长目标时，也要注意可持续发展问题，协调好经济增长与经济发展的关系，使经济朝着可持续发展的方向来增长。

案例分析 10-1

我国的经济增长

2003—2006 年，我国国民经济保持了持续、快速发展的势头，国内生产总值（GDP）每年平均增长 10.4%，各年均保持了两位数的增长。在此期间，我国的经济增速不仅大大超过了世界经济平均增长 4.9% 的水平，而且在世界各国（地区）中也是少有。具体看，这四年我国经济年均增长速度比世界平均水平高 5.5 个百分点，比发展中国家（地区）平均水平高3.0个百分点，比印度高2.0个百分点，比俄罗斯高3.5个百分点。2006年，在国际货币基金组织统计的180个国家和地区中，我国的经济增长速度居第11位。

2003—2006年，随着我国经济总量的大幅增加，我国人均国民收入也逐年稳步提高。继2002年突破1000美元后，2006年突破了2000美元，达到2010美元，比2002年翻了一番，在世界的位次也由132位上升到129位，与此同时，我国人民生活水平和生活质量也得到显著提高。2006年，城镇居民人均可支配收入比2002年实际增长52.7%，农村居民人均纯收入比2002年实际增长27.1%。2002年，我国货物进出口贸易总额为6208亿美元，占世界贸易总额的4.7%。到2006年已达到17604亿美元，增长了2倍多，占世界贸易总额的比重提高到7.2%，在世界的位次从2002年的第6位提升到第3位。

但是亚洲开发银行的报告指出，中国居民消费和投资占GDP的比重多年来呈反向变动，其中，投资比重从20世纪50—60年代的平均20%左右，上升到目前的45%左右，而居民消费比重则从同期的平均60%左右下降到目前的45%左右。亚洲开发银行驻中国代表处首席经济学家汤敏说："国内偏高的投资率主要来源于更高的储蓄率"，"尽管中国政府希望扩大居民消费并适当控制制造业和房地产开发投资，但投资仍将成为今明两年经济增长的主要动力"。亚洲开发银行驻中国代表处高级经济学家庄健日前在《2006年中国经济展望》发布会上预测说："为了创造更多的就业岗位，把不断增多的失业和不充分就业可能引发的社会风险降低到最低程度，中国经济增长必须保持一定的速度"。

（资料来源：郭永刚，《我国的经济增长》，《中国青年报》，2006年4月11日。）

本章训练

一、名词解释题

1. 经济周期
2. 乘数
3. 加速数
4. 乘数—加速数理论
5. 经济增长
6. 资本深化
7. 稳定状态
8. 资本的黄金率水平
9. 经济发展
10. 有保证的增长率

二、选择题

1. 一个完整的经济周期的四个阶段依次是（　　）。

A. 繁荣、衰退、萧条、复苏　　B. 繁荣、萧条、衰退、复苏

C. 复苏、衰退、萧条、繁荣　　D. 衰退、繁荣、萧条、复苏

2. 当某一社会经济处于经济周期的扩张过程时（　　）。

A. 经济的生产能力超过它的消费需求

B. 总需求逐渐增长，但没有超过总供给

C. 存货的增加与需求减少

D. 总需求超过总供给

3. 当某一社会经济处于经济周期的衰退过程时（　　）。

A. 经济的生产能力增加，因而存货增加

B. 总需求逐渐增长

C. 总需求少于总供给

D. 总需求超过总供给

4. 复苏阶段经济的主要特征是（　　）。

A. 大量机器更新　　B. 投资减少，产品积压

C. 大量工厂倒闭　　D. 物价下跌

5. 萧条阶段经济的主要特征是（　　）。

A. 大量机器更新　　B. 投资减少，产品积压

C. 大量工厂倒闭　　D. 投资高涨，生产就业增加

6. 根据现代宏观经济学关于经济周期的定义，经济周期是指（　　）。

A. 名义 GDP 值上升和下降的交替过程

B. 人均 GDP 值上升和下降的交替过程

C. GDP 值增长率上升和下降的交替过程

D. 实际 GDP 值上升和下降的交替过程

7. 20 世纪 50—60 年代经历的一次经济周期称为（　　）。

A. 基钦周期　　B. 朱格拉周期

C. 康德拉季耶夫周期　　D. 库兹涅茨周期

8. 朱格拉周期的平均长度一般为（　　）。

A. 50 年　　B. 40 个月

C. 10 年　　D. 4 年

9. 约瑟夫·熊彼特提出了一个外因理论，这个理论认为经济周期产生于（　　）。

A. 战争和收成不好　　B. 技术革新

C. 乘数和加速数的相互作用　　D. 太阳黑子

10. 解释经济周期的消费不足理论把繁荣后的衰退归因于（　　）。

A. 消费者的支出跟不上生产的发展，所以导致普遍的供过于求

B. 投资比消费增长快，所以没有足够的物品供消费者购买

C. 储蓄和投资减少

D. 政府税收太高，以致消费者没有足够的资金购买商品和劳务

11. 斯坦利·杰文斯提出的“太阳黑子理论”是（　　）。

A. 关于经济周期形成的内部原因的一种解释

B. 关于经济周期形成的外部原因的一种解释

C. 关于经济增长的内部原因的一种解释

D. 关于经济增长的外部原因的一种解释

12. 过度投资理论把繁荣时期的暴跌归因于（　　）。

A. 过高的利率使本来就不足的投资需求进一步减少，并因此导致生产过剩

B. 过度投资导致生产过剩并由此导致普遍的供过于求

C. 在周期性扩张期间企业进行错误的投资

D. 政府对市场运行体系的干预

13. 乘数原理和加速原理的不同在于（　　）。

A. 乘数原理说明国民收入的决定，加速原理说明投资的决定

B. 乘数原理说明投资的决定，加速原理说明国民收入的决定

C. 乘数原理解释经济如何走向繁荣，加速原理说明经济怎样陷入萧条

D. 只有乘数作用时国民收入的变动，比乘数和加速数作用相结合时的变动要更大一些

14. 当国民收入在乘数和加速数的作用下趋于扩张时，其增加将因（　　）而放慢。

A. 加速系数下降　　B. 边际消费倾向提高

C. 失业的存在　　D. 充分就业

15. 加速原理断言（　　）。

A. GNP 的增加导致投资数倍增加　　B. GNP 的增加导致投资数倍减少

C. 投资的增加导致 GNP 数倍增加　　D. 投资的增加导致 GNP 数倍减少

16. 经济增长的标志是（　　）。

A. 工资水平的提高　　B. 城市化步伐加快

C. 先进技术的广泛应用　　D. 社会生产力的不断提高

17. 经济增长在图形上表现为（　　）。

A. 生产可能性曲线内的某一点向曲线上移动

B. 生产可能性曲线向外移动

C. 生产可能性曲线外的某一点向曲线上移动

D. 生产可能性曲线上某一点沿曲线移动

18. 为了提高经济增长率，可以采取的措施是（　　）。

A. 加强政府的宏观调控　　B. 刺激消费水平

C. 较少工作时间　　D. 推广基础科学及应用科学的研究成果

三、简答题

1. 经济周期的特征以及四个阶段是什么？
2. 经济周期有哪些类型？
3. 说明经济增长与经济发展的关系。
4. 经济增长的源泉是什么？
5. 乘数原理和加速原理有什么联系和区别？
6. 说明实际经济周期理论。

第 11 章　失业与通货膨胀

学习目标

1. 掌握失业的定义及种类；
2. 掌握通货膨胀的定义、影响、成因与治理；
3. 重点掌握通货膨胀理论和菲利普斯曲线的原理及应用。

知识能力

1. 运用失业理论分析现实中的失业现象；
2. 运用通货膨胀理论分析现实中的通货膨胀现象；
3. 运用菲利普斯曲线分析失业与通货膨胀的关系。

工作任务

1. 计算自然失业率，摩擦性失业率，结构性失业率；
2. 计算通货膨胀率。

关键词

失业；充分就业；失业率；通货膨胀

案例导入

金圆券的发行与崩溃

金圆券是民国时期国民党政府在中国大陆发行的一种货币。由 1948 年 8 月开始发行，至 1949 年 7 月停止流通，只使用了十个月左右，贬值却超过 2 万倍。金圆券发行的初期，政府以行政手段强迫民间以黄金、外币兑换。由于没有严守发行限额，造成的恶性通胀令民间经济陷入混乱。

1948 年 8 月 19 日，蒋介石以总统名义发布“财政经济紧急令”，作出全国广播，并公布“金圆券发行法”，主要内容为：金圆券每元法定含金 0.22217 厘米，由中央银行发行，发行总额定为 20 亿元；金圆券 1 元折法币 300 万元，折东北流通券 30 万元；禁止私人持有黄金、白银、外汇。凡私人持有者，限于 9 月 30 日前收兑成金圆券，违者没收；全国物价冻结在 8 月 19 日水平。

与此同时，蒋介石派出经济督导员到各大城市监督金圆券的发行。上海作为全国金融中枢，由蒋经国为副督导，实际掌握上海的经济情况。金圆券的发行初期，在没收法令的威胁下，大部分的城市小资产阶级民众皆服从政令，将积蓄之金银外币兑换成金圆券。与此同时，国民党政府试图冻结物价，以法令强迫商人以8月19日以前的物价供应货物，禁止抬价或囤积。而资本家在政府的压力下，虽然不愿，亦被迫将部分资产兑成金圆券。在上海，蒋经国将部分不从政令的资本家收押入狱甚至枪毙，以杀一儆百。而杜月笙之子杜维屏亦因囤积罪入狱。蒋经国在上海严厉“打老虎”，曾稍微得到人民对金圆券的信心。

金圆券的最致命缺点是发行限额没有得到严守。国民党政府在1948年战时的赤字，每月达数亿元至数10亿元，主要以发行钞票填补。而国民党曾希望得到的美国贷款援助却从来没有落实。金圆券发行一个月后，至9月底已发至12亿元。至11月9日，增至19亿元，接近初定上限之数。11月11日，行政院修订金圆券发行法，取消金圆券发行限额，准许人民持有外币。但兑换额由原来1美金兑4金圆券立即贬值五倍，降至1美金兑20金圆券。

自此金圆券价值江河日下，一泻千里。当1948年底开始准许以金圆券兑换金银外币时，全国各地立即出现数以10万计抢兑人潮。至1948年12月底，金圆券发行量增至81亿元。至1949年4月时增至5万亿元；至6月更增至130万亿元，比十个月前初发行时增加24万倍。金圆券钞票面额不断升高，最终出面值1百万元的大钞，但仍不足交易所需。至1949年5月，1石大米的价格要4亿多金圆券。各式买卖经常要以大捆钞票进行。由于贬值太快，物价早晚都已经不同。市民及商人为避免损失，不欲持有钞票。交易后或发薪后得金圆券，即尽快将其换成外币或实物，或干脆拒收金圆券。至1949年7月3日，当时国民党广州政府宣布停发金圆券，改以银圆券替代，结束了金圆券的历史。

（资料来源：马长林，《民国时期的货币政策：金圆券发行和币制改革的失败》，《中国金融》2008年第9期，2009年9月4日。）

11.1 失业理论

11.1.1 失业理论概述

1. 传统经济学的失业理论

传统西方经济学认为，资本主义制度可以通过市场机制的自动调节解决各种矛盾，因此经济社会中不存在失业，充分就业是一个始终存在的倾向。

18世纪末19世纪初，法国经济学家萨伊认为商品的买卖实际上只是商品与商品的交换，货币只是在瞬间起到媒介作用。因此产品总是用产品来购买的，买者同时也就是卖者，买就是卖，卖就是买，买卖是完全统一的，商品的供给会为自己制造需求，社会上的总供给与总需求必然是相等的。这样，资本主义社会就不会出现生产过剩的经济危机，这就是著名的“萨伊定律”。

萨伊定律是假定人们出售商品后立即购买商品，如果人们出售商品后并不立即把全部收入消费掉，而是将其中的一部分储蓄起来，在这种情况下供给与需求的均衡可以通过利息率的调整来实现。他们认为储蓄代表货币资本的供给，投资代表对资本的需求，利息率的调节作用使储蓄全部转化为投资，所以储蓄永远等于投资。具体来说，当货币资本的供给（储蓄）大于对货币资本的需求（投资）时，利息率会下降；反之，当货币资本的供给小于对货币资本的需求时，利息率就会上升。利息率的这种自动调节作用最终使储蓄等于投资，从而失业不会发生。

传统经济学家认为，与充分就业有关的另一个问题是工资的决定，他们认为工资取决于两个原则：第一，工资等于劳动的边际产量；第二，单位时间工资的边际效用等于闲暇的边际效用。按照前者，工人劳动的边际产量是递减的，因此，随着就业人数的增加，工资减少而利润增加，这样企业家为了获得更多的利润而愿意增雇工人直至充分就业为止。按照后者，当劳动的供给增加从而工资下降，工资的边际效用小于闲暇的边际效用，劳动的供给与需求才达于均衡，因此工资的变动也必然使劳动的供求达到均衡，充分就业是一种始终存在的倾向。

但是，自从英国 1825 年发生第一次经济危机之后西方社会经常存在大量失业的现象，传统经济学又如何解释呢？庇古认为这些失业属于摩擦失业和自愿失业的范畴，而不是真正的失业，只是生产过程中局部的、暂时的失调，而不是真正的劳动力需求的不足，因而这些失业的存在并不能否认社会常态是充分就业。

2. 凯恩斯的失业理论

凯恩斯的失业理论称为有效需求不足失业论，它在现代西方经济学中占统治地位。凯恩斯经济学的基础是有效需求理论，他用有效需求不足理论来说明失业，并在此基础上提出解决失业问题的方法，以达到社会的“充分就业”。

凯恩斯完全接受了传统经济学关于“摩擦失业”和“自愿失业”的理论，但是他认为除了这种“自愿失业”和“摩擦失业”之外，还存在着大量的“非自愿失业”，凯恩斯认为这种非自愿失业的产生主要是由于社会有效需求不足。所谓有效需求，是指商品的总供给价格与总需求价格达到均衡状态时的总需求。总需求价格是全体厂商雇佣一定量工人进行生产时预期社会对产品愿意支付的总价格。总供给价格是指全体厂商雇佣一定量工人进行生产时所要求得到的产品总量的最低限度卖价。当总需求价格大于总供给价格时，厂商就会扩大生产，增雇工人；相反，当总需求价格小于总供给价格时，厂商就会缩减生产，解雇工人；只有在总需求价格等于总供给价格时，厂商才会既不扩大生产又不缩小生产，既不增雇工人又不解雇工人，这时总需求就是有效需求，它决定了就业工人的人数，即决定了整个社会的总就业量。

凯恩斯认为，有效需求是由消费需求与投资需求构成的。由于资本主义社会存在三大基本心理规律，即心理上的消费倾向、心理上的灵活偏好、心理上对资本未来收益的预期，导致经济存在消费需求不足和投资需求不足，从而形成失业。

心理上的消费倾向即所谓的“边际消费倾向递减规律”。凯恩斯认为，随着收入的增加，消费也增加，但在增加的收入量中，用于消费的部分所占的比例越来越少，结果导致消费需求不足。

心理上对资产未来收益预期即所谓的“资本边际效率递减规律”。资本边际效率是指资本家增加一笔投资时预期的利润率。资本边际效率是由成本（供给价格）和预期收益这两个因素决定的。凯恩斯认为，一方面由于增添的资本设备的成本（供给价格）将随着投资的增加而上升，另一方面，随着投资的增加，资本设备预期的收益将下降，从而随着投资增加，预期利润率下降，对投资的吸引力减少，投资者对未来也将失去信心，这就引起对投资品需求的不足，即投资不足。

资本边际效率递减是使投资需求不足的一个重要因素。但投资不仅仅取决于资本边际效率，还取决于利息率，即投资取决于利润率与利息率的差额。如果利润率大于利息率，厂商就愿意投资，投资就会增加；如果利润率越接近于利息率，厂商不愿意投资，就会形成投资需求不足。因此，尽管资本边际效率是递减的，利润率下降，但只要利息率比利润率下降得更大，则投资仍可增加。但凯恩斯认为，由于人们心理上的灵活偏好，使利息率不能无限地下降，从而导致了投资需求不足。

灵活偏好又称为流动偏好，是指人们想以货币形式保持其一部分财富的愿望。人们之所以希望以货币形式经常保持一部分财富在手中，主要是为了应付日常的交易支出，或是为了应付意外突发事件的支出，或是为了抓住有利的投机机会。利息就是人们在某一特定时期内放弃这种流动偏好的报酬。利息率的高低是由货币的供求决定的。货币的供给数量是由中央银行的政策决定的，货币的需求取决于人们的灵活偏好。凯恩斯主义认为，中央银行通过调整货币政策，增加货币的供给量，可以在一定程度上降低利息率。但中央银行通过增加货币数量来降低利息率有一定限度，因为它受到灵活偏好的制约，当利息率降低到较低水平时，人们宁可把货币保存在手中而不愿意储蓄，这时，无论中央银行如何增加货币供给量都不能使利息率再降低。正是由于灵活偏好的作用阻碍了利息率的下降，从而在资本边际效率递减的共同作用下导致了投资需求的不足。

综上所述，凯恩斯认为，由于资本主义社会所存在的上述三大基本心理规律，导致了投资需求与消费需求的不足，因此，在资本主义社会，有效需求是不足的，失业的存在便是必然的。

既然有效需求不足是失业产生的根源，因此，凯恩斯认为，只要国家积极干预经济，设法刺激“有效需求”，就可能消除失业，实现充分就业。他提出的主要措施有：第一，刺激私人投资，为个人消费的扩大创造条件；第二，促进国家投资，主张国家调节利息率和实行“可控制的通货膨胀”，以刺激私人投资，增加流通中的货币量以促进生产的扩大和商品供给的增加，还强调扩大军事开支对增加国家投资、减少失业所起的积极作用。

3. 20 世纪 80 年代以后的失业理论

按照古典经济学的劳动供求理论，失业率的变化将对实际工资率发生影响。然而，从美国 20 世纪 80 年代以来的失业率与实际工资率的统计看，失业率的波动较大，而实际工资率的变化较小。在劳动市场上，劳动供给曲线比较稳定，虽然劳动需求曲线发生了移动，但实际工资率并不发生相应的变化。如图 11-1 所示，劳动需求曲线从 D_0移动到 D_1，就业量从 L_1下降到 L_0，工资率 W_0却保持不变。就业量两者间差距 L_1-L_0为失业，而且是非自愿失业。这一结论即使在劳动供给曲线或工资率略有变化情形下仍然成立。

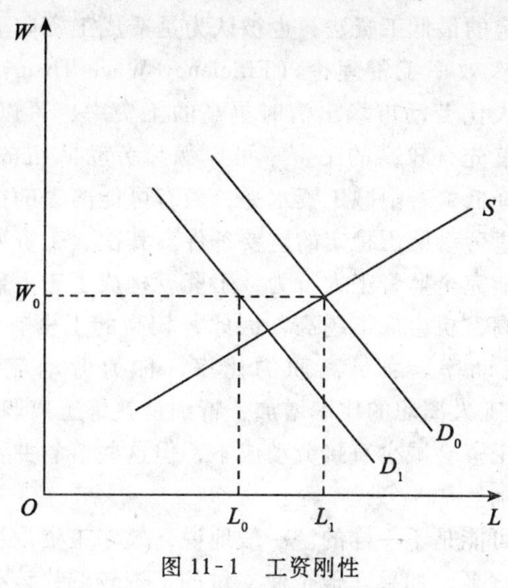

图 11-1　工资刚性

那么，为什么在劳动需求曲线发生移动的情况下，实际工资率并不随之降低？经济学者提出了各种理论加以解释，其中工资刚性理论和效率工资理论影响较大。

（1）工资刚性。工资刚性理论认为，工资率具有向下刚性或黏性的特征，失业率并不会随劳动需求的变动作出充分调整。对工资刚性存在的原因，有三种主要解释。

①劳动工资合同阻止了工资率降低。在一些行业中，由于工会的力量，往往可能签订较有利的工资合同。这些合同通常附加工资随生活费上涨而增加的条款，在经济衰退时期工资率并不随之削减。尽管宏观上看合同签订是彼此错开的，每个月都会有新的合同产生，但相对固定的合同期的确减缓了工资率调整的进程。虽然工会合同的说法不能完全解释工资刚性，不过在一些行业中仍可看做是影响工资率相对稳定的重要因素。

②隐含合同论（Implicit Contract）。这种理论认为，除正式合同外，雇主与雇员之间可能达成工资率相对固定，不随经济波动调整的默契。这种默契被称为隐含合同，有别于正式合同。据说，工人一般是回避风险的，愿意为一个可支付稳定工资的厂商工作。隐含合同意味着工资率将不随劳动市场供求波动而变化。在经济不景气时，公司可能支付给工人高于市场一般水平的工资。作为回报，在经济高涨时，工人也只能留在该企业，接受低于其他公司的工资率。

③“局内人—局外人”理论（Insider-outsider Theory）。所谓“局内人”是指那些在特定企业工作的人，而“局外人”是那些想到该企业工作的人。这种理论认为，每个企业都需要一支受过特殊培训的劳动力队伍，而对新雇员（局外人）的培训通常是由在职工人（局内人）来完成的。在职工人担心培训了新工人，他们与企业讨价还价

时地位就降低了，因而并不愿意与企业持合作态度。另一方面，如果企业对新雇员实行低工资，经培训后的雇员就可能被出高工资的企业“挖走”。因此，企业只能通过向新老雇员支付相同的报酬来解决这一矛盾。由此，“局内人—局外人”理论就解释了为什么存在较高失业率情形下，企业仍给新雇员支付较高工资的现象。

此外，政府普遍制定的最低工资法，也被认为是造成工资向下刚性的原因。

（2）效率工资理论。效率工资理论（Efficiency Wage Theory）认为，在一定限度内，企业通过支付给工人比劳动市场出清时更高的工资率，可以促使劳动生产率的提高，获得更多的利润。首先，较高的工资率可以保障劳动队伍的质量。在经济衰退时期，企业对劳动的需求降低，若削减工资水平，最有可能离去的往往是最好的雇员。较高的工资率是维持高质量劳动队伍稳定的重要条件。其次，工资率会影响劳动者的努力程度。雇主通常并不可能完全监督工人行为，工资就构成了工人偷懒被发现因而被解雇的机会成本。工资率越高，机会成本越高，因此，较高的工资有利于减少偷懒的倾向。再次，工资影响劳动流动率。雇员离职的比率，称为劳动流动率（Labor Turnover Rate）。降低工资率会使工人离职的比率增加，特别是熟练工离职率的上升。企业发现，尽管在经济衰退期削减工资会减少直接劳动成本，但这些节省并不足以抵消培训费用或雇佣新熟练工成本的增加。

企业间的效率工资可能是不一样的。一般地说，效率工资取决于两个因素：其他企业支付的工资与失业率水平。如果其他企业支付的工资较低，该企业也不需要支付过高的工资。因为对工人来说，被开除的成本增加了，这将使工人在不太高的工资下努力工作。同样，如果社会失业率增加，企业也不会以过高的工资诱使人们工作。换个角度说，效率工资理论表明，社会上没有哪个企业愿意率先降低工资，这样做只会降低士气，使最好的雇员被其他企业吸引走。因此，社会工资的调整过程是缓慢的。

11.1.2 失业及其类型

失业（Unemployment）是有劳动能力的人找不到工作的社会现象。大多数国家对失业的定义类似，但也有所不同。如美国 2004 年底劳动力总数为 14820.3 万人，就业人数为 14015.6 万人，失业人数为 804.7 万人，失业率就是 5.43%。但 16 岁到 20 岁的年轻人的失业率在 2003 年 1 月高达 16.8%，见表 11-1。

表 11-1　　美国不同人群的失业率（%）

项　目	2002 年 3 月	2002 年 4 月	2002 年 11 月	2002 年 12 月	2003 年 1 月
所有劳动者	5.8	5.9	5.9	6.0	5.7
成年男性	5.3	5.5	5.6	5.6	5.4
成年女性	5.0	5.2	5.0	5.2	4.7
年轻人	16.7	16.1	16.8	16.4	16.8
白人	5.1	5.1	5.2	5.1	5.1
黑人或非裔美国人	9.9	10.7	10.8	11.2	10.3

【阅读材料】

美国 2009 年失业率

2009 年 1 月失业率达到 7.6%，非农业部门的就业岗位减少约 60 万个；

2009 年 2 月失业率达到 8.1%，非农就业岗位减少 65.1 万个；

2009 年 3 月失业率增至 8.5%，非农就业人数减少 66.3 万人，创 25 年新高；

2009 年 4 月失业率升至 8.9%，就业人数减少 53.9 万人；

2009 年 5 月失业率升至 9.4%，非农业部门就业岗位减少 34.5 万个，是去年 9 月以来的最小幅度；

2009 年 6 月失业率升至 9.5%，有 46.7 万人失去工作；

2009 年 7 月失业率跌至 9.4%，非农就业人口减少 24.7 万人；

2009 年 8 月失业率升至 9.7%，非农就业人口减少 21.6 万人；

2009 年 9 月失业率升至 9.8%，非农就业人口意外下滑 26.3 万人；

2009 年 10 月失业率增至 10.2%，美国非农业部门就业岗位减少 19 万个，达到 1983 年 4 月以来的最高水平；

2009 年 11 月失业率降至 10%，非农就业人口仅较前月减少 1.1；

2009 年 12 月失业率仍维持在 10%，非农就业人数减少 8.5 万人。

（资料来源：国际财经时报。）

自然失业是指由于经济中某些难以避免的原因所引起的失业。在动态市场经济中，由于寻找职业需要时间和等待，或由于劳动供求双方互不满意以及其他一些客观原因，必然有一部分人处于失业状态，这是任何情况下都难以避免的，因而是自然的。这与充分就业并不矛盾。

宏观经济学中一般按失业产生的原因对其进行分类，通常可以分为以下几种类型：

1. 摩擦性失业（Frictional Unemployment）

摩擦性失业也称为寻业的失业，它主要是因为劳动力市场信息流动存在障碍或滞后而产生的失业。其表象特征主要是一方面存在着失业人口，另一方面又存在空缺的职位，二者并存。不过，失业人口所具备的技能与空缺职位所要求的技能是能够吻合的，经过一段时间失业者都能够找到适合自己的工作岗位，那么在寻找工作的过程中就处于失业状态。经济学中认为这种失业是劳动力资源优化配置的必要条件，是经济社会的正常现象，一般不把摩擦性失业看作宏观经济中存在的重要问题。

摩擦性失业产生的原因是由于劳动力缺乏流动性，信息交流不完全以及市场组织不健全所造成的失业。这种失业一般发生在人们处于不同地区、职业或生命周期的不同阶段，因而工作不停变动的场合。这些在劳动力流动过程中造成的失业，以及意向新加入劳动力队伍或重新加入劳动力队伍过程中的失业均属于摩擦性失业。

摩擦性失业治理的办法：通过缩短选择工作的时间来减少摩擦性失业。如增设职业介绍所、青年就业服务机构和建立人才库网站以更多的途径传播有关就业的信息。

2. 结构性失业（Structural Unemployment）

结构性失业是指在经济结构的变化过程中，由于劳动力的供给和对劳动力需求在职业、技能、产业、地区分布等方面的不一致所引起的失业。

结构性失业产生的原因：

第一，经济结构调整对劳动力需求发生了变化，而与此同时，劳动者的知识结构和劳动技能却没有作出相应的调整；

第二，不适当的政府政策。如政府为保护某种行业的政策，在短期内有利于减少失业，但从长期看，这种经济政策会降低受保护的行业的竞争力，从而失去同国内外竞争者抗衡的能力最终加重结构性失业；

第三，随着经济的发展以及消费者偏好的变化，产品结构会发生变迁，这样有些产业由于需求萎缩而趋于消亡，而有些产业则由于需求旺盛迅速发展起来，前者称为夕阳产业，后者称为朝阳产业。由于夕阳产业中排斥出来的劳动力不能适应朝阳产业的需要，因此造成失业。

结构性失业治理的办法：对受结构性失业威胁的人进行教育培训以适应经济结构的变化，还可以帮助劳动力迁移，使劳动力能够很容易在不同的工作与地区之间流动，以此降低结构性失业。试图阻止或减少导致结构性失业的经济结构变化是得不偿失的。

3. 需求不足型失业（Demand Deficient Unemployment）

需求不足型失业是指由于总需求相对或绝对不足时造成的失业。具体而言，分为两种类型，一是周期性失业（Cyclical Unemployment），是指经济周期性波动中的衰退和萧条阶段，总需求水平绝对量下降，需求不足，由此而造成的失业。二是增长不足型失业，是由于总需求提高速度慢于劳动力增长速度或劳动生产率增长速度。需求不足型的失业正是宏观经济政策要对付的失业，宏观经济学认为通过财政和货币政策能够增加总需求，从而解决需求不足的失业。

4. 工资性失业（Wages Unemployment）

由于有工资刚性的存在，使一部分工人无法受雇，从而出现的失业，称为工资性失业。

由于人的本性不愿使工资收入下降，而工会的存在及最低工资法均限制了工资的下降，从而使工资具有能升不能降的所谓“工资刚性”。

5. 季节性失业（Seasonal Unemployment）

季节性失业是由于季节性因素所带来的失业。现实经济生活中不少行业在生产、消费以及生产和消费过程中存在着季节性，即生产过程可能受制于某一季节性因素，如农业受气候的影响。消费中也可能受到季节性因素的影响，季节性失业在宏观经济学中也视为正常现象，是一种正常失业，如图 11-2 所示。

6. 隐蔽性失业（Hiding Unemployment）

隐蔽性失业，也叫隐形失业，是指劳动者表面上就业而实际上从事与其教育水平或能力不相符的工作的一种社会现象。在市场经济社会中，由于经济衰退等原因，熟练工人被迫去做半熟练的工作，或半熟练的工人被迫去做无须任何技能的工作，受过高等教育的人员找不到相应的工作的情况更为常见。不发达国家的隐蔽性失业现象要比发达国

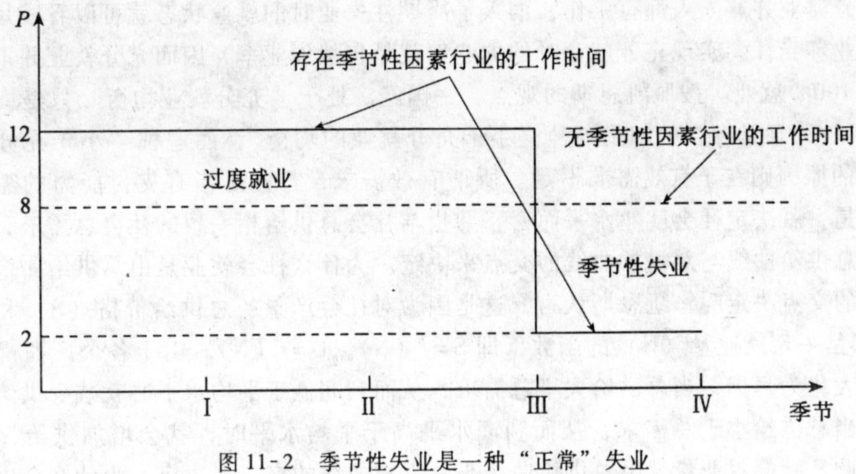

图 11-2　季节性失业是一种“正常”失业

家严重得多。

隐性失业的基本特征：

(1) 劳动力名义就业而实际就业不足，即劳动者在就业岗位上存在着劳动时间和劳动技能上的闲置。

(2) 总体上的劳动效率低下和边际劳动所对应的边际效率近于零。即在消除劳动者的劳动时间或劳动技能上的闲置后，可剔除一部分多余的劳动力，劳动的产出可能不会因此而减少，甚至会有所提高。

(3) 就业不足的劳动者收益相对微薄，但相对于他们的劳动量而言，似乎又是成比例的甚至是超比例的。

中国是一个人口众多、劳动力资源丰富，而经济又较落后的发展中国家，加上长期以来一直实行“包下来”的“铁饭碗”就业制度，给隐蔽性失业的产生留下十分肥沃的土壤。据估算，全国隐蔽性失业量要大大超过 2.3 亿人。如此严重的隐蔽性失业状况，的确是我国劳动力资源配置上的极大浪费。

除了上述失业的分类方法外，凯恩斯还提出了另一种分类方法，将失业分为两种失业类型，其一称为自愿失业（Voluntary Unemployment），是指工人所要求得到的实际工资超过了其边际生产力，或不愿接受现行的工作条件未被雇佣而造成的失业。其二是非自愿失业（Involuntary Unemployment），指具有劳动能力也愿意按现行工资水平就业，但是由于有效需求不足而找不到工作形成的失业，这种失业能够通过提高总需求而消除，与需求不足型失业的含义是相似的。

11.1.3　充分就业

充分就业是指消除需求不足失业时的社会就业水平。简单地说，就是在现有的工作条件下，按现行货币工资率付酬情况下，所有想工作的劳动者经过努力都可找到工作的一种经济状态。

充分就业并非人人都有工作，消灭了周期性失业时的就业状态就可以看成是实现了充分就业。当社会实现充分就业时的失业率就是自然失业率，因而充分就业并不意味着劳动力100%就业。按照凯恩斯的观点，一国经济处于“充分就业均衡”只是一种“特殊情况”，而通常存在的却是一种“小于充分就业的均衡”，而这种“小于充分就业的均衡”的原因则在于有效需求不足。所谓有效需求，首先是指有支付能力的需要；更重要的是，就决定社会就业水平而言，乃指与社会总供给相一致的社会总需求，即社会就业由总供给曲线与总需求曲线的交点来决定。为什么社会就业是由总供给曲线与总需求曲线的交点决定呢？凯恩斯认为，这是因为对社会产量的总供给价格（S）和总需求（D）都是一定就业量（N）的函数，即 $S=f(N)$，$D=f(N)$。由于各个厂商都以追求利润最大化为目标，当总供给大于总需求，从而利润低于平均水平时就减少供给，解雇工人；当总供给小于总需求，从而利润水平高于平均水平时，就会增加供给，增雇工人。因此，社会就业量就由总供给曲线与总需求曲线的交点来决定。为什么会出现有效需求不足呢？凯恩斯认为，这是由于存在三个基本心理规律决定的，即边际消费倾向（MPC）递减，资本边际效率（MEC）递减，流动偏好。

11.1.4 失业的成本和奥肯定律

由于劳动力是经济社会中重要的资源，当出现失业时，意味着经济资源存在浪费和闲置。本节研究失业的成本。

失业的成本首先是一种个人成本，就个人而言，失业会带来非常严重的后果，一方面收入减少，生活遇到极大的困难，另一方面，还会给失业者的心理方面产生巨大的冲击。如果失业持续较长的时间，失业者的工作技能也会贬值，人力资本的积累中断，失业持续时间越长，重新工作的可能性越小，劳动技能的贬值就越严重。这些都最终会形成一笔庞大的成本。失业的这种负面效应还会扩散到整个社会，会诱发许多社会问题，例如失业率较高时，社会治安状况可能恶化，社会开始变得不稳定等。

衡量失业成本的最主要方法是利用奥肯定律（Okun’s Law），这是美国经济学家阿瑟·奥肯（Arthur Okun）发现的一条经验性定律。奥肯在研究美国经济时发现失业率每降低1个百分点，产出能够增加2.5到3个百分点，或者说当失业率每提高1个百分点，产出将下降2.5到3个百分点，他将失业变化和产出增长与正常水平的背离联系起来。例如，假定失业率为8%，比自然失业率高2%，那么按照奥肯定律，实际GNP就比潜在GNP低6%。然而，这条规律如今在中国似乎不灵了，因为当中国正在为经济增长欢呼时，却发现失业率也在增长。

11.1.5 失业的影响

失业问题的重要性就在于它对一国的经济、社会和政治等产生巨大的负面影响。

从经济方面看，失业会直接造成资源的浪费，带来经济上的损失。因为劳动力是重要的经济资源，是四种生产要素之一，失业的存在则意味着劳动力资源的闲置，并且劳动力资源具有自身的特点，即本期可利用的劳动力资源不能移至下期使用，本期可利用劳动力的闲置则是这部分资源的永久浪费。在劳动力失业的同时，往往也伴随着机器设备厂房等经济资源的闲置，造成全社会的生产能力利用不足，生产萎缩，产出下降。

经验表明，商业周期中失业通常会伴随产出的变动而变动。在现代经济中，大规模的劳动力失业通常总是伴随着其他资源，特别是资本物品的闲置，因而使一国经济的实际产出低于其潜在产出。美国经济学家 A·奥肯率先提出潜在产出概念，随之发现了产出与失业之间的关系，即现在广为人知的“奥肯法则”。奥肯法则指出，GNP 相对潜在 GNP 每下降 2.5%，失业率就上升 1 个百分点。根据奥肯法则，可以根据某年事实上的失业率和当年的名义 GNP 来估算潜在 GNP。奥肯法则的一个重要结论是：实际 GNP 必须保持与潜在 GNP 同样快的增长，以防止失业率上升。如果你想让失业率下降，实际 GNP 的增长必须快于潜在 GNP 的增长。奥肯法则揭示了产出市场和劳动市场之间极为重要的联系，它描述了实际 GNP 的短期变动与失业率变动的联系。

从社会方面看，失业首先会导致失业者及其家庭的收入减少，生活水平下降。其次，失业会给人的心理造成巨大的创伤和痛苦，带来一系列社会问题。如失业者产生失望和不满情绪，导致犯罪增加，甚至引起社会骚乱等。当失业率增高时，政府和当政者往往成为人们责难的对象，政府失去人们的信任，甚至直接影响到政治的稳定。失业增加时，政府一般要相应增加政府支出，救济、补助失业人口，从而加重政府的财政负担。

11.1.6 我国的失业问题

失业是劳动力市场上最重要和最普遍的国际问题之一，是一国宏观经济运行好坏的指示器。失业是一个较为普遍的国际性问题，也是中国现阶段较棘手的难题。所谓失业，是指劳动力供给与劳动力需求在总量或结构上的失衡所形成的，具有劳动能力并有就业要求的劳动者处于没有就业岗位的状态。

1. 目前导致我国失业问题加剧的主要原因

(1) 与我国的现阶段基本国情有关。我国是一个超级人口大国，同时又是一个经济发展水平不很高的发展中国家。由于人口多，人口基数大，每年新增劳动力也多，产生了近 3 亿“激增人口”，这对今天的失业的影响是至关重要的，它要经过几十年的时间才能得到缓解。而经济发展水平不很高从根本上决定了新增劳动力大大超过了生产资料的增长速度，从而不可能在短期内为大量的新增劳动力提供足够的就业岗位。

(2) 与我国在几十年内积累下来的矛盾在较短时期内迅速暴露和释放有关。我国在几十年的经济建设中，出于种种考虑，采取的是“低工资、高就业”的方针，使企业内部富余人员长期积累下来，在计划经济体制条件下，这一矛盾被“大锅饭”掩盖了。

(3) 与我国的产业结构调整和转换有关。我国在长期的计划经济体制条件下，产业结构严重失调，这种情况直接影响了国民经济健康、持续、稳定地发展。改革后，在对产业结构大幅度调整过程中，过去片面、畸形发展的一些产业部门必须压缩其过于庞大的生产能力，这样，就造成了这些部门的大量企业出现亏损、破产和倒闭，从而引起这些企业的失业人员猛增。同时，部分老工业基地资源面临枯竭或产业过于单一，结构转换已成为区域经济发展的关键，在结构转换过程中，也要产生大量的失业人员。如曾是我国重要煤炭基地的辽宁省阜新市，可采煤层已经告罄，使40万煤炭职工需要重新安置，素有“煤铁之城”之称的本溪市也面临同样困境，统配煤矿需要全面转产，本钢在“九五”期间将要减员1/4到1/3。

（4）与我国农村经济体制改革的顺利推进和部分城镇职工的就业、择业观念及投资政策尚未转变有关。众所周知，我国农村经济体制的改革是相当成功的，一个“包”字，把广大农民的生产积极性迅速激发和调动了起来。随着农村经济体制改革的顺利推进，大量的农村富余劳动力也迅速出现（据有关专家采用工日计算法、经验计算法和人力单位计算法的测算结果，目前全国农村富余劳动力约为1.5亿人，这些农村富余劳动力基本上是无序地拥进了城镇，与城镇劳动者竞争本来就不多的就业岗位。

2. 针对失业问题我们应采取的措施

（1）加快经济发展，扩大就业。保持国民经济持续快速增长是解决就业的根本途径。经济理论认为，经济发展与增加是同方向的。经济发展快对劳动力需求就会旺盛，失业率也就会相对降低；反之，经济发展速度减慢，对劳动力的需求就会减少，失业率就会相对升高。上述情况在经济学中称为“就业弹性”。根据奥肯定理，实现国民经济增加2.5%，则失业率就减少1%左右。因此，增加就业必然以发展经济为条件。我们可以通过积极发展农村经济，多渠道安置农村剩余劳动力，同时实现产业空间布局的梯次转移，努力缩小地区间经济发展的差距，从根本上解决失业问题。

（2）通过人力政策，增加人力资本投资，提高劳动力素质，增进就业。所谓人力政策就是政府通过对劳动力重新进行劳动力训练与教育把非熟练的工人训练成有一定技术熟练程度的工人，把不适合职位空缺要求的失业者训练成能够满足企业需求的工人以缓和因市场技术结构不适应而造成的失业问题。人力资本投资就是由政府或有关机构向劳动者投资，以提高劳动者的文化技术水平和身体素质，适应劳动力市场的需求。从长期来看，人力资本投资的主要内容是增加教育投资，普及教育。中国高校扩大招生，就是一种有效的长远的人力投资。这样既可以提高国民的整体文化素质，又可以暂缓就业压力。

从短期来看，对工人进行在职培训，或者对由于技术不适应而失业的工人进行培训，增强它们的就业能力。从目前情况来看，失业人员的总体状况有三个突出的特点：一是文化技术水平低，二是工作技能单一，三是知识老化。鉴于此，为切实解决对失业人员的职业技能培训，必须建立多渠道、多层次的培训网络。当今许多西方国家均开展了形式多样的职业培训，为促进就业起到了积极作用。我国也应借鉴别人的经验，通过培训，一方面提高在职人员的就业素质，另一方面，可使大量的失业者成为合格的就业者，为国家经济结构调整打下基础。

（3）进一步完善劳动力市场，促进劳动力合理流动。失业产生的一个重要原因是劳动力市场的不完善，例如劳动供求的信息不畅通，就业介绍机构的缺乏等，因此，政府应该不断完善和增加各类就业介绍机构，为劳动的供求双方提供迅速、准确而完全的信息，使工人找到满意的工厂，企业也能得到它们所需要的工人。这无疑会有效减少失业。

11.2　通货膨胀理论

11.2.1　通货膨胀的定义

经济学家对通货膨胀的解释不尽一致。例如 F. A. 哈耶克认为："通货膨胀是指货币数量的过度增长，这种增长会合乎规律地导致物价上涨。" M · 弗里德曼则认为："物价普遍的上涨就叫通货膨胀。" 而 P. A. 萨缪尔森的解释是："物品和生产要素的价格普遍上升的时期——面包、汽车、理发的价格上升；工资、租金等等也都上升。" 从这些解释中，我们可以给通货膨胀下这样的定义：一般物价水平在比较长的时期内以较高幅度持续上涨。

理解这一定义时要注意以下几点：

（1）一般物价水平不是指一种或几种商品价格的上升，而是广泛地包括所有商品和劳务在内的平均总价格的上涨，这里并不排除某些商品价格不变甚至下降。

（2）价格水平必须是持续一段时期的上升过程，暂时的价格上涨不能算作通货膨胀。

（3）价格水平必须在长时期内以较大幅度上涨，是人们可以觉察到的。

综合上述观点，我们认为通货膨胀（Inflation）一般指因纸币发行量超过商品流通中的实际需要的货币量而引起的纸币贬值、物价普遍上涨的现象。其实质是社会总需求大于社会总供给。

通货膨胀在现代经济学中指整体物价水平上升。一般性通货膨胀为货币的市值或购买力下降，而货币贬值为两经济体间之币值相对性降低。前者用于形容全国性的币值，而后者用于形容国际市场上的附加价值。两者的相关性为经济学上的争议之一。

纸币流通规律表明，纸币发行量不能超过它象征地代表的金银货币量，一旦超过了这个量，纸币就要贬值，物价就要上涨，从而出现通货膨胀。通货膨胀只有在纸币流通的条件下才会出现，在金银货币流通的条件下不会出现这种现象。因为金银货币本身具有价值，作为储藏手段的职能，可以自发地调节流通中的货币量，使它同商品流通所需要的货币量相适应。而在纸币流通的条件下，因为纸币本身不具有价值，它只是代表金银货币的符号，不能作为储藏手段，因此，纸币的发行量如果超过了商品流通所需要的数量就会贬值。

例如：商品流通中所需要的金银货币量不变，而纸币发行量超过了金银货币量的一倍，单位纸币就只能代表单位金银货币价值量的1/2，在这种情况下，如果用纸币来计量物价，物价就上涨了一倍，这就是通常所说的货币贬值。此时，流通中的纸币量比流通中所需要的金银货币量增加了一倍，这就是通货膨胀。在宏观经济学中，通货膨胀主要是指价格和工资的普遍上涨。

通货膨胀的反义为通货紧缩。无通货膨胀或极低度通货膨胀称为稳定性物价。

在若干场合中，通货膨胀一词意为提高货币供给，此举有时会造成物价上涨。若干（奥地利学派）学者依旧使用通货膨胀一词形容这种情况，而非物价上涨本身。因此，若干观察家将美国19世纪20年代的情况称为“通货膨胀”，即使当时的物价完全没有上涨。以下所述，除非特别指明，否则“通货膨胀”一词意指一般性的物价上涨。

11.2.2 通货膨胀的类型

1. 爬行通货膨胀

爬行通货膨胀，又称温和通货膨胀，其特点是通货膨胀率低而且比较稳定。这是一种使通货膨胀率基本保持在2%～3%，并且始终比较稳定的一种通货膨胀。一些经济学家认为，如果每年的物价上涨率在2.5%以下，不能认为是发生了通货膨胀。当物价上涨率达到2.5%时，叫做不知不觉的通货膨胀。

一些经济学家认为，在经济发展过程中，搞一点温和的通货膨胀可以刺激经济的增长。因为提高物价可以使厂商多得一点利润，以刺激厂商投资的积极性。同时，温和的通货膨胀不会引起社会太大的动乱。温和的通货膨胀即将物价上涨控制在1%～2%，至多5%以内，则能像润滑油一样刺激经济的发展，这就是所谓的“润滑油政策”。

2. 加速通货膨胀

加速通货膨胀又称奔驰通货膨胀，其特点是通货膨胀率较高（一般在两位数以上），而且还在加剧。它是一种不稳定的、迅速恶化的、加速的通货膨胀。在这种通货膨胀发生时，通货膨胀率较高（一般达到两位数以上），所以在这种通货膨胀发生时，人们对货币的信心产生动摇，经济社会产生动荡，所以这是一种较危险的通货膨胀。

3. 超速通货膨胀

超速通货膨胀又称恶性通货膨胀，其特点是通货膨胀率非常高（一般在三位数以上），而且完全失去了控制。超速通货膨胀会引起金融体系的完全崩溃、经济崩溃，甚至政权更迭。这种通货膨胀一旦发生，通货膨胀率非常高（一般达到三位数以上），而且完全失去控制，其结果是导致社会物价持续飞速上涨，货币大幅度贬值，人们对货币彻底失去信心。这时整个社会金融体系处于一片混乱之中，正常的社会经济关系遭到破坏，最后容易导致社会崩溃，政府垮台。这种通货膨胀在经济发展史上是很少见的，通常发生于战争或社会大动乱之后。目前公认的恶性通货膨胀在世界范围内只出现过3次。第一次发生在1923年的德国，当时第一次世界大战刚结束，德国的物价在一个月内上涨了2500%，一个马克的价值下降到仅及战前价值的一万亿分之一。第二次发生在1946年的匈牙利，第二次世界大战结束后，匈牙利的一个便哥价值只相当于战前的828×10^{27}分之一。第三次发生在中国，从1937年6月到1949年5月，伪法币的发行量增加了1445亿倍，同期物价指数上涨了36807亿倍。

4. 抑制通货膨胀

抑制通货膨胀，又称隐蔽通货膨胀，是指经济中存在着通货膨胀的压力，但由于政府实施严格的价格管制与配给制，通货膨胀并没有发生，一旦解除价格管制并取消配给制就会发生较严重的通货膨胀。这种通货膨胀是指社会经济中存在着通货膨胀的压力或潜在的价格上升危机，但由于政府实施了严格的价格管制政策，使通货膨胀并没有真正发生。但是，一旦政府解除或放松价格管制措施，经济社会就会发生通货膨胀，所以这种通货膨胀并不是不存在，而是一种隐蔽的通货膨胀。

11.2.3　通货膨胀的测量

通货膨胀的测量是由观察一个经济体中的大量的劳务所得或物品价格的改变而得，通常是基于由政府所收集的资料，而工会与商业杂志也做过这样的调查。物价与劳务所得两者共同组成物价指数，为整组物品的平均物价水平的测量基准。通货膨胀率为该项指数的上升幅度。物价水平量测整体物价，而通货膨胀是指整体物价的上扬幅度。

对通货膨胀没有单独性的确实量测法，因为通货膨胀值取决于物价指数中各特定物品之价格比重，以及受测经济区域的范围。通货膨胀通常用物价指数衡量。物价指数是表明某些商品的价格从一个时期到下一个时期变动程度的指数。主要有以下几种测量方法：

1. 生活指数（Cost of Living Index，CLI）

生活指数为个人生活所需费用的理论增幅，用消费者物价指数（Consumer Price Indexes）大概估算。经济学家对特定的 CPI 值应估计为高于或低于 CLI 值有不同的看法。这是因为 CPI 值公认具“偏向性”（bias）。CLI 可用“购买力平价”（PPP，Purchasing Power Parity）来调整以反映区域性商品与世界物价的广泛差距。

2. 消费者物价指数（Consumer Price Index，CPI）

消费者物价指数测量由“典型消费者”所购物品的价格。在许多工业国家中，该指数的年度性变化百分比为最通用的通货膨胀曲线报告。该项测量值通常用于薪资报酬谈判中，因为雇员希望薪资（名目）能等于或高于 CPI。有时劳资合约中会包含按生活指数调整条款（Cost of Living Escalators），表示名目薪资会随 CPI 的升高自动调整，其调整之时机通常于通货膨胀发生之后，幅度较实际通货膨胀率为低。

3. 生产者物价指数（PPI）

生产者物价指数测量生产者收购物料的价格，与 CPI 于物价津贴、盈利与税负上有所不同，导致生产者的所得与消费者的付出产生差距。PPI 随着 CPI 升高而上升，具有明显的延迟。虽说其具多样化的组合，一般相信这种延迟的特性使得根据现在的 PPI 通货膨胀粗估（Rough-and-Ready）和将来的 CPI 通货膨胀成为可能，各种论述与内容有极重要的不同。

4. 批发物价指数（Wholesale Price Index）

批发物价指数测量选择性货品的批发价格变化（特别是销售税），与 PPI 极为类似。

5. 商品价格指数（Commodity Price Index）

商品价格指数测量选择性商品售价的变化。若使用金本位制，则其所选择的商品为黄金。美国使用复本位制，其指数包含黄金与白银两者。

6. GDP 平减指数（GDP Deflator）

GDP 平减指数为基于国内生产总值的计算：名目 GDP 与经通货膨胀修正后的 GDP（即不变价格（Constant-Price）GDP 或实质 GDP）两者间所使用的金钱的比例，这是对价格水平最宏观测量。本指数也用来计算 GDP 的组成部分，如个人消费开支。美国联邦储备改用核心个人消费平减指数（Personal Consumption Deflator）及其他平减指数作为制定“反通胀政策”的参考。

7. 个人消费支出价格指数（Personal Consumption Expenditures Price Index，PCEPI）

2000 年 2 月 17 日，美国在半年一度的国会金融政策报告（即 Humphrey-Hawkins 报告）中，联邦公开市场委员会 FOMC（Federal Open Market Committee）声称将主要的通货膨胀测量法自 CPI 改为连锁式个人消费开支价格指数。

因为每一种测量法都基于其他测量法，并以固定模式结合在一起，经济学家经常争议在各测量法及通货膨胀模式中是否有“偏差”存在。例如，Boskin 委员会于 1995 年发现美国劳工部统计局（BLS）所计算出的 CPI 具有偏差。在对其偏差进行定量分析后，他们认为当年度的通货膨胀遭过分夸大。因“快乐论”（Hedonic）所带来的科技创新增加与以平价品取代昂贵的商品，两者都会降低 CPI-U 的升高率。另一个例子是在 20 世纪 80 年代早期，无人居住的出租单位并不计入 CPI-U 与 CPI-W 的租金收入部分；在加计此部分后，通货膨胀率实际上是极度的受低估，于是在 1982 年的 CPI 计算中加入了这项改变。

现存的争论为是否该计入关于快乐论的调整部分，包含人们会在高物价的地区不可企及时搬迁到较便宜的地区。也有人认为指数中的购屋部分极度低估了日常生活费用对房价的冲击，亦极度低估了医疗费用在退休者的日常费用中的重要性。

11.2.4 通货膨胀理论简介

1. 货币主义的解释

对于通货膨胀最广为人知也最直接的理论是：通货膨胀导因于货币供给率高于经济规模增长。此说主张通过比较 GDP 平减指数与货币供给增长来进行测量，并由中央银行设定利率来维持货币数量。此观点不同于下述的奥地利学派者的观点在于其着重于货币之数量而非实质。在货币主义架构下，货币的聚集是重点所在。

货币数量理论，简言之，就是经济体所耗货币总量取决于现存货币总量。下列公式来自这个理论：

$$P=\frac{D_{C}}{S_{C}}$$

P 为一般消费品物价水平，D_C 为消费品总需求量，而 S_C 为消费品总供给量。公式背后的观念是：在消费品总供应量对消费品总需求量相对下降，或消费品总需求量对消费品总供应量相对上升时，一般消费品的物价会随之提高。基于总开销主要基于现存货币总量的观点，经济学者们以货币总量计算消费品总需求量。于是，他们断定总开销与消费品总需求量随着货币总量提高。于是相信货币数量理论的学者们同样也相信物价上涨的唯一原因就是经济成长（表示消费品总供给量正提高）以及央行因此以货币政策提高现存货币总量。

以此观点来说，通货膨胀的最根本原因是货币供给量多于需求量，于是“通货膨胀是一定会到处发生的货币现象”，弗里德曼如是说，意指通货膨胀的控制有赖于货币上与财政上的限制。政府不可使借贷过于容易，其自身亦不可超额贷款。此观点着重于中央政府预算赤字与利率，以及经济生产力，也就是由生产成本（总供应）所推动的通货膨胀（Cost-Pull Inflation）。

2. 新凯恩斯主义（Neo-Keynesian）的解释

依新凯恩斯主义，通货膨胀有三种主要的形式：

（1）需求拉动通货膨胀。通货膨胀发生于因 GDP 所产生的高需求与低失业，又称菲利普斯曲线型通货膨胀。

（2）成本推动通货膨胀。现在称为“供给震荡型通货膨胀”（Supply Shock Inflation），发生于油价突然提高时。

（3）固有型通货膨胀（Built-in Inflation）。因合理预期所引起，通常与物价、薪资螺旋（Price Wage Spiral）有关。工人希望持续提高薪资，其费用传递至产品成本与价格，形成恶性循环。固有型通货膨胀反映已发生的事件，被视为残留型通货膨胀，又称“惯性通货膨胀”，甚至是“结构性通货膨胀”。

这三种类型的通货膨胀可随时合并解释现行的通货膨胀率。然而，大多情况是前两种形态的通货膨胀（及其实际的通货膨胀率）会影响固有型通货膨胀的大小：持续性的高（或低）通货膨胀带动提高（或降低）固有型通货膨胀。

三角模型中有两项基本元素：沿着菲利普斯曲线移动，如低失业率刺激升高通货膨胀；转移其曲线，如通货膨胀升高或降低对失业率的影响。

3. 菲利普斯曲线（Phillips Curve）（或称需求面）通货膨胀说

需求带动理论主要集中于货币供给：通货膨胀可由流通中的货币数量与经济供应力（其潜在输出）相关。这点在政府（可能于对外战争或内战期间）印发超额的货币引起金融危机时特别鲜明，有时会导致恶性通货膨胀使得物价飞涨（或达每月上涨一倍的程度）。

货币供给在程度温和的通货膨胀中也扮演主要角色，但其重要性有争议。货币主义经济学家相信货币供给与程度温和的通货膨胀有很强的联系；相反地，凯恩斯主义经济学者强调总体需求在其中的角色，而货币供给仅只是总体需求的决定性因素。

凯恩斯主义解释法的基本观念为通货膨胀与失业率之间的关系，称为菲利普斯曲线模型。此模型在物价稳定度与失业率之间权衡；故为将失业率降至最低，可允许一定程度的通货膨胀。菲利普斯曲线模型极好的描述出美国在 20 世纪 60 年代的经历，但不足以诠释其于 20 世纪 70 年代所遭遇的通货膨胀升高与经济停滞结合。现今菲利普斯曲线用以关联薪资总额增长与一般性通货膨胀的关系而非失业率与通货膨胀率。

4. 菲利普斯曲线的位移

因为供给震荡与通货膨胀已成为经济活动的固定因素，当代整体经济使用“位移”过的菲利普斯曲线（以及物价稳定度与失业率之间的取舍平衡）来描述通货膨胀。供给震荡意指20世纪70年代的油价震荡，而固有型的通货膨胀意指物价/薪资循环与通货膨胀预期，表示在正常经济情况下容忍通货膨胀。因此，菲利普斯曲线仅代表三角模式中的需求拉动通胀。

另一个凯恩斯主义的观点是潜在产出（有时称为国内生产总值），也就是达到最高生产力的状况下经济体的GDP水平，是习惯性且固有的限制。在如此架构下，固有型通货膨胀率内因性地取决于经济体内的劳动量：

GDP超出其潜在水平时。该理论指出，在其他条件相等时，通货膨胀随着供应者提高价格而加剧，且固有型通货膨胀会更加恶化。进一步将导致菲利普斯曲线朝着高通胀与高失业摆向滞胀。这种“加速型通货膨胀”曾出现于20世纪60年代的美国，当时越战的开销（由小额加税抵消）在数年间将失业率限制在百分之四以内。

GDP低于其潜在水平，而其他条件相等时，通货膨胀随着供应者企图降价，让市场消化超额数量，并低估固有型通货膨胀而减低，即阻止通货膨胀，将导致菲利普斯曲线朝着低通胀与低失业摆向期望的方向。阻止通货膨胀曾出现于20世纪80年代的美国，当时美联储主席保罗·沃尔克的抗通胀措施带来数年的高失业率，其中有两年曾高达10%。

GDP等于其潜在水平时，只要没有供给震荡，通货膨胀率即不变。长期说来，大多数的新凯恩斯总体经济学者视菲利普斯曲线为垂直。也就是说，若在通货膨胀率高到可以压过失业率的情况下，失业率为其前提，且等于NAIRU（非加速通货膨胀失业率，是指预期通货膨胀率和实际通货膨胀率是一致的失业率水平）。

然而，以该理论作为政策制定的标准存在缺陷。潜在产出的数量通常为未知，且会随时间改变。另外，通货膨胀率的发生并不对称，上升的速度较下降为快；更糟的是还趋向随政策而变。例如说，在撒切尔首相主政时期，失业者发觉自己处于结构性失业，也就是无法在不列颠经济体内找到适才适所的就业机会。在一经济体避免跨越高通货膨胀的门槛时，结构性失业率的提高暗示着只有少量的人力可在NAIRU中找到就业机会。

5. 供给面学说

供给面经济学说假定通货膨胀一定由资金供给过剩与资金需求不足所引起，对这两个因素而言，资金数量纯粹只是参照物。于是，欧洲于中世纪的黑死病流行期间所发生的通货膨胀，可视为因资金需求降低所引起；而20世纪70年代的通货膨胀可归因于美国脱离布雷顿森林体系所订定的金本位体制后所产生的资金供给过剩。供给学派假定，资金供给与需求同时提高时，不会导致通货膨胀。

供给面经济学说所阐述的一个要素，称美国20世纪80年代由低税负所引领的经济扩张为结束高通货膨胀的手段。其论点在经济扩张提高对基本资金的需求，且此种作法抵消通货膨胀的影响。经济扩张可视为经常性的带来对资金的高需求，且其他条件等同于提高资金数量。在国际货币市场中，此种政策无可置辩。供给面经济学说主张经济扩张不仅提高国内对资金的评价，也会提高国际上的评价。

11.2.5　通货膨胀的影响

在通货膨胀时期，各种商品和劳务的价格、各类金融资产的价格变动幅度是不同的，造成工资率、利率、税率等相对价格扭曲，其对经济生活各方面的影响如下：

1. 对收入和财富再分配的影响

在雇主与工人之间，通货膨胀有利于雇主而不利于工人；

通货膨胀对人们所拥有的资产的影响主要取决于资产的种类；

在债务人与债权人之间，通货膨胀将有利于债务人而不利于债权人；

在政府与公众之间，将利于政府而不利于公众。

2. 对资源配置的影响

在市场经济中，价格对资源配置具有重要的调节作用。如果价格水平上升是不均衡的，各种商品和劳务的相对价格就会发生变化，从而引起资源的重新配置。一般来说，价格上升快于成本上升的行业将得到扩张，价格上升慢于成本提高的行业将相应收缩。在通货膨胀中，各行业商品和劳务的价格与成本的上升往往具有很大的盲目性和随意性，因而会扰乱价格体系，使供求信号失真，投资方向迷失，引起资源配置的失调，降低整个社会的经济效率。

3. 对产出和就业的影响

在短期内，由于意料之外的需求拉大型通货膨胀会使产品价格上升快于货币工资率的上升，实际工资水平将有所下降，从而刺激厂商扩大产量，增雇工人，使产出和就业增加。所以，在短期内通货膨胀对产出及就业有一定的影响；但在长期中，通货膨胀与产出及就业之间不存在必然联系。

11.2.6　通货膨胀的对策及措施

通货膨胀的治理是一个复杂的工程，在治理通货膨胀的过程中，既要从宏观上消除通货膨胀的根源，把握通货膨胀治理力度，并在时间上兼顾企业改革、金融改革的要求，又要加快产业结构的调整，使资源配置状况改善，还要考虑微观经济主体的经济行为的变化，使其能够适应对通货膨胀的治理。通货膨胀既然有各种不同的类型和多种不同的成因，而且对经济带来的破坏作用是明显的，因此许多经济学家都在深入研究和尝试治理通货膨胀的政策和措施。这些政策和措施主要包括：

1. 货币政策

货币政策是最基本的宏观经济政策之一，它也是治理通货膨胀的一个重要手段。运用货币政策来抑制通货膨胀主要通过两条途径来实现：一是降低货币供应量的增长率，以抑制总需求；二是提高利率，以抑制投资需求，并刺激储蓄增加，从而保证总需求与总供给的均衡。我国中央银行通过减少流通中货币量的办法，提高货币的购买力，减轻了通货膨胀的压力；同时通过提高商业银行存贷款利率和金融市场利率水平，减少流通货币，缩小信贷规模，从而减少投资规模，达到平衡储蓄和投资，从而增加商品和服务，消除总需求与总供给的缺口，进而达到了防止通货膨胀的目的。

2. 收入政策

收入政策主要是采取工资物价管理政策，以阻止工会和垄断企业这两大团体互相抬价所引起的工资、物价轮番上涨的趋势，其目的在于力图控制通货膨胀而又不致引起失业增加。收入政策的理论基础主要是成本推进型的通货膨胀，因为成本推进型通货膨胀是由于供给方面成本的提高，其中特别是工资的提高，因而导致物价水平的上涨。为此，必须采取抑制性的收入政策，其形式有：工资与物价冻结，强制性措施；确定工资—物价指导线，以限制工资—物价的上升；以纳税为基础，配合工资—物价指导线的收入政策。

3. 对外经济政策

一般来说，我国的国内通货膨胀与国际收支状况具有相互推拉的作用。在各国都出现通货膨胀的情况下，我国必须采取适当的对外经济政策，以减轻国际收支失衡对国内物价的不利影响，并阻止国外通货膨胀的输入。这方面的措施主要有：

(1) 实行浮动汇率。由于在浮动汇率制度下，我国货币对外汇汇率的升降完全由市场供求关系决定。

(2) 与各国在贸易和金融领域采取协调措施，如与各国加强协作，共同采取控制各国货币供应量的增长率、改善国际金融制度以及其他反通货膨胀的措施，以制止世界性通货膨胀的蔓延等。

4. 加大宏观经济调节力度

为了继续保持物价总水平基本稳定，有关部门必须密切关注、善于发现并及时研究市场供求关系的重大变化，运用政策引导和经济手段适时适度加以调节。要严格控制新涨项目出台，加大价格检查力度。此外，还要加强对重点行业重点产品，特别是针对一些行业过快增长可能造成的能源和原材料紧张等问题的协调工作力度，促进生产要素的优化配置，稳定市场供应，确保供需基本平衡。

(1) 切实加强粮食生产，确保粮食供应，稳定粮食价格。要认真落实中央关于鼓励粮食生产的各项政策，确保对农民的直接补贴、良种补贴、农资价格管理、农业税减免等政策措施真正到位。加强防汛抗旱和农作物田间管理，在做好夏粮秋粮的收购工作的同时，认真做好粮源组织和调运，确保市场粮食供应，保持粮价基本稳定。

(2) 降低劳动工资水平，从宏观上调控分配，缩小收入分配差距，实现公平和效率的统一，降低劳动工资水平，通过控制工资的增长来控制收入和产品成本的增加，进而控制物价水平，防止因劳动工资水平提高而使物价随之增长。

11.2.7 改革开放以来我国的通货膨胀

从 1978 年改革开放到 2004 年为止，我国共发生了两次明显的通货膨胀：一次是 1988—1989 年，当时物价上涨率达到 18.5% 和 17.8%；另一次是 1993—1996 年，当时的物价上涨率分别为 13.2%、21.7%、14.8%。造成我国通货膨胀的原因是多方面的，既有总需求的扩张，也有成本推进因素，还有体制方面的原因。

第一，总需求的扩张。首先，财政支出有扩张趋势。在我国，国家财政具有明显的公共财政功能和促进经济增长的职能，即使财政收入弥补不了财政支出，也要通过赤字财政或者发行国债的方式实现对经济较高的投入。财政支出的扩张造成政府需求始终存在扩张趋势。其次，企业投资需求扩张。在我国，由于体制原因，投资主体——国有企业不承担投资风险，不自负盈亏。由于借钱可以拖欠，甚至可以不还，造成企业投资需求膨胀。再次，银行信贷扩张。由于企业投资需求膨胀，导致银行信贷扩张，迫使中央银行不得不采取宽松的货币政策。

第二，生产资料、工资等成本推动。从 20 世纪 80 年代开始，我国逐步放开价格管制，所有价格均由市场供求决定，导致价格水平迅速上升。例如，在 1993 年，许多生产资料价格上升 40%。另一方面，工资水平大幅增长。成本的升高，推动了物价水平的上涨。

第三，结构性转换引发价格上涨。首先，工资攀比引发价格上涨。在体制转换时期，我国存在着多种类型的企业，有国有企业、集体企业、个体企业、三资企业等，效益好坏不等。但是由于工资攀比，致使各种企业的职工工资有趋同的现象。工资的攀比最终引发价格上涨。其次，产品结构转换引发物价上涨。由于生产方面的原因，我国产品供给结构无法完全满足我国居民的消费需求，造成某些产品供不应求，这些产品的价格上涨从而引发整体物价水平的上涨。

治理通货膨胀，我国主要采用以适度紧缩货币政策为主的一系列措施，收到了明显成效，物价上涨率逐年回落。在抑制通货膨胀中，中国的经验是不宜“急刹车”，而是要“软着陆”。即不要使货币供给量一步降到希望的水平，而是要稳步地、逐步地降低货币供应量。

11.3　失业与通货膨胀

11.3.1　凯恩斯观点：失业与通货膨胀不会并存

按照传统的凯恩斯理论，在没有实现充分就业以前是不会发生通货膨胀的。在资源有闲置的情况下，总需求的增加只能使国民收入增加或供给增加，而不会使价格水平上升。在实现充分就业，即资源得到充分利用以后，总需求的增加无法使国民收入增加，而只能引起价格水平的上涨。这一理论说明，经济在发生通货膨胀以前，是处于资源未能充分利用或存在失业的状态，而在实现充分就业以后，需求增加会使经济处于通货膨胀状态。

由总供给曲线所表示的失业与通货膨胀的关系是：有失业存在就说明资源还没有充分利用，因而就不存在通货膨胀；而实现充分就业以后，即说明资源已经充分利用了，总需求增加，充分就业国民收入水平不会变化，只能发生通货膨胀，即失业与通货膨胀是不能并存的。

失业与通货膨胀的这种关系，只适用于20世纪30年代经济大萧条的特殊时期，不符合战后各国的实际情况。

11.3.2 菲利普斯曲线：失业与通货膨胀的交替关系

1. 菲利普斯曲线的含义

1958年，在英国任教的新西兰经济学家菲利普斯在研究了1861—1957年的英国失业率和货币工资增长率的统计资料后，提出了一条用以研究失业率和货币工资增长率之间替代关系的曲线，在以横轴表示失业率、纵轴表示货币工资增长率的坐标系中，画出一条向右下方倾斜的曲线，这就是最初的菲利普斯曲线。该曲线表明：当失业率较低时，货币工资增长率较高；反之，当失业率较高时，货币工资增长率较低，甚至为负数。

菲利普斯曲线本来只是用来描述失业率与货币工资增长率之间的关系，但后来有的经济学者认为，工资是成本的主要构成部分，从而也是产品价格的主要构成部分，因此，可以用通货膨胀率来代替货币工资增长率。这样一来，菲利普斯曲线（Phillips Curve）就变成了一条用来描述失业率与通货膨胀率之间替代关系的曲线了：当失业率高时，通货膨胀率就低；当失业率低时，通货膨胀率就高。菲利普斯曲线如图11-3所示，图中横轴代表失业率 u，纵轴代表通货膨胀率 π，向右下方倾斜的曲线 PC 即为菲利普斯曲线，菲利普斯曲线说明了失业率与通货膨胀率之间存在着替代关系。

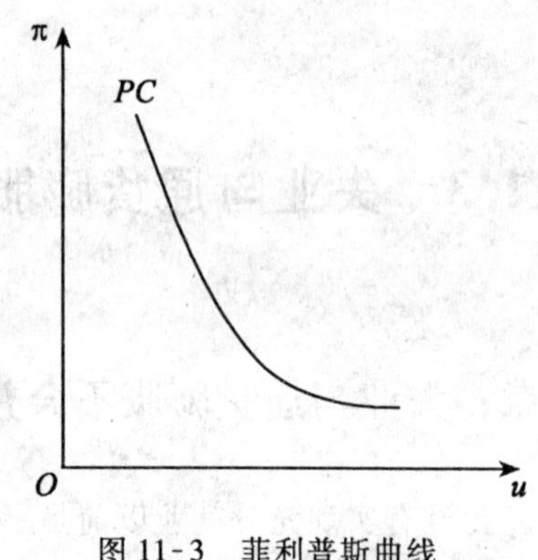

图11-3 菲利普斯曲线

2. 菲利普斯曲线的应用

菲利普斯曲线为政府实施经济干预、进行总需求管理提供了一份可供选择的菜单。它意味着可以用较高的通货膨胀率为代价来降低失业率或实现充分就业；而要降低通货膨胀率和稳定物价，就要以较高的失业率为代价。也就是说，失业率与通货膨胀率之间存在着一种“替换关系”，想要降低或增加其中的一个，就要以增加或降低另一个为代价。

具体而言，一个经济社会首先要确定一个临界点，由此确定一个失业与通货膨胀的组合区域。如果实际的失业率和通货膨胀率组合在组合区域内，则政策的制定者不采用调节措施，如果在区域之外，则可根据菲利普斯曲线所表示的关系进行调节。图 11-4 说明了这种调节的过程。

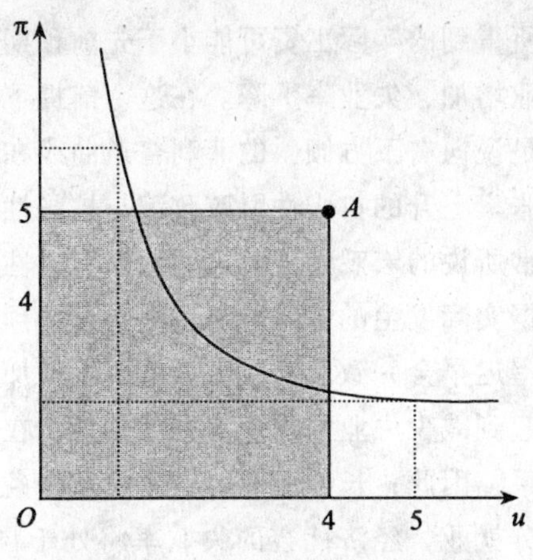

图 11-4　菲利普斯曲线的应用

在图 11-4 中，假定当时失业率和通货膨胀率在 4% 以内时，经济社会被认为是安全的或可以容忍的，这时在图中就得到了一个临界点，即 A 点，由此形成的一个四边形的区域称其为安全区域，如图中的阴影部分所示。如果该经济社会的实际失业率与通货膨胀率组合将落在安全区域内，则政策制定者无须采取任何措施（政策）调节。

如果实际的通货膨胀率高于 4%，例如达到了 5%，该经济社会的失业率仍在可接受的范围内，经济政策制定者可以采取紧缩性政策，以提高失业率为代价降低通货膨胀率，从图 11-4 中可以看到，当通货膨胀率降到 4% 以下时，经济社会的失业率仍然在可以接受的范围内。如果实际的失业率高于 4% 时，例如为 5%，这时根据菲利普斯曲线，政策制定者可采取扩张性政策，以提高通货膨胀率为代价降低失业率，从图 11-4 中可以看出，当失业率降到 4% 以下时，经济社会的通货膨胀率仍然在可接受的范围内。

3. 短期菲利普斯曲线与长期菲利普斯曲线

菲利普斯曲线所揭示的失业与通货膨胀的替换关系与美国等西方发达国家 20 世纪 50、60 年代的通货膨胀率和失业率的数据较为吻合，但到了 20 世纪 70 年代末期，由于滞胀的出现，失业与通货膨胀之间的这种替换关系不存在了，于是对失业与通货膨胀之间的关系又有了新的解释。

1968 年，美国货币学派代表人物弗里德曼指出了菲利普斯曲线分析的一个严重缺陷，即它忽略了影响工资变动的一个重要因素：工人对通货膨胀的预期。他认为，企业和工人关注的不是名义工资，而是实际工资，当劳资双方谈判新工资协议时，他们都会对新协议期的通货膨胀进行预期，并根据预期的通货膨胀相应的调整名义工资水平。根据这种观点，人们预期通货膨胀率越高，名义工资增加就越快，由此，弗里德曼提出了短期菲利普斯曲线的概念。

这里所说的“短期”是指从预期到需要根据通货膨胀作出调整的时间间隔。短期菲利普斯曲线就是预期通货膨胀保持不变，表示通货膨胀率与失业率之间关系的曲线。在短期中，工人来不及调整通货膨胀预期，预期的通货膨胀率可能低于以后实际发生的通货膨胀率。这样，工人所得到的实际工资可能小于先前预期的实际工资，从而实际利润增加，刺激了投资，就业增加，失业率下降。在这个前提下，通货膨胀率与失业率之间存在着交替关系，也就是说向右下方倾斜的菲利普斯曲线在短期内是可以成立的，因此，在短期中引起通货膨胀率上升的扩张性财政政策与扩张性货币政策是可以起到减少失业的作用的。这就是通常所说的宏观经济政策的短期有效性。

在长期中，工人将根据实际发生的情况不断调整自己的预期，工人预期的通货膨胀率与实际发生的通货膨胀率迟早会一致。这时工人会要求增加名义工资，使实际工资不变，从而通货膨胀就不会起到减少失业的作用。也就是说，在长期中，失业率与通货膨胀率之间并不存在替换关系，因此，长期菲利普斯曲线是一条垂直于横轴的线。并且在长期中，经济总能实现充分就业，经济社会的失业率将处于自然失业率的水平，因此，通货膨胀率的变化不会影响长期中的失业率水平。

由于人们会根据实际发生的情况不断调整自己的预期，所以短期菲利普斯曲线将不断移动，从而形成长期菲利普斯曲线，如图 11-5 所示。

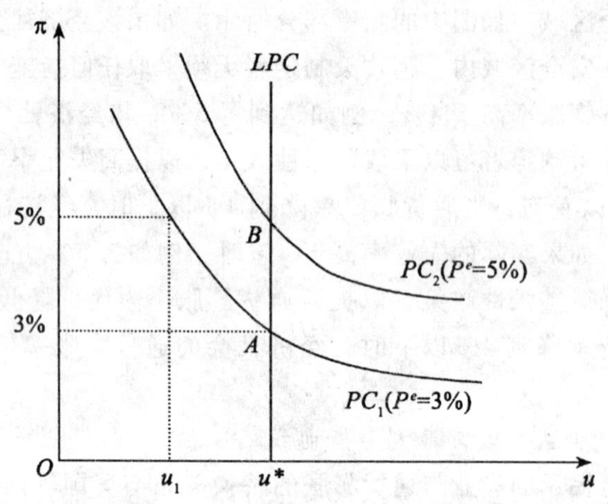

图 11-5　从短期 PC 到长期 PC

在图 11-5 中，假定某一经济体系处于自然失业率为 u^*，通货膨胀率为 3% 的 A 点，此时若政府采取扩张性政策，以使失业率降低 u_1，由于扩张性政策的实施，总需求增加，导致价格水平上升，通货膨胀率也上升至 5%。由于在 A 点处，工人预期的通货膨胀率为 3%，而现在实际的通货膨胀率为 5%，高于其预期的通货膨胀率，从而工人的实际工资下降，导致厂商生产积极性提高，产出水平和就业率增加，于是失业率下

降到 u_1。于是就会发生图 11-5 中短期菲利普斯曲线 $PC_1(P^e=3\%)$所示的情况，失业率由 u^* 下降到 u_1，而通货膨胀率则从 3% 上升到 5%。

当然，这种情况只是短期的，经过一段时间，工人们会发现价格水平的上升和实际工资的下降，这时他们便要求提高货币工资，与此同时，工人们会相应地调整其预期，即从原来的 3% 调整到现在的 5%，伴随着这种调整，实际工资回落于原有的水平，相应地，企业生产和就业也都回到了原有的水平，失业率又回到了原来的 u^*，但此时，经济已经处于具有较高通货膨胀率预期（即 5%）的 B 点。

以上过程重复下去，在短期内，由于工人不能及时改变预期，存在着失业和通货膨胀之间的替换关系，表现在图形上，便有诸如 PC_1、PC_2 的各条短期菲利普斯曲线。随着工人预期通货膨胀率的上升，短期菲利普斯曲线不断地上升。

从长期来看，工人预期的通货膨胀与实际的通货膨胀是一致的，因此，企业不会增加生产和就业，失业率也就不会下降，从而便形成了一条与自然失业率重合的长期菲利普斯曲线 LPC。在图 11-5 中，垂直于自然失业率水平的长期菲利普斯曲线表明，在长期中，不存在失业与通货膨胀的替换关系。换句话说，长期菲利普斯曲线告诉我们，从长期来看，政府运用扩张性政策不但不能降低失业率，还会使通货膨胀率不断上升，这也就是通常所说的宏观经济政策的长期无效性。

本章小结

（1）通过学习有关失业理论，对现实中的失业现象有正确的认识，充分就业不是完全就业，还存在各种自然失业现象。现代西方经济学理论认为，自然失业的存在可以促进经济的增长。

（2）通过学习有关通货膨胀理论，了解我国和世界上出现的通货膨胀现象，正确认识适度通货膨胀有利于经济增长。掌握通货膨胀的成因与治理。

（3）重点学习菲利普斯曲线，理解其原理，并能运用菲利普斯曲线解释现实中的失业与通货膨胀的关系。

案例分析 11-1

1929—1932 年经济大危机

1929 年至 1932 年，西方发达国家经历了其发展历史上最为严重的一次经济危机，史称大危机，大危机对于当时的整个资本主义世界产生了巨大的破坏作用，具体表现如下：

第一，工业生产和国内生产大幅萎缩。大危机使得工业生产受到重创，工业生产总量和 GDP 在四年内大幅下降，具体情况如附表 1 所示。

附表1　　主要资本主义国家的工业生产和 GDP 的变动率，1929—1932 年

国家	工业生产（%）	GDP（%）
美国	−44.7	−28.0
英国	−11.4	−5.8
法国	−25.6	−11.0
德国	−40.8	−15.7
意大利	−22.7	−6.1
西班牙	−11.6	−8.0

（资料来源：布赖恩·斯诺登等著，苏剑译，《现代宏观经济学指南：各思想流派比较研究引论》，第 10 ~ 11 页，商务印书馆，1998 年版。）

第二，大量劳动力失业。据统计，在大危机期间，整个资本主义国家的失业人口总数达到四五千万人，英国 1933 年的失业人数 275 万，失业率达到 22.5%，美国失业率达到占劳动力的 25% 的最高峰，约 1400 万人流落街头。

第三，投资与金融市场崩溃。美国在大危机期间的净投资变成负数，到 1933 年，美国的住宅建筑和住房修理的总支出额仅为 1928 年水平的 10%。金融市场尤其是股票市场几乎在一夜间化为乌有，1929 年 10 月，美国股票市场发生股灾，股市市值下降 80%，股票市场在过去两年内赚得的 400 亿美元全部输光。40 万存户提款拮据，仅 1932 年一年，美国就有 1400 家银行倒闭。

第四，居民生活水平直线下降。首先工业生产和 GDP 的大幅萎缩使得社会财富大幅缩水，同时由于失业和物价上升，再加上股票投资失败和金融机构破产，居民的生活水平直线下降，以美国为例，大危机使得美国平民的生活水平倒退了整整 20 年。当时在美国流行两个笑话：一是金人（高盛）公司的每一股均附送一支左轮枪；二是当某人向旅馆订房时，服务员会问你："是要睡觉，还是要跳楼？"

失业与通货膨胀是经济发展中的顽症，任何国家在其经济发展过程中都无法避免，失业和通货膨胀会造成社会总收入下降和居民生活水平下降，本案例即是其中最为典型的一例。因此，宏观经济学四大目标中有两个目标，分别是充分就业和物价稳定。

案例分析 11-2

津巴布韦严重通货膨胀

2008 年 7 月 16 日，津巴布韦中央银行行长戈诺说，津巴布韦的通货膨胀率已达到百分之二百二十万。津巴布韦的社会变革，较大的降低了社会的运行效率。降低了社会的生产能力。津巴布韦商品的供应能力下降。而社会上流通的货币与原来一样多，购买商品的货币与原来一样多，而供应商品的能力下降了，必然导致物价上涨。这是津巴布韦第一轮物价上涨的原因。

物价的上涨，导致政府系统开支增大，导致政府缺钱，政府又有歪点子——印钞票。物价上涨，导致企业员工要求增加工资，这个要求很合理。企业当然要增加工资，企业增加工资的结果是，企业产品，销售价格上涨，这就是物价上涨，这是物价上涨的重要推动力。印钞票的结果是，物价继续上涨，那就继续印钞票，物价就继续上涨，如此恶性循环。

通货膨胀本身，也导致社会运行效率降低，增加社会运行成本，降低了社会的生产能力。会有利于通货膨胀继续加强。比如，物价的频繁改变增加了人们的精力浪费。商品交易变得不方便，增加交易成本。通货膨胀现象，导致国民储蓄行为极度减少，促进了国民及时消费。导致货币流通速度增加许多。货币流通速度的增加，加强了通货膨胀。通货膨胀会导致金融系统瘫痪。而金融系统是资本投资的资金来源。金融系统瘫痪，会导致投资萎缩。而投资决定经济发展速度，投资萎缩，经济就难以发展了，社会的运行效率就难以提高了。投资在正常时期是遏制通货膨胀的因素。

本章训练

一、选择题

1. 经济学中的失业是指（　　）。

A. 一切没有工作的状态　　B. 自愿失业　　C. 非自愿失业

2. 由于总需求不足而引起的失业是（　　）。

A. 周期性失业　　B. 结构性失业　　C. 隐蔽性失业

3. 自然失业率是（　　）。

A. 零　　B. 充分就业时的失业率　　C. 不存在

4. 与居民日常生活关系最为密切的价格指数是（　　）。

A. GDP 折算指数　　B. 消费者价格指数　　C. 生产者价格指数

5. 根据短期菲利普斯曲线，短期内降低通货膨胀率的办法是（　　）。

A. 减少货币供应量　　B. 降低失业率　　C. 提高失业率

二、判断题

1. 在一个国家中，自然失业率是一个固定不变的数。（　　）

2. 由于经济结构变动的原因造成的失业是摩擦性失业。（　　）

3. 通货膨胀是指一般物价水平普遍的、持续的上升。（　　）

4. 短期菲利普斯曲线是一条向右下方倾斜的曲线。（　　）

5. 一般认为，比较温和的通货膨胀有利于经济的发展。（　　）

三、计算题

已知某国的情况如下：人口 2500 万，就业人数 1000 万，失业人数 100 万。求：

（1）该国的劳动力人数是多少？

（2）该国的失业率是多少？

（3）如果该国的摩擦性失业和结构性失业人数为 60 万，则该国的自然失业率是多少？

（4）在实现了充分就业时，该国应该有多少人就业？

（5）如果在失业人口中有10万人是由于嫌工作不好而不愿就业，那么真正的失业率应该是多少？

（6）如果该国有10万失业人口，这些人包括在失业者中吗？这些人的存在对真正的失业率有什么影响？

（7）如果有10万人实际上只有部分时间工作，其中5万人仍旧在寻找全日制工作，这时的失业率是多少？

四、简答题

1. 怎样理解“通货膨胀”的概念？

2. 简述通货膨胀对经济的影响。

第 12 章　宏观经济政策

学习目标

1. 掌握宏观经济政策的目标与工具；
2. 掌握宏观财政政策的内容及其运用；
3. 理解宏观货币政策的内容及其运用；
4. 重点掌握宏观财政政策及货币政策对经济的影响。

知识能力

1. 运用宏观财政政策理论分析国家财政政策；
2. 运用宏观货币政策理论分析国家货币政策；
3. 理解财政政策和货币政策配合实施的能力。

工作任务

1. 计算货币乘数；
2. 计算狭义货币 M_1、广义货币 M_2。

关键词

宏观经济政策；财政政策；货币政策

案例导入

2001 年货币政策和效果分析

2001 年，中国人民银行执行稳健的货币政策，加大公开市场操作，调节货币供应总量，充分利用再贷款和再贴现政策工具，增加对农业和农村的信贷投入，加强和改进对中小企业的金融服务。此外，还出台了以下措施：

充分发挥利率杠杆作用，加强本外币利率政策协调。

先后 8 次下调美元等外币小额存款利率，目前，一年期美元利率已由年初的 5% 下调至 2%，一年期港币利率由年初的 4.9375% 下调至 2.1875%。

支持企业扩大出口，出台出口退税账户托管贷款。

中国人民银行于 2001 年 8 月 24 日出台了出口退税账户托管贷款业务的管理办法，

允许商业银行在对企业出口退税账户进行托管的前提下，向出口企业提供以出口退税应收款作为还款保证的短期流动资金贷款。出口退税账户托管贷款为商业性贷款，期限最长不超过一年，贷款比例原则上不超过企业应得退税款的70%。

在防范风险的基础上，积极推动助学贷款业务的开展。

2001年9月1日前，中国人民银行取消助学贷款"一校一行"的规定，允许一校多行开办国家助学贷款业务，并对助学贷款的条件、贷款见证人范围、贷款人资信记录等作出明确规定。另外，中国人民银行还积极会同相关部门，加强助学贷款宣传，推动助学贷款呆账和坏账损失核销、财政贴息、税收优惠等政策的落实。这些政策举措，有力地调动了商业银行贷款的积极性，到9月底，助学贷款余额达22.1亿元，比年初增加10.3亿元。在积极推动国内人民币教育助学贷款的同时，中国人民银行还针对近年来我国自费出国留学增多的实际，批准中国银行进行开办出国留学外汇贷款的试点工作。

规范货币市场的发展，提高再贴现利率。

从2001年9月11日起，中国人民银行适当提高再贴现利率，将再贴现利率由2.16%提高到2.97%。再贴现利率的提高，主要为了理顺利率体系，促进票据市场的健康发展。

加大金融监管力度，查处信贷资金违规进入股市。

针对近年以来信贷资金违规进入股市问题，人民银行加大了金融监管力度，对部分金融机构进行了严肃查处。同时会同证券监管部门出台了以下政策措施：一是加强对银行与证券公司间拆借资金的管理，证券公司拆入资金只能用于头寸调剂，不得用于证券交易；二是加强对股票质押贷款、证券公司担保贷款的管理，严禁商业银行对企业和个人开办股票质押贷款；三是进一步明确企业挪用信贷资金炒卖股票的界限，并进行严格监督；四是加强对个人消费贷款业务的管理；五是认真执行《信托法》，严禁以承诺固定回报方式招揽代客理财业务。从以上情况看，2001年货币政策在短期目标上也是中性的。重点是改善资金运用的方式、理顺利率体系、拓展资金渠道、加大对中小企业和农村的金融支持、加强金融监管、防范金融风险。这些也主要是着眼于中长期的改革和发展目标。

据初步统计，到2001年11月末，广义货币（M_2）余额为15.4万亿元，比去年同期增长13.2%，增幅比上月增加0.3个百分点。狭义货币（M_1）余额为5.7万亿元，比去年同期增长11.4%，增幅比上月下降0.9个百分点。流通中现金（M_0）余额为14780亿元，比去年同期增长6.5%。1~11月份，现金累计净投放127亿元，比去年同期少投放295亿元。11月末，全部金融机构各项贷款余额为11万亿元，按可比口径计算增长10.9%。1~11月份，各项贷款累计增加10688亿元，其中中期流动资金贷款增加448亿元，比去年同期少增加930亿元。个人消费贷款增加2347亿元，比去年同期多增加655亿元。票据融资增加1431亿元，比去年同期多增891亿元。11月末，全部金融机构各项存款余额为14万亿元，增长15.1%，增幅比去年底高2.3个百分点。其中，企业存款月末余额为4.9万亿元，增长14.8%，增幅比上月末下降1.1个百分点。2001年前11个月，企业存款累计增加4509亿元，比去年同期少增938亿元。

城乡居民储蓄存款11月末余额为7.23万亿元，同比增长13.9%，增幅比去年同期高6.6个百分点，比去年底高6个百分点。1～11月份储蓄存款累计增加8019亿元，比去年同期多增加3883亿元。当年新增储蓄定活比为146.4%，比去年同期高102.8个百分点，储蓄存款稳定性显著增强。

从机构分布看，股份制商业银行、农村信用社和城市商业银行贷款增加较多，其中，股份制商业银行增加2300亿元，比去年同期多增758亿元；农村信用社增加1584亿元，多增484亿元；城市商业银行增加561亿元，多增113亿元。国家银行贷款增加4904亿元，同比少增1730亿元，主要是国有独资商业银行贷款少增1502亿元，占87%。

从贷款的地区分布看，2001年前9个月，贷款增速较快的五个省（市、自治区）分别是西藏、北京、上海、浙江和天津，贷款投放数量最多的五个省（市、自治区）分别为广东、上海、北京、江苏和浙江，贷款增幅最小的五个省（市、自治区）分别为海南、吉林、江西、黑龙江和湖北。

基础货币投放加快，商业银行超额储备率趋降。9月末，中央银行基础货币余额达3.57万亿元，比年初减少58.29亿元，同比增长7.7%，与去年同期相比，增幅低5.1个百分点。超额储备率国有独资商业银行平均为5.3%，比上年末低1.1个百分点，股份制商业银行平均为14.0%，城市商业银行平均为2.3%，农村信用社平均为6.1%，金融机构支付能力总体正常。

总结以上情况，到目前为止的情况表明，货币供应量增幅趋缓，提供贷款的金融主体以及贷款种类继续发生变化。非国有银行和金融机构提供的贷款在增加，个人消费信贷等新的贷款种类其规模扩大较快。表明货币金融从总量规模上看对实体经济运行的支持力度没有加大，但其内部结构在发生积极变化。

（资料来源：张立群，《2001年货币政策和效果分析》，《光明周刊》2002年10月。）

12.1　宏观经济政策

宏观经济政策是随着西方国家经济情况和理论依据的变化而变化的。大致说来，20世纪30年代的大危机迫使各国政府走上了国家干预经济的道路。“二战”以后这种干预更加全面而系统，主要经济政策是以凯恩斯主义为基础的宏观财政政策和宏观货币政策。进入20世纪70年代以后，西方国家“滞胀”局面的出现又迫使它们对国家干预经济的政策进行反思，自由放任思潮复兴，要求减少国家干预，加强市场机制的主张又受到重视。因此，经济政策的多样化和自由化成为宏观经济政策发展的主要倾向。但20世纪90年代后，国家干预又得到了加强。纵观西方国家宏观经济政策的发展，可以看到，尽管在不同时期，国家干预的程度与方式有所不同，但国家干预的总趋势并没有改变。

12.1.1　宏观经济政策目标

按照西方经济学的观点，经济政策是国家或政府对经济进行总量调控，以实现一定目标而制定的解决经济问题的原则或措施。经济政策与经济目标紧密地联系在一起。政策为实现既定经济目标服务，实现的目标不同，采用的经济政策也就不同。西方经济学家认为，宏观经济政策应该同时实现充分就业、物价稳定、经济增长和国际收支平衡四大目标。

1. 充分就业

充分就业是指消灭了周期性失业时的就业状况，或失业率等于自然失业率时的就业状况。但是，充分就业并不是人人都有工作，而是维持一定的失业率，但这个失业率要在社会可允许的范围之内，能为社会所接受。实现充分就业，就是要把失业率保持在自然失业率的水平。

2. 物价稳定

物价稳定是指一般价格水平的稳定或物价总水平的稳定。在市场经济中，商品的价格经常处于不断变化之中，在一些商品价格上涨的同时，另一些商品价格可能在下降，还有些商品价格可能不变。西方经济学家强调，作为宏观经济政策目标的价格稳定，不是指各种商品价格都稳定不变，而是指保持一般价格水平的稳定。

3. 经济增长

经济增长是指在一定时期内社会所创造的人均产量或人均实际国内生产总值的增长。这种增长既要能满足社会发展的需要，又要为人口增长和技术进步所允许，即要达到一个适度的增长率。

4. 国际收支平衡

国际收支平衡是指既无国际收支赤字又无国际收支盈余。因为无论是国际收支赤字还是国际收支盈余都会对一国经济产生不利影响。

以上四种经济目标之间存在着矛盾。充分就业与物价稳定之间存在着矛盾，因为要实现充分就业就必须运用扩张性财政政策和货币政策，而这些政策又会由于财政赤字的增加和货币供给量的增加而引起通货膨胀。充分就业与经济增长有一致性，也有矛盾，这就是说，经济增长一方面会提供更多的就业机会，另一方面经济增长中的技术进步又会引起资本对劳动的替代，相对地减小对劳动的需求，使部分工人特别是文化技术水平低的工人失业。充分就业与国际收支平衡之间也有矛盾，因为充分就业的实现引起国民收入增加，而在边际进口倾向既定的情况下，国民收入增加必然引起进口增加，从而引起国际收支不平衡。在物价稳定与经济增长之间也存在矛盾，因为经济增长过程中通货膨胀难以避免。

宏观经济政策目标之间的矛盾要求政策制定者进行选择，要么确定重点政策目标，要么对这些政策目标进行协调。政策制定者在确定宏观经济政策时，既要受自己对各项政策目标重要程度的理解，考虑国内外各种政治因素，又要受社会可接受程度的制约。不同流派的经济学家对政策目标有不同的理解。例如，凯恩斯主义经济学家比较注重充分就业与经济增长，而货币主义经济学家则较注重物价稳定。再就是不同时期西方国家对政策目标也有不同的偏重。例如美国在 20 世纪 50 年代偏重于充分就业与物价稳定，在 20 世纪 60 年代偏重于充分就业与经济增长，在 20 世纪 70 年代后则强调物价稳定和四个目标兼顾。宏观政策工具是用来达到政策目标的手段。

12.1.2　宏观经济政策工具

宏观经济政策工具是用来达到政策目标的手段。一般说来，常用的政策工具有需求管理、供给管理和对外经济政策。

1. 需求管理

需求管理是通过调节总需求来达到实现政策目标的宏观经济政策工具。这也是凯恩斯主义所重视的政策工具。需求管理是要通过对总需求的调节实现充分就业的均衡，在总需求小于总供给时，经济中会由于需求不足产生失业，这时要运用扩张性政策工具来刺激总需求。在总需求大于总供给时，经济中会由于需求过度而出现通货膨胀，这时就要运用紧缩性的政策工具来抑制总需求。需求管理的主要武器是财政政策和货币政策。

2. 供给管理

20 世纪 70 年代初，石油价格大幅度上升对经济的严重影响，使经济学家们认识到了总需求的重要性，总需求—总供给模型中分析了总供给对国民收入和价格水平的影响。这样，宏观经济政策工具中就不能只有需求管理，而且还要有供给管理。供给管理是要通过对总供给的调节来达到一定的政策目标。在长期内影响供给的主要因素是生产能力，即潜在产出；在短期内影响供给的主要因素是生产成本，特别是生产成本中的工资成本。因此，供给管理包括控制工资与物价的收入政策，改善劳动力市场的人力政策，以及促进技术或效率改进的经济增长政策。

3. 对外经济政策

在现实的开放经济中，由于各国经济间存在着密切的联系和影响，因此，一国经济政策目标的实现不仅有赖于国内经济政策，而且有赖于外经济政策，如对外贸易政策、汇率政策等，以平衡国际收支和协调国际经济关系。

12.2　宏观财政政策

财政政策是西方国家干预和调节经济的主要政策之一。宏观财政政策是利用政府支出和政府税收，通过直接影响某些经济总量来消除通货紧缩缺口或通货膨胀缺口，以达到需求管理目标的政策。

12.2.1　财政政策的内容与运用

1. 财政政策的内容

财政政策的主要内容包括政府财政支出和财政收入。

(1) 政府支出。西方国家的财政支出按支出方式可分为政府购买支出和转移支付。

政府购买支出主要包括两个方面：

①政府举办公共工程的支出。如政府对社会需要而私人经济主体无力举办或私人不

愿举办的公共设施和公共建筑、桥梁、高速公路、机场、港口、公园、学校、水利的投资。

②政府管理各种社会事业的支出。包括政府对国家安全、政府行政、科学研究、教育、文化、环境保护、卫生等管理的需要而购买商品和劳务的支出，以及向公务人员支付的薪金等。

政府转移支付主要是指政府不以取得商品和劳务为目的的支付，如政府的社会保障与社会救济支出；政府公债的利息支出以及对农业的补贴等。政府转移支付构成个人可支配收入的一部分。由于政府转移支付是政府收入的一项扣除，所以，通常又将税收与政府转移支付之差称为净税收。

（2）财政收入。财政收入主要由各项税收构成。税收按纳税方式可分为直接税和间接税。直接税是指由纳税人直接负担的税收。如所得税（包括个人所得税和公司所得税）、社会保险税、遗产税和赠予税等。间接税是指对商品和服务征收的，可以由纳税人将税收负担转嫁出去的税，如货物税、销售税、消费税、进口税等。

根据收入中被扣除的税收比例，税收又可分为累进税、比例税和累退税。累进税是指按照征税对象数额的大小分为不同等级征税，征税对象数额越大税率越高。直接税通常具有累进的性质。比例税是指对同一征税对象，不论其数额多少，都按同一比例征税。间接税一般实行比例税率，收入水平不同的人，购买同样商品的税金是相等的，但间接税的税负对负税人的收入水平来说具有累退性质，即收入越多的人，税收占收入的比例越少，收入越少的人，税收占收入的比例越大。总之，税收被称为累进的、比例的还是累退的，取决于它从高收入者那里的征税额占收入的比例是大于、等于还是小于它从低收入者那里的征税额占其收入的比例。

2. 财政政策的运用

根据凯恩斯经济学原理，在运用宏观财政政策调节经济，进行需求管理时，政府就应根据不同情况来调整政府支出和税收，采取扩张性的或紧缩性的政策措施。

具体来说，在经济萧条时期，总需求小于总供给，经济中存在失业，政府就要运用扩张性的财政政策即增加政府支出、减少税收来刺激总需求，以实现充分就业。因为政府公共工程支出与购买的增加有利于刺激私人投资；转移支付的增加可以增加个人消费，这样就会刺激总需求；减少个人所得税（主要是降低税率）可以使个人有更多的可支配收入，从而增加消费；减少公司所得税可以使公司收入增加，从而投资增加，这样也会刺激总需求。

在经济繁荣时期，总需求大于总供给，存在过度需求，会引起通货膨胀，政府则要通过紧缩性的财政政策即减少政府支出、增加税收来抑制总需求，以实现物价稳定。因为政府公共工程支出与购买的减少有利于抑制投资；转移支付的减少可以减少个人消费，这样就抑制了总需求；增加个人所得税（主要是提高税率）可以减少个人可支配收入，从而减少消费；增加公司所得税可以使公司收入减少，从而投资减少，这样也会抑制总需求。

西方经济学家将这种政策称为“逆经济风向行事”。即在经济高涨时期抑制总需求，使经济不致过度高涨而引起通货膨胀；在经济萧条时期，刺激总需求，使经济不至于严重萧条而引起失业。

12.2.2　财政政策中的内在稳定器

内在稳定器或自动稳定器是指财政制度本身具有某些内在的自动调节经济，使经济稳定的功能。当经济出现波动时，内在稳定器就会自动发生作用，减轻经济萧条或通货膨胀的程度。

具有内在稳定器作用的财政政策主要包括个人所得税、公司所得税以及各种转移支付。

个人所得税和公司所得税的征收都有固定的起征点和固定的税率。因此，当经济繁荣时国民收入水平上升，个人收入和公司利润都会增加，它们所缴纳的税额就会自动增加，从而抑制了消费和投资的增加，有助于减轻由于总需求过旺而引起的通货膨胀。而在经济萧条时期，国民收入减少，个人收入和公司收入都会减少，他们所缴纳的税额也就自动减少，从而抑制了消费和投资的减少，有助于减轻萧条的程度。

失业救济金和各种福利支出这类转移支付有固定的发放标准。在萧条时期，随着失业人数和需要其他补助的人数增多，这类转移支付就会自动增加，有助于减轻经济萧条的程度。在繁荣时期，失业人数和需要其他补助的人数减少，这类转移支付就自动减少，有助于减轻由于需求过旺而引起的通货膨胀。

西方经济学家认为，财政政策的内在稳定器在轻微的经济萧条和通货膨胀中往往能起良好的稳定作用，有助于稳定经济，但这种内在稳定器的作用十分有限。在萧条时期，内在稳定器只能缓和经济衰退的程度，而不能扭转下降的趋势。在繁荣时期，内在稳定器只能缓和物价上涨的程度，而不能扭转物价上涨的趋势。此外，内在稳定器也还有一定的非灵活性，例如，税收易减不易增，福利费用支出易增不易减等。因此，要消除通货膨胀或通货紧缩的缺口，保证经济的稳定，还需要政府有意识地运用财政政策来调节经济。

12.2.3　赤字财政政策

凯恩斯主义认为，财政政策应该为维持经济稳定，实现充分就业服务。因此，在经济萧条时期，为了解决有效需求不足，克服萧条，政府就应放弃财政收支平衡的旧信条，增加支出，减少税收，实行赤字财政政策。

实行赤字财政政策，扩大政府支出可通过发行公债的办法来进行。凯恩斯认为这种办法不仅是增加国民收入解决失业问题所必需的，而且也是可能的。这是因为：

（1）公债的债务人是国家，债权人是私人经济主体，国家与私人经济主体的根本利益是一致的。国家欠私人经济主体的债务，实际上是自己欠自己的债。

（2）政府的政权是稳定的，债务偿还是有保证的，而不会引起信用危机。

（3）债务是用于发展经济，这就使政府有能力偿还债务，弥补赤字。这就是宏观财政政策运用中的“公债哲学”。

政府实行赤字财政政策发行公债时，不能将公债直接卖给居民户、厂商或商业银行。这是因为如果由居民户或厂商直接购买公债，就会减少他们的消费和投资，起不到应有的扩大总需求的作用。同样，如果由商业银行直接购买公债，就会减少它们的放款，同样间接地减少支出，抑制总需求。因此，只有把公债卖给中央银行，才能起到扩大总需求的作用。具体做法是：公债由财政部发行卖给中央银行，中央银行向财政部支付货币，财政部就可以用这些货币来进行各项支出，或用于举办公共工程，或用于增加政府购买，或用于增加转移支付，以刺激总需求。中央银行购买的政府公债，可以作为发行货币的准备金，亦可在金融市场上卖出。

12.3 宏观货币政策

货币政策是西方国家干预和调节经济的主要政策之一，它在宏观经济政策中的作用是不断加强的。凯恩斯认为货币政策的效果有限，宏观经济政策的重点在于财政政策。但20世纪60年代后，美国的凯恩斯主义经济学家却强调货币政策与财政政策同样重要，主张双管齐下。20世纪70年代后，随着“滞胀”局面的出现，西方各国又采用了货币主义所主张的控制货币供给量的政策。

12.3.1 货币及其分类

1. 货币的含义与职能

西方经济学家认为，货币是人们普遍接受的、充当交换媒介的东西。

货币的职能主要有四种：交换媒介，即作为流通手段，这是货币最主要的职能；计价单位，即用它的单位来表示其他一切商品的价格，这是货币作为交换媒介的必要条件；支付手段，即作为延期支付的手段；贮藏手段，即作为保存财富的一种方式，这是货币作为交换媒介的延伸。

2. 货币的种类

根据货币的流动性，即货币的变现能力，可将货币分成以下几类：

(1) 通货即现金。它包括纸币和铸币。纸币是由国家中央银行发行的法定的不兑现货币，具有法律地位，是公共的和私有的一切债务的法定偿债物。铸币又称补币，是为了便利小额支付和找零而铸造的硬币。

纸币和铸币都是国家法定的流动货币，故称为通货或现金。

(2) 存款货币。又称银行货币或信用货币，它们是活期存款及其他可开支票的存款。存款人可以开出支票提取存款，银行见票即付现金。使用支票周转不受数额限制，寄递方便，大大减少了银行间的现金需要。目前，在西方国家，现金和支票的流动性没有多少差别，还有很受用户欢迎的信用证。

(3) 近似货币。又称准货币或资产货币，包括定期存款、储蓄存款、政府公债、信誉高的商业票据等。它们本身不是货币，不能用作无限制的交换媒介。但在短时期内

（定期存款可以在提前通知的条件下转为活期存款，股票、债券随时可在市场上出售）可转化为现金，起到货币作用。

在经济学中，一般把货币分为狭义的货币和广义的货币。用 M_1 表示狭义的货币，用 M_2 表示广义的货币。

$$M_1 = \text{通货} + \text{商业银行的活期存款}$$

$$M_2 = M_1 + \text{定期存款与储蓄存款}$$

12.3.2　西方国家的银行体系、货币创造和货币乘数

1. 西方国家的银行体系

货币政策通常是由中央银行代表政府通过银行体系来实施的。西方国家的银行体系是由中央银行与商业银行以及其他金融机构组成的两级银行体系。

中央银行是由政府设立的，是国家的银行。中央银行的主要职能有三个方面：代表政府发行货币，中央银行是唯一的货币发行机构；接受商业银行的存款，同时也向商业银行发放贷款，是全国的票据结算中心，领导并监督商业银行的业务活动，所以它是银行的银行；通过实施各种货币政策来调节经济，是国家货币政策的制定者和执行者。

银行系统的第二级是商业银行和其他金融机构。西方国家的商业银行一般是私人银行。商业银行就其法律地位来说，是自主经营、以盈利为目的的独立的经济组织。其主要业务是吸收存款，发放贷款和代理客户的结算，它从这些业务中获得利润。其他金融机构（如储蓄银行等），除在资金来源与运用上各具特点外，其性质和作用与商业银行一样。

2. 银行创造货币的机制

在货币政策调节经济的过程中，商业银行创造存款货币的机制是十分重要的，这一机制与法定准备金制度、支票流通制度以及贷款转化为客户的活期存款等制度有着直接的关系。

（1）法定准备金。商业银行资金的主要来源是存款，它主要是靠吸收存款来开展贷款业务的。但是，为了应付存款客户随时取款的需要，确保银行的信誉与整个银行体系的稳定，商业银行不能把吸收的存款全部贷放出去。中央银行通常规定商业银行必须从存款中留出一定比例的准备金。这部分准备金可以存放在本银行的金库中亦可以存入中央银行，但不计利息。准备金与银行存款的比率称为银行存款准备率。由中央银行以法律形式规定的商业银行在所吸收的存款中必须保持的准备金比率称为法定准备金比率。法定准备金比率越低，每 1 元准备金支持的存款数就越大。若法定准备金比率为 20% 时，银行每吸收 100 元的存款，就应将 20 元留作准备金，80 元可以用于贷款。也就是每 1 元准备金可支持 5 元存款，而当法定准备金比率为 10% 时，则每 1 元准备金可支持 10 元存款。按法定准备金比率提存的准备金，掌握在银行手中而不是掌握在私人经济主体手中，因此，它不属于货币供给量。当银行的实际准备金数量超过法定准备金而形成超额准备金时，银行可以将超额准备金用于贷款，从而相应地增加了货币供给量。

（2）支票流通。商业银行代客户办理支票结算业务。因此，商业银行的活期存款

就是货币，它可以用支票在市场上流通，所以存款人可以用银行支票偿付各种款项。银行的活期存款增加就意味着货币供给量的增加。

(3) 银行贷款转化为客户的活期存款。由于支票作为货币在市场上流通，所以当客户从银行获得一笔贷款以后，通常并不取出现金，而是把所得到的贷款作为活期存款存入同自己有业务往来的商业银行，以便随时开支票使用。所以，银行贷款的增加又意味着活期存款的增加，货币供给量的增加。这样，在中央银行货币发行量并没有增加的情况下，商业银行的存款与贷款活动就会创造货币，使流通中的货币量增加。

3. 货币乘数

一笔最初的存款经过一系列的贷款转化为存款的活动，能创造多少货币呢？这取决于法定准备率。这是乘数原理在银行存款和贷款活动中的体现。假设法定准备率为20%，最初商业银行 A 所吸收的存款为 1000 万元，则该商业银行可放款 800 万元，得到这笔 800 万元贷款的客户又将它作为活期存款，存入同自己有业务往来的另一家商业银行 B，商业银行 B 得到 800 万元存款后，留下 20% 法定准备金，又可放款 640 万元。得到这 640 万元贷款的客户把这笔贷款存入另一家商业银行 C，该商业银行又可放款 512 万元……这样继续下去，整个商业银行体系可以增加 5000 万元存款，即 1000 万元的存款创造出了 5000 万元的货币。

同投资乘数一样，货币创造乘数也从两个方面起作用，它既能使银行存款与贷款数倍扩大，也能使银行存款和贷款数倍收缩。因此，中央银行调整法定准备率对货币供给量会产生重大影响。

12.3.3 凯恩斯主义的货币政策

1. 货币政策的机制

凯恩斯主义的货币政策就是要通过对货币供给量的调节来调节利息率，再通过利息率的变动来影响总需求。其货币政策的机制可表述为：

货币量→利率→总需求

货币量之所以能够调节利息率，是与凯恩斯所做的假设分不开的。凯恩斯假定人们的财富只有货币与债券这两种形式，债券是货币的唯一替代物。人们在保存财富时只能在货币与债券之间作出选择。持有货币无风险，但也没有收益。持有债券有收益，但也有风险。人们在保存财富时总要使货币与债券之间保持一定的比例。如果货币供给量增加，利息率下降，人们就要以货币购买债券，债券的价格就会上升。反之，如果货币供给量减少，人们就要抛出债券以换取货币，债券的价格就会下降。

可见，债券价格与债券收益的大小成正比，与利息率的高低成反比。因此，货币量增加，债券价格上升，利息率就会下降。反之，货币量减少，债券价格下降，利息率就会上升。

利息率的变动之所以会影响总需求，这是因为：

(1) 利息率的变动会影响投资需求。利息率下降会降低投资者贷款所付的利息，从而降低投资成本，增加投资的收益。同时，利息率的下降也会使人们更多地购买股票，从而使股票价格上升，而股票价格的上升有利于刺激投资。

（2）利息率下降会影响消费需求。利息率的下降会鼓励人们更多地消费，减少储蓄。相反，利息率的上升就会减少投资和消费需求。

2. 货币政策的工具

在凯恩斯主义的货币政策中，中央银行能够使用的政策工具主要是：公开市场业务、贴现政策以及准备率政策。

（1）公开市场业务。公开市场业务就是指中央银行在金融市场上买进或卖出有价证券以调节货币供给量。中央银行在公开市场上购进有价证券，实际上就是向市场投放货币，增加货币供给量；中央银行在公开市场上出售有价证券实际上就是回笼货币，使货币供给量减少。公开市场业务是一种灵活而有效地调节货币量进而影响利息率的工具。因此，它成为中央银行稳定经济的最重要的也是最常用的货币政策工具。

（2）贴现率政策。当商业银行准备金不足时，它可以凭借自身的收益资产，如政府债券或客户借款时提供的票据向中央银行申请借款。贴现就是商业银行向中央银行贷款的方式。贴现率是指商业银行向中央银行借款时的利息率，它一般低于商业银行向客户贷款的利息率。贴现政策是指中央银行变动贴现率与贴现条件（其中最主要的是变动贴现率），以调节货币供给量与利息率。中央银行降低贴现率或放松贴现条件，就可以使商业银行得到更多的资金，这样就可以增加它对客户的放款，放款的增加又可以通过银行创造货币的机制增加流通中的货币供给量，降低利息率。相反，中央银行提高贴现率或严格贴现条件，就会使商业银行减少向中央银行的借款，从而减少对客户的贷款。贷款的减少又通过银行创造货币的机制减少货币供给量，提高利息率。如今，在西方国家，贴现率已成为货币政策的一个相对次要的工具。

（3）调整法定准备金比率。中央银行变动准备率可以通过对准备金的影响来调节货币供给量与利息率。根据货币乘数原理，中央银行规定的法定准备金比率越低，货币乘数就越大，银行创造货币的能力也就越大。反之，法定准备金比率越高，货币乘数就越小，银行减少的贷款就会越多。也就是说，如果中央银行降低准备率，就会增加货币供给量，降低利息率。如果中央银行提高准备率，就会减少货币供给量，提高利息率。由于改变法定准备金比率作用程度过于强烈，它会引起政策上过大和过分突然的变化，因此，西方国家极少采用。

货币政策除主要运用以上三种手段外，还有以下次要手段：

①道义上的劝告。这是指中央银行对商业银行在放款、投资等方面应采取的措施给以指导或告诫，以取得商业银行的配合。这种措施虽不具有法律的或行政的强制性，但通常是有效的，具有一定约束作用。

②证券信贷控制。这也称作垫头规定，指在购买有价证券时必须支付的最低现金比率，余下差额由经纪人或银行贷款垫付。

③控制分期付款的条件。中央银行规定消费者购买耐用消费品分期付款的条件，如规定应付现款的最低期限与付清贷款的最高期限。

④控制抵押贷款条件。这种措施对控制住宅建造是一种有力的工具。

⑤利息率的上限。控制商业银行对定期存款所支付的最高利息率，这样可以减少定

期存款，使存款更多地转移到易于控制的短期存款或债券。

3. 货币政策的运用

在不同的经济形势下，中央银行要运用不同的货币政策来调节经济。

在萧条时期，总需求小于总供给，为了刺激总需求，就要运用扩张性货币政策。即在公开市场上卖进有价证券，降低贴现率并放松贴现条件，降低准备率等。这样就可以增加货币供给量，降低利息率，刺激总需求。

在繁荣时期，总需求大于总供给，为了抑制总需求，就要运用紧缩性货币政策，即在公开市场上卖出有价证券，提高贴现率并严格贴现条件，提高准备率等。这样就可以减少货币供给量，提高利息率，抑制总需求。

12.3.4 货币主义的货币政策

上述货币政策的手段与运用是以凯恩斯主义理论为依据的。但是，由于凯恩斯主义经济政策对解决经济滞胀失灵，所以20世纪70年代以后，货币主义得以迅速发展。在弗里德曼的领导下，货币主义者向凯恩斯主义宏观经济学提出了挑战，他们反对凯恩斯主义的财政政策，强调了货币政策在稳定宏观经济方面的重要性。现在西方国家在制定和推行货币政策时也部分地采纳了这些学派的主张，货币主义货币政策的主要内容有以下几个方面：

1. 货币供给增长是决定名义 GDP 增长的主要因素

货币主义认为，名义总需求主要受货币供给量变动的影响。财政政策对于某些变量如 GDP 中国防或个人消费的比重来说虽然重要，但主要的宏观经济变量如总产出、就业量和物价水平却基本上是受货币的影响。也就是说，货币主义认为，货币供应量是影响名义国民收入与价格水平的决定性因素。

那么，货币主义者根据什么认为货币是第一位的呢？在分析这个问题时，他们作了两个核心假设：①货币周转率具有一种非同一般的稳定性；②货币需求量对利率完全不敏感。

所谓货币周转率即货币流通速度，是指名义 GDP 与货币存量的比率。

由于价格和工资是相对灵活的，因此，在短期内，货币既可以影响名义 GDP 和实际 GDP，也可以影响价格。但是，在长期内，由于经济趋向于充分就业，所以货币供给量的变动只能影响一般价格水平和以货币表示的其他变量，而不能影响实际 GDP。

2. 货币政策的主要目标是保持物价稳定

货币主义的理论依据是现代货币数量论。货币主义的货币政策在传递机制上与凯恩斯主义的货币政策不同。他们认为，直接影响国民收入与价格水平的不是利息率而是货币量，这是由人们对财富形式的选择所决定的。人们的财富有多种形式，如货币、债券、股票、住宅、珠宝、耐用消费品等，人们在保存财富时可以在各种财富的形式中进行选择。这样，货币供给量的变动主要并不是影响利息率，而是影响各种形式的财富的相对价格。如果货币供给量增加，则各种财富的价格上升，从而直接刺激生产，使国民收入增加，并使整个价格水平上升。

货币主义者反对把利息率作为货币政策的目标，他们认为物价稳定相当重要，因为通货膨胀不仅导致市场功能消失，而且破坏自由经济的正常发展。因此，弗里德曼认为政府应集中精力治理通货膨胀，实现物价稳定。

3. 实行简单规则的货币政策

货币主义者认为，如果实行自由放任，则私人经济是趋于稳定的。宏观经济波动主要是由于政府行为——特别是货币供给的无规律变动造成的。货币主义者虽然赞成运用货币政策，但却反对斟酌使用的货币政策，其理由在于经济政策的滞后性。弗里德曼认为，从发现经济制度中存在的问题到针对问题采取措施而产生效果之间，需要一定的时间才能完成。而经济政策的时滞性，不但使它不能起到熨平宏观经济被动皱折的作用，反而会加剧经济波动。因此，他不赞成对宏观经济运行进行“微调”。货币主义者建议实行固定的货币增长率，即根据经济增长的需要，每年按一固定比率增加货币供给量。货币主义者主张的这一政策通常被称为“简单规则的货币政策”。

12.4　供给管理政策

上述宏观财政政策和货币政策是需求管理的主要政策内容。自 20 世纪 70 年代以后，西方经济学重视了总供给对经济的影响，分析了供给对通货膨胀的影响以及“滞胀经济问题”，根据这种分析，他们提出了供给管理政策，主要政策措施有收入政策、指数化政策、人力政策和经济增长政策等。

12.4.1　收入政策

收入政策是通过控制货币工资和物价来制止通货膨胀的政策。因为控制的重点是工资，所以称为收入政策。

收入政策的主要理论基础是供给推进的通货膨胀理论。根据这一理论，通货膨胀是由于成本增加，特别是由于工资成本增加而引起来的。因此，只要能限制工资增长率，就可抑制成本提高，从而制止物价上涨，消除成本推进的通货膨胀。

收入政策主要有三种形式：

1. 工资—物价管制

政府采用法律手段禁止在一定时期内提高工资与物价，这种措施作用强、效力大，但副作用也大。例如，它会导致排队抢购、定量供应、黑市盛行、地下经济扩张等，更重要的是在管制中很难区别相对价格的变化和导致通货膨胀的价格上涨。因此，必然扰乱价格体系，破坏市场机制，造成资源配置的不合理。而且在和平时期，实行硬性的工资—物价管理在政治上也会遇到相当大的阻力。因此，一般在特殊时期采用。

2. 工资与物价指导线

政府为了制止通货膨胀，根据劳动生产率的增长率和其他因素，规定了工资与物价上升的限度，其中主要是规定工资增长率，所以又称“工资指导线”。工会和企业要根据这一指导线来确定工资增长率。企业也要根据这一规定确定物价上涨率。如果工会或企业违反规定，使工资增长率和物价上涨率超过了这一指导线，政府就要以税收或法律形式进行惩罚。这种作法比较灵活，在 20 世纪 70 年代以后被西方国家广泛采用。

3. 税收刺激计划

以税收为手段来控制工资的增长。具体做法是：政府规定货币工资增长率，即工资指导线，以税收为手段来付诸实施。如果企业的工资增长率超过这一指导线，就课以重税，以示惩罚；如果企业的工资增长率低于这一规定，就给予减税，以示奖励。例如，当政府的目标是使工资增长率从 6% 下降到 4% 时，政府可将 4% 的增长率作为标准，对平均工资增长率高于 4% 的企业按高税率征税；对平均工资低于增长率 4% 的企业按较低的税率征税，或适当减免税收。

12.4.2 指数化政策

通货膨胀会对财产分配和收入分配产生影响，使一些人受益，另一些人遭受损失，从而对经济产生不利的影响。收入指数化政策就是为了消除这种不利影响而采取的政策，其具体做法是：定期根据通货膨胀率来调整各种收入的名义价值，以使其实际价值保持不变。主要的指数化措施有以下几种。

1. 工资指数化

按通货膨胀率指数来调整名义工资，以保持实际工资水平不变。在经济发生通货膨胀时，如果工人的名义工资没变，实际工资就会降低，这就会引起有利于资本家进行以不利于工人的收入再分配。为了保持工人的实际工资不变，在工资合同中就要确定有关条款，规定在一定时期内按消费物价指数来调整名义工资，这项规定称为“自动调整条款”。同时，也可以通过其他措施按通货膨胀率来调整工资增长率。工资指数化可以使实际工资不下降，从而维持经济和社会的稳定，但在有些情况下，工资指数化也会引起工资成本推动的通货膨胀。

2. 税收指数化

按通货膨胀率指数来调整起征点与税率等级。当经济中发生了通货膨胀时，实际收入不变而名义收入增加了。这样，纳税的起征点实际上是降低了。在累进税制下，纳税者名义收入的提高使原来的实际收入进入了更高的税率等级，从而使交纳的实际税金增加。此时，如果不实行税收指数化，就会使收入分配发生不利于公众而有利于政府的变化，成为政府加剧通货膨胀的动力。只有根据通货膨胀率来调整税收，即提高起征点并调整税率等级，才能避免不利的影响。

此外，利息率、政府债券收益等其他收入也应该根据指数化政策来调整，使各种收入的增长与一般物价上涨水平相联系，随物价指数的变动而伸缩。

12.4.3 人力政策

人力政策又称就业政策或劳工市场政策，是一种改善劳动市场结构，以减少失业，增加就业机会的政策。

人力政策的理论依据是认为相当大一部分失业是由于劳动力市场的不完全性和经济结构的差异造成的。其中包括：①劳动力本身结构问题。寻找工作的人多半是没有专门技能的、不能满足企业需要的非熟练劳动力。②经济结构的变化。科学技术的进步和生产的发展会带来经济结构的调整，不适应新的经济结构需求的人会被排挤出就业队伍，成为失业者。③某些地区经济结构的变化可能造成工人找职业，企业找工人的状态。④劳动力市场信息不灵，造成寻职成本过高。

人力政策是对劳动力供给发生作用的政策。其主要措施有：

1. 人力资本投资

由政府或有关机构向劳动者投资，以提高劳动者的文化技术水平和身体素质，适应劳动力市场的需求。从长期来看，人力资本投资的主要内容是增加教育投资；从短期来看是对劳动力进行再培训，包括对失业者的培训和在职人员的培训，使非熟练劳动者能够适合劳动需求的条件，使技术过时的劳动者能够掌握新技术。

2. 完善劳动市场

失业产生的一个重要原因是劳动市场的不完善，因此，政府应该不断完善和增加各类就业介绍机构，为劳动的供求双方提供迅速、准确而完全的信息。让企业和失业者及时了解准确情况，使企业尽快找到其所需人才，使劳动者尽快找到合适的工作。

3. 协助工人进行流动

协助工人进行流动，增加劳动力的流动性。帮助劳动者和企业进行地区迁移，解决劳动力在地区间流动的困难。其措施包括政府为社会提供充分的信息，为劳动力流动提供必要的物质帮助和鼓励，以及制定有助于劳动者合理流动的优惠政策等。

12.4.4　经济增长政策

从社会的长期发展看，影响总供给的最重要因素还是经济潜力或生产能力。因此，提高经济潜力或生产能力的经济增长政策就是供给管理政策的重要内容。促进经济增长的政策措施是多方面的，其中主要有：

1. 增加劳动力的数量和质量

劳动力的增加对经济增长有重要的作用。劳动力包括数量和质量两方面。增加劳动力数量的方法有提高人口出生率，鼓励移民入境等。提高劳动力质量的方法则是增加人力资本投资。

2. 增加资本积累

资本的增加可以提高资本—劳动比率，即提高每个劳动力的资本装备率，发展资本密集型技术，利用更先进的设备，以提高劳动生产率。资本积累的主要来源是储蓄，因此应鼓励人们储蓄。

3. 促进技术进步

技术进步在现代经济增长中起着越来越重要的作用。因此，促进技术进步成为各国经济政策的重点，其主要措施有：国家对全国的科学技术发展进行规划与协调，国家直接投资于重点科学技术研究，政府采取鼓励科学技术发展的措施；加强对科技人才的培养等。

4. 计划化与平衡增长

现代经济中各个部门之间存在着密切的联系，客观上要求各部门之间协调增长。但在以私有制为基础的资本主义经济中，各部门之间的平衡增长需要通过国家的计划或政策指导来实现。一般来说，各国都通过制订本国经济增长的短期、中期与长期计划和制定各种经济政策来实现。

除上述需求管理和供给管理的政策外，在现实的开放经济中，由于各国经济间存在着密切的联系和影响，因此，一国宏观经济政策目标的实现，不仅需要上述各项国内经济政策，还需要各项对外经济政策，如对外贸易政策、汇率政策等，以平衡国际收支和协调国际经济关系。只有对内与对外政策协调，才能实现以上各项宏观经济政策目标。

12.5 宏观经济政策的协调

以上我们从理论上分析了财政政策、货币政策、收入政策、指数化政策、人力政策以及经济增长政策的内容、运用与效应，从中我们似乎很容易得出这样的结论：采用扩张性政策可使经济活动趋向充分就业的均衡，而采用紧缩性政策则可控制通货膨胀。其实，事情并没有这么简单，宏观经济政策在实施中常常会遇到很多困难，这些困难主要有：

1. 政策的时滞问题

这是指任何一项政策，从提出到推行，再到达到预期的目标，这中间会有一个“时间差”，这个“时间差”便称为政策时滞。

政策时滞可以分为内在时滞与外在时滞。政策的内在时滞是指从经济中发生了引起不稳定的变动直至决策者制定出适当的经济政策并付诸实施其间的时间间隔。它包括：从经济发生变动直到决策者认识到有必要采取某种政策的认识时滞；从认识到有必要采取某种政策到实际作出决策的决策时滞；从作出决策到政策付诸实施的实施时滞。政策的外在时滞是指从政策实施到政策在经济中完全发生作用或达到预期目标之间的时间间隔。

各种宏观经济政策的时滞由于其本身的性质而有很大的差别。如财政政策的内在时滞较长，因为财政政策从决策、议会批准到实施，需要很多的中间环节，但由于财政政策直接作用于总需求，见效快，所以外在时滞较短。而货币政策的内在时滞较短，因为货币政策是由中央银行直接决定，所经中间环节少，但由于货币政策的作用较为间接，所以外在时滞较长。由于政策时滞客观存在，无法消除，这就要求政策制定者必须具有相当的技巧才能在解决原有问题的同时避免出现新的问题。

2. 非经济因素对政策的影响

经济政策常常要受到许多因素，特别是国内外各种政治因素的影响。这就要求：决策者在制定政策时不仅要考虑经济因素，而且还要考虑政治因素，甚至在某个时期政治因素比经济因素更为重要。例如在总统大选前夕，尽管经济中已出现了通货膨胀，但在位者为了再次当选，一般不会采取紧缩性政策，以免由于失业增加和经济萧条给他的竞选带来不利的影响。另外，政策在实施过程中因受各种因素的影响而难以达到预期的目标。例如，增税会遇到普遍反对；减少政府购买会遇到被减少了订货的厂商的反对；减少转移支付则会遭到一般平民及同情者的反对和抵制。政府处于政治上的考虑，不得不中止或减少这方面的政策措施，从而使政策难以达到预期的目标。还有国际政治关系的变动，某些重大政治事件的发生，以及意想不到的自然灾害等，也会影响政策的效果与实施。

3. 私人经济主体的预期和反应

预期因素也会对政策的效应产生影响。因为私人经济主体对政策本身形势的预期也常会影响政策的效果。如果私人经济主体认为政策的变动只是暂时的，从而不对政策的变动作出反应，那么该政策变动后就很难达到预期的目标。比如，当政府实行减税政策时，如果私人经济主体认为政府减税只是一个暂时的或一次性的举措，那么他们就不会因此而增加消费或投资，这样就会使减税起不到预期的刺激总需求的作用。再比如，如果私人经济主体预期未来经济会发生严重衰退，那么，即使政府减税，私人经济主体也不会增加消费和投资，这样就会使政府减税的举措起不到刺激总需求的作用。只有当私人经济主体认为政府的政策是一种长期政策，并且他们对经济的预期和政府的预期大致接近时，他们才会与政策相配合。但要让私人经济主体能够作出正确的预期，并且能自动地去配合政府的政策又相当困难，这就使政策难以达到预期的目标。

以上分析表明，运用宏观经济政策来调节经济并非易事。如何结合实际情况协调地运用各种经济政策，使之能更好地达到预期的目标，便成了宏观经济学中一个很重要的课题。在长期的实践过程中，西方经济学认为，在政策的运用中应当注意相机抉择、政策搭配和对内对外政策的协调这样三个方面的问题。

（1）相机抉择。相机抉择是指政府应当根据不同的经济形势和各项政策的特点，灵活地选择适当的政策措施。

由于经济繁荣或萧条的原因与程度各不相同，各项政策措施各有自己的特点，因而，在不同的经济形势下就要采取不同的对策。例如，当经济中通货膨胀十分严重，或者失业率相当高时，运用货币政策作用较为轻缓的公开市场业务手段就难以立即奏效，这时就应当采用作用快而又较为猛烈的政府支出政策。而当经济中通货膨胀与失业不十分严重时，一般就不能采用政府支出政策，而只能采用公开市场业务政策。此外，由于各种政策的时滞不同，政策影响的范围不同，在实施时所遇到的阻力也就不同，因此在决定政策时就应考虑这些因素。比如，增加税收和减少政府支出，二者都有抑制通货膨胀的作用，究竟应采用哪一项政策，则必须考虑二者中哪一项政策所遇到的阻力更小一些。

（2）政策搭配。政策搭配是指在宏观经济的调控过程中将各种政策配合起来使用，以便取得更好的效果。比如，在经济萧条时期，可以同时采用扩张性财政政策和扩张性货币政策，这样双管齐下，对经济的刺激就会更为强烈更加有效；在经济高繁荣时期，也可以同时采用紧缩性财政政策和紧缩性货币政策，这样就能更有效地抑制通货膨胀。

此外，还可以将扩张性的财政政策与紧缩性的货币政策搭配起来使用，以便在刺激总需求的同时又不至于导致严重的通货膨胀。

(3) 经济政策协调。对内与对外经济政策也要进行协调，在实行对内均衡的有关政策时，要注意对外均衡的影响；反之，在实行对外均衡的政策时，也要注意对内均衡的影响。

本章小结

(1) 通过学习有关的宏观经济政策，理解充分就业、物价稳定、经济增长和国际收支平衡四大目标。

(2) 通过学习宏观财政政策的内容，掌握内在稳定器、相机抉择的财政政策和赤字财政政策。

(3) 通过学习宏观货币政策，掌握货币的测量、货币乘数的计算以及货币政策的主要方式：公开市场业务、贴现率政策、调整法定准备金比率。

案例分析 12-1

财政政策："积极"让位于"稳健"

从 1998 年起，扩张性的"积极财政政策"就一直是中国经济领域一道引人注目的风景。刚刚召开的中央经济工作会议宣布，从 2005 年起，"积极"财政政策将正式让位于"稳健"抑或称为中性的财政政策。实行财政和货币"双稳健"的政策组合，也被列为次年经济工作的首要任务。

如何理解"稳健"财政政策的要义？国务院发展研究中心宏观部第一研究室主任张立群认为，转型后的财政政策，其主要内容可以概括为"双减"：即减少赤字，减少国债发行规模。明年长期建设国债的发行规模会继续减少，其减少的规模应该和今年的幅度相近。而国债投向也会更多地向社会事业和薄弱环节倾斜。

财政部财政科学研究所所长贾康说，"稳健"的基本政策含义是，在宏观经济运行态势变化之后，现阶段还不宜简单采取"全面紧缩"的调控方法，既不能"不转弯"，又不能"急转弯"，而应当是在稳健把握之下着力协调，在调减扩张力度中区别对待，即"有保有控"。动态地看，总量上既不扩张，也不收缩，也可谓之为"中性"。

实际上，2001 年随着投资过旺、经济过热的逐渐激化，以刺激经济增长为目的、扩张性的"反周期"操作方式，渐渐"功成身退"。贾康认为，"淡出"主要有几个方面的体现：年初在财政预算安排中，将上年 1400 亿元的长期建设国债规模调减到 1100 亿元；对一些以国债筹资的建设项目的资金拨付进度有意放缓；积极酝酿和推行税制改革与完善的操作方案；对由预算资金拨款支持的基本建设项目，在支出进度上，也作了有意的控制等。财政政策在今年的这些调整变化，其实质内容可以概括为三点：一是政府总量扩张的调减和淡出；二是对结构优化的注重与"有保有控"区别对待；三是在抓住时机深化改革、完善管理方面的积极进取。

发改委投资研究所战略室副主任王元京进一步提出，财政政策的调整实际上也是建立“有限”政府的应有之举，政府的常态就应从竞争性投资领域退出。政府要分清哪些是要参与的，哪些是可以退出的，更加合理的配置资源；同时通过打破一些垄断行业的禁区，引进民间资本，实现投资主体多元化，来解决部分基础行业的瓶颈约束。他说，明年是十五计划的最后一年，也是加入 WTO 的第三年，面临这些挑战，政策调整的意义重大。

（资料来源：于扬，《财政政策：“积极”让位于“稳健”》，《证券时报》。）

分析

（1）涉及的知识点：财政政策的类型，财政政策与其他宏观经济政策的配合等。

（2）讨论的目的：通过该案例的讨论，使学生了解财政政策的内涵及类型，明白财政政策对社会总供求的调节机理，进而能够运用理论去分析当前的经济形式，并作出判断。

（3）思考提示要点：稳健财政政策理论上说就是经济学意义上的中性财政政策，指财政政策对总需求既不扩张也不收缩的情形，是介于扩张性和紧缩性财政政策之间的一种中间状态，是在经济总量基本平衡、物价比较稳定、结构性问题相对突出情况下实行的一种财政政策。从我国的实践看，稳健财政政策是相对于我国过去实行的适度从紧财政政策和积极财政政策而言的，其核心内容是“控制赤字、调整结构、推进改革、增收节支”，反映了财政政策“松紧适度”的增量平衡取向，“有保有控”的结构优化取向，“制度创新”的完善市场机制取向，“增收节支”的效率取向。

思考题：

（1）什么是积极的财政政策及其实施的背景？

（2）什么是稳健的财政政策及其实施的背景？

（3）我国当前应采取何种财政政策？

本章训练

一、单项选择题

1. 在基础货币一定的条件下，货币乘数与货币供给（　　）

　A. 成正比　　B. 成反比

　C. 没有关系　　D. 不能确定

2. 反映社会总需求变化的货币指标是（　　）

　A. 流通中的现金　　B. 狭义货币供应量

　C. 广义货币供应量来源　　D. 货币乘数

3. 通货膨胀的直接原因是（　　）

　A. 货币供应过多　　B. 需求拉上

C. 成本推动　　　　　　　　　　D. 结构因素

E. 预期不当

二、多项选择题

1. 以下对有关利率的说法正确的是（　　）

A. 政府预算赤字增加，利率将会上升

B. 政府预算赤字减少，利率将会上升

C. 借贷期限愈长，利率愈高

D. 借贷期限愈短，利率愈低

E. 净出口增加时，会导致利率下降

F. 净出口减少时，会导致利率上升

2. 一般性政策工具包括（　　）

A. 存款准备金政策

B. 再贴现政策

C. 优惠利率

D. 信用配额

E. 公开市场业务

3. 准备金率提高，则（　　）

A. 货币乘数减少

B. 货币乘数增加

C. 紧缩经济

D. 扩张经济

E. 超额准备金增加

F. 超额准备金减少

三、简答题

1. 宏观经济政策的目标是什么？

2. 宏观财政政策的基本内容是什么？不同时期应该如何运用？

3. 凯恩斯主义经济学家为什么主张运用赤字财政政策？

4. 凯恩斯主义货币政策工具主要有哪些？不同时期应该如何运用？

5. 供给管理政策有哪些？

6. 什么是相机抉择财政政策？

第 13 章　国际经济

学习目标

1. 了解国际贸易的基本概念及研究目的；
2. 掌握国际贸易的基本理论；
3. 了解国际金融体系，掌握汇率制度的种类；
4. 了解国际收支及国际收支平衡表的定义。

知识能力

1. 运用国际贸易基本理论解释我国外贸政策；
2. 计算对外贸易依存度；
3. 运用汇率进行货币互换。

工作任务

1. 计算我国目前的对外贸易依存度；
2. 进行进口和出口时各国货币的换算；
3. 编制国际收支平衡表。

关键词

国际贸易；国际金融；国际收支；经济全球化

案例导入

美欧贸易战：硝烟何时尽?!

冷战结束后，美国和欧盟这对政治和经济盟友之间为争夺经济利益而爆发的贸易冲突日益频繁，双方在许多产品的贸易摩擦中尖锐对峙，各不相让。

农产品问题一直是美欧贸易冲突的重点，目前双方在香蕉、牛肉、转基因食品等产品方面争斗激烈。从 1993 年起，欧盟实行了一套有利于其成员国从非洲、加勒比和太平洋地区的前殖民地国家进口香蕉的配额制度。美国认为，这一做法损害了在拉美地区拥有香蕉种植园的美国跨国公司的利益，为此美国将欧盟告到了世界贸易组织，并于 1997 年胜诉。去年 3 月美国开始对来自欧盟的 1.91 亿美元产品征收 100% 的惩罚性关税以报复欧盟，但时至今日欧盟也没有按世贸组织的要求修改其香蕉进口政策。美欧在牛肉贸易方面的争端历史比香蕉争端更长。欧盟于15年前开始禁止进口所有用生长激素喂养的活牲畜及其加工产品，使美国对欧盟的牛肉出口受到严重影响。

美国认为，欧盟的禁令缺乏科学依据，因而坚决反对。1998年，世贸组织裁定欧盟的进口禁令非法，但欧盟对世贸组织的裁决置之不理，美国于是在去年宣布对来自欧盟的1.17亿美元产品征收100%的关税。尽管如此，欧盟连美国提出的在含激素牛肉包装上加贴标签的建议都拒不接受。

在转基因食品方面，迫于公众的压力，欧盟以安全为由禁止进口美国的玉米，使美国出口商每年蒙受约2亿美元的损失。美国是种植转基因农作物最多的国家，尤其是玉米和大豆使用的转基因种子最多。美国已要求其出口商出示它们向欧盟出口的玉米并非转基因产品的证明，但欧盟则只认自己的检验标准。7月17日，欧盟环境部长们决定无限期延长对转基因农产品的进口禁令。

视听产品方面的贸易冲突是美欧贸易摩擦又一领域。欧盟在法国主导下采取了一系列限制东欧国家进口美国电影和音乐产品的措施，要求东欧国家对非欧盟视听产品实行比欧盟成员国更严格的进口限制，并以此作为这些国家加入欧盟的先决条件之一。美国已表示愿意接受欧盟现行的限制标准，但认为将这种限制扩大到欧盟以外的国家对美国视听产品生产商是“不公平的”。

（资料来源：《国际金融报》，2000年8月1日）

13.1 国际商务

国际商务是一门研究为满足个人及组织需求而进行跨国界交易的活动。国际商务研究的是跨越国界的经济活动，国际商务不仅包括国际贸易，还包括服务、技术、知识产权的交易，这些交易内容和国际贸易的含义吻合。国际商务还应该包括国际经济合作。

13.1.1 国际贸易的基本概念

1. 对外贸易和国际贸易

国际贸易是指国家或地区之间产品的交换活动。国家或地区之间产品的交换活动，从国际的角度讲，称为国际贸易；从世界的角度讲，称为世界贸易；从一个国家或地区的角度讲，称为对外贸易；如果这个国家或地区是海岛，其对外贸易又称为海外贸易。

国际贸易、世界贸易、对外贸易、海外贸易都可以简称为贸易。

2. 对外贸易与国内贸易

国际贸易是在国内贸易的基础上发展起来的，因此它与国内贸易既有一致性，又有区别。它们的一致性表现在：①两者都是货物、服务和技术的交换；②贸易物品都是从卖方向买方转移；③进行贸易的方式与过程大同小异；④经营的目的都是获得利润或者经济利益。但是，由于国际贸易是跨越国境的活动，从而决定了国际贸易具有不同于国内贸易的特点：①国际贸易的约束因素多（政策措施、法律法规、国际惯例、环境因素）；②国际贸易的困难大（语言沟通、市场调研、市场进入）；③国际贸易比较复杂（贸易洽谈的内容、度量衡于国际结算、海关手续、国际货运保险）；④国际贸易的风险大（商业信用、货物运输、货款汇兑、市场价格、贸易伙伴国政治）。

3. 总贸易体系和专门贸易体系

国际贸易，按照贸易统计体系可以分为总贸易与专门贸易。

（1）总贸易（General Trade）。又称总贸易体系（General Trade System），是指以国境作为标准统计一个国家的进出口贸易。凡是进入本国国境的商品，一律列为总进口（General Import）；凡是离开本国国境的商品一律列为总出口（General Export）。在总出口中，包括本国产品的出口和复出口。总进口额加上总出口额就是一国的总贸易额，或者称进出口总额。采用总贸易体系的国家有：中国、日本、英国、加拿大、澳大利亚、俄罗斯、东欧国家等。

（2）专门贸易（Special Trade）。又称专门贸易体系（Special Trade System），是指以关境作为标准统计一个国家的进出口贸易。当外国商品进入国境以后，暂时存在保税仓库，不进入关境，一律不列为进口。只有进入关境的外国商品，以及从保税仓库提出，进入关境的商品，才列为进口，称为专门进口（Special Import）；对于从国内运出关境的本国商品，以及进口以后未经加工又运出关境的商品，则列为出口，称为专门出口（Special Export）。专门进口额加上专门出口额称为专门贸易额。采用专门贸易（体系）的统计标准的国家有：美国、德国、法国、意大利、瑞士等。

4. 对外贸易额和对外贸易量

（1）对外贸易值（Value of Foreign Trade）。对外贸易值是以货币表示的贸易金额。一定时期内一国从国外进口的商品的全部价值称为进口贸易总额或进口总额；一定时期内一国向国外出口的商品的全部价值称为出口贸易总额或出口总额。两者相加为进出口贸易总额或进出口总额，是反映一个国家对外贸易规模的重要指标。对外贸易值一般用本国货币表示，也有用国际上习惯使用的货币表示，联合国编制和发表的世界各国对外贸易值的统计资料是以美元表示的。

把世界上所有国家的进口总额或出口总额用同一种货币换算后加在一起，即得到世界进口总额或世界出口总额。就国际贸易来看，一国的出口就是另一国的进口，如果把各国进出口值相加作为国际贸易总值就是重复计算。因此，一般是把各国进出口值相加，作为国际贸易值。由于各国一般都是按离岸价格（FOB，即启运港船上交货价，只计成本，不包括运费和保险费）计算出口额，按到岸价格（CIF，即成本、保险费加运费）计算进口额，因此世界出口总额略小于世界进口总额。

（2）对外贸易量（Quantum of Foreign Trade）。以货币表示的对外贸易值经常受到价格变动的影响，因而不能准确地反映一国对外贸易的实际规模，更不能使不同时期的对外贸易值直接比较。为了反映进出口贸易的实际规模，通常以贸易指数表示，其办法是按一定时期的不变价格为标准来计算各个时期的贸易值，用进出口价格指数除进出口值，得出按不变价格计算的贸易值，便剔除了价格变动因素，就是贸易量。然后，以一定时期为基期的贸易量指数同各个时期的贸易量指数相比较，就可以得出比较准确地反映贸易实际规模变动的贸易量指数。

对外贸易量是为剔除价格变动的影响，并能准确反映一国对外贸易的实际数量而确立的一个指标，它能确切地反映一国对外贸的实际规模。对外贸易量的具体计算是以固定年份为基期而确定的价格指数去除报告期的出口或进口总额，得到的是相当于按不变价格计算的进口额或出口额，叫作报告期的对外贸易量。

由于计算贸易量可以得出较为正确的反映实际规模变动的情况，所以西方国家和联合国都是采用这种方法计算贸易量的。

5. 贸易差额

贸易差额（Balance of Trade）是一国在一定时期内（如一年、半年、一季、一月）出口总值与进口总值之间的差额。当出口总值与进口总值相等时，称为“贸易平衡”；当出口总值大于进口总值时，出现贸易盈余，称“贸易顺差”或“出超”；当进口总值大于出口总值时，出现贸易赤字，称“贸易逆差”或“入超”。通常，贸易顺差以正数表示，贸易逆差以负数表示。

一个国家的进出口贸易收支是其国际收支中经常项目的重要组成部分，是影响一个国家国际收支的重要因素。

6. 有形贸易（货物贸易）和无形贸易（服务贸易）

根据关贸总协定乌拉圭回合达成的“服务贸易总协定”，服务贸易是指：“从一成员境内向任何其他成员境内提供服务；在一成员境内向任何其他成员的服务消费者提供服务；一成员的服务提供者在任何其他成员境内以商业存在提供服务；一成员的服务提供者在任何其他成员境内以自然人的存在提供服务。”服务部门包括如下内容：商业服务，通信服务，建筑及有关工程服务，销售服务，教育服务，环境服务，金融服务，健康与社会服务，与旅游有关的服务娱乐、文化与体育服务，运输服务。

7. 直接贸易、间接贸易、转口贸易、过境贸易

（1）直接贸易（Direct Trade）。直接贸易是“间接贸易”的对称，是指商品生产国与商品消费国直接买卖商品的行为。

（2）间接贸易（Indirect Trade）。间接贸易是“直接贸易”的对称，是指商品生产国与商品消费国通过第三国进行买卖商品的行为。其中，生产国是间接出口，消费国是间接进口，第三国是转口。转口贸易（Entrecote Trade）是指生产国与消费国之间通过第三国所进行的贸易。即使商品直接从生产国运到消费国去，只要两者之间并未直接发生交易关系，而是由第三国转口商分别同生产国与消费国发生的交易关系，仍然属于转口贸易范畴。

（3）转口贸易。转口贸易是区别于商品生产国与商品消费国直接买卖商品的直接贸易行为而提出来的，它是指商品生产国与商品消费国因某种原因不能直接进行商品买卖，而必须通过第三国进行商品的买卖活动。第三国不仅是中介人的身份，而且也是货主，也要通过此类交易获取利润，这种形式就是转口贸易。第三国参与此类活动，必须经过商品的价值转移活动——买和卖，但不一定要经过商品的实物转移，可以不经过本国而对商品进行生产与消费国的直接运输。

（4）过境贸易。甲国向乙国运送商品，由于地理位置的原因，必须通过第三国，对第三国来说，虽然没有直接参与此项交易，但商品要进出该国的国境或关境，并要经过海关统计，从而构成了该国进出口贸易的一部分。

凡甲国通过乙国向丙国转运商品，对乙国来说就是过境贸易（Transit Trade）。过境贸易并没有商品买卖行为，只不过是运输上的过境或转口，所以又称为转口运输（Transhipment）。必须注意的是，转口贸易不一定就是转口运输，也可以是直接运输，而直接贸易也可以转口运输。

过境贸易与转口贸易的最大的区别在于是不是经过中间商的操作，如果经过操作再出境，就是转口贸易，否则就是过境贸易。

过境是不经过商品买卖的，只是一个运输的过程；而转口有多种形式，有的是为了避开非关税性的壁垒才这样做的。

8. 对外贸易商品结构与国际贸易商品结构

商品结构是指各类商品的组成情况。广义的对外贸易与国际贸易商品结构是指货物、服务在一国进出口或世界贸易中所占的比重；狭义的对外贸易与国际贸易商品结构，也称对外贸易与国际贸易货物结构，是指货物贸易在一国进出口贸易或世界贸易中所占的比重。

对外贸易货物结构（Composition of Foreign Trade）是指一定时期内一国进出口贸易中各类货物的构成，即某大类或某种货物进出口贸易与整个进出口贸易额之比，以份额表示。

国际贸易货物结构（Composition of International Trade）是指一定时期内各大类货物或某种货物在整个国际贸易中的构成，即各大类货物或某种货物贸易额与整个世界出口贸易额相比，以比重表示。为便于分析比较，世界各国均以《联合国国际贸易标准分类》(SITC）公布国际贸易和对外贸易货物结构。

对外贸易或国际贸易商品结构可以反映出一国的或世界的经济发展水平、产业结构状况和第三产业发展水平等。

对外贸易服务构成是指一定时期内一国或世界服务进出口中各类服务的构成，以份额表示。

9. 对外贸易地区分布和国际贸易地区分布

就一个国家说，对外贸易地理分布，又称国际贸易地理方向，是指该国对外贸易总值、出口值、进口值的地区分布和国别分布情况，它表明该国同世界各个地区、各个国家的经济贸易联系的程度。

从国际上看，国际贸易地理分布表明各洲、各个国家或地区在国际贸易中所占的地位。由于政治经济发展不平衡，各洲和各国在国际贸易流通中所占地位很不一样。

10. 对外贸易依存度

对外贸易依存度（The Degree of Dependence on Foreign Trade）也叫对外贸易依存率（Ratio of Dependence on Foreign Trade）或对外贸易系数，是指一国对外贸易额（出口额与进口额之和）在该国国民生产总值（GNP）或国内生产总值（GDP）中所占的比率。

对外贸易依存度表明一个国家的对外贸易在国民经济中的地位或者国民经济对于对外贸易的依赖程度，同时又反映出该国同其他国家经济联系的紧密程度和该国加入世界市场、国际分工的深度。

外贸依存度，可以分为出口依存度（又称“平均出口倾向”，是指一国的出口总额与该国国民生产总值或国内生产总值的比率）和进口依存度（又称“平均进口倾向”，是指一国的进口总额与该国国民生产总值或国内生产总值的比率）。两者按照不变价格计算的实际依存度和按照现行价格计算的名义依存度。一个国家或地区的外贸依存度(Z)、出口依存度（ZX）和进口依存度（ZM）的计算公式分别如下：

$Z=[(X+M)/GDP]\times100\%$　或者　$Z=[(X+M)/GNP]\times100\%$

$ZX=(X/GDP)\times100\%$　或者　$ZX=(X/GNP)\times100\%$

$ZM=(M/GDP)\times100\%$　或者　$ZM=(M/GNP)\times100\%$

11. 贸易条件指数

贸易条件指数一般是指一个国家的出口商品价格与进口商品价格之比，现实中的贸易条件指数的计算一般采用出口商品价格指数与进口商品价格指数直接进行比较的做法。

在国际贸易中，贸易条件主要有4种形式：净贸易条件、收入贸易条件、单因素贸易条件、双因素贸易条件。

12. 现汇贸易、记账贸易、对等贸易

（1）现汇贸易。即现汇结算贸易，又称自由结汇贸易，是指买方用外汇（通常是可兑换的货币）作为清偿方式的贸易。大多数的货物与服务贸易都采用这一方式进行结算。现阶段作为清偿货币的主要有美元、欧元、日元等。

（2）记账贸易。一方用出口货物或服务交换对方的进口货物或服务，双方都将货值记账，相互抵充，货款逐笔平衡，无须使用现汇支付，或者在一定时期内平衡（如有逆差，再以现汇或商品支付）。采用这种方式时，进出口可以同时进行，也可以先后进行，但是一般来说，时间间隔都不长。

（3）对等贸易。以进出口相结合为基本特征的一种国际贸易方式。其主要目的是以进口带动出口，开辟贸易双方各自的出口市场，求得贸易收支平衡或基本平衡，是易货贸易、回购贸易、补偿贸易、抵消贸易等具体方式的总称。

13. 商品贸易、加工贸易、补偿贸易、租赁贸易

（1）商品贸易。即货物贸易、有形商品贸易（Visible），是指世界各个国家或地区之间进行的商品（货物）交换的活动。

（2）加工贸易。加工贸易是来料加工和来件装配的总称。来料加工（Processing with Customer's Materials），是指外商提供原材料、辅料和包装物料等，由国内的承接方按照外商提出的要求加工成成品并提交给对方，按照双方确定的标准收取加工费的一种贸易方式。来件装配（Assembling with Customer's Parts），是指由外商提供零部件、包装物料等，由国内承接方按照外商要求装配成成品，提交给对方，并按双方的约定收取加工费的一种贸易方式。

(3) 补偿贸易 (Compensation Trade)。一般是指一方在信贷的基础上，从国外另一方买进机器、设备、技术、原材料或劳务，约定在一定期限内，用其生产的产品、其他商品或劳务，分期清偿贷款的一种贸易方式。补偿贸易是从20世纪60年代末到20世纪70年代初，逐渐发展起来的一种新的贸易方式。

(4) 租赁贸易 (Leasing Trade)。租赁贸易是指出租人与承租人签订租赁合同(协议)，以收取租金为代价，将租赁物交付给承租人在一定时期内使用的一种贸易方式。分别在不同国家的当事人之间进行的租赁贸易即为国际租赁。

租赁是一种融资与融物相结合的经济活动。承租人以通过支付租金取得租赁物的使用权，而出租人通过收取租金来收回或部分收回对租赁物的投资，其实质是一种以物的形式的融资行为。因此，国际租赁贸易是利用外贸的一种灵活方式。在国际租赁业务中，租赁方式多种多样，主要形式有三种：

第一，金融性租赁也称“融资租赁”，主要用于租赁机器设备。承租人往往以这种方式分期支付租金来购置机器设备。租赁期满后，机器设备可以留购、续租或退租。但由于承租人往往是以最终购买机器设备为目的，其支付的租金足以偿付机器设备的价款，所以一般在租赁期满后，出租人以名义价格(例如以1美元的价格)，将货物所有权转移给承租人。

第二，维修租赁主要用于飞机、汽车等运输工具的租赁。出租人负责对租赁物的维修、保养，租赁期满后收回租赁物。

第三，经营租赁，也称“使用租赁”，主要用于租赁出租期短、使用次数不多、技术较复杂的设备，如电子计算机、通信卫星等，其租期往往以使用次数、使用时间(天、小时)计算，租赁物使用后所有权不转移。

目前，国际租赁贸易中的主要方式是以融资为目的的金融租赁。

14. 自由贸易、保护贸易、统制贸易

(1) 自由贸易 (Free Trade)。自由贸易是指一个国家或地区的政府对商品和劳务的进出不加以干预，对从国外进口的商品和劳务不加限制，不设障碍，对本国出口商品和劳务也不给予特权和优惠，放任自由，使商品在国内和国外市场上自由竞争。

(2) 保护贸易 (Protective Trade)。保护贸易是指一个国家或地区的政府对商品和劳务的进出口积极加以干预，利用各种措施限制商品和劳务进口，保护国内市场和国内生产，使之免受外国商品和劳务的竞争，而对本国出口商品和劳务给予优惠和补贴，鼓励扩大出口。

(3) 统制贸易。统制贸易也称外贸统制，是指对外贸易由国家统一管理、控制和调节，也被称为对外贸易国家垄断制度。也就是由国家建立的集外贸经营与管理为一体、政企不分、统负盈亏的外贸管理体制，中央以指令性计划直接管理少数的专业性贸易公司进行进出口贸易。贸易目标主要是使进出口贸易在总体上达到平衡。

15. 水平贸易、垂直贸易

国际贸易，按经济发展水平可以划分为水平贸易和垂直贸易。

(1) 水平贸易 (Horizontal Trade)。是指经济发展水平比较接近的国家之间开展的贸易活动。

（2）垂直贸易（Vertical Trade）。是指经济发展水平不同的国家之间开展的贸易活动，例如发达国家与发展中国家间工业制成品与初级产品的贸易。

13.1.2 国际贸易理论

1. 概述（国际贸易理论发展线索）

国际贸易学说是经济学中最古老的学科之一。国际贸易问题也经常是经济理论中争论得最为激烈的问题。早在16世纪，西欧重商主义者就开始对国际贸易问题进行了探讨。随着资本主义的发展，国际贸易理论研究工作在18～19世纪日益发展。古典经济学的最重要代表亚当·斯密、大卫·李嘉图为国际分工和国际贸易提供了理论基础。在他们之后，经过其他经济学家的发展，特别是赫克歇尔和俄林的完善，使这个理论至今仍在西方经济学界占据支配地位。

从亚当·斯密到现代西方国际分工和国际贸易理论，大体经历了四个阶段。

第一阶段是亚当·斯密的绝对成本说。

第二阶段是李嘉图的比较成本学说，这是一个关键阶段。

第三阶段是赫克歇尔、俄林要素禀赋学说。这两位瑞典经济学家把国际分工和国际贸易与生产要素联系了起来。

第四阶段是里昂惕夫反论所引起的对要素禀赋学说的扩展。

2. 古典国际贸易理论

西方经济学家关于国际分工的学说很多，在此主要介绍古典学派的亚当·斯密的"绝对成本说"，大卫·李嘉图的"比较成本说"和现代学派的赫克歇尔和俄林的"要素比例说"这几个最基本也最重要的理论。

（1）重商主义。重商主义是15—17世纪欧洲资本原始积累时期，代表商业资本利益的经济思想和政策体系。在此时期，封建主义经济基础逐渐瓦解，资本主义因素迅速发展。与此相适应，产生了重商主义的对外贸易政策，它是重商主义的重要组成部分。

重商主义是资本主义生产方式准备时期，代表商业资本利益的经济思想和政策体系。它追求的目的就是在国内积累货币财富，把贵重金属留在国内。

重商主义分为早期和晚期。早期被称为重金主义，即绝对禁止贵重金属外流。为此，当时执行重商主义政策的国家禁止货币出口，由国家垄断全部货币贸易；外国人来本国进行贸易时，必须将其销售货物所得到的全部款项用于购买本国的货物。

晚期重商主义也称贸易差额论。16世纪下半期，商业资本高度发展，工场手工业已产生，信贷事业开始发展，商品货币经济迅速发展。当时的封建王朝和商业资产阶级更加需要货币，"他们开始明白，一动不动地放在钱柜里的资本是死的，而流通中的资本却会不断增值……人们开始把自己的金币当做诱鸟放出去，以便把别人的金币引回来"。所以，对货币的运动，就不应当过分加以限制。于是，管理金银进出口的政策变为管制货物的进出口，力图通过奖出限人保证贸易出超，以达到金银流入的目的。

（2）绝对成本优势。亚当·斯密的"绝对成本说"也称为"地域分工说"。这一理论是由资产阶级产业革命前夕，资本主义工场手工业时期的英国古典学经济学家亚当·斯密所创立的，其代表作是《国民财富的性质和原因的研究》，简称《国富论》，他在该书中提出了“绝对成本说”这一理论。

亚当·斯密学说的中心思想是“自由放任”，他主张一个国家的政府在管理经济事务中应实行自由放任政策，尽可能少干预。他认为，在自由竞争的经济制度下，每个人都追逐着个人利益，这种个人利益的追逐在整个社会中会自动形成社会资源的有效配置，就好像有一只看不见的手在冥冥中支配着一样。

“绝对成本说”认为，由于各国所处的地位不同，自然条件不同，使各国在生产某种商品时形成了生产成本的绝对差异。各国应集中生产并输出本国生产成本绝对低的商品，输入成本绝对高的商品，这样，各国按成本优势分工生产，可提高劳动生产率，实现国民财富增值，通过交换，双方都可获得利益。

亚当·斯密在论证其理论时，采用了由个人和家庭推及国家的方法。他认为，如果一个家庭购买一件东西所付的代价比在家中制作的费用少，就不会在家中制作；裁缝要向鞋匠买鞋，鞋匠要雇裁缝制衣。因为他们都知道，如果把自己的全部劳动时间用于生产一种产品，并且用这种产品来交换自己所需要的其他产品，便可提高劳动生产率，增加财富收入，因而是有利的。而对个人或家庭来说是合理的事情，对整个国家来说也是合理的。

（3）比较成本优势。“比较成本说”的创立者大卫·李嘉图是产业革命深入发展时期的英国古典经济学家，他的代表作是《政治经济学及赋税原理》。“比较成本说”是在“绝对成本说”的基础上创立的。大卫·李嘉图在对亚当·斯密的理论进行研究时发现，亚当·斯密在其理论中忽视了一个极为重要的可能性，就是当一国生产商品没有绝对优势时，只要存在着相对的优势，通过分工和贸易同样可以得到好处。因此，他发展了亚当·斯密的理论，创立了“比较成本说”。

“比较成本说”的主要内容是由于各国的自然条件不同，劳动生产率不同，会造成生产成本的相对差异。一国即使生产不出成本绝对低的商品，即两种商品都处于劣势，而另一国都处于优势。如果在优势中取最优者，在劣势中取较轻者分工，进行专业化生产，同样可使国民财富增值，通过贸易双方也都可以得到好处。因此，每个国家不一定生产各种商品，而应集中力量生产那些利益较大或不利较小的商品。这样形成的国际分工对贸易各国都有利。

（4）新古典国际贸易理论。

①相互需求理论。约翰·斯图亚特·穆勒（John Stuart Mill，1806—1873年），是英国产业革命深入发展到英国资本主义空前繁荣时期的经济学家（同时也是英国著名的伦理学家和哲学家），代表作是1848年（42岁）出版的《政治经济学原理》。

穆勒的国际贸易学说是在大卫·李嘉图的比较成本理论的基础上进行补充和发展而形成的。穆勒最先明确指出，李嘉图的比较优势为一个国家决定何种商品在国际上进行交换有利可图提供了理论依据，并暗示了互利的幅度，但他并没有解决这些交易的商品究竟按照什么样的实际比例进行交换。由此出发，穆勒提出了“国际交换条件”决定“国际价值”的学说，被资产阶级学术界认为是一项“重大贡献”。穆勒认为，商品的国际价值取决于“国际交换条件”。所谓“国际交换条件”即国际物物交换比率。例如，英国1码（0.914米）呢绒可换德国两码麻布，则前者（英国一码呢绒）的国际价值便是两码麻布。“国际交换条件”取决于“国际需求方程式”，也即有“相互需求均等律”决定。

约翰·斯图亚特·穆勒（John Stuart Mill）的相互需求理论的基本含义是：贸易国双方各自的比较成本规定了国际交换比例的上下界限，从而规定了贸易双方的获利范围；贸易国双方的相互需求强度决定了国际商品交换的具体比例，从而决定了贸易双方获利的大小。一个国家对外国商品的需求量越是小于外国对本国商品的需求量，则国际交换比例就越会接近外国国内的交换比例，从而本国的贸易得利就越大；反之，本国的贸易得利就越小。

②要素禀赋理论。古典学派的国际分工和国际贸易理论在西方经济学界占支配地位达一个世纪之久，到了20世纪30年代，才受到两位瑞典经济学家的挑战。他们就是赫克歇尔（Eil Filip Heckscher，1879—1952年）和他的学生俄林（Beltil Gotthard Ohlin，1899—1979年）。俄林的代表著作是《域际和国际贸易》，他曾于1977年获诺贝尔经济学奖。由于他的理论采用了其师赫克歇尔的主要观点，创立了较完整的要素禀赋学说（Factor Endowment Theory），因此又叫作赫克歇尔—俄林原理（The Heckschor-Ohlin Theorem），或简称赫—俄原理（H-O原理）。

古典学派认为商品的价值是由生产商品所费劳动时间决定的。而以俄林为代表的新古典学派则反对这一学说。他们用在互相依赖的生产结构中的多种生产要素的理论代替了古典学派的单一生产要素的劳动价值理论。李嘉图认为国内价值的决定不能适用于国际贸易，而俄林则把国内价值理论扩大到区际贸易和国际贸易上。

古典学派认为国际贸易发生的原因是各个国家在生产各种商品时劳动生产率的差异，而且各国劳动生产率及其差异都是固定不变的。俄林则在他的生产要素禀赋理论中，假定各个国家在生产商品时所使用的生产技术是一样的，因而排除了各国劳动生产率的差异。

要素禀赋学说的三个主要结论：

第一，每个区域或国家利用它的相对丰富的生产诸要素（土地、劳动力、资本等）从事商品生产，就处于比较有利的地位，而利用它的相对稀少的生产诸要素从事商品生产，就处于比较不利的地位。因此，每个国家在国际分工和国际贸易体系中生产和输出前面那些种类的商品，输入后面那些种类的商品。

第二，区域贸易或国际贸易的直接原因是价格差别，即各个地区间或国家间商品价格不同。

第三，商品贸易一般趋向于（即使是部分）消除工资、地租、利润等生产要素收入的国际差别，导致国际间商品价格和要素价格趋于均等化。

③里昂惕夫之谜。第二次世界大战后，在第三次科技革命的推动下，世界经济迅速发展，国际分工和国际贸易都发生了巨大变化，传统的国际分工和国际贸易理论更显得脱离实际。在这种形势下，一些西方经济学家力图用新的学说来解释国际分工和国际贸易中存在的某些问题，这个转折点就是里昂惕夫反论（The Leontief Paradox），或叫里

昂惕夫之谜。

美国经济学家里昂惕夫（Vassily W. Leontief），由于他的投入—产出分析法对经济学的杰出贡献，获得了 1973 年诺贝尔经济学奖。他的主要著作有《投入—产出经济学》《生产要素比例和美国的贸易结构：进一步的理论和经济分析》等。

里昂惕夫对赫—俄原理确信无疑，按照这个理论，一个国家拥有较多的资本，就应该生产和输出资本密集型产品，而输入在本国生产中需要较多使用国内比较稀缺的劳动力要素的劳动密集型产品。基于以上认识，他利用投入—产出分析方法对美国的对外贸易商品结构进行具体计算，其目的是对赫—俄原理进行验证。他把生产要素分为资本和劳动力两种，对 200 种商品进行分析，计算出每百万美元的出口商品和进口替代商品所使用的资本和劳动量，从而得出美国出口商品和进口替代商品中所含的资本和劳动的密集程度。

这个验证结论正好与赫—俄原理相反。正如里昂惕夫的结论所说："美国之参加国际分工是建立在劳动密集型生产专业化基础上，而不是建立在资本密集型生产专业化基础上。"里昂惕夫发表其验证结论后，使西方经济学界大为震惊，因而将这个不解之谜称为里昂惕夫之谜，并掀起了一个验证和探讨里昂惕夫之谜的热潮。一些经济学家仿效里昂惕夫的做法对一些发达国家的对外贸易状况进行验证发现，一些国家也存在着这个"谜"。

13.1.3　国际经济合作

1. 含义

（1）定义。国际经济合作是指世界上不同国家（地区）政府、国际经济组织和超越国际界限的自然人与法人为了共同利益，在生产领域和流通领域（侧重生产领域）所进行的以生产要素的国际移动和重新合理组合配置为主要内容的，较长期的经济协作活动；国家间的经济政策协调也是国际经济合作的重要内容。

（2）国际经济合作的特点：

第一，国际经济合作的主体是不同国家（地区）政府、国际经济组织和各国的企业与个人。

第二，国际经济合作的主要内容是不同国家生产要素的优化组合与配置。

第三，国际经济合作的范围主要集中在生产领域。

第四，国际经济合作是不同国家间进行的较长期的经济协作活动。

第五，国际经济合作参与者之间是平等互利的合作关系。

当今国际经济合作发展的新特点：

第一，竞争更加激烈化；

第二，国际经济合作集团化；

第三，合作形式多样化；

第四，经济政策协调经常化、法制化。

2. 国际经济合作的产生

第二次世界大战以前，在传统的国际分工格局中，国际经济交往最主要的形式是商品贸易，第二次世界大战以后，国际经济联系无论是广度还是深度都大大超过了以往的国际经济联系，它的产生和发展有着深刻的社会、历史原因：

(1) 不断发展的科技革命是国际经济合作产生和发展的原动力；

(2) 战后国际分工的新发展是国际经济合作产生和发展的基础；

(3) 经济生活国际化和各国经济依存度的加深是促进国际经济合作发展的重要因素之一；

(4) 跨国公司迅猛发展是国际经济合作产生和发展的直接推动者；

(5) 各类国际经济组织在国际经济合作发展的过程中发挥了重要的作用。

3. 国际经济合作的方式

(1) 国际直接投资合作。国际直接投资（International Direct Investment）是指一国的自然人、法人或其他经济组织单独或共同出资，在其他国家的境内创立新企业，或增加资本扩展原有企业，或收购现有企业，并且拥有有效管理控制权的投资行为。

(2) 国际间接投资合作。国际间接投资（International Indirect Investment）是指以资本增值为目的，以取得利息或股息等为形式，以被投资国的证券为对象的跨国投资，即在国际债券市场购买中长期债券，或在外国股票市场上购买企业股票的一种投资活动。国际间接投资者并不直接参与国外企业的经营管理活动，其投资活动主要通过国际资本市场（或国际金融证券市场）进行。

(3) 国际劳务合作。国际劳务合作是指一国的自然人或法人通过某种形式向另一国的自然人、法人或政府机构提供劳务以获取经济利益的一种国际经济合作方式。

(4) 国际技术合作。国际技术合作是在世界上不同的国家或地区间，一方将某种内容的技术通过签订商业协议或合同的形式转让给另一方面，并收取一定的技术使用费，这种交易即称为国际技术合作。

国际技术合作的主要内容有：各种工业产权，如专利、商标；各种专有技术或技术诀窍；提供工程设计，工厂的设备安装、操作和使用；与技术转让有关的机器、设备和原料的交易等。总之，技术贸易即包括技术知识的买卖、也包括与技术转让密切相关的机器设备等货物的买卖。

(5) 国际发展援助。国际发展援助是指发达国家或高收入的发展中国家及其所属机构、有关国际组织、社会团体以提高资金、物资、设备、技术或资料等方式，帮助发展中国家发展经济和提高社会福利的具体活动。国际发展援助是国际经济合作的重要方式之一。

(6) 国际经济政策协调。所谓国际经济协调，全称为“宏观经济政策的国际协调”，是指在各个国家或国际组织之间，以发达国家或国际经济组织为主体，就贸易政策、汇率政策、货币政策和财政政策等宏观经济政策进行磋商和协调，适当调整现行的经济政策或联合采取干预的政策行动，以缓解政策溢出效应和外部经济冲击对各国经济的不利影响，实现或维持世界经济均衡，促进各国经济稳定增长。国际经济协调的基础是各国经济的相互依赖和国际经济传递机制。

（7）区域经济一体化。所谓区域经济一体化，是指地理上毗邻的若干国家（或地区）的经济合作、经济联合和经济融合的一种趋势，主要表现在五种区域经济集团组织（自由贸易区、关税同盟、共同市场、经济同盟、完全的政治经济一体化）的建立和发展上。这些组织通过制定严格的条约法规和相应的执行机构，彼此自愿约束经济主权，甚至让渡一部分经济主权，共同规范生产要素在成员国之间的自由流通条件，其目的就是为了实现成员国间的资源优化配置，经济上互补、互利、互惠，共同促进经济增长。

4. 国际经济合作的特征

（1）国际经济合作的根本特征。当代的国际经济合作是主权国家间的经济协作，相互尊重主权、坚持平等互利是开展国际经济合作的必要前提和基本原则，所以在主权国家间进行经济合作是当代国际经济合作的最根本特征，也是判断是否是真正的国际经济合作的主要标志。

（2）国际经济合作的综合特征。当代国际经济合作具有全球性、经常性和持久性的综合特征，并且合作范围广、领域宽、方式灵活多样。在具体的国际经济合作过程中，资本、技术、劳动力等生产要素经常结合在一起发生一揽子的综合国际转移。

5. 国际经济合作的意义和作用

国家间进行广泛的合作与协调有力地推动了世界经济和参与合作的国家的经济的发展，并使各国间的经济联系加强和经济依赖程度加深。国际经济合作打破了以往以商品贸易为主要内容的国际经济交往格局，不仅为国际经济联系增加了新的内容和方式，还使战后国际贸易的发展出现了新的动向，具有了新的特征。国际经济合作的作用主要表现在以下几个方面：

（1）对生产的影响。国际经济合作对生产的影响表现在加深各国的生产国际化和经济国际化方面。

（2）对生产要素的影响。

首先，直接实现国际经济合作各方在生产要素的数量、质量和种类方面的互补及优化配置。

其次，提高了生产要素的使用效率和收益。

再次，促使生产要素价格在世界范围内出现均等化的趋势。

最后，生产要素的国际移动会导致某些出口产业的国际转移和某些替代进口产业的加速建立，改变了一些国家参与国际分工的态势。

（3）对国际贸易的影响。

第一，资本和技术的移动增加了机器设备和原材料等商品的国际贸易量。

第二，一国如果把输入的生产要素投入出口产品生产企业或出口产业部门，无疑会推动该国出口贸易的扩大。

第三，国际工程承包业务的开展能促进相关设备、材料等商品的进出口；同时，世界服务贸易往往会随着生产要素的国际移动数量的增加而扩大。

6. 国际经济合作与国际贸易的区别与联系

（1）国际经济合作与国际贸易的主要区别：

第一，研究对象不同；

第二，所采取的方式及其内容不同；

第三，所起的作用不同。

（2）国际经济合作与国际贸易的主要联系：

第一，国际经济合作与国际贸易都是国际经济交往的重要形式；

第二，国际经济合作与国际贸易都与生产要素相关；

第三，国际经济合作与国际贸易常常结合在一起进行。

13.2 国际金融

13.2.1 国际金融体系

1. 国际金融体系概述

国际金融体系（The International Financial System）是指调节各国货币在国际支付、结算、汇兑与转移等方面所确定的规则、惯例、政策、机制和组织机构安排的总称。国际金融体系是国际货币关系的集中反映，它构成了国际金融活动的总体框架。在市场经济体制下，各国之间的货币金融交往都要受到国际金融体系的约束。

国际金融体系是一个十分复杂的体系，从广义上讲，其构成要素几乎包括了整个国际金融领域，包括：国际汇率体系，国际收支和国际储备体系，国别经济政策与国际间经济政策的协调等。但从狭义上讲，国际金融体系主要指国际间的货币安排，具体包括：国际汇率体系，国际收支和国际储备体系，国别经济政策与国际间经济政策的协调。

2. 国际金融体系的形成

国际金融体系是随着国际经济交往的不断扩大而产生与发展的。由于各国之间商品劳务往来、资本转移日趋频繁，速度也日益加快，这些活动最终都要通过货币在国际间进行结算、支付，因此，就产生了在国际范围内协调各国货币关系的要求。国际金融体系正是在协调众多国家货币制度、法律制度及经济制度的基础上形成的。

3. 国际金融体系的主要内容

（1）国际收支及其调节机制，即有效地帮助与促进国际收支出现严重失衡的国家通过各种措施进行调节，使其在国际范围能公平地承担国际收支调节的责任和义务。

（2）汇率制度的安排，由于汇率变动可直接地影响到各国之间经济利益的再分配，因此，形成一种较为稳定的、各国共同遵守的国际间汇率安排，成为国际金融体系所要解决的核心问题。一国货币与其他货币之间的汇率如何决定与维持，一国货币能否成为自由兑换货币，是采取固定汇率制度还是采取浮动汇率制度，或是采取其他汇率制度，等等，都是国际金融体系的主要内容。

（3）国际储备资产的选择与确定，即采用什么货币作为国际间的支付货币；在一个特定时期中心储备货币如何确定，以维护整个储备体系的运行；世界各国的储备资产又如何选择，以满足各种经济交易的要求。

(4) 国际间金融事务的协调与管理，各国实行的金融货币政策会对相互交往的国家乃至整个世界经济产生影响，因此如何协调各国与国际金融活动有关的金融货币政策，通过国际金融机构制定若干为各成员国所认同与遵守的规则、惯例和制度，也构成了国际金融体系的重要内容。

4. 国际金融体系的发展与作用

从历史的发展过程来看，现代国际金融体系大致经历了三个发展阶段，每个阶段均有一定特点的主体金融体系。

(1) 第一阶段是国际金本位制时期，从 1816 年英国实行金本位制开始，到第一次世界大战爆发结束。

(2) 第二阶段是布雷顿森林体系时期，起始于“二战”结束后的 1945 年，终止于 1973 年。

(3) 第三阶段是牙买加货币体系时期，始于 1976 年 1 月 IMF 临时委员会的牙买加协议的正式签订日。

不同历史时期的国际金融体系，有它产生的背景，同时也有它重要的作用：

第一，确定了国际收支调节机制与各国可遵守的调节政策，为各国纠正国际收支失衡状况提供了基础；

第二，建立了相对稳定的汇率机制，很大程度上防止了不公平的货币竞争性贬值；

第三，创造了多元化的储备资产，为国际经济的发展提供了足够的清偿力，同时借此抵御区域性或全球性金融危机；

第四，促进各国经济政策的协调。在统一的国际金融体系框架内，各国都要遵守一定的共同准则，任何损人利己的行为都会遭到国际间的指责，因而各国经济政策在一定程度上可得到协调与相互谅解。当然任何一个国际金融体系都有它的缺陷，因此，国际金融体系仍然需要改革，在此基础上寻求发展。

13.2.2 汇率制度

1. 汇率制度的概念

汇率制度又称汇率安排（Exchange Rate Arrangement)，是指一国货币当局对本国汇率变动的基本方式所做的一系列安排或规定。传统上，按照汇率变动的幅度，汇率制度被分为两大类型：固定汇率制和浮动汇率制。

2. 汇率制度的内容

(1) 确定汇率的原则和依据。例如，以货币本身的价值为依据，还是以法定代表的价值为依据等。

(2) 维持与调整汇率的办法。例如，是采用公开法定升值或贬值的办法，还是采取任其浮动或官方有限度干预的办法；

(3) 管理汇率的法令、体制和政策等。例如各国外汇管制中有关汇率及其适用范围的规定；

（4）制定、维持与管理汇率的机构，如外汇管理局、外汇平准基金委员会等。

3. 汇率制度的主要形式及特点

固定汇率制（Fixed Exchange Rate System）是指以本位货币本身或法定含金量为确定汇率的基准，汇率比较稳定的一种汇率制度。在不同的货币制度下具有不同的固定汇率制度。

金本位制度下的固定汇率制度。金本位制度下的固定汇率制度是一种以美元为中心的国际货币体系，该体系的汇率制度安排，是钉住型的汇率制度。黄金成为两国汇率决定的实在的物质基础；汇率仅在铸币平价的上下各6‰左右波动，幅度很小；汇率的稳定是自动维持而非依赖人为的措施来维持。

布雷顿森林体系下的固定汇率制度。布雷顿森林体系下的固定汇率制度的基本内容是：实行"双挂钩"，即美元与黄金挂钩，其他各国货币与美元挂钩；在"双挂钩"的基础上，《国际货币基金协会》规定，各国货币对美元的汇率一般只能在汇率平价±1%的范围内波动，各国必须同IMF合作，并采取适当的措施保证汇率的波动不超过该界限。

由于这种汇率制度实行"双挂钩"，波动很小，且可适当调整，因此该制度也称以美元为中心的固定汇率制，或称可调整的钉住汇率制度。

布雷顿森林体系下的固定汇率制度的特点：汇率的决定基础是黄金平价，但货币的发行与黄金无关；波动幅度小，但仍超过了黄金输送点所规定的界限；汇率不具备自动稳定机制，汇率的波动与波幅需要人为的政策来维持；央行通过间接手段而非直接管制方式来稳定汇率；只要有必要，汇率平价和汇率波动的界限可以改变，但变动幅度有限。

布雷顿森林体系下的固定汇率制度的作用：可调整的钉住汇率制度从总体上看，在注重协调、监督各国的对外经济，特别是汇率政策以及国际收支的调节，避免出现类似20世纪30年代的贬值"竞赛"，对战后各国经济增长与稳定等方面起了积极的作用。

布雷顿森林体系下的固定汇率制度缺陷：汇率变动因缺乏弹性，因此其对国际收支的调节力度相当有限；引起破坏性投机；美国不堪重负，"双挂钩"基础受到冲击。

4. 浮动汇率制及其特点

浮动汇率制（Floating Exchange Rate System）是指一国不规定本币与外币的黄金平价和汇率上下波动的界限，货币当局也不再承担维持汇率波动界限的义务，汇率随外汇市场供求关系变化而自由上下浮动的一种汇率制度。

该制度在历史上早就存在过，但真正流行是1972年以美元为中心的固定汇率制崩溃之后。

5. 汇率制度的分类

汇率制度的研究包括两个基本视角：汇率制度是如何形成和决定的？如何选择汇率制度？前者是实证问题，后者属于规范分析。

汇率制度分类是研究汇率制度优劣性和汇率制度选择的基础，而对汇率制度与宏观经济关系的考察，首先在于对汇率制度如何分类。由于不同的分类可能会有不同的结论，从而导致汇率制度的选择成为宏观经济领域最具争议性的问题。

在布雷顿森林体系的早期，成员国很难找到一个与其国际收支均衡相一致的平价，以及伴随货币危机而来的对平价的重新调整，人们由此开始了对固定汇率和浮动汇率的持久争论。传统上的汇率制度分类是两分法：固定汇率和浮动汇率（或弹性汇率），这也是最简单的汇率制度分类。但固定或浮动的程度是很难掌握的，在固定汇率或浮动汇率之间还存在众多的中间汇率制度。在20世纪90年代早期，有两种方法运用于事实上的汇率制度分类：一种方法是通过官方储备和利率的变化来分析中央银行的干预行为（Popper，1994）；另外一种方法是通过检验汇率平价的变化，来对汇率政策的结果进行经验性分析（Frankel，1993）。其后的汇率制度分类方法，除了RR（Reinhart & Rogoff）分类以外，一直是这两种分类方法的应用和延伸。

汇率制度分类最根本的问题是基于何种汇率进行分类。现有文献对汇率制度分类的归纳一般有两种方法：一种是基于事实上的分类，另一种是基于各国公开宣称的法定上的分类。由于这两种分类都是基于官方汇率的分类，所以这一归纳存在着局限性，还应进一步扩展。从经济学最核心的一个命题——市场调节还是国家干预——出发，最根本的出发点应该是基于市场汇率还是基于官方汇率来进行分类。

13.2.3 国际收支

1. 国际收支的定义

国际收支（International Balance of Payment）分为狭义的国际收支和广义的国际收支。

狭义的国际收支指一国在一定时期（常为1年）内对外收入和支出的总额。

广义的国际收支不仅包括外汇收支，还包括一定时期的经济交易。

国际货币基金组织对国际收支的定义为：国际收支是一种统计报表，系统的记载了在一定时期内经济主体与世界其他地方的交易。大部分交易在居民与非居民之间进行。

(1) 国际收支是一个流量概念。

(2) 所反映的内容是经济交易，包括：商品和劳务的买卖、物物交换、金融资产之间的交换、无偿的单向商品和劳务的转移、无偿的单向金融资产的转移。

(3) 记载的经济交易是在居民与非居民之间发生的。

2. 国际收支平衡表

国际收支平衡表是指根据经济分析的需要，将国际收支按照复式记账原理和特定账户分类编制出来的一种统计报表。它集中反映了一国国际收支的结构和总体状况。

编制国际收支平衡表时，需要对各个项目进行归类，分成若干个账户，并按照需要进行排列，即所谓的账户分类。国际货币基金组织出版的《国际收支手册》(第五版)提供了国际收支平衡表的账户分类标准，即分为经常账户、资本和金融账户两大账户，各国可以根据本国具体情况对其进行必要的调整。

(1) 经常账户。经常账户记录实际资源的流动，包括货物和服务、收益、经常转移三项。

货物是指通过海关的进出口货物，以海关的进出口统计资料为基础，在货物所有权发生变化时被记录下来，进出口均采用离岸价格（FOB）计价。服务包括运输、旅游、通信、建筑、保险、金融服务、计算机和信息服务、专有权使用费和特许费、各种商业服务、个人文化娱乐服务以及政府服务。收益包括职工报酬和投资收益两类，职工报酬是指本国居民在国外工作（一年以内）而得到并汇回的收入以及支付外籍员工（一年以内）的工资福利；投资收益包括直接投资项下的利润利息收支和再投资收益、证券投资收益（股息、利息等）和其他投资收益（利息）。经常转移主要包括侨汇、无偿捐赠和赔偿等项目，包括实物和资金形式。

（2）资本和金融账户。资本和金融账户记录资本在国际间的流动，包括资本账户和金融账户。

资本账户包括资本转移和非生产、非金融资产交易。资本转移主要包括固定资产转移、债务减免、移民转移和投资捐赠等。非生产、非金融资产交易是指不是生产出来的有形资产（土地和地下资源）和有形资产（专利、版权、商标和经销权等）的所有权转移。金融账户记录的是经济体对外资产负债变更的交易，包括直接投资、证券投资、其他投资和储备资产四类。

此外，国际收支平衡表还设置了净误差和遗漏一项。净误差和遗漏是基于会计上的需要，在国际收支平衡表中借贷双方出现不平衡时，设置的用以抵消统计偏差的项目。

我国国际收支平衡表是在国际货币基金组织《国际收支手册》(第五版）基础上编制而成的，主要的改变是将储备资产单独列项，因此该表包括经常账户、资本和金融账户、储备资产、净误差和遗漏四大项。

3. 国际收支平衡表的分析

（1）国际收支分析方法与内容。分析国际收支平衡表上所记载的各个项目和内容，尤其是经常项目和资本项目的内容；分析国际收支平衡表上各项目的差额及它们与总差额的关系；从静态到动态连续分析几个时期的国际收支平衡表；分析比较几个不同国家的国际收支平衡表。

（2）国际收支分析的意义。国际收支是经济分析的主要工具，一国的国际收支记录了该国与世界各国的经济金融往来的全部情况，反映了该国的对外经济特点及变动对国际金融的影响。因此，认真全面的对国际收支平衡表进行分析，对了解国内外经济状况，制定相应的措施具有极其重要的意义。

4. 国际收支的调节

（1）国际收支不平衡的判别。判断国际收支是否平衡，通常的做法是将国际收支平衡表记录的国际经济交易，按照交易主体和交易目的的不同划分为自主性交易和调节性交易。按交易主体和交易动机来识别国际收支是否平衡，为我们提供了一种思维方式和基本框架，在理论上是正确的，但在实践中却存在着一定的技术性困难。实践中，国际收支是否平衡的观察，通常是在自主性交易和调节性交易对比的基本框架下，具体对国际收支的几个主要差额进行比较分析。

（2）国际收支失衡的原因与调节的必要性。国际收支失衡的主要原因有：周期性失衡；结构性失衡；收入性失衡及货币性失衡。国际收支失衡调节的必要性在于：持续的巨额国际收支逆差会耗费大量的国际储备，导致国内通货紧缩和生产下降；会削弱该国货币和国家信用的国际地位；如果逆差主要是由资本流出引起的，则会造成本国的资金短缺，利率上升，从而使该国消费和生产下降；如果逆差主要是由进口大于出口引起的，则会导致本国开工不足，失业增加，国民收入下降。持续的巨额国际收支顺差会导致本币汇率上升，抑制出口，削弱本国商品的国际竞争力；会使国际储备大量增加，国内货币供应量增加，引发通货膨胀；如果顺差主要是由出口大于进口引起的，会减少国内生产资源，影响本国经济发展；容易造成与主要贸易伙伴国之间的摩擦，不利于国际经济关系的正常发展。

本章小结

1. 国际商务是一门研究为满足个人及组织需求而进行跨国界交易的经济活动。国际商务研究的是跨越国界的经济活动，国际商务不仅包括国际贸易，还包括服务、技术、知识产权的交易，这些交易内容和国际贸易的含义相吻合；国际商务还应该包括国际经济合作。

2. 国际贸易是指国家或地区之间产品的交换活动。国家或地区之间产品的交换活动，从国际的角度讲，称为国际贸易。

3. 国际经济合作是指世界上不同国家（地区）政府、国际经济组织和超越国际界限的自然人与法人为了共同利益，在生产领域和流通领域（侧重生产领域）所进行的以生产要素的国际移动和重新合理组合配置为主要内容的，较长期的经济协作活动；国家间的经济政策协调也是国际经济合作的重要内容。

4. 国际金融体系是一个十分复杂的体系，从广义上讲，其构成要素几乎包括了整个国际金融领域，包括：国际汇率体系、国际收支和国际储备体系、国别经济政策与国际间经济政策的协调等。但从狭义上讲，国际金融体系主要指国际间的货币安排，具体包括：国际汇率体系、国际收支和国际储备体系、国别经济政策与国际间经济政策的协调。

案例分析 13-1

经济全球化的两重性

经济全球化越来越成为国际社会经济合作和国际经济增长的重要动力。无论是美国、日本、英国等老牌贸易大国，还是荷兰、澳大利亚、德国等后发贸易强国，抑或是韩国、新加坡、墨西哥等新兴工业化国家，无不把对外贸易提高到经济发展之本的重要地位，有的国家的国策干脆是贸易立国。例如，美国的综合国力能保持长盛不衰，就与其对外贸易占 GDP（国内生产总值）的比重由 20 世纪 70 年代的 3.5% 上升到 20 世纪 90 年代末的 15% 有关，增长了 4 倍多。显然，经济全球化之功是国际社会有目共睹的，没有谁去全盘否定经济全球化对于贸易和经济增长的贡献。

然而，任何事物都有正、反两个方面，经济全球化当然也不例外。对于经济全球化之“过”的集中控诉，不但发生在曼谷举行的第10届联合国贸发会议上，早些时候的第3届世贸组织部长级会议（西雅图会议）以及世界经济论坛达沃斯年会，都受到了大批抗议者的反对，甚至是很多议程被迫中断。2000年，受各种压力的牵制，推动经济全球化最积极的克林顿政府陷入了贸易政策的困境，以至于对西雅图会议和达沃斯年会产生了明显的离心力。最典型的就是克林顿在达沃斯年会上的空话连篇，他口头上极其赞成经济全球化对新兴经济的积极影响，并声称：“贸易对发展中国家特别重要。从20世纪70年代到20世纪90年代初，选择通过贸易发展经济的发展中国家，其经济增长速度至少是不对外开放的发展中国家的2倍，最开放的国家的增长速度比不开放的国家快6倍。”但是，克林顿回避了一个原则性的问题，即究竟是谁在经济全球化中获得了最大利益？他不敢说清楚，因为以美国为首的西方国家是经济全球化的最大得益者。可以说，西方发达国家要求别国关于开放与增长之间关系的解释，只是它们对自己以更快的速度瓜分世界财富的掩盖而已。所以，对众多的发展中国家来说，当然会强烈地要求改变经济全球化中严重的不合理局面。

案例讨论

1. 你认为应该怎样正确看待经济全球化？
2. 经济全球化对世界不同类型的国家将分别产生何种影响？

本章训练

1. 国际商务是如何定义的？它包括哪些内容？
2. 国际贸易是如何定义的？它包括哪些内容？
3. 国际经济合作是如何定义的？它包括哪些内容？
4. 比较分析绝对优势理论和相对优势理论的异同点。
5. 结合实际谈谈中国应该如何参与国际金融体系改革。

第 14 章　经济学说简史

学习目标

掌握西方经济学发展历史中不同时期的不同代表人物以及他们所获得的主要成就和经济理论。

知识能力

熟悉经济学发展的基本框架，掌握每一时期的代表人物。

工作任务

对前人的经济学说发扬与批判。

关键词

西方经济学说；亚当·斯密；萨伊；马歇尔；庇古；凯恩斯

案例导入

庇古与经济学

一列火车在如茵的田野上飞驰，蒸汽机车喷出的火花落到稻穗上，造成农民的损失，但铁路公司并没有给农民以补偿，所引起的社会成本（稻米减产）也不在火车运行的成本之内。注意到这个现象的是庇古。

灯塔是航船所必需的，但在技术上难以向利用灯塔的船只收费。以利润最大化为目标的企业不会经营灯塔，所以灯塔应该由政府建立并经营。提出这个建议的也是庇古。

阿瑟·赛西尔·庇古（Arthur Cecil Pigou，1877—1959 年）是英国经济学家马歇尔的弟子，1908 年接替马歇尔担任成为剑桥大学经济学讲座的继任者，成为马歇尔之后剑桥学派的掌门人，也是剑桥学派最后一位传人。以后剑桥学派就由琼·罗宾逊掌门的新剑桥学派取代了。

我们知道，以剑桥学派为代表的新古典经济学是市场经济的赞美者。他们认为市场机制自发调节的市场经济可以实现资源配置最优和供求相等的市场出清。但上述两件事的意义正在于庇古看出了市场经济的缺陷，或称为市场失灵。

第一件事情是经济活动外部性的例子。外部性是指一项经济活动给与此活动无关的人带来的影响。农民与火车运行无关，但火车带来的稻谷损失要他们来承担。这被称为负外部性。如果带来的影响是好的（在蒸汽机车变动电动机车后对稻谷的损害没有了，还可以吓走吃稻谷的小鸟），这就是正外部性。有负外部性时社会成本大于社会收益，有正外部性时社会收益大于社会成本。从社会的角度看，市场机制并没有实现资源配置最优，这就是市场失灵。

第二件事情是公共物品的例子。公共物品是消费中既无排他性（无法排除别人不用）又无竞争性（一个人使用并不减少另一个人的使用），无须购买就可使用（称为搭便车）的。社会需要灯塔这类公共物品，但由于无利可图，私人企业不愿提供，从而供给小于需求。这又是市场机制没有实现资源质量最优的市场失灵。

他认为，由于这两个原因引起市场失灵（还有另一个原因是垄断，庇古没有分析这一点），市场经济需要政府的干预作为补充。在前一种情况下是对带来负外部性的企业（铁路公司）收税，这种税被称为庇古税，在后一种情况下由政府用税收提供公共物品。

庇古认识到市场失灵，并主张由政府干预来解决市场失灵，这是一个进步。但作为剑桥学派的掌门人，他还是坚持自由放任，主张让市场机制调节经济。1929 年包括英国在内的资本主义世界爆发了历史上空前的大危机，失业极为严重，要求经济学家作出解释。1933 年庇古出版了《失业理论》一书。庇古认为，在市场经济中，实际工资由劳动供求决定，而且实际工资的调节可以实现劳动市场均衡。如果劳动供大于求，工资下降，使愿意就业的人都有工作，如果劳动供小于求，工资上升，使劳动需求减少。总之，只要实际工资有充分伸缩性，所有愿意工作的人都可以有工作，所有需要工人的企业都可以雇到所需的工人。这就是说，在市场调节之下，劳动市场总处于均衡就业状态。引起失业的原因是工人不愿意接受低工资，或一些难以克服的变动。前一种情况称为自愿失业，后一种情况称为摩擦性失业。这种理论显然是来自新古典经济学的传统。

然而，庇古在剑桥大学的弟子凯恩斯不接受这种理论。他认为，自愿失业和摩擦性失业仍然没法解释如此严重的失业。于是，凯恩斯写了《通论》，驳斥了庇古的观点，用有效需求理论来解释失业。凯恩斯认为，失业的原因是有效需求不足，解决方法是国家干预，即政府增加公共支出，以弥补私人需求的不足。凯恩斯背叛了新古典经济学的传统，成为剑桥学派的叛徒。庇古尽管以绅士的态度接受了凯恩斯的某些观点，但仍坚持新古典经济学的立场，对凯恩斯进行了批判。不过从此之后，剑桥学派就衰落了，新古典经济学在经济学中的主流地位也被凯恩斯主义经济学代替。

作为一代经济学大师，庇古在经济学中的贡献还是很多的，其中对后世影响最大的是创立了福利经济学，他 1920 年出版的《福利经济学》一书至今仍是经典。

庇古去世已经很多年了，但庇古效应（物价变动对财产和消费的影响）、庇古税（对污染征收的税）仍然是现代经济学中使用频率极高的名词。这说明一代大师的智慧已成为人类思想宝库的一部分。人类知识大厦正是由这样的一代又一代的大师构建起来的。

经济学说史研究经济学说产生和发展的历史。各种不同的经济学说代表了各阶级、

各阶层的利益。与经济发展相适应，产生了多种经济学说，它们之间相互矛盾与斗争，推动了经济学说的发展。

早期的经济思想来源于古希腊、罗马奴隶主的经济思想，这个时期的奴隶主思想家认为将人划分为奴隶主和奴隶是天经地义的，他们虽崇尚自然经济，但已有某些货币经济思想的萌芽。西欧封建主维护自然经济，主张经营、管理好庄园经济，也注意到了商品货币中的公平价格、货币、利息等问题。奴隶、农奴在奴隶起义、农奴起义斗争中也提出了自己的愿望，他们要求消灭整个封建制度，消灭一切剥削阶级，建立现世的天国。

重商主义分为早期和晚期两个发展阶段。早期重商主义又称为货币差额论、重金主义或货币主义。重商主义的基本思想是把货币看成财富的唯一形态；财富的源泉来自流通领域，主要是贱买贵卖；只有在对外贸易中保持顺差，才能增加本国财富；国家应实行干预经济的政策，以保证金银财富的流入。重商主义是资产阶级政治经济学的前史，是对资本主义最初的理论考察。

14.1　17 世纪中叶到 19 世纪初的西方经济学说

14.1.1　威廉·配第

威廉·配第（William Petty，1623—1687 年）是英国古典政治经济学创始人，统计学家。威廉·配第出生于英国的一个手工业者家庭，从事过许多职业，从商船上的服务员、水手到医生、音乐教授。他头脑聪明，学习勤奋，敢于冒险，善于投机，晚年成为拥有大片土地的大地主，还先后创办了渔场、冶铁和铝矿企业。马克思虽对配第的人品评价不高，但是对于他的经济思想给予了极高的评价，称他为“现代政治经济学的创始者”、“最有天才的和最有创见的经济研究家”，是“政治经济学之父，在某种程度上也可以说是统计学的创始人”。

17 世纪中叶，工场手工业已经成为生产的主要形式，英国已经成为整个世界工业最发达的国家。与此相应，资本主义生产关系在英国已达到最发达的程度，这是英国得以最先产生古典政治经济学的经济基础。英国资产阶级革命的胜利奠定了英国最先产生古典政治经济学的阶级基础。1640 年英国爆发资产阶级革命，英国资本主义经济迅速发展，工场手工业日趋兴盛，产业资本逐渐代替商业资本在社会经济中占据重要地位。配第代表新兴的产业资本的利益和要求，积极著书立说，为英国统治殖民地、夺取世界霸权寻找理论根据，他正是从这时开始研究经济学问题。

威廉·配第一生著作颇丰，主要有《赋税论》(写于 1662 年，全名《关于税收与捐献的论文》)，《献给英明人士》(1664 年)，《政治算术》(1672 年)，《爱尔兰政治剖析》(1674 年)，《货币略论》等。最著名的经济学著作是《赋税论》。虽然他的经济学著作都是论述当时社会上存在的主要经济问题，没有形成完整的政治经济学理论体系，但他没有满足于对现实经济问题进行现象上的说明，而是力求探索经济现象产生的自然基础。他反对根据主观意愿作推断，提出要从具体的统计资料中去寻找经济现象产生的自然基础。由此，他摆脱了重商主义的影响，把政治经济学的研究从流通领域转到生产领域，考察了资本主义生产的内部联系。

威廉·配第的主要贡献是最先提出了劳动决定价值的基本原理，并在劳动价值论的基础上考察了工资、地租、利息等范畴，他把地租看做是剩余价值的基本形态。配第区分了自然价格和市场价格，他的自然价格相当于价值，他指出：假如一个人生产一蒲式耳小麦所用劳动时间和从秘鲁银矿中生产一盎司白银并运到伦敦所需劳动时间相等，后者便是前者的自然价格。可以看出，配第认为生产商品所耗费的劳动时间决定商品的价值。他还提出了商品的价值和劳动生产率成反比例。但是他没有把价值、交换价值和价格明确区分开来，他把生产白银的具体劳动当做创造价值的劳动，不懂得创造价值的是抽象劳动。他还提出了“劳动是财富之父”、“土地是财富之母”的观点，由此，他认为劳动和土地共同创造价值，显然，这种观点和他的劳动价值论是矛盾的，它混淆了使用价值的生产和价值的创造。

威廉·配第之所以能成为“政治经济学之父”，还在很大程度上归功于他的个人经历与素质以及在此基础上形成的新的研究方法，早在 14 岁时，他就表现出对父辈的叛逆性格，出海远航，追求自由的生活，他迷恋于科学，特别是医学，医生的经历有助于他运用医学和人体结构学的精密视野考察经济生活，而他的投机生涯也使他对经济运行法则有了经验性的了解。他还担任过大哲学家霍布斯的秘书，这又使他在探索经济问题时，能够实现经济研究方法论的革新。

14.1.2　布阿吉尔贝尔

布阿吉尔贝尔（P Pierre Le Pesant，sieur de Boisguillebert，1646—1714 年）出生于法国鲁昂，是法国经济学家，法国古典政治经济学创始人，还是重农学派的先驱。曾任鲁昂地方议会的法官和路易十四的经理官。他生活的时期是 17 世纪下半叶到 18 世纪初，也就是路易十四统治的时期，正是法国经济严重衰败的时期。他对农村经济衰落和农民贫困有较多了解，深切同情农民的境遇。他反对货币是唯一财富的重商主义观点，与对外贸易是财富源泉的观点相反，主张农业才是创造财富的最重要源泉。他认为法国的 200 多个行业组成一个财富的链条，其中农业是基础，各个行业保持相互间一定的比例，各种产品主要以小麦等农产品为依据按比例进行交换，如果农业遭到破坏，整个国民经济就将崩溃。重商主义追求货币，损害了农业，造成法国经济的衰败。他强调人们只能按自然规律办事，法国重商主义人为干预经济，违反自然规律，必然给法国带来灾难。他是自由竞争的早期拥护者，他的经济自由思想和重视农业的观点为后来的重农学派所继承和发展。

法国不同于英国，它是一个以农业为主的国家。布阿吉尔贝尔生活的时代正是柯尔培尔推行重商主义政策，法国经济特别是农业经济遭到破坏的时期。他在担任地方法官的过程中，通过对大量农村诉讼案件的审理，深深地了解到当时社会经济制度的弊端，于是针对这些实际问题撰写了许多文章，其主要经济著作有《谷物论》《法兰西辩护书》《论财富、货币和赋税的性质》等。他的理论贡献主要是：

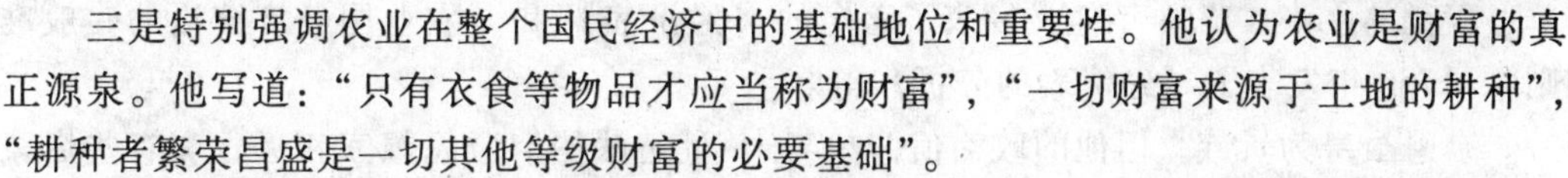

一是提出了劳动价值论，他把商品的价值归结为一般劳动时间，这是十分难得的。

二是反对重商主义的国家干预政策，提倡自由竞争。

三是特别强调农业在整个国民经济中的基础地位和重要性。他认为农业是财富的真正源泉。他写道："只有衣食等物品才应当称为财富"，"一切财富来源于土地的耕种"，"耕种者繁荣昌盛是一切其他等级财富的必要基础"。

四是提出货币本身不是财富，反对积累金银财富。他提出的这些原理为法国古典经济学奠定了基础。因此，他被称为法国古典经济学的创始人。

布阿吉尔贝尔一生中写了几本书，这些书贯穿的一个基本思想是：分析和阐述法国贫困的状况与原因，找出增加财富的措施与策略。

14.1.3　魁奈

弗朗斯瓦·魁奈（Francois Quesnay，1694—1774 年）是法国古典政治经济学奠基人之一，重农学派的创始人。魁奈出生于巴黎的一个从事律师工作的地主家庭，家庭经济情况虽不是很困难，但因兄妹很多（据说在兄妹 13 人中他排行第 10），因此未能受到良好的教育，甚至到 11 岁时，仍然目不识丁。但是奈魁有强烈的求知欲望，曾有一次黎明即起床，从家出发，步行几十里到巴黎，买到所要的书，在当天回家的路上把它阅读完毕。

魁奈 18 岁时丧父，因想行医，16 岁时到一外科医生处做学徒。不久他到巴黎著名雕刻家罗歇福斯的门下工作 5 年，同时在附近的大学研究医学，并学习化学、植物学、数学、哲学等。魁奈 24 岁时回乡，在蒙脱开业做外科医生，陆续发表了一些医学和生物学方面的著作，声誉日渐提高，很多知名人士亦去就诊。

1749 年，魁奈 55 岁时，被任命为法王路易十五的宠姬朋巴陀侯爵夫人的侍医，住进凡尔赛宫，有更多的机会同哲学家和思想家交谈，借以熟悉法国的政治经济情况。当时法国因柯尔贝尔执行牺牲农业扶植工商业的重商主义政策，经济问题十分严重，财政困难，人民生活痛苦，这一切自然成为人们谈论的中心。正如伏尔泰以他惯用的俏皮笔调所写的："全国总算谈厌了诗文、喜剧、悲剧、小说、道德观念、神学等问题，到头来讨论面包问题了。"正是在这样的背景下，魁奈把研究对象转向哲学，并更进一步转到经济学上来。

在宫中经常和魁奈聚会的哲学家和思想家有狄德罗、达兰贝尔、爱尔维修、孔狄亚克等，同时有许多经济学家也经常见面，如米拉波侯爵、里维埃尔的迈尔西埃、杜邦·德·奈穆尔、勃多、杜尔哥等，他们后来结成了经济学说史上有名的重农主义学派。重农主义原意为自由的主宰，有服从自然法以求最高福利的意思。英国的经济学家亚当·斯密也非常尊敬魁奈，在凡尔赛宫中和魁奈经常往来的思想家中，狄德罗和达兰贝尔是《百科全书》的编纂者，《百科全书》第一卷于1751年出版。奈魁在1756年出版的第六卷中，发表了《明证论》和他的最初的经济论文《租地农场主义》，在1757年出版的第七卷中，发表了《谷物论》，由此开始了作为经济学家的活动。《租地农场主义》和《谷物论》这两篇文章是想说明，法国农业衰落的根源在于政府对农业方面的苛捐杂税和对谷物出口的限制。此后奈魁继续写了《人口论》和《赋税论》，提出了与重商主义完全对立的观点，认为财富的增长先于人口的增长。同时他还提出改革税制，实行单一租税的主张。1758年他又发表了著名的《经济表》和《农业国经济统治的一般准则》，1766年发表了《经济表的分析》等。

奈魁虽身为贵族，但他的政治信仰却与18世纪法国启蒙思想家相近，和有些启蒙思想家一样，维护开明的专制制度，主张由开明君主实行自上而下的改革，但反对革命风暴。奈魁不是唯物主义者，然而在政治经济学方面，却是一个革新家。他创立了完整的重农主义理论体系，并提出了改善法国经济状况的纲领以及一整套政策、主张与措施。当时的经济学家都给予奈魁以高度的评价，而以奈魁的经济思想为主要内容的重农主义的思潮对法国社会的进程以及对整个人类的经济思想发展都具有深远的影响。

14.1.4 亚当·斯密

亚当·斯密（Adam Smith，1723—1790年）是英国第一个著名经济学家，也是西方最著名的经济学家。1723年6月政治经济学家亚当·斯密出生在苏格兰柯卡迪小镇上。18世纪初期，这里纺织业已经发展起来，到斯密成年时期，柯卡迪已成为拥有几百万人口的工业城市。

斯密幼年聪明，在家乡完成小学课程后，14岁进入格拉斯哥大学。当时他专攻拉丁和希腊的古典著作、数学和道德哲学。在大学期间，著名哲学家教授弗兰西斯·哈奇森（1694—1746年）对他影响甚大。

亚当·斯密并不是经济学说的最早开拓者，他最著名的思想中有许多也并非新颖独特，但是他首次提出了全面系统的经济学说，为该领域的发展打下了良好的基础。因此完全可以说《国富论》是现代政治经济学研究的起点。

该书的伟大成就之一是摒弃了许多过去的错误概念。亚当·斯密驳斥了旧的重商主义学说，这种学说片面强调国家储备大量金币的重要性。他否决了重农主义者的土地是价值的主要来源的观点，提出了劳动的基本重要性。亚当·斯密（分工理论）重点强调劳动分工会引起生产的大量增长，抨击了阻碍工业发展的一整套腐朽的、武断的政治限制。《国富论》的中心思想是看起来似乎杂乱无章的自由市场实际上是个自行调整机制，自动倾向于生产社会最迫切需要的货品种类的数量。

亚当·斯密的经济思想体系结构严密，论证有力，使经济思想学派在几十年内就被抛弃了。实际上亚当·斯密把它们所有的优点都吸入进了自己的体系，同时也系统地披露了它们的缺点。亚当·斯密的接班人，包括像托马斯·马尔萨斯和大卫·李嘉图这样著名的经济学家对他的体系进行了精心的充实和修正（没有改变基本纲要），今天称为经典经济学体系。虽然现代经济学说又增加了新的概念和方法，但这些大体说来是经典经济学的自然产物。在一定意义上来说，甚至卡尔·马克思的经济学说（自然不是他的政治学说）都可以看做是经典经济学说的继续。

在《国富论》中，亚当·斯密在一定程度上预见到了马尔萨斯人口过剩的观点。虽然李嘉图和卡尔·马克思都坚持认为人口负担会阻碍工资高出维持生计的水平（所谓的“工资钢铁定律”），但是亚当·斯密指出在增加生产的情况下工资就会增长。事实已经十分清楚地表明亚当·斯密在这一点上正确，而李嘉图和马克思是错的。

除了亚当·斯密观点的正确性及对后来理论家的影响之外就是他对立法和政府政策的影响。《国富论》一书技巧高超，文笔清晰，拥有广泛的读者。亚当·斯密反对政府干涉商业和商业事务、赞成低关税和自由贸易的观点在整个十九世纪对政府政策都有决定性的影响。事实上他对这些政策的影响今天人们仍能感觉得到。

自从亚当·斯密以来经济学有了突飞猛进的发展以致他的一些思想已被搁置一边，因而人们容易低估他的重要性。但实际上他是使经济学说成为一门系统科学的主要创立人，因而是人类思想史上的主要人物。

14.1.5　大卫·李嘉图

大卫·李嘉图（David Ricardo，1772—1823 年）是英国金融界知名人士，社会活动家，是古典政治经济学的杰出代表和完成者。

他于 1772 年 4 月出生于伦敦一个犹太人家庭，父亲是一位富有的交易所经纪人。他只受过两年的商业学校教育，14 岁时开始投身金融活动，并很快取得父亲的信任。20 岁时李嘉图和一名异教女子普利丝娜恋爱，遭到父亲坚决反对，为此，他与家庭脱离关系。1793 年他独立经营交易所业务，经过几年的努力，26 岁时已经成为英国金融界的富有人物。此后，他把精力投入自然科学，对数学、物理、化学和地质学都非常感兴趣。

1799年他在阅读经济学家亚当·斯密的《国富论》后，转向研究经济问题。1809年因银行券的严重贬值，他在《晨记事报》上连续发表文章，批评英格兰银行的货币政策。他在第二年将文章汇集为《金块的高价是银行券贬值的证明》的小册子，为其成为权威的货币理论学家奠定了基础。1810年英国金块委员会的报告几乎完全同意他的意见。小册子使得关于英格兰银行货币政策的论战再起。1815年他发表《论谷物低价对资本利益的影响》以反对谷物法。1817年在穆勒的鼓励和帮助下，出版了《政治经济学及赋税原理》，1819年经过修改以后第二次印刷，1821年再次进行了较大改动的第三版成为定本，直到今天世界各国仍有不少人在研读；有人认为这本书散布了阶级不和，把经济学之车开上了错误的轨道，把人们引入歧途；有人给予了很高的评价，说它使用的方法是巧妙的，阐述是深奥的，论点是明了的，揭示的内容是精彩的。英国新剑桥学派甚至提出"回到李嘉图"的口号，可见此书影响之深远。这本书是继亚当·斯密的《国富论》之后的另一古典政治经济学著作，影响极大。

李嘉图发展和完善了古典政治经济，他的主要贡献是为价值学说奠定了科学基础，他的学说代表了上升中的工业资产阶级的利益。李嘉图还被称为是"芝加哥货币主义学派"的启发者，该学派对20世纪末的经济学及政治学产生了莫大的影响。

14.1.6 西斯蒙第

让·沙尔·列奥纳尔·西蒙·德·西斯蒙第（Sismondi, Jean Charles Lnard Simonde de，1773—1842年）是著名经济学家、历史学家。在政治经济学史上，西斯蒙第不同于别的经济学家，而是处于一种特殊的地位。西斯蒙第是法国古典经济学的完成者，同时又是小资产阶级政治经济学的创始人。西斯蒙第出生在瑞士日内瓦法语区，西斯蒙第接受过保守的传统教育，中学毕业后，曾去巴黎上大学，因经济困难，中途辍学。1792年，里昂爆发革命，他回到日内瓦。不久，资产阶级革命蔓延到瑞士，贵族政权被推翻，他的父亲被捕入狱。他的父亲被释放后，全家迁居英国，一年半后又移居意大利，西斯蒙第在意大利自己的田庄中居住了5年。他在意大利时，一边经营牧场，一边研究经济学和历史。他先后出版了几部历史学的著作，成为当时著名的历史学家。在那个动乱的岁月，他作为政治上的可疑分子，几次被投进监狱，直到拿破仑执政后的1800年才又重返日内瓦，并一度出任商会秘书。波旁王朝复辟后，他脱离了政治活动。

西斯蒙第的阶级思想的发展，经历了从信奉英国古典经济学到反对古典经济学的两个时期。1803年，西斯蒙第出版了自己的第一部经济学著作——《商业财富或政治经济学原理在商业立法上的应用》。在这部书里，他完全同意亚当·斯密的一切学说，表明他是英国古典经济学的信奉者。15年后，即在1819年发表的《政治经济学新原理》一书中，他提出了自己独特的学说，在一切论点上，作出了与英国古典经济学相对立的结论。西斯蒙第在经济学说史上的地位，是建立在这本书之上的。西斯蒙第经济思想的转变，并不是他的立场发生了变化，而是由于他所代表的小生产者在资本主义发展的不同阶段有着不同的要求。在西斯蒙第写作他的第一部经济学著作时，资产阶级革命的浪潮正席卷着欧洲。反对阻碍资本主义发展的封建制度的英国古典经济学，在很大程度上也反映了小资产者要求自由法杖商品经济的愿望。而在西斯蒙第写作《新原理》时，他通过对英国的实地考察，发现随着“商业财富”和产业革命的发展，小生产者大批破产，沦为一无所有的无产者。为了挽救小生产者覆没的命运，西斯蒙第转而反对英国古典经济学，要求国家干预，延缓资本主义的发展，停止资本主义的“破坏”。

西斯蒙第的主要经济著作有：1801 年出版的《托斯卡纳农业统计表》、1803 年出版的《论商业财富》、1819 年出版的《政治经济学新原理》、《社会科学研究》等。

14.1.7　西欧空想社会主义者

空想社会主义最早出现于 16 世纪，是伴随着资本主义的产生和阶级斗争尚未充分发展时期而出现的一种社会主义学说。空想社会主义大致可划分为三个阶段，即 16 到 17 世纪、18 世纪和 19 世纪。

16 到 17 世纪是空想社会主义发展的第一阶段。这一时期的空想社会主义统称为早期空想社会主义，其代表人物有英国的托马斯·莫尔（1478—1535 年）和意大利的托马斯·康帕内拉（1568—1639 年）。

莫尔是英国伟大的早期空想社会主义者，他出生于一个法官家庭，曾就读于牛津大学，后来又研究法律，当过律师，担任过国家要职，他的代表作是 1516 年出版的《关于最完善的国家制度和乌托邦岛的既有益又有趣的金书》，简称《乌托邦》。康帕内拉是早期空想社会主义的代表人物之一，其代表作是 1602 年的《太阳城》。莫尔和康帕内拉在 16 到 17 世纪就公开宣布私有制必将被公有制所代替，人剥削人的制度必将被人人参加劳动、按劳分配制度的制度所代替，这就远远超过了前人，对后来的许多社会主义者产生了很大的影响。

18 世纪是空想社会主义发展的第二阶段。这一时期空想社会主义得到了进一步的发展，其主要代表人物有法国的摩莱里（大约生活在 1700—1780 年间）、马布利（1709—1785 年）和巴贝夫（1760—1797 年）。

摩莱里的理论活动集中在 18 世纪 50 到 80 年代，在空想社会主义史上，标志着一个新的发展阶段。在摩莱里的代表作《自然法典》(1755 年）中，他勾画出了一个消灭了私有制，实行公有制，消灭了剥削，人人劳动，各尽所能、各得其所的新社会。恩格斯说摩莱里是“禁欲主义的、禁绝一切生活享受的、斯巴达式的共产主义”。马布利是法国的社会学家和空想平均共产主义的代表人物，他的著作甚多，其中最具代表性的是《论法制或法律的原则》(1776 年)，书中详尽的论证了他的空想社会主义的基本观点和理论依据，而且还精心制定了一部实现理想国家的社会主义改革纲领。巴贝夫是 18 世纪法国空想社会主义的最后一位代表，在其主编的《人民论坛报》和其他著作中，他揭露了资本主义是新的剥削的方式、压迫方式，揭露了私有制是资本主义社会不平等的根源，并指出资本主义发展的结果导致人民革命的必然性。

19世纪是空想社会主义发展的第三个阶段，其主要代表有法国的圣西门、傅立叶和英国的欧文，他们把空想社会主义学说发展到了最高阶段。

圣西门（Claude-Henri de Rouvroy，Comte de Saint-Simon，1760—1825年），法国哲学家、经济学家，空想社会主义者。圣西门设想的未来的理想制度是一种“实业制度”。在实业制度下，由实业者和学者掌握社会政治、经济、文化各方面的权力；社会的唯一目的应当是尽善尽美地运用科学、艺术和手工业的知识来满足人们的需要，特别是满足人数最多的最贫穷阶级的物质生活和精神生活的需要；人人都要劳动，经济按计划发展，个人收入应同他的才能和贡献成正比，不承认任何特权，这就使得他的社会主义学说不能不流于空想。夏尔·傅立叶（Charles Fourier，1772—1837年），法国思想家。傅立叶为自己的理想社会设计了一种叫做“法朗吉”的“和谐制度”，是一种工农结合的社会基层组织。”“法朗吉”通常由大约一千六百人组成。在“法朗吉”内，人人劳动，男女平等，免费教育，工农结合，没有城乡差别、脑力劳动和体力劳动的差别。他还为“法朗吉”绘制了一套建筑蓝图，叫“法伦斯泰尔”。罗伯特·欧文（Robert Owen，1771—1858年），伟大的空想社会主义者之一，杰出的思想家。欧文的一生是一个伟大改革者和空想家的一生，他尖锐地批判资本主义的制度，指出劳动人民的贫困是资本主义社会的必然产物，他幻想建立完美的社会主义制度，但反对通过暴力对社会关系进行社会主义的改造。他同情工人阶级的处境，但不了解这个阶级的伟大历史作用，反对无产阶级的革命斗争。尽管如此，欧文的思想在许多方面都具有伟大的历史意义。

傅立叶、圣西门和欧文的空想社会主义学说一起，为马克思的科学共产主义学说的诞生，提供了宝贵的思想资料，成为马克思主义的三个来源之一。马克思曾经称赞傅立叶是“19世纪最伟大的讽刺家”。

14.2 19世纪初到19世纪60年代的西方经济学说

14.2.1 马尔萨斯

托马斯·罗伯特·马尔萨斯（Thomas Robert Malthus，1766—1834年）出生在伦敦郊外的一个土地贵族的家庭。他就读于剑桥大学耶稣学院，是一位优秀的学生，毕业于1788年，同年被委任为英国国教牧师。1791年他获得硕士学位，1793年成为耶稣学院的一名牧师。

1796年，马尔萨斯与父亲老马尔萨斯开始炉边谈话。马尔萨斯的父亲是卢梭的朋友，对法国大革命非常赞赏，经常在早餐席上向自己的儿子推荐英国社会革命运动的激进倡导者葛德文和孔多塞的书和思想。儿子不同意父亲的看法，在辩论中，调动了自己的一切才思，力图驳倒父亲。辩论告一段落，他即把自己的观点记录下来，准备寄给朋友。在写的过程中，他觉得自己的论据意想不到的充分，于是决定印成论文，匿名发表。这就是 1798 年首次出版的《人口原理，人口对社会未来进步的影响，兼评葛德文先生、孔多塞先生和其他著述家的推测》。1803 年出版第二版时，他公开了自己的名字，把 5 万字的小册子扩展为 20 万字的大部头，并改名为《人口原理对于人类幸福之过去及现在之诸影响的考察，附考察将来关于消除或缓和由人口所生的弊害的研究》。马尔萨斯由此声名鹊起。

1804 年，马尔萨斯从人口问题转向政治经济学，发表了《论谷物法的影响：地租的性质与发展》(1815 年)、《有关东印度学院的演说，用事实驳诉近年来在所有法庭上对它的指责》(1817 年)、《政治经济学》(1820 年)、《价值的尺度》(1823 年)、《政治经济定义》(1827 年) 等政治经济学著作。在马尔萨斯的几本经济学论著中，其中最重要的是《政治经济学原理》(1802 年)，该书影响了后来的经济学家，特别是 20 世纪的重要人物约翰·梅纳德·凯恩斯。

14.2.2　萨伊

让·巴蒂斯特·萨伊（Jean Baptiste Say，1767—1832 年）是法国资产阶级经济学的创始人，也是西欧各国庸俗经济学的主要奠基人。他出生于法国的一个商人家庭，早年经商，后到英国求学，受到完备的商业教育，并接触到亚当·斯密的学说。在法国大革命时期，萨伊曾一度积极参加政治活动，但当雅各宾派上台执政后，他脱离了革命。1803 年，他的著作《政治经济学概论》出版，但这本著作因反对拿破仑的保护政策，长期被禁止再版，直到波旁王朝复辟后，才刊行第二版。

在萨伊眼里，没有生产过剩，只有生产不足。从“萨伊定律”出发，萨伊认为，市场经济具有内在的稳定性，可以自发调节经济，使之达到均衡。他反对国家对市场的干预，主张开放价格，允许资本自由流动，开展自由的对外贸易。当时的法国是拿破仑主政，拿破仑政府不仅干预经济，而且封锁欧洲大陆，萨伊的主张显然与之相左。但萨伊对拿破仑的暗示全然不顾，拒绝修改《政治经济学概论》。最后，不仅此书被禁止再版，他本人也被迫辞去财政委员会的职务。

萨伊关于供给会自行创造需求或生产会自行创造销路的命题，曾经成为西方经济学家普遍信奉的教条，被奉为“萨伊定律”。西方经济学家对此赞赏备至，认为萨伊是经济学领域内最早的一位分类学家，他使斯密的理论具有一种经典的形式，把整个经济科学领域改造成一个严整的、容易观察的体系。后来的经济学家也大多采用了萨伊的分类法，只不过有的加上“交换”，使“三分法”演变成“四分法”。萨伊把资本主义社会各种收入的源泉归结为一般劳动过程的要素，建立起所谓的“三位一体公式”，这就是萨伊的“全部智慧”式所在。萨伊的以生产三要素为基础的分配论，即其“三位一体公式”，宣布了统治阶级的收入源泉具有自然的必然性和永恒的合理性，深受后来的西方经济学家的赞誉，并被发展成“分配归算论”。

萨伊定律为萨伊赢得了极大的声誉，成为自由竞争时代人们共同的信条，在随后的100年内，未曾有过半点动摇，直到20世纪30年代的大危机，萨伊定律的统治地位才被凯恩斯主义所取代。在凯恩斯主义产生后，它虽然不再是西方主流经济学的理论基石，但仍不乏信奉者。目前，在西方经济学领域中十分活跃的供给学派，其理论依据就来源于萨伊定律。

14.2.3　李斯特

弗里德利希·李斯特（Franz Liszt，1789—1846年）于1789年出生于德国的一个手工工匠家庭，自小学习用功，17岁时就通过考试在符腾堡王国内政部任书记员，并为部长所欣赏，被任命管理图宾根大学。

当时的德国并不是一个传统的民族国家，英国已成功地进行了产业革命，法国也在资本主义道路上前进，但德国仍是一个农业国，工业受行会约束发展缓慢，尤其是内部关税重重，对外却无关税，面对英国工业品的进入却没有任何保护。李斯特一心想让国家强大，主张建立关税同盟，发展经济。

1818年以后，李斯特把他的理想付诸行动，成为德国工商业者联合会的中心人物，起草了要求取消国内贸易限制的请愿书，并写文章、办报纸，进行演讲。这些活动受到当局与官方思想和新闻界的攻击与迫害，他被加上了“在国外进行可疑的有组织活动”的罪名，解除了图宾根大学和符腾堡的公职。经济学界的权威穆勒诅咒李斯特的主张是在煽动革命。李斯特先后在法国、瑞士、比利时流亡，并在这一时期专心著述，写出了最重要的《政治经济学的国民体系》。1840年前在比利时和德国居住，主要从事经济研究和撰述活动，并积极参加19世纪30年代末在德国掀起的“关于自由贸易与保护关税”的论战。

李斯特的经济思想反映在他的大量关于现实社会经济问题的文章和演说中，这些思想在他的主要经济学著作中得到了系统的阐述。这些著作包括：1827年出版的《美国政治经济学大纲》、1837年编成但1961年正式出版的《政治经济学的自然条件》、1841年出版的《政治经济学的国民体系》等，其中最后一本书代表了李斯特的经济思想。

14.2.4　西尼耳

纳骚·威廉·西尼尔（Nassau William Senior，1790—1864年）是英国著名的经济学家。他出生于维尔特那的一个乡村牧师的家庭里，幼年是在父亲的严格教育下度过的。以后就读于伊顿学院、马格达连学院和牛津大学等院校，并于1811年在牛津大学毕业获得文学硕士学位。1819年，他在伦敦担任律师职务。从1825年开始，曾经两度担任牛津大学教授，开设了英国历史上最早的经济学讲座，即德鲁孟德经济学讲座。西尼尔还担任过政治经济学考试委员会委员，调查集会结社和罢工运动委员会成员，济贫法修改委员会委员以及高等法院的院长等职。他的主要经济著作是《政治经济学大纲》，该书最初于 1836 年以论文的形式发表在《伦敦百科全书》上，1850 年印成单行本出版发行，在他生前共出过五版。此外，他还著有《政治经济学绪论》(1827 年)、《论工厂法对棉纺织业的影响的信书》(1837 年) 等。

西尼尔在其经济学说中首先提出了纯经济理论的观点。他认为，政治经济学作为一门科学，它的含义过于广泛。一些号称经济学家的早期作者们所议论的不是财富，而是政治。因此，西尼尔主张政治经济学研究的对象“应当以财富的性质、生产和分配为限”。他从人类心理活动和人们的主观愿望出发，和萨伊一样，把政治经济学变成一门纯粹经济学的理论。西尼尔在其代表作《政治经济学大纲》里，对此作了最完整的阐述，用纯经济理论解释价值、工资、利润和利息等经济范畴，并力求把萨伊和李嘉图的经济学说协调起来。

14.2.5　约翰·穆勒

约翰·斯图亚特·穆勒 (John Stuart Mill，1806—1873 年) 是 19 世纪中叶的经济学家和哲学家。他出生于英国伦敦一个经济学世家，是詹姆斯·穆勒的长子。约翰·穆勒自幼聪明好学，10 岁的时候就已经通晓世界历史和希腊、罗马文学，11 岁时阅读了他父亲的著作《英属印度史》，13 岁开始学习政治经济学。在詹姆斯·穆勒的指导和严格教育下，他先读了李嘉图的《政治经济学及赋税原理》，后又学习了斯密的《国民财富的性质和原因的研究》。后来，约翰·穆勒回忆起这一段生活时认为，因为他经常参加他的父辈们的学术活动，认识了他父亲最亲密的朋友大卫·李嘉图。李嘉图态度友好、善良、谦虚，很受青年人的欢喜。在约翰·穆勒开始研究政治经济学以后，李嘉图就和他一起讨论这门科学的问题。1820 年，约翰·穆勒应边沁的邀请到法国进行访问，在巴黎期间结识了萨伊和圣西门。回到英国后，在继续学习和研究政治经济学的同时，也研究了法学和边沁的著作。1823—1858 年他在东印度公司任职，1865—1868 年当选为国会议员。后来在一次选举中遭到失败，随即移居法国的阿维尼翁，直到逝世。

约翰·穆勒的主要经济著作是 1844 年出版的《略论政治经济学的某些有待解决的问题》，这本著作基本上包括了他对经济科学作出的新见解。特别是 1848 年出版的《政治经济学原理》，总结了 19 世纪初以来的资产阶级政治经济学，形成了一个新的折中主义的理论体系，受到资本主义国家经济学者的欢迎。这一著作被译成许多种文字，在他生前就出版了七版。直到 1890 年马歇尔的《经济学原理》出版前，该书是最权威的资产阶级政治经济学著作，被英语地区国家的高等学校广泛采用。

和英法两国其他经济学家不同，约翰·穆勒从斯密与李嘉图的基本经济理论出发，看到了资本主义制度的弊端，承认资本主义各种矛盾的存在，对雇佣劳动者的处境表示了深切的同情。从主观上看，他是在想方设法寻找真理，寻找克服资本主义矛盾和改善这种社会制

度的方法。但是，由于他的资产阶级世界观的限制，使他不可能和传统的经济理论决裂。因此，约翰·穆勒的这种矛盾思想，充分反映到了他的经济理论中。他企图将资产阶级与雇佣劳动者的利益和要求调和起来，一方面崇信自由竞争原则的资产阶级经济理论，另一方面又宣扬资产阶级人道主义和社会改良主义，提出了清除资本主义恶果，改善资本主义的经济政策和社会改革纲领。他的经济理论体系是一个毫无生气的混合主义、折中主义。马克思指出，在这个时期，“资产阶级政治经济学的代表人物分成了两派。一派是精明的、贪利的实践家，他们聚集在庸俗经济学辩护论的最浅薄的因而也是最成功的代表巴师夏的旗帜下。另一派是以教授资望自负的人，他们追随约·斯·穆勒，企图调和和不能调和的东西。”“约·斯·穆勒之流由于他们的陈旧的经济学教条和他们的现代倾向发生矛盾，固然应当受到谴责，但是，如果把他们和庸俗经济学的一帮辩护士混为一谈，也是很不公平的。”

14.2.6 凯里

亨利·查尔斯·凯里（Henry Charles Carey，1793—1879 年），美国经济学家，阶级利益和谐论的倡导者。他出生于美国费拉德尔菲亚城的一个富裕富人家庭，父亲马修·凯里是爱尔兰的移民，凯里与李出版公司的创办人。凯里是一个虔诚的天主教徒，同时也是一个坚定的共和党人。他继承父业，长期从事出版事业，直到 1835 年退职为止。在这之后，他专门致力于经济学的研究工作。凯里的著作大多发表在 19 世纪 50 年代，在美国南北战争以前。最主要的代表作是 1857—1859 年发表的《社会科学原理》，此外，还有《政治经济学原理》(1837—1840 年)、《过去、现在和将来》(1848 年)、《农工商利益一致论》(1851 年) 等。

凯里生活的年代，正值美国独立战争之后，资本主义经济开始处于高速发展的时期。随着资本主义经济的发展，无产阶级和资产阶级之间的矛盾也日益显露出来。在这个时期，风行于西欧的空想社会主义学说也传播到了美国。在这样的历史条件下，他提出了以经济利益和谐一致为核心的经济学说，这个学说代表和反映了当时美国资产阶级发展资本主义经济，反对空想社会主义学说的愿望和要求。凯里结合当时美国土地和人口的情况，认为对城乡之间和工农业之间和谐的破坏来自英国。因此，他主张实行国家关税保护主义，防止英国竞争，积极发展本国的工业。凯里指责李嘉图是“共产主义之父”。他说“李嘉图的理论体系是仇恨的体系，总是要在各个阶层之间和各个民族之间挑起战争。”“他的作品对于极力想通过战争、掠夺和土地均分运动来取得统治权的煽动家是一部手边必备的书。”凯里之所以指责李嘉图，不过是因为李嘉图如实地道出了资本主义社会阶级利益对立的真相，和凯里的阶级利益和谐论不相容。

14.2.7 巴师夏

弗雷德利克·巴师夏（Frederic Bastiat，1801—1850 年）是 19 世纪中期法国的经济学家，阶级利益和谐论的创始人之一，是自由贸易派的旗帜。他出生于法国贝耶纳的一个富商之家。1825 年他继承了祖父的一宗遗产，从而成为酿制葡萄酒的资本家。巴师夏曾担任地方法官、自由贸易协会秘书、立法议会的议员等。在巴师夏所处的时代，法国资本主义已有很大的发展，工人阶级也开始登上政治舞台，工人起义此起彼伏，资产阶级对此惊恐万状。巴师夏反对一切社会主义思想，他写了《财产与剥夺》反对傅立叶主义者孔西得朗；写了《正义与友爱》反对圣西门主义者比埃尔·勒鲁；写了《财产与法律》反对路易·勃朗；写了《资本和利息》反对蒲鲁东。

和凯里主张保护关税不同，巴师夏则是自由贸易论的宣扬者。当时在法国，资本主义已经发展起来，特别是法国的酿酒业在国外具有很强的竞争力，巴师夏因而积极主张自由贸易。他到过英国，和英国反谷物法同盟的主要成员科布登有交往。回国后，巴师夏于 1845 年写了《科布登与同盟》一书宣传自由贸易。他还写了《蜡烛、烛光等、蜡台、街灯、烛花剪刀、熄灯器制造业者和油类、兽脂、树胶、酒精以及一般说来和照明有关的一切东西的生产者请愿书》的小册子。此书的主要思想也是宣扬自由贸易，反对保护政策，以讽刺的笔调嘲笑那些生产照明用品的生产者居然要求政府保护他们免受日光的竞争。巴师夏的经济著作还有《经济诡辩论》(1847 年)、《经济和谐》(1850 年)等。

14.3　马克思恩格斯创立的无产阶级政治经济学

卡尔·亨利希·马克思（Karl Marx，1818—1883 年），全世界无产阶级的伟大导师、科学共产主义的创始人，是伟大的政治家、哲学家、经济学家、革命理论家。主要著作有《资本论》、《共产党宣言》等。他是无产阶级的精神领袖，是近代共产主义运动的弄潮儿。支持他理论的人被视为马克思主义者。马克思最广为人知的哲学理论是他对于人类历史进程中阶级斗争的分析。他认为这几千年来，人类发展史上最大矛盾与问题就在于不同阶级的利益掠夺与斗争。依据历史唯物论，马克思大胆地假设，资本主义终将被共产主义取代。

马克思主义政治经济学是研究人类社会生产方式发展规律，特别是资本主义社会生产方式发展科学的规律的科学，是唯物史观的延伸和科学论证。马克思主义政治经济学的核心是剩余价值理论，它揭示了资本主义剥削工人劳动的秘密，阐明了无产阶级是剩余价值的创造者，也是资本主义的掘墓人。科学社会主义是关于无产阶级解放运动发展规律的科学，是研究无产阶级的解放道路、策略以及研究科学社会主义制度的基本特征和发展规律的学说，它是马克思主义全部理论的核心和归宿。

14.3.1　马克思主义政治经济学的产生

马克思主义政治经济学是一门揭示以社会化大生产为基础的社会生产关系及其运行

规律的科学。1867 年《资本论》第一卷的出版，是马克思主义实现经济科学革命的理论成果，是马克思主义政治经济学理论体系形成的重要标志。

1. 马克思主义政治经济学形成的历史背景

（1）实践基础。资本主义生产的发展和矛盾的激化为研究政治经济学提供了丰富的条件，生产社会化和生产资料资本主义私人占有的基本矛盾形成并日益尖锐化；

（2）阶级基础。无产阶级力量的壮大和阶级矛盾上升为社会的主要矛盾，呼唤着政治经济学的出现。

2. 马克思主义政治经济学的理论来源

古典政治经济学（英国、法国）和空想社会主义（英国、法国）为马克思主义政治经济学提供了思想和理论来源。

古典政治经济学提出了劳动价值理论，并在一定程度上触及剩余价值问题，但并没有揭示剩余价值的本质和来源。到 19 世纪 30 年代以后，随着资本主义社会阶级矛盾的激化，无产阶级作为独立的政治力量登上历史舞台，资产阶级政治经济学开始走向庸俗化，把资本主义看做是自然的永恒的制度。其代表人物是萨伊（法国），他抛弃了劳动价值理论，宣扬所谓的三位一体公式，认为劳动、土地和资本共同是价值的源泉。

辩证唯物主义和历史唯物主义是马克思主义政治经济学的理论基础。他运用辩证唯物主义的对立统一规律、质量互变规律和否定之否定规律，揭示社会经济运动的发展变化规律；他运用历史唯物主义把社会经济形态的发展和更替看做是生产力与生产关系矛盾运动的必然结果，评价社会经济制度主要看其对社会生产力的发展起促进作用还是阻碍作用。

政治经济学是一门具有阶级性的科学。阶级性是一定阶级或阶层的利益和要求的表现，反映一定阶级的意识形态。马克思主义政治经济学研究的根本任务是揭示经济规律。经济规律是经济现象和经济过程内在的、本质的、必然的联系。

14.3.2 马克思主义政治经济学的发展

在西方权威的《新帕尔格雷夫经济学辞典》(1990 年版）中，由阿德沃·格利恩撰写的“马克思主义经济学”条目认为：“我们所说的马克思主义经济学，是指把其方法论和研究建立在卡尔·马克思基础上的那些较为近期的经济学家的研究成果。”其中心论题大体可以分为以下几个方面：首先，“认为资本主义制度具有本质上的矛盾，这种矛盾指的是由资本主义制度结构产生的根本上的失灵，而不是某些和谐机制上表现出来的‘不完善性’。”其次，认为“资本主义制度结构的核心是资本与劳动之间的关系，它在本质上是一种剥削关系。这种在其结构上对资本主义制度产生关键性影响的冲突，在各方面都得到了发展，在技术形式方面已发展到采取国家政策的形式。”再次，认为“对作为这一制度动力的资本积累，不能只从量上加以分析，它所引起的经济结构上的变化受到阶级关系的影响，反过来促进阶级关系尖锐化。”最后，认为资本主义制度尽管会发生一些变化，但“资本主义的根本逻辑仍然没有改变，它的历史可以区分为以一系列的特殊的阶级关系、技术、国家政策和国际结构为特征的不同阶段。”这一界说，大体勾画了自称为或被称为西方马克思主义经济学家或马克思主义经济学派的基本理论取向。这也是我们“结识”西方马克思主义经济学的基本点。

20 世纪 60 年代中期以后，马克思经济学在西方的“复兴”，直接推动着西方马克思主义经济学的发展。埃·曼德尔在 1976 年为《资本论》第一卷英文新译本写的“序言”中强调：从 20 世纪 60 年代初到 20 世纪 70 年代中期的十多年间，“如果说资本主义制度发生什么变化的话，那就是变得比马克思写《资本论》时更加危机四伏。从越南战争到世界货币制度的混乱；从西欧 1968 年以来激进工人斗争的高涨到全世界大量青年人对资产阶级的价值和文化的拒绝；从生态危机到能源危机到周期性的经济衰退。到处都有迹象表明，资本主义的黄金时代已经过去。《资本论》说明了为什么这个制度的日益尖锐化的矛盾同它的迅猛发展一样不可避免。在这个意义上，与一般公认的观念相反，马克思与其说是 19 世纪的经济学家，还不如说是 20 世纪的经济学家。现今的西方世界，比马克思写作《资本论》时的世界更接近于《资本论》中的‘纯粹’模型。”对资本主义现实经济关系的研究，是西方马克思主义经济学“复兴”的基本前提。

西方马克思主义经济学家拓展了马克思经济学理论研究的视野，他们密切结合当时资本主义经济关系的新发展，作出了一系列新的理论阐释，如巴兰和斯维齐的“垄断资本”理论，以及在这一理论基础上发展起来的美国“垄断资本学派”，包括詹姆士·奥康纳最先提出来的“国家的财政危机”理论；法国的保罗·博卡拉提出的国家垄断资本主义理论；英国的本·法因提出的资本主义生产方式“转化”性质的理论；曼德尔提出的“晚期资本主义”的理论等。此外，他们还开辟了马克思主义关于不发达政治经济学和马克思经济思想形成史这两个新的理论研究领域。

西方马克思主义经济学发展的主要趋向，与西方自称或被称为马克思主义经济学家的学者自身的理论倾向有着最为直接的联系。对这些学者的理论倾向作出严格的划分可能是困难的，但是，如果从他们的政治立场、学术观点和研究方法等方面，还是可以区分出三种主要的理论倾向或者说三种主要的理论流派。

一是“正统的”马克思主义经济学家。他们在政治上大多参加本国的或国际的工人阶级或类似性质的组织、团体，有的甚至是这些组织、团体的领导人和主要的理论家。

二是“激进的”社会主义者或“新”马克思主义经济学家。他们也能够坚持运用马克思经济学理论原理分析、研究当代资本主义和社会主义经济关系，同时在政治上，他们同西方国家的工人运动和无产阶级政党，只在理论研究论题上有着某种联系，在组织上是毫不相关的。

三是“教授的”或“学术的”马克思主义经济学家。他们最大特点在于，自认为是以“纯粹”的学者、教授来看待和研究马克思经济学的。他们与西方国家的任何具有政治性质的组织或团体没有丝毫的联系，在学术探讨上，他们也不打算为认识当代资本主义和社会主义经济关系提供什么新的理论见解和思想基础。

14.3.3　马克思主义政治经济学的完善

马克思、恩格斯运用辩证唯物主义和历史唯物主义，研究作为人类社会发展基础的各个时代的生产关系，尤其是着重研究资本主义社会的生产关系，创立无产阶级政治经济学，其前身是英国古典政治经济学。这是马克思主义理论最深刻、最详细地证明和运用，它阐明人类社会各个发展阶段中支配物质资料的生产、交换以及与之相适应的产品分配的规律。在资本主义社会中，商品生产占统治地位，资本主义生产的重要特点是自由雇佣劳动制，工人的劳动力成为商品。劳动力的价值是由维持和再生产劳动力而必需的生活资料的价值决定的。马克思发现劳动力是一种特殊的商品，它一天创造的价值同它每天的消耗全然不同。雇佣工人每天除了补偿自身劳动力价值以外，还必须额外工作若干小时，马克思称之为剩余劳动时间，剩余劳动时间创造的价值称为剩余价值。马克思还对剩余价值率、绝对剩余价值、相对剩余价值、剩余价值的分解等作出科学分析。马克思的剩余价值学说揭示资本家剥削的秘密，成为马克思经济理论的基石。马克思把社会产品按价值分为不变资本、可变资本和剩余价值 3 个部分，从而分析了资本主义实现价值和剩余价值的深刻矛盾，论证了资本主义制度下生产社会性和私人资本主义占有形式之间的矛盾，揭示日益暴露和周期性经济危机的不可避免性。马克思阐明资本主义积累的一般规律，指出资本积累必然造成社会两极分化，无产阶级与资产阶级之间的对抗更为尖锐。生产资料的集中和劳动的社会化达到同资本主义私有制外壳不能相容的地步，从而资本主义不可避免地要让位于社会主义。

马克思主义的诞生是人类思想史上的伟大革命，它第一次确立科学的世界观和方法论，不仅为全世界无产阶级和全人类的解放指明了正确的道路，而且为各门科学的发展提供了锐利的武器。

马克思主义不是教条，而是行动的指南。一百多年来，它指导无产阶级的解放斗争取得重大胜利，随着社会实践和科学技术的发展而不断发展。马克思、恩格斯在进行深刻的科学研究工作的同时，亲身参加和领导国际共产主义运动，建立无产阶级的革命组织，指导国际无产阶级的革命斗争，总结无产阶级革命斗争的历史经验，在理论和实践相统一的基础上不断丰富和发展马克思主义。马克思主义在运用中必须同各个时代、各个国家的具体实际相结合。列宁在世界历史进入帝国主义的时代向前发展了马克思主义。在新的历史时期，各国杰出的马克思主义者也在结合本国的革命与建设实践不断地丰富和发展马克思主义的科学体系。

14.4　19 世纪 70 年代到 20 世纪初的西方经济学说

14.4.1　维克塞尔

克努特·维克塞尔（Knut Wicksell，1851—1926 年）是瑞典学派的奠基人，现代宏观经济理论的先驱者。克努特·维克塞尔出生在瑞典斯德哥摩尔的一个中产阶级家庭，于 1986 年考入了乌普萨拉大学学习数学，热衷于学习运动，是个激进分子，还在 1877—1879 年担任瑞典学生会会长，以能言善辩、言论激进闻名。

维克塞尔在政治上是一位激进的资产阶级改良主义者。从学生时代起，他就积极投身于社会政治活动，强烈拥护经济和社会革命。同时，他又是一位新马尔萨斯主义者，终身为控制人口而斗争。1908 年他因发表演讲触犯当局被监禁两个月。所以，直到他快 50 岁时，才跻身于大学讲坛，而且也只担任了短短几年。但是在他退休后，凭借自身思想魅力，他的影响迅速蔓延开来，后来整整一代出名的瑞典和挪威经济学家差不多都是他的学生。值得一提的是，维克塞尔还有一个不大被人提起的研究工作，那就是他对税收理论的研究。这不仅影响了北欧直至今日的税收政策，也启发了年轻的布坎南。布坎南在此基础上，用类似的方法综合研究宪政、投票和税收等理论，影响逐渐增大，最终就形成现在的公共经济学。

虽然他在政治生涯上是不得志的，但他在学术上却取得了较大成就。美国著名经济学家熊彼特把维克塞尔与瓦尔拉斯、马歇尔并列为 1870—1914 年间三位最“伟大”的经济学家，并且成为“作为一个货币理论家，他在死后赢得的国际威望甚至比马歇尔和瓦尔拉斯还要大”。

1893 年维克塞尔的第一部著作《价值、资本和租金》问世。他把杰文斯、门格尔和马歇尔的边际效用价值论、边际生产力理论应用于庞巴维克的资本分析，并把这种结果融合到瓦尔拉斯的比较静态一般均衡框架中，从而成为边际生产力分配理论的奠基人之一。三年后他又发表了专题论文《财政理论研究》。该论文内容比较庞杂，重点是将边际效用理论应用于公共部门，进行公平税制的设计；同时提供一种定价方法（特别是边际成本定价）。之后，维克塞尔致力于货币理论与政策的研究。在《利息与价格》中，他首次提出被称作维克塞尔主义的“累积过程理论”。这一理论对萨伊的“面纱论”提出质疑，第一次打破传统的两分法，将货币理论与价值理论结合起来，指出货币对经济过程的实质性影响，成为凯恩斯以及后来主流经济学思想的直接基础。

威克塞尔在经济思想史中占有特殊地位。一方面，他发展了庞巴维克的资本利息论和瓦尔拉的一般均衡理论，是传统经济学的维护者；另一方面，他首创了累积过程学说，是现代宏观经济学的开创者——这是他对经济学作出的最重要的贡献。威克塞尔第一次把处于分离状态的传统经济理论和货币理论融为一体；威克塞尔建立了第一个现代宏观经济均衡体系；威克塞尔首次把利率区分为货币利率与自然利率，这个区分在经济学思想史上具有开创性的意义。

14.4.2　凡勃伦

凡勃伦（Thorstein B Veblen，1857—1929 年），于 1857 年出生于威斯康星州的一个挪威移民家庭的小农场，1929 年在加利福尼亚州去世。他的父母重视教育，鞭策孩子们出人头地和不断接受更高的教育。1874 年，凡勃伦进入卡尔顿学院并在霍普金斯大学当研究生，受业于美国边际效用学派首领约翰·贝茨·克拉克。接着凡勃伦又到约翰

斯·霍普金斯学院师从查尔斯·皮尔斯，皮尔斯是举世闻名的哲学家和美国实用主义的创始人。在此期间，他还师从美国经济学会的创立者、杰出的经济学家理查德·伊利研修政治经济学。尽管拥有如此显赫的老师，凡勃伦还是对约翰斯·霍普金斯学院不满，因而转学至耶鲁大学。在那儿他跟随社会达尔文主义者威廉·格雷厄姆·萨姆纳研究哲学，并于1884年获得了哲学博士学位。

由于糟糕的哲学家就业市场，凡勃伦无法找到一个哲学方面的教职。终于他决定改行，以后的7年，他独自在埋头苦读中度过，他进入康奈尔大学学习经济学。一年后，凡勃伦和他在康奈尔的导师J·劳伦斯·劳克林一起来到芝加哥大学。在此他执教14年，尽管他写了两部非常成功、赢得评论界赞誉的著作，发表了无数的文章，并编辑了享有盛名的《政治经济杂志》，但从未晋升至助理教授之上。

凡勃伦在耶鲁大学时就写过一篇《论1837年恐慌》的经济论文。他的成名则是在1899年发表了《有闲阶级论》这本书之后。在20世纪初，凡勃伦于1904年发表了《企业论》、于1919年发表了《现代文明中科学的地位》、于1922年发表了《工程师和价格制度》及于1923年发表了《不在所有权和最近的商业企业》等著作。《营利企业论》产生于芝加哥大学执教时期，论述了当时的“现代资本主义”。在某种意义上说是凡勃伦的《资本论》，从企业与产业两个方面来剖析资本主义体制，站在保守的改良主义立场，迎合好战的君主制，排斥社会主义，哀悼行将衰亡的营利企业。他依据德国历史学派的发展阶级的概念，批评了适用货币经济到亚当·斯密以后今日经济学主流所犯的时代错误，提出了股份资本论，其中所提出的大量命题，奠定了制度学派的基础。

14.4.3 赫尔曼·戈森

德国经济学家赫尔曼·海因里希·戈森（Hermann Heinrich Gossen，1810—1858年）是边际效用理论的先驱，出生于德国西部的迪伦，于1829年至1833年先后在波恩大学学习法律和公共管理学，毕业后曾当过律师、地方政府税务官；退休后与他人合办过保险公司，后退出经营，专心致力于经济学研究与写作。

戈森的著作《人类交换规律与人类行为准则的发展》出版于1854年，然而问世后并未引起人们的注意，这主要是因为在当时的德国经济学中，历史学派占据了主导地位。戈森在失望与痛苦之余，在1858年要求停止发行并销毁余书，以致该书曾长期下落不明、埋没于世。直至19世纪70年代，才由法国经济学家瓦尔拉斯和英国经济学家杰文斯发现并肯定了戈森学说的价值与意义。1889年，戈森的著作重印发行。

戈森理论的核心是关于人的享受规律。他为经济学规定的任务是：发现这些享受规律，阐明按照这些规律行事的条件，从而帮助人们获得最大的生活享受，并以此作为己任。戈森自命不凡，把他的学说与哥白尼等人的学说相提并论，认为他所发现的规律可以使人类生活道路发生重大改变。他通过对人的享受过程的观察与分析，提出了几个重要的享受规律：

（1）“如果我们连续不断地满足同一种享受，那么这同一种享受的量就会不断递减，直至最终达到饱和。”

（2）“如果我们重复以前已满足过的享受，享受量也会发生类似的递减；在重复满足享受的过程中，不仅发生类似的递减，而且初始感到的享受量也会变得更小，重复享受时感到其为享受的时间更短，饱和感觉则出现得更早。重复享受进行得越快，初始感到的享受量则越少，感到是享受的持续时间也就越短。”这种连续享受或重复享受时出现的享受量递减的规律性，后来被称为“戈森第一定律”，也就是享受或效用递减定律。如何避免这种情况，获得最大的生活享受呢？戈森提出了另外一个重要的规律：“为使自己的享受量达到最大化，人们必须在充分满足最大的享受之前，先部分地满足所有的享受，而且要以这样的比例来满足：每一种享受的量在其满足被中断时，保持完全相等。”这就是后来的“戈森第二定律”，即享受均等定律。

戈森较早在经济学中应用了数学分析方法，并实际上已经完整地提出了边际效用理论的雏形。尽管他没有明确作出边际效用决定价值的结论，也没有提出一个统一的主观价值的尺度，然而却为后来的边际效用价值理论奠定了基础。但他把效用或价值看做是由人的主观欲望和感受决定和衡量的，这显然是不科学的。

14.4.4　马歇尔

阿弗里德·马歇尔（Alfred Marshall，1842—1924 年）出生于英国伦敦西南克拉彭的一个牧师家庭，幼年时接受了完备的古典文学教育。父亲对他既慈爱又严厉，期望他的儿子能成为一个牧师，很像经济学家詹姆斯·穆勒对待小穆勒，常陪着他晚上做功课，读希伯来语，直到深夜。但马歇尔却对自然科学产生了浓厚的兴趣，并表现出惊人的才华。在他九岁那年，他的父亲在家里被银行的一堆账目搞得焦头烂额，马歇尔却不声不响快速地为父亲解决了难题。

西方经济学家把马歇尔的经济学体系看做是古典政治经济学的继续和发展，因而又称马歇尔为新古典学派的创始人。《经济学原理》是著者 20 年以上研究的成果，从出版之日起到 20 世纪的 20 年代末期，在西方经济学界一直占据支配地位，被看做是与亚当·斯密的《国富论》、大卫·李嘉图的《政治经济学及赋税原理》齐名的划时代著作。他的价值论与分配论在 19 世纪末至 20 世纪 30 年代的西方经济学界占有支配地位，时至今日仍然是微观经济学的基础。

马歇尔的经济学说虽然兼及宏观、微观两方面，但主要是微观体系，在“自由竞争”的前提下，以均衡价格论为其核心。而价格均衡论又以边际效用论、生产费用论及供求论相结合为特色，这也就是马歇尔的价值理论。他又以此为基础，建立了他的分配理论。他重视和运用边际增量分析，并采用局部均衡分析为特征。此外，他还提出了连续原理、替代原理、需求弹性、供给弹性等新概念。这一切为现代微观经济学在理论和方法上奠定了一定的基础，这使得他成为那个时代经济学的集大成者和最大权威。

1890 年，马歇尔声威大振。因为《经济学原理》是世界所期待的，它的出版立即取得了圆满的成功。全国报刊纷纷发表社论和长篇评论，竞相评价该书。报刊记者虽然区别不出它对经济学都做了哪些贡献和创新，但他们极其敏锐地看出它宣告了一个经济思想新时代的到来。“这是一件了不起的事情”，《蓓尔美尔街新闻》说“在我们众多古老大学中的一所如今出了一位教授，他献身于把政治经济学改造成为使社会臻于完善的科学”。新的政治经济学诞生了，旧的政治经济学，这门“把人当做纯粹自私的和贪婪的动物，又把国家看做不过是这些动物的集合体”的沉闷的科学消失了。“预言马歇尔教授的著作将成为政治经济学发展史上的一座里程碑，而且将会对经济学研究的方向和特征产生有利无弊的影响，这已经不是为时过早的言论了。”异口同声如是说者，不胜枚举。

马歇尔的主要著述有：《对杰文斯的评论》、《关于穆劳动力先生的价值论》、《对外贸易的纯理论与国内价值的纯理论》、《工业经济学》、《伦敦贫民何所归》、《政治经济学的现状：1885 年 2 月在剑桥大学的就职演说》、《统计学会杂志》、《一般物价波动的补救措施》、《经济学原理》、《经济学精义》、《关于租金》、《老一代的经济学家和新一代的经济学家》、《分配与交换》、《创建经济学和有关政治学分支课程的请求》、《经济骑士道精神的社会可能性》、《战后的国家税收》、《工业与贸易》、《阿尔弗雷德·马歇尔纪念集》、《马歇尔官方文献集》等。

14.4.5 熊彼特

约瑟夫·阿罗斯·熊彼特（J. A. Joseph Alois Schumpeter，1883—1950 年），美籍奥地利人，是当代西方经济学界的一个自成体系经济学家，他被经济学界认为是世界上最伟大的经济学家之一。他的研究不单纯局限于经济学领域，对社会学、历史学、财政学、民族学和文化史等均有广泛的涉猎，其知识之渊博在近代经济学界首屈一指。

他于 1883 年出生于原奥匈帝国的摩拉维亚省的一个中产阶级家庭，他父亲是一家纺织制造工场主，英年早逝。后来随着母亲改嫁到维也纳，熊彼特进入了一所贵族学校就读。1901—1906 年在维也纳大学攻读法律和经济学，是奥地利学派主要代表人物庞巴维克的关门弟子。随后两年游学伦敦，师从著名经济学家马歇尔。1909—1918 年在奥匈帝国的捷克诺维兹和塔拉兹大学任教，接着开始走上了仕途。1918 年，以党外经济学家的身份担任考茨基、希法亭领导的德国社会民主党的“社会化委员会”的顾问，1919 年当选为奥地利共和国的财政部长。然而，他的仕途并不顺畅，他提出的为控制通货膨胀而对资本征收赋税和实行企业国有化的计划遭到了诸多的非议和批评。由于无法应付政治生活中的压力，1919 年，他担任维也纳私营比德曼行行长，直至 1924 年银行破产。之后，熊彼特又回到学术界，1925—1932 年应邀担任日本客座教授，并接受了波恩大学经济学教授的职务。1932 年迁居美国，担任哈佛大学教授，直到 1950 年去世。在此期间，熊彼特曾于 1937—1941 年任经济计量学会会长，1948—1949 年任“美国经济学会”会长。

熊彼特作为一个卓尔不群而又矛盾重重的人，令我们回味起世界著名经济学家大卫·休谟年轻时的一句格言“人生是什么？一堆矛盾而已！”矛盾、失败、灾难和失望是熊彼特生活和工作的主要音符，即使在他情绪最好时，他的座右铭也不过是“要平静不要快乐”。

熊彼特以“创新理论”解释资本主义的本质特征，解释资本主义发生、发展和趋于灭亡的结局，从而闻名于资产阶级经济学界，影响颇大。他在《经济发展理论》一书中提出“创新理论”以后，又相继在《经济周期》和《资本主义、社会主义和民主主义》两书中加以运用和发挥，形成了以“创新理论”为基础的独特的理论体系。“创新理论”的最大特色，就是强调生产技术的革新和生产方法的变革在资本主义经济发展过程中的至高无上的作用。但在分析中，他抽掉了资本主义的生产关系，掩盖了资本家对工人的剥削实质。

按照熊彼特的观点和分析，所谓创新就是建立一种新的生产函数，把一种从来没有过的关于生产要素和生产条件的新组合引入生产体系。在熊彼特看来，作为资本主义“灵魂”的企业家的职能就是实现创新，引进新组合。所谓经济发展就是指整个资本主义社会不断地实现新组合。资本主义就是这种“经济变动的一种形式或方法”，即所谓“不断地从内部革新经济结构”的“一种创造性的破坏过程”。

熊彼特的主要著作如下：《经济发展理论》(1912 年德文版，1934 年英文修订版)、《经济周期：资本主义过程的理论、历史和统计分析》(1939 年)、《资本主义、社会主义和民主主义》(1942 年)、《从马克思到凯恩斯十大经济学家》(1951 年，由生前所写传记评论汇集而成)、《经济分析史》(1954 年)。

14.4.6　庇古

阿瑟·赛西尔·庇古（Arthur Cecil Pigou，1877—1959 年）是英国著名经济学家，旧福利经济学的创始人，被称为“福利经济学之父”。他是剑桥学派领袖马歇尔的学生，他本人亦被视为剑桥学派的主要诠释者。《福利经济学》是他最著名的代表作，因为此书他被西方经济学界奉为福利经济学的创始人。

庇古 1877 年出生于英国的怀特岛，父亲是一名英国军官，母亲出生于爱尔兰政府官员的家庭。庇古先是就读于一所优秀的英国私立学校——哈罗公学，然后就读于剑桥的国王学院。起初他在剑桥主修历史，但第三年时在马歇尔的影响与说服下，开始研究政治经济学，1900 年毕业于剑桥大学。自马歇尔 1908 年从剑桥退休以后，其年仅 30 岁的门生阿瑟·庇古出任政治经济学讲座教授，为剑桥历来经济学讲座中的最年轻者。庇古担任讲座达 35 年之久，1943 年庇古退休后，成为一位隐士。在他的一生中，庇古曾担任过许多重要职务，如英国通货外汇委员会委员、皇家所得税委员会委员及通货和英格兰银行纸币发行委员会委员、国际经济学会名誉会长等职。

庇古在经济学上的主要贡献可归结为两方面。首先，他关于外部性的分析为福利经济学、现代公共财政和环境经济学奠定了基础，他主张国家实行养老金制度和失业救助制度，建立了福利经济学的社会保障经济理论，其后的经济学家分析和论证政府干预经济事务的方式都是从庇古这里学来的，因此庇古成为现代公共财政和现代福利理论之父；其次，庇古是第一个反对由凯恩斯发起的宏观经济学革命的主要学者。庇古坚定地站在新古典学派一边，指责凯恩斯对"老恩师马歇尔缺乏支持"，并严厉地批评了凯恩斯的《就业、利息和货币通论》中的基本观点。但后来，庇古感觉到，他过去未能欣赏到《就业、利息和货币通论》一书中的某些重要部分，承认他以前对凯恩斯的批评太苛刻了。

《福利经济学》是庇古最著名的代表作。该书是西方资产阶级经济学中影响较大的著作之一。它将资产阶级福利经济学系统化，标志着其完整理论体系的建立。它对福利经济学的解释一直被视为"经典性"的，庇古也因此被称为"福利经济学之父"。

庇古的主要代表作有：1912 年出版的《财富和福利》，在此基础上发展为 1920 年的《福利经济学》，1928 年出版的《公共财政研究》，1933 年的《失业理论》，1935 年出版的《停滞状态经济学》，1937 年出版的《社会主义与资本主义的比较》等。

14.5　20 世纪 20 到 30 年代的西方经济学说

14.5.1　张伯伦

爱德华·哈斯丁·张伯伦（E. H. Chamberlin，1899—1967 年）是美国著名经济学家。张伯伦出生在美国华盛顿，1920 年毕业于美国爱荷华大学，而后进入美国密执安大学任讲师，1922 年获该大学硕士学位，1924 年又获哈佛大学硕士学位，1927 年获哈佛大学博士学位。1929 年起任哈佛大学副教授，1934 年以后一直任哈佛大学教授。

张伯伦的主要著作有：《双头垄断：卖方很少时的价值》、《垄断竞争理论》、《垄断竞争的再考察》、《论"寡头垄断"的起源》、《走向更一般的价值理论》、《垄断竞争理论的起源和早期发展》等。

E. H. 张伯伦在他 1933 年出版的《垄断竞争理论》一书中提出了关于资本主义市场结构和价格形成的理论，他的理论和英国经济学家 J. V. 罗宾逊于同年出版的《不完全竞争经济学》共同构成了"垄断竞争论"（见罗宾逊不完全竞争理论中的价格思想），成为现代微观经济学的重要组成部分。他认为，实际的市场既不是竞争的，也不是垄断的，而是这两种因素的混合。在他看来，许多市场价格都既具有竞争因素，又具有垄断因素，因此，企业家心目中没有纯粹竞争，只有垄断竞争的概念。资本主义市场的整个价格制度，是由纯粹竞争市场、垄断市场以及由垄断和竞争力量混合的各种市场上的价格关系组成的。

张伯伦认为，垄断与竞争力量的混合来源于产品差别，产品差别是造成垄断的一个决定性因素。一种产品具有差别，就意味着卖者对他自身的产品拥有绝对的垄断，但却要遭受非常接近的替代品的竞争。这样每一个卖者都是垄断者，同时也是竞争者，因此是“垄断的竞争者”。

一直到 20 世纪 30 年代中期美国哈佛大学的张伯伦和英国剑桥的罗宾逊夫人分别出版了《垄断竞争理论》和《不完全竞争经济学》才正式宣告“斯密传统”的彻底结束。始于张、罗二人的“张伯伦革命”的主要贡献在于：

他们摒弃了长期以来以马歇尔为代表的新古典经济学关于把“完全竞争”作为普遍的而把垄断看作个别例外情况的传统假定，认为完全竞争与完全垄断是两种极端情况，提出了一套在经济学教科书中沿用至今的用以说明处在两种极端之间的“垄断竞争”的市场模式，并在其成因比较、均衡条件、福利效应等方面运用边际分析的方法完成了微观经济的革命，将市场结构分成了更加符合资本主义进入垄断阶段实际情况的四种类型。

20 世纪中期宏观经济学之所以能够得到长足的发展，其天然逻辑的发展起点就是对垄断的分析，从这个起点出发，恰恰使得西方经济学比较正确地描述和表达了百年经济历史的本质和现状，这是“张伯伦革命”的经济学意义。

14.5.2　罗宾逊

琼·罗宾逊（Joan Robinson，1903—1983 年）出生于英国坎伯利的一个中产阶级的知识分子家庭，其父是 19 世纪伟大的基督教社会学家 F. D. 莫里斯。琼·罗宾逊于 1925 年毕业于剑桥格登学院，不久后与剑桥大学经济学教授奥斯汀·罗宾逊爵士结婚。她于 1927 年获文学硕士学位，之后又获伦敦大学和比利时列日大学荣誉法学博士学位。在印度待了一段时间后罗宾逊夫妇就重返剑桥。1929 年琼·罗宾逊夫人成了该校的一名经济学教师，1937 年升任大学讲师，1949 年升为高级讲师，1965 年荣升为教授，1971 年退休，1973 年成为该校名誉教授。

罗宾逊夫人早年属于以马歇尔为首的剑桥学派，后来成为凯恩斯经济学的积极拥护者。她是“凯恩斯小组”的成员之一，这个小组的主要成员包括卡恩、米德、斯拉法、塔西斯和奥斯汀·罗宾逊。据称，凯恩斯理论体系的形成就是以他们的活动为基础的。可以认为，罗宾逊夫人在凯恩斯革命的进程中发挥了重大的作用。她的小册子《就业理论入门》是战后最为畅销的介绍凯恩斯体系的著作之一。因此，罗宾逊夫人属于正统的凯恩斯学派。

罗宾逊夫人在一篇题为《生产函数与资本理论》的著名论文中，批驳了新古典学派的资本理论和与之相关的边际生产力分配理论，从而引发了经济学说史上著名的“剑桥之争”——英国剑桥对美国剑桥之间的激烈论战。她确信自己已经找到了标准经济学的一个致命缺陷——资本的度量不能独立于利率之外，而利率并不是唯一地与资本的边际生产率相关，从此她在所有问题上都坚持自己的独特立场。

罗宾逊夫人是试图整合凯恩斯经济学和马克思经济学的第一人，因而名扬于世。她对马克思经济学所持的立场是，意图以凯恩斯学派的理论分析方法解答马克思所提出的问题。她对经济学的态度是，首先要摒弃政治性宣传部分，她似乎觉得马克思与凯恩斯在政治宣传上虽然不同，但其理论都是意图说明同样的事务。罗宾逊夫人认为他们之间的分歧，与其说是经济学理论上的，不如说是政治性意识形态所强加的。

罗宾逊夫人一生著述颇丰，仅著作就有 24 部之多，对经济学诸多领域都做出了重要贡献。如果你浏览了罗宾逊夫人的论文集，你就会发现，她的文笔生动，语言朴实，而且能够采取独特而令人陶醉的数学文字，读起来令人赏心悦目。她的资本理论、经济增长理论和收入分配理论把经济增长同国民收入分配问题紧密联系在一起。此外她对国际贸易理论、通货膨胀理论都有一定的建树。但是，与张伯伦不同的是，罗宾逊夫人非但没有坚持和发展不完全竞争这一使她一举成名的理论，相反，在此以后的学术生涯中，她完全抛弃了它，并且对它持批判态度。

14.5.3 希克斯

约翰·理查德·希克斯（Hicks，John Richard，1904—1989 年）1904 年出生于英格兰瓦威克郡一个记者家庭，1922 年牛津贝里尔学院毕业。他从小具有数学天赋，在中学时代和大学的第一年，便已成为一个“数学专家”，同时又对“文学和历史有兴趣”。但他的大学各科成绩“只有二等水平”，所以，大学毕业后，他在伦敦经济学院获得了临时讲师的职位，那时的伦敦经济学院人才济济。到 1935 年，他的学术造诣已经很高了，需要换一个环境，以更好地发挥自己的作用，他转到剑桥大学当讲师。1938—1946 年希克斯任曼彻斯特大学教授，在那里做了关于福利经济学及其在社会核算中应用的研究。1946 年希克斯回到牛津，先当纳斐德学院研究员，然后任德伦蒙政治经济学教授，最后任万灵学院研究员。1948 年希克斯成为瑞典科学院院士，1952 年起任牛津大学经济学教授，同年成为意大利西林科学院院士，1958 年成为美国科学院外籍院士。1960—1962 年成为英国皇家经济学会会长，并于 1964 年成为爵士。1971 年成为维也纳大学名誉委员，同年在牛津大学万灵学院退休。1972 年与美国哈佛大学经济学家阿罗同年获得诺贝尔经济学奖，1989 年 5 月逝世。

希克斯二十几岁到三十几岁这段时间，是他的思想非常活跃的时期，除了《价值与资本》，还相继发表了著作《工资理论》(1932 年)、《价值理论的重要考察》(1934 年)、《简化货币理论的建议》(1935 年)、《消费者剩余理论的重建》(1941 年）等。希克斯的著作涉及广阔的领域，而且几乎在他所涉及的每一个领域都提出了具有创见性的看法。

14.5.4　费雪

费雪（Irving Fisher，1867—1947 年），美国经济学家、数学家、经济计量学的先驱之一。费雪出生于纽约州的少格拉斯。1890 年开始在耶鲁大学任数学教师，1898 年获哲学博士学位。同年转任经济学教授直到 1935 年。1926 年开始在雷明顿、兰德公司任董事等职。1929 年，他与 J. A 熊彼特、J. 丁伯根等发起并成立计量经济学会，1931—1933 年任该学会会长。

费雪对经济学的主要贡献是在货币理论方面阐明了利率如何决定和物价为何由货币数量来决定，其中尤以贸易方程式（也叫费雪方程式）为当代货币主义者所推崇。费雪效应（Fisher Effect）揭示了通货膨胀率预期与利率之间关系，它指出当通货膨胀率预期上升时，利率也将上升。费雪效应是名义利率随着通货膨胀率的变化而变化。名义利率、实际利率与通货膨胀率三者之间的关系是：名义利率 = 实际利率 + 通货膨胀率。在某种经济制度下，实际利率往往是不变的，因为它代表的是你的实际购买力。于是，当通货膨胀率变化时，为了求得公式的平衡，名义利率，也就是公布在银行的利率表上的利率会随之而变化。

费雪方程式是货币数量说的数学形式，即 $MV = PQ$。其中 M 为货币量，V 为货币流通速度，P 为价格水平，Q 为交易的商品总量。该方程式说明在 V、P 比较稳定时，货币流通量 M 决定物价 P。

费雪还对经济计量学、价值和价格理论、资本理论以及统计学等有所贡献，主要著作有《价值和价格理论的数学研究》(1892 年)、《资本和收入的性质》(1906 年)、《利息率》(1907 年)、《货币的购买力：其决定因素及其与信贷、利息和危机的关系》(1911 年)、《指数的编制》(1922 年)、《利息理论》(1930 年)、《通货膨胀》(1933 年)、《百分之百的货币》(1935 年) 等。

14.5.5　凯恩斯

约翰·梅纳德·凯恩斯（John Maynard Keynes，1883—1946 年），英国经济学家，曾在英国剑桥大学的皇家学院学习经济学，1905 年获得文学硕士学位，后来，任该学院院士并在该学院执教。1906 年通过英国文官考试，进入统治印度的机关；1913—1914 年间为印度通货与皇家委员会的成员；第一次世界大战期间，在英国财政部工作。战后，他充任该部驻巴黎和会的代表，此后成为英国财政大臣顾问团的顾问和苏格兰银行的董事。1942 年凯恩斯被晋封为勋爵。1944 年他率领英国代表团，参加在布雷顿森林举行的国际货币会议，在创立国际货币基金组织和世界复兴和开放银行两个机构中做出了贡献。1945 年，他以英国代表团团长的身份参加英美贷款会议，获得巨额的美国贷款。除了政治方面的活动以外，凯恩斯也在私有企业从事经营。他是国家互助人寿保险公司的董事长和一家投资公司的负责人。私人企业的经营使他获得巨额财富。他和李嘉图一起在西方世界被认为是少有的善于经营并获得成功的经济学者。

凯恩斯的著作很多，包括大量的文章和基本书籍。他的重要著作有：《印度的通货和财政》(1931 年)、《货币改革论》(1923 年)、《货币论》(1930 年) 和《就业、利息和货币通论》(1936 年，以下简称《通论》)。《通论》是凯恩斯最重要的著作。

自《通论》出版以来，西方世界出现了盛极一时的凯恩斯主义，甚至出现了“凯恩斯革命”的说法。在西方经济学界，它是一个流行的研究主题。对于西方国家的经济政策，它是一个重要的“理论”根据。在西方思想界，它构成许多言论的基础。1960 年代中期以后，凯恩斯主义的浪潮虽然大为衰落，但直到目前为止，《通论》仍然是现代重要的西方经学著作，而凯恩斯也仍然是影响最大的西方经济学者之一。

凯恩斯认为，由消费需求和投资需求构成的有效需求，其大小主要取决于消费倾向、资本边际效率、流动偏好三大基本心理因素以及货币数量。由于存在“三大基本心理规律”，从而既引起消费需求不足，又引起投资需求不足，使得总需求小于总供给，形成有效需求不足，导致了生产过剩的经济危机和失业，这是无法通过市场价格机制调节的。他进一步否定了通过利率的自动调节必然使储蓄全部转化为投资的理论，认为利率并不是取决于储蓄与投资，而是取决于流动偏好（货币的需求）和货币数量(货币的供给)，储蓄与投资只能通过总收入的变化来达到平衡。不仅如此，他还否定了传统经济学认为可以保证充分就业的工资理论，认为传统理论忽视了实际工资与货币工资的区别，货币工资具有刚性，仅靠伸缩性的工资政策是不可能维持充分就业的。他承认资本主义社会除了自愿失业和摩擦性失业外，还存在着“非自愿失业”，原因就是有效需求不足，所以资本主义经济经常出现小于充分就业状态下的均衡。这样，凯恩斯在背叛传统经济理论的同时，开创了总量分析的宏观经济学。

14.5.6 萨缪尔森

保罗·萨缪尔森（Paul A Samuelson，1915—2009 年），1915 年出生于美国印第安纳州的加里城。萨缪尔森天生是搞艺术的料，16 岁进入芝加哥大学学习经济学，毕业后在哈佛大学继续攻读学业，26 岁取得博士学位。在芝加哥大学，他的平均成绩是 A，在哈佛大学是 A^+。其博士学位论文《经济理论操作的重要性》获哈佛大学威尔斯奖，正是以此为基础形成的《经济分析基础》为萨缪尔森赢得了诺贝尔经济学奖。1940 年，萨缪尔森进入麻省理工学院任教，在那里度过了他全部的职业生涯，成为美国学术领域和政府决策部门的宠儿。1947 年获美国经济学会颁发的第一枚约翰·贝茨·克拉克奖章。1948 年出版了他最有影响的巨著《经济学》教科书。

萨缪尔森说："我不在乎谁是美国总统，只要我为这个国家写成一本经济学教科书。"这句话后来被许多撰写教科书的经济学家所熟知和引用。萨缪尔森在提高经济理论的科学分析方面，比当代任何一个经济学家所做的贡献都要大。他重新改写了大量经济理论当中的核心问题，而且在好几个领域中都取得了于古典经济学理论相媲美的成就。他是把凯恩斯理论提升到经济主流地位并演变成客观经济理论的第一人。萨缪尔森于 1970 年获得诺贝尔经济学奖，是美国经济学者中获得经济学界最高领奖的第一人，在西方经济学中处于一代宗师的地位。1985 年萨缪尔森在麻省理工学院经济系退休。

萨缪尔森的研究涉及经济理论的诸多领域。他根据所考察的各种问题，采用了多种数学工具，使用了既包括静态均衡分析，也包括动态过程分析的方法，这对当代微观经济学和宏观经济学许多理论的发展都有一定的影响。

在福利经济学方面，萨缪尔森首先对所有在这一领域中创建各个学说的先驱者的著作进行了分析和评价。尔后，他建立起自己的新福利经济学，并和汉森为国家福利论的建立和在实际生活中的实施做出了重大贡献，他的论述被西方经济学界认为是自庇古以来在福利经济方面少有的理论之一。

在国际贸易理论方面，萨缪尔森补充了比较成本学说的"赫克谢尔—俄林定理"，对贸易国之间的生产要素价格趋向均等的条件作了严密论证，被西方人士公认为"赫克谢尔—俄林—萨缪尔森模型"。他论述了国际贸易对贸易国利益的影响，被各资本主义国家认为是现代国际贸易理论的一项重要发展。由于萨缪尔森在经济理论界全面开创性的研究，麻省理工学院在 1947 年提升他为经济学教授。同时，美国经济学会吸收他为会员，并授予他约翰·贝茨·克拉克奖章。

14.5.7　弗里德曼

米尔顿·弗里德曼（Milton Friedman，1912—2006 年）出生于美国纽约布鲁克林一个犹太移民家庭，因为高二的时候遇到教授欧几里得几何学的老师，使他对数学产生了浓厚的兴趣。基于对数学的兴趣，弗里德曼原本计划主修数学。可是他因为选修了几门经济学的课程，结识了承担任美国联邦储备理事会主席的伯恩斯和后任圣路易联邦储备银行副总裁的琼斯，由此对经济学产生了更强烈的兴趣，从而改变了一生的际遇。当他幸运地获得两所大学提供的奖学金——布朗大学的应用数学系和芝加哥大学的经济学系，他最终选择了芝加哥大学，并由此成为了经济学家。否则，弗里德曼就应该是一位数学家了。

弗里德曼于 1932 年取得拉特格斯大学学士学位，1933 年获芝加哥大学经济学硕士学位，同年由著名经济学家亨利·舒尔茨和哈罗德·霍特林介绍进入哥伦比亚大学，一年以后，他又回到芝加哥大学，当舒尔茨的助手，这时他认识了以后成为终身的朋友的著名经济学家乔治·斯蒂格勒和阿伦·华立斯。弗里德曼于 1946 年获哥伦比亚大学博

士学位，先后在美国自然资源委员会和美国财政部赋税研究署工作，任芝加哥大学教授，斯坦福大学胡佛研究所高级研究员。他曾任美国经济学会主席，尼克松总统经济顾问委员会委员。由于创立了货币主义理论，提出了永久性收入假说，弗里德曼于 1976 年获得诺贝尔经济学奖。1988 年他获得美国国家科学奖章与美国总统自由勋章。

弗里德曼是美国芝加哥学派的领袖，一直遵循芝加哥学派的传统，主张经济自由主义，被称为反凯恩斯主义的先锋。他的大多数学术著作都对凯恩斯经济理论提出了相反观点。反对政府干预经济是弗里德曼经济理论的核心所在。在公共政策领域中，他曾任过美国总统候选人巴里·戈德华特及尼克松与里根总统的非正式顾问。1977 年，还担任过以色列总理梅纳赫姆·贝京的政治顾问。

弗里德曼原意向任何得到他建议的国家“传授知识”。1975 年，弗里德曼以私人客人的身份在智利进行了一项连续 6 天的工作。他参加各种会议，在政府办公室研究经济数据，并发表演讲。最终，他写了一篇关于使智利苦不堪言的通货膨胀的看法的文章。他建议削减政府支出，限制印制钞票，由自由市场力量来确定价格与汇率。他的论文被送到智利的当权者皮诺切特将军的行政会议成员手中。左派拥护者认为，弗里德曼对皮诺切特政府的“建议”所引致的政策将会给智利人民带来贫穷。示威者试图破坏弗里德曼的所有公开露面，包括他在斯德哥尔摩领取诺贝尔奖的典礼。这一系列行为使弗里德曼感到非常沮丧，但实施他的政策所取得的显著成果又使他有了信心。智利的通货膨胀率从 1975 年的 350% 降到 1979 年的 38%；同期失业率也从 19% 降到 12%，弗里德曼相信智利的经济“复苏”将被视为 20 世纪的经济“奇迹”。

1976 年，由于他“在消费理论分析、货币史和货币理论研究领域的贡献”，以及他“对经济稳定政策复杂性的论证”，弗里德曼获得诺贝尔经济学奖。他的消费函数理论、现代货币数量论、自然率理论、货币史研究以及货币政策主张已是经济学界公认的重大成就。正像弗里德曼在获得诺贝尔经济学奖时发表演说中所说的那样“就像诗人弗罗斯特所写的‘双岔道自黄树林中分走’。我不能说自己选择的是人迹较少的路，但无疑地，我所选择的路决定了往后的一生”。

弗里德曼一贯遵循芝加哥学派的传统，极力鼓吹经济自由主义，反对国家干预，反对凯恩斯主义。在他看来，理想中的经济制度是自由竞争的资本主义。但弗里德曼并不主张无政府主义，他所提倡的是从国家积极干预经济的道路上转变方向，政府只应扮演规章制度的制定者和仲裁人的角色，只应在反对技术垄断和克服市场的不完全性等方面发挥作用。

现代货币数量论是弗里德曼整个理论体系的基石和货币政策依据。在现代货币数量论的基础上，他进一步提出了“名义收入货币理论”，用于考察货币数量变动与名义国民收入水平之间的关系。此外，弗里德曼还提出“自然失业率”假说，试图解释通货膨胀与失业并存问题。

14.5.8 曼昆

格里高利·曼昆（N. Gregory Mankiw，1958 年至今），在普林斯顿大学读的本科，之后进入麻省理工学院学习。曼昆教授说，他在普林斯顿读本科的时候，对所有的经济学课程都非常热爱，他认为，在当学生的 20 年中，最令他兴奋的课程就是他在上大学一年级时所选的连续两个学期的经济学原理。毕业后，他遵从自己一贯的志向，进入麻省理工学院继续攻读经济学，并取得博士学位。

1985 年从麻省理工学院毕业时，曼昆才 20 多岁，就被哈佛招至旗下，主要从事宏观经济学方面的研究。时隔不久，不到 30 岁的他就被聘为哈佛的终身教授。因为终身教授地位极高，所以其授予是十分谨慎的，只有学术上十分有造诣的学者才能获得，而哈佛大学的终身教授就更是杰中之杰，非各个领域前三名的学术带头人莫属。所以可以说，曼昆教授是一位富有传奇色彩的青年学者。在哈佛，曼昆随和的个人作风，给相当严肃的师生关系吹了一缕新风，他成为最受学生欢迎的教授之一。

曼昆教授一个与众不同的地方，是他对于编写经济学教科书的意义有着十分笃定的信念。作为新凯恩斯主义的一代学术骄子，曼昆教授也是相当有战略目光的。因为要立一个学派，必须从教科书入手，曼昆教授早已看准了这一点。据香港科技大学经济学系李稻葵教授回忆说，早在 1988 年，那时曼昆刚到哈佛任教还不到 3 年，还仅仅是个助理教授。李稻葵先生那时也恰好在哈佛读书，同时兼任经济学系计算机技术员，他的办公室和曼昆教授的办公室离得很近，同在经济系大楼一个很不起眼的角落里。有几天，他发现某出版社的编辑不断地来找曼昆教授，讨论写经济学教科书的事情，动作之大，研讨之深入，无须打听，悉入旁人之耳。李稻葵先生十分不解：因为在美国写教科书一般是成名学者干的事情，而且往往以商业动机为目的，因为只有作者名气大，书才能好卖，而年轻学者一般都要先为成名以及获得终身教授职位而奋斗，为什么一个尚未出道的年轻学者会介入教科书这一行业呢？多年后，李教授才感慨地说："曼昆教授这步棋却是大手笔。"我们从中也可看出，曼昆对自己终身教授的评价是相当自信的。

曼昆在撰写经济学教科书方面声名卓著，部分得益于早期撰写的，同样极为成功的《宏观经济学》。这本书不仅在美国引起了轰动，而且在世界范围内都享有盛誉。他的《经济学原理》是以他多年来成功的教学经验为基础编写的。同国外众多的广为流行的经济学入门教科书相比，曼昆的教科书篇幅简短，并且把重点放在了应用和政策讨论上。他力图教给学生的是实用经济学。当初，美国德赖登出版社出价 140 万美元征求一本最好的经济学教科书，结果曼昆一举中标，该书在 1998 年出版后，当年销量就达到了 20 万册。

曼昆教授是一位高产学者和一位学术与争论的经常参与者。他的著作发表在许多学术杂志上，如《美国经济评论》、《政治经济学杂志》和《经济学季刊》以及更普及的报刊上，如《纽约时报》、《金融时报》、《华尔街日报》和《财富》。在 1992 年出版的《宏观经济学》使他名气大振，连素以尖刻闻名的克鲁格曼也对此书高度评价。他也是最畅销的经济学教科书《Principles of Economics》(《经济学原理》) 的作者。其所编著的经济学教材《经济学原理》是目前公认的最好的经济学初级教材。

除了教学、研究和写作之外，曼昆教授还是马萨诸塞州剑桥的一个非营利性智囊团——国家经济研究局所属的货币经济计划部主任，波士顿联邦储备银行和国会预算办公室的顾问；他还供职于 ETS 考试研发委员会下设的经济学高阶水平考试委员会和 NBER 商业周期委员会；从 2003 年到 2005 年，他担任小布什政府的总统经济顾问委员会主席。

曼昆教授现在与妻子和三个孩子住在麻省的威尔斯利。

本章小结

（1）古典经济学开始由流通领域转向生产领域，分析资本主义与资本主义发展之路。威廉·配第初步考察了资本主义经济的价格、工资、地租、利息等问题，从而成为英国古典经济学之父。

（2）19 世纪初，马尔萨斯、萨伊、穆勒等西方经济学代表人物从不同角度考察当时社会，得出与李嘉图不尽相同，实际上是将李嘉图理论庸俗化了的理论，从而导致了李嘉图学派的解体。

（3）马克思主义在 19 世纪 40 年代产生于矛盾斗争焦点的德国。马克思主义是对英国古典政治经济学、法国空想社会主义的继承和发扬。马克思、恩格斯早期著作的主要思想说明他们已从唯心主义转向唯物主义，从革命民主主义转向共产主义。《共产党宣言》的问世标志着马克思主义政治经济学的产生。

（4）历史学派和制度学派被正统西方经济学视为“异端”。历史学派的先驱者李斯特强调经济学的民族性，以其独特的生产力理论力促德国经济的发展。制度学派代表凡勃伦用历史的、心理的和法律的因素来解释制度，以社会改良主义来解决社会矛盾，强调国家对经济的干预作用。

（5）20 世纪 20 到 30 年代是传统西方经济学向现代西方经济学发展的一个重要过渡阶段。这一时期分别在垄断竞争理论、消费者均衡理论、货币数量论等领域提出了与传统西方经济学不同的某些新论点，为现代西方微观经济理论及宏观经济理论奠定了一定的理论基础。

（6）凯恩斯的经济学说几乎全部包含在他的最主要的著作《就业、利息和货币通论》中，该书使他成为 20 世纪最重要的西方经济学家，直到目前仍然具有重大的作用和影响。

案例分析

熊彼特在哈佛

49 岁的熊彼特为自己设定的工作计划无疑是令人惊讶的。绝大多数哈佛教授每学期只上两门课，而他每学期至少开设三门，每周还分别组织两次活动，这些活动主要针对那些已经取得了初级学位的研究生。其中还有来自拉德克利夫学院的女学生（拉德克利夫学院是同样位于剑桥市的一所女子大学，与哈佛大学往来密切）。每次活动前熊彼特都精心准备一大堆摘要和笔记，虽然在讲台上他从未用过。

熊彼特也花了相当多的时间来解答学生的问题。他把每次的答疑时间看得很神圣，因为太过投入而超过原定时间的事更是家常便饭。他总是全身心融入其中，倾听学生们在学术研究和个人生活中遇到的困难，鼓励他们；把他们的问题形成材料，在课堂上作为典型范例予以解答；阅读学期论文、博士论文，给出自己的建议。据一位年轻的经济学家西蒙·哈里斯回忆，他当时刚刚到学院担任助理教授，每次路过熊彼特办公室的时候，都能听到他正在辩论的声音，那声音充满了活力和激情。熊彼特总是热情地鼓励学生多问问题，所以只是把答疑时间通知贴出去是不够的，他还每个星期都拿一张纸给学生们相互传递，要求他们在上面登记参加咨询答疑的时间。

除了教学工作，熊彼特也没有懈怠自己的研究项目，而是更为深入地投身其中。虽然在到哈佛之后的前几年里他发表的论文和著作数量并不多，但是在他的办公桌上放着两摞厚厚的手稿，他同时写这两本书，而这两本书日后都成了经济学经典。其中一本内容涉及货币理论（他本人管它叫做“钱书”），另一本则是关于经济周期循环的《经济周期理论》。还在波恩的时候他已经开始着手写这两本书，到了哈佛之后，他希望在这个更有创造性的氛围中完成它们。为此他做了很多事情：他为自己设定的目标是要广泛地分析研究这两个主题下现有的文献资料，不论是经济理论还是数据统计，或者历史评判，都值得研究。这个目标如此庞大，因此空闲的每分每秒都被他投入到这项工作中。

晚上的时间常常被熊彼特用来做讲座，他的讲座很受欢迎，而他本人也很享受站在讲台上的感觉。因此在学生中间，或在哈佛经济研究会和研究生院经济学俱乐部这样的学术组织讨论会上，时常能看到他侃侃而谈的身影。他还常常接受邀请到当地的其他大学讲学，或是乘船顺着詹姆斯河前往波士顿，去给那里的政治社会团体作报告。

尽管日程安排得满满的，熊彼特还总能抽出时间参加社交活动。几乎每天的午餐和晚餐时间他都会和同事还有学生一起坐在某个咖啡厅或某个小餐馆里，议论国民经济运行的现状，谈论哈佛，还有这之外的世界。有时他还会散步至登斯特堂，这是一座新式住宅楼，既住学生也住老师，两个群体在一个屋檐下共同生活。熊彼特十分支持和倡导这种所谓的“登斯特模式”，尽管并不住在那里，但是他在楼里也预备了一间小公寓，还常常去那里的餐厅吃饭。每次只要他在那里，他的桌子前总是围着一大群人在进行热烈讨论。

在熊彼特的课堂上绝不会出现老师一个人讲个不停的情况。相反，如果遇到不懂的问题，学生们可以随时打断他。事实上学生们也充分利用这一机会，与这位大师面对面对话。当然这并不妨碍他的魅力，这原本就是他的“个人秀”，只要一上讲台，他就总能调动起学生的兴趣，他们的目光紧紧地跟随着他挥舞的教鞭，使无聊或是昏昏欲睡的情绪全都一扫而光。他的开课方式极富戏剧性，即使是经验最丰富的演员也要对此刮目相看——踏着最后一分钟准时出现在教室门口，在全班学生近乎“痴迷”的注视下，优雅地脱下那件制作精良的大衣，黑色的帽子被搁到一边，然后一根手指接一根手指地脱下手套，做完这些准备工作后，拿起粉笔在黑板上写些什么，而后转过身来，从容不迫地开始了一天的课程——至此，又一场精彩绝伦的表演开场了。

萨缪尔森曾回忆道："不是通过讲笑话，也不让学生们掉进事先挖好的'陷阱'，但他（熊彼特）总有办法把课上得趣味十足，而且丝毫不影响其思想深度。他带领学生们从呆板且平铺直叙的课本中跳出来，进入真实的经济世界，认识活生生的经济学家们。讲'需求替代弹性'这些概念的时候，他所散发出的热情是真挚的，这种真挚的热情能传递到我们每个人身上。"同样，爱德华·梅尔茨也对此感同身受。这位奥地利经济学家成为经济学教授之前也曾在哈佛大学读书，在谈及熊彼特时，他甚至尊称熊彼特为"经济学教皇"，"他热爱经济学原理和每一个经典细节，对教材和案例的运用已经达到了炉火纯青的境界。不论是阐释理论还是回顾历史，他都能讲解得妙趣横生，以至于听众们都会产生一种感觉——他们不是坐在教室里，而是坐在电影院里，正在欣赏一部精彩绝伦的经济学电影。"

除此之外，熊彼特更是一个脾气古怪、行事叛逆的人。他有个广为人知的怪习惯，就是随时准备好小纸条，以备记录那些不期而至的灵感。不论是走在大街上，还是在餐桌旁用餐，又或者正站在讲台前讲解某个理论时，他常常会突然停住，然后掏出一张黄色小纸条，匆匆记下一个新想法，再塞回裤子口袋里去。这种事发生得太过频繁，以至于有些同事很好奇，他究竟要拿这些堆积成山的纸条做什么？其中一个朋友甚至猜测熊彼特家有一个很大的木桶，才能装得下这些纸条。学生中也流传着这样的趣闻：熊彼特是唯一一个来上课时不带任何教案，到下课时却装了满满一口袋纸条离开的教授。

尽管有这样古怪的习惯，或者说恰恰由于这种古怪习惯，熊彼特短时间内在哈佛大学声名鹊起。作为其专业领域的绝对权威，他在青年学者中虏获了一大批忠实"粉丝"。

（资料来源：搜狐读书网。）

本章训练

一、单选题

1. 配第的"自然价格"相当于（　　）

A. 交换价值　　B. 使用价值

C. 价值　　D. 价格

2. 魁奈把农业资本划分为两个部分（　　）

A. "年预付"和"原预付"　　B. "流动资本"和"固定资本"

C. "可变资本"和"不变资本"　　D. 以上都不对

3. 英国古典政治经济学的完成者是（　　）

A. 配第　　B. 斯密

C. 斯图亚特·穆勒　　D. 李嘉图

4. 西斯蒙第代表的是（　　）的利益。

A. 土地所有者　　B. 封建贵族

C. 小资产阶级　　D. 大资产阶级

5. 萨伊的价值理论包括以下几个理论，除了（　　）

A. 劳动价值论　　B. 效用价值论

C. 生产费用论　　D. 供求论

6. 19 世纪 70 年代初，几乎同时独立提出主观价值论的有三位经济学家。以下（　　）没有提出主观价值论。

A. 杰文斯　　B. 凡勃伦

C. 门格尔　　D. 瓦尔拉斯

7. 奥地利学派经济学说的核心和理论基础是（　　）。

A. 客观价值理论　　B. 时差利息论

C. 资本理论　　D. 边际效用价值论

8. 凯恩斯认为流动性偏好的大小取决于以下几个因素，除了（　　）。

A. 交易动机　　B. 谨慎动机

C. 投机动机　　D. 利息率

二、名词解释题

1. 货币差额论
2. 配第的政治经济学方法
3. “纯产品”理论
4. 看不见的手
5. 萨伊的“三分法”

三、简答题

1. 重商主义经历了哪几个发展阶段？它们有何异同？
2. 威廉·配第在经济理论方面的主要贡献有哪些？
3. 简评马尔萨斯的人口理论。
4. 论述凯恩斯的经济政策及其影响。

参考文献

[1] Bastiat，Frederic. Selected Essays on Political Economy. Seymour Cain，trans. /George B. de Huazar，ed. Irvington-on-Hudson，NY：The Foundation for Economic Education，Inc，1995.

[2] Robert M. Solow，James Meade. Economic Journal（December1986），pp. 986-988.

[3] Bohm-Bawerk，Eugen v. The Positive Theory of Capital. William A. Smart，trans. London：Macmillan and Co.

[4] Mises，Ludwig von. Human Action：A Treatise on Economics 4th revised edition. Foreword by Bettina Bien Greaves. Irvington-on-Hudson，NY：The Foundation for Economic Education，1996.

[5] Read，Leonard E. "I，Pencil：My Family Tree as told to Leonard E. Read" Pamphlet Irvington-on-Hudson，NY：The Foundation for Economic Education，Inc，1999.

[6] 高鸿业．西方经济学（微观部分）．北京：中国人民大学出版社，2007.

[7] 高鸿业．西方经济学（宏观部分）．北京：中国人民大学出版社，2007.

[8] Joseph E. Stiglitz.《经济学》小品与案例．北京：中国人民大学出版社.

[9]［美］曼昆．经济学原理．梁小民，译．北京：机械工业出版社，2003.

[10]［美］范里安．微观经济学：现代观点．费方域，等，译．上海：格致出版社，2009.

[11] 多恩布什，费希尔．宏观经济学．北京：中国财经出版社，2003.

[12] 梁小民．西方经济学基础教程．北京：北京大学出版社，2003.

[13] 尹伯成．西方经济学简明教程．上海：格致出版社，2008.

[14] 宋承先，许强．现代西方经济学．上海：复旦大学出版社，2004.

[15]［美］马斯·科莱尔，等．微观经济理论．上海：上海财经大学，2005.

[16] 平狄克，鲁宾费尔德．微观经济学．高远，等，译．北京：中国人民大学出版社，2009.

[17]［美］萨缪尔森，诺德豪斯．经济学．萧琛，译．北京：人民邮电出版社，2008.

[18]［美］斯蒂格利茨，沃尔什．经济学．黄险峰，张帆，译．北京：中国人民大学出版社，2005.

[19]［美］奥利维尔·布兰查德．宏观经济学．钟笑寒，等，译．北京：清华大学出版社，2003.

[20] [美] 帕金. 经济学. 张军，等，译. 北京：人民邮电出版社，2009.

[21] [美] 弗兰克，伯南克. 微观经济学原理. 李明志，等，译. 北京：清华大学出版社，2007.

[22] 魏埙. 现代西方经济学教程. 天津：南开大学出版社，2001.

高等学校基于工作过程开发经管类系列教材

- **经济法概论**
- **西方经济学**
- 会计基础与实务
- 财务管理实务
- 初级会计实务
- 会计电算化
- 成本会计实务
- 出纳实务
- 管理会计实务
- 审计基础与实务
- 电子商务基础
- 国际贸易实务

欢迎广大教师和读者就系列教材的内容、结构、设计以及使用情况等，提出您宝贵的意见、建议和要求，我们将继续提供优质的售后服务。

联系人：林　莉
电　话：13720314191
E-mail：whdxcbs@126.com

武汉大学出版社（全国优秀出版社）